Martin Voth, Sebastian Gryska, Heinbernd Oppenberg, Dorothee Wegmann, Eddie Wickfeld

Herausgeber: Martin Voth

Arbeitsplatz Büro
Jahrgangsband 2

Informationshandbuch

1. Auflage

Bestellnummer 94404

Die in diesem Produkt gemachten Angaben zu Unternehmen (Namen, Internet- und E-Mail-Adressen, Handelsregistereintragungen, Bankverbindungen, Steuer-, Telefon- und Faxnummern und alle weiteren Angaben) sind i. d. R. fiktiv, d. h., sie stehen in keinem Zusammenhang mit einem real existierenden Unternehmen in der dargestellten oder einer ähnlichen Form. Dies gilt auch für alle Kunden, Lieferanten und sonstigen Geschäftspartner der Unternehmen, wie z. B. Kreditinstitute, Versicherungsunternehmen und andere Dienstleistungsunternehmen. Ausschließlich zum Zwecke der Authentizität werden die Namen real existierender Unternehmen und z. B. im Fall von Kreditinstituten auch deren IBANs und BICs verwendet.

Die in diesem Werk aufgeführten Internetadressen sind auf dem Stand zum Zeitpunkt der Drucklegung. Die ständige Aktualität der Adressen kann vonseiten des Verlages nicht gewährleistet werden. Darüber hinaus übernimmt der Verlag keine Verantwortung für die Inhalte dieser Seiten.

service@bv-1.de
www.bildungsverlag1.de

Bildungsverlag EINS GmbH
Ettore-Bugatti-Straße 6–14, 51149 Köln

ISBN 978-3-427-**94404**-1

© Copyright 2015: Bildungsverlag EINS GmbH, Köln
Das Werk und seine Teile sind urheberrechtlich geschützt. Jede Nutzung in anderen als den gesetzlich zugelassenen Fällen bedarf der vorherigen schriftlichen Einwilligung des Verlages.
Hinweis zu § 52a UrhG: Weder das Werk noch seine Teile dürfen ohne eine solche Einwilligung eingescannt und in ein Netzwerk eingestellt werden. Dies gilt auch für Intranets von Schulen und sonstigen Bildungseinrichtungen.

Vorwort

Der Titel Arbeitsplatz Büro, Jahrgangsband 2, Informationshandbuch erscheint in drei Bänden. Der vorliegende zweite Band enthält die Inhalte der Lernfelder 5–8 des Rahmenlehrplans für das 2. Ausbildungsjahr für den Ausbildungsberuf „Kaufmann/Kauffrau für Büromanagement" in systematischer Darstellung.
Die Texte stellen die inhaltlichen Anforderungen des Rahmenlehrplans in straffer Form, konzentriert auf die wesentlichen Lerninhalte dar.
Zum Informationshandbuch gehören Lernsituationen (Arbeitsplatz Büro, Jahrgangsband 2, Lernsituationen), die Geschäftsprozesse aus der Praxis des Büromanagements in pädagogisch aufbereiteter Form zur Verfügung stellen. Der Lernsituationsband ist handlungssystematisch aufgebaut und begleitet die Auszubildenden bei ihren kaufmännischen Tätigkeiten in einem Modellunternehmen. Im 2. Ausbildungsjahr ist das Modellunternehmen ein Handelsunternehmen (Rosner GmbH). Um den Anforderungen des Querschnittsberufs „Kaufmann/Kauffrau für Büromanagement" gerecht zu werden, wird in jedem Ausbildungsjahr ein anderes Modellunternehmen zugrunde gelegt (Dienstleistungs-, Handels-, Industrieunternehmen).

Eine ganzheitliche Sichtweise, überschaubare Arbeitsaufträge und selbst organisiertes Lernen zur Förderung der beruflichen Handlungskompetenz waren die Leitlinien bei der Entwicklung der Lernsituationen. Das Informationshandbuch ist modulartig mit den Lernsituationen verknüpft und bietet für jede Lernsituation einen abgegrenzten Informationsblock.

Übereinstimmende Gliederungen im Informationshandbuch und im Lernsituationsband erleichtern die parallele Nutzung der Bücher.

Für die Bearbeitung der Lernsituationen stehen zusätzlich Arbeitsmaterialien in digitaler Form über BuchPlusWeb zur Verfügung (Word- und Excel-Dateien). Informationshandbuch, Lernsituationen und die digitalen Materialien bilden eine ideale Basis für modernen, mediengestützten Unterricht, der den Anforderungen des Lehrplans optimal gerecht wird.

Autoren und Verlag im Frühjahr 2015

Inhaltsverzeichnis

Einleitung: Das Modellunternehmen Rosner GmbH. 13

→ Lernfeld 5
Kunden akquirieren und binden 17

1	**Marktforschung**	**17**
1.1	Marketing als unternehmerische Denkhaltung	17
1.2	Marktforschung als Grundlage des Marketings	17
1.3	Methoden der Marktforschung	18
1.3.1	Sekundärforschung	18
1.3.2	Primärforschung	18
1.4	Erhebungsmethoden der Primärforschung	18
1.4.1	Befragung	18
1.4.2	Beobachtung	19
1.4.3	Spezielle Erhebungsmethoden der Primärforschung	20
1.5	Zielgruppenmarketing	20
1.5.1	B2B-Marketing	20
1.5.2	B2C-Marketing	21
1.5.3	Kundenanalyse	22
1.6	Fragebogenentwicklung	22
1.6.1	Allgemeine Grundsätze	22
1.6.2	Fragetypen	22
1.6.3	Positionierung von Fragen	24
1.7	Ablauf einer Befragung mithilfe eines Fragebogens	24
2	**Datenauswertung**	**26**
2.1	Sekundärstatistisches Material	26
2.1.1	Quellen	26
2.1.2	Auswertung	27
2.2	Primärstatistisches Material	29
2.2.1	Auswertung in Tabellenform	29
2.2.2	Skalenauswertung	30
2.2.3	Grafische Darstellungen	30
2.3	Ansprüche von Kunden	31
2.4	Kundennutzen	33
3	**Marketingplanung**	**34**
3.1	Geschäftsidee	34
3.2	Analyse des Gesamtmarktes	34
3.2.1	Marktsituation	34
3.2.2	Marktstruktur	35
3.2.3	Marktentwicklung	35
3.2.4	Käufer- oder Verkäufermarkt	35
3.2.5	Potenzialanalyse	35
3.2.6	Konkurrenzanalyse	36
3.2.7	Produktlebenszyklus-Analyse	36
3.3	Umfeldanalyse	37
3.4	Konjunkturelle Einflüsse	37
3.5	Ergebnisvergleich: Stärken/Schwächen – Chancen/Risiken	38
3.6	Marktsegmentierung	38
3.7	Wettbewerbsstrategie	39
3.8	Zielgruppe	39
3.9	Marketingziele	39
3.9.1	Ökonomische Ziele	39
3.9.2	Psychologische Ziele	39

3.9.3	Anforderungen an die Zielformulierung	40
3.10	Angebot an die Zielgruppe	40
3.11	Marketinginstrumente	40
3.12	Marketing-Budget	41
4	**Kommunikationspolitik – Teilbereich Absatzwerbung**	**43**
4.1	Ziele der Kommunikationspolitik	43
4.2	Instrumente der Kommunikationspolitik	43
4.3	Absatzwerbung	43
4.3.1	Anforderungen an Werbung	44
4.3.2	Werbearten	44
4.3.3	Prozess der Werbung	44
4.3.4	Werbebotschaft	45
4.3.5	Werbemittel und Werbeträger	47
4.3.6	Kostenvergleich von Werbeanzeigen	50
4.3.7	Werbedurchführung	50
4.3.8	Werbeplan	52
5	**Werbeerfolgsmessung**	**54**
5.1	Marketing-Regelkreis	54
5.2	Pretest	54
5.3	Werbeerfolgskontrolle	55
5.3.1	Ökonomische Erfolgskriterien	55
5.3.2	Vorökonomische Erfolgskriterien	56
5.3.3	Methoden zur Werbeerfolgskontrolle	56
6	**Preispolitik**	**58**
6.1	Preisstrategien	58
6.1.1	Preisstrategien bei neuen Produkten	58
6.1.2	Langfristige Preispositionierung	59
6.2	Grundsätze der Preisfindung	59
6.2.1	Kostenorientierte Preisfindung	59
6.2.2	Wettbewerbsorientierte Preisfindung	66
6.2.3	Nachfrageorientierte Preisfindung	66
6.3	Preisdifferenzierung	67
6.4	Konditionenpolitik	67
6.4.1	Rabattpolitik	68
6.4.2	Lieferungs- und Zahlungsbedingungen	68
6.4.3	Absatzkreditpolitik	69
7	**Direktmarketing**	**69**
7.1	Formen des Direktmarketings	70
7.2	Kundendatenerfassung	70
7.3	Werbebrief	70
7.3.1	Gestaltungsgrundsätze	70
7.3.2	Sprache von Werbebriefen	71
7.4	Erfolgskontrolle	72
8	**Onlinemarketing**	**73**
8.1	Eigene Internetseite	73
8.2	Webseite als Werbeträger	73
8.2.1	Bannerwerbung	74
8.2.2	Pop-up-Fenster	74
8.3	Suchmaschinenwerbung	74
8.4	E-Mail-Marketing	74
8.4.1	Gestaltung von Newslettern	75
8.4.2	Rechtsvorschriften	75
8.4.3	Newsletter-Versand	76
8.5	Social-Media-Marketing	76
8.6	Erfolgsermittlung	77
8.6.1	Klickrate	77
8.6.2	Page Impressions	77
8.6.3	Konversionsrate	77

9	**Verkaufsförderung**	79
9.1	Verbraucher-Verkaufsförderung	79
9.2	Handels-Verkaufsförderung	80
9.3	Mitarbeiter-Verkaufsförderung	80
9.4	Verkaufsförderaktivitäten des Handels	80
9.5	Erfolgsmessung	81
10	**Public Relations**	82
10.1	Abgrenzung von Public Relations und Werbung	82
10.2	Ansprechpartner	82
10.3	Instrumente von Public Relations	83
10.4	Pressemitteilung	83
10.4.1	Elemente einer Pressemitteilung	84
10.4.2	Formale Gestaltung einer Pressemitteilung	84
11	**Sponsoring**	85
11.1	Arten des Sponsorings	86
11.2	Unterstützungsformen	86
11.3	Ziele des Sponsorings	86
12	**Wettbewerbsrecht**	87
12.1	Grenzen der Werbung	87
12.2	Gesetz gegen den unlauteren Wettbewerb (UWG)	87
12.2.1	Unlautere geschäftliche Handlungen	88
12.2.2	Irreführende geschäftliche Handlungen	88
12.2.3	Vergleichende Werbung	89
12.2.4	Unzumutbare Belästigungen	89
12.3	Maßnahmen gegen Wettbewerbsverstöße	90

Lernfeld 6
Wertströme erfassen und beurteilen ... 92

A:	**Wertströme in Unternehmen**	92
1	**Entstehen der Wertströme: Geschäftsprozesse**	92
1.1	Geschäftsprozesse	92
1.2	Wertströme	93
2	**Abbildung von Geschäftsprozessen im Rechnungswesen**	94
3	**Gesetzliche Grundlagen der Buchführung**	95
3.1	Buchführungspflicht	95
3.2	Grundsätze ordnungsgemäßer Buchführung (GoB)	95
3.3	Gesetzliche Aufbewahrungsfristen in der Buchführung	96
B:	**Prozessbegleitende Erfassung der Wertströme in der Finanzbuchführung**	97
1	**Einrichtung einer Finanzbuchhaltung am Jahresanfang**	96
1.1	Wertströme auf Bestandskonten	97
1.2	Eröffnung der Bestandskonten	98
1.3	Veränderung der Vermögensbestände durch Wertströme: Vermögenskonten	99
1.4	Veränderungen der Kapitalbestände durch Wertströme: Kapitalkonten	100
1.5	Abschluss der Bestandskonten	100
2	**Erkennen von Wertströmen im Unternehmen**	102
2.1	Wertströme an der Geschäftskasse	102
2.2	Das Kassenkonto führen	105
2.2.1	Aufbau des Kassenkontos	105
2.2.2	Wertbewegungen auf dem Kassenkonto	106
2.3	Das Bankkonto führen	107
2.3.1	Aufbau des Bankkontos	107
2.3.2	Wertbewegungen auf dem Bankkonto	107
3	**Erfassung von Wertströmen auf der Grundlage von Belegen**	109
3.1	Belegarten	109
3.2	Organisatorischer Ablauf der Belegbearbeitung	109

3.3	Vorkontierung von Belegen	110
3.4	Doppelte Buchführung	111
3.5	Buchungssatz	112
3.6	Buchungen im Grund- und Hauptbuch	115
3.6.1	Führung des Grundbuchs	115
3.6.2	Buchungen im Hauptbuch	116
4	**Bearbeitung von Zahlungsvorgängen**	**119**
4.1	Kundenaufträge gegen Rechnung aufzeichnen: Forderungen	119
4.1.1	Ausgangsrechnungen an Kunden	119
4.1.2	Konto Forderungen	121
4.1.3	Kontenbewegungen	121
4.1.4	Kundenkonto (Debitorenkonto)	123
4.2	Aufträge an Lieferer gegen Rechnung: Verbindlichkeiten	124
4.2.1	Eingangsrechnungen von Lieferern (ER)	124
4.2.2	Konto „Verbindlichkeiten"	125
4.2.3	Liefererkonto (Kreditorenkonten)	126
5	**Finanzierung des Vermögens durch Darlehen**	**129**
6	**Finanzierung mit Eigenkapital**	**132**
7	**Darstellung der Vermögens- und Kapitalsituation in Inventar und Bilanz**	**134**
7.1	Inventur	134
7.1.1	Ermittlung des Vermögens	135
7.1.2	Ermittlung der Schulden (Fremdkapital)	137
7.1.3	Inventurverfahren (§§ 240, 241 HGB)	137
7.1.4	Inventurdifferenzen	138
7.2	Inventar	138
7.2.1	Inhalt des Inventars	138
7.2.2	Ermittlung des Unternehmenserfolges	141
7.3	Bilanz	143
8	**Abschluss und Eröffnung des Hauptbuchs**	**147**
8.1	Abschluss des Hauptbuchs am Jahresende	147
8.2	Eröffnung des Hauptbuchs am Jahresanfang	151
9	**Vergleich und Auswertung der Jahresbilanzen**	**154**
9.1	Bilanzgleichungen	154
9.2	Veränderungsbilanz	155
9.3	Aufbereitete Bilanz	155
10	**Kontenrahmen und Kontenplan**	**157**
11	**Erfolgsvorgänge im betrieblichen Leistungsprozess: Erträge**	**160**
11.1	Erfolgsorientierung der Unternehmen	160
11.2	Erträge aus Kundenaufträgen	163
12	**Erfolgsvorgänge im betrieblichen Leistungsprozess: Aufwendungen**	**167**
12.1	Aufwendungen im Unternehmen	167
12.2	Aufwand aus Wareneinkäufen	167
13	**Das System der Umsatzsteuer**	**172**
14	**Abschluss der Warenkonten: Rohergebnis**	**179**
14.1	Ermittlung des Rohergebnisses	179
14.2	Bestandsveränderungen auf den Warenkonten	179
14.3	Gewinn- und Verlustkonto (GuV-Konto)	185
15	**Erfolgsermittlung auf dem Unternehmensergebniskonto (GuV)**	**187**
16	**Preisnachlässe durch Liefererrabatt und Liefererskonto**	**192**
17	**Rücksendungen und Gutschriften bei der Warenbeschaffung**	**196**
17.1	Rücksendungen	196
17.2	Gutschriften	197
17.3	Umbuchung der Nachlässe	198
17.4	Ermittlung des Wareneinsatzes	199

18	Preisnachlässe durch Kundenrabatt und Kundenskonto	201
19	Kundenreklamationen: Rücksendungen und Gutschriften	204
20	Werteverzehr von Anlagegütern	206
20.1	Beschaffung von Anlagegütern	206
20.2	Abschreibungen auf Anlagevermögen	209
20.3	Buchung der Abschreibung	212

Lernfeld 7
Gesprächssituationen gestalten … 216

1	**Situationsangemessene Kommunikation**	**216**
1.1	Grundmodell der Kommunikation	216
1.2	Kommunikationsquadrat	216
1.2.1	Die vier Seiten einer Nachricht	216
1.2.2	Mit vier Ohren empfangen	218
1.3	Nonverbale Kommunikation	219
1.4	Kompetenzen für erfolgreiche Gesprächsführung	220
1.4.1	Einfühlungsvermögen	220
1.4.2	Überzeugungskraft	220
1.4.3	Zielorientierung	220
1.4.4	Selbstreflexion und Veränderungsbereitschaft	220
1.5	Frageformen	221
1.6	Sprachliche Gestaltungsmöglichkeiten	222
1.6.1	Allgemeine Regeln	222
1.6.2	„Man", „Ich" oder „Wir"	222
1.6.3	Positiv formulieren	223
1.6.4	Klar formulieren	223
1.6.5	Wertschätzend sprechen	223
1.7	Gesprächsplanung	224
1.7.1	**Kommunikationsquadrat**	**224**
1.7.2	Vier-Schritt-Methode	225
1.8	Interkulturelle Kompetenz	226
1.9	Beurteilung von Gesprächssituationen	227
2	**Anspruchsermittlung**	**229**
2.1	Gesprächssituation	229
2.2	Anspruchsarten	229
2.3	Kundengruppen	229
2.4	Anspruchsermittlung	230
2.4.1	Zielsetzung	230
2.4.2	Anspruchsermittlung durch Beobachten und Zuhören	230
2.4.3	Anspruchsermittlung im Dreischritt	231
2.4.4	Kunden persönlich ansprechen	232
3	**Einwandbehandlung**	**234**
3.1	Arten von Kundeneinwänden	234
3.2	Preiseinwände vermeiden	235
3.3	Die Ja-aber-Methode zur Preis-Einwandbehandlung	236
3.4	Ausräumen und Ausgleichen von Kundeneinwänden	237
3.5	Gegenfrage-Methode	238
3.6	Serviceleistungen herausstellen	238
3.7	Ergänzungsangebote	239
4	**Verkaufsgespräch**	**240**
4.1	Kontaktaufnahme	240
4.2	Kundenansprüche ermitteln	241
4.3	Waren vorlegen	241
4.4	Verkaufsargumentation	242
4.5	Preisnennung	242
4.6	Kundeneinwände	243
4.7	Kaufbeschleunigung	243
4.8	Kaufbestätigung und Verabschiedung	244

4.9	Ablauf eines Verkaufsgesprächs	245
4.10	Alternativangebot	245
5	**Reklamation**	**246**
5.1	Abgrenzung Reklamation – Beschwerde	246
5.2	Reklamationsgespräch – eine schwierige Situation	247
5.3	Rechtliche Situation	248
5.3.1	Mangelhafte Lieferung	248
5.3.2	Gewährleistung – Garantie – Umtausch	249
6	**Beschwerdemanagement**	**250**
6.1	Kundenbeschwerde	250
6.2	Beschwerdemanagement	251
6.2.1	Beschwerdeanregung	251
6.2.2	Beschwerdeannahme	252
6.2.3	Beschwerdebearbeitung und Beschwerdereaktion	254
6.2.4	Beschwerdeauswertung	254
7	**Telefonische Kommunikation**	**255**
7.1	Telefongespräch annehmen	255
7.2	Ausgehendes Telefongespräch	256
7.3	Videokonferenzen	258
7.4	Interkulturelle Kommunikation	259
8	**Konfliktgespräche**	**260**
8.1	Konfliktarten	261
8.2	Erscheinungsformen	261
8.3	Konfliktvorbeugung	262
8.4	Konfliktgespräche	262
8.5	Konfliktfähigkeit	263
8.6	Strategien zur Konfliktbewältigung	263
8.6.1	Eisberg-Modell	263
8.6.2	Konfliktlösung nach dem Eisberg-Modell	264
8.6.3	Modell der gewaltfreien Kommunikation	266
8.7	Sprachliche Mittel für konstruktive Kritik	266
8.7.1	Ich-Du-Botschaften	266
8.7.2	Aktives Zuhören	267

Lernfeld 8
Personalwirtschaftliche Aufgaben wahrnehmen ... 269

1	**Aufgaben und Ziele der Personalwirtschaft**	**269**
1.1	Aufgaben der Personalwirtschaft	269
1.2	Ziele der Personalwirtschaft	269
1.3	Unternehmensleitbilder	272
2	**Personalbedarfsplanung**	**273**
2.1	Quantitativer Personalbedarf	273
2.1.1	Stellenplanmethode	273
2.1.2	Kennzahlenmethode	277
2.1.3	Betriebliche Statistik	277
2.1.4	Planung des Personalbedarfs	279
2.2	Qualitativer Personalbedarf	281
3	**Personalbeschaffung**	**284**
3.1	Personalunterdeckung	284
3.2	Wege der Personalbeschaffung	284
3.3	Rechtliche Rahmenbedingungen bei der Stellenausschreibung	285
3.3.1	Rechte des Betriebsrates	285
3.3.2	Rechte des Personalrates	285
3.4	Aufbau der Stellenanzeige	285
3.4.1	Rechtliche Vorgaben	286
3.4.2	Sprachform der Anzeige	286
3.4.3	Optische Gestaltung der Anzeige	288

4		**Personalauswahl**	**289**
4.1		Arten von Bewerbungen	289
4.2		Bearbeitungsprozess von Bewerbungen	290
4.3		Rahmenbedingungen	290
4.4		Instrumente der Personalauswahl	291
4.4.1		Bewerbungsunterlagen	292
4.4.2		Bewerbungstest	295
4.4.3		Assessment-Center	296
4.4.4		Bewerbungsgespräche	298
5		**Arbeitsvertrag**	**303**
5.1		Zustandekommen	303
5.2		Rechtsgrundlagen	303
5.3		Pflichten der Vertragspartner	305
5.3.1		Hauptpflichten	305
5.3.2		Nebenpflichten	305
5.4		Arten von Arbeitsverhältnissen	305
5.4.1		Vollzeit- und Teilzeitbeschäftigung	305
5.4.2		Unbefristetes und befristetes Arbeitsverhältnis	306
5.4.3		Geringfügig Beschäftigte	307
5.4.4		Praktikum	307
5.4.5		Probezeit/Probearbeitsverhältnis	307
5.5		Vertragsinhalt	308
5.6		Mitbestimmung	309
6		**Entgeltabrechnung**	**310**
6.1		Entgeltbasis	310
6.2		Entgeltformen	310
6.2.1		Zeitentgelt	310
6.2.2		Akkordlohn	311
6.2.3		Prämienlohn	312
6.2.4		Weitere Entgeltformen	313
6.3		Lohn- und Gehaltsberechnung	314
6.3.1		Abrechnung nach Entgeltformen	314
6.3.2		Gehaltsabrechnung im Überblick	314
6.3.3		Sozialversicherungspflichtiges Gehalt	315
6.3.4		Steuerpflichtiges Gehalt	315
6.3.5		Nettogehalt	315
6.3.6		Berechnung der steuerlichen Abzüge	316
6.3.7		Berechnung der Abzüge für die Sozialversicherung	318
6.3.8		Berechnung des Auszahlungsbetrages	319
6.4		Zahlungsabwicklung	320
6.5		Personalkosten für den Arbeitgeber	321
7		**Personalverwaltung**	**324**
7.1		Personaleinstellung	324
7.2		Aufgaben bei der Personaleinstellung	324
7.2.1		Personalfragebogen	324
7.2.2		Steueridentifikationsnummer	326
7.2.3		Sozialversicherungsausweis	327
7.2.4		Anmeldung der Arbeitnehmer bei den Sozialversicherungen	327
7.2.4		Urlaubsbescheinigung	329
7.2.5		Unterlagen über vermögenswirksame Leistungen	330
7.3		Personalakte	330
7.3.1		Inhalte der Personalakte	330
7.3.2		Gliederung der Personalakte	330
7.3.3		Pflichten des Arbeitgebers	331
7.3.4		Rechte des Arbeitnehmers	331
8		**Personaleinsatzplanung**	**333**
8.1		Daten und Ziele der Personaleinsatzplanung	333
8.2		Einflussgrößen der Personaleinsatzplanung	334

8.2.1	Außerbetriebliche Einflussgrößen	334
8.2.1.1	Mutterschutzgesetz (MuSchG)	334
8.2.1.2	Jugendarbeitsschutzgesetz (JArbSchG)	335
8.2.1.3	Arbeitszeitgesetz (ArbZG)	335
8.2.1.4	Sozialgesetzbuch (SGB)	335
8.2.1.5	Teilzeit- und Befristungsgesetz (TzBfG)	336
8.2.2	Innerbetriebliche Einflussgrößen	337
8.2.2.1	Mitwirkung des Betriebsrates/Personalrates	337
8.2.2.2	Arbeitszeiten/Arbeitszeitsysteme	337
8.2.2.3	Arbeitszeiterfassung	338
8.2.2.4	Vor- und Nachteile variabler Arbeitszeitmodelle	340
8.2.2.5	Arbeitsvertrag	340
8.2.2.6	Auftragslage	340
8.2.3	Mitarbeiter	340
8.2.4	Erfassung von Fehlzeiten	340
9	**Personalentwicklung**	**344**
9.1	Ziele der Personalentwicklung	344
9.2	Aufgaben der Personalentwicklung	345
9.3	Arten der Personalentwicklung	345
9.4	Ermittlung des Fortbildungsbedarfs	345
9.5	Personalförderung	348
9.5.1	Trainee-Ausbildung	348
9.5.2	Coaching	349
9.5.3	Mentoring	349
9.5.4	Outdoor-Training	349
9.5.5	Laufbahnplanung	350
9.6	Veränderung der Arbeitsstrukturen	350
9.6.1	Jobenlargement	350
9.6.2	Jobenrichment	350
9.6.3	Jobrotation	350
9.6.4	Teilautonome Arbeitsgruppen	351
9.7	Steigerung der Mitarbeitermotivation	351
9.7.1	Materielle Maßnahmen	351
9.7.2	Nichtmaterielle Maßnahmen	352
9.8	Lebenslanges Lernen	353
10	**Personalbeurteilung**	**354**
10.1	Beurteilungsanlässe	354
10.2	Beurteilungsmethoden	354
10.2.1	Einstufungsverfahren	354
10.2.2	Zielsetzungsverfahren	356
10.3	Beurteilungsgespräch	356
10.4	Beurteilungsfehler	357
10.5	Arbeitszeugnis	357
11	**Kündigung**	**361**
11.1	Beendigung von Arbeitsverhältnissen	361
11.2	Beendigung durch einen Aufhebungsvertrag	361
11.3	Vorstufe einer Kündigung: Abmahnung	362
11.3.1	Funktionen einer Abmahnung	362
11.3.2	Inhalt und Aufbau einer Abmahnung	363
11.4	Beendigung durch Kündigung	363
11.4.1	Kündigung durch den Arbeitnehmer	364
11.4.2	Kündigung durch den Arbeitgeber	364
11.5	Ordentliche Kündigung	364
11.5.1	Kündigungsfristen	364
11.5.2	Kündigungsschutzgesetz	365
11.6	Außerordentliche Kündigung	367
11.7	Besonderer Kündigungsschutz	368
11.8	Rolle des Betriebsrates bei Kündigungen	368
11.9	Wirksamkeit einer Kündigung	368

11.10	Pflichten des Arbeitgebers nach ausgesprochener Kündigung	369
11.11	Arbeitsgerichtsbarkeit	369

Anhang ... 371

1	**Serienbriefe**	**371**
1.1	Erstellen einer Datenquelle	371
1.2	Erstellen des Hauptdokuments	371
1.3	Erstellen der Seriendokumente	376
2	**Serien-E-Mail**	**376**
2.1	Erstellen einer Datenquelle mit Microsoft Word oder Microsoft Excel	376
2.2	Nutzen der Outlook-Kontakte für eine Datenquelle	377
2.3	Erstellen einer E-Mail als Hauptdokument	377
2.4	Senden der Serien-E-Mails	381
3	**Stundenberechnung in Excel**	**382**
4	**Kalkulation**	**383**
4.1	Bezugskalkulation	383
4.2	Großhandelskalkulation	383
4.3	Einzelhandelskalkulation	385
5	**Einsatz der EDV-Finanzbuchführung**	**385**
5.1	Leistungsmerkmale einer EDV-Finanzbuchführung	385
5.2	Arbeiten mit einem EDV-Finanzbuchführungsprogramm	386
5.2.1	Einrichten einer EDV-Finanzbuchhaltung	387
5.2.2	Programmgestützt buchen	388
5.2.3	Auswertung der Finanzbuchhaltung	389
5.3	Prozessbegleitende Erfassung der Wert- und Leistungsströme mit Lexware Financial Office	389
5.3.1	Einrichten der Stammdaten	390
5.3.2	Kontenrahmen eingeben	390
5.3.3	Anlegen von Kreditoren und Debitoren	391
5.3.4	Eingabe von Buchungstexten	392
5.3.5	Eingabe der Anfangsbestände (Eröffnungsbuchungen)	392
5.3.6	Laufende Buchungen	393
5.3.7	Typische Geschäftsfälle in der Rosner GmbH	393

Sachwortverzeichnis ... **398**

Bildquellenverzeichnis ... **402**

Einleitung
Das Modellunternehmen Rosner GmbH

Daten und Fakten

Firma	Rosner GmbH
Anschrift	Baaderstraße 120, 80469 München
Rechtsform	Gesellschaft mit beschränkter Haftung
Geschäftsführer	Heinz Rosner
Umsatzsteuer-Identifikationsnummer (USt-IdNr.)	DE 953 736 836
Handelsregister	Amtsgericht München HRB 5646
Finanzamt	München, Steuer-Nr.: 983/0952/5638
Telefon	089 52067-537
Fax	089 50267-900
E-Mail	info@rosner.de
Webseite	www.rosner-byke.de
Bankverbindung	VB-Bank München IBAN: DE31 7022 0800 0305 6732 91 BIC: VBAGDEM1XXX

Leistungsangebot

Vertrieb und Montage von Fahrrädern

Kunden, Lieferer, Dienstleistungsbetriebe

Hauptkunden

Radsportclub MRC 90
Auenstraße 45, 80469 München

Telefon	089 80108
Fax	089 8017507
Bankverbindung	*Bankhaus Herschel* IBAN: DE89 7003 0300 0000 2155 57 BIC: CHDBDEHHXXX
USt-IdNr.	DE 827 898 843

Radstudio Sonnenhofen
Gellertstraße 28, 81925 München

Telefon	089 67923
Fax	089 67955
Bankverbindung	*SEC Bank München* IBAN: DE05 7001 0111 0000 3982 23 BIC: ESSEDE5F700
USt-IdNr.	DE 868 757 843

Fahrradverleih City-Bike
Kreuzstraße 77, 80331 München

Telefon	089 3232 0
Fax	089 323250
Bank-verbindung	*Allgemeine Sparkasse München,* IBAN: DE66 7001 2600 0036 4550 00 BIC: SUSKDEM1XXX
USt-IdNr.	DE 852 637 989

Lieferer

HerGAMont Fahrradvertriebs GmbH
Deepenbrookkamp 155, 22523 Hamburg

Telefon	040 894530
Fax	040 894544
E-Mail	hergamont@t-online.de
Bankver-bindung	PSC Bank Hamburg IBAN: DE39 2009 0800 0045 7860 00 BIC: GENODEF1P08

CAPIUS Bicycles GmbH
Overbeckstraße 22, 01139 Dresden

Telefon	0351 42340
Fax	0351 42355
E-Mail	capius@versanet.de
Bankver-bindung	DKK Dresden IBAN: DE77 8504 0000 0023 6870 00 BIC: MARKDEF1850

Elektrostar GmbH
Schwarzwaldstraße 110, 79102 Freiburg

Telefon	0761 85644
Fax	0762 907054
E-Mail	elektrostar@aol.com
Bankver-bindung	PSC Bank Hamburg IBAN: DE72 6809 0990 0016 9874 00 BIC: GENODEF2P07

Rose Versand GmbH
Schersweide 4, 46393 Bocholt

Telefon	02871 275555
Fax	02871 275550
E-Mail	info@rose.de
Bankver-bindung	Sparbank Bocholt IBAN: DE66 4285 0024 0068 3320 40 BIC: WELADED4BOH

Dienstleister

1. **Data Computer GmbH**
   Taubenstraße 14, 81541 München
2. **MOBIL PLUS AG**
   Gotenstraße 2, 20097 Hamburg
3. **Bürocenter Maurer GmbH**
   Helfenriederstraße 15, 81379 München

Mitarbeiter

1. Heinz Rosner, Geschäftsführer
2. Maren Abel, Beschaffung, Marketing, Personal
3. Lena Keller, Rechnungswesen/Controlling
4. Ludwig Kosthorst, Werkstatt/Montage
5. Frederic Schmitz, Werkstatt/Montage
6. Hans Frechen, Werkstatt/Montage
7. Thomas Enders, Verkaufsleitung
8. Doris Tschern, Verkaufsmitarbeiterin
9. Anna Seidler, Verkaufsmitarbeiterin
10. Karsten Moritz, Verkaufsmitarbeiter
11. Marvin Scholz, Lager/Logistik

Auszubildende

12. Kathrin Timmermann (Verkauf), 19 Jahre, 2. Ausbildungsjahr
13. Gül Ekici, 19 Jahre (Werkstatt), 3. Ausbildungsjahr

Organigramm der Rosner GmbH

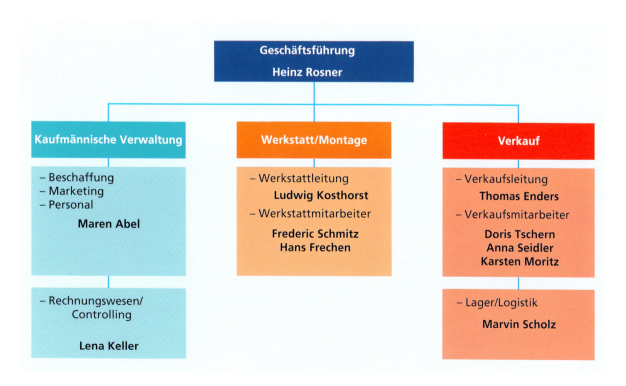

Lernfeld 5
Kunden akquirieren und binden

1 Markforschung

 Lernsituation 1: Einen Fragebogen entwerfen

1.1 Marketing als unternehmerische Denkhaltung

Aufgrund des starken Wettbewerbs, der in entwickelten Wirtschaften heute herrscht, kann ein Unternehmer nur bestehen, wenn er sich an den Wünschen der Nachfrager orientiert. Diese Orientierung der unternehmerischen Entscheidungen am Markt wird als **Marketing** bezeichnet.

> **Marketing:** Unternehmerische Denkhaltung, die die Befriedigung der Kundenansprüche in den Vordergrund stellt. Marketing bezeichnet auch alle Maßnahmen eines Unternehmers, sich einen Markt zu schaffen, zu vergrößern oder zu erhalten.

Ansprüche = Erwartungen von Kunden an ein Produkt

1.2 Marktforschung als Grundlage des Marketings

Die Ausrichtung der unternehmerischen Aktivitäten auf den Markt setzt voraus, dass der Unternehmer über aktuelle und repräsentative Marktinformationen verfügt. Nur so ist das Unternehmen in der Lage, sich schnell an Marktveränderungen anzupassen.

Die systematische Beschaffung, Aufbereitung und Auswertung von Marktinformationen ist Aufgabe der Marktforschung. Erforscht werden z. B. (mögliche) Kunden hinsichtlich Alter, Kaufkraft, Freizeitgewohnheiten, die Konkurrenzsituation usw. Werden Informationen hingegen unsystematisch gesammelt, so handelt es sich um eine **Markterkundung**.

> **Marktforschung:** systematische Beschaffung, Aufbereitung und Auswertung von Daten über Märkte
> **Markterkundung:** unsystematische (gelegentliche, zufällige) Information über das Marktgeschehen

Die Marktforschungsaktivitäten können zeitlich unterschiedlich ausgerichtet sein. Man unterscheidet Marktanalyse, Marktbeobachtung und Marktprognose.

Marktanalyse	**Zeitpunktbetrachtung** Die gewünschten Daten werden nur zu einem bestimmten Zeitpunkt (einmalig oder mehrmalig) erhoben. *Beispiel:* *Umsatz am 30. April 20(0)*
Marktbeobachtung	**Zeitraumbetrachtung** Daten werden über einen festgelegten Zeitraum kontinuierlich erhoben, um Entwicklungen festzustellen. *Beispiel:* *Die Umsatzzahlen des aktuellen Jahres werden mit den Vorjahreszahlen verglichen.*
Marktprognose	**Zukunftsbetrachtung** Aus den Daten der Vergangenheit werden Schlussfolgerungen für die zukünftige Entwicklung abgeleitet. Die Marktprognose ist das Ergebnis der Marktanalyse und der Marktbeobachtung. *Beispiel:* *Aufgrund der Umsatzzahlen der vergangenen fünf Jahre wird der Umsatz für das kommende Jahr geschätzt.*

1.3 Methoden der Marktforschung

1.3.1 Sekundärforschung

Marktforschung beginnt i.d.R. mit der Auswertung bereits vorhandener Daten. Diese Daten müssen nicht unbedingt zu Marktforschungszwecken erhoben worden sein wie z.B. eine Umsatzstatistik. Die Marktforschung nutzt aber diese Daten in einem zweiten (sekundären) Zugriff. Man spricht daher auch von **Sekundärforschung**.

Sekundärforschung: Auswertung bereits vorhandenen Datenmaterials

Sekundärstatistisches Material ist bereits im eigenen Unternehmen oder von anderen Stellen erhoben worden. Es muss daher nicht in einem aufwendigen Prozess beschafft werden. Die Daten stehen daher schnell und kostengünstig zur Verfügung. Andererseits sind die Daten häufig veraltet oder decken das Informationsbedürfnis eines Betriebes nicht exakt ab.
Als Quellen der Sekundärforschung kommen vor allem in Betracht:

Branchenbriefe, siehe https://vr-bankmodul.de/wbplus/vr-gruendungs-konzept/index.php

Sekundärforschung	
Interne Quellen	**Externe Quellen**
▎Warenwirtschaftssystem (z.B. Umsatzstatistik) ▎Daten aus dem Rechnungswesen ▎Informationen über Kunden (Kundendatenbank) ▎Berichte von Außendienstmitarbeitern	▎Amtliche Statistiken, z.B. des Statistischen Bundesamtes ▎Veröffentlichungen von Verbänden ▎Branchenbriefe der Volksbanken ▎Mitteilungen/Informationen der Industrie- und Handelskammern/Handwerkskammern ▎Fachzeitschriften ▎Veröffentlichungen von Mitbewerbern (Internetseiten, Kataloge, Preislisten)

1.3.2 Primärforschung

Wenn die verfügbaren Informationen für die gestellte Marketingaufgabe nicht ausreichen, ist eine Primärerhebung erforderlich (**Primärforschung**). Dabei werden ursprüngliche (primäre) Daten im Markt gewonnen; man spricht auch von Feldforschung (Field Research).

Primärforschung: Beschaffung und Auswertung von neuen, speziell auf den Untersuchungszweck ausgerichteten Daten

Die Primärforschung ist zwar deutlich aufwendiger und damit teurer als die Sekundärforschung. Die gewonnenen Daten können aber genau auf das Informationsbedürfnis des Unternehmens zugeschnitten werden und sie sind vor allem aktuell.

1.4 Erhebungsmethoden der Primärforschung

Primärstatistisches Material wird vorzugsweise auf zwei Arten erhoben: durch Befragung und durch Beobachtung.

1.4.1 Befragung

Bei der Befragung werden zufällig ausgewählte Personen durch Fragen veranlasst, sich zum Untersuchungsgegenstand zu äußern. Grundlage der Befragung bildet dabei in der Regel ein vorher verfasster Fragebogen.

Befragung: Erhebungsmethode, bei der zufällig ausgewählte Personen befragt werden

Die Befragung kann mündlich oder schriftlich durchgeführt werden.

Mündliche Befragung

Bei der mündlichen Befragung wird zwischen einer persönlichen Befragung im Rahmen eines Gespräches unter Anwesenden (Face-to-face-Interview) und einer Befragungen per Telefon unterschieden. In beiden Fällen wird eine Person als Interviewer eingesetzt, der mit den zu Befragenden Kontakt aufnimmt, die Fragen stellt und die jeweiligen Antworten festhält.

Typische Formen von **persönlichen Befragungen** sind Kunden- und Passantenbefragungen. Für eine **telefonische Befragung** ruft der Interviewer den Befragten an. Diese Erhebungsform ist besonders für kurze Interviews geeignet und wenn die Fragen einfach und knapp sind. Der Aufbau des Fragebogens und die Formulierung der Fragen haben wesentlichen Einfluss auf den Erfolg der Befragung. Heute werden diese Befragungen vielfach computergestützt durchgeführt, d. h., der Interviewer liest die Fragen vom Computerdisplay ab und gibt die Antworten direkt in den PC ein, sodass sie leicht ausgewertet werden können (**CATI-Methode**, Computer Assisted Telephone Interviewing).

Schriftliche Befragung

Bei einer **schriftlichen Befragung** erhalten die Befragten einen Fragebogen beispielsweise per Post zugeschickt oder er wird an die Zielpersonen persönlich verteilt. Manchmal liegen die Fragebögen auch im Unternehmen frei zugänglich aus. Der Fragebogen wird von der Zielperson selbstständig ausgefüllt und zurückgeschickt (oder z. B. in eine vorbereitete Box geworfen). Die Nichtbeantwortung von Fragebögen ist ein wesentliches Problem dieser Befragungsform, denn die Rücklaufquote ist häufig sehr niedrig.

Eine Sonderform der schriftlichen Befragung ist die **Online-Befragung** mit digitalem Fragebogen, der auf der Webseite des Unternehmens eingerichtet wird. Für den Befragten ist die Beantwortung der Fragen sehr bequem und einfach. Der ausgefüllte Fragebogen wird im System gespeichert (oder per E-Mail verschickt), sodass auch die Auswertung wenig Aufwand verursacht.

Die schriftliche Befragung zeichnet sich dadurch aus, dass man viele Personen mit großer räumlicher Streuung leicht und kostengünstig befragen kann.

Vergleich der Befragungsarten

Art der Befragung	Vorteile	Nachteile
Persönlich	▎ Direkte Kommunikation (face to face) ▎ Einsatz von Hilfsmitteln (Bilder, Proben) möglich	▎ Teuer durch den Einsatz von Interviewern ▎ Verzerrungen durch Beeinflussung des Interviewers möglich
Telefonisch	▎ Schnell und kostengünstig (Einsatz von Callcentern) ▎ geringere Hemmschwelle als bei persönlicher Befragung	▎ Häufig Verweigerung der Teilnahme am Telefon ▎ Gefahr der Monotonie
Schriftlich	▎ Standardisierter Fragebogen ▎ Relativ kostengünstig ▎ Hohe Anonymität	▎ Geringe Rücklaufquote ▎ Keine Kontrolle über den Befragten
Online	Wie bei schriftlich, zusätzlich: ▎ Computergestützte Benutzerführung möglich ▎ Hilfsmittel einsetzbar ▎ Schnelle Auswertung	Wie bei schriftlich, zusätzlich: Risiko einer Mehrfachteilnahme

1.4.2 Beobachtung

 Beobachtung: Erhebungsmethode, bei der Verhaltensweisen von Personen durch Beobachter oder technische Geräte (z. B. Videokamera) erfasst werden

Bei der Beobachtung steht ausschließlich das Verhalten von zufällig ausgewählten Personen im Mittelpunkt. Dabei geben diese keine Erklärungen ab, die einen Rückschluss auf ihr Verhalten ermöglichen. Beobachtungen werden vor allem im Handel eingesetzt, um das Kaufverhalten von Kunden zu analysieren.

Beispiele für Beobachtungen:
– Kundenlaufstudien in einem Einzelhandelsgeschäft (Beobachtungsziel: Wie bewegt sich der Kunde durch das Geschäft).
– Verweildauer und Aufmerksamkeitsschwerpunkte von Kunden vor Verkaufsregalen.

Der Vorteil der Beobachtung gegenüber der Befragung ist, dass der Beobachter sieht, was der Kunde tatsächlich tut, während der Kunde bei einer Befragung häufig Antworten gibt, die nicht mit seinem tatsächlichen Verhalten übereinstimmen.

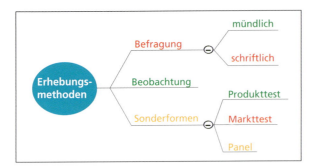

1.4.3 Spezielle Erhebungsmethoden der Primärforschung

Sonderformen der Erhebungsmethoden Befragung und Beobachtung sind Tests und Panels.

> **Produkttest:** Ausgewählten Testteilnehmern wird ein Produkt vor der Markteinführung übergeben, damit sie es ausprobieren. Bei der Verwendung des Produktes können sie beispielsweise beobachtet werden oder sie werden anschließend nach ihren Eindrücken befragt. Der Hersteller erhält auf diese Weise Hinweise zur Marktakzeptanz und zu Verbesserungsmöglichkeiten.
> **Marktest:** In diesem Fall wird ein neues Produkt auf einem räumlich begrenzten Teilmarkt probeweise angeboten, um die Absatzchancen des Produktes zu bestimmen.
> **Panel:** Eine Panelstudie ist eine Erhebungsmethode, bei der immer ein und dieselbe Personengruppe zu ein und demselben Sachverhalt befragt wird. Die Erhebung der Daten erfolgt zu unterschiedlichen Zeitpunkten über einen längeren Zeitraum.

Panel = ständige Befragungsgruppe

Beispiel:
Monatlich wird der Konsumklimaindex veröffentlicht, der die Konsumneigung der deutschen Privathaushalte widerspiegeln soll. Regelmäßig werden dazu 2 000 repräsentativ ausgewählte Personen befragt. Lediglich drei Fragen sind von den Testpersonen zu beantworten:
1. Was glauben Sie, wie wird sich die allgemeine wirtschaftliche Lage in den kommenden zwölf Monaten entwickeln? (Antwortmöglichkeiten: verbessern – gleich bleiben – verschlechtern)
2. Wie wird sich Ihrer Ansicht nach die finanzielle Lage Ihres Haushalts in den kommenden zwölf Monaten entwickeln? (Antwortmöglichkeiten: verbessern – gleich bleiben – verschlechtern)
3. Glauben Sie, dass es zurzeit ratsam ist, größere Anschaffungen zu tätigen? (Antwortmöglichkeiten: Der Augenblick ist günstig – weder günstig noch ungünstig – ungünstig)

1.5 Zielgruppenmarketing

Marketingbemühungen, die die Lebens- und Verbrauchsgewohnheiten der Kunden gezielt aufgreifen, sind besonders wirksam, weil sie den Verbraucher unmittelbar ansprechen und ihm ein Produkt anbieten, das in seine Lebens- und Verbrauchsplanung passt. Da aber die Ansprüche der Menschen sehr unterschiedlich sind, kann man heute in der Regel nur die Wünsche eines Teils der Konsumenten (einer bestimmten Zielgruppe) gesondert herausstellen. Marketing ist daher **Zielgruppenmarketing**.

> **Zielgruppenmarketing:** Ausrichtung der Marketingaktivitäten auf die Ansprüche ausgewählter Kunden, die sich durch gemeinsame Merkmale auszeichnen

Je schärfer eine bestimmte Gruppe von Konsumenten (Zielgruppe) eingegrenzt werden kann, desto konkreter können Marketingbemühungen auf die Ansprüche dieser Zielgruppe ausgerichtet werden. Ein Unternehmen kann dabei durchaus verschiedene Zielgruppen bilden und ansprechen. Dazu hat sich ein Unternehmen zunächst zu fragen, ob die (potenziellen) Kunden Unternehmen oder Privathaushalte sind.

B2B = Business-to-Business; siehe auch Lernfeld 4

1.5.1 B2B-Marketing

In diesem Fall sind Unternehmen, Organisationen Behörden u. Ä. die Zielgruppe. Typisch für Geschäftskunden ist der Einkauf größerer Mengen, die oft einen längeren Entscheidungsprozess erfordern und mit umfangreichen Verhandlungen über Einkaufskonditionen (Rabatte, Lieferungs- und Zahlungsfristen) verbunden sind. Wichtig ist, die richtigen Entscheidungsträger gezielt anzusprechen; denn oft kann der Einkäufer die Entscheidung nur vorbereiten, während z. B. der Geschäftsführer am Ende den Ausschlag gibt.

1.5.2 B2C-Marketing

B2C = Business-to-Consumer; siehe auch Lernfeld 4

Business-to-Consumer-Marketing beschreibt Marketingbemühungen gegenüber Endverbrauchern (Privatpersonen). Endverbraucher lassen sich nach unterschiedlichen Merkmalen einteilen, z. B. nach ihrem Alter, ihren Ansprüchen, ihrer geografischen Herkunft oder nach bestimmten Verhaltensweisen.

Merkmale zur Zielgruppenbeschreibung (B2C-Marketing)			
Demografisch	**Psychografisch**	**Geografisch**	**Verhalten**
▌ Alter ▌ Geschlecht ▌ Familienstand ▌ Kinderzahl ▌ Einkommen ▌ Ausbildung ▌ Religion	▌ Interessen ▌ Präferenzen ▌ Ansprüche ▌ Einstellungen/Werte ▌ Lebensstil	▌ Wohnort ▌ Region ▌ Land ▌ Nationalität	▌ Freizeitverhalten ▌ Mediennutzung ▌ Wahl der Einkaufsstätte ▌ Informationsverhalten

Kunden lassen sich aber auch mithilfe einer **ABC-Analyse** in Zielgruppen einteilen. A-Kunden sind Kunden, die zahlenmäßig die höchsten Umsätze erbringen (z. B. 20 % der Kunden erbringen 80 % des Umsatzes), B-Kunden erbringen geringere Umsätze, sind jedoch zahlenmäßig größer (z. B. 30 % Kunden erbringen 15 % Umsatz). Die C-Kundengruppe ist die zahlenmäßig größte Gruppe, erbringt jedoch den geringsten Umsatzanteil (z. B. 50 % erbringen 5 % Umsatz).

ABC-Analyse, siehe Lernfeld 4

Ganz grob können Kunden auch in Bestands- und Neukunden klassifiziert werden. **Bestandskunden** (auch Stammkunden genannt) sind dem Unternehmen schon länger verbunden, **Neukunden** hingegen sind aktuell hinzugewonnen worden. Es leuchtet ein, dass man sich um Neukunden intensiv bemüht, um sie letztlich zu Bestandskunden zu machen.

Kundentypen

Die Marktforschung kann bei der Einteilung von Kunden auch auf definierte Kundentypen zugreifen, die durch Untersuchungen ermittelt worden sind. Die wichtigsten sind folgende:

Smart Shopper
Ein Smart Shopper sucht preisgünstige Produkte und gleichzeitig qualitativ hochwertige Ware, vorzugsweise im Markenartikelbereich. Er will also das Optimum: gut und günstig.

LOHAS
Der Begriff LOHAS steht für Lifestyle of Health and Sustainability und bezeichnet eine Kundengruppe, die durch ihre Lebensweise Gesundheit und Nachhaltigkeit fördern will. LOHAS kaufen qualitativ hochwertige Produkte aus ökologischer und fairer Herstellung, verzichten dabei aber nicht auf Genuss und gutes Design. Beispiele für diesen Lebensstil sind:
▌ die Zubereitung von Nahrungsmitteln aus ökologischem Anbau, die schmecken und hochwertig sind,
▌ das Wohnen mit Designer-Möbeln aus pestizidfreiem Holz,
▌ das Tragen von Kleidern aus Naturfasern im modischen Trend.

DINK(s)
Die Abkürzung DINK steht für **D**ouble **I**ncome **N**o **K**ids, kinderloses Doppeleinkommen. Es bezeichnet jüngere Doppelverdiener, die kinderlos sind und über ein relativ hohes Einkommen verfügen. Dadurch sind sie eine attraktive Zielgruppe für die Werbung.

Best Ager
Mit Best Ager (Menschen im besten Alter, auch Silver Ager Generation 50plus, Generation Gold) wird die Kundengruppe der über 50-Jährigen bezeichnet, die für die Wirtschaft eine zunehmende Bedeutung hat, weil ihr Anteil an der Bevölkerung ständig zunimmt und sie finanziell besonders gut ausgestattet ist. Man spricht daher davon, dass die Senioren die Kunden der Zukunft sind. Die Vorstellung, dass sich ältere Menschen vorzugsweise um ihre Gesundheit sorgen und hinfällig sind, ist überholt, wenngleich natürlich die Gesundheit mit dem Älterwerden an Bedeutung gewinnt. Die „neuen Alten" verfügen heute über ein großes Maß an Lebensfreude.

Sie pflegen ihre Hobbys intensiv, reisen gerne und suchen neue Dinge, die ihr Leben bereichern. Manch einer erfüllt sich im Alter Jugendträume, für die er während seines Arbeitslebens keine Zeit hatte. Die Verfügbarkeit über freie Zeit ermöglicht es auch, soziale Kontakte viel stärker zu pflegen als vorher. „Wer rastet, der rostet" wird für viele zum neuen Lebensmotto.

1.5.3 Kundenanalyse

Das Wissen über die Eigenarten einer Zielgruppe schafft die Möglichkeit, auf das Kaufverhalten der Zielgruppe Einfluss zu nehmen. Dazu muss die Markforschung zentrale Fragen beantworten können, z. B.:

- Welche Ansprüche bestimmen die Kaufentscheidung der Kunden?
- Welche Produkte bevorzugt der Kunde?
- Warum kauft der Kunde diese Produkte?
- Wie oft und in welchen Mengen kauft er diese Ware ein?
- Bevorzugt er bestimmte Einkaufszeiten?
- Hat er Präferenzen für bestimmte Einkaufsstätten?
- Wie und wie gründlich informiert sich der Kunde im Vorfeld der Kaufentscheidung?
- Trifft der Kunde autonome Kaufentscheidungen oder wird er von anderen Personen beeinflusst?

> **Kundenanalyse:** Systematisches Zusammentragen von Informationen über bestehende und potenzielle Kunden

1.6 Fragebogenentwicklung

1.6.1 Allgemeine Grundsätze

Der Text des Fragebogens muss vom Befragten schnell verstanden und eindeutig sein. Daher sind – in Abhängigkeit von der Zielgruppe – Fachbegriffe und Fremdwörter sowie komplizierte Sätze zu vermeiden.

Regeln

- kurze, einfache Sätze formulieren
- konkret und zielgenau fragen
- eine einfache Sprache verwenden
- nur einen Sachverhalt pro Frage abfragen

Man muss auch darauf achten, ob die Frage überhaupt eindeutig zu beantworten ist.

Beispiel 1:

Sind Sie häufig mit Ihrem Auto in der Werkstatt?		Ja		Nein

Bei dieser Frage ist nicht klar, was unter „häufig" zu verstehen ist.

Beispiel 2:

Wie oft waren Sie in den letzten 6 Monaten mit Ihrem Auto in der Werkstatt?	gar nicht
	einmal
	2- bis 3-mal
	4- bis 6-mal
	häufiger als 6-mal

Durch Beispiel 2 werden Aussagen konkretisiert und für die Auswertung quantifiziert.

1.6.2 Fragetypen

Offene Fragen

Der Befrage kann sich frei äußern, sodass sich umfassende Zusammenhänge und Informationen ermitteln lassen. Demgegenüber steht der erhöhte Arbeitsaufwand bei der Auswertung.

Beispiele:
„Warum würden Sie einen Kaffeevollautomaten kaufen?"
„Wie alt sind Sie?"

Geschlossene Fragen

Bei geschlossenen Fragen werden Antwortalternativen vorgegeben, die durch Ankreuzen auszuwählen oder durch die Bildung von Rangreihen sowie die Vergabe von Noten oder Punkten zu beantworten sind. Es gibt unterschiedliche Typen von geschlossenen Fragen.

Beispiel 1: Alternativfrage

Haben Sie einen Kaffeevollautomaten in Ihrem Haushalt?		Ja		Nein

Bei der Alternativfrage kann der Befragte mit „Ja" oder „Nein" antworten. Unter Umständen wird ein neutrales „Weiß nicht" als eine zusätzliche Alternative angeboten.

Beispiel 2: Mehrfachauswahl (Multiple-Choice-Frage)

Wie viel Geld wären Sie bereit, für einen Kaffeevollautomaten auszugeben?		bis 100,00 €
		101,00 bis 200,00 €
		201,00 bis 300,00 €
		301,00 bis 500,00 €
		mehr als 500,00 €

Beispiel 3: Skalafrage

Wie zufrieden sind Sie mit unserer Werkstatt?	unzufrieden … zufrieden −3 −2 −1 0 +1 +2 +3

Die Bewertungsskala kann auch mit Symbolen versehen werden.

Wie zufrieden sind Sie mit unserer Werkstatt?	☺	☺	☹

In telefonischen Befragungen, denen letztlich auch ein Fragebogen zugrunde liegt, werden häufig folgende Formulierungen verwendet:

Wie zufrieden sind Sie mit unserer Werkstatt?
vollkommen zufrieden   sehr zufrieden   zufrieden   weniger zufrieden   unzufrieden

Der Befragte kann auch aufgefordert werden, eine Rangfolge festzulegen.

Geben Sie an, welche Eigenschaften für Sie beim Kauf eines Kaffeevollautomaten wichtig sind. Legen Sie durch die Vergabe der Ziffern 1 (sehr wichtig) bis 4 (völlig unwichtig) eine Rangfolge fest.		Preis
		Technische Ausstattung
		Marke
		Reparaturservice

Die vorstrukturierten Antworten in geschlossenen Fragen erleichtern die Auswertung des Fragebogens und erhöhen die Vergleichbarkeit, verhindern jedoch das Berücksichtigen spontaner und individueller Antworten.

Halb offene Fragen

Bei diesem Fragentyp werden offene und geschlossene Fragen miteinander kombiniert. Zu den vorgegebenen Antworten kann der Befragte eine eigene (offene) Antwort hinzufügen.

Beispiel 4:

Geben Sie bitte an, welche Marken von Kaffeevollautomaten Ihnen bekannt sind.		Miele
		Bosch
		Saeco
		De Longhi
		Melitta
		andere, und zwar _____

1.6.3 Positionierung von Fragen

Manche Fragen sind sinnvollerweise an bestimmten Stellen des Fragebogens einzustellen.

Eisbrecherfragen

Es handelt sich um eine Einleitungsfrage am Anfang des Fragebogens, um das Vertrauen des Befragten zu gewinnen. Der Inhalt der Frage ist oft nebensächlich; sie muss vor allem leicht zu beantworten sein.

Beispiel:
Haben Sie schon einmal an einer Befragung teilgenommen? (Antwort: Ja/Nein)

Kontrollfragen

Sie haben die Aufgabe, festzustellen, ob Fragen verstanden und wahrheitsgetreu beantwortet worden sind. Die Kontrollfrage muss einen Abstand zur eigentlichen Inhaltsfrage haben.

Beispiel:

> Frage 1: Wie bewerten Sie die Marke Ihres vorhandenen Kaffeevollautomaten? (Antwort: Skala von 1 bis 5)
> Frage 8: Würden Sie die Marke Ihres vorhandenen Kaffeevollautomaten weiterempfehlen? (Antwort: Skala von 1 bis 5)

Die Antworten von Frage 1 und Frage 8 müssten ähnlich ausfallen, da z. B. eine gute Bewertung der Marke auch zu einer hohen Weiterempfehlungsbereitschaft führen muss.

Filter- oder Gabelungsfragen

Die Antwort auf eine Frage kann dazu führen, dass nachfolgende Fragen nicht mehr sinnvoll beantwortet werden können.

Beispiel:

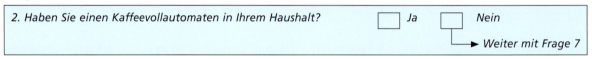

Abschlussfragen

Fragen zum Geschlecht, zum Alter und zum Einkommen werden gewöhnlich nur ungern beantwortet. Am Ende des Fragebogens ist aber ein gewisses Maß an Vertrauen aufgebaut worden, sodass die Bereitschaft steigt, auf diese Fragen Antwort zu geben. Würden diese personenbezogenen Fragen am Anfang gestellt, läuft man Gefahr, dass die Beantwortung des Fragebogens abgelehnt wird. Am Ende hat man zumindest alle inhaltlichen Fragen beantwortet, sollte der Befrage die Antwort zu persönlichen Dingen verweigern.

Beispiel:

Wie hoch ist Ihr monatliches Familieneinkommen?	bis 1 000,00 €
	über 1 000,00 bis 2 000,00 €
	über 2 000,00 bis 3 000,00 €
	über 3 000,00 bis 4 000,00 €
	mehr als 4 000,00 €

1.7 Ablauf einer Befragung mithilfe eines Fragebogens

Die Befragung mithilfe eines Fragebogens könnte wie folgt ablaufen:
- Feststellung des Informationsbedarfs (Welche Daten benötige ich?)
- Fragen formulieren
- Fragen psychologisch geschickt anordnen

    Es ist sinnvoll, am Anfang den Zweck der Befragung zu erklären. Gleichzeitig sollten Vertraulichkeit, Datenschutz und Anonymität gewährleistet werden.

    Ein Fragebogen ist gewöhnlich in drei Bereiche eingeteilt:

    A Um den Einstieg in die Befragung zu erleichtern, werden zu Beginn leicht zu beantwortende Fragen wie beispielsweise „Kennen Sie …?" oder „Wie häufig kaufen Sie …?" vorangestellt („Eisbrecherfragen").

    B Im zweiten Teil befinden sich die wesentlichen inhaltlichen Fragen, denn zu diesem Zeitpunkt ist die Aufmerksamkeit der Befragten am höchsten.

C Angaben zur Person des Befragten wie Alter, Familienstand oder Einkommen werden schließlich am Ende erfasst. Zu diesem Zeitpunkt hat sich auch eine Vertrauensbasis zwischen Befragten und Interviewer aufgebaut, sodass auch persönliche Fragen ehrlich beantwortet werden.

- Design des Fragebogens entwerfen: Ein optisch ansprechendes Formular erhöht die Bereitschaft, die Fragen zu beantworten. Auf eine angemessene Schriftgröße ist zu achten, ebenso auf ausreichende Abstände. Nummerierte Fragen erhöhen die Übersichtlichkeit.
- Fragebogen testen: Oft ist es sinnvoll, mithilfe ausgewählter Testpersonen festzustellen, ob die Fragen verständlich sind, ob das Äußere des Fragebogens zur Beantwortung einlädt und ob die Fragen zum gewünschten Ergebnis führen.
- Endfassung des Fragebogens erstellen
- Technische Rahmenbedingungen klären

  Soll die Befragung schriftlich, mündlich (evtl. telefonisch) oder auf der eigenen Webseite durchgeführt werden? Falls man sich für eine persönliche Befragung entschieden hat: Soll die Befragung im Unternehmen oder außerhalb erfolgen (z. B. als Passantenbefragung)? Im eigenen Unternehmen erreicht man vorzugsweise Stammkunden, während Neukunden eher durch eine Passantenbefragung angesprochen werden.
- Befragung durchführen
- Fragebögen auswerten
- Ergebnisse präsentieren

Zusammenfassung

Marktforschung			
Marketing	**Markterkundung**	**Marktforschung**	**Datenmaterial/Methoden**
Unternehmerische Denkhaltung, die die Befriedigung der Kundenansprüche in den Vordergrund stellt	Unsystematische (gelegentliche, zufällige) Information über das Marktgeschehen	Systematische Beschaffung, Aufbereitung und Auswertung von Daten über Märkte ▎ Marktanalyse: Zeitpunktbetrachtung ▎ Marktbeobachtung: Zeitraumbetrachtung ▎ Marktprognose: Zukunftsbetrachtung	▎ Sekundärforschung: – Auswertung bereits vorhandenen Datenmaterials – Interne/externe Quellen ▎ Primärforschung: Beschaffung und Auswertung von neuen, speziell auf den Untersuchungszweck ausgerichteten Daten Erhebungsmethoden: ▎ Befragung: – Mündlich (persönlich/telefonisch) – Schriftlich (Sonderform Onlinebefragung) ▎ Beobachtung: Erfassung von Verhaltensweisen ▎ Sonderformen: Produkttest/Markttest/Panel
Zielgruppenmarketing	**Kundenanalyse**	**Fragebogenentwicklung**	
Marketingaktivitäten → Ansprüche ausgewählter Kunden ▎ B2B-Marketing → Unternehmen ▎ B2C-Marketing → Konsumenten (demografische, psychografische, geografische, Verhaltensmerkmale) ▎ Weitere Einteilungen: ABC-Analyse, Bestandskunden, Neukunden	Systematisches Zusammentragen von Informationen über bestehende und potenzielle Kunden ▎ Kundentypen – Smart Shopper – DINKs – LOHAS – Best Ager – u. a.	▎ Fragebogen: kurze, einfache, konkrete, zielgenaue Fragen ▎ Fragetypen: – Offene: freie Wortwahl – Geschlossene: Vorgaben: Alternativfragen, Mehrfachauswahl, Skalafrage – Halb offene: Mischung aus offener und geschlossener Frage ▎ Positionierung: – Eisbrecherfragen – Filter- oder Gabelungsfragen – Kontrollfragen – Abschlussfragen	

Lernfeld 5 Kunden akquirieren und binden

2 Datenauswertung

➲ **Lernsituation 2: Marktforschungsdaten auswerten**

2.1 Sekundärstatistisches Material

2.1.1 Quellen

Siehe Kapitel 1, Seite 17

> **Sekundärstatistische Daten:** Marktinformationen, die nicht im eigenen Unternehmen gewonnen werden, sondern von anderen Einrichtungen erstellt worden sind

Die wichtigste Quelle ist dabei das Statistische Bundesamt. Es erhebt eine Vielzahl von Daten zu unterschiedlichsten Lebensbereichen und stellt die Daten in bestimmtem Umfang auf seiner **Webseite unter www.destatis.de** zur Verfügung.
Im Regelfall werden die Daten als Tabellen aufbereitet (siehe unten). Einige werden aber auch in Form von Grafiken präsentiert (siehe rechts).

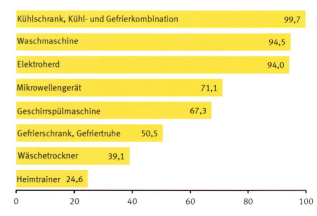

Schaubild 4
Ausstattung privater Haushalte mit Haushaltsgeräten am 1.1.2013
Anteil der Haushalte in %

Quelle: Statistisches Bundesamt, Fachserie 15, Heft 1, EVS 2013, Seite 18, abgerufen am 01.01.2015 unter www.destatis.de/DE/ZahlenFakten/GesellschaftStaat/EinkommenKonsumLebensbedingungen/AusstattungGebrauchsguetern/Ausstattung-Gebrauchsguetern.html

Einkommens- und Verbrauchsstichprobe
Ü2 Ausstattung privater Haushalte mit ausgewählten Gebrauchsgütern nach Gebietsständen am 1.1. des jeweiligen Jahres
Ü2.2 Ausstattungsgrad

Lfd. Nr.	Gegenstand der Nachweisung	Deutschland			Früheres Bundesgebiet ohne Berlin-West[1]			Neue Länder und Berlin[1]		
		2003	2008	2013	2003	2008	2013	2003	2008	2013
1	Erfasste Haushalte (Anzahl)...............	59 713	58 984	59 775	48 227	45 652	45 721	11 486	13 332	14 054
2	Hochgerechnete Haushalte (1 000)........	37 931	39 077	40 032	30 861	31 771	31 440	7 070	7 306	8 592
	Anteil der Haushalte in % (Ausstattungsgrad)[2]									
	Haushalts- und sonstige Geräte									
35	Kühlschrank, Kühl- und Gefrierkombination..	98,8	98,6	99,7	98,7	98,6	99,7	98,8	98,6	99,8
36	Gefrierschrank, Gefriertruhe................	66,0	52,4	50,5	68,0	54,6	53,1	57,3	43,0	40,9
37	Geschirrspülmaschine.......................	56,6	62,5	67,3	59,0	64,2	69,5	46,4	55,0	59,4
38	Mikrowellengerät.............................	62,7	69,6	71,1	63,2	69,5	71,0	60,3	70,2	71,4
39	Waschmaschine..............................	93,5	.	94,5	93,1	.	94,0	95,3	.	96,4
40	Wäschetrockner (auch im Kombigerät)......	36,5	38,5	39,1	40,4	42,3	43,8	20,1	22,1	22,2
41	Elektroherd (auch im Kombigerät)...........	.	.	94,0	.	.	95,5	.	.	88,4
42	Heimtrainer (z. B. Ergometer, Laufband).....	24,3	27,5	24,6	24,6	27,4	25,3	23,4	27,8	22,3

1) Vor der EVS 2013 gehörte Berlin-West zum früheren Bundesgebiet und Berlin-Ost gehörte zu den neuen Ländern. – 2) Bezogen auf hochgerechnete Haushalte der jeweiligen Spalte. – 3) Einschließlich Firmenwagen, die auch privat genutzt werden dürfen. Keine Ratenkäufe.

EVS = Einkommens- und Verbrauchsstichprobe

Quelle: Statistisches Bundesamt, Fachserie 15, Heft 1, EVS 2013, Seite 14, abgerufen am 01.01.2015 unter www.destatis.de/DE/ZahlenFakten/GesellschaftStaat/EinkommenKonsumLebensbedingungen/AusstattungGebrauchsguetern/AusstattungGebrauchsguetern.html

Ein Handelsunternehmen, das z. B. die Umsätze im Bereich der Haushaltsgeräte steigern möchte, kann den statistischen Daten beispielsweise entnehmen, dass 2013 fast 100 % der deutschen Haushalte über einen Kühlschrank verfügen. Der Markt für Kühlschränke muss daher als gesättigt eingestuft werden. Große Umsatzsteigerungen lassen sich in einem solchen Markt nicht erzielen.

Anders sieht es aber etwa bei Wäschetrocknern aus. 39,1 % der deutschen Haushalte sind erst mit einem solchen Gerät ausgestattet.
Die Abfolge der Datenerhebung zeigt aber auch das Problem der Sekundärforschung: Die Daten werden im Fünf-Jahres-Rhythmus erhoben; sie sind daher oftmals nicht aktuell.
Ein Elektrofachgeschäft, das den Verkauf von Kaffeevollautomaten durch Marketingmaßnahmen ankurbeln möchte, wird allerdings beim Statistischen Bundesamt keine Informationen finden. Eine Recherche im Internet zeigt aber, dass z. B. das Bayerische Landesamt für Statistik und Datenverarbeitung Kaffeevollautomaten in seine Datenerhebung aufgenommen hat (siehe unten).

1. Ausstattung privater Haushalte [1] mit ausgewählten langlebigen Gebrauchsgütern im Januar 2010 nach der Haushaltsgröße

Ausstattungsgrad je 100 Haushalte = Anteil in Prozent

Lfd. Nr.	Gegenstand der Nachweisung	Haushalte insgesamt	davon mit ... Person(en)			
			1	2	3	4 oder mehr
1	Erfasste Haushalte (Anzahl)	1 051	283	398	195	175
2	Hochgerechnete Haushalte (1 000)	5 297	1 963	1 767	801	766
	Ausstattungsgrad [2] je 100 Haushalte					
	Elektrische Haushaltsgeräte					
31	Gefrierschrank, Gefriertruhe	59,9	38,3	69,3	74,8	77,7
32	Geschirrspülmaschine	67,9	41,3	78,8	83,6	94,2
33	Mikrowellengerät	69,6	61,0	71,0	76,6	80,8
34	Wäschetrockner	44,2	(28,7)	46,4	56,1	66,2
35	Kaffeevollautomat [3]	34,3	(24,9)	36,5	(43,1)	(44,1)
	Sonstige Geräte					
36	Sportgeräte (Hometrainer)	32,3	(21,5)	36,5	(41,2)	(41,2)

1) Ohne Haushalte von Selbständigen und Landwirten und ohne Haushalte mit einem monatlichen Haushaltsnettoeinkommen von 18 000 Euro oder mehr. -
2) Anzahl der Haushalte, in denen entsprechende langlebige Gebrauchsgüter vorhanden sind, bezogen auf hochgerechnete Haushalte der jeweiligen Spalte. -
3) Keine Filterkaffee-, Pad- und Kapselmaschinen.

Quelle: Bayerisches Landesamt für Statistik und Datenverarbeitung – Ausstattung privater Haushalte mit ausgewählten langlebigen Gebrauchsgütern in Bayern, Datenstand 2010, Seite 9, abgerufen am 01.01.2015 unter www.destatis.de/ GPStatistik/servlets/MCRFileNodeServlet/BYHeft_derivate_00003100/O1100C%20201000.pdf;jsessionid=A1CED9B81AF429787E303B74341EABEB

Der Statistik ist zu entnehmen, dass im Jahr 2010 34,3 % der bayerischen Haushalte einen Kaffeevollautomaten besaßen. Die Zahl steigt mit zunehmender Personenzahl im Haushalt an (z. B. auf 44,1 % in Haushalten mit mehr als vier Personen). Allerdings deuten die Klammerwerte darauf hin, dass die Zahlen mit Fehlern behaftet sein können. Die statistische Basis („Erfasste Haushalte") ist auch gering, wenn nur 175 Haushalte mit vier und mehr Personen befragt worden sind.
Neben der amtlichen Statistik (**Statistisches Bundesamt**, statisches Material der Länder und Kommunen) haben sich zahlreiche **Marktforschungsunternehmen** auf die Gewinnung und Auswertung von Daten spezialisiert. Bekannte Unternehmen sind z. B.

- infas Institut für angewandte Sozialwissenschaft GmbH oder
- Gesellschaft für Konsumforschung (GFK).

Kleinere Marktforschungsunternehmen haben sich häufig auf bestimmte Bereiche (z. B. Finanzdienstleistungen) spezialisiert. Es handelt sich aber in allen Fällen um Unternehmen mit Gewinnerzielungsabsicht. Die von ihnen erstellten Marktstudien kosten daher Geld, häufig hohe Beträge.

2.1.2 Auswertung

Der Nutzer von Daten aus der Sekundärforschung muss die zur Verfügung stehenden Daten für sich aufbereiten. Dies soll am Beispiel des Kaffeevollautomaten dargestellt werden.
Die Datenerhebung des Bayerischen Landesamtes für Statistik und Datenverarbeitung (siehe oben) wurde nach fünf Gesichtspunkten durchgeführt:

1. Haushaltsgröße
2. Monatliches Haushaltsnettoeinkommen
3. Soziale Stellung des Haupteinkommensbeziehers
4. Alter des Haupteinkommensbeziehers
5. Ausgewählte Haushaltstypen

Lernfeld 5 Kunden akquirieren und binden

Betrachtet man alle Aspekte, lässt sich daraus ein erstes Kundenprofil erstellen. Zunächst werden die Daten in verkürzter Form vorgestellt:

Sekundärstatistische Daten

1. Haushaltsgröße

Lfd. Nr.	Gegenstand der Nachweisung	Haushalte insgesamt	davon mit ... Person(en)			
			1	2	3	4 oder mehr
35	Kaffeevollautomat	34,3	(24,9)	36,5	(43,1)	(44,1)

2. Monatliches Haushaltsnettoeinkommen

Lfd. Nr.	Gegenstand der Nachweisung	Monatliches Haushaltsnettoeinkommen in Höhe von ... €			
		unter 1700,00	1700,00 bis unter 2600,00	2600,00 bis unter 3600,00	3600,00 oder mehr
35	Kaffeevollautomat	(24,8)	(33,4)	45,6	46,0

3. Soziale Stellung des Haupteinkommensbeziehers

Lfd. Nr.	Gegenstand der Nachweisung	Arbeitnehmer	darunter		Nichterwerbstätige	darunter Rentner und Pensionäre
			Beamte	Angestellte		
35	Kaffeevollautomat	39,1	(33,9)	35,3	(26,6)	(28,3)

4. Alter des Haupteinkommensbeziehers

Lfd. Nr.	Gegenstand der Nachweisung	Alter des Haupteinkommensbeziehers in Jahren				
		unter 35	35 bis unter 45	45 bis unter 55	55 bis unter 65	65 oder mehr
35	Kaffeevollautomat	(29,2)	(37,1)	39,9	(32,4)	(30,4)

5. Ausgewählte Haushaltstypen

Lfd. Nr.	Gegenstand der Nachweisung	Alleinlebende	(Ehe-)Paare	davon	
				ohne Kinder	mit Kindern
35	Kaffeevollautomat	(24,9)	38,9	37,0	(42,0)

Quelle: Bayerisches Landesamt für Statistik und Datenverarbeitung – Ausstattung privater Haushalte mit ausgewählten langlebigen Gebrauchsgütern in Bayern, Datenstand 2010, Seite 7–16, abgerufen am 01.01.2015 unter www.destatis.de/GPStatistik/servlets/MCRFileNodeServlet/BYHeft_derivate_00003100/O1100C%20201000.pdf;jsessionid=A1CED9B81AF429787E303B74341EABEB

Zusammenfassung und Auswertung

1. Haushaltsgröße	Rund 1/3 aller Haushalte verfügen über einen Kaffeevollautomaten. Je mehr Personen ein Haushalt umfasst, umso eher verfügt der Haushalt über ein solches Gerät (Anstieg bis ca. 44 %).
2. Monatliches Haushaltsnettoeinkommen	Mit zunehmendem Einkommen steigt auch der Besitz von Kaffeevollautomaten.
3. Soziale Stellung des Haupteinkommensbeziehers	Circa 39 % aller Arbeitnehmerhaushalte haben einen Kaffeevollautomaten, vor allem in Beamten- und Angestelltenhaushalten. Rentnerhaushalte und insbesondere Haushalte von Arbeitslosen weisen eine deutlich geringere Ausstattung auf.
4. Alter des Haupteinkommensbeziehers	Der Haupteinkommensbezieher ist vorzugsweise mittleren Alters (zwischen 35 und 55 Jahren).
5. Ausgewählte Haushaltstypen	Nutzer von Kaffeevollautomaten leben vorzugsweise in einer Paarbeziehung und haben Kinder.

Zielgruppenbeschreibung
Fasst man die Daten weiter zusammen, könnte der typische Kunde von Kaffeevollautomaten wie folgt beschrieben werden:

> Der Kunde lebt in einer Paarbeziehung und in einem Mehrpersonenhaushalt, hat ein überdurchschnittliches Einkommen und ist als Beamter oder Angestellter tätig. Sein Alter liegt vorzugsweise zwischen 35 und 55 Jahren.

Alle Daten sind aber mit Vorsicht zu behandeln:
- Die Daten sind 2010 erhoben worden, also veraltet.
- Ergebnisse in Klammern können fehlerhaft sein.
- Bestimmte Daten fehlen, z. B. Informationen über Selbstständige zu Punkt 3. Soziale Stellung des Haupteinkommensbeziehers.

Mehr Gewissheit und eine genauere Zielgruppenbeschreibung würde man erhalten, wenn das sekundärstatistische Datenmaterial durch Primärforschung ergänzt würde.

2.2 Primärstatistisches Material

 Primärstatistische Daten: Datenmaterial, das vom eigenen Unternehmen neu beschafft und ausgewertet wird und das speziell auf den Untersuchungszweck bezogen ist

Nach der Erhebung von eigenen Marktforschungsdaten sind die vorliegenden Ergebnisse ebenfalls auszuwerten.

2.2.1 Auswertung in Tabellenform
In vielen Fällen liegt es nahe, erhobene Daten in Tabellenform darzustellen.

Beispiel:
Die Frage in einem Fragebogen lautet:

> Beurteilen Sie bitte die Qualität unserer Werkstattleistung, indem Sie sie mit Schulnoten bewerten: 1 = sehr gut, 6 = ungenügend.

Lernfeld 5 Kunden akquirieren und binden

Der Fragebogen wurde von 285 Kunden ausgefüllt und erbrachte zusammengefasst folgendes Ergebnis.

Merkmal Schulnote 1 bis 6	Häufigkeit der Nennung absolut	Häufigkeit der Nennung relativ (in %)
1	11	3,9
2	57	20,0
3	102	35,8
4	100	35,1
5	14	4,9
6	1	0,4
Summe	285	100,0

> Absolute Häufigkeit: = Zahl der Nennungen (in der Statistik mit „n" bezeichnet)
>
> Relative Häufigkeit: Zahl der Nennen bezogen auf 100 (Angabe in Prozent)

Am häufigsten wurde die Note 3 angekreuzt, gefolgt von der Note 4.
Man könnte die Daten der Tabelle auch noch weiter bündeln, um die Aussagekraft zu erhöhen.

Beispiel:
68 Kunden sind mit den Leistungen der Werkstatt sehr gut und gut zufrieden. (= 23,86 %)
202 Kunden bewerten die Werkstattleitung im mittleren Bereich (Note 3 und 4). (= 70,88 %)
15 Kunden sind unzufrieden (Note 5) oder sogar sehr unzufrieden (Note 6). (= 5,26 %)

2.2.2 Skalenauswertung

Auch bei einer Skala-Frage werden die Nennungen zu den jeweiligen Antwortmöglichkeiten zusammengefasst. Das kann wiederum eine Tabelle sein; es ist aber auch möglich, das ursprüngliche Frageformat für die Auswertung heranzuziehen.

Beispiel:

Wie zufrieden sind Sie mit unserer Werkstatt?				
vollkommen zufrieden	sehr zufrieden	zufrieden	weniger zufrieden	unzufrieden
Auswertung				
11	57	102	100	15

2.2.3 Grafische Darstellungen

Eine grafische Darstellung von Marktforschungsergebnissen ist oft anschaulicher als eine tabellarische. Häufig werden tabellarische Zusammenstellungen durch zusätzliche Grafiken unterstützt. Vor allem zentrale Ergebnisse werden gerne durch Grafiken hervorgehoben.

Beispiel:
Am Ende eines Fragebogens wird u. a. mit folgender Frage die soziale Stellung des Befragten erfasst:

Gestatten Sie uns, zum Schluss noch einige persönliche Fragen an Sie zu stellen.		Ergebnis der Befragung:
Sind Sie	angestellte/-r Arbeitnehmer/-in	165
	Beamter/Beamtin	32
	selbstständig tätig	48
	zurzeit ohne Beschäftigung	8
	Rentner/-in bzw. Pensionär/-in	32

Darstellung als Kreisdiagramm

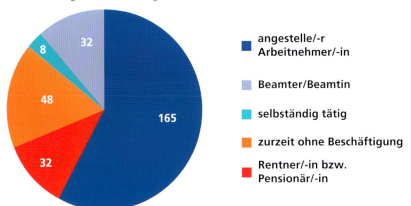

Siehe weitere Diagrammarten im Anhang des Informationshandbuchs des 1. Ausbildungsjahres

Durch die Primärforschung können Lücken im statistischen Material aus der Sekundärforschung gefüllt werden, z. B. war aus dem sekundärstatistischen Daten nicht zu erkennen, wie Haushalte von Selbstständigen mit Kaffeevollautomaten ausgestattet sind (siehe oben Seite 28). Vor allem kann aber ein Unternehmen über den selbsterstellten Fragebogen erkunden, aus welchem Grund der Kunde ein bestimmtes Produkt kauft, welche Eigenschaften eines Produktes für ihn von besonderer Bedeutung sind und welchen Vorteil (Kundennutzen) er sich vom Kauf des Produktes verspricht.

2.3 Ansprüche von Kunden

> **Kundenansprüche:** Erwartungen von Kunden an ein Produkt

Ein Unternehmen muss die Ansprüche (auch Kaufmotive) seiner Kunden kennen, um anspruchsgerechte Produkte zu entwickeln, für die Kunden einzukaufen oder in einem Geschäft anzubieten.
Durch die tägliche Verkaufspraxis wissen Verkaufsmitarbeiter, worauf ihre Kunden am meisten Wert legen. Man weiß auch, dass bestimmte (allgemein formulierte) Ansprüche immer wieder von Kunden geäußert werden.

Speziell im Einzelhandel richten sich Kundenansprüche auch an die Einkaufsstätte selbst (z. B. an die Einkaufsatmosphäre) und an das Personal (z. B. freundliche Bedienung, Beratungskompetenz).

Anspruch	... und was sich dahinter verbirgt
Bequemlichkeit	Entspannung, Erholung, Zeitersparnis, Arbeitsersparnis
Preiswürdigkeit	Preiswertes Einkaufen, möglichst hoher Gegenwert, ausgewogenes Preis-Leistungs-Verhältnis, Gewinnstreben, Energieersparnis
Zweckmäßigkeit	Nützlichkeit, hoher Gebrauchswert, Funktionalität, Ordnungsliebe, korrekte Kleidung
Sicherheit	Zuverlässigkeit, lange Lebensdauer, sorgfältige Verarbeitung, Geborgenheit, Schutz, Bewährtes, Gewohntes, umweltgerecht, nachhaltig, Gesundheit, Lebenserhaltung, Unauffälligkeit, Nachahmung
Gestaltungsbedürfnis	Raumgestaltung, Freude an technischen Dingen, Sport, Hobbys, Sammlungen, Beschäftigungsdrang und Kreativität, Abenteuer, Informationsbedürfnis, Freude an Veränderungen, Neugierde, Geselligkeit
Pflegebedürfnis	Verlangen nach Sauberkeit und Hygiene, Freude an Pflegearbeiten, Wunsch, ein Kind zu betreuen
Schönheit	Schöne Formen und Farben, gutes Design, angenehme Musik

Ansprüche an ein Produkt können aber auch durch die Primärforschung ermittelt werden. Zwei Fragerichtungen liegen nahe:
1. Warum wünscht der Kunde ein Produkt überhaupt zu kaufen (Kaufgrund)?
2. Welche konkreten Erwartungen, welche Produkteigenschaften sind für ihn wichtig?

> **Produkteigenschaften:** alle Vorteile (letztlich aber auch alle Nachteile), die ein Produkt bieten kann

Es ist verständlich, dass ein Unternehmen seinen Kunden vor allem die Vorteile eines Produktes näherbringen will. Ein fairer Umgang mit Kunden verlangt aber auch, dass Produktnachteile angesprochen werden.

Siehe Einwandbehandlung, Seite 234

Lernfeld 5 Kunden akquirieren und binden

Beispiel 1: Frage nach dem Kaufgrund

Geben Sie bitte an, warum Sie überlegen, sich einen Kaffeevollautomaten anzuschaffen. Kreuzen Sie bitte die Aussagen an, die auf Sie zutreffen. Mehrfachnennungen sind möglich.	☐ Das Kaffeekochen wird einfacher und schneller.
	☐ Man kann Kaffee auf verschiedene Arten zubereiten (z. B. Espresso, Milchkaffee).
	☐ Gäste wollen heute verschiedene Kaffeearten serviert bekommen.
	☐ Die meisten meiner Bekannten haben solch ein Gerät.
	☐ Ein schicker Kaffeevollautomat macht sich gut in meiner Küche.
	☐ andere, und zwar _____

Beispiel 2: Frage nach Produkteigenschaften

Geben Sie an, welche Eigenschaften für Sie beim Kauf eines Kaffeevollautomaten wichtig sind. Mehrfachantworten sind möglich.	☐ Preis
	☐ einstellbare Tassenhöhe
	☐ großer Wasserbehälter
	☐ Milchaufschäumer
	☐ Pulverkaffee-Fach
	☐ Tassenwärmer
	☐ Energiesparmodus
	☐ automatische Reinigung

Weitere Fragen sind denkbar, um das Kundenprofil zu verfeinern, z. B.:
- akzeptiertes Preisniveau
- Bedeutung eines Reparatur- und Ersatzteilservices vor Ort
- Einkaufsstätte (Fachhandel, große Elektromärkte, Internet)

Zielgruppenbeschreibung
Ein durch eine Kundenbefragung verfeinerte Zielgruppenbeschreibung könnte z. B. wie folgt aussehen:

Siehe erste Fassung der Zielgruppenbeschreibung, Seite 29

> Der Kunde lebt in einer Paarbeziehung und in einem Mehrpersonenhaushalt, hat ein überdurchschnittliches Einkommen und ist als Beamter, Angestellter oder als Selbstständiger tätig. Sein Alter liegt vorzugsweise zwischen 35 und 55 Jahren. Er schätzt an einem Kaffeevollautomaten vor allem die Bequemlichkeit und die Vielfalt in der Zubereitung von Kaffee. Es ist ihm wichtig, seinen Gästen verschiedene und attraktive Arten von Kaffee servieren zu können. Er erwartet, dass das Gerät einen Milchaufschäumer und ein Pulverkaffeefach besitzt. Es sollte über einen Energiesparmodus verfügen und eine automatische Reinigungsfunktion haben. Er ist bereit, für das Gerät bis zu 500,00 € auszugeben. Wenn ein Reparatur- und Ersatzteilservice besteht, würde der Kunde auch im örtlichen Fachhandel einkaufen.

Allgemein werden in einer Zielgruppenbeschreibung beispielsweise folgende Gesichtspunkte erläutert:
- Demografische Erfassung der Zielgruppe (z. B. Alter, Geschlecht, Familienstand, Einkommen)
- Handelt es sich um die eigenen vorhandenen Kunden oder wird die Gewinnung neuer Kunden angestrebt?
- Welche Ansprüche bestimmen die Kaufentscheidung der Kunden?
- Welchen Nutzen erwartet der Kunde vom Produkt?
- Wie oft und in welchen Mengen kauft er diese Ware ein?
- Warum bevorzugt der Kunde das Angebot des Unternehmens?
- Welche Bedeutung hat der Preis für die Kaufentscheidung?
- Welche Rolle spielen Serviceleistungen?
- Wie und wie gründlich informiert sich der Kunde im Vorfeld der Kaufentscheidung?
- Trifft der Kunde autonome Kaufentscheidungen oder wird er von anderen Personen beeinflusst?
- Hat er Präferenzen für bestimmte Einkaufsstätten?

2.4 Kundennutzen

Die Kenntnis der Kundenansprüche ist die Grundlage, um den Kunden den Nutzen des Produktes zu erläutern, entweder in einem Verkaufsgespräch im Geschäft oder durch Marketingmaßnahmen.

Kundennutzen: Der Nutzen ist der konkrete Vorteil, den ein Produkt für einen bestimmten Kunden in einer bestimmten Verwendungssituation hat.

Beispiel zur Veranschaulichung des Kundennutzens in einem Verkaufsgespräch:
Ein Kunde interessiert sich für einen Kaffeevollautomaten. Verschiedene Produkteigenschaften sind bereits angesprochen worden.

Kunde: „Ich habe aber noch ein Problem. Meine Frau kann nur koffeinfreien Kaffee vertragen."
Mitarbeiter: „Das Gerät besitzt ein extra Pulverkaffeefach. *Produkteigenschaft*

Dort könnten Sie entkoffeiniertes Kaffeepulver hineingeben. Das Gerät zieht das Pulver automatisch ein, wenn Sie es im Display entsprechend einstellen. Sie können also mit dem Automaten Ihren Kaffee und den Kaffee für Ihre Frau auf einfache Weise fast gleichzeitig herstellen." *Kundennutzen*

Verkaufsargumentation: In der Verkaufsargumentation werden die Eigenschaften eines Produktes auf die konkrete Situation eines Kunden bezogen und der individuelle Nutzen deutlich gemacht, den das Produkt für ihn bietet.

Zusammenfassung

Datenauswertung			
Sekundärstatistisches Material	**Primärstatistisches Material**	**Kundenansprüche**	**Produkteigenschaften**

▪ Quellen:
  – Statistisches Bundesamt und Statistische Landesämter
  – Marktforschungsunternehmen
▪ Auswertung: Tabellen, Grafiken
▪ Ziel: Kundenprofil
	▪ Auswertung: Tabellen, Grafiken
	▪ Ziel: Verfeinerung des Kundenprofils
		Erwartungen von Kunden an ein Produkt	Alle Vorteile (und auch Nachteile), die ein Produkt bieten kann

Kundennutzen	**Verkaufsargumentation**
Konkreter Vorteil, den ein Produkt für einen bestimmten Kunden in einer bestimmten Verwendungssituation hat	Eigenschaften eines Produktes auf die konkrete Situation eines Kunden beziehen und ihm seinen individuellen Nutzen deutlich machen

3 Marketingplanung

➲ Lernsituation 3: Einen Marketingplan erstellen

3.1 Geschäftsidee

Am Anfang der Marketingaktivitäten steht eine Geschäftsidee, z.B. der Wunsch, den Absatz eines bestimmten Produktes zu steigern, den Marktanteil in einer konkreten Region zu erhöhen, das Image des eigenen Unternehmens in den Augen der Kunden zu verbessern (z.B. sich als nachhaltig wirtschaftendes Unternehmen darstellen) oder ein neues Produkt auf den Markt zu bringen. Diese Idee muss nun in einen Planungsprozess überführt werden (in einen **Marketingplan**), damit die zu treffenden Entscheidungen von Fakten untermauert sind. Zunächst ist es erforderlich, sich einen Überblick über die aktuelle Marktlage zu verschaffen.

> **Marketingplan:** Dokument, das zum Ausdruck bringt, wie ein Unternehmen die derzeitige Marktsituation und die weitere Entwicklung beurteilt, welche Marketingziele es sich setzt und wie es diese Ziele erreichen will

Analyse der Ausgangssituation
Ein Unternehmen, das Marktforschung betreibt, ist eingebettet in eine konkrete Marktlage. Diese wird vor allem bestimmt durch die Marktteilnehmer (das sind z. B. die Kunden, die Mitbewerber und die Lieferanten). Ein Unternehmen agiert aber auch in einer bestimmten gesellschaftlichen und ökonomischen Situation, die bei der Festlegung von Marketingzielen zu beachten ist. Daher steht am Anfang zunächst die Frage, wie sich der Ist-Zustand des Marktes darstellt.

3.2 Analyse des Gesamtmarktes

> **Marktanalyse:** Sie ist eine punktuelle Darstellung der Marktsituation. Die Marktanalyse ist die Basis für eine Marketingplanung, aus der in der Folge Marketingziele und Marketingmaßnahmen abgeleitet werden.

Die nachfolgenden Aspekte werden bei einer Marktanalyse untersucht:

3.2.1 Marktsituation
Hier geht es um die Einschätzung der Absatzmöglichkeiten für ein Produkt in einer bestimmten Zeit und in einer festgelegten Region.

- **Marktpotenzial:** die vermutete maximale Absatzmenge für ein Produkt in einer bestimmten Periode
- **Marktvolumen:** tatsächlich verkaufte Menge von diesem Produkt
- **Marktanteil:** Anteil eines Unternehmens am Marktvolumen dieses Produktes

Absatz = verkaufte Produkte in Stück

Umsatz = verkaufte Produkte in Stück mal Preis pro Stück

Beispiel: Kaffeevollautomaten
Ein Elektrofachgeschäft in einer Stadt möchte Kaffeevollautomaten für Privathaushalte ins Sortiment aufnehmen und einen Mitarbeiter für die Reparatur und Wartung dieser Maschinen schulen lassen. Vorher will sich das Unternehmen aber einen Überblick über die Marktsituation verschaffen und speziell das Marktvolumen abschätzen.
Daten: In der Stadt wohnen 10 000 Haushalte. Erfahrungsgemäß kaufen 5 % der Haushalte jährlich einen Kaffeevollautomaten. In der Stadt gibt es 20 Unternehmen (Fachgeschäfte, Warenhäuser usw.), die dieses Produkt anbieten.
Das Elektrofachgeschäft rechnet wie folgt:

Marktpotenzial: 10 000 Stück (maximal 1 Kaffeevollautomat pro Haushalt)
Marktvolumen: 5 % von 10 000 = 500 Stück (Erfahrungswert für den jährlichen Absatz)
Das Elektrofachgeschäft könnte davon ausgehen, dass jährlich 500 Geräte verkauft werden können (= Marktvolumen für alle Anbieter). Würde sich der Absatz auf alle Anbieter gleichmäßig verteilen, verbliebe für das Elektrofachgeschäft ein Absatz von 25 Stück (= Marktanteil in Höhe von 5 %). Bei einem Durchschnittspreis von 600,00 € pro Gerät ergäbe sich ein Jahresumsatz von 15 000,00 €.
Die 500 Geräte sind eine Schätzung. Einige Kunden werden ihren Kaffeevollautomaten in der Nachbarstadt einkaufen oder im Internet. Auswärtige Kunden könnten diesen Effekt aber wieder ausgleichen.
Das Elektrofachgeschäft könnte sich allerdings durch geeignete Marketingmaßnahmen als Spezialist für Kaffeevollautomaten profilieren und dadurch mehr Kunden anlocken, sodass nicht 25, sondern vielleicht 50 Geräte pro Jahr absetzbar wären.

3.2.2 Marktstruktur

Die Marktsituation sollte auch mit Blick auf die **Marktstruktur** analysiert werden, d. h., wie der Markt aufgeteilt ist. Im Beispiel oben wurde angenommen, dass jeder Marktteilnehmer den gleichen Marktanteil hat (5 %). In der Realität sind Marktanteile aber gewöhnlich ungleichmäßig verteilt.

3.2.3 Marktentwicklung

Wichtig ist auch, eine Aussage darüber zu treffen, in welche Richtung sich der Markt bewegt **(Marktentwicklung)**. Drei Möglichkeiten bestehen:

Wachstumsmarkt	Das Marktpotenzial ist noch nicht ausgeschöpft und es sind jährliche Zuwachsraten (beim Absatz oder Umsatz) festzustellen. Es lohnt sich, in einen solchen Markt zu investieren, weil sich das Marktvolumen noch steigern lässt.
Stagnierender Markt	Marktpotenzial und Marktvolumen decken sich. Damit ist kein Wachstum mehr möglich. Der Markt ist gesättigt. Investitionen lohnen sich nicht.
Schrumpfender Markt	Die Absatzzahlen sinken, das Marktvolumen wird kleiner. Unternehmen ziehen sich aus diesem Markt zurück.

3.2.4 Käufer- oder Verkäufermarkt

Die heutige Wirtschaft ist gekennzeichnet durch ein äußerst reichhaltiges Angebot unterschiedlichster Produkte und Dienstleistungen. Der Konsument bewegt sich in attraktiven Warenlandschaften, die den Eindruck fast unbegrenzter Auswahl vermitteln. Anbieter in großer Zahl umwerben den Kunden mit immer neuen Produktideen und attraktiven Preisen. Der Kunde befindet sich in einer bevorzugten Position, weil zahlreiche Anbieter im Wettbewerb um die Kaufentscheidung des Kunden stehen. Man spricht daher auch von einem **Käufermarkt**, auf dem der Konsument (Nachfrager) eine starke Stellung einnimmt.

Käufermarkt: Der Käufer bestimmt die Marktbedingungen (Preise, Angebotsmengen, Qualität der Produkte), weil das Angebot die Nachfrage übersteigt (= Angebotsüberhang).
Verkäufermarkt: Der Anbieter kann die Marktbedingungen aufgrund einer hohen Nachfrage bestimmen (= Nachfrageüberhang).

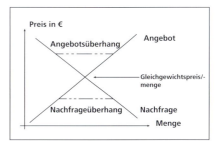

3.2.5 Potenzialanalyse

Potenzialanalyse: Untersuchung der Stärken und Schwächen des eigenen Unternehmens

Man beginnt mit der Untersuchung des eigenen Unternehmens, z. B. mit folgenden Fragestellungen:
- Wie stark ist die eigene Position am Markt?
- Welches Image hat das Unternehmen?
- Wie lassen sich die Mitarbeiter einschätzen mit Blick auf Anzahl und Leistungsfähigkeit?
- Wie ist die Qualität des Standorts (Lage, Verkehrsanbindung)?
- Ist das Unternehmen wirtschaftlich gesund (Eigenkapitalausstattung, Kreditwürdigkeit bei Banken)?

Aus der Beantwortung dieser Fragen lässt sich ableiten, welche Handlungsmöglichkeiten das Unternehmen hat, z. B. um weiter zu expandieren.

3.2.6 Konkurrenzanalyse

 Konkurrenzanalyse: Untersuchung der Stärken und Schwächen der Mitbewerber

Mit folgenden Fragen könnte man eine Analyse der Mitbewerber durchführen:
- Wer sind die Hauptmitbewerber?
- Welche Leistungen bieten sie an (Produkte, Preisniveau, Serviceleistungen)?
- Wodurch unterscheiden sich die eigenen Leistungen von denen der Mitbewerber?
- Wie lassen sich die Stärken und Schwächen der Konkurrenten im Vergleich zum eigenen Unternehmen beschreiben?
- Welche Marketingaktivitäten der Wettbewerber sind erkennbar?
- Wie wird sich die Wettbewerbssituation vermutlich zukünftig entwickeln?

3.2.7 Produktlebenszyklus-Analyse

Der Produktlebenszyklus ist ein Konzept, welches dem Unternehmen bei der Einschätzung der Marktbedingungen und bei der Auswahl von langfristig ausgerichteten Marketinginstrumenten helfen kann. Dieses Konzept geht davon aus, dass ein Produkt ähnlich einem Menschen verschiedene Phasen durchläuft – es entsteht, wächst heran und reift, befindet sich auf dem Höhepunkt seines Lebens, altert und stirbt schließlich. Die Gründe hierfür liegen in den sich verändernden Ansprüchen der Kunden an Produkte und deren Eigenschaften.

 Produktlebenszyklus: Konzept, welches die „Lebensdauer" eines Produktes von der Markteinführung bis zur Herausnahme aus dem Markt phasenweise beschreibt

Folgende Phasen werden unterschieden:

Phasen	Beschreibung und Beispiele für Marketingaktivitäten
Einführungsphase	Interessierte Kunden (sog. Pioniere) kaufen das Produkt aus Neugierde und probieren es aus. Der Umsatz steigt langsam an, Marketingmaßnahmen zeigen erste Wirkung. Noch wirft das Produkt keine Gewinne ab. **Marketingaktivität:** Produkt bekannt machen
Wachstumsphase	Das Produkt wird durch intensive Bewerbung immer bekannter, es gibt erste Konkurrenten, die Nachahmungen des Produktes anbieten, häufig zu günstigeren Preisen. Immer mehr und auch andere Kunden interessieren sich für das Produkt und kaufen es. Das Produkt erzielt Gewinne, der Umsatz steigt stärker an. **Marketingaktivität:** Preis mit Blick auf die Mitbewerber anpassen
Reifephase	Die Nachfrage nach dem Produkt ist stabil, der Umsatz bleibt in etwas gleich, es kommen immer weniger neue Kaufinteressenten hinzu. Der Gewinn beginnt zu sinken, da die große Anzahl der Konkurrenten jetzt stark zu spüren ist. Immer mehr Anbieter müssen sich den Markt teilen. **Marketingaktivität:** durch Werbung und Preissenkungen den Marktanteil halten
Sättigungsphase	In dieser Phase erreicht der Umsatz sein Maximum, zum Ende der Phase beginnt er zu sinken. Der Gewinn sinkt ebenfalls. **Marketingaktivität:** Das Produkt für Kunden attraktiver machen (Produktveränderungen, Preissenkungen), um den Produktlebenszyklus zu verlängern
Degenerationsphase	Die Lebenszeit des Produktes nähert sich ihrem Ende. Umsätze fallen, Gewinne ebenfalls und bleiben schließlich ganz aus. Es gibt am Markt alternative Güter, die die Ansprüche der Kunden besser befriedigen. Das Produkt stirbt aus. **Marketingaktivität:** wie in der Sättigungsphase; oder das Produkt mit geringem Aufwand am Markt halten bzw. vom Markt nehmen.

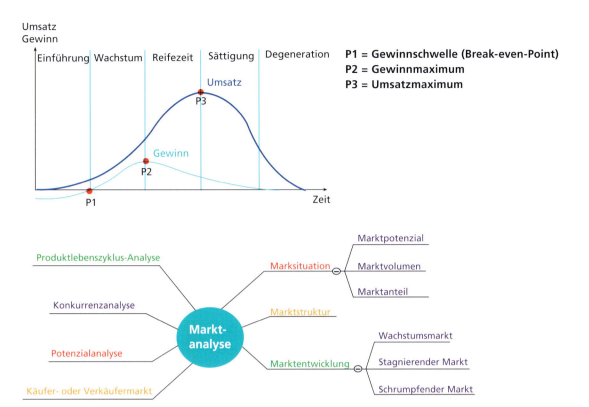

3.3 Umfeldanalyse

An dieser Stelle sind politische und rechtliche Rahmenbedingungen zu klären sowie gesellschaftliche Entwicklungen zu beachten, die für die Marketingplanung von Bedeutung sind.

Beispiele:
- Bei der Gewinnung alternativer Energien ist die Förderung durch öffentliche Mittel wichtig für den Erfolg eines Projektes.
- Umweltschutzbestimmungen sind eventuell zu beachten.
- In der Marketingplanung müssen eventuell gesellschaftliche Trends berücksichtigt werden, z. B. die steigende Zahl von Single-Haushalten und Alleinerziehenden sowie die demografische Entwicklung der Gesellschaft, die die Menschen immer älter werden lässt.

3.4 Konjunkturelle Einflüsse

Die Marketingplanung wird nicht nur von den Rahmenbedingungen eines isolierten Teilmarktes (z.B. für Kaffeevollautomaten) bestimmt, sondern auch von der Lage der gesamten Volkswirtschaft, der Konjunktur.

> **Konjunktur:** Unter Konjunktur versteht man das Auf und Ab bei der Entwicklung des quantitativen (mengenmäßigen) Wirtschaftswachstums.

Das Wirtschaftswachstum wird durch die Zuwachsraten des **Bruttoinlandsproduktes** (BIP) dargestellt. Das BIP misst die wirtschaftliche Leistungskraft eines Landes. Es ist die Summe aller in einer Volkswirtschaft erwirtschafteten Güter und Dienstleistungen, die in einem bestimmten Zeitabschnitt (meistens ein Jahr) bewertet werden. Die jährlichen Wachstumsraten des BIP dienen dazu, diese Schwankungen aufzuzeigen.

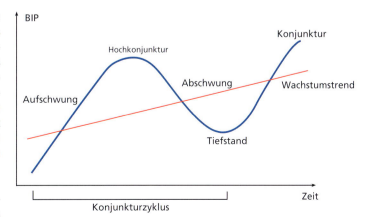

Die Entwicklung der meisten Volkswirtschaften verläuft nicht gleichmäßig. Es gibt immer wieder Wechsel zwischen Wirtschaftskrisen und guten Phasen, in denen der Wohlstand gesteigert wird. Idealtypisch geht man dabei von einem **Konjunkturzyklus** aus, der aus vier Phasen besteht.

Aufschwung (Expansion)	Hochkonjunktur (Boom)	Abschwung (Rezession)	Tiefstand (Depression)
Nach der Überwindung einer Depression investieren die Unternehmen in dieser Phase wieder mehr. Der Absatz und der Gewinn steigen, die Arbeitslosigkeit geht zurück. Die Löhne erhöhen sich. Die Wachstumsraten des BIP steigen an und die Zukunftserwartungen der Unternehmen, Haushalte und des Staates sind sehr positiv.	Die Produktionskapazitäten der Unternehmen sind voll ausgelastet. Es herrscht in einigen Bereichen ein Mangel an Arbeitskräften; Überstunden werden gemacht. Löhne und Preise steigen stark an. Die Zuwachsraten des BIP werden geringer und die vor Kurzem noch optimistischen Zukunftserwartungen verschlechtern sich.	Die Unternehmen produzieren und investieren wieder weniger. Es werden weniger Arbeitskräfte benötigt. Das BIP wächst nicht mehr und die Zukunftserwartungen der Wirtschaftssubjekte sind negativ.	Hier herrscht eine geringe Auslastung der Produktionskapazitäten. Es wird noch weniger investiert. Die Arbeitslosenquote ist hoch. Die Lohnsteigerungen befinden sich unterhalb der Inflationsrate (Reallohnsenkung).

Für die Marktforschung ist es wichtig, auch die konjunkturelle Lage in die Überlegungen einfließen zu lassen. Marketingmaßnahmen können z. B. zu besseren Erfolgen führen, wenn die Verbraucher von positiven Zukunftserwartungen (Hochkonjunktur) beflügelt werden, weil sie dann bereit sind, mehr Geld auszugeben.

3.5 Ergebnisvergleich: Stärken/Schwächen – Chancen/Risiken

Aus der Potenzialanalyse des eigenen Unternehmens und der Konkurrenzanalyse der Mitbewerber kann man nun gegenüberstellen, wo die Stärken des eigenen Unternehmens liegen und wo die Konkurrenz besser ist. Die Schwächen im eigenen Haus bieten gleichzeitig Ansatzpunkte, um Verbesserungsmaßnahmen einzuleiten.

Marktanalyse, Umweltanalyse und die konjunkturellen Einflüsse machen deutlich, welche äußeren Faktoren man bei seinen Marketingüberlegungen beachten muss.

3.6 Marktsegmentierung

In einem nächsten Schritt ist zu prüfen, in welchem Umfang man den Gesamtmarkt bedienen möchte. Für kleine und mittlere Unternehmen kommt häufig nur ein Teilmarkt in Betracht. Auch größere Unternehmen können sich auf nur ein Marktsegment konzentrieren. Oder sie gliedern den Gesamtmarkt in Teilmärkte, auf dem die Konsumenten unterschiedlich angesprochen werden. Dies setzt voraus, dass jeder Teilmarkt spezifische, gut abgrenzbare Merkmale besitzt, die auch für längere Zeit stabil sind. Teilmärkte lassen sich beispielsweise nach folgenden Gesichtspunkten abgrenzen:

Marktsegmentierung

Kundentypen, siehe Seite 21

Abgrenzungskriterium	Ausprägung (z. B.)	*Beispiel*
Region	Wohnort, Land	*Ein Handwerksunternehmen sieht seinen Markt auf die Heimatstadt und einen Umkreis von ca. 50 km beschränkt.*
Demografie	Alter, Geschlecht	*Die Best Ager (Menschen über 50 Jahre) werden zur Zielgruppe für alle Marketingbemühungen.*
Soziale Stellung	Einkommen, Beruf	*Produkte werden mit höchster Qualität, aber auch zu sehr hohen Preisen entwickelt und angeboten.*
Verhalten	Stammkunde, Smart Shopper, Markenkäufer	*Neben seinen Markenprodukten bietet ein Unternehmen eine zweite Produktlinie für preisbewusste Käufer an.*

 Marktsegmentierung: Aufteilung des Gesamtmarktes in Teilmärke, auf denen die Ansprüche und das Kaufverhalten der Kunden möglichst ähnlich sind. Gleichzeitig müssen sich die Teilmärkte untereinander abgrenzen lassen.

3.7 Wettbewerbsstrategie

> **Strategie:** langfristig geplante Verhaltensweisen zur Erreichung der Unternehmensziele
> **Wettbewerbsstrategie:** langfristig geplante Verhaltensweisen eines Unternehmens, um gegenüber den Mitbewerbern einen Wettbewerbsvorteil zu erhalten

Aus der Vielfalt möglicher Strategien sollen hier drei Verhaltensweisen vorgestellt werden, die es einem Unternehmen ermöglichen, sich von den Mitbewerbern abzuheben.
Ausgangspunkt ist die Überlegung, dass jeder Kunde die von den Anbietern versprochenen Leistungen (den Nutzen) in Beziehung zum verlangten Preis setzt und dass seine Kaufentscheidung auf den Anbieter fällt, der nach Meinung des Kunden das beste Preis-Leistungs-Verhältnis aufweist.

Wettbewerbsstrategien	
Kostenführerschaft	Wettbewerbsstrategie, bei der ein Unternehmen mit möglichst geringen Kosten produziert. Das bedeutet nicht, dass dieses Unternehmen seine Produkte zu den niedrigsten Preisen anbietet. Es hat aber durch das niedrige Kostenniveau Spielraum im Falle sinkender Preise. Während die Mitbewerber in die Verlustzone geraten, erzielt der Kostenführer auch bei niedrigen Preisen noch Gewinne und kann am Markt überleben.
Differenzierung	In diesem Fall bemühen sich Unternehmen um ein Alleinstellungsmerkmal für ihre Produkte. Die Artikel sollen sich durch einzigartige Besonderheiten von den Konkurrenzprodukten abheben. Das kann durch eine besonders gelungene Werbung geschehen, durch ein spezielles Marken-Image oder auch durch einen besonders günstigen Preis.
Nischenstrategie	Mit einer Nischenstrategie zielen Unternehmen auf bestimmte Kundengruppen oder regionale Märkte und bieten als Spezialisten ausgewählte Produkte an.

3.8 Zielgruppe

Nachdem man seinen Markt (seinen Teilmarkt) definiert hat, ist es notwendig, die ausgewählte Zielgruppe möglichst genau zu beschreiben. Siehe dazu das Beispiel in Kapitel 2.

Zielgruppenmarketing, siehe Seite 20

3.9 Marketingziele

Marketingziele werden gewöhnlich wie folgt unterschieden:

Beispiel einer Zielgruppenbeschreibung in Kapitel 2, Seite 32

3.9.1 Ökonomische Ziele

Sie werden auch als quantitative Ziele bezeichnet, weil sie sich in Zahlen ausdrücken lassen. Wichtige Ziele sind:
- Umsatz-/Absatz-Steigerung
- Gewinnsteigerung (z. B. durch Umsatzsteigerungen oder Preiserhöhungen)
- Neukundengewinnung
- Erhöhung des Marktanteils

3.9.2 Psychologische Ziele

Psychologische Ziele (auch qualitative Ziele) sind oft die Voraussetzung für das Erreichen der quantitativen Ziele.
- Erhöhung des Bekanntheitsgrades
- Verbesserung der Kundenzufriedenheit
- Steigerung der Kundenbindung
- Verbesserung des Images des gesamten Unternehmens oder einzelner Produkte

Häufig sind qualitative Marketingziele nur mittel- oder langfristig zu erreichen.

> **Marketingziele:** angestrebte zukünftige quantitative und qualitative Zustände, die als Ergebnisse von Marketingentscheidungen eintreten sollen

3.9.3 Anforderungen an die Zielformulierung

Damit überprüft werden kann, ob ein Marketingziel erreicht worden ist, muss die Zielformulierung bestimmten Anforderungen genügen. Zunächst muss das Ziel **realistisch** sein, d. h., es muss die Chance bestehen, dass das Ziel auch am Markt verwirklicht werden kann. Des Weiteren muss das Ziel **messbar** sein, damit man es überprüfen kann. Dazu sollte die Zielformulierung aus drei Bestandteilen bestehen:

Anforderungen an die Zielformulierung	Beispiel
1. Zielinhalt (Was soll erreicht werden?)	Erhöhung des Umsatzes
2. Zielausmaß (Wie viel soll erreicht werden?)	Um 5 %
3. Zielzeitraum (Wann soll das Ziel erreicht werden?)	Im folgenden Geschäftsjahr

3.10 Angebot an die Zielgruppe

Nach den vielfältigen Vorüberlegungen kann nun das Angebot für die Zielgruppe formuliert werden. Folgende Gesichtspunkte könnten in die Beschreibung einfließen:

- Bieten Sie Markenprodukte an, wenn ja, welche?
- Welche Eigenschaften hat das Produkt?
- Welchen Service können Sie den Kunden anbieten?
- Gewähren Sie oder der Hersteller eine Garantiezeit, die über die Gewährleistungsfrist hinausgeht?
- Wird das Produkt in verschiedenen Ausführungen angeboten (unterschiedliche Qualitäten, Preise, technische Ausstattung)?

Gewährleistung – Garantie, siehe Informationshandbuch des 1. Ausbildungsjahres.

3.11 Marketinginstrumente

Hat man die zu erreichenden Marketingziele festgelegt, werden geeignete **Marketinginstrumente** ausgewählt. Die Kombination verschiedener Marketinginstrumente nennt man **Marketing-Mix**.

„Politik" wird hier sehr weit definiert und bezeichnet alles, was nicht entschieden ist und Gestaltungsspielraum lässt.

> **Marketinginstrumente:** Mittel zur Erreichung der Marketingziele
> **Marketing-Mix:** möglichst sinnvolle Verknüpfung verschiedener Marketinginstrumente

> **Produktpolitik:** Maßnahmen eines Industrie- oder Handwerksbetriebes, mit denen er seine Produkte marktgerecht hält
> **Preispolitik:** Maßnahmen eines Unternehmens, den Absatz seiner Produkte durch die Preisgestaltung zu beeinflussen
> **Distributionspolitik:** Vertriebsaktivitäten, die den Weg eines Produktes oder einer Dienstleistung zum Käufer beeinflussen
> **Kommunikationspolitik:** Alle Maßnahmen eines Unternehmens, Zielpersonen über das eigene Leistungsangebot und über das Unternehmen selbst zu informieren und sie in ihrer Kaufentscheidung zu beeinflussen

Die Marketinginstrumente werden in den nachfolgenden Kapiteln näher erläutert.

3.12 Marketing-Budget

Im Regelfall muss für die Anwendung der Marketinginstrumente Geld aufgebracht werden. Unternehmen stellen dazu finanzielle Mittel, ein Budget, zur Verfügung.

> **Marketing-Budget:** Geldbetrag, der für die Umsetzung der Marketinginstrumente zur Verfügung gestellt wird

Es gibt verschiedene Methoden, die Höhe des Budgets zu bestimmen (= Budgetierung):

- **Umsatzorientiert**: Dabei wird ein bestimmter Prozentsatz des (Vorjahres-)Umsatzes als Budget festgelegt.

  Beispiel:
  Ein Unternehmen legt fest, dass 2,5 % des Umsatzes für das Marketing ausgegeben werden sollen.

  Die Vergangenheitsorientierung ist das Problem dieser Methode, weil Marketing auf die Zukunft gerichtet ist und große Herausforderungen auch mehr Mittel erfordern. Das umsatzabhängige Vorgehen lässt sich variieren:
  - **Prozyklische** Variante: Steigt der Umsatz, wird auch das Budget erhöht und umgekehrt.
  - **Antizyklische** Variante: Steigt der Umsatz, werden die Ausgaben für das Marketing gesenkt, und umgekehrt.

- **Zielorientiert**: Zunächst wird bestimmt, welche Marketinginstrumente eingesetzt werden sollen. Danach wird der Betrag ermittelt, der für den Einsatz dieser Instrumente notwendig ist.

  Beispiel:
  Ein Unternehmen ermittelt als Kosten für alle geplanten Marketingmaßnahmen 60.000,00 €.

- **Konkurrenzorientiert**: Man richtet sich nach Marketingausgaben, die die Mitbewerber aufwenden.

  Beispiel:
  In einer Fachzeitschrift wird mitgeteilt, dass Unternehmen aus der eigenen Branche im Durchschnitt 4 % des Umsatzes für das Marketing ausgeben.

- **Schätzung**: Das Budget wird relativ willkürlich festgelegt.

Aktivitäten in der Marketingplanung			Stichpunkte	Aktivitäten
Analyse der Ausgangssituation	Analyse des Gesamtmarktes	Marktsituation	Geschäftsidee	Geschäftsidee entwickeln
			Marktpotenzial	Vermutete maximale Absatzmenge einer Periode bestimmen
			Marktvolumen	Tatsächlich verkaufte Menge ausrechnen
			Markanteil	Anteil des eigenen Unternehmens berechnen
			Marktstruktur	Feststellen, wie der Markt zwischen den Anbietern aufgeteilt ist
			Marktentwicklung	Entscheiden, ob es sich um einen Wachstums-, einen stagnierenden oder um einen schrumpfenden Markt handelt
			Käufer-/Verkäufermarkt	Ermitteln, wie die Macht im Markt verteilt ist
			Potenzialanalyse	Beschreibung der eigenen Stärken und Schwächen
			Konkurrenzanalyse	Beschreibung der Stärken und Schwächen der Mitbewerber
			Produktlebenszyklus	Feststellen, in welcher Entwicklungsphase sich der Markt für das betrachtete Produkt befindet
			Umfeldanalyse	Erkunden, ob politische, rechtliche oder gesellschaftliche Entwicklungen zu beachten sind
			Konjunktur	Aktuelle konjunkturelle Lage beschreiben
			Ergebnisvergleich	Eigene Stärken/Schwächen sowie Chancen/Risiken bewerten
			Marktsegmentierung	Teilmarkt bestimmen, auf dem man tätig werden möchte

Lernfeld 5 Kunden akquirieren und binden

	Wettbewerbsstrategie	Entscheiden, wie man Vorteile gegenüber den Mitbewerbern erlangen kann (Kostenführerschaft, Differenzierung, Nische)
	Zielgruppe	Die eigene Zielgruppe genau beschreiben
	Marketingziele	Die eigenen Marketingziele festhalten
	Angebot	Das eigene Angebot an die Zielgruppe beschreiben
	Marketinginstrumente	Sich einen Überblick über die Marketinginstrumente verschaffen
	Budget	Die Methode des Marketing-Budgets bestimmen

Zusammenfassung

Marketingplanung

Analyse der Ausgangssituation	Marktanalyse	Umfeldanalyse	Konjunktur
▍ Marktsituation: Marktpotenzial, Marktvolumen, Marktanteil ▍ Marktstruktur: Marktanteile	▍ Marktentwicklung: Wachstumsmarkt, stagnierender, schrumpfender Markt ▍ Käufermarkt: Käufer bestimmt Marktbedingungen (Angebotsüberhang) ▍ Verkäufermarkt: Verkäufer dominiert (Nachfrageüberhang) ▍ Potenzialanalyse: Position des eigenen Unternehmens ▍ Konkurrenzanalyse: Stärken/Schwächen der Mitbewerber ▍ Produktlebenszyklus-Analyse: „Lebensdauer" eines Produktes in Phasen	Politische und rechtliche Bedingungen, Trends	BIP: Aufschwung, Hochkonjunktur, Abschwung, Tiefstand
		Ergebnisvergleich Stärken/Schwächen – Chancen/Risiken	**Marktsegmentierung** Teilmärkte bilden: Region, Demografie, soziale Stellung, Verhalten
		Wettbewerbsstrategie ▍ Kostenführerschaft ▍ Differenzierung ▍ Nischenstrategie	**Zielgruppe** Anzahl, Bestands-/Neukunden, Kaufkraft, Ansprüche, Nutzenerwartungen usw.
Marketingziele ▍ Ökonomische (quantitative): Umsatz, Gewinn u. a. ▍ Psychologische (qualitative): Bekanntheitsgrad, Image u. a. ▍ Zielformulierung: realistisch, messbar (Inhalt, Ausmaß, Zeitraum)	**Angebot (Zielgruppe)** Marken, Produkteigenschaften, Nutzen, Service, Garantie, Produktdifferenzierung	**Marketingmaßnahmen** ▍ Produktpolitik ▍ Preispolitik ▍ Distributionspolitik ▍ Kommunikationspolitik	**Marketing-Budget** Geldbetrag für die Umsetzung von Marketinginstrumenten

4 Kommunikationspolitik – Teilbereich Absatzwerbung

⮕ Lernsituation 4: Werbemaßnahmen durchführen

4.1 Ziele der Kommunikationspolitik

Bezieht man die Kommunikationspolitik auf Unternehmen (und nicht etwa auf Verbände, politische Organisationen, staatliche Einrichtungen u. Ä.), lassen sich folgende Hauptziele festhalten:

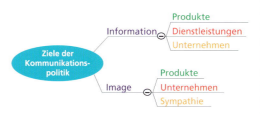

- **Information über das Leistungsangebot:** Die Zielgruppe soll das gesamte oder einen speziellen Teil des Leistungsangebotes eines Unternehmens kennenlernen. Dazu werden zentrale Produkteigenschaften in besonderer Weise herausgestellt und zum Kauf der Produkte (oder zur Inanspruchnahme einer Dienstleistung) aufgefordert. Je mehr Menschen ein Unternehmen und sein Leistungsangebot kennen, umso größer ist die Wahrscheinlichkeit, dass das Leistungsangebot auch in Anspruch genommen (gekauft) wird.
- **Aufbau eines Unternehmens- oder Produktimages:** Unternehmen, die neu am Markt sind, müssen sich bei potenziellen Kunden bekannt machen und die Besonderheiten des Unternehmens (Alleinstellungsmerkmale) sichtbar machen. Bekannte Unternehmen haben das Ziel, ihr Image bei der Zielgruppe zu festigen, eventuell auch zu verändern, um z. B. aktuellen Trends zu entsprechen und sich z. B. ein „grünes" oder nachhaltiges Image zu geben. Es ist für ein Unternehmen wichtig, beim Kunden ein positives Image zu erzeugen, das von **Sympathie** getragen ist. Das erzeugt Nähe zum Unternehmen und erhöht die Kaufbereitschaft. Generell bietet ein positives Image Orientierung für den Kunden und verkürzt den Auswahlprozess bei der Kaufentscheidung.

Zur Zielgruppe gehören im weiteren Sinne nicht nur Kunden, sondern auch Lieferanten, zwischengeschaltete Handelsstufen (z. B. der Einzelhandel) und die Öffentlichkeit.

> **Kommunikationspolitik:** alle Maßnahmen eines Unternehmens, Zielpersonen über das eigene Leistungsangebot und über das Unternehmen selbst zu informieren und sie in ihrer Kaufentscheidung zu beeinflussen

Konkretisiert werden diese Ziele in einzelnen **Marketingstrategien** mit unterschiedlichen Schwerpunkten. Dann geht es beispielsweise darum, eine bestimmte Produktauswahl mit besonderen Produkteigenschaften und einem besonders günstigen Preis herauszustellen.

Siehe dazu Kapitel 3, Seite 34

4.2 Instrumente der Kommunikationspolitik

> **Kommunikationsinstrumente:** Werkzeuge, mit denen die Informationen an die Zielpersonen herangetragen werden, z. B. Anzeigen, Plakate, Flyer

Die Instrumente werden gewöhnlich in zwei Gruppen eingeteilt:
- **Klassische Instrumente** (above the line): Sie werden sofort als **Werbung** wahrgenommen. Zu ihnen gehören z. B. Anzeigen oder Plakate.
- **Verdeckte Instrumente** (below the line): Sie werden zunächst nicht als Werbung erkannt, weil sie Kunden direkter und persönlicher ansprechen und mit ihnen eine direkte Beziehung aufbauen wollen, z. B. Direktmarketing oder Public Relations.

Klassische Instrumente (above the line)		Verdeckte Instrumente (below the line)	
Anzeige	Beilagen	Direktmarketing	Public Relations
Plakat	Radio-/Fernsehspots	Verkaufsförderung	Sponsoring
Flyer	Kinowerbung usw.	Onlinemarketing	Persönlicher Verkauf usw.

Verdeckte Instrumente werden in nachfolgenden Kapiteln vorgestellt.

4.3 Absatzwerbung

> **Absatzwerbung:** Kommunikationsinstrument, das in erster Linie den Verkauf von Produkten und Dienstleistungen eines Unternehmens fördern soll

Die Begriffe „Absatzwerbung" und „Werbung" werden im Folgenden synonym verwendet.
Die Werbung mit den klassischen Instrumenten (siehe oben) ist immer noch das wichtigste Werkzeug für Unternehmen, um sich am Markt zu behaupten.

4.3.1 Anforderungen an Werbung

Werbung soll den Kunden beeinflussen, darf ihn aber nicht ungerechtfertigt manipulieren. Aus diesem Grund stellen sowohl der Werbende als auch die Zielpersonen gewisse Anforderungen an die Werbung.

- **Wirtschaftlichkeit:** Die Kosten der Werbung müssen im richtigen Verhältnis zur Absatzsteigerung stehen. Die Werbeerfolgskontrolle dient dazu, dies regelmäßig zu überprüfen.
- **Wahrheit:** Die Werbeaussage muss der Wahrheit entsprechen, unwahre Werbebotschaften verärgern die Kunden und stellen einen Gesetzesverstoß dar, vor allem gegen das Gesetz gegen den unlauteren Wettbewerb.
- **Wirksamkeit:** Die Werbemaßnahme soll den geplanten Erfolg bringen. Dazu muss man sich an den Ansprüchen der Kunden orientieren und den Nutzen anschaulich deutlich machen, den ein Produkt für den Kunden bringt.
- **Klarheit:** Die Werbebotschaft muss für Kunden verständlich sein.

> Wirtschaftlichkeit = Verhältnis von Ertrag zu Aufwand
> Werbeerfolgskontrolle, siehe Seite 54
> Wettbewerbsrecht, siehe Seite 87
> Werbebotschaft, siehe Seite 45

4.3.2 Werbearten

Die Werbearten beschreiben die verschiedenen Erscheinungsformen der Werbung. Von den zahlreichen Unterscheidungsmöglichkeiten sollen hier die wichtigsten Werbearten genannt werden:

Werbeart	Erklärung	Beispiel
Einzelwerbung	Ein Unternehmen wirbt für sich allein.	Ein Versicherungsunternehmen stellt seinen Kunden in einer Zeitungsanzeige ein neues Modell zur Alterssicherung vor.
Sammelwerbung	Unternehmen verschiedener Branchen, z. B. Geschäfte in einem Stadtteil oder einer Straße, werben zusammen, wobei aber jeder namentlich erwähnt wird.	Alle Geschäfte einer Einkaufsstraße werben unter dem Motto „Und hier sind wir für Sie da!" Die beteiligten Geschäfte werden mit ihrem Firmenlogo und der Lage an der Einkaufsstraße dargestellt.
Gemeinschaftswerbung	Unternehmen der gleichen Branche werben für eine bestimmte Produktgruppe oder Dienstleistung, ohne dass die beteiligten Unternehmen genannt werden.	Unter dem Motto „Osterstraße – im Herzen der Stadt" werben die beteiligten Geschäfte und Gastronomiebetriebe mit ihren Sortimenten (z. B. „Schenken", „Kleiden", „Dekorieren", „Wohlfühlen").

4.3.3 Prozess der Werbung

Werbestrategien zielen auf eine möglichst starke Beeinflussung des Verbrauchers ab. Werbewirkung ist in einem gewissen Maß steuerbar, sodass eine sorgsame Werbeplanung erforderlich ist. Um planvoll und nicht willkürlich vorzugehen, ist es wichtig, zuerst die Werbeziele zu bestimmen. Alle weiteren Aktivitäten sind anschließend daran auszurichten. Die gesetzten Werbeziele sind allerdings nur zu erreichen, wenn ausreichend finanzielle Mittel für die geplanten Werbemaßnahmen zur Verfügung stehen. Durch die Festlegung eines Werbebudgets wird der finanzielle Rahmen abgesteckt.

Sind die Werbeobjekte ausgewählt, also die Waren, die beworben werden sollen, müssen in einem nächsten Schritt die Werbesubjekte bestimmt werden. Hierbei handelt es sich um die Zielgruppe, die durch die Werbung angesprochen werden soll. Auch bei der Ansprache der Zielgruppe wird nichts dem Zufall überlassen. Es ist eine Werbebotschaft zu formulieren, die genau zur Zielgruppe passt. Danach wird der Einsatz von Werbemitteln und Werbeträgern geplant, mit deren Hilfe die Werbebotschaft zu den Kunden gelangen soll.

An die Planung schließt sich die Phase der Werbedurchführung an. Die Werbemittel werden gestaltet, produziert und gestreut, d. h. an die eigentlichen Adressaten herangetragen.

Wie wirksam die Werbemaßnahmen letztendlich waren, zeigt sich erst später bei der Werbeerfolgskontrolle. Mittels spezieller Verfahren wird gemessen, inwieweit die vorab festgelegten Werbeziele erreicht wurden.

Die nachfolgende Übersicht stellt den Prozess der Werbung beispielhaft in kurzer Form dar. Entscheidungen zu

- Werbezielen,
- Werbebudget,
- Werbeobjekt,
- Werbesubjekt und
- zur Methode der Budget-Bestimmung

sind bereits in den Kapiteln 1 bis 3 vorbereitet worden. Die Kapitel 1 bis 4 sind daher im Zusammenhang zu sehen.

Die Begriffe „Werbeobjekt" und „Werbesubjekt" werden im Anschluss an die Übersicht näher erläutert.

Prozess der Werbung	Beispiel (Kaffeevollautomaten)
Werbeziele	Was soll die Werbung bewirken?
	Vorhandene Kunden und Neukunden sollen von der Anschaffung eines Kaffeevollautomaten überzeugt werden (siehe Marketingziele in Kapitel 3)
Werbebudget	Wie viele finanziellen Mittel stehen zur Verfügung?
	Festlegung eines Werbebudgets in Höhe von 3.000,00 € (geschätzte Kosten, nach der gewählten Methode zur Budget-Ermittlung in Kapitel 3, Seite 41)
Werbeobjekt	Was soll beworben werden?
	Gegenstand der Werbung sind Kaffeevollautomaten (nach der Beschreibung des eigenen Angebotes in Kapitel 3, Seite 40).
Werbesubjekt	Welche Zielgruppe soll umworben werden?
	Mit der Werbung sollen Kunden aus Mehrpersonenhaushalten mit überdurchschnittlichem Einkommen im Alter zwischen 35 und 55 Jahren angesprochen werden (weitere Details siehe Merkmale zur Zielgruppenbeschreibung, Kapitel 1, Seite 21 sowie die Kundenbeschreibung (Kundenprofil) in Kapitel 2, Seite 32).
Werbebotschaft	Was soll der Zielgruppe mitgeteilt werden?
	Informationen über die wesentlichen Produkteigenschaften des Automaten (nach den Ansprüchen aus der Kundenbeschreibung in Kapitel 2, Seite 32)
Werbemittel	In welcher Form soll geworben werden?
	Zeitungsanzeige und Zeitungsbeilage
Werbeträger	Welche Medien sollen genutzt werden?
	Regionale Tageszeitung
Werbedurchführung	Wie sind die Werbemaßnahmen umzusetzen?
	Grafische Gestaltung einer Zeitungsbeilage: In einer Wochenendausgabe der Zeitung wird eine Anzeige geschaltet und die Zeitungsbeilage hinzugefügt.
Werbeerfolgskontrolle	Wie wirksam war die Werbung tatsächlich?
	Die Zeitungsbeilage wird mit einem Gutschein ausgestattet. Die Anzahl der eingelösten Gutscheine gibt dann Auskunft über den Erfolg der Werbemaßnahme.

Werbeobjekt: die Gegenstände, die beworben werden; im Rahmen der Absatzwerbung können das einzelne oder mehrere Produkte sowie Dienstleistungen sein
Werbesubjekt: die Personen, auf welche die Werbeaktivitäten zielen

4.3.4 Werbebotschaft

Werbebotschaft: Aussage, die in der Werbung über das Werbeobjekt gemacht wird

Damit die Kunden die Werbebotschaft auch wahrnehmen, wird sie häufig kurz und einprägsam als **Slogan** formuliert. Auch hierbei spielt die Zielgruppe eine zentrale Rolle.

Slogan = kompakte Form einer Aussage

Beispiel: Haarstyling
Werbung für Jugendliche soll oft ein flippiges und modernes Lebensgefühl transportieren. Für Käufer, die ein paar Jahre älter sind, werden eher die Pflegewirksamkeit eines Produktes oder der Erhalt der Jugendlichkeit in Szene gesetzt.

Lernfeld 5 Kunden akquirieren und binden

Die Werbebotschaft soll die Zielgruppe von der Qualität eines bestimmten Werbeobjekts überzeugen. Dabei kommt erneut auch das Image ins Spiel, hat es doch erheblichen Einfluss auf das Konsumentenverhalten. Weil die heute vielfach feststellbare Homogenität der Produkte es oft schwer macht, eine besondere Leistung hervorzuheben, treten emotionale Aspekte in den Vordergrund.

Die Werbebotschaft setzt sich deshalb oft aus zwei Teilen zusammen, die in der Regel kombiniert werden. Der rationale, verstandesmäßige Teil transportiert sachliche Informationen, die beim Kunden ein bewusstes Verhalten bewirken. Der **emotionale**, gefühlsmäßige Teil soll die Aufmerksamkeit steigern und eine innere Erregung auslösen.

Adressatengerechte Gestaltung der Werbebotschaft

Zentraler Ansatzpunkt für die Werbebotschaft sind die Ansprüche der Zielgruppe. Um ihnen gerecht zu werden, sollten Werbebotschaften einer **Argumentationskette** folgen.

1. Schritt:	Dem Kunden muss der Nutzen verdeutlicht werden, den das Produkt für ihn erbringt. Es handelt sich in der Werbung zunächst um ein Versprechen.
2. Schritt:	Diese Leistung des Produktes muss auch bewiesen werden. Es ist dem Kunden deutlich zu machen, warum der versprochene Nutzen für ihn wichtig ist und wie es dem Anbieter (dem Werbenden) gelingt, dem Kunden diesen Vorteil auch zu verschaffen.
3. Schritt:	Zum Schluss ist zu prüfen, ob der Text zum Produkt, zum Werbemedium und zum Adressatenkreis (Zielgruppe) passt (Textstil).

Beispiel: Anzeige zum Kaffeevollautomaten

1. Der Kunde (35 bis 55 Jahre alt) hat vermutlich Urlaubserfahrungen in Italien gesammelt und die italienische Küche und auch die Kaffeesorten schätzen gelernt. Ihm wird durch die Anzeige vermittelt, das Urlaubsgefühl mit in die Heimat nehmen zu können (oder die Stimmung in einem italienischen Restaurant in Deutschland auch zu Hause zu erleben).

2. Es genügt ein einfacher Knopfdruck beim Kaffeevollautomaten und man erhält die italienischen Kaffeesorten auf bequeme Art. Und damit auch die italienische Lebensart. Die beschriebenen Leistungen entsprechen den Ansprüchen der Zielgruppe. Eine Fachwerkstatt steht bei technischen Problemen in der Nähe bereit.

3. Das Hintergrundbild zeigt eine Urlaubssituation. Die Schrift ist spielerisch; die Farbe passt zur Sonne (die eingeschränkte Lesbarkeit der Schrift wird in Kauf genommen). Mit dem Produkt weckt der Kunde seine Erinnerungen an Italien. In einer Tageszeitung würde die Anzeige aufgrund der Farbigkeit auffallen und sich von Standard-Anzeigen absetzen. Die Fachbegriffe (caffè crema usw.) sind der Zielgruppe zuzumuten.

Zielgruppenbeschreibung

Siehe Kapitel 2, Seite 32

Der Kunde lebt in einer Paarbeziehung und in einem Mehrpersonenhaushalt, hat ein überdurchschnittliches Einkommen und ist als Beamter, Angestellter oder als Selbstständiger tätig. Sein Alter liegt vorzugsweise zwischen 35 und 55 Jahren. Er schätzt an einem Kaffeevollautomaten vor allem die Bequemlichkeit und die Vielfalt in der Zubereitung von Kaffee. Es ist ihm wichtig, seinen Gästen verschiedene und attraktive Arten von Kaffee servieren zu können. Er erwartet, dass das Gerät einen Milchaufschäumer und ein Pulverkaffeefach besitzt. Es sollte über einen Energiesparmodus verfügen und eine automatische Reinigungsfunktion haben. Er ist bereit, für das Gerät bis zu 500,00 € auszugeben. Wenn ein Reparatur- und Ersatzteilservice besteht, würde der Kunde auch im örtlichen Fachhandel einkaufen.

Die Wirkung, die eine Werbebotschaft erzielen soll, lässt sich durch die **AIDA-Formel** darstellen:

> **A**ttention **Aufmerksamkeit erregen!**
> Die Werbebotschaft soll die Aufmerksamkeit des Kunden finden.
> **I**nterest **Interesse wecken!**
> Die flüchtige Wahrnehmung einer Werbebotschaft erzielt keine Wirkung. Erst wenn das Interesse des Kunden sich auf den Inhalt der Werbung konzentriert, besteht eine Chance zum Kauf.
> **D**esire **Drang zum Kauf schaffen!**
> Der Kunde muss den Wunsch verspüren, das Produkt zu besitzen, weil es seinen Ansprüchen gerecht wird.
> **A**ction **Abschluss herbeiführen!**
> Der Kunde kauft das Produkt. Das Ziel der Werbemaßnahme ist erreicht.

Analyse der Anzeige zum Kaffeeautomaten mithilfe der AIDA-Formel
Attention: „Bella Italia", das Hintergrundbild und die Farbigkeit der Anzeige schaffen Aufmerksamkeit.

Interest: Der Kunde wird an seine Urlaubs- und Restauranterfahrungen (also an etwas sehr Angenehmes) erinnert. Das ist die Voraussetzung, sein Interesse zu wecken und die Anzeige genauer zu lesen.

Desire: Es ist ganz einfach, die italienische Lebensart auch im Alltag zu erleben. Man benötigt lediglich einen Kaffeevollautomaten, wie ihn auch die italienischen Restaurants verwenden. Täglich Cappuccino!

Action: Der Kunde wird aufgefordert, etwas zu tun („Holen Sie sich den Urlaub nach Hause!"). Das ist zwar noch nicht der Abschluss (der Kauf), der Kunde soll aber aktiv etwas unternehmen. Der Satz „Unser Team erwartet Sie!" verstärkt diese Aufforderung.

4.3.5 Werbemittel und Werbeträger

> **Werbemittel:** Träger von Werbebotschaften, z. B. Anzeigen, Plakate, Werbeschriftzüge usw.
> **Werbeträger:** Medien, über die man das jeweilige Werbemittel der Öffentlichkeit zugänglich macht, z. B. Tageszeitung, Plakatwand, Fernsehen usw.

Werbemittel	Werbeträger (Medien)
Anzeigen, Beilagen	Tageszeitungen, Anzeigenblätter, Zeitschriften
Plakate	Litfaßsäulen, Plakatwände, Hausfassaden, Schaufenster
Werbeschriftzüge	Lkw, Pkw, Bahn und Bus, Einkaufstaschen, Menschen, Verpackungen
Spot (Bild und Ton)	Radio, Lautsprecher, Fernsehen, Kino
Dekoration, Display	Schaufenster, Vitrine, Verkaufsraum

Werbemittel Anzeige
Eine Anzeige, auch Inserat genannt, ist eine Werbung, die in gedruckten Medien erscheint (Zeitungen, Zeitschriften, Anzeigenblätter, aber auch Vereinsschriften und Programmhefte). Die Anzeige in der Tageszeitung zählt immer noch zu den wichtigsten Werbemitteln, weil sie eine große Leserschaft vor Ort erreicht und auch sehr kurzfristig einsetzbar ist. Zu berücksichtigen ist dabei allerdings, dass die Leser auch zur Zielgruppe des Inserenten gehören sollten.

Gestaltung von Anzeigen, siehe Seite 51

Anzeigenformate
Zeitungsseiten sind gewöhnlich in Spalten aufgeteilt, z. B. in sieben Spalten. Die Anzahl der Spalten und die Höhe der Anzeige in Millimeter bestimmen das Format einer Anzeige.

Anzeigenkosten, siehe 50

Daneben spielt auch die Positionierung einer Anzeige auf einer Zeitungsseite eine Rolle:
- **Textteilanzeigen:** Sie sind von mehreren Seiten von Zeitungstext umgeben.

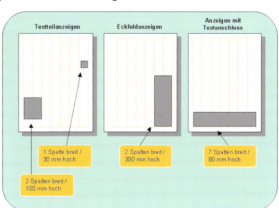

- **Eckfeldanzeigen:** Sie werden rechts unten auf der Seite platziert.
- **Anzeigen mit Textanschluss:** Sie laufen unten über die komplette Seitenbreite.

Werbemittel Beilage

Beilagen sind mehrseitige, oft farbige **Prospekte**. Sie haben ihren Namen daher, dass sie Zeitungen, Zeitschriften oder Anzeigenblättern beiliegen. Prospekte können aber auch an die Haushalte verteilt, als Rundschreiben verschickt oder ausgelegt werden. Die Beilage bietet die Möglichkeit, ausführlich über Neuheiten, Sonderangebote und Aktionen zu informieren.

Eine Zeitungsbeilage wird nach ähnlichen Gesichtspunkten gestaltet wie eine Anzeige. Dabei ist der erste Eindruck entscheidend. Somit sollte die Titelseite besonders sorgfältig gestaltet werden.

Diese „Schokoladenseite" muss klar gegliedert sein und sollte durch die Darstellung weniger, ausgesuchter Angebote den Einstieg in den Prospekt erleichtern und einen Überblick verschaffen. Hinweise oder Symbole machen den Leser auf die Innenseiten aufmerksam.

Eye-Catcher = Blickfang

Bewährt hat sich vor allem die Hervorhebung eines einzelnen Angebotes auf der Titelseite („**Eye Catcher**", Aufreißangebot). Auch hier gilt: Bilder sind leichter zu fassen als Texte, die lediglich als Erklärungszusatz sinnvoll sind. Zur Auflockerung der Seiten dient auch eine Leitfigur (Mitarbeiter, Kunde, Prominenter, Tier- oder Fantasiefigur), die nüchterner Sachlichkeit und Unpersönlichkeit entgegenwirkt. Bei den Kosten für die Veröffentlichung von Beilagen spielt das Gewicht der einzelnen Beilagenexemplare eine entscheidende Rolle. Je schwerer die Beilage ist, desto höher ist der Preis.

Beispiel:

Gewicht pro Exemplar	bis 20 g	bis 30 g	bis 40 g	bis 50 g	bis 60 g	bis 70 g
Preis pro 1 000 Exemplare in €	83,00	96,00	109,00	132,00	156,00	181,00

Gestaltungs- und Druckkosten: 84,00 € pro 1 000 Stück
Die Kosten für 12 000 Beilagen mit einem Gewicht von 46 g pro Exemplar betragen:
Gestaltungs- und Druckkosten   (84,00 € x 12)   1.008,00 €
Verbreitungskosten   (132,00 € x 12)   1.584,00 €
Gesamtkosten   2.592,00 €

Werbemittel Plakate

Plakate zählen zur Außenwerbung. Sie können in sehr großen Formaten auf Plakatwänden oder Litfaßsäulen angebracht werden, in etwas kleinerer Form etwa an Werbefenstern von Bushaltestellen oder auf Infotafeln im Stadtgebiet. Auch direkt in den Geschäften oder an Schaufenstern können Unternehmen mit Plakaten werben. Das Plakat kann gezielt an bestimmten Flächen eingesetzt werden. Da sich mehr als 90 % der Menschen täglich außer Haus bewegen, haben Plakate – je nach Standort – eine große Reichweite.

Die Streuverluste sind jedoch hoch, da auch Plakate meist nur eine bestimmte Zielgruppe ansprechen und nicht von allen Passanten wahrgenommen werden. Die Kosten der Plakatierung bemessen sich nach der Anzahl der Plakate und der Dauer der Veröffentlichung.

Beispiel:

Menge	€ pro Tag je Stück
bis 100 Plakate	31,10
bis 200 Plakate	29,50
bis 300 Plakate	28,40
über 300 Plakate	27,60

Das Angebot umfasst die Kosten für den Entwurf und Druck der Plakate. Für eine siebentägige Plakatwerbung mit 150 Plakaten ergeben sich folgende Kosten:

Gestaltungs- und Druckkosten –
Verbreitungskosten (29,50 € x 7 Tage x 150 Stück) 30.975,00 €
Gesamtkosten 30.975,00 €

Werbemittel Handzettel/Flyer

Der Handzettel, auch Flyer genannt, ist ein Direktwerbemittel. Meist einseitig bedruckt, leicht selbst herzustellen und zu vervielfältigen, ist der Handzettel gerade für kleine Unternehmen ein günstiges Werbemittel. Sein Vorteil ist auch sein Nachteil: Er kann den Kunden direkt in die Hand gedrückt bzw. in den Briefkasten geworfen werden. Ebenso schnell können die Kunden die Botschaft aber auch ungelesen wegwerfen. Damit dies nicht geschieht, sollten bei der Verteilung und Gestaltung von Handzetteln bestimmte Aspekte beachtet werden.

- Die **Verteilung**, etwa in der Fußgängerzone an Passanten, muss zu günstigen Zeitpunkten erfolgen. Der Einkaufsrhythmus der Zielpersonen ist dabei zu beachten. Besonders gern wird das Flugblatt aber auch bei Neueröffnungen oder zu besonderen Anlässen verteilt.
- Bei der **Gestaltung** der Flyer gelten ähnliche Grundsätze wie bei Anzeigen und Beilagen. Damit aus dem häufig flüchtigen ersten Blick ein längeres und aufmerksames Betrachten des Flyers wird, sollten auffallende Farben und Bilder sowie knappe und eingängige Texte gewählt werden. Besondere Bedeutung kommt dem Einsatz von **Wegwerfstoppern** zu. Dabei kann es sich zum Beispiel um ein Preisausschreiben oder Kreuzworträtsel handeln, das das sofortige Wegwerfen des Handzettels verhindert.
- Die **Kosten** für dieses Werbemittel werden wesentlich dadurch bestimmt, ob man die Erstellung und Verbreitung selbst übernimmt oder in professionelle Hände gibt.

Beispiel:

	Schwarz-weiß	Zweifarbig	Vierfarbig
Druckkosten pro Stück	0,10 €	0,16 €	0,26 €

Die Gestaltung des Flyers durch eine professionelle Werbeagentur kostet 90,00 € pro Entwurf. Ein von einer Werbeagentur entworfener vierfarbiger Flyer wird 3 000-mal gedruckt und von den Mitarbeitern des Unternehmens in der Fußgängerzone verteilt.

Gestaltungskosten 90,00 €
Druckkosten (0,26 € x 3 000 Stück) 780,00 €
Verbreitungskosten –
Gesamtkosten 870,00 €

Auswahl der Werbemittel

Die Auswahl der Werbemittel hängt maßgeblich von den Entscheidungen ab, die im Rahmen der Werbeplanung bisher getroffen wurden.

Sind diese Voraussetzungen für mehrere Werbemittel erfüllt, so fällt die endgültige Wahl häufig auf das kostengünstigste Werbemittel.

4.3.6 Kostenvergleich von Werbeanzeigen

Steht man z. B. vor der Entscheidung, ob eine Anzeige in der Tageszeitung oder einem Anzeigenblatt geschaltet werden soll, berechnet man den Preis pro 1 000 erreichte Leser (**Tausend-Leser-Preis**). Diese Kennzahl beantwortet die Frage, mit welcher Zeitung 1 000 Leserkontakte mit den geringeren Kosten herzustellen sind. In die Berechnung des Tausend-Leser-Preises fließen folgende Faktoren ein:

Anzeigenpreis
Der Anzeigenpreis ist abhängig von der Größe der Anzeige und dem Millimeterpreis.
Wie berechnet sich die Größe einer gestalteten Anzeige?
Die Breite einer gestalteten Anzeige wird in Spalten angegeben, die Höhe in Millimeter. Beides miteinander multipliziert ergibt die Gesamtgröße.

Beispiel:
Eine Anzeige ist zwei Spalten breit und 50 Millimeter hoch. Das ergibt: 2 x 50 = 100 mm Gesamtgröße.

Wie berechnet sich der Preis einer gestalteten Anzeige?
Zur Berechnung des Preises multipliziert man die Anzeigenmillimeter mit dem Millimeterpreis.

Beispiel:
Eine Anzeige hat eine Größe von 100 mm, der Millimeterpreis beträgt 0,50 €. Das ergibt 100 x 0,50 € = 50,00 €.

Auflagenzahl
Anzahl der Zeitungsexemplare, die täglich gedruckt und verkauft werden
Fehlstreuung
Bei der Auslieferung von Anzeigenblättern entsteht eine gewisse Fehlstreuung. Darunter versteht man die Tatsache, dass eine bestimmte Zahl von Zeitungen nicht in den vorgesehenen Haushalten ankommt. Entsprechende Studien haben gezeigt, dass bei der Verteilung eines Anzeigenblattes die durchschnittliche Fehlstreuung etwa 10 % beträgt.
Leserkontakte
Tageszeitung und Anzeigenblatt unterscheiden sich in der Zahl ihrer Leserkontakte. Bei Tageszeitungen ist es üblich, von Lesern pro Exemplar (LpE-Wert) auszugehen. Der LpE-Wert beträgt hier 3,0. Anzeigenblätter erreichen nur einen Durchschnittswert von 1,5 Lesern pro Exemplar.

Beispiel: Kostenvergleich eines Anzeigenblattes mit einer Tageszeitung auf Basis des Tausend-Leser-Preises
*Ein **Anzeigenblatt A** mit einer Auflage von 117 770 erreicht bei einer 10%igen Fehlstreuung etwa 105 930 Haushalte und damit 158 895 Leser pro Ausgabe (105 930 x 1,5 LpE). Bei einem Millimeterpreis von 1,40 € ergibt sich ein „Tausend-Leser-Preis je 1 000 mm" von 8,81 €.*

$$x = \frac{(1{,}40\ € \times 1\ 000)}{(158\ 895 : 1\ 000)} = 8{,}81\ €$$

*Eine **Tageszeitung B** mit 48 406 Abonnenten hat keine Fehlstreuung, denn die Auflage wird komplett verkauft. Mit einer LpE von 3,0 kommt man auf eine Reichweite von 145 218 Lesern pro Ausgabe. Durch den Millimeterpreis von 1,37 € beträgt der „Tausend-Leser-Preis je 1 000 mm" 9,43 €.*

$$x = \frac{(1{,}37\ € \times 1\ 000)}{(145\ 218 : 1\ 000)} = 9{,}43\ €$$

Somit ist ersichtlich, dass in Bezug auf den Tausend-Leser-Preis das Anzeigenblatt A kostengünstiger ist als die Tageszeitung B.

Allgemein

$$\text{Tausend-Leser-Preis} = \frac{\text{Millimeterpreis} \times 1\ 000}{\text{Leser pro Ausgabe} : 1\ 000}$$

$$\text{Leser pro Ausgabe} = (\text{Auflagenzahl} - \text{Fehlstreuung}) \times \text{LpE-Wert}$$

4.3.7 Werbedurchführung

Nachdem die Werbeplanung abgeschlossen ist, erfolgt die eigentliche Durchführung der Werbemaßnahmen. Hier kann das Unternehmen selbst tätig werden oder die Aufgabe an eine externe Werbeagentur übertragen. Die wesentlichen Tätigkeiten in dieser Phase sind die **Werbemittelgestaltung** und **Werbemittelstreuung**.

Werbemittelgestaltung

Von der Art und Weise, wie die Werbemittel gestaltet werden, hängt im hohen Maße die spätere Werbewirkung ab. Bei der Werbemittelgestaltung geht es darum, wie es am besten gelingen kann, die Werbebotschaft in das Bewusstsein der Konsumenten zu transportieren und dort bestenfalls einen Kaufwunsch zu wecken. In der Praxis stellt sich dieser Weg häufig als sehr schwierig dar. Schon der erste Schritt, die Gewinnung von Aufmerksamkeit durch die Werbung, ist bei der enormen Informationsflut, der jeder ausgesetzt ist, ein schwieriges Unterfangen. Die nachfolgend beschriebenen Grundsätze für die Gestaltung von Anzeigen gelten auch für andere Werbemittel.

Grundsätze für die Gestaltung von Anzeigen

Es gibt wenige Anzeigen, die in der Erinnerung des Betrachters bleiben, und sehr viele, die trotz ihrer Veröffentlichung nicht einmal gesehen werden. Die Beachtung bestimmter Grundsätze kann die Wirksamkeit von Anzeigen verbessern.

Bild	Bilder sind Augenfänger („Eye-Catcher"). Eine Anzeige mit Fotos oder Grafiken erregt in der Regel eine größere Aufmerksamkeit als eine reine Textanzeige. Ein weiterer Vorteil: Ein Bild spart eine komplizierte, wortreiche Produktbeschreibung. Es gilt der Grundsatz „weniger ist mehr". Werden zu viele Bildmotive verwendet, wird die Aufmerksamkeit des Betrachters abgelenkt und das Interesse kann schnell verloren gehen. Die Reduzierung der Bildmotive führt zu einer Konzentration auf das umworbene Produkt.
Farbe	Farbe ist ein wichtiges Gestaltungsmittel, allerdings sind farbige Anzeigen teurer als schwarz-weiße. Außerdem muss die gewählte Farbe zum Thema, zum umworbenen Produkt und zum Hintergrund passen. In diesem Fall spricht man von harmonischen Kontrasten. Setzt sich die Farbe des Produktes negativ von der Farbe des Hintergrundes ab, so wird die Betrachtung gestört und die positive Auseinandersetzung mit dem Produkt verhindert.
Text	Bilder nimmt der Leser auf, den Text liest er. Zusammen bilden beide eine Einheit, die **Stimmungen**, z. B. Spannung, Eleganz, Sportlichkeit oder Frische, vermitteln. Der Text muss leicht verständliche, interessante Informationen transportieren. Lange, komplizierte Texte langweilen und überfordern den Leser. Die Sprache muss zur Zielgruppe passen. Es sind kurze, oft unvollständige Sätze zu bilden.
Headline	Eine herausragende Stellung nimmt die Headline (Überschrift einer Anzeige) ein. Sie muss einprägsam sein und die wichtigste Werbeaussage tragen. Darüber hinaus soll sie Neugier erregen, um damit eine „Türöffner-Funktion" zum eigentlichen Werbetext einzunehmen.
Schriftart	Große Bedeutung liegt auch auf der gewählten Schriftart. Faustregel: gut lesbar, nicht zu klein, nicht mehr als zwei Schriftarten verwenden. Zudem sollte sich die Anzeige auf eine **Satzart** beschränken, also mittig, links- bzw. rechtsbündig oder als Block angeordnet sein.
Kernaussage	Damit eine Anzeige verstanden wird, muss sie informieren und darf nicht überfrachtet sein. Dazu benötigt sie eine dominierende, **klare Aussage**. Wird eine interessante Aussage ergänzt um einen Zusatz wie „Wir sind die Besten, dennoch immer günstig, bieten einen tollen Service und wollen immer für sie da sein" fühlt sich der Leser überfordert und zweifelt vielleicht auch an der Glaubwürdigkeit der Anzeige.
Wiederholung	Wie ein Schüler lernt auch der Kunde durch Wiederholung. Während eine einmalige Werbung kaum in Erinnerung bleibt, prägt sich eine Anzeigen-Serie gut ein. Der Betrachter erkennt sie wieder, erinnert sich an das Unternehmen bzw. dessen Produkte oder Dienstleistungen. Deshalb sollte die Gestaltung einer Anzeige **gleichbleibend** sein. Das gilt für Format (hoch oder quer), Schrift- und Satzart, Farben und Umrandung. Um den Wiedererkennungseffekt zu garantieren, muss auch der Text eine gewisse Linie aufweisen, also immer z. B. lustig, informativ, frech oder ernst sein.
Logo	Eine deutliche Abbildung des Firmenlogos prägt sich nachhaltig in das Bewusstsein des Kunden ein. In die gleiche Richtung zielt auch die Darstellung **prominenter Personen**, z. B. Schauspieler, Sportler oder Musiker. Der Anblick der abgebildeten Person reicht dann häufig schon aus, um beim Betrachter eine Verbindung zum beworbenen Produkt herzustellen.
Aktivierung	Es gibt zwei Möglichkeiten, damit Kunden einer Anzeige folgen und das Produkt kaufen. Die eine ist die **Wiederholung:** Im Bedarfsfall erinnert sich der Kunde. Die **gezielte Aufforderung** ist die zweite Möglichkeit. Mit Coupons, etwa für Rabatte oder Gratisbeigaben, befristeten Angeboten und Einladungen zu bestimmten Gelegenheiten, z. B. Produktpräsentationen, wird der Kunde angelockt. Diese sogenannten **Handlungsauslöser** sprechen die Gefühle der Kunden an: das Besitzstreben, die Sparsamkeit, die Angst, etwas zu verpassen. Darum sollten Handlungsauslöser immer besonders hervorgehoben werden oder auch direkt als Schlagzeile der Anzeige dienen.

Werbemittelstreuung

Nachdem die Werbemittel gestaltet sind, müssen zwei Fragen beantwortet werden:
- Wo soll geworben werden (Streugebiet)?
- Wann und wie lange soll geworben werden (Streuzeit)?

Das **Streugebiet** ist das Gebiet, in dem die Werbemaßnahmen stattfinden und später die Waren auch abgesetzt werden sollen. Es ist abzustimmen auf die Zielgruppe, die erreicht werden soll.

Die **Streuzeit** ist der Zeitpunkt oder der Zeitraum, in dem die Werbeaktivitäten erfolgen sollen. Innerhalb der Streuzeit muss ein so großer Werbedruck aufgebaut werden, dass die potenziellen Kunden zum Kauf veranlasst werden. Zwei Strategien haben sich hierbei als erfolgreich erwiesen:

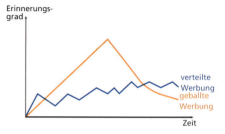

- Bei der Neueinführung oder Umgestaltung eines Produktes empfiehlt sich eine **geballte Werbung**, um die Neuerung bekannt zu machen. Innerhalb kurzer Zeit wird hierbei das Produkt massiv beworben und in das Bewusstsein der Konsumenten gebracht.
- Langfristig sollte dann aber eine verteilte **Werbung eingesetzt** werden, damit das Produkt dauerhaft in der Erinnerung der Konsumenten bleibt.

4.3.8 Werbeplan

Um bei der Auswahl der Werbemittel die Übersicht zu behalten, empfiehlt es sich, einen Werbeplan zu erstellen. In einer Übersicht werden der geplante Einsatz aller ausgewählten Werbemittel eingetragen und anschließend die gesamten Werbekosten ermittelt.

> **Werbeplan:** Übersicht über den geplanten Einsatz aller Werbemittel einschließlich Kosten

Die **Erstellung des Werbeplans** erfolgt zweckmäßig in sechs Schritten:
1. Bestimmung des Werbezeitraums
2. Festlegung der einzusetzenden Werbemittel: Hierbei steht eine Vielzahl an Alternativen zur Auswahl, die hinsichtlich ihrer Gestaltung und Menge zu beschreiben sind.
3. Ermittlung der Herstell- und Gestaltungskosten für die einzelnen Werbemittel (z. B. Druckkosten)
4. Bestimmung der Verbreitungskosten der Werbemittel: Preisnachlässe sind in diesem Zusammenhang zu berücksichtigen.
5. Berechnung der Gesamtkosten je Werbemittel
6. Berechnung der gesamten Werbekosten, wobei diese den vorab festgelegten Werbeetat nicht überschreiten sollten

Muster Werbeplan

Werbeplan für den Zeitraum: _____

Nr.	Beschreibung des Werbemittels: Format/Umfang/Menge/Farbe(n)	Kosten für die Herstellung und Gestaltung des Werbemittels ① €	Kosten für die Verbreitung des Werbemittels			Gesamtkosten ① + ② €
			Einzelkosten (einmalig) €	Werbehäufigkeit/-dauer (mehrmalig)	Verbreitungskosten insgesamt unter Berücksichtigung von Preisnachlässen ②/€	
1.	Anzeigen Name der Zeitung/des Anzeigenblattes:					
1.1						
1.2						
2.	Beilagen Name der Zeitung/des Anzeigenblattes:					
2.1						
...						
					Werbekosten	

4 Kommunikationspolitik – Teilbereich Absatzwerbung

Zusammenfassung

Kommunikationspolitik – Teilbereich Absatzwerbung

Kommunikationspolitik
- Ziele:
  - Information (Leistungsangebot)
  - Imageförderung
- Instrumente:
  - Klassische: Anzeigen, Plakate usw.
  - Verdeckte: z. B. Public Relations

Absatzwerbung

Dient vor allem dem Verkauf von Produkten und Dienstleistungen

Anforderungen
- Wirtschaftlichkeit
- Wirksamkeit
- Wahrheit
- Klarheit

Arten
- Einzelwerbung
- Sammelwerbung
- Gemeinschaftswerbung

Prozess

Werbeziele → Werbebudget → Werbeobjekt → Werbesubjekt → Werbebotschaft → Werbemittel → Werbeträger → Werbedurchführung → Werbeerfolgskontrolle

Werbeobjekt

Gegenstand, der beworben wird (i. d. R. Produkt)

Werbesubjekt

Person, auf die die Werbung zielt

Werbebotschaft
- Aussage, die in der Werbung über das Werbeobjekt gemacht wird
- Gestaltung: 1. Nutzen, 2. Beweis, 3. Stil

AIDA-Formel

Wirkungsmodell der Werbung (Attention, Interest, Desire, Action)

Werbemittel

Träger von Werbebotschaften, z. B.
- Anzeige
- Plakate
- Beilage
- Handzettel/Flyer
- usw.

Werbeträger

Medien, die die Werbebotschaft vermitteln, z. B. Tageszeitung

Kostenvergleich von Werbeanzeigen
- Anzeigenpreis:
  - Auflagenzahl
  - Fehlstreuung
  - Leserkontakte
- Tausend-Leser-Preis: Leser pro Ausgabe

Werbedurchführung

Gestaltung von Anzeigen:
- Bild
- Farbe
- Text
- Headline
- Schriftart
- Kernaussage
- Wiederholung
- Logo
- Aktivierung

Streuung
- Streugebiet: Gebiet, in dem die Werbemaßnahmen stattfinden
- Streuzeit: Zeitpunkt oder Zeitraum für die Werbeaktivitäten

Werbeplan
- Übersicht über den geplanten Einsatz aller Werbemittel einschließlich Kosten

5 Werbeerfolgsmessung

➲ **Lernsituation 5: Den Werbeerfolg prüfen**

5.1 Marketing-Regelkreis

Nach der Umsetzung der Marketing-Maßnahmen ist zu prüfen, inwieweit die zuvor definierten Marketingziele, z. B. eine bestimmte Umsatz- und Absatzsteigerung, auch erreicht worden sind. Dazu ist es erforderlich, die Zielgrößen (Plan-Werte) mit den tatsächlich erreichten Werten (Ist-Werte) zu vergleichen. Daran schließt sich eine Analyse der Zielabweichungen an.

Wurden die Marketingziele durch die Marketingmaßnahmen nicht oder nur unvollständig erreicht, ist zu fragen, inwieweit die Marketingziele, die Marketingstrategie oder die Maßnahmen neu definiert werden sollen: Ein neuer **Marketing-Regelkreis wird in Gang gesetzt.**

Eventuell genügt es aber auch, lediglich die Feinsteuerung etwas zu verändern, um die geplanten Ziele doch noch zu erreichen.

> **Marketing-Regelkreis:** Managementkonzept zur Planung, Durchführung und Kontrolle von Marketingentscheidungen

Nachfolgend wird die Kontrolle von durchgeführten Werbemaßnahmen (Werbeerfolgskontrolle) näher betrachtet.

5.2 Pretest

Werbung ist teuer – insbesondere wenn in Massenmedien mit einem großen Streugebiet geworben wird. Vor allem Werbeagenturen prüfen daher geplante Werbemaßnahmen häufig in sogenannten **Pretests** zunächst bei einer ausgewählten Zahl von Personen, die als Zielgruppe infrage kommt. Erzielt die Werbung bei diesen Testpersonen nicht die beabsichtigte Wirkung, sind auf diese Weise vor der endgültigen Schaltung noch Korrekturen möglich.

> **Pretest (Vortest):** Test, der vor der Veröffentlichung des endgültigen Werbemittels mit Testpersonen durchgeführt wird, um den möglichen Werbeerfolg im Voraus zu erkennen. Die Testpersonen sollten der späteren Zielgruppe entsprechen.

Die nachfolgenden Fragen werden Testlesern von Zeitungsanzeigen vorgelegt, um die Wirksamkeit einer Anzeigenwerbung zu prüfen. Die Fragen können auch auf andere Werbemittel übertragen werden.

Fragen an die Betrachter von Werbeanzeigen

Weckt die Anzeige meine Aufmerksamkeit?	Der normale Leser liest sehr flüchtig, in Bruchteilen von Sekunden entscheidet sich, ob er eine Werbeanzeige wahrnimmt oder nicht. Eine Anzeige benötigt daher einen Ankerpunkt für den Blick des Lesers, einen Blickfang („Eye-Catcher"). Bilder erfüllen diese Aufgabe besonders gut.
Fällt die Anzeige auf?	Hier sind vor allem Größe, Farbgebung und Platzierung angesprochen. Die kleine, schwarz-weiße und am unteren Zeitungsrand platzierte Anzeige hat geringere Chancen wahrgenommen zu werden als die große, farbige und zentral platzierte.
Wirkt sie freundlich und sympathisch?	Menschen schätzen freundliche Bilder und den sympathischen Anblick.
Ist sie informativ?	Der Unternehmer möchte den Umsatz seiner Produkte steigern. Folglich muss er mit seiner Anzeige die richtigen Kunden mit ihren Ansprüchen erreichen und sie über die Vorteilhaftigkeit seiner Ware informieren. Werbung kann aber auch (zunächst) dazu dienen, den Kunden neugierig zu machen. *Beispiel:* *In regelmäßigen Abständen werden die Leser in ganzseitigen Anzeigen auf ein nahes Ereignis (Geschäftseröffnung) hingewiesen.*

Vermittelt sie etwas Neues?	„Neu", „modern" sind Schlüsselwörter der Werbesprache. Der Mensch ist interessiert an Neuem. Die Werbung sollte dem Wunsch des Lesers entgegenkommen und die Neuerungen in der Werbung herausstellen.
Weckt die Anzeige Vertrauen?	Niemand möchte „übers Ohr gehauen" werden oder hinter jedem Angebot eine Falle wittern. Eine faire Information des Lesers, bei der die Versprechungen auch eingehalten werden, schafft beim Kunden ein Gefühl des Vertrauens. *Beispiel (siehe Abbildung):* 100 % oder 10 % Rabatt?
Passt sie zum Image des Werbenden?	Wer immer die neuste Technik im Angebot hat, wird Begriffe wie „neu", „Spitzentechnik", „zukunftsweisend" u. Ä. vielfältig variieren. Ein Möbelhaus mit hochwertigen Stilmöbeln wird weniger „marktschreierisch" werben, damit es Erfolg hat.
Passt die Werbung zum dargestellten Produkt?	Ein Geschäft, das für junge Mode wirbt, sollte seine Anzeigen auch frisch und locker betexten und bebildern. Angebote, die sich an ein älteres Publikum richten, wirken seriöser, wenn sie eher den Verstand ansprechen und in der Aufmachung zurückhaltender sind.
Hebt sich die Werbung von anderen Anzeigen ab?	Die teure Vier-Farben-Anzeige, an zentraler Stelle auf einer Zeitungsseite platziert, hat gut Chancen, auch gelesen zu werden. Wenn aber viele attraktive Anzeigen auf einer Seite stehen, geht dieser Vorteil verloren. Trotzdem lohnt es sich oft, beim Anzeigenpreis nicht zu sparsam zu sein (und mehr Auffälligkeit zu erhalten), weil eine nicht gelesene Werbung tatsächlich Geldverschwendung ist.
Ist sie originell und einzigartig?	„Geiz ist geil" war das Motto eines Anbieters von Unterhaltungselektronik. Dieser Slogan traf die Einstellung der deutschen Konsumenten in der Zeit der Euro-Umstellung und in einer wirtschaftlichen Krisenzeit ganz besonders gut. Entsprechend erfolgreich war die Werbung. Überraschende, witzige, interessante Texte und Abbildungen steigern die Wirkung einer Anzeige sehr.

5.3 Werbeerfolgskontrolle

Die abschließende Phase des Werbeprozesses ist die Werbeerfolgskontrolle (**Posttest**). Dabei wird geprüft, inwieweit die Werbemaßnahmen tatsächlich wirksam waren und die Werbeziele erreicht werden konnten.

> **Werbeerfolgskontrolle (Posttest):** Verfahren zur Prüfung der Wirksamkeit und des Zielerreichungsgrades von Werbeinstrumenten nach ihrem Einsatz

Der Werbeerfolg lässt sich bestimmen anhand von ökonomischen und vorökonomischen Erfolgskriterien.

5.3.1 Ökonomische Erfolgskriterien

Die ökonomischen Erfolgskriterien spiegeln den **direkten, eher kurzfristigen Erfolg** der Werbung wider. Zum Beispiel könnte der Werbeerfolg gemessen werden, indem der Umsatz eine Woche vor dem Einsatz eines Werbemittels mit dem Umsatz eine Woche nach dem Erscheinungstermin verglichen wird.

> **Werbeerfolg**
> - Umsatzerhöhung
> - Absatzsteigerung
> - mehr Neukunden
> - Steigerung der Wiederholungskäufe

Das **Problem** bei dieser Art der Erfolgsermittlung liegt allerdings darin, dass eine mögliche Umsatzsteigerung häufig nicht ausschließlich auf eine Werbemaßnahme zurückzuführen ist. Andere Faktoren, z. B. eine Preisveränderung, ein neues Verpackungsdesign oder eine Umplatzierung der Ware, können ebenfalls für mehr Umsatz gesorgt haben. Der Anteil, den die Werbung daran hat, ist somit nicht genau zu ermitteln.

5.3.2 Vorökonomische Erfolgskriterien

Die **indirekte, mittel- bis langfristige Werbewirkung** kommt durch die vorökonomischen Erfolgskriterien zum Ausdruck. Werbung ist immer dann erfolgreich, wenn es nachhaltig gelingt, den Bekanntheits- und Erinnerungsgrad des Werbeobjektes zu erhöhen, ein positives Image zu transportieren und beim Konsumenten ein Kaufinteresse zu wecken.

> **Werbewirkung**
> - Bekanntheitsgrad steigern
> - Image verbessern
> - Erinnerung an die Werbung erhöhen
> - Wiedererkennung von Werbung steigern

5.3.3 Methoden zur Werbeerfolgskontrolle

Messung der Werbewirkung

Beispielhaft soll hier ein Verfahren vorgestellt werden, wie man die Wirkung einer Werbemaßnahme überprüfen kann.

Erinnerungsverfahren

In einer Befragung werden Kunden/Passanten gebeten, mitzuteilen, ob sie beispielsweise eine bestimmte Marke für Kaffeevollautomaten kennen.

- Beim **ungestützten** Verfahren erhält der Befragte keinerlei Hilfen, sondern muss aus dem Gedächtnis heraus antworten.

Beispiel 1: ungestützt
In der letzten Woche ist in der hiesigen Tageszeitung für Kaffeevollautomaten geworben worden. Welche Marke wurde in der Anzeige erwähnt?

- Beim **gestützten** Verfahren erhält der Befragte Gedächtnishilfen, z. B. in Form von Produktabbildungen.

Beispiel 2: gestützt
Wie Beispiel 1, allerdings erhält der Befrage eine Liste mit Abbildungen von Kaffeevollautomaten vorgelegt.

Messung des Werbeerfolgs

Trotz der Schwierigkeiten bei der genauen Bestimmung des Gesamterfolgs der Werbung gibt es einige Methoden, die Werbewirkung zu überprüfen.

- Die **Kunden** vor, während und nach einer Aktion **zählen**, z. B. durch Strichlisten oder Kassenbon-Zählung. Festhalten, ob der Kunde das entsprechende Werbemittel erwähnt hat.
- Nur bestimmte Artikel im Werbeangebot herausstellen. Mithilfe des Warenwirtschaftssystems kann der **Abverkauf** der Produkte (die verkaufte Menge) ermittelt werden.
- Den Durchschnittswert der **Kassenbons** vor, während und nach einer Aktion feststellen und mit früheren Zeitabschnitten vergleichen.
- Den **Durchschnittsumsatz** pro Tag in der Woche vor dem Einsatz eines Werbemittels festhalten und ihn gleich 100 % setzen. Ebenso die Durchschnittsumsätze während und nach dem Werbeeinsatz berechnen und die prozentualen Unterschiede vergleichen.
- Die nach Abschluss der Werbekampagne erzielte Umsatzsteigerung ins Verhältnis zu den Kosten der Werbeaktion setzen. Liegt der Wert der **Werberendite** über 1, so war die Werbung erfolgreich, denn dann ist die erzielte Umsatzsteigerung größer als die Werbekosten.

$$\text{Werberendite} = \frac{\text{Umsatzsteigerung}}{\text{Kosten der Werbeaktion}}$$

Beispiel:
Ein Unternehmen hat im letzten Geschäftsjahr 80.000,00 € für Werbung ausgegeben und im selben Zeitraum seinen Umsatz um 180.000,00 € steigern können.

$$\text{Werberendite} = \frac{180.000,00\ €}{80.000,00\ €} = 2,25$$

Die Werbung war erfolgreich. Die erreichte Umsatzsteigerung ist 2,25-mal so groß wie die anfallenden Werbekosten.

- Die zu verteilenden **Handzettel** fortlaufend **nummerieren** und aufschreiben, in welchen Straßen welche Handzettel verteilt wurden. Den Handzettel gleichzeitig mit einem Gutschein für ein interessantes Angebot gestalten, damit der Kunde diesen mitbringt (Rücklaufquotenermittlung). So stellt man fest, in welchen Gebieten die Aktion den größten Erfolg hatte. Die gleiche Möglichkeit besteht auch bei Zeitungsbeilagen, da diese auch für bestimmte begrenzte Gebiete beigelegt werden können. Gutscheinaktionen können auch bei Zeitungsanzeigen und Werbebriefen durchgeführt und durch Strichlisten überprüft werden.
- Besondere Kontrollmethoden wie **Kunden-, Passanten- oder Haushaltsbefragungen** durchführen (= **Erinnerungsverfahren**). Diese sind besonders geeignet, durch gezielte Fragen die Wirksamkeit verschiedener Werbemittel zu erkunden. Die Befragungen können direkt am Verkaufsort durch Interviewer erfolgen. Um den Einkauf der Kunden nicht zu stören und objektivere Ergebnisse zu erhalten, bietet sich aber häufig eine andere Methode an. Dabei erhalten die Kunden einen Fragebogen, den sie anonym zu Hause ausfüllen und anschließend z. B. in eine im Verkaufsraum aufgestellte Rückgabebox werfen. Um die Rücklaufquote zu erhöhen, ist es sinnvoll, die Kunden durch ein kleines Dankeschön-Geschenk zu motivieren.

Zusammenfassung

	Werbeerfolgsmessung		
Marketing-Regelkreis	**Werbeerfolgskontrolle**		
	Verfahren zur Prüfung der Werbewirksamkeit und des Zielerreichungsgrades		
Managementkonzept zur Planung, Durchführung und Kontrolle von Marketingentscheidungen	**Ökonomische Kriterien (Erfolg)**	**Vorökonomische Kriterien (Wirkung)**	**Methoden**

	- Umsatzerhöhung
	- Absatzsteigerung
	- Mehr Neukunden
	- Steigerung der Wiederholungskäufe
		- Bekanntheitsgrad steigern
		- Image verbessern
		- Erinnerung an die Werbung erhöhen
		- Wiedererkennung von Werbung steigern
			- **Wirkung:**
			  – Ungestütztes Erinnerungsverfahren
			  – Gestütztes Erinnerungsverfahren
			- **Erfolg (Beispiele):**
			  – Kunden zählen und vergleichen
			  – Abverkauf (vor und nach der Werbung)
			  – Kassenbons auswerten
			  – Durchschnittsumsatz vergleichen
			  – Werberendite ermitteln
			  – Nummerierte Handzettel verteilen und Rückläufe auswerten
			  – Befragungen von Kunden, Passanten, Haushalten

Pretest			
Vorgeschalteter Test mit zielgruppennahen Testpersonen, um den möglichen Werbeerfolg eines Werbemittelns im Voraus zu erkennen			

6 Preispolitik

→ **Lernsituation 6: Die Preispolitik zur Marktprofilierung nutzen**

Viele Marktteilnehmer lassen sich in ihrem Einkaufsverhalten stark vom Preis leiten. Damit hat der Preis eines Produktes oder einer Dienstleistung starken Einfluss auf den Umsatz, den Gewinn und den Marktanteil eines Unternehmens.

Nicht nur das Verhalten von Abnehmern wird durch den Preis beeinflusst. Auch die Mitbewerber sind i. d. R. gezwungen, auf die Preise der Konkurrenz zu reagieren. Das kann zu harten Preiskämpfen am Markt führen.

Preisliste

Nr.	Ausführung	Bestellnummer	Preis
❶	Longhini ES 4000	40 39-06	369,00 €
❷	Saikino HD72/10	40 39-12	499,00 €
❸	Siemag TK531210	40 39-22	699,00 €

> **Preispolitik:** Als Preispolitik bezeichnet man die Maßnahmen eines Unternehmens, den Absatz seiner Produkte durch die Preisgestaltung zu beeinflussen.

Zur Preispolitik gehören:

- die erstmalige **Festsetzung** und laufende **Anpassung** des angestrebten Verkaufspreises während des Produktlebenszyklus an die Marktbedingungen,
- die Bestimmung der übrigen **Preiskonditionen** wie Rabattgewährung, Preisdifferenzierung, Lieferungs- und Zahlungsbedingungen sowie Absatzkreditbedingungen.

Ein Unternehmen kann nur dann eine aktive Preispolitik betreiben, wenn es seine Preise auch wirklich unabhängig festsetzen kann. Sein Handlungsspielraum wird aber in der Praxis durch verschiedene Einflüsse eingeschränkt:

- **Produktions- oder Beschaffungskosten:** Weil diese – neben einem angemessenen Gewinn – langfristig gedeckt werden müssen.
- Zahl und Markmacht der **Mitbewerber**: Bei starker Konkurrenz ist es beispielsweise schwierig, Preiserhöhungen durchzusetzen.
- **Kaufkraft und Einkaufsverhalten** der Kunden: Verfügen die Kunden über ein relativ geringes Einkommen oder reagieren die Kunden sehr preisempfindlich, werden Preiserhöhungen erschwert.

6.1 Preisstrategien

6.1.1 Preisstrategien bei neuen Produkten

Produktlebenszyklus, siehe Seite 36

Die nachfolgenden Preisstrategien orientieren sich am Produktlebenszyklus und sind von vornherein auf Preisveränderung angelegt.

Preisstrategien bei neuen Produkten
— Marktabschöpfung
— Marktdurchdringung

Marktabschöpfungspolitik

In der **Marktabschöpfungspolitik** wird der Preis zunächst besonders hoch angesetzt (**Hochpreispolitik**). Kommen Mitbewerber mit ähnlichen Produkten auf den Markt, zieht der beginnende Konkurrenzkampf eine Anpassung der Preise nach unten nach sich. Die anfänglich hohen Preise haben dem Erstanbieter aber hohe Umsätze und Gewinne ermöglicht.

Marktdurchdringungspolitik

Mit der **Marktdurchdringungspolitik** wird versucht, über niedrige Preise zunächst einen hohen Marktanteil zu erringen (**Niedrigpreispolitik**). Die dadurch gewonnene starke Markstellung verschafft dem Unternehmen nun Möglichkeiten, die Preise anzuheben.

6.1.2 Langfristige Preispositionierung

Hier geht es um die Frage, in welcher Preislage ein Unternehmen seine Produkte dauerhaft ansiedeln will. Drei Möglichkeiten stehen zur Auswahl:

- **Hochpreisstrategie**: Das Unternehmen strebt ein gehobenes Preisniveau an und setzt dabei häufig auf eine klangvolle Marke und das gehobene Image des Unternehmens in den Augen der Kunden. Diese Strategie ist nur möglich, wenn es Kunden gibt, die bereit sind, für Marke und Image mehr zu bezahlen.

Beispiel:
Der Autohersteller Porsche

- **Mittelpreisstrategie**: Ziel ist es, ein mittleres Preisniveau am Markt zu erreichen. Die Produkte zeichnen sich gewöhnlich durch eine mittlere Qualität aus.
- **Niedrigpreisstrategie**: Produkte, die Mindestqualitätsansprüche erfüllen und bei denen der Preis die zentrale Rolle im Marketing spielt, sind oft mit einer Niedrigpreisstrategie verbunden. Bei Lebensmitteldiscountern ist diese Vorgehensweise häufig zu finden.

6.2 Grundsätze der Preisfindung

In der Praxis orientieren sich Unternehmer bei der Festsetzung ihrer Preise gewöhnlich an drei Prinzipien:

- an den eigenen Kosten (kostenorientierte Preisfindung),
- an den Preisen der Mitbewerber (wettbewerbsorientierte Preisfindung) und/oder
- an der Nachfrage der Kunden (nachfrageorientierte Preisfindung).

6.2.1 Kostenorientierte Preisfindung

Ein Unternehmen, das langfristig am Markt überleben will, muss seine Kosten (Produktions- oder Bezugskosten) decken und einen Gewinn erwirtschaften.

Bei der **kostenorientierten** Preisfindung werden die entstandenen Kosten (Handlungskosten im Handelsbetrieb, Material-, Fertigungs-, Verwaltungs- und Vertriebskosten im Industrie- und Handwerksbetrieb) zuzüglich eines Gewinnzuschlages als Preisberechnungsbasis herangezogen. Der auf diese Weise ermittelte Verkaufspreis verlangt allerdings günstige Angebotsbedingungen für den Hersteller, wie sie vorzugsweise auf einem sogenannten **Verkäufermarkt** anzutreffen sind.

Verkäufermarkt, siehe Seite 35

Für Handel und Industrie/Handwerk existieren unterschiedliche **Kalkulationsverfahren**, mit denen der Preis für ein Produkt ermittelt wird.

Kalkulation im Großhandel

Das Kalkulationsschema des Großhandels lässt sich in zwei Abschnitte einteilen:

- In der Bezugskalkulation wird der Bezugspreis für ein Produkt ermittelt.
- In der Verkaufskalkulation wird – ausgehend vom Bezugspreis – der Listenverkaufspreis berechnet.

Die Umsatzsteuer wird nicht näher betrachtet, weil sie für Verkäufer und Käufer einen durchlaufenden Posten darstellt (Vorsteuer für die Käufer, Umsatzsteuer für den Verkäufer).
Rabatte und Skonti, die den Kunden eingeräumt werden, kalkuliert der Großhändler vorab in die Preise ein.

Ausgewählte Fachbegriffe der Handelskalkulation

Handlungskostenzuschlag	Durch den Betrieb einer Großhandlung entstehen Aufwendungen für Personal, Geschäftsräume, Versicherungen, Energie usw. Durch einen Prozentzuschlag auf den Bezugspreis werden diese Kosten von den Produkten anteilmäßig getragen.
Selbstkostenpreis	Preis, der den Preis für den Einkauf des Produktes und die anteiligen Handlungskosten deckt.
Gewinnzuschlag	Prozentsatz, der auf den Selbstkostenpreis aufgeschlagen wird und der dafür sorgt, dass mit dem Verkauf des Produktes ein Gewinn erzielt wird.
Barverkaufspreis	Preis für den Kunden, wenn er unter Abzug von Skonto bezahlt.

Lernfeld 5 Kunden akquirieren und binden

Kundenskonto	Skonto, den der Großhändler seinem Kunden bei vorzeitiger Zahlung gewährt. Weil der Kunde Skonto letztlich vom Zielverkaufspreis abzieht (im Beispiel 3 % von 140,34 €), schlägt der Großhändler den Skontobetrag vorher in seiner Kalkulation auf (siehe Beispielrechnung unten).
Zielverkaufspreis	Preis für den Kunden, wenn er Skonto nicht in Anspruch nimmt, sondern innerhalb der eingeräumten Zahlungsfrist (Zahlungsziel) bezahlt.
Kundenrabatt	Rabatt, den der Großhändler seinem Kunden gewährt. Der Rabatt wird in der Rechnung vom Listenverkaufspreis berechnet (im Beispiel 15 % von 165,11 €). Daher ist auch hier eine Im-Hundert-Prozentrechnung anzuwenden.
Listenverkaufspreis	Preis, der dem Kunden zum Beispiel in einer Preisliste oder einem Katalog angeboten wird („Listenpreis").

Kalkulationsschema

	Vorwärtskalkulation	€		
Bezugskalkulation	Listeneinkaufspreis	93,10	100 %	
	− Rabatt	9,31	− 10 %	
	= Zieleinkaufspreis	83,79	90 % →	100 %
	− Skonto	1,68		− 2 %
	= Bareinkaufspreis	82,11		98 %
	+ Bezugskosten	0,39		
	= Bezugspreis	82,50	= 100 %	
Verkaufskalkulation	+ Handlungskostenzuschlag	41,25	+ 50 %	
	= Selbstkostenpreis	123,75	150 %	→ 100 %
	+ Gewinnzuschlag	12,38		+ 10 %
	= **Barverkaufspreis**	136,13	97 %	← 110 %
	+ **Kundenskonto (im Hundert)**	4,21	3 %	
	= **Zielverkaufspreis**	140,34	100 %	→ 85 %
	+ **Kundenrabatt (im Hundert)**	24,77		15 %
	= **Listenverkaufspreis**	165,11		100 %

Die Umsatzsteuer wird auf den Zielverkaufspreis aufgeschlagen, der auf der Rechnung ausgewiesen wird.

Bareinkaufspreis beim Skontoabzug
Die Reihenfolge von Rabatt und Skonto ergibt sich aus der Sicht des Kunden vom Endpreis her. Ihm wird zunächst Rabatt auf einen Listenpreis eingeräumt, der zum Zielverkaufspreis führt. Zahlt der Kunde vorzeitig, darf er zusätzlich Skonto abziehen. Dabei ist aber noch zu berücksichtigen, dass in der Rechnung auf den Nettoverkaufspreis Umsatzsteuer aufgeschlagen wird.

In der Vorwärtskalkulation wird diese Sichtweise umgekehrt, indem zunächst Skonto und dann Rabatt einkalkuliert werden. Auf der Rechnung für den Kunden ergibt sich folgendes Bild:

Rechnung für einen Badezimmerschrank (gekürzt)

Menge	Artikel-Nr.	Bezeichnung	Preis/€
1	1248	Badezimmerschrank NPL-900 − Listenpreis	165,11
		− Liefererrabatt 15 %	24,77
		Nettobetrag	140,34
		+ Umsatzsteuer 19 %	26,67
		Rechnungsbetrag	167,01
Zahlungsziel von 30 Tagen nach Rechnungsdatum. Bei Zahlung innerhalb von zehn Tagen 3 % Skonto.			

Der Kunde kürzt den Rechnungsbetrag um 3 % Kundenskonto, weil er innerhalb von zehn Tagen bezahlt.

			Preis/€
		Rechnungsbetrag	167,01
		- 3 % Skonto	**5,01**
		Überweisungsbetrag	**162,00**
		Der Überweisungsbetrag enthält 19 % Umsatzsteuer =	25,87
		Barverkaufspreis	**136,13**

Die Beträge in der Rechnung decken sich nicht ganz mit den Zahlen der Kalkulation, weil die Reihenfolge von Rabatt, Umsatzsteuer und Skonto unterschiedlich ist. Der Nettowert aus dem Überweisungsbetrag (136,13 €) entspricht aber genau dem Barverkaufspreis in der Kalkulation. Das ist der Preis, den das Unternehmen benötigt, damit es den geplanten Gewinn von 12,38 € verwirklicht.

Kalkulationszuschlag
Die schrittweise Kalkulation des Verkaufspreises ist sehr zeitaufwendig. Daher fassen die Unternehmen die verschiedenen Zuschläge (HKZ, GZ sowie Skonto und Rabatt) zu einem einzigen Prozentzuschlag zusammen. Diesen Prozentzuschlag nennt man **Kalkulationszuschlag**. Er wird auf den Bezugspreis aufgeschlagen, um den Listenverkaufspreis zu ermitteln.

Beispiel:
Ein Unternehmen kalkuliert in seinem Geschäft mit 40 % HKZ, 15 % GZ, 3 % Kundenskonto und 10 % Liefererrabatt.

Lösungsweg
Zur Berechnung des Kalkulationszuschlages setzt man zunächst den Bezugspreis vereinfachend mit 100,00 € gleich. Mithilfe der Zuschlagssätze wird dann wie gewohnt der Listenverkaufspreis errechnet (siehe folgendes Rechenschema).

Rechenschema

	%	€			
Bezugspreis		100,00	100,00 %	Bezugspreis	
+ Handlungskosten	40 %	40,00			
Selbstkostenpreis		140,00			
+ Gewinnzuschlag	15 %	21,00			
Barverkaufspreis		161,00	84,43 %	+ Kalkulationszuschlag	
+ Kundenskonto	3 %	4,99		(Prozentzuschlag)	
Zielverkaufspreis		165,99			
+ Kundenrabatt	10 %	18,44			
Listenverkaufspreis		184,43	184,43 %	= Verkaufspreis	
(Nettoverkaufspreis)					

Der Unterschied zwischen **Bezugspreis und Listenverkaufspreis** beträgt 84,43 €. In die Prozentrechnung umgesetzt bedeutet das:

Bezugspreis   100,00 € = 100 %
Zuschlag   84,43 € =   ? %

$$\frac{100 \times 84{,}43\ €}{100} = 84{,}43\%$$

$$\text{Kalkulationszuschlag} = \frac{100 \times \text{Zuschlag in €}}{\text{Bezugspreis}}$$

Kalkulation im Einzelhandel
Die Einzelhandelskalkulation unterscheidet sich von der Kalkulation des Großhandels in zweierlei Hinsicht:
- Der Einzelhandel bietet seine Produkte Endverbrauchern an. Aufgrund der Preisangabenverordnung muss der Einzelhändler seine Preise als Endpreise ausdrücken. Das bedeutet u. a., dass der Preis, der auf einem Produkt in einem Einzelhandelsgeschäft steht, immer ein Bruttopreis ist (einschließlich Umsatzsteuer). Der Einzelhändler kalkuliert seine Preise daher **einschließlich Umsatzsteuer**.

Lernfeld 5 Kunden akquirieren und binden

▌ Im Regelfall kalkuliert der Einzelhandel **einheitliche Preise** für alle Kunden. In Ausnahmefällen, z. B. im Bürofachhandel für gewerbliche Kunden, werden individuelle Preise mit individuellen Konditionen (Kundenrabatt, Kundenskonto) gebildet. Trotzdem sind im Einzelhandel auch Preisabzüge üblich. Wer beim Einkauf einen Fehler an der Ware entdeckt, wird versuchen, die Ware zu einem reduzierten Preis zu bekommen. Viele Kunden („Schnäppchenjäger") handeln mit dem Personal um den Preis. Die Mitarbeiter dürfen auch im Regelfall Preisnachlässe in einem bestimmten Umfang gewähren. Diese Zufallsergebnisse können aber nicht von vornherein in die Verkaufspreise eines einzelnen Produktes einkalkuliert werden. Wie berücksichtigt ein Einzelhändler aber die regelmäßig gewährten Preisnachlässe? Zwei Wege stehen ihm offen:

- Wenn ein Einzelhändler weiß, dass erfahrungsgemäß durchschnittlich ca. 5 % Preisnachlässe auf alle Produkte gegeben werden, kann er diesen Prozentsatz in seine Verkaufskalkulation wie einen Rabatt einkalkulieren.
- Der Einzelhändler erhöht den Gewinnzuschlag im Ausmaß der Preisnachlässe. Dieser Weg wird in der Praxis am häufigsten beschritten. Daher werden in der nachfolgenden Musterkalkulation Kundenrabatt und Kundenskonto nicht berücksichtigt.

Für bestimmte Produkte (vor allem Lebensmittel und Verlagserzeugnisse) gilt ein Umsatzsteuersatz von 7 %.

Nimmt man an, dass ein Einzelhandelsbetrieb das oben für den Großhandel kalkulierte Produkt ebenfalls direkt beim Hersteller einkauft und über die eigene Kalkulation den Verkaufspreis ermittelt, ergibt sich das unten stehende Bild.

	Vorwärtskalkulation	€		
Bezugskalkulation	Listeneinkaufspreis – Rabatt	93,10 9,31	100 % – 10 %	
	= Zieleinkaufspreis – Skonto	83,79 1,68	90 % →	100 % – 2 %
	= Bareinkaufspreis + Bezugskosten	82,11 0,39		98 %
Verkaufskalkulation	= **Bezugspreis** + Handlungskostenzuschlag	82,50 41,25	= 100 % + 50 %	
	= Selbstkostenpreis + Gewinnzuschlag	123,75 12,38	150 % + 10 %	→ 100 % + 10 %
	= Nettoverkaufspreis + Umsatzsteuer	136,13 25,86	100 % + 19 %	← 110 %
	= **Bruttoverkaufspreis**	161,99	119 %	

Da Einzelhandelssortimente häufig sehr umfangreich sind (200 000 Artikel sind in einem Großstadt-Warenhaus keine Seltenheit), wird nicht jedes Produkt einzeln „durchkalkuliert". Man arbeitet mit Kalkulationszuschlägen, die für das gesamte Sortiment oder für einzelne Warengruppen gelten.
Für das Beispiel oben ergibt sich folgender Kalkulationszuschlag:

Berechnung des Kalkulationszuschlages		
	€	
Bezugspreis + *Handlungskostenzuschlag 50 %*	82,50 **41,25**	= 100 %
= Selbstkostenpreis + *Gewinnzuschlag 10 %*	123,75 **12,38**	+ 96,35 % = Kalkulationszuschlag
= Nettoverkaufspreis + *Umsatzsteuer 19 %*	136,13 **25,86**	
= **Bruttoverkaufspreis**	161,99	= 196,35 %

Der Handlungskostenzuschlag, der Gewinnzuschlag und die Umsatzsteuer werden zu einem einzigen Prozentzuschlag zusammengefasst. Dieser wird auf den Bezugspreis aufgeschlagen, um den Bruttoverkaufspreis zu ermitteln.

Rechenweg
Der Unterschied zwischen dem Bezugspreis und dem Bruttoverkaufspreis (der Kalkulationszuschlag in Euro) beträgt 79,49 €. Mithilfe der Prozentrechnung lässt sich dieser Betrag in Prozent des Bezugspreises ausdrücken.

Bezugspreis 82,50 € = 100 % $\dfrac{100 \times 79{,}49}{82{,}50} = 96{,}35\ \%$

Zuschlag   79,49 € =   ? %

Allgemein ausgedrückt:

$$\text{Kalkulationszuschlag} = \dfrac{100 \times \text{Zuschlag in €}}{\text{Bezugspreis}}$$

Der Einzelhändler wird den Kalkulationszuschlag aber nicht pauschal anwenden, sondern die Bedingungen des Marktes beachten, indem er sich z. B. fragt, zu welchem Preis dieses Produkt am Markt verkäuflich ist. Die Antwort kann im Einzelfall dazu führen, dass der kalkulierte Bruttoverkaufspreis herauf- oder herabgesetzt wird. Vielfach müssen Einzelhändler auf Preisaktionen der Mitbewerber in Form von Sonderangeboten reagieren. Dann taucht die Frage auf, wie weit ein Einzelhändler seine Preise reduzieren kann.

Siehe wettbewerbsorientierte Preisfindung, Seite 66

Bestimmung von Preisspielräumen
Zwei Preisuntergrenzen kommen häufig in der Praxis vor:
▌ Der Einzelhändler senkt den Preis eines Produktes so weit, dass wenigstens die Selbstkosten gedeckt sind (1. Preisuntergrenze).
▌ In besonderen Fällen verzichtet er auf die Deckung der Selbstkosten, möchte aber über den Verkauf zumindest den Bezugspreis der Ware wieder hereinbekommen (2. Preisuntergrenze).

Mit den Zahlen des oben stehenden Kalkulationsbeispiels sollen die Preisuntergrenzen verdeutlich werden.

Vorwärtskalkulation ab Bezugspreis		Deckung des Selbstkostenpreises	Deckung des Bezugspreises
= Bezugspreis	82,50	82,50	82,50
+ Handlungskostenzuschlag 50 %	41,25	41,25	
= Selbstkostenpreis	123,75	123,75	
+ Gewinnzuschlag 10 %	12,38		
= Nettoverkaufspreis	136,13		
+ Umsatzsteuer 19 %	25,86	23,51	15,68
= Bruttoverkaufspreis	161,99	**147,26**	**98,18**

In der Praxis würde der Einzelhändler die Preise vermutlich noch auf 146,99 € bzw. 97,99 € absenken. Eine solche Preisgestaltung kann sich natürlich nur auf einzelne Sonderangebote mit zeitlicher Begrenzung beziehen. Ein Einzelhandelsgeschäft, das in der gesamten Sortimentsbreite und dauerhaft auf die Deckung der Selbstkosten und die kalkulatorische Berücksichtigung eines Gewinns verzichtet, ist wirtschaftlich nicht überlebensfähig.

Rückwärtskalkulation
Haben die Nachfrager eine starke Marktmacht oder herrscht ein sehr intensiver Wettbewerb (nachfrage- oder wettbewerbsorientierte Preisfindung) muss ein Unternehmen den am Markt herrschenden Bruttoverkaufspreis vielfach als gegeben hinnehmen. Dann ist der Bezugspreis zu errechnen, den das Unternehmen höchstens zahlen kann, wenn es die geplanten Zuschlagssätze in seiner Kalkulation realisieren will. Das geschieht mithilfe der Rückwärtskalkulation.

Rechenweg
Vom Bruttoverkaufspreis wird stufenweise rückwärts hin zum Bezugspreis gerechnet. Auf jeder Stufe geht man von einem vermehrten Grundwert aus und errechnet den Grundwert (100 %). Der Grundwert der ersten Stufe ist der vermehrte Grundwert der zweiten Stufe usw.

Beispiel:
Der Einzelhändler muss aus Konkurrenzgründen eine Ware zu 98,00 € anbieten. Er rechnet mit einem Handlungskostenzuschlag von 65 %, einem Gewinnzuschlag von 10 % und 19 % Umsatzsteuer. Zu berechnen ist der höchstens aufwendbare Bezugspreis, damit der Einzelhändler bei dem gegebenen Bruttoverkaufspreis seine geplante Kalkulation verwirklichen kann.

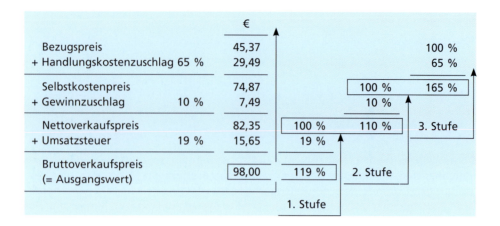

Differenzkalkulation

Sind sowohl der Bezugspreis als auch der Bruttoverkaufspreis vorgegeben, muss das Unternehmen prüfen, ob der Verkauf der Ware auch noch einen angemessenen Gewinn abwirft. Diesen Gewinn ermittelt es mithilfe der Differenzkalkulation.

Beispiel:
Ein Einzelhändler kann eine Ware zu einem Bezugspreis von 49,00 € beziehen. Der Kalkulation liegt ein Handlungskostenzuschlag von 65 % zugrunde. Er kann den Artikel zu einem Bruttoverkaufspreis von 98,00 € (einschließlich 19 % Umsatzsteuer) verkaufen.

Zunächst stellt man das Kalkulationsschema für die Stückkalkulation auf und rechnet ausgehend vom Bezugspreis vorwärts hin zum Selbstkostenpreis. In einem zweiten Schritt setzt man den Bruttoverkaufspreis in das Kalkulationsschema ein und kalkuliert rückwärts zum Nettoverkaufspreis.
Die Differenz zwischen Nettoverkaufspreis und Selbstkostenpreis ist der verbleibende Gewinn.

Beispiel:

Differenzkalkulation	€			
= **Bezugspreis**	49,00	100 %	gegeben	Vorwärtskalkulation
+ Handlungskostenzuschlag 65 %	31,85	65 %		
= **Selbstkostenpreis**	80,85	165 %		
+ Gewinn	?			Differenz = 1,50 €
= **Nettoverkaufspreis**	82,35	100 %		
+ Umsatzsteuer 19 %	15,65	19 %		Rückwärtskalkulation
= **Bruttoverkaufspreis**	98,00	119 %	gegeben	

Die Differenz zwischen Nettoverkaufspreis und Selbstkostenpreis (= Gewinn) kann auch in Prozent als Gewinnzuschlag auf den Selbstkostenpreis ausgedrückt werden:

Selbstkostenpreis 80,85 € – 100 %
Gewinn 1,50 € – ? %

Gewinnzuschlag $\dfrac{100 \times 1{,}50}{80{,}85} = \mathbf{1{,}86}$ %

Kalkulation in Industrie und Handwerk
Die Kalkulation der Industrie orientiert sich am Fertigungsprozess.

Ausgewählte Fachbezeichnungen aus der Industriekalkulation

Fertigungsmaterial	Kosten für Material, die einem Kostenträger direkt zuzurechnen sind (Einzelkosten).
Fertigungslöhne	Sie sind ebenfalls einem einzelnen Produkt direkt zurechenbar und damit als Einzelkosten anzusehen.
Materialgemeinkosten	Sie entstehen bei der Materialbewirtschaftung, z. B. Annahme, Lagerung, Ausgabe des Materials.
Fertigungsgemeinkosten	Die Kosten fallen im Fertigungsprozess an, z. B. Gehälter von Meistern und technischen Angestellten.
Verwaltungsgemeinkosten	Kosten, die durch die kaufmännische Verwaltung eines Betriebes entstehen (z. B. die Gehälter der kaufmännischen Angestellten). Sie sind als Prozentzuschlag von den Herstellkosten zu berechnen.
Vertriebsgemeinkosten	Kosten, die beim Vertrieb der Produkte anfallen, z. B. Verpackungs- und Versandkosten. Sie sind von den Herstellkosten zu berechnen.

Sondereinzelkosten der Fertigung und des Vertriebs bleiben unbeachtet.

Industriekalkulation mit Beispielrechnung

		%	€
1.	Fertigungsmaterial		10,00
2.	+ Materialgemeinkosten (von Nr. 1)	10	1,00
3.	= **Materialkosten**		**11,00**
4.	Fertigungslöhne		20,00
5.	+ Fertigungsgemeinkosten (von 4)	100	20,00
6.	= **Fertigungskosten**		**40,00**
7.	Materialkosten (Zeile 3)		11,00
8.	+ Fertigungskosten (Zeile 6)		40,00
9.	= **Herstellkosten**		**51,00**
10.	+ Verwaltungsgemeinkosten (von 9)	30	15,30
11.	+ Vertriebsgemeinkosten (von 9)	10	5,10
12.	= **Selbstkosten**		**71,40**
13.	+ Gewinnzuschlag	15	10,71
14.	**Barverkaufspreis**		**82,11**
15.	Kundenskonto (im Hundert)	2	1,68
16.	**Zielverkaufspreis**		**83,79**
17.	Kundenrabatt (im Hundert)	10	9,31
18.	**Listenverkaufspreis**		**93,10**

$$82,11 = 98\,\%$$
$$\ 2\,\%$$
$$100\,\% \rightarrow 90\,\%$$
$$10\,\%$$
$$100\,\%$$

Vereinfachte Kalkulation im Handwerk
Das Handwerk übernimmt zwar das Prinzip der Industriekalkulation (Trennung von Material-, Personal- und Gemeinkosten), vereinfacht aber den Rechenvorgang. Zwei Verfahren sind üblich:

Siehe Angebotskalkulation in LF 3

Stufenverfahren	Stundensatzverfahren
Personalkosten + Material +Betriebskosten (Gemeinkosten) = Selbstkosten + Gewinnzuschlag = **Preis** (Angebotspreis)	Personalkosten + Material + Betriebskosten (Gemeinkosten) + Gewinnzuschlag = **Stundensatz** · Vorgabezeit = Preis (Angebotspreis)

Preis + Umsatzsteuer = Endpreis

Gegenüber Privatkunden ist der getrennte Ausweis der Personalkosten wichtig, weil Handwerkerleistungen in Privathaushalten steuerlich begünstigt werden.

6.2.2 Wettbewerbsorientierte Preisfindung

Unter den heute vielfach vorliegenden Bedingungen des **Käufermarktes** ist eine Preisfestsetzung ohne Berücksichtigung der Preise der Mitbewerber kaum möglich. Diese **wettbewerbs-** oder marktorientierte Kalkulation ist vor allem dann erforderlich, wenn wenige Anbieter gleichartige Produkte verkaufen und der Käufer einen guten Marktüberblick hat, z. B. auf dem Markt für Smartphones.

> **Wettbewerbsorientierte Preisfindung:** Preisfestsetzung in Abhängigkeit von den Mitbewerbern

Auf einem solchen Markt sind häufig drei Unternehmenstypen zu erkennen:

1. Der **Preisführer**: Er dominiert am Markt, hat den höchsten Marktanteil und die höchsten Preise.
2. Der **Preisfolger**: Er orientiert sich am Preisführer, hat aber ein etwas niedrigeres Preisniveau. Mit Blick auf den Preisführer passt er seine Preise laufend an.
3. Der **Preiskämpfer**: Solche Unternehmen profilieren sich über den Preis, setzen ihn daher auch besonders niedrig an.

Welcher Preis am Markt durchgesetzt werden kann, hängt auch von der **Marktmacht** der Marktteilnehmer ab. Die Marktmacht eines einzelnen Anbieters ist umso größer, je weniger weitere Anbieter auf dem Markt sind. Denn je weniger Mitbewerber es gibt, desto größer ist der Marktanteil des einzelnen Marktteilnehmers. Wenige Marktteilnehmer können durch Zusammenschlüsse oder Absprachen den Wettbewerb einschränken und den Preis zu ihren Gunsten beeinflussen. Je mehr Marktteilnehmer am Markt agieren, umso kleiner ist deren Marktanteil und die Möglichkeit, auf die Preisbildung Einfluss zu nehmen. Entsprechend groß ist dann der Wettbewerb.

Modellhaft lässt sich dieser Sachverhalt mit dem sogenannten **Marktformenschema** darstellen, das hier in verkürzter Form abgebildet wird:

Marktformen nach der Zahl der Marktteilnehmer			
Zahl der Anbieter / Zahl der Nachfrager	einer	wenige	viele
viele	Angebotsmonopol	Angebotsoligopol	Polypol

> **Monopol:** Marktsituation, in der nur ein Anbieter existiert, aber viele Nachfrager vorhanden sind

Beispiel:
Öffentliche Unternehmen

> **Oligopol:** Marktsituation, in der wenige Anbieter den Markt beherrschen und vielen Nachfragen gegenüberstehen

Beispiel:
Markt für Kraftstoffe

> **Polypol:** Marktsituation, bei der viele Anbieter und viele Nachfrager am Markt tätig sind

Beispiel:
Lebensmittelmarkt

Mischformen

Die kosten- und wettbewerbsorientierte Strategien werden vor allem in Handelsunternehmen häufig in einer Mischform angewandt: Grundsätzlich gilt die Kostenorientierung, d. h. die Ermittlung des Verkaufspreis durch eine Vorwärtskalkulation. Bei Produkten, die von Kunden stark nachgefragt werden oder die aufgrund von technischen, modischen oder sonstigen Eigenschaften besonders attraktiv sind, orientiert sich der Unternehmer an den Marktverhältnissen und setzt den Preis entsprechend höher an. Umgekehrt lässt oft ein preisaggressiver Mitbewerber keine andere Wahl, als den Preis unterhalb der kostenorientierten Kalkulation festzusetzen.

6.2.3 Nachfrageorientierte Preisfindung

Bei dieser Vorgehensweise ist die Bereitschaft der Marktteilnehmer entscheidend, welchen Preis sie für ein Produkt bereit sind zu bezahlen. In der Praxis heißt das: Man setzt den Preis, den die Kunden als Preisobergrenze (gerade) noch akzeptieren.

> **Nachfrageorientierte Preisfindung:** Preisfestsetzung in Abhängigkeit von der Preisbereitschaft der Abnehmer

Diese Art von Preisbildung orientiert sich in erster Linie am Markt und genauer an den potenziellen Käufern. Es gilt also, herauszufinden, welchen Preis der Abnehmer für ein Produkt oder eine Dienstleistung zu zahlen bereit ist.

Vor allem im Handel wird die Preisbereitschaft von Kunden auch durch eine **psychologische Preisfestsetzung (Preisoptik)** beeinflusst. Obwohl der Unterschied zwischen 99,99 € und 100,00 € äußerst gering ist, fällt einem Kunden die Kaufentscheidung bei 99,99 € leichter, weil eine bestimmte Preisschwelle (hier 100,00 €) unterschritten wird. Die Preisschwellen (auch 999,00 € anstelle von 1.000,00 € usw.) bilden für Käufer eine psychologisch wichtige Grenze, die er ungern überschreitet.

Das gilt insbesondere für Niedrigpreis-Strategien, bei denen der Preis die zentrale Rolle spielt.

6.3 Preisdifferenzierung

> **Preisdifferenzierung:** preispolitische Maßnahme, bei der für gleiche Waren und Dienstleistungen unterschiedliche Preise verlangt werden

Eine Differenzierung der Preise ist möglich, wenn

- die Kundengruppen aufgrund unterschiedlicher Wertvorstellungen auch unterschiedliche Präferenzen (Preisbereitschaften) haben,
- den Kundengruppen die Markttransparenz fehlt und
- wenn eine Zerlegung des Gesamtmarktes in Teilmärkte möglich ist (= Marktsegmentierung).

Durch Preisdifferenzierung kann ein Unternehmen das Marktpotenzial besser ausschöpfen und seine Gewinn erhöhen.

In der Praxis kommen folgende Formen der Preisdifferenzierung vor:

Formen der Preisdifferenzierung	Beispiele
Räumlich In verschiedenen Gebieten werden für das gleiche Produkt unterschiedliche Preise verlangt.	*Autokonzerne verkaufen ihre Autos in den verschiedenen Ländern der Europäischen Gemeinschaft zu unterschiedlichen Preisen.*
Zeitlich Unterschiedliche Preishöhe in Abhängigkeit von der zeitlichen Nachfrage.	*Energieunternehmen verkaufen den Strom für Speicherheizungen zu einem Tagesstrom- und einem Nachtstrompreis.*
Personell Persönliche Unterschiede zwischen den Käufergruppen werden zur Preisgestaltung genutzt.	*Verkehrsbetriebe verlange von Schülern und Rentnern für dieselbe Fahrtstrecke andere Preise als von den übrigen Reisenden.*
Mengenbezogen Zur Absatzsteigerung der Produkte werden Mengenrabatte gewährt.	*Großabnehmern erhalten einen gestaffelten Mengenrabatt.*
Produktbezogen Angeboten werden verschiedene Produktvarianten, um unterschiedlichen Anspruchsniveaus der Kunden zu entsprechen.	*Im Buchhandel werden von einem neuen Titel neben Hardcoverbüchern auch Taschenbücher angeboten.*

6.4 Konditionenpolitik

> **Konditionenpolitik:** Festlegung der Bedingungen, unter denen Produkte und Dienstleistungen am Markt angeboten werden sollen.

Sind die Konditionen für den Kunden günstig, unterstützen sie die Absatzbemühungen des Unternehmens. Die Konditionenpolitik umfasst vertragliche Regelungen über

- Rabatte,
- Lieferungs- und Zahlungsbedingungen,
- Absatzkredite.

6.4.1 Rabattpolitik

> **Rabatt:** Nachlass vom Listenpreis einer Ware. Rabatte dienen im Rahmen der Preispolitik als Kaufanreiz.

Die wichtigsten Rabattarten sind folgende:

Mengenrabatt
Er wird bei der Abnahme größerer Mengen gewährt. Wird der Mengenrabatt rückwirkend, i. d. R. am Ende eines Jahres, eingeräumt, spricht man von Umsatzrückvergütung oder Bonus. Das Gegenstück zum Mengenrabatt ist der Mindermengen-(Kleinmengen-)Zuschlag. Er wird erhoben, wenn ein bestimmter Mindestbestellwert nicht erreicht wird.
Folgende preispolitische Maßnahmen können (vor allem im Handel) als spezielle Form des Mengenrabatts betrachtet werden:

- **Preisbündelung:** Dabei werden mehrere Produkte zu einem Paket zusammengeschnürt und zu einem Sonderpreis angeboten (z. B. PC mit Drucker, wobei die Summe der Einzelpreise höher liegt als der Paketpreis).
- **Multibuy:** Dem Kunden werden mehrere Produkte zum Kauf angeboten, zu bezahlen ist aber eine geringere Menge („Kaufe drei – bezahle zwei").

Treuerabatt
Langjährige Kunden werden mit diesem Rabatt an das Unternehmen gebunden.

Zeitrabatt
Der Kunde erhält einen Preisnachlass, wenn die Bestellung bis zum einem bestimmten Termin eingeht.

Skonto
Preisabzug für sofortige Zahlung (häufig innerhalb von zehn Tagen). Man spricht auch von einem Barzahlungsrabatt.

Sonderrabatt
Rabatte, die zu speziellen Anlässen oder besonderen Personengruppen eingeräumt werden, z. B.
- anlässlich einer Geschäftseröffnung,
- bei der Neueinführung eines Produktes,
- bei einem Geschäftsjubiläum,
- als Personalrabatt, wenn Mitarbeiter im eigenen Unternehmen kaufen.

6.4.2 Lieferungs- und Zahlungsbedingungen
Die Gestaltung der Liefer- und Zahlungsbedingungen ist Teil der Preispolitik. Die Vereinbarungen können die Kaufbereitschaft und Zufriedenheit der Kunden stark beeinflussen. Bei Verhandlungen mit Kunden kann der Lieferer häufig auf diesem Gebiet Zugeständnisse machen, um den Preis des Produktes selbst unverändert zu lassen.
Die **Lieferbedingungen** regeln u. a.:
- Form der Warenübergabe,
- Ort und Zeit des Kosten- und Gefahrenübergangs,
- Mindestmengen,
- Konsequenzen verspäteter Lieferung,
- Verteilung der Lieferkosten (z. B. Ab-Werk- oder Frei-Haus-Lieferung, Lieferkostenpauschale).

In den **Zahlungsbedingungen** wird vor allem vereinbart,
- welches Zahlungsziel dem Kunden eingeräumt wird,
- ob der Kunde unter Abzug von **Skonto** bezahlen kann,
- wie der Kunde den Rechnungsbetrag zu bezahlen hat (Bankeinzug, Überweisung, Scheck usw.).

6.4.3 Absatzkreditpolitik

Wenn einem Kunden die Zahlung des Kaufpreises erleichtert wird, ist er eher zum Kaufabschluss bereit. Dadurch lässt sich der Umsatz steigern. Es können aber auch Kunden gewonnen werden, die die finanziellen Mittel für einen Sofortkauf nicht aufbringen können.
Maßnahmen der Absatzkreditpolitik sind z. B.

- Zahlung in Raten oder Vermittlung einer Kreditfinanzierung durch Banken,
- Kreditkartenzahlung,
- Angebot, das Produkt zu leasen.

Zusammenfassung

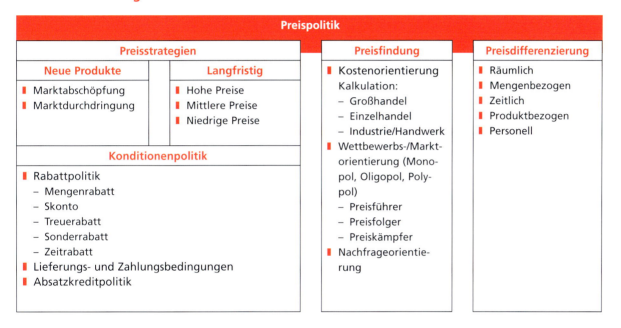

7 Direktmarketing

➲ **Lernsituation 7: Kunden direkt ansprechen**

Je persönlicher eine Werbeansprache ist, desto größer ist die Wahrscheinlichkeit, dass die Werbebotschaft wahrgenommen wird. Über das Direktmarketing bemüht man sich um diese direkte und **individuelle Ansprache** von Kunden. Charakteristisch für das Direktmarketing ist, dass die Werbebotschaft unmittelbar an eine ausgewählte Zielgruppe übermittelt wird, ohne Zwischenschaltung von Massenmedien.

Ein weiteres Merkmal des Direktmarketings ist die Ausrichtung auf eine **Kundenreaktion**. Produkte und Dienstleistungen werden einer ausgesuchten Zielgruppe angeboten. Gleichzeitig werden die Kunden aufgefordert, auf das Angebot zu reagieren und aktiv tätig zu werden, um den nächsten Schritt einer Angebotspräzisierung einzuleiten.

> **Direktmarketing**: Form der Marketingkommunikation, bei der Kunden direkt, d. h. ohne Zwischenschaltung von Massenmedien, angesprochen und zu einer Antwort veranlasst werden sollen

Im Idealfall treten Anbieter mit ihren Kunden in einen Dialog ein. Daher spricht man beim Direktmarketing auch von **Dialogmarketing**.
Mithilfe des Direktmarketings sollen zwangsläufig auftretende **Streuverluste** minimiert werden, die sich aus der Eigenart des Werbeträgers ergeben.

Beispiel:
Eine Anzeige in einer Tageszeitung erreicht (ohne Differenzierung) alle Leser, und der Preis für die Anzeige richtet sich nach der Gesamtauflage der Zeitung.

> **Streuverluste**: Empfänger von Werbebotschaften, die nicht zur Zielgruppe gehören, für die aber trotzdem bezahlt werden muss

Lernfeld 5 Kunden akquirieren und binden

7.1 Formen des Direktmarketings

Direktmarketing liegt grundsätzlich immer dann vor, wenn man mit dem Empfänger der Werbebotschaft in einen direkten Kontakt treten will. Folglich gehören auch Werbemittel zum Direktmarketing, die eher zur klassischen Werbung zu rechnen sind:

- Werbeanzeigen mit Coupon zum Ausschneiden,
- Prospekt mit Antwortkarte,
- Anzeigen, Plakate, Spots, die vorzugsweise darauf ausgerichtet sind, dass der Empfänger Kontakt mit dem Werbenden aufnimmt.

Eindeutig zum Direktmarketing gehören:

- Werbebrief (Mailing),
- E-Mail-Werbung,
- telefonische Werbung.

7.2 Kundendatenerfassung

Database-Marketing = Datengestütztes Marketing

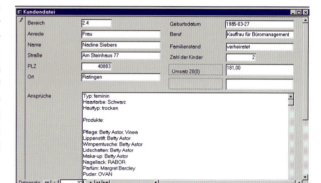

Der Erfolg des **Direktmarketings** hängt von den Informationen über die Zielgruppe ab. Es ist daher ratsam, eine **Kundendatei** anzulegen. Neben der Kundenadresse, die für ein gezieltes Anschreiben notwendig ist, sind alle Daten zu erfassen, die das Kaufverhalten des Kunden widerspiegeln. Je mehr Auskünfte über die Kunden vorliegen, desto gezielter können sie entsprechend ihren persönlichen Ansprüchen umworben werden. Ausschlaggebend für die Güte der Kundendatei ist allerdings ihre regelmäßige Pflege.

Stützt sich das gesamte Marketing auf eine Vielzahl individueller Kundeninformationen, die in einer umfangreichen Datenbank gespeichert sind, so spricht man von **Database-Marketing**. Die gesamten Marketingaktivitäten sind gezielt auf die persönlichen Ansprüche der Kunden abzustimmen. Gelingt es, das richtige Waren- und Informationsangebot zum richtigen Zeitpunkt zu machen, steigert dies nicht nur die Zufriedenheit von Stammkunden, sondern dient ebenfalls der Neukundengewinnung. Kostenintensive Verluste bei der Streuung von Massenwerbung können vermieden werden, und der Einsatz von Werbebudgets lässt sich so optimieren.

7.3 Werbebrief

E-Mail und Werbebrief sind die zwei wichtigsten Möglichkeiten, Direktmarketing zu betreiben. Nachfolgend soll der Werbebrief näher betrachtet werden.

> **Werbebrief**: schriftliches Werbemittel, das durch persönliche Kundenansprache Produkte oder Dienstleistungen werblich herausstellt

7.3.1 Gestaltungsgrundsätze

Eine erfolgreiche Direktmarketing-Aktion beginnt mit der Beschaffung der **richtigen Adressen**, d. h. Adressen, die zur Zielgruppe passen. Eine sorgfältig geführte Kundendatei (siehe oben) leistet die nötige Hilfe. Adressen können auch eingekauft werden. Dabei ist aber Vorsicht angebracht. 100 000 Adressen für wenig Geld sind i. d. R. nicht zielgruppengerecht.

Eine Überschrift, die **neugierig** macht, gibt dem Leser einen Grund, den Werbebrief zu lesen und ihn nicht etwa – wie in den meisten Fällen – in den Papierkorb zu werfen. Dazu sollte die Überschrift die Emotionen des Lesers ansprechen, nicht den Verstand.

Gestaltungsgrundsätze:
- Empfangstag beachten
- (Sonder-)Briefmarke
- Postskriptum
- Unterschrift: Vor- und Zuname
- Ansprechpartner
- richtige Adressen
- neugierig machen
- Problemlösung anbieten
- (Haupt-)Nutzen
- Kundenname
- textnahe Telefonnummer

Der Schreiber des Werbebriefs muss sich unbedingt in die Lage des Lesers versetzen und sich darüber im Klaren sein, für welches Problem des Kunden die eigenen Produkte oder Dienstleistungen eine **Problemlösung** anbieten. Dabei geht es nicht um die allgemeinen Eigenschaften des Produkts, sondern um den **Nutzen**, den der Kunde aus diesen Eigenschaften ziehen kann.

Nutzen, siehe Seite 72

Dabei sollte der **Hauptnutzen** des Produkts prägnant herausgearbeitet werden. Und dem Kunden muss klar gemacht werden, was er tun muss, um diesen Nutzen zu erlangen. Vorteilhaft ist, wenn der **Name** des Kunden im Brieftext genannt wird, allerdings in sparsamer Verwendung, weil es sonst aufdringlich wirkt.

Außerdem muss es der Werbebrief dem Leser leicht machen, auf das Schreiben zu antworten oder irgendwie aktiv zu werden (anrufen, die Homepage besuchen, ein Muster anfordern usw.). Dazu gehört die Angabe der **Telefonnummer** an der Stelle im Text, an der zum Tätigwerden aufgerufen wird (nicht nur im Briefkopf). Auch die Nennung eines Ansprechpartners/einer **Ansprechpartnerin** ist an dieser Stelle vorteilhaft.
Werbebriefe sollten mit dem **Vor- und Zunamen** des Absenders unterschrieben werden.
Ein wichtiges Element des Werbebriefes ist das **Postskriptum** (PS, Nachsatz hinter dem eigentlichen Brieftext), weil das Postskriptum besonders aufmerksam gelesen wird. Dadurch ergibt sich Gelegenheit, das wichtigste Verkaufsargument noch einmal aufzuführen oder man fordert den Leser noch einmal auf, tätig zu werden.

> **Aufbau eines Werbebriefes**
> - Überschrift/Betreff/Headline
> - Anrede
> - Einleitung
> - Angebot
> - Kundennutzen
> - Beweis
> - Kaufaufforderung
> - Schluss
> - Platz für persönliche Unterschrift
> - Postskriptum (= Nachschrift)
>
> Ein Werbebrief kann auch nach der **AIDA-Formel** aufgebaut werden.

Zur äußeren Aufmachung: Eine aufgeklebte **Briefmarke** (noch besser eine Sondermarke) zeigt dem Leser die Individualität des Schreibens. Es ist keine unpersönliche Massenware, die mit einem Freistempler auf die Reise geschickt worden ist.
Auch der Absendetag ist von Bedeutung: Ein Werbebrief sollte nicht am Montag oder am Freitag beim Empfänger eintreffen, weil Werbebriefe an diesen Tagen besonders schnell entsorgt werden. Bei Werbebriefen für Privatleute ist hingegen der Samstag ein guter **Empfangstag**.

7.3.2 Sprache von Werbebriefen

- **Positiv** schreiben, z. B. „preisgünstig" anstelle von „nicht teuer"
- **Nutzen** für den Kunden nennen (sparen, gewinnen, gratis, sofort, neu, individuell, Erfolg, einfach, schnell, Service, Leistung usw.)
- Nicht über sich selbst schreiben (Wir können ..., Wir sind ..., Wir machen ..., Wir schicken ...), sondern den Leser ansprechen: Sie erhalten..., Sie können ..., Sie brauchen nur ... (**Sie-Stil**)
- **Kurze Sätze** schreiben: Vor allem der erste Satz nach der Anrede muss kurz sein, weil der Leser vom ersten Satz auf den gesamten Brieftext schließt. Lange, verschachtelte Sätze führen zum Leseabbruch. Kurze Sätze regen außerdem stärker zum Nachdenken an.

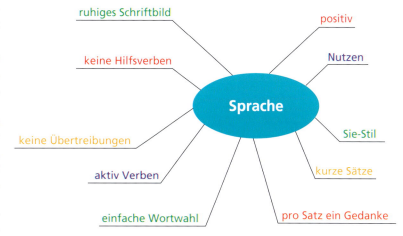

- Pro Satz **ein Gedanke**, wenige Nebensätze, keine „dass-Sätze"
- **Einfache W**örter verwenden, z. B. statt „Besuch abstatten" besser „besuchen". Das Motto für erfolgreiche Werbebriefe lautet: einfach und kurz.
- **Aktive Verben** benutzen und diese möglichst an den Satzanfang stellen, z. B. „Kommen Sie ...", „Nutzen Sie ...", „Probieren Sie ..."
- **Übertreibende** Eigenschaftswörter (z. B. „super", „spitze", „unerreichbar") und abgedroschene Phrasen **vermeiden**
- **Hilfsverben** wie „möchten", „können", „dürfen" sparsam verwenden (nicht: „Darf ich Sie bitten ...", sondern „Probieren Sie bitte ...")
- Für ein **ruhiges Schriftbild** sorgen, und zwar durch eine einheitliche Grundschrift und – bis auf die Überschrift – einen durchgehenden Schriftgrad

Beispiel für einen Werbebrief-Text

Überschrift/Betreff	**Wenn es im Wohnzimmer immer dunkler wird**
Anrede	Sehr geehrter Herr Arnold,
Einleitung	jeder kennt das: Aus dem kleinen Zierbäumchen wird über die Jahre eine mächtige Tanne, die den schönen Blumen im Garten den Lebensraum nimmt und das Wohnzimmer in den Schatten stellt.
Angebot	Auf Sie wartet eine elegante Lösung dieses Problems, weil wir uns darauf spezialisiert haben, Bäume aus Wohnanlagen schonend zu entfernen.
Kundennutzen	Der Baum wird mithilfe einer firmeneigenen Arbeitsbühne schrittweise zerlegt. Auf Wunsch zerschneiden wir das verwertbare Holz zu Brennholz für Ihren Kamin. Im Übrigen wird das anfallende Gehölz fachmännisch entsorgt. Sie brauchen sich nicht darum zu kümmern.
Beweis	Unsere intensiv geschulten Mitarbeiter sind Experten für das Entfernen von Bäumen aus Wohnanlagen und verfügen über das richtige Werkzeug, einen mächtigen Baum behutsam zu beseitigen. Die frei werdende Fläche können Sie noch am gleichen Tag nach Ihren Vorstellungen neu gestalten.
Kaufaufforderung	Lassen Sie uns ein unverbindliches Angebot erstellen. Sie erreichen Herrn Günther unter der Rufnummer 02345/67890-22.
Schluss Platz für persönliche Unterschrift	Mit freundlichen Grüßen
Postskriptum (= Nachschrift) Entwicklung von Werbebriefen als Serienbriefe, siehe Anhang des Informationshandbuchs 1. Ausbildungsjahr	PS: Wir stehen auch mit einem 24h-Notdienst bei Sturmschäden zur Verfügung (Tel. 0800/231445).

7.4 Erfolgskontrolle

Da Direktmarketing eine Aktivierung des Kunden anstrebt, ist die Erfolgskontrolle besonders einfach. Man erfasst die Rückmeldungen der Kunden auf die Werbeaktivität. Die Rückmeldungen hängen von der Art des Werbemittels ab, z. B.:

- Telefonmarketing: Anzahl der Telefongespräche
- Flyer: Rücksendung der abtrennbaren Antwortkarte
- Katalog: Nutzung des Bestellformulars aus dem Katalog
- Werbebrief: Zahl der Anrufe, vereinbarte Gesprächstermine, Antwortfax auf der Rückseite des Werbebriefs
- E-Mail: Zahl der Antworten

Die Kennzahl, mit der der Erfolg einer Direktmarketingaktion gemessen wird, ist die **Response-Quote**. Sie setzt die Zahl der Antworten mit der Zahl der eingesetzten Werbemittel in Beziehung.

$$\text{Response-Quote} = \frac{\text{Antworten} \times 100}{\text{Zahl der Werbemittel}}$$

Beispiel:
Zahl der Werbebriefe: 200
Antworten: 6
$\text{Response-Quote} = \frac{6 \times 100}{200} = 3\,\%$

Eine Response-Quote von 3 % kann als gutes Ergebnis gewertet werden.

Zusammenfassung

Direktmarketing			
Direktmarketing	**Werbebrief**		**Erfolgskontrolle**
Direkte Ansprache der Kunden ohne Einsatz von Massenmedien mit Aufforderung, aktiv zu werden ■ Formen: – Werbeanzeigen mit Coupon – Prospekt mit Antwortkarte – Anzeigen, Plakate, Spots mit Kontaktaufforderung – Werbebrief (Mailing) – E-Mail-Werbung – Telefonische Werbung	Schriftliche, persönliche Kundenansprache, um Produkte oder Dienstleistungen anzupreisen		Response-Quote: Antworten x 100 : Zahl der Werbemittel
	Gestaltungsgrundsätze	**Sprache**	**Datenerfassung**
	■ Richtige Adressen ■ Neugierig machen ■ Problemlösung anbieten ■ (Haupt-)Nutzen ■ Kundenname ■ Textnahe Telefonnummer ■ Ansprechpartner ■ Unterschrift: Vor- und Zuname ■ Postskriptum ■ (Sonder-)Briefmarke ■ Empfangstag beachten	■ Positiv ■ Nutzen hervorheben ■ Leser ansprechen (Sie-Stil) ■ Kurze Sätze ■ Pro Satz ein Gedanke ■ Einfache Wortwahl ■ Aktive Verben ■ Keine Übertreibungen ■ Keine Hilfsverben ■ Ruhiges Schriftbild	→ Kundendatei → Databasemarketing

8 Onlinemarketing

⊃ **Lernsituation 8: Newsletter versenden**

Produkte über das Internet zu vermarkten ist ein relativ junger, aber rasant wachsender Zweig des Marketings. Die technologische Entwicklung und die Tatsache, dass immer mehr Menschen Zugang zum Internet haben und es für die eigene Kommunikation verwenden, legen es Unternehmen nahe, das Internet als kommunikationspolitisches Instrument zu nutzen. Onlinemarketing ermöglicht – wie das Direktmarketing – eine individuelle Ansprache der Zielgruppe mit geringen Streuverlusten. Attraktiv sind auch die geringen Kosten für Werbemaßnahmen. Ausgewählten Kunden einen Newsletter per E-Mail zuzusenden, muss z. B. im Rahmen einer Flatrate für den Internetzugang zu keinen weiteren Kosten führen.
Über das Rückmeldeverhalten der Angesprochenen lässt sich zudem der Erfolg leicht messen.

> **Onlinemarketing:** Vermarktung von Produkten über das Internet

Nachfolgend sollen die wichtigsten Möglichkeiten vorgestellt werden, das Internet für Marketingaktivitäten zu nutzen.

8.1 Eigene Internetseite

Eine Homepage im Internet ist für Unternehmen i. d. R. die Basis für das Onlinemarketing und damit für die digitale Kommunikation mit ihren Kunden. Wesentliche Funktionen einer Homepage sind die Unternehmensdarstellung, die Präsentation der Produkte bzw. Dienstleistungen, die Darstellung von Neuigkeiten rund um das Unternehmen sowie die Möglichkeit der Nutzer, aktiv mit dem Unternehmen in Kontakt zu treten.

8.2 Webseite als Werbeträger

Neben der eigenen Internetseite können auch fremde Webseiten für Marketingaktivitäten verwendet werden.

8.2.1 Bannerwerbung

Es handelt sich um bezahlte Werbeflächen unterschiedlicher Größe, die in das Angebot einer Webseite integriert werden. Die Banner werden auf Webseiten platziert, auf denen ein Unternehmen seine Zielgruppe vermutet.

Banner sind interaktiv, d. h., durch Anklicken kann man mit dem Werbenden Kontakt aufnehmen, indem man auf dessen Webseite weitergeleitet wird.

Diese Art der Internetwerbung ist besonders weit verbreitet, weil sie sehr einfach zu handhaben ist.

8.2.2 Pop-up-Fenster

Mit dem Aufruf einer Internetseite erhält der Nutzer automatisch eine zusätzliche Werbefläche (Pop-up) eingeblendet. Diese Form der Internetwerbung erzielt eine große Aufmerksamkeit, wirkt auf viele Internetnutzer aber störend. Daher aktivieren viele Nutzer einen Pop-up-Blocker, der das Pop-up-Fenster unterdrückt.

8.3 Suchmaschinenwerbung

Siehe https://adwords.google.de/Keyword Planner

Jeder Betreiber einer Webseite möchte am liebsten ganz oben auf der Ergebnisseite stehen, wenn ein Kunde über die Eingabe eines Suchbegriffes in einer **Suchmaschine** (z. B. Google) Webangebote einholt. Allerdings schlagen Suchmaschinen für ein Stichwort i. d. R. viele Tausend Verbindungen zu Webseiten (Links) vor.

Durch Suchmaschinenwerbung kann man die Platzierung der eigenen Webseite deutlich verbessern.

Besonders bekannt ist **Google AdWords**, mit dem geeignete Suchwörter („Keywords") entwickelt werden können. Gibt ein Nutzer ein solches Suchwort ein, werden die Anzeige und der Link zur eigenen Webseite auf der ersten Suchergebnisseite platziert (Keyword-Advertising). Die Anzeigen befinden sich heute i. d. R. rechts neben den Suchergebnissen, zunehmend aber auch darüber und darunter.

> **Suchmaschinenwerbung (SEA = Search Engine Advertising):** Werbemaßnahme, bei der Unternehmen eine bezahlte Anzeige auf den ersten Ergebnisseiten einer Suchmaschine schalten, um Besucher für die eigene Webseite zu gewinnen

Kostenfrei ist die sogenannte **Suchmaschinenoptimierung (SEO = Search Engine Optimization)**. Dabei werden wichtige Schlüsselbegriffe in den Text der eigenen Internetseite eingebunden. Suchmaschinen durchforsten Webseiten nach solchen Schlüsselbegriffen. Bei gelungener Begriffswahl steigen die Chancen, eine gute Position auf der Suchergebnisseite zu bekommen. Neben Schlüsselbegriffen machen auch Verlinkungen zu anderen Webseiten oder generell interessante Inhalte eine Webseite für Suchmaschinen „attraktiv" mit der Folge, dass solche Webseiten auf der Ergebnisliste oben positioniert werden.

8.4 E-Mail-Marketing

Direktmarketing, siehe Seite 69

E-Mail-Marketing ist eine Form des Direktmarketings, allerdings wird die Werbebotschaft nicht per Post, sondern auf elektronischem Wege per E-Mail verschickt. Ziel des E-Mail-Marketings ist vor allem die Kundenbindung. Mit diesem Instrument lassen sich aber auch Neukunden gewinnen.

Erhalten Kunden **regelmäßig** E-Mails mit Informationen zu neuen Produkten oder Informationen aus dem Unternehmen, spricht man von **Newslettern**.

> **Newsletter:** Regelmäßig übermitteltes Rundschreiben in elektronischer Form (E-Mail) an ausgewählte Empfänger

Mit regelmäßigen Newslettern bleibt ein Unternehmen bei seinen Kunden in Erinnerung, ohne dass sich der Kunde aktiv an das Unternehmen wenden muss.

Normale Werbe-E-Mails und Newsletter unterscheiden sich nur durch die unterschiedliche Erscheinungsweise. Nachfolgend werden Newsletter näher betrachtet.

8.4.1 Gestaltung von Newslettern

Empfänger digitaler Post werden heutzutage mit E-Mails überhäuft. Daher werden E-Mails in vielen Fällen gar nicht geöffnet. Geschieht das doch, entscheidet häufig der Betreff, ob die Werbebotschaft als wichtig eingestuft und damit auch gelesen wird. Der Leser erwartet vor allem interessante **Informationen**, Hinweise auf neue **Produkte** oder Dienstleistungen sowie **Angebote**, die möglichst speziell auf ihn ausgerichtet sind. Je persönlicher ein Newsletter gehalten ist, umso erfolgreicher ist er. Daher sollte der Kunde mit **Namen** angesprochen werden. Weil sich Leser schnell informieren wollen, ist ein straffer Text mit gut lesbarer Schrift (z. B. Arial, 12 Punkt) unbedingt notwendig. (Wenige) **Bilder** lockern den Text auf und verbessern die Anschaulichkeit. Der **Kundennutzen**, der durch den Kauf der angebotenen Produkte entsteht, ist hervorzuheben. Produktinformationen über Anhänge (z. B. in Form einer PDF-Datei) zu vertiefen, ist wenig zielführend, weil das Öffnen des Anhangs für viele Leser zu aufwendig ist. Stattdessen sollten im **Text Links** zur Verfügung gestellt werden, die auf das Produktangebot im eigenen Webshop verweisen. Letztlich soll der Kunde den Webshop aufsuchen und dort die vorgestellten Produkte bestellen.

Im Fuß der Mail ist eine **Herkunftsangabe** (Impressum) notwendig, und dem Leser ist eine einfache Möglichkeit einzuräumen, den Newsletter für die Zukunft **abzubestellen** (siehe nachfolgend „Rechtsvorschriften").

8.4.2 Rechtsvorschriften

Nutzung persönlicher Daten

Der Gesetzgeber hat Vorschriften erlassen (z. B. Bundesdatenschutzgesetz, Telemediengesetz), welche Adressen für E-Mails verwendet werden dürfen. Am Markt erhältliche Adressensammlungen sind häufig nicht verwendbar, weil sie nicht die gewählte Zielgruppe widerspiegeln. Vor allem aber fehlt ihnen i. d. R. die Einwilligung der Betroffenen. Folgende Regeln sind beim Versand von E-Mails für die Nutzung von Adressen zu beachten:

Personenbezogene Daten (dazu gehört auch die Adresse), die für Werbezwecke benutzt werden sollen, erfordern die Einwilligung des Betroffenen. Diese Einwilligung muss der Nutzer frei, bewusst und eindeutig abgegeben haben. Außerdem muss er aktiv tätig werden, um die Erklärung abzugeben (z. B. durch das Ankreuzen eines Kästchens (siehe Beispiel). Das Kreuz darf nicht voreingestellt sein.

Beispiel für eine Einwilligungserklärung:

> ☐ Ich möchte zukünftig über Trends, Sonderangebote, Gutscheine und Aktionen der Reuter GmbH per E-Mail informiert werden.
>
> Diese Einwilligung kann jederzeit auf www.reuter.de/abmelden oder am Ende jeder E-Mail widerrufen werden.

Der Betroffene muss vorab (bevor eine Mail verschickt wird) umfassend über Zweck und Umfang der Nutzung seiner personenbezogenen Daten informiert werden. Das geschieht i. d. R. im Zusammenhang mit der Einwilligungserklärung. Die Information kann durch eine **Datenschutzerklärung** bereitgestellt werden, die der Betroffene anklicken kann.

Beispiel für eine Datenschutzerklärung (Ausschnitt):

> Wir halten uns bei der Erhebung, Verarbeitung und Nutzung von personenbezogenen Daten streng an die gesetzlichen Bestimmungen des Bundesdatenschutzgesetzes und des Telemediengesetzes. Gelegentlich benötigen wir personenbezogene Daten von Ihnen für folgende Zwecke:
> - *Bestellabwicklung*
> - *Gewinnspielteilnahme*
> - *Nutzung unseres Webshops*
> - *Newsletter zur Information über Produkte, Dienstleistungen und Angebote*

Um sicher zu gehen, dass der Betroffene die Verwendung seiner Adressdaten für Werbezwecke akzeptiert, wenden viele Unternehmen das sogenannte **Double-Opt-in-Verfahren** an. Danach wird nach dem Eingang der Einwilligungserklärung noch eine (werbefreie) Bestätigungs-Mail an den Betroffenen geschickt, in der dieser die Anmeldung noch einmal bestätigt. Mit dieser Bestätigung kann das Unternehmen auch die vorgeschriebene Dokumentation (Protokollierung) der Einwilligungserklärung durchführen und jederzeit das Vorliegen dieser Erklärung beweisen.

Beispiel für eine Bestätigungs-Mail (Auszug):

> Sehr geehrte Frau Arnold,
>
> vielen Dank, dass Sie sich für unsere Newsletter anmelden wollen.
> Bitte bestätigen Sie uns Ihre Anmeldung, indem Sie hier klicken:
>
> [Anmeldung bestätigen >]
>
> Vielen Dank und viel Freude mit unseren Newslettern wünscht Ihnen
>
> Ihr Reuter-Team
>
> *PS: Falls Sie diese E-Mail nicht angefordert haben, können Sie die E-Mail ignorieren. Sie werden keine Reuter-Newsletter erhalten.*

Die Kundenbestätigung wird gewöhnlich vom Unternehmen erneut bestätigt und dann häufig mit einer Einladung zum Besuch des Webshops verbunden.

Impressum

Jeder Dienstleister im Internet muss durch ein (leicht zugängliches) Impressum Auskunft über seine Herkunft geben (Anbieterkennzeichnung). Das Telemediengesetz legt genau fest, welche Angaben erforderlich sind. Für den Normalfall müssen aus dem Impressum folgende Angaben hervorgehen:

Angaben	Beispiel
Name/Firma des Anbieters sowie die Rechtsform	Peter Schneeberg GmbH – Weinvertrieb
Vollständige Anschrift, Telefonnummer und E-Mail-Adresse des Anbieters	Am Mittelberg 72, 65201 Wiesbaden Telefon: 0611 224365 E-Mail: info@schneeberg.de
Umsatzsteuer-Identifikationsnummer (falls vorhanden)	DE 821118694
Name und Nummer des Handelsregistereintrages (falls vorhanden)	Amtsgericht Wiesbaden: HR B 17431
Name des Vertretungsberechtigten	Geschäftsführer: Herr Ernst Baumann

> **Impressum:** Erscheinungsvermerk, der Angaben über den Verfasser/Herausgeber von Print-(Buch-) oder elektronischen Medien enthält

Widerrufsmöglichkeit

Wie aus dem Beispiel zur Einwilligungserklärung hervorgeht (siehe Seite 75), muss der Nutzer Gelegenheit haben, seine Einwilligung jederzeit zu widerrufen. Der Widerruf gilt dann für die Folgezeit. Auf die Widerrufsmöglichkeit muss bereits in der Einwilligungserklärung und auf jeder E-Mail/jedem Newsletter hingewiesen werden; der Widerruf muss einfach durchzuführen sein.

Beispiel für eine Widerrufsmöglichkeit:

> Sie sind mit folgender E-Mail-Adresse in unserem Verteiler gelistet: Christine.Arnold@gmx.de.
> Ihre Kundennummer: 26498294.
> Selbstverständlich können Sie diesen Mailing-Service jederzeit abbestellen.
> Klicken Sie in diesem Fall auf folgenden Link: Abbestellen

8.4.3 Newsletter-Versand

Informationen zu Serien-E-Mails, siehe Anhang des Informationshandbuches

Neben der Serienbrief-Funktion haben Textverarbeitungssysteme (z. B. Microsoft Word) heute auch die Möglichkeit, Serien-E-Mails zu versenden. Beide Funktionen ähneln sich sehr.

8.5 Social-Media-Marketing

Hier geht es um den Marketingauftritt eines Unternehmens über soziale Netzwerke, z. B. Facebook, Twitter, YouTube oder BING. Ziel ist es, Werbebotschaften (Texte, Bilder, Filme) in die sozialen Netzwerke einfließen zu lassen. Man hofft, dass sich die Werbebotschaft durch Weiterempfehlungen der Nutzer im Netz verbreitet. Es entsteht also ein öffentlicher Dialog, dessen Inhalte von allen Nutzern gemeinsam bestimmt werden, durchaus mit dem Risiko, dass auf diesem Wege im Internet geäußerte Meinungen nicht mit denen des Unternehmens übereinstimmen.

8.6 Erfolgsermittlung

Onlinemarketing ermöglicht eine zielgruppengerechte Schaltung von Werbemitteln. Dadurch werden Streuverluste minimiert und die Reaktion der Angesprochenen kann auf einfache Weise direkt gemessen werden. Folgende Verfahren eignen sich zur Messung des Werbeerfolgs.

8.6.1 Klickrate

Mit dieser Kennzahl wird zum Ausdruck gebracht, wie oft beispielsweise ein Werbebanner von Nutzern angeklickt worden ist. Die Anzahl der Klicks wird dabei zur Zahl der Einblendungen ins Verhältnis gesetzt.

Beispiel:
Eine Webseite mit einem Werbebanner wurde 1 000-mal aufgerufen, d. h., das Banner wurde 1 000-mal eingeblendet. Zehn Nutzer haben das Banner angeklickt. Das entspricht einer Klickrate von 1 %.
100 x 10 : 1 000 = 1 %

Beim E-Mail-Marketing betrachtet man das Verhältnis zwischen den versandten Mails und den Klicks auf den Link, der in der E-Mail enthalten ist. Zusätzlich kann noch zwischen Öffnungs- und Klickrate unterschieden werden. Die Öffnungsrate gibt an, wie viele Nutzer die E-Mail überhaupt geöffnet haben, unabhängig von der Frage, ob sie einen Link angeklickt haben.

8.6.2 Page Impressions

Page Impressions (= Seitenabrufe) geben an, wie häufig die Unterseiten einer Webseite von einem Nutzer aufgerufen worden sind. Klickt sich also ein Nutzer von der Startseite über das Warenangebot bis zum Warenkorb, werden drei Page Impressions gezählt. Die Seitenabrufe werden automatisch durch sogenannte Tracking-Systeme (z. B. Google Analytics) erfasst; sie bilden häufig die Abrechnungsgrundlage für eingeblendete Werbebanner.
Während durch Page Impressions der Aufruf von Unterseiten einer Webseite erfasst wird, registriert man durch „Visits" (Besuche) den Besucher nur einmal, unabhängig davon, wie viele Unterseiten aufgerufen werden.

Siehe www.google.de/intl/de/analytics/

8.6.3 Konversionsrate

Die Konversionsrate bringt allgemein zum Ausdruck, wie viele Klicks eines Besuchers zu einer Aktion geführt haben. Dies soll am Beispiel eines Webshops deutlich gemacht werden, beginnend mit dem Klick auf den Link, der zum Webshop führt.
Die Konversionsrate zeigt dann, wie viele Besucher des Webshops zu Kunden werden, die Umsatz bringen.

 Konversionsrate: Verhältnis von eingehenden Bestellungen zur Anzahl der Besucher

Man spricht auch von einem **Konversionstrichter**, weil sich die große Zahl der Besucher schrittweise zur kleinen Zahl der Besteller verengt.
Es bestehen zwei Berechnungsmöglichkeiten:
- **Global** wird die Zahl der Bestellungen der Zahl der Besucher (z. B. pro Woche/Monat/Jahr) gegenübergestellt.

Lernfeld 5 Kunden akquirieren und binden

$$\text{Konversionsrate gesamt} = \frac{\text{Bestellungen} \times 100}{\text{Besucher}}$$

$$= \frac{225 \times 100}{4\,200} = 5{,}36\,\%$$

Die durchschnittliche globale Konversionsrate liegt bei 1 % bis 2 %; gute Webshops schaffen 10 % und mehr.

▌ In einer genaueren Betrachtung wird der exakte Weg der Besucher betrachtet:
- **Mehrfach-Seitenaufruf:** Wie viele Besucher haben mehr als eine Seite des Onlineshops aufgesucht (ausgedrückt in %)?

$$\text{Mehrfach-Seitenaufruf} = \frac{\text{Mehrfach-Seitenaufrufe} \times 100}{\text{Besucher}}$$

$$= \frac{2\,350 \times 100}{4\,200} = 55{,}95\,\%$$

- **Warenkorbeinlage:** Wie viele der Kunden, die mehr als eine Seite aufgerufen haben (2 350), legen auch ein Produkt in den Warenkorb (in %)?

$$\text{Warenkorbeinlage} = \frac{\text{Warenkorbeinlage} \times 100}{\text{Mehrfach-Seitenaufrufe}}$$

$$= \frac{590 \times 100}{2\,350} = 25{,}11\,\%$$

- **Bestellungen:** Wie viele der Kunden, die ein Produkt in den Warenkorb eingelegten (590), schicken auch die Bestellung ab (in %)?

$$\text{Bestellungen} = \frac{\text{Bestellungen} \times 100}{\text{Warenkorbeinlage}}$$

$$= \frac{225 \times 100}{590} = 38{,}14\,\%$$

Zusammenfassung

Onlinemarketing		
Webseite als Werbeträger	**Suchmaschinenwerbung (SEA)**	**E-Mail-Marketing**
▌ Bannerwerbung ▌ Pop-up-Fenster	Anzeigen auf der Suchergebnisseite von Suchmaschinen (z. B. Google)	Elektronisches Direktmarketing
Suchmaschinenoptimierung (SEO)	**Social-Media-Marketing**	**Newsletter**
Schlüsselbegriffe, Verlinkungen → Positionsverbesserung	Marktauftritt in sozialen Netzwerken (z. B. Facebook, Twitter, XING)	▌ Gestaltung: – Informationen – Neue Produkte – Angebote – Persönliche Ansprache – Kundennutzen – Bilder ▌ Vorschriften: – Personenbezogene Daten → Einwilligungserklärung – Information über Datennutzung (Datenschutzerklärung) – Impressum mit Pflichtangaben – Widerrufsmöglichkeit bei jedem Kontakt
Erfolgsermittlung ▌ Klickrate ▌ Page Impressions/Visits ▌ Konversionsrate (global, Mehrfachseitenaufruf, Warenkorbeinlage, Bestellung)		

9 Verkaufsförderung

➲ **Lernsituation 9: Den Absatz mit Verkaufsfördermaßnahmen beschleunigen**

Werbung richtet sich an Personen, die sich außerhalb der Einkaufsstätte, dem Ort des Verkaufs (**Point of Sale, POS**) befinden. Aber auch am Point of Sale finden i. d. R. umfangreiche Maßnahmen statt, um den Verkauf anzukurbeln. Das sind etwa die zahlreichen Sonderangebote, Lautsprecherdurchsagen und Aufsteller mit Produkthinweisen.
Alle zeitlich befristeten Aktivitäten zur Beeinflussung des Kunden am Ort des Verkaufs bezeichnet man als **Verkaufsförderung** (**Sales Promotion**).
Als Verkaufsförderung werden aber auch alle Maßnahmen angesehen, die dem Verkäufer das Verkaufen und dem Käufer das Kaufen erleichtern. Damit wird deutlich, dass Verkaufsförderung sowohl auf die Handelsunternehmen als auch auf die Kunden gerichtet ist.

> Promotion = (engl.) Förderung; sale = (engl.) Verkauf

 Verkaufsförderung: Form der Marketingkommunikation, bei der der Verkauf von Produkten zeitlich begrenzt und unmittelbar am Ort des Verkaufs gefördert werden soll

Da Verkaufsförderung am Point of Sale stattfindet, spricht man auch von **POS-Marketing**. Die Förderaktivitäten sind unterschiedlich ausgerichtet.

9.1 Verbraucher-Verkaufsförderung

Diese Formen der Verkaufsförderung wenden sich direkt an den Kunden (**Consumer Promotion**). Sie existieren in großer Zahl und sind sehr vielfältig.

Hersteller —Verkaufsförderung→ Verbraucher

Die bekanntesten Formen der Verbraucher-Verkaufsförderung sind folgende:

Sonderangebotsaktionen
Sonderangebote sind werblich herausgestellte Produkte, die für eine bestimmte Zeit zu einem besonderen günstigen Preis angeboten werden. Es handelt sich also um zeitlich begrenzte Kaufanreize.

Probenverteilung/Verkostung
Der Hersteller schickt eigene Mitarbeiter (**Propagandisten**) in den Handelsbetrieb und lässt durch sie Proben seiner Produkte an Kunden verteilen. Der unmittelbare Kontakt zum Endverbraucher ist für den Hersteller vorteilhaft, weil der Kunde das dargebotene Produkt intensiv kennenlernt. Für den Händler sind diese Stände attraktive Inseln auf seiner Verkaufsfläche, die seine Warenpräsentation auflockern.

Vorführungen
Der Hersteller zeigt dem Kunden die Verwendung seiner Produkte. Dies geschieht im Regelfall durch ein Video, vielfach mit schriftlichen Informationen kombiniert. Die Vorführung kann aber auch von Mitarbeitern des Herstellers (**Propagandisten**) durchgeführt werden. Videogestützte Demonstrationen sind leicht zu organisieren und kostengünstig. Sie werden vor allem bei erklärungsbedürftigen Produkten eingesetzt.
Moderne Videovorführungen sind interaktiv, d. h., sie geben dem Kunden Gelegenheit, sich gezielt Informationen zu suchen.

Sonderverpackungen mit Zugaben
Der Hersteller präsentiert seine Produkte in besonderer Aufmachung und eventuell mit Abweichungen beim Gewicht oder der Stückzahl, sodass sich für den Kunden besondere Kaufvorteile ergeben. Häufig

> On-Pack = als Pack

ist die Sonderverpackung auch noch mit einer aufmerksamkeitsstarken kleinen Zugabe verbunden (Dosierlöffel zum Kaffee, ein Spielzeug zu den Cornflakes usw.). Man spricht von **On-Pack-Promotion**. Oder dem Kunden wird angeboten, nur einen Teil der gekauften Produkte zu bezahlen, z. B. „5 kaufen, 4 bezahlen" (**Multibuy**).

Gutscheine/Gewinnspiele

Den Kunden werden Gutscheine (z. B. über die Tageszeitung, Prospekte oder als Handzettel) angeboten, die zum Einkauf spezieller Produkte zu besonderen Bedingungen berechtigen. Dem Kunden kann auch die Teilnahme an einem Gewinnspiel ermöglicht werden. Der Kunde soll sich auf diese Weise mit dem geförderten Produkt näher auseinandersetzen, um es besser kennenzulernen.

Prominenten-Aktionen

Hersteller (aber auch Händler) engagieren Prominente und lassen sie vor Ort die Ware vorstellen, Autogramme geben oder künstlerische Darbietungen aufführen. Für Kunden ist es äußerst attraktiv, z. B. bekannte Künstler oder Sportler persönlich zu erleben. Der Händler erhofft sich von diesen Aktionen, dass das positive Image des Prominenten auf sein Geschäft übertragen wird.

Die Bedeutung der Verkaufsförderung hat in letzter Zeit stark zugenommen. Als Ursachen sind das gewachsene Preisbewusstsein der Verbraucher und vor allem die abnehmende Wirkung der klassischen Werbung über die Massenmedien zu nennen. Weil auf den Konsumenten Werbebotschaften in großer Zahl einwirken, gewinnt die unmittelbare Ansprache des Kunden am Ort des Verkaufs immer größere Bedeutung.

Was wollen Hersteller mit Verbraucher-Verkaufsförderung erreichen? Neben der Gewinnung von Kunden geht es häufig auch darum, die Produkte im Verwendungszusammenhang zu zeigen (z. B. Vorführung von Haushaltsgeräten, Anwendung von Kosmetika). Immer geht es um die Steigerung des Bekanntheitsgrades des Herstellers oder der Produktmarke.

9.2 Handels-Verkaufsförderung

In diesem Fall sind die Verkaufsförderaktivitäten des Herstellers auf den Handel gerichtet, um seine Verkaufsbemühungen zu fördern (**Trade-Promotion**).

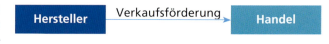

Display (engl.) = zur Schau stellen

Trade-Promotion liegt beispielsweise vor, wenn der Hersteller **Werbematerial** für seine Produkte zur Verfügung stellt (Displays, Deckenhänger, Plakate). Vielfach gewähren Hersteller auch **Werbekostenzuschüsse** dafür, dass der Händler Waren des Herstellers ins Sortiment aufnimmt und auf seinen Warenträgern präsentiert. Zur Verkaufsförderung zählen aber auch zeitlich begrenzte **Einkaufsvergünstigungen** (z. B. Rabatte, kostenlose Zurverfügungstellung von Produkten), **Kundendienstinformationen**, **Zeitschriften**, Unterstützung bei der **Schaufensterdekoration** sowie Hilfen bei der **Regalpflege** durch vom Hersteller beauftragtes Personal. Diese Maßnahmen des Herstellers haben zum Ziel, seine Produkte in das Sortiment des Händlers zu bringen und den Händler beim Abverkauf zu unterstützen.

9.3 Mitarbeiter-Verkaufsförderung

Diese Verkaufsfördermaßnahme des Herstellers zielt auf die Verkaufs-/Außendienstmitarbeiter des Handels (**Staff-Promotion**).

Dabei geht es vorzugsweise darum, die Motivation des Verkaufspersonals zu erhöhen, um letztlich den Absatz der Produkte zu steigern.

Beispiele: für Mitarbeiter-Verkaufsförderung
- *Schulung der Verkaufsmitarbeiter*
- *Prämien für erfolgreiche Verkaufszahlen*
- *Verkaufswettbewerbe*
- *Urlaubsreisen für Top-Verkäufer (Incentive-Reisen)*

9.4 Verkaufsförderaktivitäten des Handels

Grundsätzlich werden verkaufsfördernde Maßnahmen mit dem Hersteller in Verbindung gebracht, der seine Verkaufsförderung auf den Handel bezieht oder direkt auf den Endverbraucher.

Der Handel kann aber durchaus auch Verkaufsförderaktivitäten ohne Unterstützung der Hersteller durchführen, indem er z. B. eine Verlosung mit eigenen Mitteln organisiert oder schlecht laufende Produkte auf einem Sonderstand mit zusätzlichen Informationen attraktiv präsentiert.

Aus dieser Sicht können auch Kundenberatung oder die verkaufsfördernde Präsentation der Waren im Verkaufsraum (am Point of Sale) als Verkaufsförderaktivitäten des Handels angesehen werden.

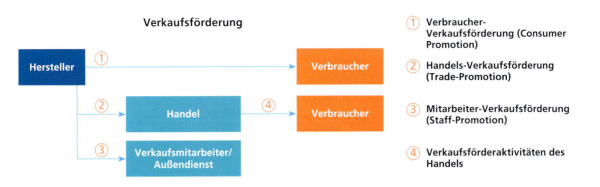

9.5 Erfolgsmessung

Verkaufsförderung kostet Geld. Daher sollten die Maßnahmen auf ihre Wirksamkeit hin überprüft werden. Der Erfolg von Verkaufsförderungsaktionen lässt sich an bestimmten Größen rechnerisch ermitteln:

- **Absatz**: Wie stellt sich der Abverkauf der geförderten Artikel in Stückzahlen dar?
- **Umsatz**: Welcher Umsatz wurde mit den geförderten Produkten erzielt, welche Auswirkungen hat die Maßnahme auf den Umsatz des gesamten Geschäftes?
- **Kundenfrequenz**: Wie viele Kunden besuchen das Geschäft an den Tagen der Verkaufsfördermaßnahme?
- **Durchschnittsbon**: Welchen Betrag (dokumentiert durch den Kassenbon) hat jeder Kunde im Durchschnitt während der Aktionszeit ausgegeben?

Siehe auch Seite 55

Durch Vergleiche mit den Tageszahlen des Vorjahres ergibt sich für den Händler ein Bild vom Aktionserfolg. Nicht unmittelbar messbar sind die Auswirkungen der Verkaufsförderung auf das Image des Geschäftes. Dazu müssten Kundenbefragungen durchgeführt werden, während die oben genannten Größen jederzeit aus dem Warenwirtschaftssystem ermittelt werden können.

Zusammenfassung

Verkaufsförderung			
Verkaufsförderung Zeitlich begrenzte Förderung von Produkten am Point of Sale (POS)			
Zielrichtung			
Hersteller → Verbraucher	Hersteller → Handel	Hersteller → Verkaufsmitarbeiter/Außendienst	Handel → Verbraucher
Consumer-Promotion Beispiele: Sonderangebote, Verkostung, Vorführungen, On-Pack-Promotion, Multibuy, Prominenten-Aktionen	Trade-Promotion Beispiele: Werbematerial, Einkaufsvergünstigungen, Kundendienstinformationen, Schaufensterdekoration, Regalpflege	Staff-Promotion Beispiele: Schulung, Prämien, Verkaufswettbewerbe, Incentive-Reisen	Beispiele: Fördermaßnahmen in eigener Regie
Erfolgsmessung - Absatzzahlen - Umsatzzahlen - Kundenfrequenz - Durchschnittsbon			

10 Public Relations

➔ **Lernsituation 10: Mit Public Relations das Image des Unternehmens fördern**

10.1 Abgrenzung von Public Relations und Werbung

Mithilfe von Public Relations (= PR = Öffentlichkeitsarbeit) versucht ein Unternehmen, wie mit anderen Kommunikationsinstrumenten auch, das Kaufverhalten seiner Kunden zu beeinflussen. Allerdings ist die Vorgehensweise deutlich anders als beispielsweise in der Werbung.

Wenn ein Unternehmen eine Anzeige gestaltet und in einer Tageszeitung veröffentlicht, nutzt es das Medium „Zeitung" als Werbeträger. Die Zeitung übermittelt die Botschaft an die Leser. Im Falle von Public Relations wird die Presse, also in diesem Fall die Redaktion einer Zeitung, mit Informationen über das Unternehmen ausgestattet in der Hoffnung, dass die Redaktion die Leser über die Zeitung mit den gewünschten Informationen versorgt.

Das Ziel dieser Information ist es, ein **positives Bild** vom Unternehmen in der Öffentlichkeit zu vermitteln. Das Unternehmen und die Redaktion kooperieren miteinander. Weil die Unternehmensinformationen nicht im Anzeigenteil, sondern im redaktionellen Teil der Zeitung erscheinen (als Nachricht), ist die Glaubwürdigkeit der Information viel höher als in Anzeigen oder anderen Werbemitteln. Es muss einem Unternehmen nur gelingen, die Journalisten davon zu überzeugen, dass die Presseinformation des Unternehmens für die Leser interessant ist. Denn Journalisten sortieren aus den vielen Informationsmaterialien, die an sie herangetragen werden, die interessantesten aus, weil das der Auflage der Zeitung nützt. Gleichzeitig müssen die Informationen objektiv und nachprüfbar sein, weil Mediennutzer eine vertrauenswürdige Information erwarten.

> **Public Relations (PR)**: Kommunikation von Unternehmen mit der Öffentlichkeit über Medien, um ein positives Bild vom Unternehmen in der Öffentlichkeit zu vermitteln

Der Unterschied von Werbung und PR lässt sich wie folgt darstellen:

Werbung	Durch Werbung werden Informationen über bezahlte Medien an die Öffentlichkeit übermittelt mit dem Ziel, das Kaufverhalten der Zielgruppe zu beeinflussen. Die Information ist eine subjektiv geprägte Botschaft des Unternehmens.
Public Relations	Mit Public Relations versucht ein Unternehmen die öffentliche Meinungsbildung über das Unternehmen durch den Einsatz von Medien zu beeinflussen. Der indirekte Weg, über die Berichterstattung der Medien Einfluss zu nehmen, schafft größere Objektivität in den Augen des Mediennutzers. Das Ziel ist zunächst die positive Imagewirkung. Langfristig dient PR aber auch der Absatzsteigerung.

10.2 Ansprechpartner

Unternehmen sind heute aber nicht nur bestrebt, in der Presse in einem bestimmten Licht zu erscheinen. Vielmehr ist man bemüht, der gesamten Öffentlichkeit ein positives Bild über das Unternehmen zu vermitteln. Die Zahl der Ansprechpartner ist daher groß und breit gestreut.

Öffentlichkeitsarbeit wird mit zunehmender Unternehmensgröße immer bedeutsamer, weil die Abhängigkeit vom Wohlwollen der Behörden, Parteien, Geschäftspartner usw. zunimmt. In größeren Unternehmen wird Öffentlichkeitsarbeit auch als Kommunikation **mit Mitarbeitern** verstanden mit dem Ziel, eine Atmosphäre des Vertrauens in der Belegschaft zu erzeugen.

10.3 Instrumente von Public Relations

Das wichtigste Instrument der Öffentlichkeitsarbeit ist der Kontakt zur Presse, weil **Pressearbeit** leicht und regelmäßig zu organisieren und sowohl regional als auch überregional verbreitet ist. Pressekontakte können beispielsweise durch folgende Maßnahmen gepflegt werden:

- Pressemitteilung
- Pressemappe (als Zusammenstellung verschiedener Informationen)
- Pressekonferenzen
- Interviews
- Besuche in Redaktionsräumen

Unternehmen können sich aber auch durch weitere Maßnahmen positiv in der Öffentlichkeit darstellen:

- Veröffentlichung von Geschäftsberichten, Broschüren u. Ä.
- Darstellung des Unternehmens auf der eigenen Webseite
- Publikumsveranstaltungen, z. B. Tage der offenen Tür
- Persönliche Kontaktpflege zu Politikern, Organisationen (IHK, Wirtschaftsverbände) und Geschäftspartnern
- Mitarbeit in Vereinen
- Informationstage für Lieferanten

10.4 Pressemitteilung

Schwerpunktmäßig soll hier das Instrument der Pressemitteilung betrachtet werden.

> **Pressemitteilung**: Information für Journalisten über öffentlichkeitsrelevante Ereignisse in einem Unternehmen

Pressemitteilungen (auch Pressemeldung, Presseinformation genannt) sind das am meisten genutzte PR-Instrument. Es ist das entscheidende Verbindungselement zwischen einem Unternehmen, den Medien und der Zielgruppe. Sie informieren vor allem über Veränderungen im Unternehmen, neue Produkte oder Veranstaltungen.

10.4.1 Elemente einer Pressemitteilung

Titel	Journalisten werden mit Pressemitteilungen überhäuft. In die engere Auswahl kommt nur die Mitteilung, die als verbreitungswürdig angesehen wird. Für diese Einschätzung benötigt ein Journalist für gewöhnlich nur einen kurzen Augenblick. Der Titel muss daher **aktuell**, **griffig** und **aussagekräftig** sein.
Erster Absatz	Dieser Absatz hat die höchste Bedeutung. Er soll die Neugierde wecken und dazu motivieren, die gesamte Pressemitteilung zu lesen. Der zwei bis drei Zeilen lange Absatz fasst die Kernbotschaft zusammen und beantwortet die Fragen: wer, wann, wo, was, wie, warum (Wer hat wann und wo was und wie gemacht und was war der Grund für seine Handlung?)
Meldungstext	In drei bis fünf Absätzen wird die Botschaft aus dem ersten Absatz näher erläutert. Die Absätze werden in absteigender Reihenfolge nach Wichtigkeit gegliedert. Weil Texte in der Schlussredaktion immer von hinten nach vorne gekürzt werden, muss das Wichtigste nach oben. Der Text kann durch Zwischenüberschriften gegliedert und damit lesbarer gemacht werden. Der Text kann auch durch Zitate von Mitarbeitern aus der Unternehmensführung (mit Namensnennung) aufgelockert werden. Zwei Zitate sind aber das Maximum.
Kontaktangaben	Sie erleichtern die direkte Kontaktaufnahme mit dem Unternehmen und dem Verfasser der Pressemitteilung. Angaben: – Name des Ansprechpartners – Anschrift des Unternehmens – Kommunikationsadressen (Telefon, Fax, E-Mail, Webadresse)
Firmenbeschreibung	Zum Schluss der Pressemitteilung wird der Leser in kurzer Form über das Unternehmen informiert. Inhalte: Standort(e), Tätigkeitsschwerpunkt, Mitarbeiterzahl u. Ä.
Technische Angaben	Zu einer Pressemitteilung gehören auch Daten, die die Weiterbearbeitung in der Zeitungsredaktion erleichtern, nämlich die Wort- und Zeichenzahl (einschließlich Leerzeichen).

10.4.2 Formale Gestaltung einer Pressemitteilung

Textstil

Bei der Formulierung des Mitteilungstextes muss man sich in die Situation des Zeitungslesers versetzen. Er will durch die Zeitung über aktuelle Entwicklungen informiert werden. Dabei will er sich aber nicht durch einen wissenschaftlichen Text arbeiten, sondern möchte die Informationen bequem und schnell aufnehmen. Der Leser ist die Zielgruppe des Journalisten, der die Lesegewohnheiten seiner Leser kennt.
Eine Pressemitteilung, die diese Lesegewohnheiten berücksichtigt, hat gute Chancen, für die weitere Bearbeitung auf dem Schreibtisch des Journalisten zu verbleiben.

Textanforderungen

- Kurze, leicht verständliche Sätze sind einfach zu erfassen. Daher sollte kein Satz länger als 1,5 Zeilen sein.
- Fremdwörter, Substantivierungen (anstelle von Verben), komplizierter Satzbau (Verschachtelungen) erschweren das Textverständnis. Sie sind daher zu vermeiden. Positiv formuliert: lebendig schreiben durch die Verwendung vieler Verben.
- Da die Aktualität im Vordergrund steht: immer im Präsens schreiben.
- Journalisten wollen informieren, keine Werbung für ein Unternehmen betreiben (das geschieht im Anzeigenteil). Daher ist ein sachlicher Stil zwingend, der neutral über einen Sachverhalt informiert und keine Werbebotschaften enthält.
- Folglich ist auch der Wir-Stil zu vermeiden, sondern der Text ist als Nachricht zu verfassen, die über einen Sachverhalt berichtet.
- Wörter mit durchgehenden Großbuchstaben (Versalien) sind schwer lesbar. Man sollte darauf verzichten.

Anforderungen an den Text: kurz, verständlich, einfacher Satzbau, lebendig, aktiv, sachlich, als Nachricht

Textvorlage für Pressemitteilungen

Bei regelmäßigen Mitteilungen an die Presse ist es sinnvoll, eine Vorlage zu erstellen, die immer wieder verwendet werden kann und die auch für einen einheitlichen Presseauftritt sorgt. Es ist sinnvoll, die Vorlage nach folgenden Regeln zu gestalten:

> **Gestaltungsregeln**
>
> 1. Ausgangspunkt ist ein freies DIN-A4-Blatt. Der Firmen-Briefbogen nimmt durch seine Kopfangaben zu viel Platz weg.
> 2. Firmenloge rechts oben
> 3. Oben rechts oder zentriert in Schriftgröße 24 „Pressemitteilung", darunter das Datum in Schriftgröße 12.
> 4. Grundschrift Times oder Arial in Schriftgröße 12
> 5. Zeilenabstand: 1,5-zeilig, rechter Rand von 5 cm
> 6. Gesamtumfang: maximal 2 Seiten
> 7. Kontaktdaten: rechtsbündig, Schriftgröße 10

Zusammenfassung

Public Relations			
Public Relations		**Pressemitteilung**	
Kommunikation von Unternehmen mit der Öffentlichkeit über Medien mit dem Ziel, ein positives Bild in der Öffentlichkeit zu vermitteln		Elemente: ▪ Titel ▪ Kontaktangaben ▪ Erster Absatz ▪ Firmenbeschreibung ▪ Meldungstext ▪ Technische Angaben	
Ansprechpartner	**Instrumente**	**Textstil**	**Textvorlage**
▪ Medien ▪ Geschäftspartner (Lieferer, Kunden) ▪ Politik ▪ Behörden ▪ Verbände ▪ Kapitalgeber	▪ Pressearbeit (an erster Stelle) ▪ Persönliche Kontaktpflege (Politiker, Organisationen, Geschäftspartner ▪ Veröffentlichungen (Geschäftsberichte u. Ä.) ▪ Eigene Webseite ▪ Mitarbeit in Vereinen	▪ Kurz ▪ Verständlich ▪ Einfacher Satzbau ▪ Lebendig ▪ Aktiv ▪ Sachlich ▪ Als Nachricht	▪ Freies DIN-A4-Blatt, rechts oben: Logo, zentriert/rechts: „Pressemitteilung", Datum ▪ Grundschrift 12 Punkt, 1,5-zeilig, rechter Rand (5 cm), max. 2 Seiten

11 Sponsoring

⊃ **Lernsituation 11: Sich in der Öffentlichkeit durch Sponsoring darstellen**

Bundesliga-Spiele finden beispielsweise statt in der
▪ Allianz-Arena in München,
▪ Mercedes-Benz-Arena in Stuttgart oder in der
▪ Veltins-Arena in Gelsenkirchen.

In allen drei Fällen haben Unternehmen die Namensrechte an den Stadien gekauft, damit der Stadion-Besucher oder der Fernsehzuschauer anlässlich der Übertragung des Spiels eine positiv besetzte Sportart mit dem Namen des Unternehmens verbindet (man spricht von **Image-Transfer**).
Im Rahmen ihrer Kommunikationspolitik betreiben Unternehmen Sponsoring, um anlässlich medienwirksamer Ereignisse auf sich aufmerksam zu machen.
Letztlich dient das Sponsoring jedoch der Absatzförderung von Produkten und Dienstleistungen.

> **Sponsoring**: Instrument der Kommunikationspolitik, bei dem der Sponsor Personen, Organisationen oder Veranstaltungen unterstützt mit dem Ziel der Absatzsteigerung

11.1 Arten des Sponsorings

Die wichtigsten Arten von Sponsoring sind:

Art	Beispiele
Sportsponsoring	Unterstützung von Sportvereinen, Mannschaften, Einzelsportlern und auch Sportveranstaltungen (z. B. Tennisturniere)
Kultursponsoring	Unternehmen unterstützen kulturelle Veranstaltungen im Bereich Musik, Theater, Literatur usw.
Sozialsponsoring	Hier reicht das Engagement der Unternehmen von der Unterstützung örtlicher Kindergärten bis zu Entwicklungsprojekten in Dritte-Welt-Ländern.
Ökosponsoring	Unternehmen profilieren sich als Umweltschützer, indem sie sich – häufig in Zusammenarbeit mit einer Umweltorganisation – z. B. an einem Wiederaufforstungsprogramm beteiligen. Oder sie unterstützen die Einrichtung eines ökologischen Schulhofes bzw. organisieren Schutz- und Pflegeaktionen für Wald und Gewässer.
Mediensponsoring	In diesem Fall geben Unternehmen finanzielle Unterstützung z. B. für Sendungen im Fernsehen. Im Textvorspann wird auf das Unternehmen verwiesen (z. B. vor der Wetterkarte).

11.2 Unterstützungsformen

Sponsoring kann auf unterschiedliche Weise durchgeführt werden. Am häufigsten wird Geld eingesetzt. Es sind aber auch Sach- oder Dienstleistungen möglich.

Beispiele:
Geldleistung: Ein Handwerksbetrieb (eine Schreinerei) beteiligt sich finanziell an der Einrichtung eines Erholungsparks in seiner Stadt. Der Betrieb und weitere Unternehmen werden auf einer Tafel im Park als Unterstützer kenntlich gemacht.
Sachleistung: Der Handwerksbetrieb fertigt zwei Sitzbänke an, die im Park aufgestellt werden. Ein Schild auf jeder Bank verweist auf den Unterstützer.
Dienstleistungen: Der Handwerksbetrieb verpflichtet sich, die Parkbänke regelmäßig zu streichen und bei Bedarf zu reparieren (er übernimmt die Patenschaft für seine beiden Bänke).

11.3 Ziele des Sponsorings

An erster Stelle steht der Wunsch, die **Sympathie**, die z. B. einer Sportart entgegengebracht wird (siehe oben), auf das Unternehmen ausstrahlen zu lassen. Vielfach wollen Unternehmen über Sponsoring aber einfach nur auf sich aufmerksam machen, damit ihr Name (die Firma) bekannter wird.
Während Werbung von vielen Menschen abgelehnt wird, wird Sponsoring viel stärker toleriert. Damit verschaffen sich Unternehmen Zugang zu Menschen, die sie auf anderen Wegen kaum erreichen können.
Viele Menschen empfinden es auch als wohltuend, von Unternehmen nicht ständig zum Kauf von Produkten oder Dienstleistungen angehalten zu werden, sondern das Unternehmen in einer **nicht-kommerziellen Situation** zu erleben. Dass der Unternehmenszweck, die Absatzsteigerung, immer im Hintergrund steht, wird in Kauf genommen.
Unternehmen könnten sportliche, kulturelle oder soziale Einrichtungen auch durch **Spenden** unterstützen. Spenden sind aber uneigennützige Hilfen, während beim Sponsoring eine Gegenleistung erwartet wird.

Zusammenfassung

Sponsoring		
Sponsoring		
Kommunikationspolitisches Instrument zur Absatzsteigerung durch Unterstützung von Personen, Organisationen oder Veranstaltungen		
Arten	**Formen**	**Ziele**
▪ Sportsponsoring ▪ Ökosponsoring ▪ Kultursponsoring ▪ Mediensponsoring ▪ Sozialsponsoring	▪ Geldleistungen – Sachleistungen – Dienstleistungen	▪ Sympathie ▪ Nicht kommerzielle Ansprache ▪ Aufmerksamkeit ▪ Letztlich: Absatzsteigerung ▪ Alternativer Zugang zu Kunden

12 Wettbewerbsrecht

⊃ Lernsituation 12: Werbemaßnahmen wettbewerbsrechtlich prüfen

12.1 Grenzen der Werbung

Zunehmender Wettbewerb führt häufig dazu, dass Unternehmen sich unlauterer Mittel bedienen, um durch Werbung auf ihre Produkte aufmerksam zu machen. Dadurch werden leicht die Grenzen des Anstands und Respekts überschritten.

Aus diesem Grund wurde der **Deutscher Werberat** gegründet. Hierbei handelt es sich um eine Organisation des „Zentralverbandes der deutschen Werbewirtschaft" (ZAW), deren Aufgabe es ist, Beschwerden der Öffentlichkeit über Missstände in der Werbung nachzugehen und zu untersuchen, ob man an einer Werbung Anstoß nehmen kann. Die strafrechtliche Verfolgung von Rechtsverstößen in der Werbung durch den Deutschen Werberat hat nur eine untergeordnete Bedeutung.

In gemeinsamer Arbeit mit Werbetreibenden und Werbeagenturen entwickelt der Deutsche Werberat Grundsätze und Verhaltensregeln, mit denen er prüft, ob eine zur Beschwerde vorgebrachte Werbung anstößig ist.

Grundsätze des Deutschen Werberates

In seinen Grundsätzen verlangt der Deutsche Werberat z. B., dass Werbung fair und in Verantwortung gegenüber der Gesellschaft durchgeführt werden muss. Auch darf das Vertrauen der Verbraucher aufgrund mangelnder Erfahrung nicht ausgenutzt werden. Kinder und Jugendliche dürfen weder körperlich noch seelisch Schaden nehmen. Werbung darf darüber hinaus keine Form der Diskriminierung anregen oder dulden. In diesem Zusammenhang steht die Diskriminierung von Frauen oft im Mittelpunkt von Beanstandungen.

Verhaltensregeln zur Werbung für alkoholische Getränke (Beispiele)

– Kinder und Jugendliche dürfen weder zum Trinken alkoholischer Getränke aufgefordert, noch beim Konsum gezeigt werden.
– Keine Trikot-Werbung für alkoholische Getränke mit Kindern und Jugendlichen
– Keine Alkoholwerbung in Medien, die sich vorzugsweise an Kinder und Jugendliche richten.
– Werbung für alkoholhaltige Getränke soll keine trinkenden oder zum Trinken auffordernde Leistungssportler darstellen

www.werberat.de

Kommt der Deutsche Werberat zu dem Schluss, dass die Beschwerde berechtigt ist, so kann der Werbetreibende öffentlich kritisiert werden (Rüge). Verhindern kann der Werberat die Werbung jedoch nicht. Der Werbetreibende muss selbst entscheiden, ob er die Werbung absetzt oder beibehält.

Dabei ist der Werberat auf die freiwillige **Selbstkontrolle** der Unternehmen angewiesen, sich an die Grundsätze des Werberates zu halten. Setzt ein Unternehmen eine anstößige Werbung jedoch nicht ab, so kann der Imageschaden in der Öffentlichkeit sehr groß sein.

Beispiel: für eine durchgeführte Rüge:

„Auf einem Plakat wirbt das Unternehmen für Haustüren mit der Gegenüberstellung einer alten Frau, die eine Grimasse zieht, und einer jungen, freundlich in die Kamera lächelnden Frau mit dem Slogan „Endlich!!! Die Alte ist weg […] die Neue ist da!" Der Werberat teilte die Kritik aus der Bevölkerung, die abgebildeten Frauen würden mit den beworbenen Haustüren gleichgesetzt und als austauschbare Objekte vorgeführt. Zudem würden insbesondere ältere Frauen herabgewürdigt."

Die beanstandete Werbeanzeige ist unter der gleichen Quellenangabe abrufbar.

Quelle: Deutscher Werberat: Alters- und frauendiskriminierende Werbung – Werberat rügt Pizzadienst, Tischlerei, Fliesenleger und Teppichverkäufer, veröffentlicht am 15.05.2014, abgerufen am 01.01.2015 unter www.werberat.de/content/alters-und-frauendiskriminierende-werbung-werberat-ruegt-pizzadienst-tischlerei-fliesenleger

12.2 Gesetz gegen den unlauteren Wettbewerb (UWG)

Nach dem Leitbild des deutschen Wettbewerbsrechts sollen Unternehmen mit der Qualität und dem Preis ihrer Produkte um Kunden werben. Damit dies nach fairen Regeln geschieht, hat der Gesetzgeber Wettbewerbsvorschriften erlassen. Das wichtigste Regelwerk ist das **Gesetz gegen den unlauteren Wettbewerb (UWG)**. Es hat eine Schutzaufgabe gegenüber

„lauter" = ehrlich, fair, klar, aufrichtig

- den **Mitbewerbern** (z. B. anderen Unternehmen, die sich mit ihrem Warenangebot an die gleichen Kunden richten),
- den **Verbrauchern** als Käufer der Produkte und
- der **Allgemeinheit** (die bei unverfälschtem Wettbewerb von einem reichhaltigen Warenangebot bei niedrigen Preisen profitiert).

Das UWG verbietet unlautere Wettbewerbshandlungen, die geeignet sind, den Wettbewerb zum Nachteil der übrigen Marktteilnehmer zu verfälschen. Dazu gehören folgende Sachverhalte:

12.2.1 Unlautere geschäftliche Handlungen

Als **unlauter** sind z. B. folgende Handlungen anzusehen:

- Die **Entscheidungsfreiheit des Verbrauchers wird beeinträchtigt**: Der Konsument muss frei entscheiden können, ob er ein Produkt kaufen will. Unternehmen dürfen keinen psychologischen Druck (Kaufzwang) auf den Kunden ausüben. Gefühlsbetonte („Ihrer Familie zuliebe"), befristete („Nur in dieser Woche") und Vorratswerbung („Nur so lange der Vorrat reicht") sind aber immer mit einem gewissen Kaufdruck verbunden.

- Die geschäftliche **Unerfahrenheit von Verbrauchern wird ausgenutzt**: Werbung darf nicht die geschäftliche Unerfahrenheit, insbesondere von Kindern und Jugendlichen, ausnutzen sowie Leichtgläubigkeit, Angst oder eine Zwangslage von Kunden missbrauchen.

    Beispiel:
    Es ist nicht gestattet, in Kinder- und Jugendzeitschriften für Handy-Klingelton-Dateien zu werben, die über eine kostenpflichtige 0190-Nummer herunterzuladen sind. Weil die Dauer des Herunterladens und damit die Kosten für die Nutzer nicht abschätzbar sind, handelt es sich um eine Werbung, die die geschäftliche Unerfahrenheit von Kindern und Jugendlichen ausnutzt. Zulässig ist hingegen die Bestellung einer solchen Datei per SMS.

- Die **Kunden werden nicht ausreichend informiert**: Werden den Kunden Preisnachlässe, Zugaben oder Geschenke gewährt oder Preisausschreiben sowie Gewinnspiele angeboten, sind die Teilnahmebedingungen klar und eindeutig anzugeben. *Es ist auch verboten, die Teilnahme an einem Preisausschreiben/Gewinnspiel vom Kauf einer Ware oder Dienstleistung abhängig zu machen.*

    Beispiele:
    - *In der Werbung wird ein besonders günstiges Angebot herausgestellt: „Fernseher für nur 1,00 €". Erst bei genauerem Hinsehen muss der Kunde allerdings feststellen, dass mit dem Kauf ein langfristiger Stromliefervertrag kombiniert ist.*
    - *Um an einem Preisausschreiben teilnehmen zu können, muss ein Kassenbon des Geschäftes (über einen Kauf) vorgelegt werden.*

- **Mitbewerber werden herabgesetzt**: Über Mitbewerber (Waren, Dienstleistungen, das Unternehmen selbst, Mitglieder der Unternehmensleitung) dürfen keine unwahren Behauptungen ehrverletzend verbreitet werden.

12.2.2 Irreführende geschäftliche Handlungen

Von verbotenen **Irreführenden geschäftlichen Handlungen** spricht das UWG beispielsweise in folgenden Fällen.

Falsche Angaben über Waren und Dienstleistungen

Wenn ein Unternehmen für seine Produkte wirbt, müssen die Angaben über den Preis, die Produkteigenschaften, den Verwendungszweck, die Liefermöglichkeiten usw. den Tatsachen entsprechen.

Beispiele:
- *Ein Unternehmen darf nicht mit dem Begriff „Discount-Preise" werben, wenn das Preisniveau seines Sortiments nicht deutlich unter dem der Mitbewerber liegt.*
- *Werbung für ein Schlankheitsmittel: „Garantiert in 16 Wochen 16 Kilogramm abnehmen." Diese Werbung ist irreführend und damit unzulässig, weil dieser Erfolg tatsächlich nicht garantiert werden kann.*

Grundsätzlich ist bei gesundheitsbezogener Werbung besondere Vorsicht geboten, weil Gerichte im Streitfall hier sehr strenge Maßstäbe an die Werbeaussage stellen.

Missbräuchliche Werbung mit Preissenkungen („Mondpreise")

Einem Unternehmen ist es untersagt, mit einer Preissenkung zu werben, wenn der ursprüngliche Preis nur für eine kurze Zeit gefordert wurde.

Beispiel:
Ein Unternehmen wirbt mit einer Halbierung des Preises („Alle Sommerhosen zum halben Preis"), hat aber die Preise für Sommerhosen kurz zuvor verdoppelt.
Ein Unternehmen darf aber seinen Preis mit der unverbindlichen Preisempfehlung des Herstellers vergleichen. Es muss dies in der Preisgegenüberstellung deutlich machen. Ein durchgestrichener Preis bedeutet für den Kunden, dass dieser Preis auch tatsächlich vorher gefordert worden ist. Andernfalls ist es eine Irreführung.

Unzureichende Bevorratung von Werbeware

Wirbt ein Unternehmen für den Verkauf einer bestimmten Ware, so erwartet der Verbraucher, dass die beworbene Ware auch für ihn zur Verfügung steht. Andernfalls handelt es sich um **Lockvogelangebote**. Als angemessen wird ein Warenvorrat angesehen, der im Regelfall die Nachfrage von **zwei Tagen** deckt. Dies gilt auch, wenn ein Unternehmen von vornherein auf einen begrenzten Warenvorrat aufmerksam macht, z. B. mit dem Hinweis „Solange der Vorrat reicht". Wird mit Dauerniedrigpreisen geworben, muss die Ware nach einer Gerichtsentscheidung mindestens für einen Monat vorrätig sein.

12.2.3 Vergleichende Werbung

→ **Vergleichende Werbung**: Jede Werbung, die einen Mitbewerber oder die von ihm angebotenen Waren oder Dienstleistungen erkennbar macht

Direkte Werbevergleiche mit dem Konkurrenten sind erlaubt. Es sind aber gewisse Grenzen zu beachten, z. B.:

- Die vergleichenden Aussagen müssen **nachprüfbar** sein. Die Behauptung „Unsere Mitarbeiter sind freundlicher als die Mitarbeiter des Einrichtungshauses XY" ist beispielsweise nicht beweisbar und damit unzulässig. **Preisvergleiche** müssen sich auf dieselbe Maßeinheit (z. B. Preis pro Kilogramm) beziehen. Eventuelle Zusatzkosten müssen erwähnt werden. Dem Kunden muss es außerdem ermöglicht werden, den Preisvergleich selbst nachzuvollziehen, daher sind der Name des Mitbewerbers und der Vergleichszeitraum bei der Gegenüberstellung anzugeben.

   Beispiel: für eine zulässige vergleichende Werbung:
   „Bei Vogt kostet die 100 g Milky-Nuss in dieser Woche 0,65 € – bei uns aber nur 0,55 €."
- Bezieht sich der Vergleich auf ein **Sonderangebot**, müssen Zeitpunkt und Ende des Angebotes genannt werden.
- Grundsätzlich gilt: Pauschale **Herabsetzungen** und **Verunglimpfungen** fremder Waren, Dienstleistungen oder gar des Mitbewerbers persönlich sind verboten.

Diese Grenzen lassen nur einen geringen Spielraum für vergleichende Werbung. In Deutschland kommt der direkte Vergleich mit einem Mitbewerber daher nur selten vor.

12.2.4 Unzumutbare Belästigungen

Werden den Empfängern Werbehandlungen aufgedrängt, spricht das UWG von **unzumutbaren Belästigungen**. Dazu gehören z. B.:

Werbung, die der Empfänger erkennbar nicht wünscht

Verbraucher dürfen nicht telefonisch, per Fax oder E-Mail ohne ihre Einwilligung mit Werbung angesprochen werden (SPAM). Im Falle elektronischer Nachrichten (E-Mail, Internet) muss der Absender seine gültige Adresse angeben und dem Empfänger Gelegenheit geben, die Werbemitteilung abzubestellen. Für die Übermittlung dieser Abbestellung dürfen nur Kosten in Höhe eines Basistarifs (z. B. normales Telefongespräch) anfallen, nicht etwa die oft sehr hohen Telefongebühren von Mehrwertdiensterufnummern (0190/0900er-Nummern). Als aufdringlich wird auch die Ansprache von Kunden außerhalb der Geschäftsräume angesehen.

Siehe Adressennutzung im Onlinemarketing, Seite 75

Lernfeld 5 Kunden akquirieren und binden

Beispiele:
*Ein Einzelhändler spricht einen Kunden an, der vor seinem **Schaufenster** steht (oder gar vor dem Schaufenster eines Mitbewerbers), und fordert ihn auf, in das Geschäft zu kommen.*

Unzulässige Verwendung von Empfängeradressen

Hat ein Unternehmen die elektronische Adresse eines Kunden im Zusammenhang mit dem Verkauf einer Ware oder Dienstleistung erhalten (z. B. dessen E-Mail-Adresse), kann er diese Adresse nur für die Abwicklung der Kundenbestellung verwenden. Eine darüber hinausgehende Nutzung der Daten (z. B. für Werbung) erfordert die ausdrückliche Zustimmung des Betroffenen. Außerdem muss dem Kunden bei jeder Werbemaßnahme Gelegenheit gegeben werden, seine Zustimmung zu widerrufen.

12.3 Maßnahmen gegen Wettbewerbsverstöße

Siehe z. B. www.wettbewerbszentrale.de/de/home/

Ein Unternehmer, der gegen Wettbewerbsvorschriften verstößt, kann verpflichtet werden,
- seine wettbewerbswidrigen Handlungen zu unterlassen und
- einen entstandenen Schaden der Mitbewerber zu ersetzen.

Der Anspruch auf Unterlassung wird in der Praxis gewöhnlich von drei Seiten geltend gemacht:
- **Mitbewerber**, die von dem Wettbewerbsverstoß direkt betroffen sind,
- **Industrie- und Handelskammern**, die sich im Interesse ihrer Mitglieder für einen fairen Wettbewerb einsetzen,
- **Wettbewerbszentralen**, die in dieser Hinsicht wie die Kammer tätig werden.

Bevor jedoch gerichtliche Schritte ergriffen werden, ist das wettbewerbswidrige Verhalten zunächst abzumahnen.

Abmahnung

Verstößt ein Unternehmer nach Meinung eines Mitbewerbers (oder z. B. der IHK) gegen Wettbewerbsvorschriften, so kann der Mitbewerber den Unternehmer auffordern, diesen (tatsächlichen oder nur vermuteten) Wettbewerbsverstoß zu unterlassen. Diese Aufforderung nennt man Abmahnung.

> **Abmahnung**: formale Aufforderung einer Person an eine andere Person, eine bestimmte Handlungsweise zu unterlassen

Reagiert der Abgemahnte nicht, so wird gewöhnlich die Hilfe von Gerichten in Anspruch genommen, damit der Wettbewerbsverstoß abgestellt wird.
Die Abmahnung muss folgende Punkte enthalten:
- Genaue Beschreibung der unzulässigen Wettbewerbshandlung (z. B. „Am ... kündigten Sie in einer Anzeige im ... eine ... an.")
- Begründen, warum das Verhalten wettbewerbswidrig ist (z. B. „Bei dieser Maßnahme handelt es sich um einen Verstoß gegen ..., weil Sie ...").
- Aufforderung, innerhalb einer bestimmten (gewöhnlich sehr kurzen) Frist eine Unterlassungserklärung (siehe unten) abzugeben (z. B. „Ich fordere Sie auf, spätestens bis zum ... die in der Anlage beigefügte Unterlassungserklärung unterschrieben zurückzusenden.")
- Kostenersatz verlangen (z. B. „Für die mir entstandenen Kosten berechne ich Ihnen eine Kostenpauschale von ...")

Kosten der Abmahnung

Wer abmahnt, kann vom Abgemahnten eine Kostenpauschale als Aufwendungsersatz verlangen. Diese Pauschale beträgt zurzeit etwa 200,00 €. Der Mitbewerber kann aber auch einen Rechtsanwalt beauftragen, den Wettbewerbsverstoß abzumahnen. Ein Rechtsanwalt berechnet etwa 500,00 €. Treffen mehrere Abmahnungen ein, hat nur der erste Abmahnende Anspruch auf Kostenersatz.

Unterlassungserklärung

Darin verpflichtet sich der Betroffene, für den Wiederholungsfall eine Vertragsstrafe (in der Regel ca. 5.000,00 €) an den Abmahnenden zu zahlen. Bei mehreren Abmahnungen hat nur der Erste Anspruch auf die Unterlassungserklärung.

Muster

> **Unterlassungserklärung**
>
> Hiermit erkenne ich an, dass ich am … gegen … *[hier wird das Gesetz genannt, gegen das verstoßen worden ist, eventuell auch der Paragraf]* verstoßen zu haben.
> Ich verspreche dem/der …, bei jeder Zuwiderhandlung sofort eine Vertragsstrafe in Höhe von … € an … zu zahlen.
>
> _____
> Ort   Datum   Unterschrift

Ein Unternehmer, der eine Abmahnung erhält, muss sehr besonnen reagieren. Er prüft zunächst, ob der Absender überhaupt berechtigt ist abzumahnen. Wenn der Unternehmer erkennt, dass er gegen Wettbewerbsrecht verstoßen hat, sollte er die Unterlassungserklärung abgeben und die Kostenpauschale zahlen. Andernfalls muss er mit einem gerichtlichen Nachspiel rechnen, das gewöhnlich höhere Kosten verursacht. Auch nach Abgabe der Unterlassungserklärung drohen erhebliche finanzielle Gefahren: Wird der Wettbewerbsverstoß nicht abgestellt, ist die Vertragsstrafe zu zahlen. Außerdem muss mit einer weiteren Abmahnung gerechnet werden, in der dann fünf- bis sechsstellige Vertragsstrafen angedroht werden können.

Zusammenfassung

Wettbewerbsrecht			
Deutscher Werberat	**UWG**		**Wettbewerbsverstoß**
Selbstkontrollgremium der deutschen Werbewirtschaft ▪ Grundsätze ▪ Verhaltensregeln, z. B. Jugendliche und Alkohol	**Unlautere geschäftliche Handlungen** ▪ Entscheidungsfreiheit beeinträchtigt ▪ Unzureichende Information ▪ Unerfahrenheit ausgenutzt ▪ Mitbewerber herabgesetzt	**Irreführende geschäftliche Handlungen** ▪ Falsche Angaben ▪ Unzureichend Bevorratung ▪ Mondpreise	→ Abmahnung → Unterlassungserklärung
	Vergleichende Werbung Jede Werbung, die einen Mitbewerber oder seine Waren oder Dienstleistungen erkennbar macht	**Unzumutbare Belästigungen** ▪ Unerwünschte Werbung ▪ Unzulässige Adressennutzung	

Lernfeld 6
Wertströme erfassen und beurteilen

A: Wertströme in Unternehmen
1 Entstehen der Wertströme: Geschäftsprozesse

1.1 Geschäftsprozesse

Die Rosner GmbH bietet ihren Kunden ein umfangreiches Sortiment rund um das Fahrrad an: City-Bikes, Mountain-Bikes und E-Bikes. Dazu kommen Bekleidung und Zubehör. Besonders stolz ist Herr Rosner auf Trekking- und Rennräder, die er in seiner Werkstatt nach den Kundenwünschen anfertigt.

Das wichtigste Unternehmensziel der Rosner GmbH ist es, die Wünsche der Kunden zu deren Zufriedenheit zu erfüllen. Denn nur dann sind die Kunden bereit, für die Leistungen des Unternehmens Preise zu zahlen, die zumindest die Aufwendungen decken und einen Gewinn abwerfen.

Modell der Rosner GmbH

Unternehmensziele: Gewinn, Marktvergrößerung, Ökologie, Prestige, Macht usw.

Die Abbildung zeigt ein vereinfachtes Modell der Rosner GmbH. Alle Aktivitäten, die im Unternehmen geplant und umgesetzt werden, um das Unternehmensziel „Kundenzufriedenheit" (und natürlich auch weitere Ziele, siehe Randspalte) zu erreichen, bezeichnet man als Geschäftsprozesse.

Geschäftsprozesse werden durch den Auftrag eines Kunden ausgelöst und finden ihren Abschluss, wenn der Kunde die gewünschte Ware oder Leistung erhalten und den Kaufpreis gezahlt hat.

Die folgende Darstellung zeigt den Geschäftsprozess „Auftragsbearbeitung" in einem Großhandelsunternehmen als Prozesskette:

Siehe dazu Informationshandbuch des 1. Ausbildungsjahres,

Geschäftsprozess „Auftragsbearbeitung"

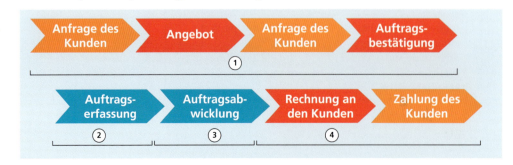

Der Geschäftsprozess „Auftragsbearbeitung" kann in Teilprozesse unterteilt werden. Sie werden in der Regel in verschiedenen Abteilungen eines Unternehmens bearbeitet.

Teilprozesse
① **Auftragsabschluss:** Anfrage, Angebot, Bestellung, Auftragsbestätigung
② **Auftragserfassung:** Termin- und Kapazitätsüberprüfung, Arbeitsschein/Lieferschein, Auslösung der Auftragsabwicklung
③ **Auftragsabwicklung:** Durchführung der Dienstleistung oder Warenlieferung (auch der Produktion und Lieferung in einem Industriebetrieb)

Der vierte Teilprozess umfasst die Abrechnung des Auftrags in der Abteilunge Rechnungswesen/Controlling. Die folgende Prozesskette gibt an, welche Arbeitsschritte in der Finanzbuchhaltung durchgeführt werden

④ **Abrechnung des Auftrags**

AR = Ausgangsrechnung an den Kunden

Der Teilprozess „Abrechnung" in der Finanzbuchhaltung wird neben anderen Prozessen im „Teil B: Prozessbegleitende Erfassung der Wertströme" ab Seite 97 dargestellt.

Der Geschäftsprozess „Auftragsbearbeitung" ist dem Unternehmensbereich Absatz zuzuordnen (siehe Modell der Rosner GmbH, Seite 92). Weitere Geschäftsprozesse sind den Bereichen Absatz und Produktion/Fertigung zuzuordnen.

1.2 Wertströme

Die Verfolgung der Geschäftsprozesse im Bereich Beschaffung und Absatz lässt erkennen, dass beim Einkauf und Verkauf von Waren und Dienstleistungen Wertströme entstehen.

> **Wertströme:** Geschäftsprozesse sind die Ursache von Wertströmen.

Beispiel 1:
Einkauf von Schrauben für die Werkstatt der Rosner GmbH (→ Geschäftsprozess: Bereich Beschaffung)

Die Werkstatt der Rosner GmbH fertigt aus Komponenten (Rahmen, Tretlager, Schaltungen usw.) Rennräder nach Kundenwünschen. Für den Zusammenbau werden Schrauben und Muttern unterschiedlicher Größe benötigt. Die Schrauben werden bevorratet.

Wenn die Schrauben und Muttern geliefert werden, kommt es zu einem Wertstrom in Form eines Güterzuflusses bei der Rosner GmbH. Dieser Wertzufluss wird in der Finanzbuchhaltung dokumentiert.

Nach Ablauf der Zahlungsfrist bezahlt die Rosner GmbH den Rechnungsbetrag. Daraus ergibt sich ein Wertstrom in Form eines Geldabflusses. Auch dieser Abfluss wird in der Finanzbuchhaltung dokumentiert.

Beispiel 2:
Verkauf eines Rennrads an einen Kunden (→ Geschäftsprozess: Bereich Absatz)

Für einen Kunden ist in der Werkstatt ein Treckingrad nach den Wünschen des Kunden angefertigt worden. Der Kunde holt das Treckingrad in dem Verkaufsraum der Rosner GmbH persönlich ab. Der Verkauf des Rades ist mit einem Güterabfluss (Wertstrom) bei der Rosner GmbH verbunden.

Der Kunde begleicht den Verkaufspreis sofort in bar. So führt der dadurch entstandene Wertstrom unmittelbar auch zu einem Wertzufluss an Geld (Geldzufluss).

Die Beispiele lassen erkennen, dass einem Güterzufluss in der Regel ein Geldabfluss gegenübersteht und umgekehrt.

> **Güterströme und Geldströme verlaufen in entgegengesetzter Richtung.**

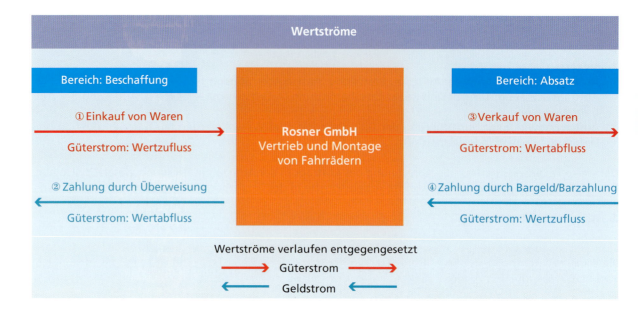

2 Abbildung von Geschäftsprozessen im Rechnungswesen

Belegarten und Belegorganisation, siehe Seite 109

Geschäftsprozesse sind die Ursache von Wertströmen. Das Rechnungswesen hat die Aufgabe, die **Wertströme (Güter- sowie Geldströme)**, die beim Verkauf und der Montage von Fahrrädern in der Rosner GmbH anfallen, systematisch zu **erfassen, aufzubereiten** und **auszuwerten**. Diese Aufgabe übernimmt die Finanzbuchhaltung. Sie erfasst die Wertströme auf der Grundlage von Belegen. Dabei kann sie aber nur solche Güter- und Geldströme erfassen, die in Menge und Wert (Euro) bestimmt sind.

 Belege enthalten Informationen über Wertströme (Güter- und Geldströme).

In der Finanzbuchführung erfasst die Rosner GmbH täglich eine Vielzahl an Belegen. Jeder dieser Belege enthält Informationen zu den Vorgängen, die sie belegen:

- Eingangsrechnungen von Lieferern
- Ausgangsrechnungen von Kunden
- Gutschriften
- Kontoauszüge
- Quittungen

Durch diese Belege werden reale Geschäftsprozesse inhaltlich beschrieben und nachvollziehbar und führen zu einer sachgerechten Erfassung der Wertströme in der Finanzbuchhaltung.

 Wertströme verändern das Vermögen und das Kapital eines Unternehmens. Jeder Wertstrom führt entweder zu einem Wertzufluss oder zu einem Wertabfluss und damit zur Veränderung des Vermögens oder der Schulden.

Beispiele:

- Der Kauf eines Servicewagens vermehrt durch den Wertzufluss den Bestand an Fahrzeugen und damit das Vermögen der Rosner GmbH.
- Die Barzahlung eines Kunden für den Kauf eines Fahrrads führt zu einer Erhöhung des Bargeldbestandes in der Kasse. Das Vermögen steigt.
- Die Rosner GmbH überweist einen fälligen Rechnungsbetrag an einen Lieferer und verringert so den Bestand an Schulden (Verbindlichkeiten).
- Zur Finanzierung der Umgestaltung der Verkaufsräume mit einem neuen Regalsystem nimmt die Rosner GmbH ein Darlehen auf. Der Umfang (Bestand) an Schulden nimmt zu.
- Der Einkauf von Waren stellt einen Wertzufluss dar, der den Warenvorrat erhöht.

Bei allen Geschäftsvorgängen geht es darum, dass sich der **Wert des Vermögens** bzw. **der Schulden** der Rosner GmbH **durch Wertzuflüsse bzw. Wertabflüsse verändert**.

Damit diese **laufenden Wertveränderungen** dokumentiert werden können, richtet die Rosner GmbH in ihrer Finanzbuchhaltung **Konten (Verrechnungsstellen)** ein. Für jede Vermögens- bzw. Schuldenposition wird ein Konto eingerichtet. So wird der Kauf des Servicewagens im Beispiel 1 als Wertzufluss auf dem **Konto**

Fahrzeuge erfasst. Die Überweisung des fälligen Rechnungsbetrages an den Lieferer führt zur Minderung der Schulden auf dem **Konto Verbindlichkeiten**.

Ein Konto weist zu Beginn des Geschäftsjahres einen Anfangsbestand aus. Die Geschäftsprozesse verursachen ständig Wertzuflüsse und Wertabflüsse und verändern so die Bestände auf den Konten. Am Ende des Geschäftsjahres wird der Schlussbestand der Vermögens- und Schuldenpositionen festgestellt. Daher werden diese Konten als **Bestandskonten** bezeichnet.

Die Erfassung und Dokumentation von Geschäftsprozessen auf Konten werden im „Teil B: Prozessbegleitende Erfassung der Wertströme in der Finanzbuchführung" ausführlich dargestellt.

3 Gesetzliche Grundlagen der Buchführung

3.1 Buchführungspflicht

Die Verpflichtung des Unternehmens zur Führung von Büchern wird im Handelsgesetzbuch (HGB) geregelt. Diese Verpflichtung im § 238 HGB ergibt sich aus der besonderen Verantwortung eines Kaufmanns gegenüber seinen Gläubigern und den Anteilseignern. Alle Kaufleute, deren Unternehmen eine bestimmte Größe erreicht haben, unterliegen daher dem folgenden § 238 HGB.

HGB § 238

Jeder Kaufmann ist verpflichtet, Bücher zu führen und in diesen seine Handelsgeschäfte und die Lage seines Vermögens nach den Grundsätzen ordnungsgemäßer Buchführung ersichtlich zu machen.

Über die im Handelsgesetzbuch genannten Kaufleute hinaus werden durch die Abgabenordnung (AO) weitere Unternehmer zur Buchführung verpflichtet.

AO § 141 Abs. 1

Unternehmer unterliegen der Buchführungspflicht, wenn
- der Jahresumsatz mehr als 500.000,00 € beträgt
- oder der Jahresgewinn mehr als 50.000,00 € beträgt.

Das Handelsgesetzbuch regelt in den §§ 239 bis 261 weitere Verpflichtungen für alle Kaufleute. Das sind z. B. folgende Verpflichtungen:

Verpflichtungen nach HGB
- Beachtung der Grundsätze ordnungsgemäßer Buchführung (GoB) im § 239 HGB
- Durchführung der Inventur zu Beginn der Geschäftstätigkeit und am Ende eines Geschäftsjahres (§ 241)
- Erstellung eines Inventars (§ 240 HBG) und einer Bilanz (§ 242 ff.) mit persönlicher Unterschrift
- Aufbewahrung sämtlicher Buchführungsunterlagen entsprechend der Aufbewahrungsfristen nach § 257

3.2 Grundsätze ordnungsgemäßer Buchführung (GoB)

Die Buchführung eines Betriebes muss den Grundsätzen ordnungsgemäßer Buchführung (GoB) entsprechen, d. h., sie muss so geführt werden, dass ein buchführungskundiger Dritter (z. B. ein Betriebsprüfer des Finanzamtes oder der Sachbearbeiter einer Bank) sich nach kurzer Zeit einen Überblick über die gebuchten Geschäftsvorgänge und die wirtschaftliche Lage des Unternehmens machen kann (§ 145 Abs. 1 AO).

Wichtige Grundsätze ordnungsgemäßer Buchführung	
Übersichtlichkeit	Die Buchführung muss klar und übersichtlich sein und einen Überblick über die Geschäftslage ermöglichen.
	Die Geschäftsfälle sind fortlaufend, vollständig, zeitnah und richtig aufzuzeichnen.
Vollständigkeit	Alle Geschäftsvorgänge müssen richtig und vollständig erfasst werden. Eine Verrechnung von Geschäftsvorgängen miteinander ist nicht zulässig.

Wichtige Grundsätze ordnungsgemäßer Buchführung	
Ordnung	Die Geschäftsvorgänge müssen nach einem festgelegten System, z. B. nach Buchungskreisen, gebucht werden.
Zeitgerechtigkeit	Die Buchungen müssen zeitnah (bis zu einem Monat) zum Geschäftsvorgang erfolgen.
Nachprüfbarkeit	Buchungen müssen Belegen zugeordnet werden können. Jede Buchung erfordert einen Beleg als Nachweis. (In der Schulbuchführung muss aus Platzgründen oft auf Buchungsbelege verzichtet werden.)
Richtigkeit	Die Eintragungen dürfen nicht gelöscht oder durch Radieren und Überschreiben unleserlich gemacht werden.

3.3 Gesetzliche Aufbewahrungsfristen in der Buchführung

Aufbewahrung von Unterlagen, HGB § 257

Um die wirtschaftliche Entwicklung in seinem Unternehmen richtig beurteilen zu können, muss das Unternehmen die Unterlagen der Buchführung geordnet aufbewahren.

 Aufbewahrungspflicht: Unterlagen der Buchführung müssen innerhalb vorgegebener Fristen aufbewahrt werden. Aufbewahrt werden entweder Originalbelege oder Bildträger (Mikrofilm) und Datenträger (Festplatte), wenn sie in angemessener Frist lesbar gemacht werden können.

Inventar und Bilanz, siehe Seite 138 ff

Wie lange das Unternehmen diese Unterlagen aufbewahrt, hängt einerseits von seinem eigenen Interesse ab, andererseits schreibt der Gesetzgeber im Handelsgesetzbuch Mindestaufbewahrungsfristen vor:

 Aufbewahrungsfrist: Sie beginnt mit dem Ende des betreffenden Kalenderjahres, in dem die Aufzeichnung/der Beleg entstand.

Die **zehnjährige Aufbewahrungsfrist** gilt für Handelsbücher:
- Grundbücher, Hauptbücher
- Inventare, Eröffnungsbilanzen, Jahresabschlüsse
- Arbeitsanweisungen und Organisationsunterlagen
- Buchungsbelege
- Aus- und Eingangsrechnungen, Kontoauszüge usw.

Die **sechsjährige Aufbewahrungsfrist** gilt für alle Geschäftsbriefe:
- Eingegangene Handelsbriefe
- Durchschriften abgesandter Handelsbriefe

Gerechnet wird vom Schluss des Kalenderjahres, in dem die Unterlagen entstanden sind (§ 257 HGB). Mit dem Einzug der modernen Informationsmedien und -technologien können alle Buchführungsunterlagen auf Bildträgern (Mikrofilm) oder auf anderen, digitalen Datenträgern (Magnetbändern, Disketten usw.) gespeichert werden. Die Daten müssen aber jederzeit über einen Bildschirm oder durch Ausdruck lesbar gemacht werden können. In diesen Fällen gelten zusätzlich die Grundsätze ordnungsgemäßer Speicherbuchführung (GoS).

B: Prozessbegleitende Erfassung der Wertströme in der Finanzbuchführung

1 Einrichtung einer Finanzbuchhaltung am Jahresanfang

➲ **Lernsituation 1: Die Finanzbuchhaltung am Jahresanfang einrichten**

Die Finanzbuchhaltung ist Teil eines umfassenden Informationssystems. Sie dokumentiert die geschäftlichen Vorgänge (Geschäftsprozesse) in Zahlen und kann somit zur Analyse/Kontrolle von vergangenen Vorgängen, aber auch zur Planung von zukünftigen Vorgängen (Plandaten) genutzt werden.

Inventar und Bilanz, siehe Seite 134

1.1 Wertströme auf Bestandskonten

Ausgangspunkt des Informationssystems ist die Bilanz bzw. das Inventar, deren Bestandswerte die Situation (Status) eines Unternehmens zum Zeitpunkt der Geschäftseröffnung (Gründung) oder zum Ende eines Geschäftsjahres zum Bilanzstichtag aufzeigen.

Beispiel: Büro-Optimal GmbH zum Ende des ersten Geschäftsjahres

Aktiva (Vermögen)		Bilanz der Büro-Optimal GmbH zum 31.12.20(0)		Passiva (Kapital)
I.	**Anlagevermögen**		I. **Eigenkapital**	96.480,00 €
	1. Fuhrpark	84.960,00 €		
	2. Geschäftsausstattung	258.120,00 €	II. **Fremdkapital**	
			1. Langfristige Schulden	
II.	**Umlaufvermögen**		Darlehen	337.500,00 €
	1. Waren	125.600,00 €	2. Kurzfristige Schulden	
	2. Forderungen	86.000,00 €	2.1 Verbindlichkeiten	172.600,00 €
	3. Bankguthaben	58.200,00 €	2.2. Bankschulden	10.800,00 €
	4. Kasse	1.500,00 €		
		614.380,00 €		**614.380,00 €**

Im laufenden Jahr werden die **Vermögens- und Kapitalbestände** durch die sich nun anschließende Geschäftstätigkeit ständig verändert. Die Ereignisse, die zur Veränderung dieser Bestände führen, werden als **Geschäftsprozesse** bezeichnet. Die Geschäftsprozesse lösen Wertströme aus, die im Rechnungswesen des Unternehmens auf der Grundlage von Belegen in der Finanzbuchführung **erfasst und dokumentiert** werden.

Geschäftsprozess	Beleg
Einkauf von Waren	Eingangsrechnung (ER)
Verkauf von Fahrrädern und Reparaturleistungen	Ausgangsrechnung (AR)
Bezahlung einer Eingangsrechnung durch Banküberweisung	Kontoauszug
Lohn- und Gehaltsabrechnung	Lohnliste

Belege, siehe Seite 109

Geschäftsprozesse, siehe Seite 94

Voraussetzung dafür, dass die Geschäftsprozesse in einem Unternehmen im Laufe des Geschäftsjahres quantitativ erfasst und dokumentiert werden können, ist die Einrichtung von Konten in der Finanzbuchführung. So wird für jede Vermögens- oder Kapitalposition in der Bilanz eine eigene Verrechnungsstelle, ein Konto, eingerichtet.

Auf den Konten werden die Wertströme erfasst. Sie verändern die Bestände auf den Vermögens- und Kapitalkonten.

> **Finanzbuchhaltung:** Erfassung und Dokumentation der Geschäftsprozesse (Wertströme) im laufenden Geschäftsjahr auf der Grundlage von Belegen

1.2 Eröffnung der Bestandskonten

Zu Beginn der Geschäftstätigkeit und zu Beginn jedes Geschäftsjahres wird für jede **Bilanz- bzw. Inventarposition** ein Konto angelegt (siehe oben) und der Anfangsbestand auf das Konto übertragen. Alle Konten, die aufgrund einer Bilanz (= Eröffnungsbilanz) eingerichtet wurden, bezeichnet man als Bestandskonten, weil sie Auskunft über den Bestand des Vermögens und des Kapitals geben.

Überblick über die Eröffnung der Bestandskonten

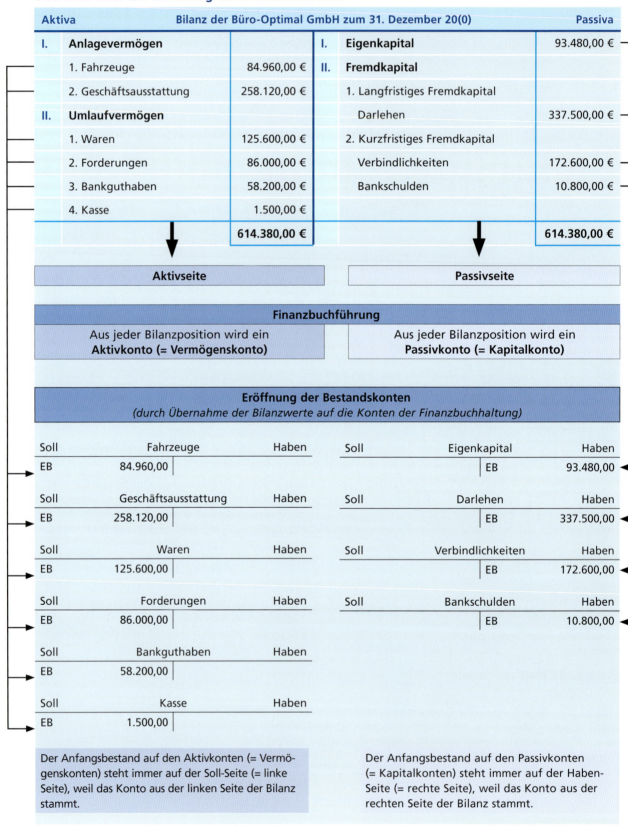

Die **Anfangsbestände** werden nun fortlaufend durch **Geschäftsvorgänge verändert**. Die Geschäftsvorgänge lösen Wertströme (Geld- und Güterströme) aus, die zu Bestandsveränderungen führen. Die Veränderungen werden in den **Konten** vermerkt (Buchung), sodass man auf diese Weise eine genaue Übersicht über Art, Ursache und Höhe der **Veränderungen der Vermögens- und Kapitalwerte** im laufenden Geschäftsjahr erhält.

Wenn der Kasse ein Geldbetrag entnommen (Wertstrom: Abfluss) und auf das Bankkonto eingezahlt (Wertstrom: Zufluss) wird, ändert sich das Vermögen des Unternehmens nicht, weil Geldbestände lediglich hin und her geschoben werden. Ebenso verhält es sich, wenn eine Forderung durch eine Banküberweisung beglichen wird: Aus der Forderung, die für den Kaufmann bereits Vermögen (Wertstrom: Abfluss) darstellt, wird ein Betrag auf dem Bankkonto (Wertstrom: Zufluss), der ebenfalls zum Vermögen des Unternehmens zählt.

> **Wertströme**, die nur die Konten „Kasse", „Bank" und „Forderungen" betreffen, führen zu **Änderungen in der Zusammensetzung des Vermögens**.

Wird eine kurzfristige Schuld, z.B. Verbindlichkeiten aus Lieferungen und Leistungen, in ein langfristiges Darlehen umgewandelt, ändert sich nicht der Bestand des Gesamtkapitals, sondern lediglich seine Zusammensetzung: Der Bestand an Verbindlichkeiten (Wertstrom: Abfluss) nimmt ab, der Bestand an langfristigem Kapital (Wertstrom: Zufluss) nimmt zu. Wird dagegen eine Verbindlichkeit durch Banküberweisung beglichen, nimmt der Bestand an Vermögen und im gleichen Maße auch der Bestand an Kapital ab. Durch die Banküberweisung wird demnach ein Wertstrom angestoßen, der zu einer Minderung des Bestands an Schulden auf dem Konto „Verbindlichkeiten" und ebenfalls zu einer Minderung des Bestands an Vermögen auf dem Konto „Bank" führt.

1.3 Veränderung der Vermögensbestände durch Wertströme: Vermögenskonten

Alle Werte, die ein Unternehmen besitzt (z.B. Bargeld, Bankguthaben, Geschäftsausstattung, Fuhrpark), bezeichnet man als Vermögen. Die Vermögenswerte und deren Veränderungen werden auf Vermögenskonten festgehalten.

Mehrungen (Zuflüsse)					Minderungen (Abflüsse)
Soll		Vermögenskonto			**Haben**
Datum	Text	€	Datum	Text	€
	Eröffnungsbestand			– Abgänge (Wertabflüsse)	
	+ Zugänge (Wertzuflüsse)				

Diese Vermögenspositionen stehen auf der linken Seite der Bilanz. Entsprechend richtet man Vermögenskonten ein, indem man den Anfangsbestand einer Vermögensposition laut Bilanz auf die linke Seite des entsprechenden Kontos (= Soll-Seite) überträgt. Die Wertzuflüsse (Bestandszunahmen) werden ebenso wie der Anfangsbestand auf der Soll-Seite des Kontos aufgezeichnet (= gebucht). Die Wertabflüsse (Bestandsabnahmen) werden dagegen auf der rechten Seite (Haben-Seite) gebucht.

Konten des Anlagevermögens
Die Konten des Anlagevermögens geben Auskunft über den Wert der Anlagegegenstände. Es sind Gegenstände, die für längere Zeit im Unternehmen angelegt sind, da sie die Grundlage der Unternehmenstätigkeit bilden. Dazu gehören u. a. Grundstücke, Gebäude und der Fuhrpark. Aber auch Gegenstände der Geschäftsausstattung wie Schreibtische, Regale, Computer zählen zum Anlagevermögen eines Unternehmens.

Konten des Umlaufvermögens
Die Konten des Umlaufvermögens geben Auskunft über die Betriebstätigkeit. Diese Konten erfassen alle Vermögensteile, die sich durch den Verkauf und die Montage von Fahrrädern verändern. Dazu gehören u. a. Forderungen, Banken und Kasse. Die verkauften Waren und Leistungen, z. B. Reparaturen, werden zu Forderungen gegenüber den Kunden und nach Bezahlung zu Geld in der Kasse oder auf den Bankkonten.
In der Unterscheidung der Vermögenskonten in Anlage- und Umlaufvermögen werden Betriebsaufbau und Betriebsablauf sichtbar.

1.4 Veränderungen der Kapitalbestände durch Wertströme: Kapitalkonten

Alle Vermögensteile in einem Unternehmen müssen finanziert werden. Die **Mittel zur Finanzierung** des Vermögens bezeichnet man als Kapital. Stammen die Mittel von Fremden (z. B. Bankkredite), handelt es sich um Fremdkapital. Dagegen nennt man die Mittel, die die Eigentümer/Gesellschafter des Unternehmens selbst in ihr Unternehmen investieren, **Eigenkapital**.

Während das **Fremdkapital** bei Fälligkeit zurückzuzahlen ist (z. B. ein Darlehen zu den vereinbarten Tilgungsterminen) und regelmäßige Zinszahlungen erfordert, steht das Eigenkapital dem Unternehmen für unbegrenzte Zeit zur Verfügung.

Neben dem Konto „Eigenkapital" werden u. a. die Konten „Darlehen" als langfristiges Fremdkapital und „Bankschulden" und „Verbindlichkeiten" als kurzfristiges Fremdkapital eingerichtet. Bei allen Kapitalkonten stehen (siehe rechte Bilanzseite) der Eröffnungsbestand und die Zugänge an Kapital auf der Haben-Seite.

Minderungen (Abflüsse)   Mehrungen (Zuflüsse)

Soll			Kapitalkonto		Haben
Datum	Text	€	Datum	Text	€
	– Abgänge (Wertabflüsse)			Eröffnungsbestand	
				+ Zugänge (Wertzuflüsse)	

Auf der Soll-Seite werden die Abgänge des Kapitals und der Schlussbestand festgehalten. Kapitalkonten bewegen sich also genau entgegengesetzt zu den Vermögenskonten.

Grundsätzlich gilt für die Buchungen auf den Bestandskonten: Die Bewegungen auf den Vermögens- und Kapitalkonten werden durch Wertströme (Geld- und Güterströme) hervorgerufen. Sie stellen ein Abbild der **realen betrieblichen Vorgänge (Geschäftsprozesse)** in Zahlen dar.

Das Zahlenmaterial lässt sich jederzeit auswerten und dient damit neben anderen Bestimmungsgrößen als Grundlage für die unternehmerischen Entscheidungen.

1.5 Abschluss der Bestandskonten

Am Ende eines Geschäftsjahres werden die Bestände der Konten wieder zusammengeführt und im Schlussbestandskonto dargestellt. Damit schließt sich der Kreis der Rechnungslegung. Allerdings sind diese Endbestände nur Buchwerte (Soll-Werte), die mit den realen Werten (Ist-Werten) aus dem Inventar bzw. der Bilanz abgeglichen werden müssen (siehe oben). Allgemein gilt:

>   Eröffnungsbestand (= Anfangsbestand)
> **+** Bestandsmehrungen (Wertzuflüsse)
> **–** Bestandsminderungen (Wertabflüsse)
>   Schlussbestand (= Endbestand)

Ermittlung der Schlussbestände

Saldieren, siehe Anhang Seite 106

Die Ermittlung der Schlussbestände (= Endbestände) erfolgt rechnerisch auf den Konten durch **Saldieren**. Die ermittelten Salden werden als Schlussbestand auf das Schlussbestandskonto übertragen.

Mehrungen (Zuflüsse)					Minderungen (Abflüsse)	
Soll		Vermögenskonto				Haben
Datum	Text	€	Datum		Text	€
	Eröffnungsbestand			– Abgänge (Wertabflüsse)		
	+ Zugänge (Wertzuflüsse)			Schlussbestand		

Minderungen (Abflüsse)					Mehrungen (Zuflüsse)	
Soll		Kapitalkonto				Haben
Datum	Text	€	Datum		Text	€
	– Abgänge (Wertabflüsse)			Eröffnungsbestand		
	Schlussbestand			+ Zugänge (Wertzuflüsse)		

Beispiel: Zusammenhang des Kontenabschlusses (verkürzte Darstellung)

Abschluss der Bestandskonten

Soll	Fahrzeuge		Haben		Soll	Eigenkapital		Haben
EB	70.000,00	–	15.000,00		SB	122.000,00	EB	122.000,00
+	30.000,00	SB	85.000,00			122.000,00		122.000,00
	100.000,00		100.000,00					

Soll	Geschäftsausstattung		Haben		Soll	Darlehen		Haben
EB	35.000,00	–	5.000,00		–	30.000,00	EB	150.000,00
+	15.000,00	SB	45.000,00		SB	120.000,00	–	50.000,00
	50.000,00		50.000,00			150.000,00		150.000,00

Soll	Forderungen		Haben		Soll	Verbindlichkeiten		Haben
EB	117.000,00	–	67.000,00		–	50.000,00	–	145.000,00
+	50.000,00	SB	100.000,00		SB	155.000,00	SB	60.000,00
	167.000,00		167.000,00			205.000,00		205.000,00

Aktiva	Schlussbestandskonto		Passiva
(Salden aus den Vermögenskonten)	€	(Salden aus den Kapitelkonten)	€
Fahrzeuge		Eigenkapital	
BGA		Darlehen	

Das betriebliche Informationssystem ist mit der Dokumentation der Wertströme (Geld- und Güterströme) und den damit verbundenen Bestandsveränderungen auf den (Bestands-)Konten aber nicht abgeschlossen. Neben die **Bestandsrechnung** tritt die Untersuchung, auf welche Weise der Erfolg des Unternehmens zustande gekommen ist und auf welche Weise der Erfolg beeinflusst werden kann. Die **Erfolgsrechnung** ergänzt mit der Erfassung der Leistungsströme das betriebliche Informationssystem zu einem umfassenden Instrument der Steuerung eines Unternehmens.

Buchung von Erfolgsvorgängen im betrieblichen Leistungsprozess, siehe Seite 160

Zusammenfassung

Vorbereitung der Finanzbuchhaltung: Vermögens- und Kapitalkonten			
Vermögenskonten	**Kapitalkonten**	**Eigenkapital**	**Fremdkapital**
Vermögenskonten führen die im Unternehmen vorhandenen Werte auf (z. B. Forderungen, Bank, Kasse). Bei allen Vermögenskonten stehen der Eröffnungsbestand und die Wertzuflüsse auf der Soll-Seite; auf der Haben-Seite der Vermögenskonten befinden sich die Wertabflüsse und der Schlussbestand.	Kapital dient zur Finanzierung des Vermögens. Dabei ist zwischen Eigenkapital und Fremdkapital zu unterscheiden. Bei allen Kapitalkonten stehen der Eröffnungsbestand und die Wertzuflüsse im Haben. Die Soll-Seite nimmt die Wertabflüsse und den Schlussbestand auf. Vermögens- und Kapitalkonten erfassen Wertströme und gehören zu den Bestandskonten. Das Bankkonto kann entweder ein Vermögens- oder ein Kapitalkonto sein.	Das Eigenkapitalkonto gibt wieder, welcher Anteil des Vermögens durch eigene Mittel des Unternehmers finanziert wurde.	Fremdkapitalkonten geben wieder, welcher Anteil des Vermögens durch geliehene Mittel finanziert wurde. Hierzu gehören z. B. Darlehen und Verbindlichkeiten.

	Vermögenskonto			Kapitalkonto	
Mehrungen		Minderungen	Minderungen		Mehrungen
Soll	**Vermögenskonto**	**Haben**	**Soll**	**Kapitalkonto**	**Haben**
Datum Text €	Datum Text €		Datum Text €	Datum Text €	
Eröffnungsbestand	Minderung des Vermögens		Minderung des Vermögens	Eröffnungsbestand	
Mehrung des Vermögens	Schlussbestand		Schlussbestand	Mehring des Kapitals	

2 Erkennen von Wertströmen im Unternehmen

➲ Lernsituation 2: Wertströme an der Geschäftskasse erfassen

2.1 Wertströme an der Geschäftskasse

Der **Umsatz aus dem Verkauf** von Fahrrädern, Textilien und Zubehör wird bei der Rosner GmbH zu einem großen Teil durch **Barverkäufe erzielt**. Sie werden an der **Geschäftskasse** erfasst und für Auswertungen gespeichert. Wenn Kunden mit Bargeld bezahlen, spricht man von **Bareinnahmen für das Unternehmen**.

Beispiel:
Eine Kundin hat sich nach einem intensiven Beratungsgespräch zum Kauf einer Windjacke zu einem Preis von 99,95 € entschieden. Der Verkäufer bittet sie zur Geschäftskasse. Dort erfasst der Verkäufer den Verkaufspreis der Windjacke, steckt sie in eine Verkaufstüte und überreicht sie der Kundin. Die Kundin zahlt dem Verkäufer den Verkaufspreis der Ware und der Verkäufer legt das Geld in die Geschäftskasse.

<small>Abwicklung eines Zug-um-Zug-Geschäfts (Kaufvertrag), siehe Informationshandbuch des 1. Ausbildungsjahres</small>

Dieser **Geschäftsfall** wiederholt sich mehrfach im Laufe des Tages. Unabhängig davon, welche Art von Waren über die Geschäftskasse verkauft werden, verursacht der **Warenverkauf an der Kasse** folgenden Ablauf (Prozess):

1. Ware wird aus dem Regal (Vorrat) entnommen und an den Kunden abgegeben und
2. Bargeld wird vom Kunden in Höhe des Kaufpreises angenommen.

Wie die Abbildung zeigt, löst der Verkauf von Waren bei der Rosner GmbH **zwei Wertströme** aus:
3. Einen **Güterstrom** → Abgang von Ware → Wertabfluss
4. Einen **Zahlungsstrom** → Zugang von Bargeld → Wertzufluss

Die Finanzbuchhaltung bildet den **Barverkauf von Waren** in der **Bestandrechnung** wie folgt ab:

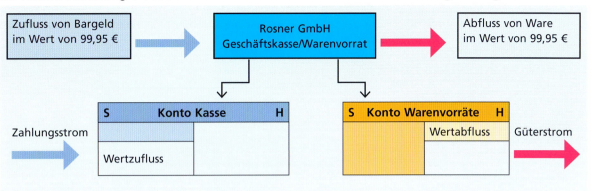

Erfassung von Warenverkäufen in der Erfolgsrechnung, siehe Seite 163

 Wertströme des Barverkaufs von Waren: Jeder Verkauf von Waren führt zu einem Wertabfluss (Bestandsminderung) auf dem Konto „Warenvorräte" (Güterstrom) und gleichzeitig zu einem Wertzufluss (Bestandsmehrung) auf dem Konto „Kasse" (Geldstrom).

Die Barverkäufe von Waren führen also als **Bareinnahmen** zu einem **Zugang an Geld** in der Geschäftskasse. Darüber hinaus werden aber auch Zahlungen des Unternehmens für Paketgebühren, für Aushilfskräfte (Büroreinigung) oder für kleine Einkäufe (Kaffee, Blumen usw.) über die Kasse abgewickelt. Hier spricht man von **Barausgaben**.

Die **Bareinnahmen** und **Barausgaben** werden heute in der Regel über **Elektronische Registrierkassen** erfasst und ausgewertet. Sie sind in der Lage, die gespeicherten Verkäufe nach verschiedenen Gesichtspunkten (Warengruppen, Zahlungsarten, Verkäufer) zusammenzufassen.

Finanzbericht

Die Leistungsfähigkeit von elektronischen Kassen führt bei hoher Artikelzahl schnell an eine Grenze für die Artikelverwaltung und die Auswertungsmöglichkeiten. Erst **Datenkassen** können praktisch eine unbegrenzte Zahl von Artikeln verwalten und ermöglichen jederzeit den Zugriff auf den Datenbestand, sodass zu gewünschten Zeiten der Kassenbestand abgefragt und statistisch erfasst werden kann.

Leistungsfähige elektronische (Daten-)Kassen sind in der Lage, eine Vielzahl von Abfragen und Berichten automatisch zu erstellen und auszudrucken. Der wichtigste Bericht ist der **Finanzbericht**, der angibt, welcher **Umsatz am Berichtstag** erzielt worden ist. Außerdem werden die Anzahl der Artikel und der Kunden sowie die Art der Kundenzahlung (bar, Kartenzahlung) ausgewiesen.

Muster eines Finanzberichts

Rosner GmbH Baaderstraße 120, 80469 München		Erläuterungen
Montag, 06.09.20(0)		*Wochentag/Datum*
Finanzbericht		*Art des Berichts*
Gesamtbetrag	1.269,83 €	*Umsatz des Tages*
Anzahl Artikel	84	*Anzahl der verkauften Artikel*
Anzahl Kunden	32	*Anzahl der Käufer*
Artikelzahl pro Kunde	2,6	*Gekaufte Artikel pro Kunde*
Umsatz pro Kunde	39,68 €	*Umsatz pro Kunde*
Barumsatz	885,20 €	*Verkäufe gegen Barzahlung*
Kundenzahl	23	*Barzahler*
Kartenzahlung	384,63 €	*Verkäufe gegen Karte*
Kundenzahl	9	*Kartenzahler*
Nr.	0212	*Nummer des Finanzberichts*
Zeit	19:05	*Erstellungszeit*

AO § 146 (1): Ordnungsvorschriften für die Buchführung und für Aufzeichnungen

Scannen = automatisches Erfassen eines Artikels über einen Bar-(Streifen-)Code

Kassenbericht

In der Rosner GmbH wird, ähnlich wie in Einzelhandelsgeschäften, am Ende eines Geschäftstages ein Kassenbericht erstellt. Darin werden alle Verkäufe des Tages, aber auch sonstige Einnahmen und Ausgaben, die über die Kasse abgewickelt wurden, festgehalten.

Mit einer elektronischen Kasse oder Datenkasse lässt sich der Kassenbericht automatisch erstellen, z.B. in Form eines Finanzberichts. Man kann aber auch einen handschriftlichen Kassenbericht anfertigen oder automatische und handschriftliche Aufzeichnungen miteinander kombinieren.

Am Ende des Geschäftstages geht man bei der **Kassenabrechnung** in **zwei Schritten** vor:

1. Das vorhandene Bargeld wird gezählt, das Wechselgeld sowie sonstige Einnahmen und Ausgaben des Tages werden hinzu- oder abgerechnet und man erhält somit die tatsächlichen Barverkäufe des Tages (Ist-Barverkäufe).
2. Der elektronische Kassenbericht wird ausgedruckt. Das Ergebnis sind die Barverkäufe, wie sie in die Kasse eingegeben oder eingescannt worden sind (Soll-Barverkäufe).

Der Vergleich der Ist- und Soll-Zahlen macht Unregelmäßigkeiten beim Kassieren sichtbar.

Kassendifferenzen

Trotz sorgsamster Kassenführung können Kassendifferenzen auftreten. Stimmen Soll-Bestand und Ist-Bestand bei der Kassenaufnahme nicht überein, liegt eine Unregelmäßigkeit beim Kassieren vor. Dabei kann es sich entweder um einen Kassenüberschuss oder um einen Kassenfehlbetrag handeln. Ein Überschuss liegt vor, wenn die Ist-Zahl höher liegt als die Soll-Zahl, weil einem Kunden etwa zu wenig Wechselgeld zurückgegeben wurde. Dann weist die Kasse höhere Barverkäufe aus, als tatsächlich in der Kasse registriert wurden. Bei einem Kassenfehlbetrag ist dem Kunden z.B. zu viel Wechselgeld zurückgegeben worden. In diesem Falle sind die Ist-Barverkäufe (ermittelt durch Zählen des Bargeldbestandes und Berücksichtigung weiterer Einnahmen und Ausgaben) niedriger als die im automatischen Bericht der Kasse ausgewiesenen Soll-Barverkäufe).

Kassenabschöpfung

Aus Sicherheitsgründen wird der Bargeldbestand in den Kassen immer niedrig gehalten. Deshalb entnimmt die Verkaufsberaterin an der Kasse in gewissen Abständen die meisten der eingenommenen Geldscheine, sodass in etwa nur noch das Wechselgeld verbleibt. Über den entnommenen Geldbetrag stellt man an der Kasse eine Quittung aus, die der abendlichen Kassenabrechnung beigefügt wird.

Kassenentnahme – Einzahlungsbeleg Bank	
Rosner GmbH Baaderstraße 120, 80469 München	
Kasse	Verkauf
Kreditinstitut	VB-Bank München IBAN: DE31 7022 0800 0305 6732 91 BIC: VBAGDEM1XXX
Betrag in €	2.000,00
Datum	25.06.20(0) 15:47 Uhr

Aufbau eines Kassenberichts

Der Kassenbericht hat die Aufgabe, die **Barverkäufe eines Tages** zu ermitteln.

 Barverkäufe: Alle Verkäufe von Waren und Dienstleistungen, z.B. Reparaturen, gegen Bargeld, die an einem Geschäftstag an der Kasse registriert werden, stellen die Barverkäufe eines Tages dar.

Barverkäufe lassen sich wie folgt berechnen: Ausgehend vom Kassenschlussbestand am Ende des Geschäftstages werden die aus der Kasse getätigten Ausgaben wieder hinzugerechnet, alle Einnahmen des Tages, die nicht aus Warenverkäufen entstanden sind, werden abgezogen. Diese Überlegungen ergeben folgendes Grundschema eines Kassenberichts:

Kassenbericht	€	Erläuterungen
Kassenschlussbestand	2.500,00	**Bestand an Bargeld** in der Kasse **zum Geschäftsschluss**
+ Ausgaben		Diese Ausgaben sind aus der Kasse bezahlt worden. Sie müssen rechnerisch rückgängig gemacht werden (durch Hinzurechnung), weil die Barverkäufe des Tages ermittelt werden sollen. Privatentnahmen sind Entnahmen des Geschäftsinhabers aus der Kasse. Zu den **sonstigen Ausgaben** zählen vor allem **die Kassenabschöpfungen**.
Wareneinkäufe	200,00	
Geschäftsausgaben	100,00	
Privatentnahmen	100,00	
Sonstige Ausgaben	2.000,00	
– Wechselgeld	200,00	Das Wechselgeld stammt vom Vortag, daher muss es vom heutigen Bestand abgezogen werden.
= Kasseneingang	4.700,00	Dieser Betrag ist im Laufe des Tages in die Kasse geflossen.
– Sonstige Einnahmen	100,00	Es handelt sich nicht um Einnahmen aus Barverkäufen, daher müssen sie vom Kasseneingang abgezogen werden.
= Barverkäufe des Tages	4.600,00	Einnahmen aus den Barverkäufen des Tages

Fasst man die Übersicht weiter zusammen, erhält man die Barverkäufe des Tages durch folgende Rechnung:

> Kassenschlussbestand
> \+ Ausgaben
> – Wechselgeld
> – Sonstige Einnahmen
> = Barverkäufe des Tages

2.2 Das Kassenkonto führen

2.2.1 Aufbau des Kassenkontos

Das Kassenkonto ist eine Gegenüberstellung von Einnahmen und Ausgaben. Es dient der Aufzeichnung aller Bargeldbewegungen. In der Grundform ähnelt das Konto einem „T", darum nennt man es auch T-Konto.

Eröffnungsbestand = Anfangsbestand

Konto in allgemeiner Form

Konten sind allgemein in Kopfzeilen und Textfelder gegliedert:

1. Kopfzeile	▎ Bezeichnung des Kontos, z. B. Kasse ▎ Linke Seite = Soll-Seite ▎ Rechte Seite = Haben-Seite Die Kontenseiten werden traditionell so bezeichnet; die Begriffe haben keine weitere Bedeutung.
2. Kopfzeile	Einteilung der Kontenseiten in die Spalten: Datum, Text, Betrag in €
Textfelder	In den Textfeldern der Soll- bzw. Haben-Seite werden die Geschäftsvorgänge nach Datum, Text und Betrag erfasst.

„Soll" heißt nur linke Seite, „Haben" bedeutet nur rechte Seite.

Das Konto Kasse nimmt auf der Soll-Seite die Einnahmen (Wertzufluss) auf. Alle Bargeldzugänge in der Kasse werden als Einnahmen festgehalten. Auf der Haben-Seite werden die Ausgaben (Wertabfluss) gebucht. Zieht man von den Einnahmen die Ausgaben ab (durch Saldieren), erhält man den Schlussbestand.

lt. KB = laut Kassenbuch

Beispiel: Kassenkonto (verkürzte Form)

Soll			Kasse		Haben
Datum	Text	€	Datum	Text	€
02.01.20(0)	Eröffnungsbestand	2.800,00	05.01.20(0)	Ausgaben lt. KB	8,00
04.01.20(0)	Barverkauf	18,00	05.01.20(0)	Ausgaben lt. KB	20,00
05.01.20(0)	Barverkauf	70,00	06.01.20(0)	Ausgaben lt. KB	30,00
05.01.20(0)	Barverkauf	15,00	06.01.20(0)	Bankeinzahlung	2.000,00
			06.01.20(0)	(Wochen-)Saldo	845,00
		2.903,00			2.903,00

Anmerkung: Aus Übungszwecken wird ein Wochenabschluss des Kontos durchgeführt.

2.2.2 Wertbewegungen auf dem Kassenkonto

Betrachtet man das oben stehende Konto genauer, lassen sich die Wertbewegungen (Geldströme) auf dem Konto wie folgt beschreiben:

Soll-Seite

Am 2. Januar 20(0) wird das Konto mit einem Bargeldbestand von 3.800,00 € eröffnet. Der Betrag stammt aus dem Vorjahr, weil am 2. Januar ein neues Geschäftsjahr begonnen wird. Der Eröffnungsbestand kann auch aus dem Vormonat oder der Vorwoche stammen, je nach dem Zeitraum, der betrachtet wird. Am 4. und 5. Januar 20(0) kommen drei Beträge durch Barverkäufe in die Kasse. Eröffnungsbestand und Zugänge betragen zusammen 2.903,00 € (= Kontosumme).

> Die Soll-Seite des Kassenkontos nimmt den **Eröffnungsbestand** und die **Wertzuflüsse** (Mehrungen) an Bargeld **(Einnahmen)** auf.

Haben-Seite

Am 5. Januar 20(0) sind 8,00 € und 20,00 € aus der Kasse bezahlt worden. Die Höhe der Ausgaben wurde dem Kassenbuch zum 5. Januar 20(0) entnommen. Aus dem Kassenbuch ist auch erkennbar, dass am 6. Januar eine Ausgabe in Höhe von 30,00 € für Kopierpapier vorgenommen wurde und weiter ein Betrag von 2.000,00 € aus der Kasse genommen (= Ausgabe) und zur Bank gebracht worden ist. Am 6. Januar wurde das Konto abgeschlossen. Die Differenz zwischen Einnahmen und Ausgaben beträgt 845,00 € (= Schlussbestand).

Dieser Schlussbestand ist der Eröffnungsbestand, wenn am 5. Januar das Konto „Kasse" wieder neu eröffnet wird.

Die Haben-Seite des Kassenkontos nimmt die Wertabflüsse (Minderungen) an Bargeld **(Ausgaben)** und den **Schlussbestand** auf.

Zwischensalden

Möchte man den täglichen Schlussbestand an Bargeld aus dem Konto ermitteln, ist eine Nebenrechnung erforderlich, weil man nicht jeden Tag das Kassenkonto abschließen und am nächsten Tag wieder eröffnen möchte. Konten werden im Regelfall für ein ganzes Geschäftsjahr geführt und zum 31. Dezember abgeschlossen.

Der Kassenschlussbestand für den 2. Januar 20(0) lässt sich z. B. folgendermaßen ermitteln:

Eröffnungsbestand	2.800,00 €
+ Barverkäufe	103,00 €
= Summe Einnahmen	2.903,00 €
– Ausgaben laut Kassenbuch	58,00 €
– Bankeinzahlung	2.000,00 €
= Schlussbestand	845,00 €

Der Schlussbestand des aktuellen Tages ist auch der Eröffnungsbestand des nächsten Tages:

2.3 Das Bankkonto führen

2.3.1 Aufbau des Bankkontos

Das Bankkonto gleicht in vielerlei Hinsicht dem Kassenkonto:

- Der Eröffnungsbestand steht auf der Soll-Seite.
- Dort werden auch die Mehrungen des Zahlungsmittelbestandes gebucht.
- Die Haben-Seite nimmt die Minderungen auf.
- Der Schlussbestand steht ebenfalls auf der Haben-Seite.

2.3.2 Wertbewegungen auf dem Bankkonto

Wird Bargeld auf dem Bankkonto eingezahlt, ist der Betrag auf der Soll-Seite des Bankkontos zu buchen, weil sich der Bestand an Zahlungsmitteln auf dem Bankkonto erhöht (Wertzufluss/Mehrung). Bezahlt der Unternehmer eine Rechnung des Lieferers mit einer Banküberweisung, verringert sich der Bestand auf dem Bankkonto; der Betrag ist demnach auf der Haben-Seite festzuhalten (Wertabfluss/Minderung).

Beispiel: Bankkonto (verkürzte Form)

Soll			Bank		Haben
Datum	Text	€	Datum	Text	€
02.01.20(0)	Eröffnungsbestand	20.000,00	02.01.20(0)	Überweisung Werbeanzeige	400,00
02.01.20(0)	Bareinzahlung/Kasse	3.800,00	02.01.20(0)	Überweisung Lief.-Rechn. 1244	12.000,00
03.01.20(0)	Bareinzahlung/Kasse	6.000,00	03.01.20(0)	Überweisung Versicherung	300,00
04.01.20(0)	Bareinzahlung/Kasse	4.800,00	03.01.20(0)	Überweisung Miete	3.000,00
			04.01.20(0)	Überweisung Lief.-Rechn. 1764	6.000,00
			04.01.20(0)	Schlussbestand	12.900,00
		34.600,00			34.600,00

Zusammenfassung

Wertströme im Unternehmen		
Wertströme an der Kasse		
Tageseinnahmen	Kassenbericht	Kassenkonto
Bezeichnet Wertströme aus dem Verkauf von Waren und Leistungen, die an der Kasse registriert wurden. Dazu zählen Verkäufe gegen Bargeld, Scheck und Kreditkarte (auch Tageserlös, Tageslosung).	Hat die Aufgabe, die Einnahmen (Wertzuflüsse) aus dem Verkauf von Waren und Leistungen, die über die Kasse abgewickelt werden, festzuhalten. Außerdem erfasst der Kassenbericht Ausgaben (Wertabflüsse), die im Laufe des Tages aus der Ladenkasse getätigt werden. Der Kassenschlussbestand stellt den Geldbestand dar, der übrig geblieben ist, nachdem verschiedene Zu-und Abflüsse in der Geschäftskasse stattgefunden haben. Die Verkäufe eines Tages lassen sich ermitteln, indem man dem Kassenschlussbestand die Ausgaben wieder hinzurechnet und das Wechselgeld abzieht.	Dient der Aufzeichnung der Wertströme aus dem Zufluss (Wertmehrung: Soll) bzw. Abfluss (Wertminderung: Haben) von Bargeld.
		Tägliche Kassenkontrolle
		Täglich muss die Kasse aufgenommen und kontrolliert werden. Das Ergebnis wird schriftlich festgehalten.
		Kassendifferenzen
		Beim Kassieren kann es zu Differenzen kommen. Diese werden ermittelt, indem der Ist-Bestand (vorhandenes Bargeld in der Kasse) mit dem Soll-Bestand (Bestände aufgrund von Belegen) verglichen wird.
Wertströme auf dem Bankkonto			
Bareinzahlungen/ -auszahlungen	Überweisungen	Kontoauszug	Bankkonto
Abschöpfungen an Bargeld aus der Kasse und Einlagen in die Kasse (z. B. Wechselgeld) führen zu Wertzuflüssen bzw. Wertabflüssen auf dem Bankkonto.	Anweisungen an die Bank, Geld an Zahlungsempfänger auf ein fremdes Bankkonto zu überweisen	Beleg für die Wertströme auf dem Bankkonto (Wertzuflüsse/Wertabflüsse) aus Überweisungen, Lastschriften und Einzug von Geld über das Bankkonto	Das Konto „Bank" dokumentiert die Wertströme aus Einzahlungen, Auszahlungen, Überweisungen usw., die über ein Bankinstitut abgewickelt werden. Die Wertzuflüsse werden auf der Soll-Seite und die Wertabflüsse auf der Haben-Seite gebucht.

3 Erfassung von Wertströmen auf der Grundlage von Belegen

➲ **Lernsituation 3: Wertströme auf der Grundlage von Belegen erfassen**

3.1 Belegarten

Die Finanzbuchhaltung unterscheidet zwei Belegarten:

- **Fremdbelege** werden durch die Kunden, Lieferer und die weiteren Geschäftspartner erstellt. Das sind z. B. Eingangsrechnungen, Kontoauszüge der Banken oder Gebührenbescheide.
- **Eigenbelege** werden durch das Unternehmen selbst erstellt. Das sind z. B. Ausgangsrechnungen, Quittungen, Gehaltslisten.

Beispiel: Eingangsrechnung

	Werbeagentur Langhans
Werbeagentur Langhans, Dachstraße 34 47055 Duisburg	Dachstraße 34 47055 Duisburg Telefon: 0203 606244 Fax: 0203 606243

Rosner GmbH
Baaderstraße 120
80469 München   EINGEGANGEN
       20.09.20(0)
  Rechnung geprüft:......KE.........	

	Datum: 17.09.20(0)
Leistung	**Betrag in €**
Werbekampagne Einführung Rennsportservice	2.300,00
Nettobetrag 19 % USt Rechnungsbetrag	2.300,00 437,00 2.737,00

3.2 Organisatorischer Ablauf der Belegbearbeitung

Die Bearbeitung der Buchungsbelege vollzieht sich in vier Schritten:

Aufbewahrungsfristen, siehe Seite 96

Schritt 1: Belegprüfung
Jeder Beleg muss auf seine sachliche und rechnerische Richtigkeit hin überprüft werden.

Schritt 2: Belegverwaltung
Alle angefallenen Belege werden nach Sachgebieten und innerhalb des Sachgebietes nach zeitlicher Reihenfolge geordnet. Sie werden dann mit dem Eingangsdatum abgestempelt, mit einer fortlaufenden Rechnungsnummer versehen und in einem Ordner (z. B. Ausgangsrechnungen) nach dem Datum ihrer Erstellung sortiert, abgeheftet und aufbewahrt.

Schritt 3: Kontierung
Jeder Beleg wird mit dem Kontierungsstempel versehen und kontiert, sodass man jederzeit erkennen kann, wie er verbucht worden ist.

Vorkontieren, siehe Seite 110

Schritt 4: Buchung des Belegs

- Im **Grundbuch**: Alle Geschäftsfälle (dokumentiert durch die Belege) werden in zeitlicher Reihenfolge in Form von Buchungssätzen im Grundbuch festgehalten.
- Im **Hauptbuch**: Das Grundbuch wird in das Hauptbuch (auf Sachkonten) übertragen. Die Höhe der Beträge auf den Konten (z.B. Kasse, Bank, Forderungen, Verbindlichkeiten) ist jederzeit ersichtlich.
- Auf **Personenkonten**: Für Kunden, die bei einem Unternehmen gegen Rechnung einkaufen, und für die Lieferer des Unternehmens werden gewöhnlich eigene Kundenkonten (Debitorenkonten) bzw. Liefererkonten (Kreditorenkonten) angelegt. Diese Personenkonten geben Auskunft über das individuelle Kaufverhalten der Kunden bzw. über das Bestellverhalten der Rosner GmbH bei den Lieferern.

Kunden- und Liefererkonten, siehe Seite 123 ff.

Ablauf

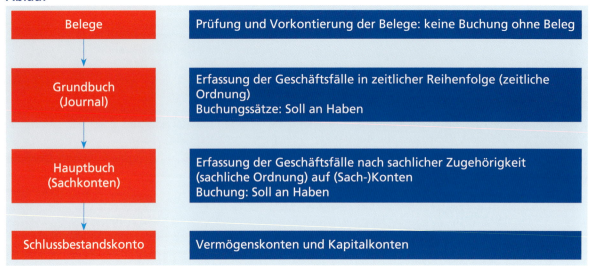

3.3 Vorkontierung von Belegen

Doppelte Buchführung, siehe Kapitel 3.4

Grundlage der Datenerfassung und -verarbeitung sind u. a. Belege wie Kundenaufträge, Eingangsrechnungen der Lieferer und Dienstleister (ER), Ausgangsrechnungen an Kunden (AR), Kontoauszüge von Banken oder Kundenschreiben. Diese Belege sind Informationsträger, die Auskunft über den Ablauf von Vorgängen (Geschäftsprozesse) innerhalb der Rosner GmbH und außerhalb des Unternehmens mit deren Geschäftspartnern geben. Die Geschäftsprozesse (Geschäftsfälle) verursachen Wertströme, die zu Veränderungen der Vermögens- und Kapitalbestände führen. Die Wertzugänge bzw. Wertabgänge werden auf Konten erfasst.

Über den Posteingang werden diese Belege den zuständigen Abteilungen (ggf. in Kopie) zugeleitet. Dort werden die für die Abteilung wichtigen Informationen erfasst und verarbeitet: Für die Abteilung Verkauf sind z. B. Kundendaten wie Adresse, Kommunikationsdaten usw. von Bedeutung, während für die Abteilung Rechnungswesen Zahlungstermine und Überweisungsbeträge wichtig sind.

Aus den Belegen werden die für das Rechnungswesen wichtigen Informationen entnommen und in der Buchung verarbeitet. Ohne diese Belege kann also keine Buchung erfolgen:

 Keine Buchung ohne Beleg!

Eine Vielzahl von diesen Belegen fällt in der Finanzbuchführung eines Unternehmens wie der Rosner GmbH im Laufe eines Geschäftsjahres an, z. B.:
- Eingangsrechnungen von Lieferern und Dienstleistern
- Ausgangsrechnungen an die Kunden für gelieferte Fahrräder
- Einzahlungsbelege für das Bankkonto
- Belege über Gehaltsabrechnungen
- Bankauszüge über verschiedene Abbuchungen vom Konto (Telefonrechnung, Energie, Verbandsbeiträge usw.)

Diese Belege werden geordnet abgelegt, damit man bei Bedarf darauf zurückgreifen kann. Auch das Finanzamt verlangt im Rahmen der Steuererklärung, dass die Belege beigefügt oder zumindest für eine Betriebsprüfung vorrätig gehalten werden.

Die Vielzahl der Belege verlangt eine bestimmte Systematik in der Ablage. So ist es z. B. üblich, die Papiere nach dem Datum und nach Sachgebieten (z. B. Ausgangsrechnungen, Eingangsrechnungen) zu ordnen. Darüber hinaus wird auf Buchungsbelegen vermerkt, wie sie buchungstechnisch behandelt worden sind. Das nennt man „Kontieren" eines Beleges.

 Die **Kontierung** gibt an, wer den genannten Betrag des Belegs wann auf welchen Konten festgehalten hat.

Beispiel:

Eine Quittung der VB Bank München (siehe unten) gibt darüber Auskunft, dass die Mitarbeiterin der Rosner GmbH, Frau Keller, Geld aus der Kasse genommen und es zur Bank gebracht hat, um es dort auf das Konto der Rosner GmbH einzuzahlen (Bankeinzahlung). Die Buchung ist von Frau Keller am 1. August 20(0) durchgeführt worden.

Der Kontierungsstempel wird auf den Beleg gedruckt und dann ausgefüllt.

Kontierungsstempel			
Kontierung			
Konten		Betrag in €	
Soll	Haben	Soll	Haben
Bank		3.000,00	
	Kasse		3.000,00
Gebucht am: 01.08.20(0)		von: Keller	

Quittung und Kontoauszug der VB Bank München

	BLZ	Konto-Nr.	erstellt am		
VB Bank München	70220800	305673291	05.09.20(0)		
05.09.20(0)	Bareinzahlung		3.000,00 €		
Rosner GmbH			BIC: VBAGDEM1XXX		
Baaderstraße 120, 80469 München			IBAN: DE31 7022 0800 0305 6732 91		

	BLZ	Konto-Nr.	erstellt am	Auszug	Blatt
VB Bank München	70220800	305673291	06.09.20(0)	36	1
BU-TAG	VORGANG		SALDO alt	60.000,00	+
05.09.20(0)	Bareinzahlung			3.000,00	+
			SALDO neu	63.000,00	+
Rosner GmbH			BIC: VBAGDEM1XXX		
Baaderstraße 120, 80469 München			IBAN: DE31 7022 0800 0305 6732 91		

Durch die Kontierung ist nachprüfbar, wie der Beleg gebucht wurde. Somit ist ein Vergleich mit den Buchungen auf den Konten möglich.

3.4 Doppelte Buchführung

Anhand des Kontierungsstempels wird deutlich, dass in der Buchführung jeder Vorgang (Geschäftsfall) doppelt gebucht wird: zunächst im Soll, dann im Haben. Deshalb spricht man auch von der doppelten Buchführung.

Auf den betreffenden Konten ergibt diese Kontierung später folgendes Bild:

Soll			Bank		Haben
Datum	Text	€	Datum	Text	€
25.06.	Bankeinzahlung	3.000,00			

Soll-Buchung

Soll			Kasse		Haben
Datum	Text	€	Datum	Text	€
			25.06.	Bankeinzahlung	3.000,00

Haben-Buchung

3.5 Buchungssatz

Die Frage, auf welchem Konto im Soll und auf welchem Konto im Haben zu buchen ist, ist für eine korrekte Buchführung von entscheidender Bedeutung. Das nachfolgend dargestellte Schema führt schrittweise zur Lösung dieser Frage. Das Ergebnis ist eine Anweisung, welcher Betrag auf welchem Konto im Soll und auf welchem Konto im Haben zu buchen ist. Diese Anweisung nennt man einen Buchungssatz.

> **Buchungssatz:** Anweisung, welcher Betrag auf welchem Konto im Soll und auf welchem Konto im Haben zu buchen ist

Es ist zu beachten, dass unbedingt zunächst die Soll-Buchung, dann die Haben-Buchung zu nennen ist.

> **Buchungsregel:** erst Soll, dann Haben

Beispiel:
Bankeinzahlung über 3.000,00 €

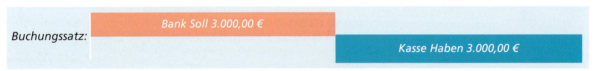

Schritte zum richtigen Buchungssatz

Jeder Buchhalter muss wissen, bei welchem Konto im Soll und bei welchem im Haben zu buchen ist. Um dies richtig zu entscheiden, müssen auf der Grundlage des jeweiligen Belegs, der alle wesentlichen Informationen über den zu buchenden Geschäftsvorgang enthält, folgende Fragen beantwortet werden:

> **Vier Schritte zum richtigen Buchungssatz**
> 1. Welche Konten werden durch den Geschäftsfall berührt?
> 2. Um welche Kontenart (Vermögens- oder Kapitalkonten) handelt es sich?
> 3. Wie verändern sich die Bestände der angesprochenen Konten (Bestandsmehrungen und/oder Bestandsminderungen)?
> 4. Auf welcher Kontoseite wird gebucht?

Auf den Vermögenskonten stehen Mehrungen (Wertzugänge) auf der Soll-Seite, Minderungen (Wertabgänge) auf der Haben-Seite. Auf den Kapitalkonten dagegen werden Kapitalmehrungen (Wertzugänge) auf der Haben-Seite und Kapitalminderungen (Wertabgänge) auf der Soll-Seite gebucht (siehe dazu: Eröffnung der Bestandskonten).

Soll	Vermögenskonto	Haben		Soll	Kapitalkonto	Haben
Eröffnungsbestand		Minderungen (Wertabgänge)		Minderungen (Wertabgänge)		Eröffnungsbestand
Mehrungen (Wertzugänge)		Schlussbestand		Schlussbestand		Mehrungen (Wertzugänge)

Beispiel: Banküberweisung eines Kunden über 4.000,00 €

	Konto 1	Konto 2
1. Welche Konten werden angesprochen?	Forderungen	Bank
2. Vermögens- oder Kapitalkonto?	Vermögenskonto	Vermögenskonto
3. Wertmehrung oder Wertminderung?	Wertminderung	Wertmehrung
4. Soll- oder Haben-Buchung?	Haben	Soll

Buchungssatz: **Bank Soll 4.000,00 €** an **Forderungen Haben 4.000,00 €**

Auf der folgenden Seite ist das Formular zur Entwicklung von Buchungssätzen aufgeführt. Es enthält denselben Geschäftsvorgang und stellt die sichere Abwicklung zur Bestimmung von Buchungssätzen. Dieses Formular kann als Tabelle geführt und zur Bearbeitung weiterer Geschäftsvorgänge bzw. Belege verwendet werden.

Schema zur Entwicklung von Buchungssätzen zum Beispiel Bankeinzahlung

Buchungsregel: Erst Soll | dann Haben | Erst Soll | dann Haben

Geschäftsfall Beleg (Nr.)	Welche Konten werden durch den Geschäftsfall angesprochen?	Um welche Kontenart handelt es sich?	Wie verändern sich die Kontobestände/-werte durch die Wertströme?	Auf welcher Kontoseite wird gebucht?	
				Soll	Haben
1 (Bankeinzahlung)	Kasse	Vermögenskonto	Minderung		x
	Bank	Vermögenskonto	Mehrung	x	

	Kontierung			
	Konten		Betrag	
	Soll	Haben	Soll	Haben
	Bank		3.000,00 €	
		Kasse		3.000,00 €

Belege werden in der Regel betriebsintern durchnummeriert.

Aus dem Beleg bzw. aus dem Geschäftsfall, der sich hinter dem Beleg verbirgt, ist erkennbar, welche Konten angesprochen werden müssen.

Beispiel:
Geld wird der Kasse entnommen und auf dem Bankkonto eingezahlt, also Kasse und Bank (die Reihenfolge spielt hier noch keine Rolle).

Es ist nach Vermögens- und Kapitalkonten zu unterscheiden.

Beispiel:
Kasse und Bank sind Vermögenskonten.

Die Art der Kontenbewegung ist zu bestimmen: Minderung oder Mehrung.

Beispiel:
Der Kasse wird Geld entnommen: Minderung. Auf dem Bankkonto wird Geld eingezahlt: Mehrung.

Aus der Kontenart (Vermögens- oder Kapitalkonto) und der Art der Kontobewegung (Mehrung oder Minderung) ergibt sich, ob im Soll oder Haben zu buchen ist.

Beispiel:
Kasse: Vermögenskonto, Minderung, Haben
Bank: Vermögenskonto, Mehrung, Soll

Für die Kontierung ist die Reihenfolge von größter Bedeutung. Hier ist zunächst festzuhalten, welches Konto die Soll-Buchung aufnimmt, dann ist das Konto zu nennen, auf dem im Haben gebucht wird.

Beispiel:
Soll-Buchung auf dem Bankkonto (Mehrung eines Vermögenskontos)
Haben-Buchung auf dem Konto Kasse (Minderung eines Vermögenskontos)

In den Betragspalten werden die Beträge genannt, die auf der Soll- bzw. Haben-Seite zu buchen sind. Die Reihenfolge (erst Soll, dann Haben) ist zu beachten. Letztlich muss das Kontenbild (Bank Soll/Kasse Haben) dem Betragsbild (Soll 3.000,00 €, Haben 3.000,00 €) entsprechen.

Beispiel:
Bank 3.000,00 € im Soll, Kasse 3.000,00 € im Haben

Einfacher Buchungssatz

Beim einfachen Buchungssatz löst ein Geschäftsfall Wertbewegungen auf zwei Konten aus, nämlich einmal im Soll und einmal im Haben.

Beispiel:
Geschäftsfall
Bankeinzahlung/Kassenabschöpfung über 3.000,00 €

Buchungssatz: Bank Soll 3.000,00 €   Kasse Haben 3.000,00 €

Kontierung

Konten		Betrag in €	
Soll	Haben	Soll	Haben
Bank		3.000,00	
	Kasse		3.000,00

Zusammengesetzter Buchungssatz

Beim zusammengesetzten Buchungssatz werden durch einen Geschäftsfall Wertbewegungen auf mindestens drei Konten hervorgerufen.

Beispiel:
Geschäftsfall
Der Kasse werden 3.000,00 € entnommen (Kassenabschöpfung). 2.000,00 € werden auf das Konto „Bank" eingezahlt, 1.000,00 € auf das Konto „Postbank".

Buchungssatz: Bank Soll 2.000,00 €
Postbank Soll 1.000,00   Kasse Haben 3.000,00 €

> Viele Betriebe haben mehr als ein Geschäftskonto.

Kontierung

Konten		Betrag in €	
Soll	Haben	Soll	Haben
Bank ①		② 2.000,00	
Postbank ③		④ 1.000,00	
	Kasse ⑤		⑥ 3.000,00

Die Reihenfolge des Eintrags in die Kontierungsfelder sollte sich nach dem Buchungssatz richten (siehe Kreiszahlen ① bis ⑥).

3.6 Buchungen im Grund- und Hauptbuch

3.6.1 Führung des Grundbuchs

Nachdem die Belege kontiert worden sind, werden sie in zeitlicher Reihenfolge sortiert und im Grundbuch festgehalten. Das Grundbuch dokumentiert demnach alle Geschäftsvorgänge eines Unternehmens, wie sie im Laufe eines Geschäftsjahres zeitlich nacheinander angefallen sind. Das Grundbuch ist wie ein Kontierungsstempel aufgebaut, allerdings ergänzt um eine Datumsspalte, eine Belegspalte und eine Spalte für den Buchungstext.

Beispiel: Grundbuch

Jahr 20(0)			Grundbuch			
Datum	Beleg	Buchungstext	Konten		Betrag in €	
			Soll	Haben	Soll	Haben
02.01.			Bank		3.000,00	
				Kasse		3.000,00
03.01.			Bank		2.000,00	
			Postbank		1.000,00	
				Kasse		3.000,00
usw.						
					Betragskontrolle	

Doppelte Buchführung, siehe Seite 111

Betragskontrolle

Sobald alle Geschäftsfälle im Grundbuch erfasst worden sind, ist es ratsam, in den Betragsspalten die Soll- und Haben-Beträge zu addieren. Da immer doppelt gebucht wird (Soll-Buchung + Haben-Buchung), müssen die Beträge der Soll- und Haben-Spalte übereinstimmen. Andernfalls liegt ein Buchungsfehler vor, der sofort korrigiert werden kann.

3.6.2 Buchungen im Hauptbuch

Einrichtung und Führung der Konten

Die Eintragungen des Grundbuches (zeitlich geordnet) werden auf Konten übertragen, die nach **sachlichen Gesichtspunkten** gebildet werden, z. B. die Konten „Kasse", „Bank", „Forderungen", „Eigenkapital", „Darlehen" usw. Alle **Vermögens- und Kapitalkonten**, die in der Eröffnungsbilanz als Bilanzposten aufgeführt oder darüber hinaus in einem Unternehmen notwendig sind, werden im Hauptbuch eingerichtet. Somit sind alle Geschäftsfälle eines Geschäftsjahres im Hauptbuch nach Sachbereichen erkennbar, z. B. alle Vorgänge, die Kassenbewegungen oder Bewegungen auf dem Bankkonto, die Höhe der Forderungen gegenüber Kunden oder die Höhe der Verbindlichkeiten gegenüber Lieferern betreffen. Weil die Buchungen im Hauptbuch nach sachlichen Gesichtspunkten gebildet werden, nennt man die Konten des Hauptbuches auch **Sachkonten**.

Grundbuch – Hauptbuch

Nachdem alle Geschäftsfälle im Grundbuch in **zeitlicher Reihenfolge** als Buchungen aufgelistet sind, muss sie der Buchhalter der Rosner GmbH anschließend auf die einzelnen **Sachkonten** übertragen. Eine zeitliche Auflistung der Buchungen im Grundbuch allein genügt nicht, vielmehr müssen die Geschäftsvorgänge auch in ihren sachlichen Auswirkungen dargestellt werden. Die Zuordnung der Buchungen nach **sachlichen Gesichtspunkten** gewährleistet, dass z. B. alle Barzahlungen nach ihrer sachlichen Zugehörigkeit auf dem Konto Kasse erfasst werden. Das Gleiche gilt für bargeldlose Zahlungsvorgänge. Sie gehören sachlich zusammen und werden daher auf dem Konto „Bank" gebucht. Das Gleiche gilt auch für die übrigen Konten des Hauptbuches. Nur durch die **sachliche Zuordnung** ist es möglich, **Informationen** über die Höhe des Bankguthabens, der ausstehenden Forderungen oder die Ausgaben für Lieferer usw. zu erhalten. So kann man im Hauptbuch im Gegensatz zum Grundbuch auf einen Blick erkennen, welche Beträge auf einem bestimmten Konto jeweils im Soll und im Haben gebucht wurden, d. h. wie viel z. B. auf das Bankkonto eingezahlt bzw. von ihm abgehoben wurde.

Beispiel:

Soll		Bank				Haben
Datum	Text	€	Datum	Text		€
01.07.	Eröffnungsbestand	4.000,00	01.07.	Verbindlichkeiten		1.500,00
02.07.	Kasse	3.800,00				
03.07.	Eigenkapital	4.000,00				

Soll		Kasse				Haben
Datum	Text	€	Datum	Text		€
01.07.	Eröffnungsbestand	4.000,00	02.07.	Bank		3.800,00

Soll		Eigenkapital				Haben
Datum	Text	€	Datum	Text		€
			01.07.	Eröffnungsbestand		10.000,00
			03.07.	Bank		4.000,00

Soll		Verbindlichkeiten				Haben
Datum	Text	€	Datum	Text		€
01.07.	Bank	1.500,00	02.07.	Einkauf von Waren		1.500,00

Eröffnung der Konten

Für die Führung eines Unternehmens ist ein gewisses Kapital erforderlich (Eigen-/Fremdkapital), das zur Finanzierung von Vermögenswerten verwendet wird. Diese Vermögens- und Schuldenwerte werden in der Bilanz am 31. Dezember 20(0) als Schlussbestände ausgewiesen und stellen gleichzeitig die Eröffnungsbestände für das folgende Jahr 20(+1) dar. Mit diesen Eröffnungsbeständen beginnt das Geschäftsjahr eines Unternehmens. Durch die Geschäftstätigkeit im Verlauf des Jahres verändern sich die Beträge. Am Ende des Geschäftsjahres verbleiben Schlussbestände auf den Vermögens- und Kapitalkonten, die wiederum die Eröffnungsbestände des Folgejahres bilden.

Beispiel:
Konto Forderungen
1. Am 1. Geschäftstag des Jahres (2. Januar 20(0)) wird das Konto mit 50.000,00 € eröffnet.
2. Im Laufe des Geschäftstages entstehen durch Verkäufe von Fahrrädern 2.400,00 € Forderungen gegenüber einem Kunden.
3. Am nächsten Tage entstehen weitere Forderungen von 4.100,00 € aus dem Verkauf von Fahrräder und Werkstattleistungen und ein Kunde bezahlt seine Rechnung über 2.600,00 €. Das setzt sich fort bis zum Schluss des Geschäftsjahres am 31. Dezember 20(0).
4. Am 31. Dezember 20(0) ergibt der Saldo auf dem Konto „Forderungen" einen Betrag von 44.000,00 €. Dies ist der Schlussbestand auf dem Konto „Forderungen" für das laufende Geschäftsjahr.
5. Im neuen Geschäftsjahr 20(+1) wird das Forderungskonto mit einem Bestand von 44.000,00 € eröffnet (= Schlussbestand aus dem Vorjahr).

Im Beispiel oben wäre das Konto „Forderungen" am 2. Januar 20(0) mit 50.000,00 € zu eröffnen. Im Laufe des Geschäftstages entstehen durch Verkäufe von Fahrrädern 2.400,00 € Forderungen usw.

Lernfeld 6 Wertströme erfassen und beurteilen

Mehrungen (Zuflüsse)   **Minderungen (Abflüsse)**

Soll			Forderungen		Haben
Datum	Text	€	Datum	Text	€
02.01.	Eröffnungsbestand	50.000,00	02.01.	Zahlung für AR Nr. 8901/20(0)	2.600,00
02.01.	AR Nr. 001/20(0)	2.400,00			
03.01.	AR Nr. 101/20(0)	4.100,00			

Übertragung von Grundbucheintragungen in das Hauptbuch

Die Übertragung der Grundbuchbuchungen auf die Konten des Hauptbuches erfolgt systematisch, Buchungssatz für Buchungssatz. Es gilt auch hier die Buchungsregel, dass zuerst die Soll-Buchung und sofort anschließend die Haben-Buchung eines Buchungssatzes durchgeführt werden muss. Am Beispiel der **Bankeinzahlung** soll dieser Vorgang deutlich gemacht werden.

Beispiel:

Jahr 20(0)			Grundbuch			
Datum	Beleg	Buchungstext	Konten		Betrag in €	
			Soll	Haben	Soll	Haben
02.01.			Bank		3.000,00	
				Kasse		3.000,00
				Betragskontrolle		

Zusammenfassung

Erfassen von Wertströmen auf der Grundlage von Belegen			
Belege	**Belegarten**		
	Fremdbelege	Eigenbelege	Eingangsrechnungen
Erfassen die Geschäftsprozesse eines Unternehmens; liefern Informationen über die Abwicklung der Prozesse und sind die Grundlage für die Erfassung von Wertveränderungen bei Vermögen und Kapital (Wertströme und Leistungsströme) aus diesen Prozessen	Werden durch die Kunden, Lieferer und die weiteren Geschäftspartner erstellt. Das sind z.B. Eingangsrechnungen, Kontoauszüge oder Gebührenbescheide.	Werden durch das Unternehmen selbst erstellt. Das sind z.B. Ausgangsrechnungen, Quittungen, Gehaltslisten.	Belegen Art und Umfang des Einkaufs von Waren und Dienstleistungen und die Höhe der Verbindlichkeit gegenüber dem Lieferer
	Ausgangsrechnungen	Kontoauszug	Quittung
	Belegen Art und Umfang des Verkaufs von Waren und Dienstleistungen und die Höhe der Forderung gegenüber dem Kunden	Weist die Zahlungseingänge aus Forderungen an Kunden und Zahlungsausgänge aus Verbindlichkeiten gegenüber Lieferern und anderen Schuldnern (z.B. Zinsen an Banken, Löhne an Mitarbeiter usw.) über das Bankkonto aus	Nachweis für eine Barzahlung über die Kasse

Belegbearbeitung
1. Belegprüfung: Überprüfung der sachlichen und rechnerischen Richtigkeit
2. Belegverwaltung: Belege werden nach Belegarten geordnet (Eingangsrechnungen, Ausgangsrechnungen, Kontoauszüge) mit dem Eingangsdatum abgestempelt und einer fortlaufenden Belegnummer versehen.
3. Kontierung: Die Belege werden mit einem Kontierungsstempel versehen und kontiert. Damit ist der Beleg für die spätere Buchung vorbereitet.
4. Buchung der Belege: Die Belege werden im Grundbuch, im Hauptbuch und auf Personenkonten (Debitoren/Kreditoren) gebucht.
5. Ablage der Belege: Nach der Buchung werden die Belege geordnet abgelegt und aufbewahrt.

Buchführungsgrundsatz	Kontierungsstempel	Grundbuch	Hauptbuch
In der Praxis gilt der Grundsatz: Keine Buchung ohne Belege.	Beim Kontieren wird mithilfe eines Stempelaufdrucks auf dem Beleg festgehalten, auf welchem Konto im Soll (Wertzufluss) und auf welchem Konto im Haben (Wertabfluss) gebucht werden muss → Buchungssatz: Soll an Haben	Alle Geschäftsfälle werden im Grundbuch (als Vorbereitung zur Buchung im Hauptbuch) gesammelt. Das Grundbuch nimmt alle Geschäftsfälle in zeitlicher Reihenfolge auf und gibt Auskunft über Soll-Buchungen (Wertzuflüsse) und Haben-Buchungen (Wertabflüsse).	Die Buchungssätze sind nach der Grundbucheintragung ins Hauptbuch zu übertragen. Das Hauptbuch enthält alle Konten, die ein Unternehmen zum Buchen benötigt. Die einzelnen Konten nehmen alle sachlich zusammengehörenden Geschäftsfälle auf.

4 Bearbeitung von Zahlungsvorgängen

⮕ **Lernsituation 4: Zahlungsströme überwachen: Forderungen und Verbindlichkeiten**

4.1 Kundenaufträge gegen Rechnung aufzeichnen: Forderungen

4.1.1 Ausgangsrechnungen an Kunden

Barverkäufe bilden in der Rosner GmbH einen wesentlichen Teil des Umsatzes. Es kommt aber auch vor, dass Kunden der Rosner GmbH einen Einkauf über eine Rechnung wünschen. Der in der Rechnung geforderte Betrag wird zu einem späteren Zeitpunkt (Zahlungstermin) von dem Kunden zum Ausgleich der Rechnung von seinem Bankkonto auf das Konto der Rosner GmbH überwiesen. Zu unterscheiden sind also:

- Barverkäufe
- Verkäufe gegen Rechnung

Ausgangsrechnung/Rechnungsformular

Den Anspruch auf die Bezahlung aus dem Verkauf von Fahrrädern, Textilien, Zubehör usw., aber auch der Reparaturleistungen der Werkstatt stellt die Rosner GmbH durch die Erstellung einer Rechnung (Ausgangsrechnung) klar.

Beispiel: Ausgangsrechnung

Rosner GmbH

Rosner GmbH, Baaderstraße 120, 80469 München

Sebastian Rolofs
Kaiserstraße 33
80801 München

Ihr Zeichen:
Ihre Nachricht:
Unser Zeichen:
Unsere Nachricht:

Name:
Telefon: 089 52067-537
Telefax: 089 50267-900
E-Mail: info@rosner.de

Datum: 07.10.20(0)

Rechnung		Nummer: 0001/20(0)	Kunden-Nr.: 24023	
Position	Menge	Bezeichnung	Einzelpreis €	Gesamtpreis €
01	1	Mountain Bike DR. Z. 2.29"	1.800,00	1.800,00
			Nettobetrag	1.800,00
			19 % USt	342,00
			Rechnungsbetrag	2.142,00

Zahlungsziel: sofort nach Erhalt ohne Abzug zahlbar

Geschäftsführer:
Heinz Rosner
HR: Amtsgericht München HRB 5646
USt-IdNr.: DE 953 736 836

Bankkonto: VB Bank München
IBAN: DE31 7022 0800 0305 6732 91
BIC: VBAGDEM1XXX

Die **Rechnung** gibt dem Kunden vor allem **Auskunft über die Zusammensetzung des Preises.** Auf der Rechnung ist in der Regel auch vermerkt, in welchem Zeitraum der Rechnungsbetrag zu bezahlen ist. Der Zeitraum beginnt mit Zugang der Rechnung. Rechnungen sind notwendige Belege für das Rechnungswesen; sie dienen aber auch als **Nachweis gegenüber dem Finanzamt** über die erbrachte Leistung.

Darüber hinaus kann eine Rechnung noch zahlreiche andere Informationen enthalten, die mit dem Verkauf aus dem Verkaufsprogramm der Rosner GmbH in Verbindung stehen, z. B. eine Kundennummer, Hinweise zu Zahlungsbedingungen u. Ä.

Rechnungen, die ein Unternehmen wie die Rosner GmbH dem Kunden übergibt oder zusendet, nennt man Ausgangsrechnungen (AR), da sie aus dem Betrieb „herausgehen". Ausgangsrechnungen erhalten zur organisatorischen Bearbeitung und zur Überwachung der Zahlungseingänge eine fortlaufende Rechnungsnummer.

> **Ausgangsrechnungen (AR)** = Rechnungen an Kunden

Forderungen

Im Gegensatz zur Abwicklung eines Kundenauftrags gegen Barzahlung, bei dem der Kunde sofort beim Verkauf der Ware bzw. der Erfüllung der Werkstattleistung bezahlt, muss der Kunde bei der Abwicklung eines Auftrags gegen Rechnung nicht unmittelbar nach dem Kauf bzw. der Erfüllung der Werkstattleistung bezahlen: Dem Kunden wird eine Zahlungsfrist (Zahlungsziel) eingeräumt. Darum spricht man bei Verkäufen von Dienstleistungen gegen Rechnung auch von Zielverkäufen oder Kreditverkäufen.

> **Barverkauf:** Der Kunde bezahlt seine Leistung bzw. Ware sofort.
> **Ziel- oder Kreditverkauf:** Dem Kunden wird eine Zahlungsfrist (ein Zahlungsziel) eingeräumt.

Durch den Verkauf gegen Rechnung entsteht für das Unternehmen eine Forderung an den Kunden. Der Kunde ist verpflichtet, den Rechnungsbetrag innerhalb der vereinbarten Frist, z. B. innerhalb von 30 Tagen, zu begleichen. Somit stellen Forderungen zukünftige Einnahmen des Unternehmens für Verkäufe von Waren und Leistungen dar.

> **Forderungen:** zukünftige Einnahmen eines Unternehmens

Über die noch ausstehende Zahlung hat das Unternehmen aus Kontrollgründen Buch zu führen.

Umsatz
Verkäufe von Waren und die Dienstleistungen der Werkstatt der Rosner GmbH gegen Rechnung (Zielverkäufe) zählen neben den Baraufträgen (Barverkauf von Waren und Leistungen) und den Verkäufen gegen Bankscheck oder Banklastschriften zum Umsatz eines Unternehmens, weil in allen Fällen Verkäufe von Waren und Dienstleistungen der Werkstatt stattgefunden haben.

4.1.2 Konto Forderungen
Die Ansprüche (= Forderungen) der Rosner GmbH an ihre Kunden werden mit der Rechnungserstellung auf dem Konto „Forderungen" erfasst. Das Konto hat die Aufgabe, jederzeit Auskunft über die Höhe der Kreditverkäufe (Umsatz) und der noch ausstehenden Kundenzahlungen zu geben. Das Konto wird als Vermögenskonto geführt. Der Bestand an Forderungen zu Beginn der Abrechnungsperiode (z.B. Geschäftsjahr) ist als Eröffnungsbestand aus der Eröffnungsbilanz zu entnehmen. Die Forderungen an die Kunden (= Rechnungsbeträge der Ausgangsrechnung) werden auf der Soll-Seite und die Zahlungseingänge (= Rechnungsausgleich) im Haben des Kontos „Forderungen" gebucht. Der Schlussbestand wird durch Saldieren der Soll-Seite und der Haben-Seite des Kontos „Forderungen" ermittelt.

Siehe Einrichtung einer Finanzbuchhaltung: Wertströme auf Bestandskonten buchen, Seite 97

Wertströme eines Kundenauftrags gegen Rechnung

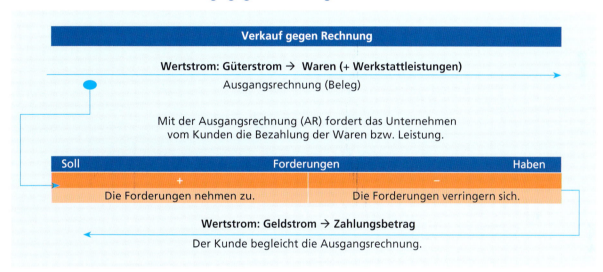

4.1.3 Kontenbewegungen
Auf dem Konto „Forderungen" werden alle Zielverkäufe und alle Zahlungen zum Ausgleich von offenen Rechnungen festgehalten.

Beispiel:
Im Regelfall wird der Kunde seine Bank beauftragen, den Rechnungsbetrag auf das Konto der Rosner GmbH zu überweisen.
Der Betrag wird demnach dem Bankkonto des Unternehmens gutgeschrieben. Gleichzeitig verringern sich die Forderungen des Unternehmens gegenüber dem Kunden.
Stellt man diesen Geschäftsfall auf Konten dar, ergibt sich für die Wertströme aus dem Geschäftsfall folgendes Bild:

Zahler:	Radstudio Sonnenhofen
Empfänger:	Rosner GmbH
Gelieferte Leistung:	3 Stück Rennrad-Laufsätze CXP
Lieferscheinnummer:	344
Rechnungsnummer:	275/20(0)
Betrag:	559,30 €

① Schlussbestand aus dem Vormonat
② Geld aus der Geschäftskasse (Kassenabschöpfung)
③ Mietzahlung durch Banküberweisung
④ Ausgleich einer Liefererrechnung

Mehrungen (Zuflüsse)   **Minderungen (Abflüsse)**

Soll			Bank		Haben
Datum	Text	€	Datum	Text	€
01.11.	Eröffnungsbestand ①	45.476,00	01.11.	Miete ③	4.200,00
02.11.	Bareinzahlung ②	4.370,00	03.11.	Eingangsrechnung ER 544/02 ④	18.450,00
03.11.	Überweisung (AR 240)	3.624,00	05.11.	Eingangsrechnung ER 537/02	22.375,00
03.11.	Bareinzahlung	4.988,00		usw.	
05.11.	Bareinzahlung	3.298,00			
06.11.	Bareinzahlung	3.565,00			
07.11.	Überweisung (AR 245) ⑤	559,30			
	usw.				

⑤ Die Banküberweisung des Kunden Radstudio Sonnenhofen vermehrt den Bestand auf dem Bankkonto um 559,30 €. Wertzugänge werden auf einem Vermögenskonto im Soll gebucht.

⑥ Es stehen noch mehrere Rechnungen der Rosner GmbH an den Kunden Radstudio Sonnenhofen offen. (siehe Kundenkonto unten auf Seite 123) Die Rechnung über 559,30 € hat er nun bezahlt. Die Forderungen der Rosner GmbH gegen diesen Kunden verringern sich um diesen Betrag. Minderungen auf einem Vermögenskonto werden im Haben gebucht.

Mehrungen (Zuflüsse)   **Minderungen (Abflüsse)**

Soll			Forderungen		Haben
Datum	Text	€	Datum	Text	€
01.11. ⑦	Eröffnungsbestand	34.710,00	01.11.	Banküberweisung (AR Nr. 240)	3.624,00
05.11. ⑧	AR Nr. 252	670,50	03.11.	Banküberweisung (AR Nr. 241)	8.265,00
10.11.	AR Nr. 253	1.490,00	05.11.	Banküberweisung (AR Nr. 245) ⑥	559,30
16.11.	AR Nr. 254	2.566,00		Kasse (AR Nr. 242) ⑨	346,50
19.11.	AR Nr. 255	780,00		Kasse (AR Nr. 243)	450,00
20.11.	AR Nr. 256	950,00		Banküberweisung (AR Nr. 246)	7.140,00
22.11.	AR Nr. 257	344,00		Banküberweisung (AR Nr. 247)	6.700,00
24.11.	AR Nr. 258	5.795,00		Banküberweisung (AR Nr. 249)	3.288,50
26.11.	AR Nr. 259	285,00		Banküberweisung (AR Nr. 248) ⑩	2.465,00
30.11.	AR Nr. 260	3.455,00		Schlussbestand ⑪	18.207,20
		51.045,50			51.045,50

⑦ Der Eröffnungsbestand gibt die unbezahlten Rechnungen aus den Vormonaten wieder. Das sind Rechnungen, bei denen die eingeräumte Zahlungsfrist (im Beispiel 30 Tage) noch nicht abgelaufen ist. Eventuell haben Kunden es aber auch versäumt, ihre Rechnungen zu begleichen.

⑧ Alle Verkäufe gegen Rechnung werden auf dem Konto „Forderungen" festgehalten. Die Ausgangsrechnungen (AR) werden durchgehend nummeriert.

⑨ Gelegentlich zahlen Kunden ihre Rechnungen auch bar an der Kasse im Unternehmen Rosner GmbH.

⑩ Im Laufe des Novembers zahlen die Kunden, die ihre Rechnung im Monat Oktober erhalten haben.

⑪ Der Schlussbestand gibt an, in welcher Höhe noch unbezahlte Rechnungen vorliegen. Der Schlussbestand ist der Eröffnungsbestand des nächsten Monats.

4.1.4 Kundenkonto (Debitorenkonto)

Durch den Verkauf von Fahrrädern und sonstiger Waren aus dem Sortiment der Rosner GmbH hat das Unternehmen zwar einen **Anspruch** auf das vereinbarte Entgelt erworben. Das Unternehmen muss allerdings darauf achten, dass seine Kunden auch rechtzeitig bezahlen. Daher hält es alle Verkäufe gegen Rechnung und die Zahlungen eines jeden Kunden auf einem besonderen **Kundenkonto** fest.

Kundenkonto = Aufzeichnung aller Leistungsverkäufe und Zahlungen eines Kunden.

Mithilfe des Kundenkontos kann ein Unternehmen jederzeit folgende Fragen beantworten:
- Für wie viel Euro hat der Kunde in der Vergangenheit Waren oder Leistungen eingekauft?
- Hat er seine Rechnungen pünktlich beglichen?
- In welcher Höhe bestehen noch Forderungen an den Kunden?

Liefererkonto, siehe Seite 126

Kundenkonten werden auch **Personenkonten** genannt, weil sie für eine bestimmte Person (natürliche oder juristische) geführt werden.

Sachkonten, siehe Seite 116

Die Kunden **schulden** dem Unternehmen die **Zahlung für erbrachte Leistungen**. Man bezeichnet die Kunden daher auch als Debitoren (lat. „debet" = er schuldet). Die Konten, auf denen die Forderungen an Kunden aufgezeichnet werden, nennt man folglich **Debitorenkonten**. Mithilfe DV-gestützter Buchführungsprogramme lässt sich jederzeit feststellen, welche Kunden die Forderungen noch nicht ausgeglichen haben. Dazu erstellen geeignete DV-Programme sogenannte **Offene-Posten-Listen**, die ausstehende Kundenzahlungen ausweisen. Diese Form der Aufzeichnung wird auch Offene-Posten-Buchführung genannt.

ERP-Software und Kundenkonten, siehe Informationshandbuch des 1. Ausbildungsjahres, LF 3.

Form von Kundenkonten

In der Regel werden die Konten in der Schule als T-Konto dargestellt. Diese Form ist für den Gebrauch in der Schule besser geeignet, weil sie übersichtlicher ist als das in der Praxis übliche Staffelkonto.

Stammdaten = Angaben, die sich nicht oder nur selten verändern

Beim Staffelkonto werden die Eintragungen nach dem Buchungsdatum geordnet untereinander gebucht und nur die Beträge der linken (Soll-) oder rechten (Haben-)Seite zugeordnet.

Bewegungsdaten = Daten, die sich laufend verändern

Beispiel: Kundenkonto (als Staffelkonto)
Im Kopf des Kontos werden die Stammdaten des Kunden festgehalten (Adresse, Kundennummer, Bankverbindung u. Ä.). Die Stammdaten können aus der ERP-Software über die zentrale Datenbank abgerufen werden. Der Rumpf nimmt die Bewegungsdaten auf, die sich aus der laufenden Geschäftsbeziehung mit dem Kunden ergeben (Verkäufe und Zahlungen).

Kundenkonto

Firma/Name	Radsportclub MRC 90		Jahr	20(0)
Ansprechpartner	Herr Hemmers		Kunden-Nr.:	D 24055
Straße	Auenstraße 45,	USt-IdNr.	DE 827 898 843	
Ort	80469 München	HR	Amtsgericht München HRB-Nr. 5685	
Telefon	089 80108	Bank	Bankhaus Herschel	
Fax	089 8017507	BIC	CHDBDEHHXXX	
E-Mail	info.radsport-mrc.de	IBAN	DE89 7003 0300 0000 2155 57	
Internet	www.radsport-mrc.de			

Datum	Text	Soll	Haben
01.10.20(0)	Eröffnungsbestand	3.470,00	
03.10.20(0)	Ausgangsrechnung Nr. 239/20(0)	355,00	
05.10.20(0)	Zahlungseingang Rechnung Nr. 188/20(0)		1.470,00
08.10.20(0)	Zahlungseingang Rechnung Nr. 205/20(0)		2.000,00
08.10.20(0)	Ausgangsrechnung Nr. 245/20(0)	144,00	
17.10.20(0)	Ausgangsrechnung Nr. 248/20(0)	2.465,00	
31.10.20(0)	Schlussbestand (Saldo)		2.964,00
		6.434,00	6.434,00

Der **Eröffnungsbestand** steht in der Soll-Spalte des Kundenkontos. Er fasst alle bisher noch nicht bezahlten Lieferungen an den Kunden in einer Summe zusammen. Auch neue Lieferungen (Mehrungen) stehen in dieser Spalte des Kontos. Bezahlt der Kunde eine Rechnung, verringern sich die Ansprüche (Forderungen) des Unternehmens gegenüber diesem Kunden. Die Zahlung wird in der Haben-Spalte eingetragen.

Abrechnungszeit-
räume:
- wöchentlich
- monatlich
- vierteljährlich (pro Quartal)
- jährlich

Der **Schlussbestand** wird nicht täglich ermittelt, sondern durch Saldieren erst am Ende eines Abrechnungszeitraums (z. B. am Ende einer Woche/eines Monats/eines Vierteljahres). Der Schlussbestand wird auf der Haben-Seite eingetragen; er gleicht die beiden Kontenseiten betragsmäßig aus. Im Konto oben wird ein Monatsabschluss sichtbar. Der Schlussbestand eines Abrechnungszeitraums wird auf den nächsten Zeitraum vorgetragen. Er wird in dem Kundenkonto des folgenden Abrechnungszeitraums zum Eröffnungsbestand (hier 2.964,00 €).

Beispiel:

Kundenkonto

Firma/Name	Radsportclub MRC 90	Jahr	20(0)

Internet	www.radsport-mrc.de		
Datum	Text	Soll	Haben
01.11.20(0)	Eröffnungsbestand	2.964,00	
	usw.		

Offene-Posten-Liste Kunden

Die von den Kunden noch nicht bezahlten Rechnungen werden nach Kundennamen geordnet und mit den noch offenen Beträgen (offene Posten) in einer Liste ausgewiesen. Außerdem gibt die Liste Auskunft über die Fälligkeit der Zahlung und ggf. weitere Informationen, z. B. ob der Kunde gemahnt wurde.

Beispiel:

Offene-Posten-Liste Kunden		Zeit: 10:32:46			Datum 31.07.20(0)	
Name	Rechnungs-nummer	Rechnungs-datum	Betrag		Fälligkeit	Mahnung
			Soll	Haben	Datum	
Radsport MRC	147/20(0)	10.07.20(0)	3.320,00		10.08.20(0)	
City Bike	079/20(0)	16.07.20(0)	1.610,00		16.08.20(0)	

4.2 Aufträge an Lieferer gegen Rechnung: Verbindlichkeiten

Verkäufe gegen Rechnung, siehe Seite 119

4.2.1 Eingangsrechnungen von Lieferern (ER)

Bei der **Auftragsabwicklung** nimmt die Rosner GmbH eine Reihe von **Leistungen von fremden Unternehmen**, insbesondere von Lieferern der Fahrräder, Ersatzteile, Textilien usw., Versicherungen, Versorgungsunternehmen, Einzelhändlern usw., in Anspruch und tritt mit dem Einkauf dieser Leistungen gegenüber dem Kunden in **Vorleistung**. Über den Einkauf (Beschaffung) von Materialvorräten, Dienstleistungen, Einrichtungsgegenständen und vielem anderen mehr erhält die Rosner GmbH gewöhnlich eine **Rechnung über die gelieferten Leistungen**.

Die Beziehungen zwischen dem Unternehmen und seinem Lieferer sind mit dem Verhältnis des Unternehmens zu seinem Kunden vergleichbar, wenn das Unternehmen Leistungen gegen Rechnung verkauft.

Eingangsrechnung (ER)

Den **Anspruch auf Bezahlung** der Vorleistungen stellen die Lieferer oder Dienstleister durch die Erstellung einer Rechnung an die Rosner GmbH klar. Diesen Rechtsanspruch nennt man **Verbindlichkeit**. Die Rechnung gibt dem Unternehmen die Möglichkeit, sich über die Zusammensetzung des Preises und der Leistungen zu informieren. Die Rechnung weist aber auch aus, in welchem Zeitraum der **Rechnungsbetrag** zu bezahlen ist. Der Zeitraum beginnt mit dem **Rechnungsdatum**. Rechnungen sind notwendige Belege für das Rechnungswesen; sie dienen aber auch als Nachweis gegenüber dem Finanzamt über die verbrauchte Leistung.

Beispiel: Eingangsrechnung

Capius Bicycles GmbH

Capius Bicycles GmbH, Overbeckstraße 22, 01139 Dresden

Rosner GmbH
Baaderstraße 120
80469 München

Ihr Zeichen: DEG
Ihre Nachricht: 13.05.20(0)
Unser Zeichen:
Unsere Nachricht:

Name: Denis Ganther
Telefon: 0351 42340
Telefax: 0351 42355
E-Mail: capius@versanet.de

Datum: 15.05.20(0)

Rechnung		Nummer: 53186/20(0)	Kunden-Nr.: 169014	
Position	Menge	Bezeichnung	Einzelpreis €	Gesamtpreis €
01	20	Art. Nr. 7249 Rennrad-Reifen Grand Prix Attack II	31,25	625,00
01	10	Art. Nr. 7249 Treckking-Reifen Country Plus Reflex	25,70	257,00
01	10	Art. Nr. 7249 MTB-Reifen X-King	17,80	178,00
			Nettobetrag	1.060,00
			19 % USt	201,40
			Rechnungsbetrag	1.261,40

Zahlungsziel: Die Rechnungssumme ist fällig mit Zugang dieser Rechnung, spätestens am 25.05.20(0)

Geschäftsführer:
Samuel Caparius
HR: Amtsgericht Bremen HRB 6646
USt-IdNr.: DE 785 736 836

DKK Dresden
IBAN: DE77 8504 0000 0023 6870 00
BIC: MARKDEF1850

Darüber hinaus kann die Rechnung noch zahlreiche weitere Informationen enthalten, die mit dem Einkauf von Vorleistungen (fremden Leistungen) in Verbindung stehen (z. B. Bankverbindungen).

Rechnungen, die ein Unternehmen erhält, nennt man **Eingangsrechnungen (ER)**, weil sie in das Unternehmen „hineinkommen". Eingangsrechnungen erhalten zur organisatorischen Bearbeitung und zur Überwachung der Zahlungsausgänge eine unternehmenseigene fortlaufende **Rechnungsnummer** und einen **Eingangsstempel** mit dem Tagesdatum des Eingangs.

 Eingangsrechnungen (ER) = Rechnungen von Lieferern und Dienstleistern

Das Unternehmen muss die Verbindlichkeiten gegenüber Lieferern gewöhnlich nicht sofort begleichen. Lieferer gewähren dem Unternehmen häufig eine Frist, um Rechnungen zu bezahlen. Üblich sind Fristen von 30 oder 60 Tagen. Das bedeutet, der Lieferer finanziert den Einkauf des Unternehmens bis zur Bezahlung der Rechnung. Er stellt dem Unternehmen damit Kapital zur Finanzierung des Vermögens zur Verfügung. Da das Kapital von außen kommt, handelt es sich um Fremdkapital. Wegen der relativ kurzen Fälligkeit von Verbindlichkeiten spricht man von **kurzfristigem Fremdkapital**.

Weil der Lieferer Ware liefert, auf die Bezahlung aber wartet, spricht man auch vom Lieferantenkredit.

4.2.2 Konto „Verbindlichkeiten"

Die Rosner GmbH erhält für jeden Einkauf von fremden Leistungen eine Rechnung (ER). Bis zu deren Bezahlung hat das Unternehmen Schulden bei den Lieferern und Dienstleistern. Im kaufmännischen Sprachgebrauch bezeichnet man diese Schulden als Verbindlichkeiten. Verbindlichkeiten sind für das Unternehmen kurzfristiges Fremdkapital und werden daher auf dem Kapitalkonto „Verbindlichkeiten" erfasst.

Man bucht die Mehrungen (wenn Waren bei einem Lieferer eingekauft werden) als Wertzugang auf der Haben-Seite und die Minderungen (wenn z. B. eine Liefererrechnung bezahlt wird) als Wertabgang auf der Soll-Seite.

Beispiel: Ergänzungslieferung von Spezialreifen für die Werkstatt
*Die Rosner GmbH kauft beim Lieferer Capius Bicycles GmbH weitere Spezialreifen im Wert von 1.500,00 €
gegen Rechnung ein (①: Wertstrom → Güterstrom). Der Vorrat an Spezialreifen steigt damit auf 6.700,00 €.
Allerdings schuldet das Unternehmen dem Lieferer die Zahlung. Das Konto „Verbindlichkeiten" weist daher
1.500,00 € im Haben aus, weil sich der Bestand (Wert) an Schulden vermehrt hat.*

Diese Liefererrechnung über 1.500,00 € wird am 12. Juli 20(0) durch eine Überweisung vom Bankkonto der Rosner GmbH beglichen (②: Wertstrom → Zahlungsstrom). Das bedeutet, auf dem Konto „Verbindlichkeiten" ist im Soll zu buchen, weil sich der Wert der Verbindlichkeiten vermindert und Minderungen auf einem Kapitalkonto auf der Soll-Seite stehen. Die Verbindlichkeiten sind damit ausgeglichen (Bestand: 0,00 €). Auch der Wert auf dem Konto „Bank" vermindert sich. Da es sich dabei aber um ein Vermögenskonto handelt, ist die Verringerung des Bestandes an Zahlungsmitteln auf dem Bankkonto als Wertminderung im Haben zu buchen.

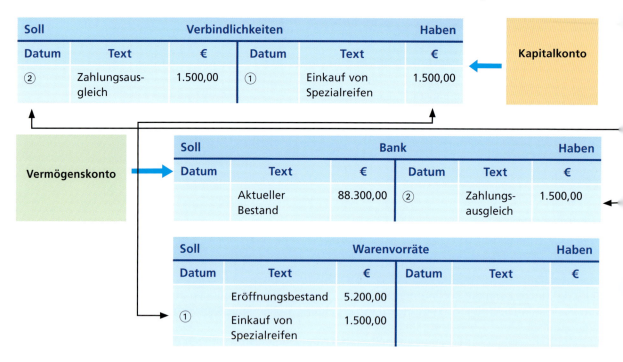

4.2.3 Liefererkonto (Kreditorenkonten)
So wie für Kunden, die gegen Rechnung kaufen, Kundenkonten geführt werden, ist es üblich, individuelle Konten der Lieferer anzulegen (Liefererkonto), damit man jederzeit einen Überblick über den Bestellumfang und ausstehende Zahlungen hat (Lieferekonto auf der folgenden Seite).

Beispiel:

Liefererkonto				
Firma/Name	Capius Bicycles GmbH		Jahr	20(0)
Ansprechpartner	Herr Schmelzer		Lieferer-Nr.:	K 44068
Straße	Overbeckstraße 22	USt-IdNr.	DE 827 898 843	
Ort	01139 Dresden	HR	Amtsgericht Dresden HRB-Nr. 1685	
Telefon	0351 42340	Bank	DKK Dresden	
Fax	0351 42355	BIC	MARKDEF1850	
E-Mail	capius@versanet.de	IBAN	DE77 8504 0000 0023 6870 00	
Internet	www.capius.de			
Datum	**Text**		**Soll**	**Haben**
01.10.20(0)	Eröffnungsbestand		1.470,00	
03.10.20(0)	Ausgangsrechnung Nr. 239/20(0)		255,00	
05.10.20(0)	Zahlungseingang Rechnung Nr. 188/20(0)			1.470,00
08.10.20(0)	Zahlungseingang Rechnung Nr. 205/20(0)			1.560,00
08.10.20(0)	Ausgangsrechnung Nr. 245/20(0)		1.144,00	
17.10.20(0)	Ausgangsrechnung Nr. 248/20(0)		1.465,00	
31.10.20(0)	Schlussbestand (Saldo)			1.304,00
			4.334,00	4.334,00

Da sich Liefererkonten wie Kapitalkonten bewegen, steht der **Eröffnungsbestand** in der Haben-Spalte des Liefererkontos. Er fasst alle bisher noch nicht bezahlten Warensendungen des Lieferers in einer Summe zusammen. Auch neue Lieferungen (Mehrungen) stehen in dieser Spalte des Kontos.

Sobald die Rosner GmbH eine Liefererrechnung bezahlt, verringern sich die Zahlungsverpflichtungen (Verbindlichkeiten) gegenüber diesem Lieferer. Das Unternehmen trägt die Zahlung in der Soll-Spalte ein (Minderungen).

Der **Schlussbestand** wird auf der Soll-Seite eingetragen; er gleicht die beiden Kontenseiten betragsmäßig aus. Der Schlussbestand eines Abrechnungszeitraums wird auf den nächsten Zeitraum vorgetragen. Er wird in dem Liefererkonto des folgenden Abrechnungszeitraums zum Eröffnungsbestand (im Beispiel oben Eröffnungsbestand für November 1.304,00 €).

Offene-Posten-Liste Lieferer (Kreditoren)

Werden die Kreditorenkonten durch einen Computer geführt, ist es möglich, eine Offene-Posten-Buchführung zu installieren, bei der am Bildschirm nur noch die Rechnungsposten ausgewiesen werden, die noch nicht bezahlt sind. Die fälligen, aber noch nicht beglichenen Außenstände werden in der **Offene-Posten-Liste** ausgewiesen.

Beispiel:

Offene-Posten-Liste Lieferer		Zeit: 14:48:12			Datum: 22.08.20(0)	
Name	Rechnungs-nummer	Rechnungs-datum	Betrag		Fälligkeit	Mahnung
			Soll	Haben	Datum	
Elektro Star GmbH	684-20(0)-12	05.08.20(0)		4.153,00	20.08.20(0)	
Rosner GmbH	120-47/20(0)	05.08.20(0)		556,00	20.08.20(0)	

Liquidität

Die **Zahlungsbereitschaft** eines Unternehmens bezeichnet man als Liquidität. Sie muss immer gewährleistet sein. Dazu müssen die „flüssigen Mittel" eines Unternehmens (Bankguthaben, Bargeld) im Gleichgewicht mit den Verbindlichkeiten gegenüber den Lieferern, den Versicherungen usw. stehen. Das geschieht u. a. durch eine zeitliche Abstimmung von Einnahmen und Ausgaben. **Zahlungsunfähigkeit (Illiquidität)** führt zur Insolvenz.

Die Abstimmung zwischen den vorhandenen bzw. den im Planungszeitraum noch eingehenden flüssigen Mitteln und den im Planungszeitraum anfallenden Zahlungsverpflichtungen kann in einem **Liquiditätsplan** erfolgen. Die notwendigen Daten über die Höhe der Einnahmen bzw. der Ausgaben ist den Konten der Finanzbuchhaltung, den Listen der offenen Posten und den Debitoren- und Kreditorenkonten zu entnehmen.

Liquiditätsplan					
A. Einnahmen			B. Ausgaben		
01	Bank		01	Zahlungen an Lieferer	
02	Kasse		02	Weitere Zahlungsverpflichtungen z. B. gegenüber Dienstleistern	
03	Umsatz (Forderungen)		03	Lohn- und Gehaltszahlungen	
04			04		
Summe Einnahmen			**Summe Ausgaben**		

	Summe Einnahmen	
–	Summe Ausgaben	
	Überdeckung/Unterdeckung	

Zusammenfassung

Bearbeiten von Zahlungsvorgängen: Forderungen und Verbindlichkeiten			
Lieferschein	**Rechnung (Ausgangsrechnung)**	**Forderungen**	**Kundenkonto (Debitoren)**
Bei Verkäufen gegen Rechnung (Ziel- oder Kreditverkäufe) erfolgt die Auslieferung der Ware mit einem Lieferschein. Der Lieferschein begleitet eine Warenlieferung.	Aufgrund des Lieferscheins erstellt der Unternehmer eine Rechnung für den Kunden. Sie wird als Ausgangsrechnung (AR) bezeichnet.	Das Konto „Forderungen" ist wie das Kassenkonto ein Vermögenskonto, d.h., der Eröffnungsbestand und die Wertzuflüsse befinden sich auf der Soll-Seite, Abflüsse und der Schlussbestand stehen im Haben.	Kreditverkäufe an Kunden werden aus Kontrollgründen zusätzlich auf Konten aufgezeichnet, die für bestimmte Kunden eingerichtet werden. Diese Konten bezeichnet man auch als Debitorenkonten.
Umsatz	**Eingangsrechnung**	**Verbindlichkeiten**	**Liefererkonto (Kreditoren)**
Der Umsatz umfasst Barverkäufe sowie Verkäufe gegen Scheck, Kreditkarte und die Ziel- oder Kreditverkäufe.	Bei der Auftragsabwicklung kaufen die Unternehmen Waren und nehmen eine Reihe von Leistungen von fremden Unternehmen in Anspruch. Den Anspruch auf Bezahlung der Waren und Leistungen stellen die Lieferer in Rechnung.	Rechtsanspruch aus der Lieferung von Waren und Leistungen von fremden Unternehmen werden auf dem Kapitalkonto „Verbindlichkeiten" gebucht. d.h., der Eröffnungsbestand und die Wertzuflusse befinden sich auf der Haben-Seite, Abflüsse und der Schlussbestand stehen im Soll.	Käufe von Waren und Dienstleistungen von Lieferern werden zusätzlich auf individuellen Konten der Lieferer aufgezeichnet, damit man einen Überblick über den Bestellumfang und die Fälligkeit der ausstehenden Zahlungen hat. Diese Konten bezeichnet man auch als Kreditorenkonten.

5 Finanzierung des Vermögens durch Darlehen

◗ **Lernsituation 5: Das Vermögen finanzieren: Kredit aufnehmen**

Bankkredit

Darlehen

Wenn ein Unternehmer einen größeren Geldbetrag benötigt, um beispielsweise sein Unternehmen zu erweitern, wendet er sich in der Regel an seine Bank und beantragt einen Bankkredit. Da größere Investitionen gewöhnlich über einen längeren Zeitraum finanziert werden müssen, gewährt die Bank in solchen Fällen – sofern aus Sicht der Bank die Rückzahlung des Kredits gesichert erscheint – ein Darlehen. Dabei handelt es sich um einen langfristigen Kredit, den die Bank in einer Summe zur Verfügung stellt. Das Unternehmen wird mit der Bank in einem Darlehensvertrag die Rückzahlung (Tilgung) in Teilbeträgen vereinbaren, z. B. in Monatsraten über fünf Jahre. Sobald eine planmäßige Tilgung eines Kredites möglich ist, wird man sich aus Kostengründen meistens für das Darlehen entscheiden.

> Das Konto „Darlehen" ist ein **Kapitalkonto**.

Weil mit Darlehen Vermögenswerte langfristig finanziert werden und das Geld von Fremden (z. B. von Banken) zur Verfügung gestellt wird, sind Darlehen langfristiges Fremdkapital. Damit der Kreditnehmer problemlos über das Geld verfügen kann, stellt ihm die Bank das Geld normalerweise auf seinem laufenden Bankkonto (Kontokorrentkonto) zur Verfügung.

Kontokorrentkredit

Eine andere Form des Bankkredits ist der Kontokorrentkredit. Dabei gestattet die Bank dem Inhaber eines laufenden Kontos, das Bankkonto bis zu einem vereinbarten Betrag zu überziehen. Da die Bank das Geld ständig bereithalten muss, ist der Kontokorrentkredit teurer als das Darlehen. Man benutzt den Kontokorrentkredit in der Regel, um Schwankungen bei den Einnahmen und Ausgaben zu überbrücken oder zur kurzfristigen Finanzierung von Vermögensgegenständen. Der Kontokorrentkredit für ein Unternehmen entspricht dem Überziehungskredit auf dem laufenden Konto eines Arbeitnehmers.

Aus Vereinfachungsgründen werden die Zinszahlungen für das Darlehen nicht beachtet.

Darlehensvertrag

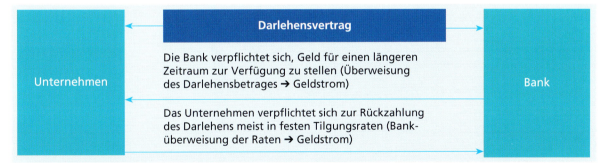

Buchungstechnisch sind von dem Darlehensvertrag bei dem Unternehmen zwei Konten betroffen:

1. Der Darlehensbetrag wird zunächst auf dem Konto „Bank" als Mehrung gebucht, weil sich der Bestand auf dem Bankkonto um den Darlehensbetrag erhöht (Wertzugang). Das Konto „Bank" ist ein Vermögenskonto, folglich ist im Soll zu buchen.
2. Der Betrag wird ferner auf dem Konto „Darlehen" festgehalten, weil das Unternehmen eine Rückzahlungsverpflichtung eingegangen ist. Der Betrag ist auf der Haben-Seite zu buchen, weil es sich bei dem Konto „Darlehen" um ein Kapitalkonto handelt. Wertmehrungen werden auf Kapitalkonten im Haben gebucht. Ab dem vereinbarten Zeitpunkt ist das Darlehen regelmäßig zu tilgen. Auf dem Konto „Darlehen" ist jederzeit festzustellen, welchen Betrag das Unternehmen noch an die Bank zu bezahlen hat.

Beispiel:
Die Rosner GmbH vereinbart mit der Hausbank, das bestehende Darlehen von 160.500,00 € um weitere 25.000,00 € zu erhöhen. Herr Rosner stellt schon kurz nach der Erweiterung des Geschäftes fest, dass mehr Aufträge als geplant abgeschlossen werden konnten und daher dringend ein weiteres Servicefahrzeug angeschafft werden muss, um alle Kundenaufträge termingerecht erledigen zu können. Die Bank stellt die 25.000,00 € am 12.07.20(0) auf dem laufenden Bankkonto zur Verfügung.

Lernfeld 6 Wertströme erfassen und beurteilen

Soll			Bank		Haben
Datum	Text	€	Datum	Text	€
01.07.	Eröffnungsbestand	63.300,00			
12.07.	Darlehensbereitstellung (Wertzugang)	25.500,00			

→ Vermögenskonto

Kapitalkonto →

Soll			Darlehen		Haben
Datum	Text	€	Datum	Text	€
			01.07.	Eröffnungsbestand	160.000,00
			12.07.	Darlehen (Wertzugang)	25.000,00

Aufbau des Darlehenskontos

Da es sich bei dem Konto „Darlehen" um ein Kapitalkonto handelt, bucht man die Mehrungen (Wertzufluss) auf der Haben-Seite und die Minderungen (Wertabfluss) auf der Soll-Seite.

Minderungen   **Mehrungen**

Soll			Darlehen		Haben
Datum	Text	€	Datum	Text	€
	Wertminderungen (Abfluss)			Eröffnungsbestand	
	Schlussbestand			Wertmehrungen (Zufluss)	

Die Darlehenserhöhung hat Auswirkungen auf die Kapital- und Vermögensstruktur eines Unternehmens. Betrachtet man das Beispiel der Rosner GmbH oben, so ergibt sich folgendes Bild:

Kapital- und Vermögenszusammensetzung vor der Darlehensaufnahme am 01.07.20(0)

Vermögen		Kapital	
	€		€
Fahrzeuge	76.000,00	Eigenkapital	100.000,00
Betriebs- und Geschäftsausstattung	115.000,00	Fremdkapital (Darlehen)	160.500,00
Materialvorräte	5.200,00		
Bank	63.300,00		
Kasse	1.000,00		
Gesamtvermögen	260.500,00	Gesamtkapital	260.500,00

Veränderung der Kapital- und Vermögensstruktur nach der Erhöhung des Darlehens

Auf der Kapitalseite erhöht sich das Fremdkapital um 25.000,00 € auf 185.500,00 €. Beim Vermögen verändert sich der Betrag auf dem Konto „Bank" entsprechend von 63.300,00 € auf 88.300,00 €.

Vermögen		Kapital	
	€		€
Fahrzeuge	76.000,00	Eigenkapital	100.000,00
Betriebs- und Geschäftsausstattung	115.000,00	Fremdkapital (Darlehen)	185.500,00
Materialvorräte	5.200,00		
Bank	88.300,00		
Kasse	1.000,00		
Gesamtvermögen	285.500,00	Gesamtkapital	285.500,00

Kapitalkonto

Minderungen					Mehrungen
Soll		**Darlehen**			**Haben**
Datum	Text	€	Datum	Text	€
				Eröffnungsbestand	160.500,00
				Darlehenserhöhung	25.000,00

Vermögenskonto

Mehrungen					Minderungen
Soll		**Bank**			**Haben**
Datum	Text	€	Datum	Text	€
	Eröffnungsbestand bei Neugründung	68.500,00			
	Bereitstellung des neuen Darlehens	25.000,00			

Sobald der Geschäftsführer Herr Rosner die neuen Mittel für den Kauf des Servicefahrzeugs verwendet, kommt es zu einem Tausch zwischen den Vermögenspositionen Betriebs- und Geschäftsausstattung und Bank (hier ohne Kontendarstellung).

Kontokorrentkredit: Bankkonto als Kapitalkonto

So wie man sein privates (laufendes) Bankkonto in Absprache mit der Bank gewöhnlich überziehen darf, vereinbart auch das Unternehmen mit seiner Bank, das **laufende Bankkonto (Kontokorrentkonto)** bis zu einem bestimmten Betrag (Kreditlinie) zu überziehen, d. h., das Unternehmen erhält einen Überziehungskredit (Kontokorrentkredit). Ein überzogenes Bankkonto ist wie das Darlehenskonto ein Kapitalkonto (Fremdkapital), mit dem Vermögenswerte finanziert werden.

 Das **Bankkonto** kann sowohl Vermögens- als auch Kapitalkonto sein.

Zusammenfassung

Finanzierung des Vermögens durch Darlehen	
Darlehen	**Darlehenskonto**
Beim Darlehen handelt es sich um Fremdkapital, das dem Unternehmen langfristig zur Verfügung steht. Das Unternehmen (Darlehensnehmer) verpflichtet sich, das Darlehen (in Raten) zurückzuzahlen (Tilgung) und ggf. für die Überlassung Zinsen zu zahlen. Ein Darlehen wird dem Unternehmen normalerweise auf dem Bankkonto zur Verfügung (Wertzufluss) gestellt.	Der Darlehensbetrag wir auf dem Darlehenskonto als Schuld (Wertzufluss im Haben) gebucht, weil das Unternehmen eine Rückzahlungsverpflichtung eingegangen ist. Die Tilgung des Darlehens erfolgt zumeist regelmäßig monatlich in gleichen Beträgen oder auch in einem Betrag am Ende der Laufzeit des Darlehens. Das Konto „Darlehen" ist ein Kapitalkonto, d.h., der Eröffnungsbestand und die Aufnahme des Darlehens (Wertzufluss) befinden sich auf der Haben-Seite, die Tilgung (Wertabfluss) und der Schlussbestand stehen im Soll.

6 Finanzierung mit Eigenkapital

➲ **Lernsituation 6: Mit eigenem Kapital finanzieren**

Beispiel: Eigenkapitalerhöhung
Herr Rosner, Geschäftsführer der Rosner GmbH, hat ausgerechnet, welchen Anteil die einzelnen Kapitalbestandteile am Gesamtkapital haben. Vor allem interessierte ihn der Anteil des Eigenkapitals am Gesamtkapital (die Eigenkapitalquote).

Kapital		Anteil am Gesamtkapital
Konten	€	in %
Eigenkapital	100.000,00	34,42
Darlehen	185.500,00	63,85
Verbindlichkeiten	5.000,00	1,73
Summe	290.500,00	100,00

290.500,00 € – 100 %
100.000,00 € – x

$$x = \frac{100 \times 100.000,00}{290.500,00} = 34{,}42\ \%$$

Eigenkapitalquote = Anteil des Eigenkapitals am Gesamtkapital

Die Eigenkapitalquote der Rosner GmbH in Höhe von 34,42 % liegt über den Durchschnittszahlen deutscher Unternehmen und sieht damit recht positiv aus.

Trotzdem möchte Herr Rosner den Anteil am Gesamtkapital noch etwas erhöhen, um eine bessere Position gegenüber seiner Hausbank bei zukünftigen Kreditverhandlungen zu erhalten.

Er beschließt, aus seinem privaten Vermögen das Eigenkapital der Rosner GmbH um 20.000,00 € zu erhöhen.

Er zahlt die 20.000,00 € auf dem Bankkonto der Firma ein und hält die Veränderungen in seiner Buchführung fest.

USA	Niederlande	Frankreich	Österreich	Japan	Deutschland
49	35	34	34	26	18

Vermögen		Kapital	
	€		€
Fahrzeuge	76.000,00	Eigenkapital	120.000,00
Betriebs- und Geschäftsausstattung	120.000,00	Fremdkapital (Darlehen)	185.500,00
Materialvorräte	6.700,00	Verbindlichkeiten	5.000,00
Bank	106.800,00		
Kasse	1.000,00		
Gesamtvermögen	**310.500,00**	**Gesamtkapital**	**310.500,00**

Herr Rosner ist überzeugt, dass das Unternehmen gut aufgestellt ist. Dafür sprechen ein breit gefächertes Sortiment, die leistungsfähige Werkstatt, die moderne Geschäftsausstattung und die attraktive Büroeinrichtung sowie die Finanzreserven von 107.800,00 € auf dem Bankkonto und in der Geschäftskasse. Er ist sich sicher, dass die Kunden die Verkaufs- und Serviceangebote in großem Umfang nutzen werden und somit der Umsatz stetig gesteigert werden kann. Dann können die Liefererrechnungen termingerecht bezahlt und die Tilgungsraten für das Darlehen pünktlich vom Bankkonto abgebucht werden. Fast 40 % des Vermögens ist durch Eigenkapital finanziert. Das macht das Unternehmen unabhängiger von den teuren Krediten der Banken.

> Als **Eigenkapital** bezeichnet man den Anteil am Gesamtkapital, der von dem Eigentümer bzw. den Eigentümern in das Unternehmen eingebracht wird. Eigenkapital und Fremdkapital zusammen sind die Mittel, die in ein Unternehmen eingebracht werden.

Aufbau des Kontos „Eigenkapital"

Wie die Konten „Darlehen" und „Verbindlichkeiten", so handelt es sich beim Konto „Eigenkapital" ebenfalls um ein Kapitalkonto. Man bucht die Wertmehrungen (Zugänge) auf der Haben-Seite und die Wertminderungen (Abgänge) auf der Soll-Seite.

Minderungen		Mehrungen
Soll	Eigenkapital	Haben
Minderungen	Eröffnungsbestand	
Schlussbestand	Mehrungen	

Beispiel: Rosner GmbH

Die Erhöhung des Eigenkapitals löst einen Wertstrom (Geldstrom) aus, der zu einer Mehrung des Eröffnungsbestandes von 100.000,00 € auf 120.000,00 € führt. Gleichzeitig werden die 20.000,00 € auf dem Bankkonto eingezahlt, was ebenfalls eine Mehrung (Wertzufluss) auf diesem Konto darstellt.

Das Bankkonto ist ein Vermögenskonto. Auf Vermögenskonten stehen Mehrungen im Soll. Das Eigenkapitalkonto ist ein Kapitalkonto, die Mehrung wird daher auf der Haben-Seite festgehalten.

Bedeutung einer hohen Eigenkapitalquote

Die Bedeutung einer hohen Eigenkapitalquote wird vor allem an zwei Stellen sichtbar:

1. Zur Absicherung ihrer Kredite erwarten die Banken stets, dass auch ein angemessenes Eigenkapital vorhanden ist. Wird diese Quote unterschritten, werden neue Kredite in der Regel nur noch im Anschluss an eine Eigenkapitalerhöhung gewährt. Die Banken gehen in ihren Überlegungen davon aus, dass ein Unternehmer, der eigene Mittel in sein Unternehmen investiert hat, seine Entscheidungen auch mit der nötigen Umsicht und Vorsicht trifft. Eine hohe Eigenkapitalquote schafft demnach Sicherheit für ein Unternehmen, weil eine Unternehmenskrise leichter mit fremden Mitteln aufgefangen werden kann.

2. Fremdkapital muss nicht nur zurückgezahlt werden, sondern erfordert auch Zinszahlungen. Dies gilt nicht nur für Darlehen; auch Lieferanten, die auf den Ausgleich ihrer Rechnungen über die vereinbarte Zahlungsfrist hinaus warten müssen, stellen Verzugszinsen in Rechnung. In schlechten Zeiten belasten diese Zinsen ein Unternehmen.

    Eigenkapital soll sich nach den Vorstellungen des Unternehmens natürlich auch verzinsen (über den erwirtschafteten Gewinn). Bei schwieriger Geschäftslage könnte ein Unternehmen aber eventuell auf eine Eigenkapitalverzinsung verzichten oder sich mit einer geringeren Verzinsung zufrieden geben. Ein hohes Eigenkapital macht ein Unternehmen folglich krisensicherer.

Zusammenfassung

Finanzierung des Vermögens durch Eigenkapital		
Eigenkapital	**Eigenkapitalkonto**	**Eigenkapitalquote**
Eigenkapital ist der Anteil am Gesamtkapital, der von dem Eigentümer bzw. den Eigentümern in das Unternehmen eingebracht wird. Eigenkapital und Fremdkapital sind die Mittel, mit denen das Vermögen finanziert wird.	Die Ausstattung des Unternehmens mit eigenem Kapital wird im Konto „Eigenkapital" ausgewiesen. Das Eigenkapital wird als langfristige Schuld des Unternehmens (Wertzufluss im Haben) gebucht und in der Regel erst bei Geschäftsaufgabe an die Eigentümer zurückgezahlt (Wertabfluss Im Soll). Das Konto „Eigenkapital" ist ein Kapitalkonto, d. h., der Eröffnungsbestand und die Einlage von zusätzlichem Eigenkapital (Wertzufluss) befinden sich auf der Haben-Seite, die Entnahme von Eigenkapital (Wertabfluss) und der Schlussbestand stehen im Soll des Kontos.	Das Verhältnis von eigenem Kapital zum Fremdkapital wird als Eigenkapitalquote bezeichnet. Sie gibt an, in welchem Maße das Eigenkapital zur Finanzierung des Vermögen zur Verfügung steht. Je höher die Eigenkapitalquote ist, umso mehr kann das Unternehmen auf eigene Mitteln bei der Finanzierung zugreifen und ist nicht (so) abhängig von fremdem Kapital.

7 Darstellung der Vermögens- und Kapitalsituation in Inventar und Bilanz

⮕ **Lernsituation 7: Die Vermögens- und Kapitalsituation in Inventar und Bilanz darstellen**

Mit der Gründung des Unternehmens durch Herrn Rosner erhält das Geschäft seinen Namen: Rosner GmbH. In der Folge betreibt das Unternehmen als Gesellschaft mit beschränkter Haftung unter diesem Namen (Firma) seine Geschäfte und unterliegt dabei den Vorschriften eines besonderen Gesetzbuches, dem Handelsgesetzbuch (HGB), das nur für Kaufleute gilt. Herr Rosner ist als Geschäftsführer der GmbH mit der Führung des Unternehmens verpflichtet und muss bei der Erfüllung dieser Pflicht die Sorgfalt eines ordentlichen Geschäftsmannes anwenden (§ 43 Abs. 1 GmbHG).

Für die Gründungssituation eines Unternehmens sind aus der Sicht des Rechnungswesens die §§ 240 und 242 HGB von besonderer Bedeutung:

HGB § 240

(1) Jeder Kaufmann hat zu Beginn seines Handelsgewerbes seine Grundstücke, seine Forderungen und Schulden, den Betrag seines baren Geldes sowie seine sonstigen Vermögensgegenstände genau zu verzeichnen und dabei den Wert der einzelnen Vermögensgegenstände und Schulden anzugeben.

(2) Er hat demnächst für den Schluss eines jeden Geschäftsjahres ein solches Inventar aufzustellen.

HGB § 242

(1) Der Kaufmann hat zu Beginn seines Handelsgewerbes und für den Schluss eines jeden Geschäftsjahrs einen das Verhältnis seines Vermögens und seiner Schulden darstellenden Abschluss (Eröffnungsbilanz, Bilanz) aufzustellen.

(…)

7.1 Inventur

Die Voraussetzung für das im § 240 HGB Abs. 1 geforderte Verzeichnis aller Vermögensteile und Schulden ist zunächst eine **Bestandsaufname (Inventur)**.

Diese Inventur muss der Kaufmann zu Beginn seiner Geschäftstätigkeit und am Ende eines jeden Geschäftsjahres durchführen. Mithilfe der Inventur wird festgestellt, über welche **Vermögenswerte** der Kaufmann verfügt und wie hoch seine **Schulden** (= Fremdkapital) sind.

Beispiel:
Zum Beginn der Geschäftstätigkeit (Gründung) stellte sich die Zusammensetzung des Vermögens und des Kapitals der Rosner GmbH wie nachfolgend abgebildet dar. Die Inventur hatte zu diesem Zeitpunkt festgestellt, dass das Vermögen 395.680,00 € betrug und das Fremdkapital (Schulden) sich auf 345.680,00 € (Darlehen der Bank, Verbindlichkeiten gegenüber den Lieferern) belief.

Vermögen		Kapital	
	€		€
Fahrzeuge	94.960,00	Eigenkapital	50.000,00
Betriebs- und Geschäftsausstattung	214.720,00	Fremdkapital (Darlehen)	203.060,00
Bank	85.000,00	Verbindlichkeiten	142.620,00
Kasse	1.000,00		
Gesamtvermögen	**395.680,00**	**Gesamtkapital**	**395.680,00**

Am Ende des Geschäftsjahres musste die Rosner GmbH erneut eine Inventur durchführen, um festzustellen, wie hoch die Vermögenswerte und Schulden nach einem Jahr betrieblicher Tätigkeit anzusetzen sind.

> **Inventur:** bezeichnet die **Tätigkeit** der **körperlichen und buchmäßigen Aufnahme** aller **Vermögensteile und Schulden** (Fremdkapital) eines Unternehmens zu einem bestimmten Zeitpunkt

Fuhrpark = Geschäftsfahrzeuge

Gegenstände, z. B. Gebäude, Geschäftsausstattung, der Fuhrpark und Vorräte an Kraftstoffen, werden durch **Zählen, Messen, Wiegen und Schätzen** nach Art, Menge und Preis erfasst **(körperliche Inventur)**. Die Höhe der Forderungen gegenüber Kunden, der Kontostand auf dem Bankkonto oder die Höhe der Verbindlichkeiten werden anhand der Buchführungsunterlagen ermittelt **(Buchinventur)**.

Inventurtätigkeit	*Beispiel*
Zählen	Die Rosner GmbH verfügt über eine größere Anzahl von Kopierern eines bestimmten Typs. Die genaue Stückzahl wird durch Zählen festgestellt.
Messen	Der Vorrat an Heizöl wird bei der Rosner GmbH in Tanks gelagert. Mithilfe eines Messstabes wird die im Tank befindliche Restmenge gemessen.
Wiegen	In der Abteilung Einkauf wird Büromaterial in größeren Mengen für die einzelnen Abteilungen bereitgehalten. So lagern große Mengen Kugelschreiber in einem offenen Karton. Durch Wiegen kann die Stückzahl annähernd ermittelt werden, da es viel zu aufwendig wäre, jeden einzelnen Kugelschreiber zu zählen.
Schätzen	Die Rosner GmbH setzt für die Verpackung von Fahrrädern Spezialfolien ein. Die Folie befindet sich als Meterware auf Rollen. Von einer angebrochenen Rolle ist die verbleibende Restmenge zu schätzen.

> **Inventur:** Inventur ist die körperliche Bestandsaufnahme aller Vermögensteile und der Schulden eines Unternehmens durch **Messen, Zahlen, Wiegen und Schätzen** sowie deren **Bewertung** zu einem bestimmten Stichtag.

7.1.1 Ermittlung des Vermögens

Anlagevermögen

Gegenstände des beweglichen Anlagevermögens hat das Unternehmen in einem Bestandsverzeichnis aufzuzeichnen. Das Bestandsverzeichnis gibt Auskunft darüber, welche Gegenstände sich im Betrieb befinden, zu welchem Preis sie wann angeschafft worden sind und welche Wertminderung („Abschreibung" oder auch „Absetzung für Abnutzung") sie erfahren haben. Aus dem Bestandsverzeichnis lässt sich außerdem der Inventurwert der Anlagegegenstände zum 31. Dezember entnehmen, wenn man von dem Wert zum Jahresbeginn die Wertminderung des laufenden Jahres abzieht (die genaue Berechnung der Abschreibung wird später noch ausführlich dargestellt).

Beispiel:

Bestandsverzeichnis der Rosner GmbH						
Nr.	Bezeichnung des Gegenstandes	Anschaffungsdatum	Anschaffungswert in €	Wert zum 01.01.20(0) in €	Wertminderung 20(0) in €	Inventurwert zum 31.12.20(0) in €
1	Büroschrankwand	13.02.20(-4)	12.000,00	7.200,00	1.200,00	6.000,00
2	Büroschrank	13.02.20(-4)	3.000,00	1.800,00	300,00	1.500,00
3	usw.					

Warenbestand

Wegen der Vielzahl der Artikel ist die Bestandsaufnahme der Waren in der Rosner GmbH von besonderer Bedeutung. Sämtliche Vorräte und Produkte werden gezählt und mit ihren Einkaufspreisen in Inventurlisten eingetragen. Produkte, die beschädigt, veraltet oder in ihrem Wert in anderer Form gemindert sind, werden auch während der Inventur besonders bewertet.

Beispiel:

Inventurliste der Rosner GmbH						
Warengruppe: Bikeshirts			Tag der Aufnahme: 31. Dezember 20(0)			Blatt-Nr. 14
Warenaufnahme						Bewertung
Nr.	Warenbezeichnung	Stück	Einkaufspreis in €/Stück	Alter (Monate)	Zustand der Ware	Gesamteinkaufspreis (Inventurwert) in €
	Übertrag					8.551,24,00
25	Langarm-Funktionsshirt	12	13,19	0–6		158,28
26	usw.					

Nach der körperlichen Bestandsaufnahme der Artikel wird die Inventur im Büro fortgesetzt. Man errechnet aus der ermittelten Menge der Ware (z. B. Anzahl in Stück) multipliziert mit dem Einstandspreis den Gesamtwert der aufgenommenen Ware. Die Warenbestände dürfen in der Inventur nämlich nur zu ihrem Einstandspreis (Bezugspreis, in der Praxis häufig Einkaufs- oder EK-Preis genannt) bewertet werden, weil sie entweder bei den Reinigungsaufträgen verarbeitet oder verkauft werden.

Formvorschriften

Inventurunterlagen sind Dokumente für das Finanzamt. Sie sind daher sauber zu führen. Korrekturen müssen so vorgenommen werden, dass der ursprüngliche Inhalt noch zu lesen ist (sauber durchstreichen).

Inventursummenblatt

Das Inventursummenblatt fasst die Inventurwerte der Warenvorräte nach Warengruppen zusammen. Die Bewertung erfolgt zu Einstandspreisen.

Inventursummenblatt der Rosner GmbH			
Nr.	Warengruppe	Inventurlistennummer	Inventurwert in €
1	Brillen	1–18	3.200,00
2	Helme	19–28	1.555,00
3	Schuhe	29–37	1.239,00
4	Protektoren	38	685,00
Summe			6.679,00

Zahlungsmittelbestände

- **Bargeldbestand:** Der Wert des Bargeldes wird am Inventurtag an der Kasse durch den Kassenabschluss festgestellt.
- **Guthaben bei Kreditinstituten (Banken, Sparkassen):** Der Kontoauszug des Kreditinstituts zum Inventurtag weist die Höhe des Zahlungsmittelbestandes auf dem Konto aus.

Forderungen gegenüber Kunden

Der Bestand an Forderungen wird dem Konto „Forderungen" entnommen. Es ist auch möglich, die offenen Forderungen mithilfe eines Computersystems ausweisen zu lassen (Offene-Posten-Liste Kunden).

7.1.2 Ermittlung der Schulden (Fremdkapital)

Die Schulden werden mithilfe der Buchinventur erfasst. Die Darlehensschulden gegenüber der Bank können durch einen Kontoauszug nachgewiesen werden. Die Verbindlichkeiten gegenüber den Lieferern weist das Konto „Verbindlichkeiten" aus oder das Warenwirtschaftssystem über eine Offene-Posten-Liste Lieferanten. Kontoüberziehungen auf dem laufenden Konto bei Kreditinstituten (Bankschulden) werden über den Kontoauszug nachgewiesen.

7.1.3 Inventurverfahren (§§ 240, 241 HGB)

Steuerliche Vorschriften und das Handelsgesetzbuch lassen verschiedene Inventurverfahren zu, die auch zu unterschiedlichen Inventurzeitpunkten führen können:

> **Stichtagsinventur:** Die körperliche Bestandsaufnahme soll **zeitnah** zum Bilanzstichtag am Ende des Geschäftsjahres (z. B. 31. Dezember) durchgeführt werden.
> **Permanente Inventur:** Können alle Warenbewegungen, z. B. in einem Warenlager, nach Datum, Art, Menge und Wert erfasst werden (computergesteuerte Warenwirtschafts- bzw. Kommissionierungssysteme ermöglichen z. B. solch eine äußerst genaue und dauernde (permanente) Fortschreibung der Warenbestände), kann die körperliche Bestandsaufnahme **einzelner Warengruppen** auf mehrere Zeitpunkte des Geschäftsjahres verteilt werden (Teilinventuren).

Stichtagsinventur

Kleinere und mittlere Betriebe haben gewöhnlich als Bilanzstichtag den 31. Dezember eines Jahres, weil bei ihnen Geschäfts- und Kalenderjahr identisch sind. Der Bilanzstichtag ist der Zeitpunkt, an dem das Geschäftsjahr endet. Die körperliche Bestandsaufnahme soll zeitnah zum Bilanzstichtag durchgeführt werden. Als zeitnah gilt eine Frist von zehn Tagen vor oder nach dem Bilanzstichtag. Wenn man das Geschäftsjahr abweichend vom Kalenderjahr festlegt, z. B. vom 1. April bis 31. März (Zustimmung des Finanzamtes ist erforderlich), kann man die Inventur in einer ruhigeren Jahreszeit oder in einer Zeit mit besonders niedrigen Warenbeständen durchführen. In jedem Fall sind die Inventurwerte auf den Bilanzstichtag fortzuschreiben oder zurückzurechnen.

Verlegte Inventur

Die Bestandsaufnahme kann auch bis zu drei Monate vor oder bis zu zwei Monate nach dem Bilanzstichtag erfolgen, wenn die Bestandsveränderungen zwischen Aufnahmetag, z. B. am 15. Oktober, und Bilanzstichtag, z. B. am 31. Dezember, fortgeschrieben bzw. zurückgerechnet werden.

Permanente Inventur

Können alle Warenbewegungen nach Datum, Art, Menge und Wert erfasst werden (z. B. mithilfe eines computergesteuerten Warenwirtschaftssystems), kann die körperliche Bestandsaufnahme einzelner Warengruppen auf mehrere Zeitpunkte des Geschäftsjahres verteilt werden (Teilinventuren). Die „Streckung" der Inventur auf mehrere Termine ermöglicht die Ausnutzung verkaufsschwacher Zeiten oder niedriger Bestände bei bestimmten Warengruppen. Zum Bilanzstichtag werden die Buchwerte aus Lagerkarteien oder aus dem Warenwirtschaftssystem als Inventurwerte zugrunde gelegt.

Fortschreibung bzw. Rückrechnung von Inventurwerten

Wird die Inventur nicht am Bilanzstichtag durchgeführt, ist eine Fortschreibung oder Rückrechnung der Inventurwerte auf den Bilanzstichtag erforderlich. Dies wird vor allem bei den Warenvorräten nötig, weil sie sich oft täglich ändern.

Die **Fortschreibung** des Warenbestandes ist erforderlich, wenn die Inventur vor dem Bilanzstichtag durchgeführt wird. Die Wertveränderungen beim Warenbestand werden bei der Fortschreibung nach folgendem Verfahren errechnet:

EK-Preise = Einkaufspreise

> Wert des Warenbestandes am Inventurtag (EK-Preise)
> \+ Wert des Wareneingangs (EK-Preise)
> – Wert der bis zum Bilanzstichtag verkauften Waren zu EK-Preisen
> = Wert der Warenvorräte am Bilanzstichtag zu EK-Preisen

Bei der **Rückrechnung** der Warenvorräte ist umgekehrt zu verfahren. Sie ist erforderlich, wenn die Inventur nach dem Bilanzstichtag durchgeführt wird.

> Wert des Warenbestandes am Inventurtag (EK-Preise)
> – Wert des Wareneingangs (EK-Preise)
> \+ Wert der bis zum Bilanzstichtag verkauften Waren zu EK-Preisen
> = Wert der Warenvorräte am Bilanzstichtag zu EK-Preisen

7.1.4 Inventurdifferenzen

Zwischen den Ist-Beständen der Inventur und den Soll-Beständen der Buchhaltung können sich Differenzen ergeben. Solche Inventurdifferenzen ergeben sich u. a. durch

- Diebstahl,
- Schwund,
- falsche Erfassung,
- Fehler in der Buchführung.

Die Werte der Buchführung müssen den tatsächlichen in der Inventur ermittelten Ist-Werten angepasst werden. Die Inventur hat somit eine Kontrollfunktion für die Buchführung.

7.2 Inventar

Das Ergebnis der Inventur ist das Inventar (Verzeichnis). In einem Inventar werden in Form eines ausführlichen **Bestandsverzeichnisses** alle Vermögensteile und Schulden des Unternehmens zu einem bestimmten Zeitpunkt nach **Art, Menge und Wert** ausgewiesen.

7.2.1 Inhalt des Inventars

Das Inventar ist in drei Abschnitte aufgeteilt:

- A. Vermögen
- B. Schulden
- C. Ermittlung des Eigenkapitals

A. Vermögen

Zum Vermögen zählen alle Wirtschaftsgüter, über die ein Betrieb zu einem bestimmten Zeitpunkt verfügt. Die Vermögenswerte werden nach zunehmender Flüssigkeit (**Liquidität**) geordnet. Die Liquidität bringt zum Ausdruck, wie schnell ein Wirtschaftsgut im Betriebsablauf zu Bargeld wird. Im Beispiel rechts steht die Betriebs- und Geschäftsausstattung an erster Stelle, weil sie von allen Vermögenspositionen am schwersten zu verkaufen (und damit zu Bargeld zu machen) ist. Am Ende der Vermögensposten steht das „besonders flüssige", leicht verfügbare Bargeld.

Beispiel:

Vermögen	
	€
Fahrzeuge	91.000,00
Betriebs- und Geschäftsausstattung	120.000,00
Vorräte	12.000,00
Bank	88.000,00
Kasse	1.000,00
Gesamtvermögen	**312.000,00**

Anlagevermögen

Zum Anlagevermögen gehören diejenigen Vermögensgegenstände, die dem Unternehmen langfristig zur Verfügung stehen und dazu bestimmt sind, dauernd dem Geschäftsbetrieb zu dienen. Sie stellen die Voraussetzung (Kapazität) für die Aufnahme und die Durchführung des Geschäftsbetriebes dar:

- immaterielle Vermögensgegenstände, z. B. Konzessionen, Lizenzen,
- Sachanlagen, z. B. Grundstücke, Gebäude, maschinelle Anlagen, Fahrzeuge, Geschäftsausstattung, Büroausstattung,
- Finanzanlagen, z. B. Beteiligungen.

Vermögensposition	Dauer der Nutzung (§ 266 Abs. 2 HGB)
Grundstücke	unbegrenzt
Gebäude	25–40 Jahre
Maschinen	5–10 Jahre
Geschäftsausstattung:	
▎ Möbel	10 Jahre
▎ Computer	3–5 Jahre

Die Reihenfolge der Vermögenspositionen richtet sich nach der **Länge des Zeitraums**, in dem die Vermögensgegenstände üblicherweise im Unternehmen verbleiben (**Fristigkeit**). Darüber entscheidet im Anlagevermögen die unterschiedliche Nutzungsdauer.

Bestandsverzeichnis

Die **beweglichen Anlagegüter** sind bei der Anschaffung in einem Bestandsverzeichnis zu erfassen. Es gibt Auskunft über den **Anschaffungswert**, das **Anschaffungsdatum**, die **Nutzungsdauer** und den **Wert zum Stichtag** (31. Dezember). Daher wird in einem Inventar in der Regel nur auf dieses Verzeichnis verwiesen (lt. Bestandsverzeichnis).

Beispiel:

Bestandsverzeichnis								
Nr.	Bezeichnung des Gegenstandes	Anschaffungs-datum	Nutzungs-dauer	Anschaffungs-wert in €				Bestand zum 31.12.20(0) in €
1	Büroschrank	24.03.20(–1)	13	6.000,00				6.000,00
2	Schreibtisch	24.03.20(–4)	13	1.000,00				1.500,00
7	Lkw	11.05.20(0)	9					

Umlaufvermögen

Diejenigen Vermögensteile, die nur kurzfristig im Unternehmen bleiben, zählen zum Umlaufvermögen. Diese Vermögensgegenstände werden durch die Geschäftstätigkeit ständig umgesetzt, d. h., sie ändern sich ständig in ihrer Zusammensetzung. Je häufiger dieser Umsetzungsprozess abläuft, umso erfolgreicher arbeitet ein Unternehmen. Zum Umlaufvermögen gehören:

- Vorräte, z. B. Textilien,
- Forderungen, z. B. unbezahlte Kundenrechnungen,
- Guthaben bei Banken/Sparkassen.

Die Vermögenspositionen im Umlaufvermögen werden nach dem **Grad ihrer Flüssigkeit (Liquidität)** geordnet, d. h., diejenigen Vermögenspositionen, die weniger schnell in Geld umgewandelt werden können, werden zuerst aufgeführt, die flüssigsten Vermögensgegenstände zuletzt.

B. Schulden

Die Schulden stellen das Fremdkapital der Unternehmung dar. Sie sind nach ansteigender Fälligkeit, d. h. Dringlichkeit der Rückzahlung, zu gliedern:

- langfristige Schulden (Restlaufzeit > vier Jahre),
- mittelfristige Schulden (Restlaufzeit zwischen einem und vier Jahren)
- kurzfristige Schulden (Restlaufzeit bis zu einem Jahr)

Beispiel:

Kapital	
	€
Eigenkapital	110.000,00
Fremdkapital (Darlehen)	149.000,00
Verbindlichkeiten	53.000,00
Gesamtkapital	**312.000,00**

Im Beispiel wird zunächst das langfristige Darlehen aufgeführt, dann folgen die kurzfristig fälligen Verbindlichkeiten.

Art der Schulden	Dauer des Zeitraums bis zur Rückzahlung (Tilgung)
Hypothekendarlehen	bis zu 30 Jahren
Darlehen	bis zu 10 Jahren
Verbindlichkeiten:	
▎ gegenüber Lieferern	bis zu 45 Tagen
▎ gegenüber dem Finanzamt	bis zu 10 Tagen im Folgemonat

C. Ermittlung des Eigenkapitals

Den dritten Teil des Inventars stellt die Ermittlung des Eigenkapitals (auch Reinvermögen genannt) dar. Es errechnet sich aus dem Differenzbetrag zwischen Summe des Vermögens und Summe der Schulden. Das Eigenkapital stellt jene Mittel dar, die die Eigentümer des Unternehmens selbst zur Finanzierung des Vermögens bereitgestellt haben.

> Eigenkapital = Vermögen − Schulden

Beispiel: Rosner GmbH zu Beginn der Geschäftstätigkeit (Gründungssituation)

Vermögen	€
Fahrzeuge	94.960,00
Betriebs- und Geschäftsausstattung	214.720,00
Bank	85.000,00
Kasse	1.000,00
Summe Vermögen	**395.680,00**
Schulden (Fremdkapital)	
Darlehen	203.060,00
Verbindlichkeiten	142.620,00
Summe Schulden	**345.680,00**
Ermittlung des Eigenkapitals	
Summe Vermögen	395.680,00
− Summe Schulden	345.680,00
= Eigenkapital	50.000,00

Beispiel: Rosner GmbH zum Ende des ersten Geschäftsjahres

Inventar
der Rosner GmbH, Baaderstraße 120, 80469 München
zum 31. Dezember 20(0)

			€
A.	**Vermögen**		
	I.	Anlagevermögen	
		1. Fahrzeuge lt. Bestandsverzeichnis	184.960,00
		2. Geschäftsausstattung lt. Bestandsverzeichnis	258.120,00
	II.	Umlaufvermögen	
		1. Warenvorräte lt. Inventurliste	25.600,00
		2. Forderungen lt. Forderungsliste	86.000,00
		3. Bankguthaben VB Bank	58.200,00
		4. Kasse	1.500,00
	Summe des Vermögens		**614.380,00**
B.	**Schulden**		
	I.	Langfristige Schulden	
		Darlehen Comba Bank	337.500,00
	II.	Kurzfristiges Kapital	
		Verbindlichkeiten aus Lieferungen und Leistungen	172.600,00
		Bankschulden PK-Bank	10.800,00
	Summe der Schulden		**520.900,00**
C	**Eigenkapital**		
	Summe des Vermögens		614.380,00
	− Summe der Schulden		520.900,00
	= Eigenkapital		93.480,00

7.2.2 Ermittlung des Unternehmenserfolges

Mit dem Inventar erhält ein Unternehmen eine Übersicht über den Stand des Vermögens und des Kapitals zu einem bestimmten Stichtag. Aus der Differenz von Vermögen und Fremdkapital wird das Eigenkapital an diesem Stichtag ermittelt (siehe oben).

> Vermögen
> − Schulden
> = Eigenkapital (Reinvermögen)

Diese „Momentaufnahme" sagt aber nur wenig über die Entwicklung aus, die ein Unternehmen im Laufe eines Geschäftsjahres genommen hat. Wenn man allerdings die Werte des Vermögens und der Schulden vom Beginn des Jahres mit den Werten am Stichtag vergleicht, lassen sich die Veränderungen im Aufbau von Kapital und Vermögen sehr gut erkennen. Besonders aus der Veränderung des Eigenkapitalbestands kann man erkennen, mit welchem Erfolg ein Unternehmen gearbeitet hat.

Beispiel: Erfolgsberechnung Rosner GmbH

Eigenkapital am Ende des Geschäftsjahres	93.480,00 €
– Eigenkapital am Anfang des Geschäftsjahres	50.000,00 €
= Eigenkapitalmehrung (= Gewinn)	+ 43.480,00 €

Durch den Vergleich des Eigenkapitals von zwei aufeinanderfolgenden Geschäftsjahren ergibt sich die Möglichkeit, den Erfolg des Unternehmens zu ermitteln. Die Eigenkapitalmehrung beträgt 43.480,00 €, das bedeutet: Die Rosner GmbH hat einen Gewinn von 43.480,00 € erzielt.

Privatentnahmen und Privateinlagen

Allerdings muss bei Einzelunternehmen und bei Personengesellschaften (Offene Handelsgesellschaft, Kommanditgesellschaft) berücksichtigt werden, dass die Vollhafter im Laufe des Geschäftsjahres entsprechend der Gesellschaftsverträge private Vermögensgegenstände (Geld, Sachen) in die Unternehmen einbringen (Privateinlagen) oder betriebliche Vermögensgegenstände in den privaten Bereich übernehmen können (Privatentnahmen). Diese privaten Vorgänge müssen aus der Eigenkapitalveränderung herausgerechnet werden, um den tatsächlichen Gewinn feststellen zu können.

- **Private Entnahmen verringern das Eigenkapital**: Der Unternehmer entnimmt dem Geschäft Geld für die private Lebensführung. Diese Privatentnahmen sind kein Verlust, sondern (vorweg) entnommener Gewinn. Die privaten Entnahmen müssen daher bei der Ermittlung des Erfolges (Gewinn) der Eigenkapitalveränderung hinzugerechnet werden.
- **Private Einlagen vermehren das Eigenkapital**: Da private Einlagen in Form von Geld oder Gegenständen (Sachen) nicht mit der eigentlichen betrieblichen Tätigkeit in Verbindung stehen, stellen sie auch keinen Gewinn dar. Die privaten Einlagen werden daher von der Eigenkapitalveränderung abgezogen.

Beispiel: Eigenkapital der Trendmode Fritz Jahn e. K.

Eigenkapital am Ende des Geschäftsjahres 31.12.20(0)	401.000,00 €
– Eigenkapital am Anfang des Geschäftsjahres 31.12.20(-1)	370.000,00 €
= Eigenkapitalmehrung (= Gewinn)	31.000,00 €
+ Private Entnahmen	54.000,00 €
– Private Einlagen	25.000,00 €
= Gewinn	60.000,00 €

Struktur des Inventars

> **Inventar:** Das Ergebnis der Bestandsaufnahme wird in einem in drei Teile gegliederten Inventar erfasst:
>
>   A. Vermögen
> – B. Kapital (Schulden)
> = C. Reinvermögen

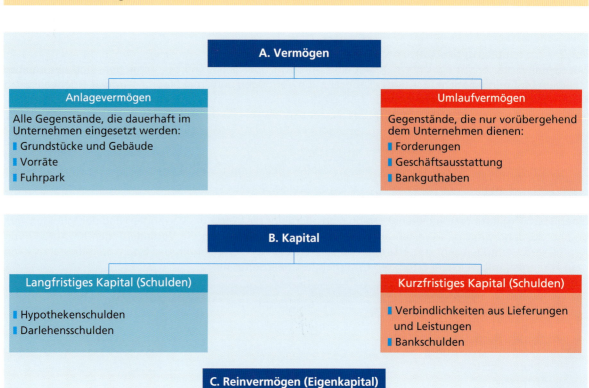

A. Vermögen

Anlagevermögen
Alle Gegenstände, die dauerhaft im Unternehmen eingesetzt werden:
- Grundstücke und Gebäude
- Vorräte
- Fuhrpark

Umlaufvermögen
Gegenstände, die nur vorübergehend dem Unternehmen dienen:
- Forderungen
- Geschäftsausstattung
- Bankguthaben

B. Kapital

Langfristiges Kapital (Schulden)
- Hypothekenschulden
- Darlehensschulden

Kurzfristiges Kapital (Schulden)
- Verbindlichkeiten aus Lieferungen und Leistungen
- Bankschulden

C. Reinvermögen (Eigenkapital)

7.3 Bilanz

HGB § 242

(1) Der Kaufmann hat zu Beginn seines Handelsgewerbes und für den Schluss eines jeden Geschäftsjahrs einen das Verhältnis seines Vermögens und seiner Schulden darstellenden Abschluss (Eröffnungsbilanz, Bilanz) aufzustellen. (…)

HGB § 245

Der Jahresabschluss ist vom Kaufmann unter Angabe des Datums zu unterzeichnen.

HGB § 247

(1) In der Bilanz sind das Anlage- und das Umlaufvermögen, das Eigenkapital, die Schulden sowie die Rechnungsabgrenzungsposten gesondert auszuweisen und hinreichend aufzugliedern.

HGB § 266

(1) Die Bilanz ist in Kontenform aufzustellen.

> **Bilanz:** Die Bilanz stellt die **Kurzform** des **Inventars** dar, in der gleichartige Vermögenswerte und Schuldenwerte in einer **Bilanzposition** zusammengefasst werden. Auf eine mengenmäßige und detaillierte Auflistung wie beim Inventar wird verzichtet.

Die Bilanz gewährt einen raschen Überblick über die **Bestände des Vermögens und des Kapitals** eines Unternehmens. Sie enthält auf der linken Seite das Vermögen, unterteilt in Anlage- und Umlaufvermögen, auf der rechten Seite das Kapital, unterteilt in Eigen- und Fremdkapital. Die Bilanzsumme ist auf beiden Seiten gleich groß.

Die Vermögensseite der Bilanz wird als **Aktivseite** bezeichnet, weil in ihr alle Vermögensteile aufgeführt sind, die aktiv an der Erstellung der Leistungen des Unternehmens beteiligt sind. Die Kapitalseite wird als **Passivseite** bezeichnet, weil sie nur die Finanzierung des Vermögens darlegt.

Die Bilanz ist die **Kurzfassung des Inventars**, die einen raschen Überblick über das Vermögen und das Kapital des Unternehmens gewährt.

Aus dem vorliegenden Inventar ist die Bilanz zu erstellen. Sie stellt ein verkürztes Inventar dar, denn es sind einzelne Positionen des Inventars zu größeren Gruppen zusammengefasst, sodass Spezifizierungen und Mengenangaben wegfallen. Die **Vermögensteile (Aktiva)** und die **Schuldenteile (Passiva)** werden in der Regel in Kontenform gegenübergestellt. Das Eigenkapital wird ebenfalls auf der Passivseite der Bilanz ausgewiesen und stellt rechnerisch den Saldo zwischen dem Vermögen und den Schulden (= Fremdkapital) dar:

Die Vermögenswerte und die Kapitalwerte sind immer gleich groß. Daraus lässt sich die grundlegende **Bilanzgleichung** ableiten:

Vermögen (Aktiva)	=	Kapital (Passiva)

Aus dem Inventar der Rosner GmbH ergibt sich folgende Bilanz:

Aktiva		Bilanz der Rosner GmbH zum 31. Dezember 20(0)		Passiva
		€		€
I.	Anlagevermögen		I. Eigenkapital	93.480,00
	1. Fahrzeuge	184.960,00	II. Fremdkapital	
	2. Geschäftsausstattung	258.120,00	1. Langfristiges Fremdkapital	
II.	Umlaufvermögen		Darlehen	337.500,00
	1. Waren	25.600,00	2. Kurzfristiges Fremdkapital	
	2. Forderungen	86.000,00	Verbindlichkeiten	172.600,00
	3. Bankguthaben	58.200,00	Bankschulden	10.800,00
	4. Kasse	1.500,00		
		614.380,00		614.380,00

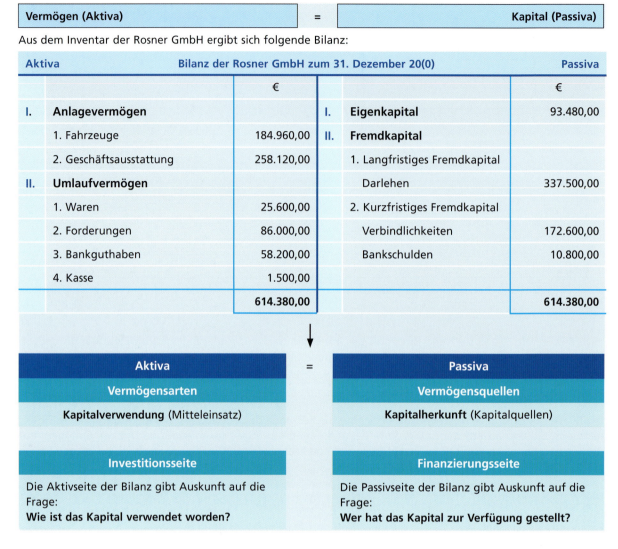

Aktiva	=	Passiva
Vermögensarten		Vermögensquellen
Kapitalverwendung (Mitteleinsatz)		**Kapitalherkunft** (Kapitalquellen)
Investitionsseite		Finanzierungsseite
Die Aktivseite der Bilanz gibt Auskunft auf die Frage: **Wie ist das Kapital verwendet worden?**		Die Passivseite der Bilanz gibt Auskunft auf die Frage: **Wer hat das Kapital zur Verfügung gestellt?**

Die Aktivseite der Bilanz zeigt also, wo das Kapital im Unternehmen eingesetzt wurde (= Mittelverwendung). Die Passivseite der Bilanz gibt Auskunft zur Frage, woher bzw. von wem das Kapital stammt, das im Unternehmen eingesetzt wird (Kapitalherkunft). Das Fremdkapital wird dem Unternehmen nur befristet zur Verfügung gestellt und den Gläubigern zu bestimmten Zeitpunkten ganz oder teilweise (Tilgung) zurückgezahlt werden. Das Eigenkapital, das die Gesellschafter dem Unternehmen zur Verfügung gestellt haben, bleibt unbefristet im Unternehmen gebunden und fließt erst mit der Auflösung des Unternehmens an die Gesellschafter zurück.

Bilanzstruktur

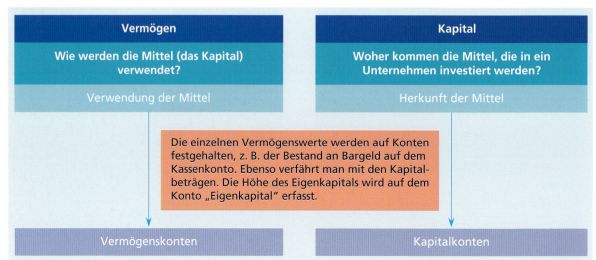

Bilanzaufbau

Die Bilanz wird in T-Konto-Form dargestellt. Auf der linken Seite werden die Vermögenspositionen des Unternehmens abgebildet, ebenso wie beim Inventar unterteilt in Anlagevermögen (Grundlage für die Betriebsbereitschaft des Unternehmens) und Umlaufvermögen (alle Vermögensteile, die sich durch den Verkauf von Reinigungsleistungen verändern).

> Anlagevermögen + Umlaufvermögen = **Gesamtvermögen**

Die Anordnung (Gliederungsprinzip) der einzelnen Vermögensposten richtet sich wie im Inventar nach zunehmender Flüssigkeit (Liquidität). Die Vermögenswerte der Bilanz werden manchmal auch Aktiva genannt und die linke Seite der Bilanz daher Aktivseite.

Auf der rechten Seite der Bilanz werden das Eigenkapital und das Fremdkapital (Schulden) des Unternehmens dargestellt.

> Eigenkapital + langfristiges Fremdkapital + kurzfristiges Fremdkapital = **Gesamtkapital**

Es wird wiederum nach abnehmender Fälligkeit gegliedert, d. h., das Kapital, das am ehesten zurückzuzahlen (fällig) ist, steht an letzter Stelle. Eigenkapital und Fremdkapital eines Unternehmens werden auch Passiva genannt und die rechte Bilanzseite daher Passivseite. Beim Fremdkapital ist zwischen langfristigem (Laufzeit ab vier Jahre) und kurzfristigem Fremdkapital (Laufzeit bis vier Jahre) zu unterscheiden.

Die Bilanz ist mit Ort, Datum und Unterschrift zu versehen. Die Unterschrift darf nur vom Geschäftsinhaber bei einem Einzelunternehmen bzw. dem Geschäftsführer bei einer GmbH persönlich geleistet werden. Er beurkundet damit die Richtigkeit der Bilanz.

Bei der Aufstellung der Bilanz muss das Inventar vorliegen, da die Bilanz eine Zusammenfassung des Inventars darstellt. Grundlage sowohl für das Inventar als auch für die Bilanz ist die Bestandsaufnahme (Inventur), in der die Vermögensgegenstände und die Schulden nach Art, Menge und Wert festgestellt werden. Sie unterscheiden sich nur durch die Art ihrer Darstellung.

Bilanzgleichungen

Die Bilanz (ital. „bilancia" = Waage) bedeutet die wertmäßige Gleichheit der Aktivseite und der Passivseite (siehe oben). Somit ergeben sich folgende Bilanzgleichungen:

Beurteilung der Bilanz

Mit der Aufstellung von Inventar und Bilanz werden die gesetzlichen Auflagen erfüllt. Diese Auflagen werden nicht von ungefähr gestellt. Hinter diesem formalen Akt steht das Bedürfnis der Öffentlichkeit, also z. B. des Finanzamtes als Steuerbehörde, der Banken als Kreditgeber und anderer an dem Unternehmen Interessierte (= Stakeholder), Auskunft über den Status des Unternehmens (z. B. Ausstattung mit Eigenkapital oder Höhe der Schulden) zu bekommen.

Über den Zustand (Status) des Unternehmens Rosner GmbH und dessen Erfolgsaussichten sind natürlich in besonderem Maße die Eigentümer/Gesellschafter selbst interessiert. Die Beurteilung der (Eröffnungs-)Bilanz ist daher auch für Herrn Rosner von Bedeutung.

Aus der Bilanz lassen sich wichtige Informationen über die Vermögens- und Kapitalsituation eines Unternehmens ziehen. Zur besseren Beurteilungs- und Vergleichsmöglichkeit werden zusammengehörende Bilanzpositionen nach bestimmten Gesichtspunkten aufbereitet.

Beispiel: Aufbereitete Bilanz

Aktiva	Aufbereitete Bilanz		Passiva
	€		€
Anlagevermögen	1.000.000,00	Eigenkapital	1.200.000,00
Umlaufvermögen	3.000.000,00	Fremdkapital	2.8000.000,00
Davon:		Davon:	
Forderungen	1.500.000,00	Langfristiges Fremdkapital	1.600.000,00
Flüssige Mittel	1.500.000,00	Kurzfristiges Fremdkapital	1.200.000,00
∑ Aktiva	4.000.000,00	∑ Passiva	4.000.000,00

Der Anteil des Eigenkapitals am Gesamtkapital ist besonders aussagekräftig, denn je höher der Anteil des Eigenkapitals ist, desto

- unabhängiger ist das Unternehmen von den Gläubigern, insbesondere den Banken,
- geringer ist die Zinsbelastung,
- besser werden Phasen überstanden, in denen die Geschäfte nicht so gut gehen.

Das Verhältnis von Anlagevermögen zum Umlaufvermögen wird in Unternehmen unter anderem dadurch bestimmt, ob das Unternehmen z. B. über eigene Servicefahrzeuge verfügt oder auf eigene Fahrzeuge verzichtet und diese mietet (Leasing). Wenn das Anlagevermögen im Verhältnis zum Umlaufvermögen wegen des Verzichts auf eigene Servicefahrzeuge geringer ausfällt, ist auch die Belastung des Unternehmens mit Fixkosten geringer.

Prozentuale Auswertung

Um die Aussagefähigkeit der aufbereiteten Bilanz zu erhöhen, werden Prozentsätze in die Bilanz eingetragen. Die Bilanzsumme wird dabei immer mit 100 % angesetzt; die einzelnen Bilanzposten werden in Prozent der Bilanzsumme ausgedrückt. Die Prozentzahlen lassen sich mithilfe des Dreisatzes wie folgt ermitteln:

Bilanzsumme =	100 %
Anlagevermögen =	?

$$\text{Gesuchter \%-Satz des Anlagevermögens} = \frac{100 \times \text{Anlagevermögen}}{\text{Bilanzsumme}}$$

Unterschiede zwischen Inventar und Bilanz

Die Bilanz unterscheidet sich vom Inventar nur durch Form und Umfang. Das Inventar wird in Staffelform erstellt, die Bilanz hat die Form eines T-Kontos. Im Gegensatz zum Inventar werden in der Bilanz Vermögen und Kapital des Unternehmens nicht mengenmäßig und detailliert aufgelistet. Die Bilanz fasst gleichartige Vermögensteile und gleichartige Kapitalteile zu einzelnen Bilanzpositionen zusammen. Das Inventar muss vom Unternehmer (Kaufmann) nicht unterschrieben werden. Im Gegensatz dazu ist die Unterschrift des Unternehmers (Kaufmanns) bei der Bilanz zwingend vorgeschrieben.

Zusammenfassung

Darstellung der Vermögens- und Kapitalsituation in Inventar und Bilanz			
Inventur	**Inventurverfahren**	**Inventar**	**Bilanz**
Bezeichnet die Tätigkeit der körperlichen und buchmäßigen Aufnahme aller Vermögensteile und Schulden (Fremdkapital) eines Unternehmens zu einem bestimmten Zeitpunkt; bei der körperlichen Inventur werden Waren, Geschäftsausstattung, Fahrzeuge usw. durch Zählen, Messen, Wiegen und Schätzen nach Art, Menge und Preis erfasst. Andere Vermögenswerte (z. B. Forderungen) und Schulden (z. B. Darlehen) werden aus Buchführungsunterlagen (z. B. Auszüge aus Kundendateien, Bankauszüge) ermittelt. Alle Inventurbestände sind mit ihren Einstandspreisen zu bewerten. Wertminderungen (z. B. bei veralteter Ware, Abnutzung von Anlagegütern) sind angemessen zu berücksichtigen.	Als Inventurarten stehen dem Unternehmer die Stichtagsinventur (Inventur am Bilanzstichtag +/− 10 Tage), die verlegte Inventur (bis zu 3 Monate vor oder 2 Monate nach dem Bilanzstichtag) sowie die permanente Inventur (körperliche Bestandsaufnahme zu einem beliebigen Zeitpunkt) zur Verfügung.	Die Ergebnisse der Inventur werden im Inventar festgehalten. Es gliedert sich in die Abschnitte „Vermögen" (unterteilt nach Anlage- und Umlaufvermögen), „Schulden" (unterteilt in langfristige und kurzfristige Schulden) und „Ermittlung des Eigenkapitals". Die Vermögenswerte werden nach zunehmender Liquidität geordnet, die Schulden (Fremdkapital) nach ansteigender Fälligkeit. Das Eigenkapital ist die Differenz zwischen Vermögen und Schulden.	Gemäß § 242 HGB müssen Unternehmen nach Ablauf eines Geschäftsjahres neben dem Inventar eine Bilanz erstellen. Die Bilanz fasst gleichartige Positionen des Inventars zu einer bestimmten Position zusammen.
Bilanz im Kontoformat	**Aktivseite der Bilanz**	**Passivseite der Bilanz**	**Bilanz als Urkunde**
Die Bilanz wird im Konto-Format geführt. Die linke Seite heißt Aktiva, die rechte Seite nennt man Passiva.	Die Aktivseite enthält das Anlage- und Umlaufvermögen, das jeweils nach zunehmender Liquidität (Flüssigkeit) geordnet ist. Sie heißt auch Vermögens-, Mittelverwendungs- oder Investitionsseite.	Die Passivseite enthält das Eigen- und Fremdkapital. Sie ist nach zunehmender Fälligkeit geordnet. Sie heißt auch Kapital-, Mittelherkunfts- oder Finanzierungsseite.	Durch die Angabe von Datum und Ort sowie die Unterschrift des Firmeninhabers wird die Bilanz zur Urkunde.

8 Abschluss und Eröffnung des Hauptbuchs

➲ **Lernsituation 8: Das Hauptbuch zum Ende des Geschäftsjahres abschließen**

8.1 Abschluss des Hauptbuchs am Jahresende

Am Ende eines Geschäftsjahres, am 31. Dezember 20(0), sind alle Vermögens- und Kapitalkonten abzuschließen und die Salden auf das Schlussbestandskonto umzubuchen. Mit diesen Schlussbeständen stehen gleichzeitig die Eröffnungsbestände (EB) für das kommende Geschäftsjahr zur Verfügung.

Aufbau der Vermögens- und Kapitalkonten, siehe Seite 99 f.

Bekanntlich stehen die Schlussbestände auf den Vermögenskonten nach dem Saldieren auf der Haben-Seite, bei den Kapitalkonten ergeben sich die Schlussbestände auf der Soll-Seite. Als Gegenbuchung für den Saldo ist auf den Konten das Schlussbestandskonto (SB) anzugeben.

Das Geschäftsjahr muss sich nicht mit dem Kalenderjahr decken. Ein Unternehmen könnte z. B. auch die Zeit vom 1. April bis 31. März des nächsten Jahres als Geschäftsjahr wählen.

Vermögenskonten

Mehrungen — **Minderungen**

Soll		Betriebs- und Geschäftsausstattung			Haben
Datum	Text	€	Datum	Text	€
01.01.	EB	80.000,00	31.12.	SB	80.000,00
		80.000,00			80.000,00

Soll		Fahrzeuge			Haben
Datum	Text	€	Datum	Text	€
01.01.	EB	60.000,00	31.12.	SB	60.000,00
		60.000,00			60.000,00

Soll		Forderungen			Haben
Datum	Text	€	Datum	Text	€
01.01.	EB	20.000,00		Bank	4.000,00
				Kasse	1.000,00
			31.12.	SB	15.000,00
		20.000,00			20.000,00

Soll		Bank			Haben
Datum	Text	€	Datum	Text	€
01.01.	EB	27.000,00		Verbin.	2.000,00
	Kasse	6.000,00		Darl.	20.000,00
	Forder.	4.000,00		Darl.	2.000,00
	Kasse	3.000,00		Verbin.	13.000,00
	Kasse	4.000,00	31.12.	SB	11.000,00
	Kasse	4.000,00			
		48.000,00			48.000,00

Soll		Kasse			Haben
Datum	Text	€	Datum	Text	€
01.01.	EB	18.800,00		Bank	6.000,00
	Forder.	1.000,00		Bank	3.000,00
				Bank	4.000,00
				Bank	4.000,00
				SB	2.800,00
			31.12.		19.800,00
		19.800,00			19.800,00

Kapitalkonten

Minderungen — **Mehrungen**

Soll		Betriebs- und Geschäftsausstattung			Haben
Datum	Text	€	Datum	Text	€
31.12.	SB	133.800,00	01.01.	EB	103.800,00
				Darl.	30.000,00
		133.800,00			133.800,00

Soll		Darlehen			Haben
Datum	Text	€	Datum	Text	€
	Bank	20.000,00	01.01.	EB	70.000,00
	Bank	2.000,00			
	Eig.ka.	30.000,00			
	SB	18.000,00			
31.12.		70.000,00			
					70.000,00

Soll		Verbindlichkeiten			Haben
Datum	Text	€	Datum	Text	€
	Bank	2.000,00	01.01.	EB	32.800,00
	Bank	13.000,00			
31.12.	SB	17.800,00			
		32.800,00			32.800,00

Soll		Schlussbestandskonto			Haben
Datum	Text	€	Datum	Text	€
31.12.	BGA	80.000,00	31.12.	Eigenkapital	133.000,00
31.12.	Waren	60.000,00	31.12.	Darlehen	18.000,00
31.12.	Forderungen	15.000,00	31.12.	Verbindlichkeiten	17.800,00
31.12.	Bank	11.000,00			
31.12.	Kasse	2.800,00			
		168.800,00			168.800,00

Summen- und Saldenliste

Der Kontenabschluss im Hauptbuch wird in der Praxis nicht unmittelbar auf den dortigen Konten vorgenommen, sondern in einer Art Probeabschluss zunächst in einer Nebenrechnung durchgeführt. In einem ersten Schritt werden alle Konten des Hauptbuches in einer Summenliste erfasst. In einer Nebenrechnung werden dann die Beträge der Soll-Seite und die Beträge der Haben-Seite der Hauptbuchkonten addiert und die Summen in die Liste eingetragen. Die Summe aller Soll-Beträge muss gleich der Summe aller Haben-Beträge sein. Stimmen die Summen nicht überein, ist entweder falsch addiert worden oder falsche Beträge wurden gebucht. Außerdem ist es möglich, dass formal nicht richtig gebucht wurde, z. B. könnte bei einem Geschäftsvorgang zweimal im Soll gebucht worden sein.

Summenliste		Summen in €		Salden in €	
Nr.	Konto	Soll	Haben	Soll	Haben
1	Fuhrpark	...	...		...
2	Geschäftsausstattung	...	...		...
3	Forderungen	...	...		...
4	Bank	22.002,00	16.881,00		5.121,00
...					
7	Verbindlichkeiten	34.013,00	42.104,00	8.091,00	
usw.					
	Summe	1.456.789,00	1.456.789,00	808.917,00	808.917,00

Eine weitere Möglichkeit der Kontrolle innerhalb eines Probeabschlusses sind Saldenlisten. Sie werden aus den Summenlisten gewonnen, indem man die Werte der Soll-Seite und die Werte der Haben-Seite saldiert. Die Salden stellen die Schlussbestände auf den Konten dar. Addiert man alle Salden, müssen die Beträge ebenfalls übereinstimmen, wenn richtig gebucht worden ist.

Nach dieser vorläufigen Abstimmung der Zahlen des Hauptbuches werden die Konten abgeschlossen. In der Praxis sammeln sich auf den Konten im Laufe eines Geschäftsjahres zahllose Buchungen an. In der Schulbuchführung kann dieses umfangreiche Zahlenmaterial nur ausnahmsweise dargestellt werden. Für Unterrichtszwecke genügt es, mit den Kontensummen der Summenliste zu arbeiten und die ermittelten Salden zu verwerten.

Beispiel: Konto „Bank" aus der Summenliste (siehe oben)

Mehrungen — **Minderungen**

Soll			Bank			Haben
Datum	Text	€		Datum	Text	€
Jan.–Dez.	Summe	22.002,00		Jan.–Dez.	Summe	16.881,00
				31.12.	Schlussbestandskonto (SBK)	5.121,00
		22.002,00				22.002,00

Arbeitsschritte
1. Übertragung der Kontensummen aus der Summenliste (22.002,00 € S, 16.881,00 € H)
2. Der Betrag der größeren Kontenseite bildet die Kontensumme (22.002,00 €).
3. Übernahme des Saldos aus der Saldenliste (5.121,00 €)
4. In der Spalte „Text" wird sofort das Gegenkonto für den Saldo angegeben (SBK).

Kontenabschluss

Das System der doppelten Buchführung verlangt für jede Buchung eine Gegenbuchung. Der Eintrag eines Saldos auf einer Kontenseite stellt eine Buchung dar (im Beispiel oben eine Haben-Buchung). Folglich ist eine zweite Buchung erforderlich (im Beispiel muss eine Soll-Buchung vorgenommen werden). Für die Schlussbestände auf den Vermögens- und Kapitalkonten wird als Gegenkonto das Schlussbestandskonto (SBK) verwendet. Es enthält auf der Soll-Seite die Vermögens- und auf der Haben-Seite die Kapitalkonten.

Beispiel:

Soll			Bank			Haben
Datum	Text	€	Datum	Text	€	
Jan.–Dez.	Summe	22.002,00	Jan.–Dez.	Summe	22.002,00	
			31.12.	SBK	5.121,00	← Haben-Buchung

22.002,00
– 16.881,00
= 5.121,00

Soll		Schlussbestandskonto		Haben		
Datum	Text	€	Datum	Text	€	
01.07.	BGA	12.400,00				
12.07.	Kraftstoff	32.800,00				
12.07.	Forderungen	15.400,00				
Soll-Buchung → 12.07.	Bank	5.121,00				

Buchungssatz: SBK Soll 5.121,00 €
Bank Haben 5.121,00 €

Den letzten Schritt der Abschlussbuchungen stellt also die Buchung der Abschlusssalden aller Vermögens- und Kapitalkonten auf das Schlussbestandskonto dar.

Abschluss des Vermögens- und Kapitalkonten

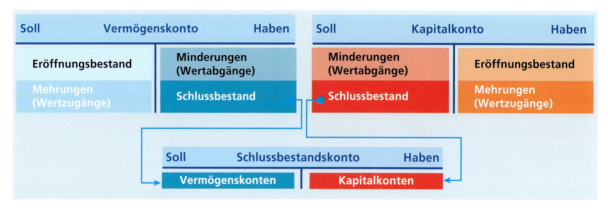

Abschlussbuchungen im Grundbuch

Jahr 20(0)			Grundbuch			
			Konten		Betrag	
Datum	Beleg	Buchungstext	Soll	Haben	Soll	Haben
31.12.		**Vermögenskonten**				
			SBK		152.400,00	
				BGA		30.000,00
				Waren		90.000,00
				Forderungen		10.000,00
				Bank		22.000,00
				Kasse		400,00

Fortsetzung des Grundbuchs von der vorigen Seite:

Jahr 20(0)			Grundbuch			
			Konten		Betrag	
Datum	Beleg	Buchungstext	Soll	Haben	Soll	Haben
			Kapitalkonten			
			Kapitalkonten			
				SBK		
				Betragskontrolle		

Die Abschlussbuchungen können als zusammengesetzte Buchungssätze erfasst werden. Die Soll- und Haben-Buchungen auf dem Schlussbestandskonto werden in einer Summe aufgeschrieben; nur die Schlussbestände auf den jeweiligen Konten werden einzeln aufgeführt.

Soll-Ist-Abgleich

Die Buchwerte (Soll-Werte) des Schlussbestandskontos müssen stets mit den Werten des Inventars (Ist-Werte) des betreffenden Geschäftsjahres übereinstimmen. Auf der Grundlage des Inventars wird die Schlussbilanz erstellt. Das Schlussbestandskonto hingegen ist das Abschlusskonto des Hauptbuches.

8.2 Eröffnung des Hauptbuchs am Jahresanfang

Zu Beginn des Geschäftsjahres werden alle Bestandskonten im Hauptbuch mit den Schlussbeständen des Vorjahres (siehe Schlussbestandskonto) wieder eröffnet, d. h., alle Schlussbestände des Vorjahres werden als Eröffnungsbestände des neuen Jahres auf den entsprechenden Konten gebucht. Auch hier gilt der Grundsatz:

 Keine Buchung ohne Gegenbuchung!

Auf den Vermögenskonten stehen die Anfangsbestände im Soll. Das heißt, dass die Gegenbuchung im Haben erfolgt. Auf den Kapitalkonten stehen die Anfangsbestände im Haben – es muss daher im Soll gegengebucht werden. Damit die Gegenbuchung jeweils möglich wird, wurde eigens für diesen Zweck das Eröffnungsbestandskonto (EBK) im Hauptbuch eingerichtet. Die **Systematik der doppelten Buchführung** bleibt also auch bei den Eröffnungsbuchungen erhalten.

Beispiel:
Schlussbestandskonto des Jahres 20(0)

Soll		Schlussbestandskonto (SBK)			Haben
Datum	Text	€	Datum	Text	€
31.12.	Fahrzeuge	110.100,00	31.12.	Eigenkapital	180.000,00
31.12.	BGA	124.000,00	31.12.	Darlehen	126.000,00
31.12.	Forderungen	38.050,00	31.12.	Verbindlichkeiten	17.300,00
31.12.	Bankguthaben	41.525,00			
31.12.	Kasse	9.625,00			
		323.300,00			323.300,00

Eröffnung der Hauptbuchkonten am 02.01.20(+1)

Soll		Eröffnungsbestandskonto (EBK)			Haben
Datum	Text	€	Datum	Text	€
02.01.	Eigenkapital	180.000,00	02.01.	Fahrzeuge	110.100,00
02.01.	Darlehen	126.000,00	02.01.	BGA	124.000,00
02.01.	Verbindlichkeiten	17.300,00	02.01.	Forderungen	38.050,00
			02.01.	Bankguthaben	41.525,00
			02.01.	Kasse	9.625,00
		323.300,00			323.300,00

Vermögenskonten

Soll		Fahrzeuge			Haben
Datum	Text	€	Datum	Text	€
02.01.	EB	110.100,00			

Soll		Betriebs- und Geschäftsausstattung			Haben
Datum	Text	€	Datum	Text	€
02.01.	EB	124.000,00		SB	

Kapitalkonten

Soll		Eigenkapital			Haben
Datum	Text	€	Datum	Text	€
			02.01.	EB	180.000,00

Soll		Darlehen			Haben
Datum	Text	€	Datum	Text	€
			02.01.	EB	126.000,00

Eröffnungsbuchungen im Grundbuch

Jahr 20(0)			Grundbuch			
Datum	Beleg	Buchungstext	Konten		Betrag	
			Soll	Haben	Soll	Haben
01.01.		Vermögenskonten				
			Fahrzeuge		110.100,00	
			BGA		124.000,00	
			Forderungen		38.050,00	
			Bankguthaben		41.525,00	
			Kasse		9.625,00	
				EBK		323.300,00
		Kapitalkonten				
			EBK		323.300,00	
				Eigenkapital		180.000,00
				Darlehen		126.000,00
				Verbindlichkeiten		17.300,00
		Betragskontrolle				

Der Weg von der Eröffnungsbilanz zur Schlussbilanz

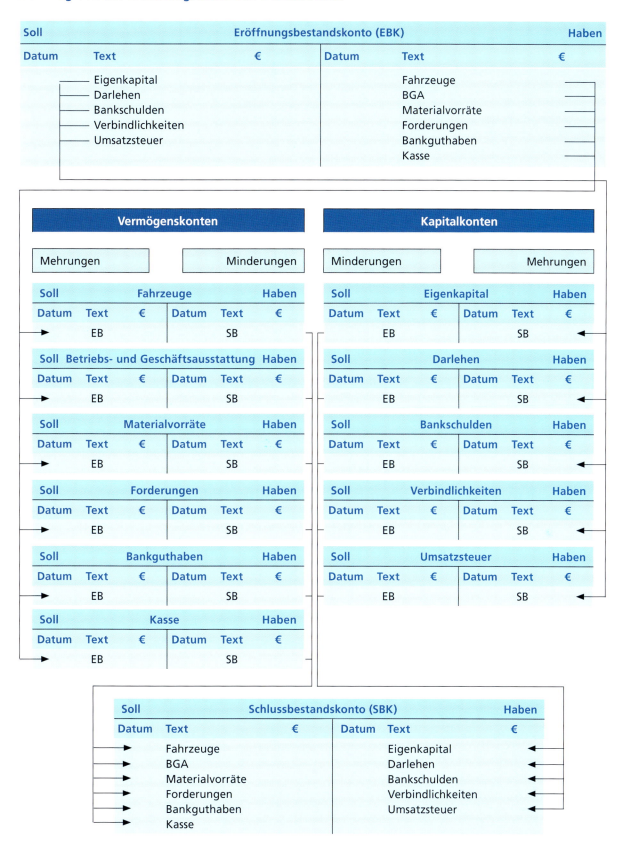

Zusammenfassung

Abwicklung von Kontenabschluss und Konteneröffnung im Jahreswechsel			
Summenlisten	**Saldenliste**	**Soll-Ist-Abgleichung**	**Inventurdifferenzen**
Der Kontenabschluss im Hauptbuch wird nicht unmittelbar auf den dortigen Konten vorgenommen, sondern in einer Art „Probeabschluss" zunächst in einer Nebenrechnung durchgeführt, d. h., dass zunächst alle Konten eines Hauptbuches in eine Summenliste eingetragen werden.	Durch Saldieren der Summen in der Summenliste entsteht die Saldenliste. Sie enthält die Buchwerte (Soll-Werte) der Vermögens- und Kapitalkonten.	Die Buchwerte (Soll-Werte) des Schlussbilanzkontos als Abschlusskonto der Vermögens-und Kapitalkonten müssen stets mit den Werten des Inventars (Ist-Werte) des betreffenden Geschäftsjahres übereinstimmen. Auf der Grundlage des Inventars wird die Schlussbilanz erstellt.	Bei Differenzen zwischen den Inventurwerten (Ist-Werten) und den Buchwerten (Soll-Werten) müssen die Buchwerte durch Korrekturbuchen an die Inventurwerte angepasst werden. Erst dann können die Konten des Hauptbuchs über das Schlussbestandskonto abgeschlossen werden.

Konteneröffnung/Kontenabschluss	Buchungen im Jahresverlauf
Eröffnungsbestandskonto (EBK) und Schlussbestandskonto (SBK) sind Konten des Hauptbuches. Bei der Konteneröffnung wird auf dem Eröffnungsbestandskonto gegengebucht. Die Gegenbuchung der Abschlusssalden aller Vermögens- und Kapitalkonten erfolgt auf dem Schlussbestandskonto (SBK). Die Summe der Soll-Seite entspricht der Summe der Haben-Seite.	Im Grundbuch werden die Geschäftsfälle im Jahresverlauf in der folgenden (zeitlichen) Reihenfolge festgehalten: I. Eröffnungsbuchungen II. Laufende Buchungen III. Vorbereitende Abschlussbuchungen IV. Abschlussbuchungen

9 Vergleich und Auswertung der Jahresbilanzen

⊃ **Lernsituation 9: Die aktuelle Bilanz mit der Vorjahresbilanz vergleichen**

9.1 Bilanzgleichungen

In der Bilanz müssen die Aktiv- und die Passivseite wertmäßig übereinstimmen. Somit ergeben sich folgende Bilanzgleichungen:

	Beispielzahlen in €
Bilanzsumme = Summe der Aktiva = Summe der Passiva	688.000,00 = 688.000,00
Aktiva = Passiva	688.000,00 = 688.000,00
Vermögen = Kapital	688.000,00 = 688.000,00
Vermögen = Eigenkapital + Fremdkapital	688.000,00 = 240.800,00 + 447.200,00
Vermögen – Fremdkapital = Eigenkapital	688.000,00 – 447.200,00 = 240.800,00
Anlagevermögen + Umlaufvermögen = Eigenkapital + Fremdkapital	380.000,00 + 308.000,00 = 240.800,00 + 447.200,00

Beispiel: Bilanz der SANTOS Sanitätshaus GmbH

Aktiva		Bilanz			Passiva
		€			€
I.	**Anlagevermögen**		I.	**Eigenkapital**	240.800,00
	1. Fahrzeuge	120.000,00	II.	**Fremdkapital**	
	2. Betriebs- u. Geschäftsausstattung	260.000,00	II.1	Langfristiges Fremdkapital	
II.	**Umlaufvermögen**			Darlehen	332.200,00
	1. Warenvorräte	44.000,00	II.2	Kurzfristiges Fremdkapital	
	2. Forderungen	113.000,00		Verbindlichkeiten	115.000,00
	3. Bankguthaben	150.000,00			
	4. Kasse	1.000,00			
		688.000,00			688.000,00

Ort, Datum	Unterschrift

9.2 Veränderungsbilanz

Die Veränderungsbilanz stellt die Bilanzzahlen mehrerer Jahre systematisch gegenüber. In einer separaten Spalte wird die Veränderung jeder Bilanzposition festgehalten. Man spricht in solchen Fällen auch vom Zeitvergleich der Bilanzen. Durch diesen Vergleich erhält das Unternehmen ein genaues Bild über die Höhe der Veränderungen bei Vermögen und Kapital. Ferner werden auch Verschiebungen (Wertbewegungen) auf der Aktiv- und Passivseite deutlich.

Aktiva			Veränderungsbilanz				Passiva
	Wert 20(-1)	Wert 20(0)	Veränderung in €		Wert 20(-1)	Wert 20(0)	Veränderung in €
Fuhrpark	102.144,00	118.860,00	16.716,00	Eigenkapital	175.360,00	235.466,00	60.106,00
BGA	227.355,00	234.555,00	7.200,00	Darlehen	293.000,00	295.000,00	2.000,00
Waren	83.300,00	94.578,00	11.278,00	Verbindlichkeiten	330.048,00	283.735,00	–46.313,00
Forderungen	214.785,00	234.664,00	19.879,00	Bankschulden	42.059,00	77.781,00	35.722,00
Bank	210.450,00	207.436,00	–3.014,00				
Kasse	2.433,00	1.889,00	544,00				
	840.467,00	891.982,00	51.515,00		840.467,00	891.982,00	51.515,00

9.3 Aufbereitete Bilanz

Aus der Bilanz lassen sich wichtige Informationen über die Vermögens- und Kapitalsituation eines Unternehmens ziehen. Zur besseren Beurteilungs- und Vergleichsmöglichkeit werden zusammengehörige Bilanzpositionen nach bestimmten Gesichtspunkten aufbereitet.

Prozentuale Auswertung der aufbereiteten Bilanz

Um die Aussagefähigkeit der aufbereiteten Bilanz zu erhöhen, werden Prozentsätze in die Bilanz eingetragen. Die Bilanzsumme wird immer mit 100 % angesetzt; die einzelnen Bilanzposten werden in Prozent der Bilanzsumme ausgedrückt. Die Prozentzahlen lassen sich mithilfe des Dreisatzes ermitteln.

Beispiel:
Bilanzsumme = 100 %
Anlagevermögen = ?
Gesuchter Prozentsatz des Anlagevermögens = $\dfrac{100 \times Anlagevermögen}{Bilanzsumme}$

Beispiel:

Aktiva	Aufbereitete Bilanz zum 31. Dezember 20(0)			Passiva	
	€	%		€	%
Anlagevermögen	1.000.000,00	25,00	Eigenkapital	1.200.000,00	30,00
Umlaufvermögen	3.000.000,00	75,00	Fremdkapital	2.800.000,00	70,00
Bilanzsumme	4.000.000,00	100,00	Bilanzsumme	4.000.000,00	100,00

Bildung von betriebswirtschaftlichen Kennziffern mithilfe der aufbereiteten Bilanz

Damit das Unternehmen notwendige Informationen für die Geschäftspolitik aus der Bilanz leichter gewinnen kann, werden mithilfe der aufbereiteten Bilanz verschiedene Kennziffern gebildet. Dabei unterscheidet man:

- **Vertikale (senkrechte) Kennziffern:** Sie betrachten das Verhältnis von Zahlen auf einer Bilanzseite, z.B. von Anlagevermögen zum Gesamtvermögen auf der Aktivseite (Vermögensaufbau).
- **Horizontale (waagerechte) Kennziffern:** Sie bilden Beziehungen zwischen Zahlen auf der Aktiv- und Passivseite der Bilanz, z.B. zwischen dem Eigenkapital und dem Anlagevermögen (Eigenfinanzierungsgrad).

Vermögensaufbau

Die Zahlen in den Formeln beziehen sich auf die aufbereitete Bilanz oben.

Die Vermögensseite der Bilanz ist die Aktivseite. Die Aktivseite gibt Auskunft über den Aufbau des Vermögens (Vermögensstruktur). In diesem Zusammenhang wird das Verhältnis von Anlagevermögen und Umlaufvermögen zum Gesamtvermögen untersucht.

$$\text{Anteil des Anlagevermögens} = \frac{100 \times \text{Anlagevermögen}}{\text{Gesamtvermögen}} = \frac{100 \times 1.000.000,00\ €}{4.000.000,00} = 25\ \%$$

$$\text{Anteil des Umlaufvermögens} = \frac{100 \times \text{Umlaufvermögen}}{\text{Gesamtvermögen}} = \frac{100 \times 3.000.000,00\ €}{4.000.000,00} = 75\ \%$$

Beurteilung des Vermögensaufbaus des Unternehmens

Die Kennziffer 25 % bedeutet z.B., dass das Anlagevermögen 25 % des Gesamtvermögens beträgt. Je niedriger der Anteil des Anlagevermögens am Gesamtvermögen ist, desto günstiger ist die wirtschaftliche Basis für ein Unternehmen; denn das Anlagevermögen stellt lediglich eine notwendige Voraussetzung für die Erzielung von Umsätzen dar. Es muss aus Kostengründen niedrig gehalten werden. Das Umlaufvermögen ist der gewinnbringende Teil der Aktivseite; es sollte daher im Vergleich zum Anlagevermögen wesentlich höher sein. Ein niedriges Anlagevermögen bedeutet für das Unternehmen u. a.:

- Weniger gebundenes Kapital
- Niedrige Aufwendungen für Instandhaltung des Anlagevermögens (z.B. Reparaturen am Geschäftshaus)
- Niedrige Aufwendungen = Voraussetzung für einen höheren Gewinn

Anlagendeckung

Bei der Frage nach der Anlagendeckung handelt es sich um eine horizontale Betrachtungsweise der Bilanzstruktur, d. h., es wird das Verhältnis zwischen Anlagevermögen (Aktivseite) und Eigenkapital (Passivseite) geprüft. Da das Anlagevermögen dem Unternehmen langfristig dient, verlangt dies auch eine langfristige Finanzierungsform. Die Kennziffer „Anlagendeckung" setzt Eigenkapital und Anlagevermögen in Beziehung.

$$\text{Anlagendeckung} = \frac{\text{Eigenkapital}}{\text{Anlagevermögen}} = \frac{1.200.000,00\ €}{1.000.000,00\ €} = 1{,}2$$

Das bedeutet, dass das Eigenkapital 1,2-mal größer ist als das Anlagevermögen.

Beurteilung der Anlagendeckung des Unternehmens

Je höher der Wert der Anlagendeckung ist, desto günstiger ist dies für ein Unternehmen, weil das langfristige Anlagevermögen auch langfristig (durch das Eigenkapital) finanziert wird. Ein Teil des kurzfristigen Umlaufvermögens ist sogar noch durch das langfristige Eigenkapital gedeckt.

Ein hoher Wert der Anlagendeckung bedeutet für ein Unternehmen u. a.:
- Es wird weniger Fremdkapital zur Bezahlung von Waren gebraucht.
- Das Unternehmen ist von seinen Lieferern unabhängiger, weil es Lieferantenrechnungen pünktlich bezahlen kann und somit nicht längerfristig an bestimmte Lieferer gebunden ist.

Finanzierung

Die Finanzierungsseite der Bilanz ist die Passivseite, d. h., bei der Finanzierung geht es um die Kapitalausstattung eines Unternehmens. In diesem Zusammenhang wird das Verhältnis von Eigenkapital zum Gesamtkapital untersucht.

$$\text{Eigenfinanzierungsgrad} = \frac{100 \times \text{Eigenkapital}}{\text{Gesamtkapital}} = \frac{100 \times 1.200.000,00\ €}{4.000.000,00\ €} = 30\ \%$$

Das bedeutet, dass das Eigenkapital einen Anteil von 30 % am Gesamtkapital hat.

Beurteilung der Finanzierung eines Unternehmens

Je höher die Eigenfinanzierung ist, desto besser ist die wirtschaftliche Situation für ein Unternehmen. Ein hoher Eigenfinanzierungsgrad bedeutet u. a.:
- Geringe Belastung mit Fremdkapitalzinsen
- Hohe Zahlungsbereitschaft
- Unabhängigkeit von Kreditgebern (Banken) in wirtschaftlich schlechter Zeit

Zusammenfassung

Abwicklung von Kontenabschluss und Konteneröffnung im Jahreswechsel			
Aufbereitete Bilanzen	**Veränderungsbilanz**	**Vermögensaufbau**	**Anlagendeckung**
Weisen auf der Aktivseite das Anlage- und Umlaufvermögen und auf der Passivseite das Eigenkapital und das (lang- und kurzfristige) Fremdkapital jeweils in einer Summe aus	Stellt die Bilanzzahlen mehrerer Jahre systematisch gegenüber; mithilfe der Veränderungsbilanz werden im Zeitvergleich Veränderungen auf der Aktiv- und Passivseite verdeutlicht	Zeigt das Verhältnis von Anlagevermögen und Umlaufvermögen zum Gesamtvermögen auf	Verdeutlicht das Verhältnis von Eigenkapital zum Anlagevermögen

Finanzierung
Ist das Verhältnis von Eigenkapital und Fremdkapital zum Gesamtkapital

10 Kontenrahmen und Kontenplan

Kontenrahmen, siehe Anhang S. 396 f.

➔ **Lernsituation 10: Die Konten nach dem Kontenrahmen ordnen**

Im Rechnungswesen eines Unternehmens werden zahlreiche Konten geführt, die nach einem System geordnet werden sollten, damit ein einfacher Zugriff auf diese Konten möglich ist. Ohne eine systematische Ordnung würde bald die Übersicht verloren gehen. Solche Ordnungssysteme kennen wir z. B. in Form des Postleitzahlensystems.

Früher konnte ein Unternehmen seine Buchführung nach eigenem Ermessen aufbauen und die Konten nach Art, Bezeichnung und Anzahl selbst bestimmen. Dadurch herrschte in den Buchhaltungen der Unternehmen eine Vielzahl unterschiedlicher Ordnungssysteme, die einerseits oft einen Vergleich mit früheren Rechnungsperioden (Zeitvergleich) erschwerte und andererseits Vergleiche mit anderen Unternehmen gleicher Branche (Betriebsvergleich) unmöglich machte.

Die Buchhaltung soll jedoch mithilfe der Konten die Grundlagen schaffen für Zeit- und Betriebsvergleiche sowie für den nach den gesetzlichen Gliederungsvorschriften zu erstellenden Jahresabschluss. Dazu braucht das Unternehmen den Kontenrahmen. Dieses Kontenordnungssystem gliedert die Konten nach bestimmten Gesichtspunkten, bezeichnet sie einheitlich, gestaltet sie für die EDV datengerecht und berücksichtigt die Belange verschiedener Branchen.

Bilanzrichtliniengesetz

Damit für die Unternehmen eine einheitliche Darstellung erfolgt, haben die Spitzenverbände der Unternehmen der Industrie, des Handels usw. einheitliche und übersichtliche Kontenrahmen herausgegeben. Diese Kontenrahmen entsprechen den Bestimmungen des Bilanzrichtliniengesetzes (BiRiLiG), insbesondere den Gliederungsvorschriften für den Jahresabschluss, d. h., die Kontenbezeichnungen stimmen mit den Posten der Bilanz (§ 266 HGB) und der Gewinn- und Verlustrechnung (§ 275 HGB) überein.

Im Modellunternehmen Rosner GmbH wird der Industriekontenrahmen (IKR) verwendet, der auch in den Abschlussprüfungen zugrunde liegt.

Aufbau des Kontenrahmens

Der Kontenrahmen IKR ist wie auch alle anderen Kontenrahmen nach dem Zehnersystem (deweysche Dezimalklassifikation) aufgebaut. Die Konten werden nach Sachgruppen geordnet in Kontenklassen eingeteilt.

Industriekontenrahmen IKR

Kontenklasse	Konteninhalte	
0	Anlagevermögen: Sachanlagen	
1	Anlagevermögen: Finanzanlagen	Der Kontenrahmen ist nach dem Abschlussgliederungsprinzip aufgebaut, d. h., die Gliederung entspricht in der Reihenfolge der Kontenklassen 1–7 den einzelnen Positionen in der Jahresbilanz und in der Erfolgsrechnung. Die Zuordnung der Konten erfolgt nach der Struktur der Bilanz in aktive und passive Bestandskonten sowie nach der Struktur der Gewinn- und Verlustrechnung in Ertragskonten und Aufwandskonten. Der Abschluss der Bestandskonten geschieht über das Schlussbestandskonto und der Abschluss der Erfolgskonten über das Konto Unternehmensergebnis (GuV) in der Kontenklasse 8.
2	Umlaufvermögen	
3	Eigenkapital und Rückstellungen	
4	Verbindlichkeiten	
5	Erträge	
6	Betriebliche Aufwendungen	
7	Weitere Aufwendungen	
8	Ergebnisrechnungen	
9	Kosten- und Leistungsrechnung	

Erläuterung der Kontenklassen

Kontenklasse	Konteninhalte		
0	Anlagevermögen: Sachanlagen	Die Kontenklasse 0 bildet die Grundlage der Unternehmenstätigkeit. Sie enthält die Konten für die Sachanlagen (Grundstücke und Gebäude, Umschlagsanlagen, Betriebs- und Geschäftsausstattung)	Aktive Bestandskonten
1	Anlagevermögen: Finanzanlagen	In dieser Klasse werden die langfristigen Finanzanlagen des Unternehmens ausgewiesen, z. B. die Kapitalbeteiligung an anderen Unternehmen.	Aktive Bestandskonten
2	Umlaufvermögen	Das Umlaufvermögen umfasst insbesondere Vorräte an Waren, Forderungen aus Lieferungen und Leistungen, Vorsteuer und flüssige Mittel (Bank, Postbank, Kasse).	Aktive Bestandskonten
3	Eigenkapital und Rückstellungen	Diese Klasse enthält die Eigenkapitalkonten der Einzelhandelsunternehmung und die Privatkonten der Eigentümer.	Passive Bestandskonten

Konten-klasse	Konteninhalte		
4	Verbindlichkeiten	In dieser Kontenklasse werden alle kurzfristigen und langfristigen Verbindlichkeiten gegenüber den Banken, dem Finanzamt, den Lieferern und anderen Gläubigern erfasst.	Passive Bestandskonten
5	Erträge	Die Konten der Klasse 5 enthalten in erster Linie die betrieblichen Erträge (Umsatzerlöse), aber auch sonstige Erträge, z.B. Mieterträge und Zinserträge.	Erfolgskonten
6	Betriebliche Aufwendungen	Die Konten der Klassen 6 und 7 erfassen den Aufwand für Waren und alle betrieblichen Aufwendungen z.B. Personalaufwand, Miete, Werbung usw. sowie die außerordentlichen (ungewöhnlichen, seltenen) Aufwendungen.	Erfolgskonten
7	Weitere Aufwendungen		Erfolgskonten
8	Ergebnisrechnungen	Die Konten der Klasse 8 dienen der Eröffnung und dem Abschluss der Konten der Kontenklassen 1–7. 8000 Eröffnungsbilanzkonto (EBK) 8010 Schlussbilanzkonto (SBK) 8020 Unternehmensergebnis (GuV)	Abschlusskonten
9	Kosten- und Leistungsrechnung	Die Kosten- und Leistungsrechnung wird häufig außerhalb der Finanzbuchhaltung durchgeführt.	

Kontengruppen und Kontenarten

Die Kontenklassen werden weiter unterteilt in Kontengruppen. Will ein Unternehmen z.B. seine verschiedenen Bankkonten der Kontenklasse 2 (Umlaufvermögen) zuordnen, findet es in der Klasse 2 die Kontengruppe 28 Flüssige (liquide) Mittel. Sie kann weiter unterteilt werden in Kontenarten (z.B. 288 Kasse, 285 Postgiro, 280 Banken und Sparkassen).

Kontonummern

Die Kontonummer gibt die Kontenrahmengliederung (Kontenklasse, Kontengruppe und Kontenart) wieder. Aus dieser Nummer sind die Kontenklasse 2 (Umlaufvermögen), die Kontengruppe (28 Flüssige Mittel) und die Kontenart (280 Banken und Sparkassen) des Kontos ersichtlich.

Die Kontenbezeichnung durch Kontonummern vereinfacht die Buchungen im Grundbuch und im Hauptbuch, da nicht mehr die Namen der Konten, sondern nur noch ihre Nummern genannt werden müssen. So kann z.B. statt „Forderungen an Umsatzerlöse" vereinfacht „2400 an 5000" gebucht werden.

Kontenplan

Während der Kontenrahmen IKR eine einheitliche Grundordnung für alle Unternehmen der Branche bildet, werden auf der betrieblichen Ebene aus dem Kontenrahmen individuelle Kontenpläne entwickelt, die auf die besonderen betrieblichen Belange abgestellt werden (Betriebsgröße, Struktur, Rechtsform).

Auf diese Weise lässt sich die Kontenuntergliederung fortführen, bis die Unterteilung in die Kontenunterarten den speziellen Bedürfnissen des einzelnen Betriebes entspricht. So könnte man z.B. die Konten der einzelnen Kreditinstitute solchen Kontenunterarten zuordnen (siehe nebenstehendes Beispiel).

Beispiel:
Aus der Kontennummer 28001 erkennt man:

Kontenrahmen	
Kontenklasse	2 Umlaufvermögen
Kontengruppe	28 Flüssige Mittel
Kontenplan	
Kontenart	280 Banken und Sparkassen
Kontenunterart	28001 x-Bank
	28002 y-Bank
	28003 Sparkasse A
	28004 Sparkasse B

Wenn sich ein Unternehmen auf der Grundlage des Kontenrahmens einen Kontenplan erarbeitet, fällt es dem Steuerberater, dem Prüfer des Finanzamtes, aber auch dem Buchhalter leichter, Konten sofort zu finden und Betriebsvergleiche auf der Grundlage von Branchendurchschnittszahlen (z.B. als Gewinn- oder Umsatzvergleiche) durchzuführen.

EDV-Kontenrahmen

Wird beabsichtigt, den Kontenrahmen zugleich auch als EDV-Kontenrahmen zu verwenden, ist jedes Sachkonto des Hauptbuches mit einer fünfstelligen Kontennummer zu versehen (ggf. mit Nullen auffüllen). Die Debitoren- und Kreditorenkonten haben in der Regel sechsstellige Kontennummern.

Der Unterschied zwischen Kontenrahmen und Kontenplan stellt sich folgendermaßen dar:

Kontenrahmen	Kontenplan
Empfehlung für alle Unternehmen (z. B. Industrieunternehmen), ihre Konten nach einer einheitlichen Systematik zu gliedern und zu benennen	Abwandlung des Kontenrahmens auf die speziellen Bedürfnisse eines einzelnen Betriebes

Über die Ordnung der Konten nach dem Kontenplan hinaus lassen sich Konten noch einteilen in
- Personenkonten (Kunden-, Liefererkonten) und
- Sachkonten (Kasse, Bank, Forderungen, Verbindlichkeiten usw.).

Die Sachkonten wiederum gliedern sich in die Kontenarten:

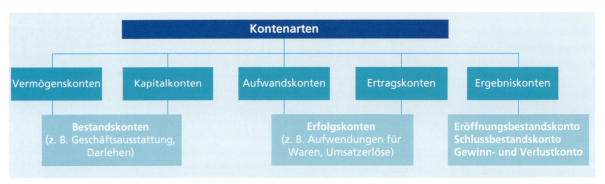

Zusammenfassung

Kontenrahmen und Kontenplan	
Kontenrahmen	**Kontenplan**
Die Buchhaltung soll mithilfe der Konten die Grundlagen für Zeit- und Betriebsvergleiche sowie für den nach den gesetzlichen Gliederungsvorschriften zu erstellenden Jahresabschluss schaffen. Dazu braucht der Unternehmer den Kontenrahmen. Der Kontenrahmen ist eine einheitliche Grundlage für alle Unternehmen eines Wirtschaftszweiges (Branche) zur Aufstellung betrieblicher Kontenpläne. Der Kontenplan wird von jedem Unternehmen individuell zusammengestellt.	Der Kontenplan eines Unternehmens ist „von oben nach unten" in Kontenklassen, Kontengruppen, Kontenarten und Kontenunterarten gegliedert.

11 Erfolgsvorgänge im betrieblichen Leistungsprozess: Erträge

⊃ Lernsituation 11: Kundenaufträge als Ertrag erfassen: Leistungsströme erfassen

11.1 Erfolgsorientierung der Unternehmen

Vorrangiges Ziel von Unternehmen ist die Produktion von Leistungen und deren Absatz bei den Kunden. Sind die Eigenschaften der Waren und Dienstleistungen geeignet, die Kundenwünsche optimal zu erfüllen, wird das Unternehmen erfolgreich am Markt operieren können. Das heißt: Erfolgreich ist das Unternehmen insbesondere dann, wenn die Kunden bereit sind, für die Waren und Dienstleistungen des Unternehmens Preise zu zahlen, die zumindest die Aufwendungen des Unternehmens decken und einen Gewinn abwerfen. Die Höhe des erwirtschafteten Gewinns dient daher häufig als Indikator für den Erfolg der Unternehmen.

Der Gewinn ist aber auch gleichzeitig Einkommensquelle für die Eigentümer der Unternehmen, denn sie haben den Unternehmen Kapital zur Verfügung gestellt, für das sie das Risiko des Verlustes übernehmen. Wenn sie außerdem diese Unternehmen führen, muss ihnen auch die Arbeitsleistung vergütet werden. Daher muss der Gewinn mindestens so hoch sein, dass

- die Arbeitsleistung des Inhabers bezahlt,
- das eingesetzte Eigenkapital ausreichend verzinst und
- eine Risikoprämie für das Eigenkapital gewährleistet ist, da es im Unternehmen weniger sicher angelegt ist als auf einer Bank.

Daher ist die Aussicht auf Gewinn die wesentliche Triebfeder für das unternehmerische Handeln. Die Ermittlung des Gewinns eines Rechnungsjahres ist durch einen Eigenkapitalvergleich möglich:

Eigenkapital am Ende des Geschäftsjahres 20(0)	1.340.000,00 €
– Eigenkapital am Anfang des Geschäftsjahres 20(0)	1.200.000,00 €
= Gewinn (als Steigerung des Eigenkapitals)	140.000,00 €

Die Ermittlung des Erfolges geschieht in einem Unternehmen allerdings umfangreicher, umfassender und detaillierter, um genaue Auskünfte über die Ursachen des Erfolges abgeben zu können. Die folgenden Ausführungen sollen einen ersten Einblick in die Ergebnisrechnung (Erfolgsrechnung) des Rechnungswesens der Unternehmung ermöglichen.

Bestandsrechnung (Wertströme: Geld- und Güterströme)

Bisher wurden ausschließlich Bestandskonten betrachtet. Sie geben Auskunft über den Bestand an Vermögenswerten und Kapital (= Bestandsrechnung). Buchungen, die nur die Bestandskonten betreffen, führen auch lediglich zu Bestandsveränderungen. Wenn z.B. der Kasse ein Geldbetrag entnommen und auf das Bankkonto eingezahlt wird, ändert sich das Vermögen des Unternehmens nicht, weil Geldbestände lediglich hin und her geschoben werden. Auch wenn gleichzeitig Vermögens- und Kapitalkonten betroffen sind, z.B. bei der Tilgung eines Darlehens durch Banküberweisung, ist das Eigenkapital des Unternehmens unmittelbar nicht betroffen.

Erfolgsrechnung (Leistungsströme)

In der Erfolgsrechnung wird dagegen deutlich, ob ein Unternehmen einen Gewinn erwirtschaften konnte. Dazu erfasst die Erfolgsrechnung alle Vorgänge, die mit dem Prozess der Erstellung und Vermarktung von Produkten, Waren, Dienstleistungen usw. im Zusammenhang stehen, und errechnet, ob dieser Prozess Gewinn abgeworfen hat.

Ein Gewinn ergibt sich, wenn der Wert, der für die Produkte am Markt erzielt wurde (= Output/Umsatzerlöse), höher ist als der Wert der Waren und Dienstleistungen, die in dem Produktions- und Leistungserstellungsprozess eingesetzt (Input) wurden.

Aufwendungen (Input)

Die oben stehende Darstellung zeigt also: Wenn die Rosner GmbH Waren und Fahrräder montieren und reparieren möchte, benötigt sie dazu Betriebsgebäude und entsprechend ausgerüstete Servicefahrzeuge. Für den Fall, dass das Unternehmen die Betriebsgebäude anmietet, muss es Miete bezahlen. Mitarbeiter, die es einstellt, wollen für ihre Arbeit ein Gehalt. Außerdem werden unter anderem Strom und Wasser von den Stadtwerken, der Telefonanschluss eines Telekommunikationsunternehmens, das Büromaterial vom Bürofachgeschäft und natürlich die Waren (Fahrräder, Freizeitbekleidung usw.) von Lieferern benötigt. Es entstehen also erhebliche Aufwendungen, bevor die Waren und Werkstattleistungen an den Kunden verkauft werden können. Der Wert dieser Aufwendungen wird in Euro angegeben.

Lernfeld 6 Wertströme erfassen und beurteilen

> **Aufwendungen** = Einsatz und Verbrauch von Gütern und Dienstleistungen in Euro (Input)

Beispiele für Aufwendungen des Unternehmens:

Geschäftsfall	Einsatz/Verbrauch einer Ware oder Dienstleistung (Aufwendungen)	Ziel
Miete wird durch Banküberweisung bezahlt	Nutzung der Büroräume	In diesem Büro werden z.B. Angebote an Kunden erstellt oder Löhne und Gehälter bearbeitet.
Gehaltszahlung an die Angestellten	Nutzung der Arbeitsleistung der Mitarbeiter	Die Mitarbeiter sind behilflich, den Verkauf von Waren und die Erstellung von Dienstleistungen kundengerecht durchzuführen.
Eine Rechnung über eine Werbeanzeige in der örtlichen Tageszeitung trifft ein.	Die Werbewirkung der Tageszeitung wird genutzt, um Kunden auf das Angebot des Unternehmens aufmerksam zu machen.	Kunden sollen auf das Unternehmen aufmerksam gemacht werden, damit sie die Produkte kaufen.
Eine Rechnung von einem Lieferer über gelieferte Waren geht ein.	Einkauf von Waren (Fahrrädern usw.), die den Ansprüchen der Kunden gerecht werden.	Die Zuverlässigkeit der Fahrräder usw. soll Kunden veranlassen, dem Unternehmen treu zu bleiben.

Aufwandskonten
Alle Aufwendungen werden unterschieden nach der Art des Aufwands auf entsprechend bezeichneten Aufwandskonten (siehe unten) gebucht. Die Buchung erfolgt im Soll als Input (siehe Grafik, Seite 161).

Soll		Aufwandskonto			Haben
Datum	Text	€	Datum	Text	€
	Aufwendungen im Soll				

Bei der Abwicklung der Kundenaufträge im Verkauf und der Werkstatt nimmt die Rosner GmbH eine Reihe von Leistungen von fremden Unternehmen (Lieferern, Versorgungsunternehmen usw.) in Anspruch und tritt mit dem Einkauf von Waren und Dienstleistungen gegenüber den Kunden in Vorleistung. Diese Vorleistungen sind Aufwand, weil sie beim Verkauf der Waren und der Erstellung der Werkstattleistungen eingesetzt bzw. verbraucht werden. Diese Aufwendungen werden nach ihrer Art unterschieden und auf den unten stehenden Aufwandskonten gebucht.

Aufwandskonto	Aufwandsart
Aufwendungen für Waren	Aufwendungen für die Beschaffung von Fahrrädern, Sportkleidung usw.
Personalaufwand	Löhne, Gehälter und Sozialabgaben
Fahrzeugaufwand	Treibstoffverbrauch, Reifenverbrauch, Kfz-Versicherung, Kfz-Steuer
Aufwendungen für gemietete Räume	Miete, Pacht, Reinigung, Energie
Abschreibungsaufwand	Wertminderungen des Anlagevermögens durch Abnutzung
Verwaltungsaufwand	Büromaterialverbrauch, Werbekosten, Kommunikationskosten

Erträge (Output)
Die Zielsetzung der Rosner GmbH ist der Verkauf von Produkten (Waren) und Leistungen (Werkstatt). Der durch den Verkauf der Waren und Leistungen erzielte Wert bestimmt im Wesentlichen den Erfolg eines Unternehmens. Der erfolgswirksame Wertezufluss wird als Ertrag bezeichnet.

> **Erträge** = erfolgswirksame Wertezuflüsse aus dem Verkauf von Waren und Dienstleistungen in Euro (Output)

Beispiel: Erträge der Rosner GmbH

Geschäftsfall	Erstellte Leistung: Dienstleistung (Ertrag)	Ziel
Verkauf von Fahrrädern	Ein Kunde wählt aus dem Fahrradsortiment ein City-Fahrrad aus.	Der Wunsch eines Kunden nach einem Fahrrad für die Innenstadt und kleine Ausflüge wird nach seinen Vorstellungen erfüllt.
Im Rahmen der Werkstattleistungen werden Fahrradreparaturen durchgeführt.	Ein Kunde lässt die Reparatur der Fahrradbremsen durchführen.	Die Dienstleistung führt zur Zufriedenheit des Kunden: Die Bremsen funktionieren wieder verkehrssicher.

Ertragskonten

Alle Erträge werden unterschieden nach Art des Ertrages auf entsprechend bezeichneten Ertragskonten (siehe unten) gebucht. Die Buchung erfolgt im Haben als Output (siehe Grafik, Seite 161).

Soll			Ertragskonto		Haben
Datum	Text	€	Datum	Text	€
				Erträge im Haben	

Ertragskonto	Ertragsart
Umsatzerlöse	Verkauf von Fahrrädern
	Verkauf von Sporttextilien
	Verkauf von Ersatzteilen und Zubehör
	Montage von Fahrrädern
	Reparaturen

Gewinn

Ein Unternehmen ist u. a. dann erfolgreich, wenn Gewinn erzielt wurde. Das bedeutet, dass der Aufwand für die Erstellung der Leistungen (Input) geringer ausgefallen ist als der Ertrag, der für den Verkauf (Umsatzerlöse) von Waren und Dienstleistungen (Output) erzielt werden konnte. Oder wenn der Wert, der für die Waren und Dienstleistungen am Markt erzielt wurde (= Output/Umsatzerlöse), höher ist als der Wert der Waren und Dienstleistungen, die in dem Produktions- und Leistungserstellungsprozess eingesetzt (Input) wurden (siehe oben). Der Gewinn wird den Eigenkapitalgebern des Unternehmens zugeordnet. Sie haben ihr Kapital in dem Unternehmen mit dem Ziel eingesetzt (= investiert), dass es sich vermehrt. So kann man den Erfolg der unternehmerischen Tätigkeit auch an der Veränderung des Eigenkapitals erkennen:

> **Erfolg** = Eigenkapitalmehrung → Gewinn → positiver Geschäftsverlauf
> Eigenkapitalminderung → Verlust → negativer Geschäftsverlauf

Die Ermittlung des Erfolgs (Gewinn/Verlust) findet auf dem Konto „Unternehmensergebnis" (Gewinn und Verlust) statt. Weitere Ausführungen dazu, siehe Seite 187

Erfolgsermittlung

Der Erfolg eines Unternehmens wird in der Finanzbuchhaltung auf dem Konto „Unternehmensergebnis" (Gewinn- und Verlustkonto) ermittelt. Dazu werden alle Aufwandskonten und Ertragskonten abgeschlossen und die Salden der Konten auf dem Konto „Unternehmensergebnis" (Gewinn- und Verlustkonto) „gesammelt".

11.2 Erträge aus Kundenaufträgen

Die Zielsetzung der Rosner GmbH ist der Verkauf von Fahrrädern und Werkstattleistungen (= Kundenaufträge). Die von dem Unternehmen durch die Ausführung von Kundenaufträgen erzielten Erträge werden als Umsatzerlöse bezeichnet und auf dem **Ertragskonto 5100 Umsatzerlöse** erfasst.

Soll			5100 Umsatzerlöse		Haben
Datum	Text	€	Datum	Text	€

> Das Konto **5100 Umsatzerlöse** ist ein **Ertragskonto**.

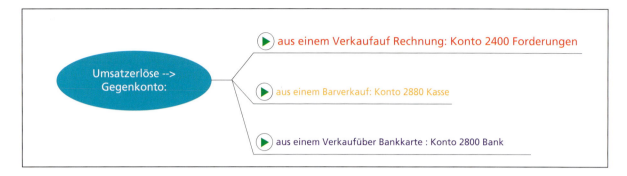

Ausgangsrechnung

Der Anspruch auf Bezahlung der Leistungen wird den Kunden durch Ausgangsrechnungen angezeigt oder direkt bei den Kunden bar kassiert.

Beispiel:
Der Nettobetrag für das verkaufte Mountainbike Verdita Green beträgt 1.500,00 €. Dieser Betrag ist als Ertrag auf dem **Konto 5100 Umsatzerlöse** zu buchen. Von diesem Betrag sind 19 % Umsatzsteuer in Rechnung gestellt worden. Da das Unternehmen diese Umsatzsteuer an das Finanzamt überweisen muss, sind die 285,00 € als Verbindlichkeit gegenüber dem Finanzamt auf dem **Kapitalkonto 4800 Umsatzsteuer** zu buchen. Insgesamt sind aufgrund der Rechnung 1.785,00 € sofort ohne Abzug von dem Kunden an die Rosner GmbH zu überweisen. Am Tag des Rechnungsausgangs wird der Betrag als Forderung festgehalten, die gegenüber dem Kunden besteht. Auf dem **Vermögenskonto 2400 Forderungen** ist die Mehrung im Soll zu buchen.

Beispiel: Ausgangsrechnung an den Kunden Radstudio Sonnenhofen

Rosner GmbH

Rosner GmbH, Baaderstraße 120, 80469 München

Radstudio Sonnenhofen
Gellertstraße 28
81925 München

Ihr Zeichen:
Ihre Nachricht:
Unser Zeichen:
Unsere Nachricht:

Name:
Telefon: 089 52067-537
Telefax: 089 50267-900
E-Mail: info@rosner.de

Datum: 02.01.20(0)

Rechnung		Nummer: 0001/20(0)	Kunden-Nr.: 24023	
Position	**Menge**	**Bezeichnung**	**Einzelpreis €**	**Gesamtpreis €**
01	1	Verdita Green 1 27,5"	1.500,00	1.500,00
			Nettobetrag	1.500,00
			19 % USt	285,00
			Rechnungsbetrag	1.785,00
Zahlungsziel: Die Rechnungssumme ist fällig mit Zugang dieser Rechnung, spätestens am 10.01.20(0)				
Geschäftsführer: Heinz Rosner HR: Amtsgericht München HRB 5646 USt-IdNr.: DE 953 736 836			Bankkonto: VB Bank München IBAN: DE31 7022 0800 0305 6732 91 BIC: VBAGDEM1XXX	

Beim Verkauf von Waren und Dienstleistungen sind auf der Grundlage der Ausgangsrechnung (AR = Beleg) also drei Werte (Beträge) zu buchen: Nettobetrag, Umsatzsteuer und Rechnungsbetrag.

		€	
①	Nettobetrag	1.500,00	Eigentlicher Warenwert bzw. der Wert der Dienstleistung, der beim Unternehmen als **Umsatzerlös** zu buchen ist
②	19 % USt	285,00	**Umsatzsteuer**, die das Unternehmen vom Kunden einnimmt und an das Finanzamt zu bezahlen hat
③	Rechnungsbetrag	1.785,00	Bruttobetrag als Gesamtbetrag, dessen Zahlung das Unternehmen vom Kunden durch die Rechnung anfordert **(Forderung)**

Zu ①: Nettobetrag
Für jeden dieser Werte ist ein entsprechendes Konto einzurichten (siehe oben). Der für den Verkauf des Mountainbikes erzielte Betrag ist der Ertrag für die verkaufte Ware. Er wird mit seinem Nettobetrag auf dem **Ertragskonto 5100 Umsatzerlöse** im Haben gebucht. Auf dem Konto 5100 Umsatzerlöse werden ausnahmslos Beträge ohne Umsatzsteuer (USt) erfasst.

Die Umsatzsteuer in der Ausgangsrechnung wird vom reinen Verkaufs-/Leistungswert berechnet (Soll-Besteuerung). Diesen Wert nennt man wie dort Nettoumsatz. Wenn auf den Nettoumsatz die Umsatzsteuer aufgeschlagen wird, erhält man den Bruttowert der Leistung (Bruttoumsatz).

> **Nettoumsatz**
> **+ Umsatzsteuer (z. B. 19 %)**
> **= Bruttoumsatz oder Rechnungsbetrag**

Zu ②: Umsatzsteuer als Verbindlichkeit
Die Steuer, die die Rosner GmbH ihren Kunden mit der Ausgangsrechnung (AR) berechnet, nennt man Umsatzsteuer (USt), weil sie sich auf die Umsätze mit dem Kunden bezieht (siehe oben). Die vom Kunden eingenommene Umsatzsteuer steht dem Finanzamt zu.

→ **Umsatzsteuer auf Ausgangsrechnungen = Umsatzsteuer**

Es handelt sich also um einen Betrag, den das Unternehmen zwar eingenommen hat, der ihm aber nicht gehört. Daher muss es den Betrag an das Finanzamt überweisen. Das Unternehmen führt diese Überweisung aber nur einmal im Monat in einer Summe durch. So lange hat das Unternehmen eine **Verbindlichkeit** gegenüber dem Finanzamt. Verbindlichkeiten werden auf einem **Kapitalkonto** gebucht.

→ **Umsatzsteuern sind Verbindlichkeiten gegenüber dem Finanzamt**

Diese Verbindlichkeit gegenüber dem Finanzamt wird auf dem **Konto 4800 Umsatzsteuer** erfasst. Da es sich um ein Kapitalkonto (Fremdkapital) handelt, werden Zugänge auf der Haben-Seite des **Kontos 4800 Umsatzsteuer** gebucht. Die Zahlung an das Finanzamt wird zum 10. eines jeden Monats fällig.

Umsatzsteuerzahllast, siehe Seite 173

Zu ③: Bruttoumsatz beim Verkauf von Waren und Dienstleistungen
Beim Verkauf von Waren und Dienstleistungen ist der Bruttoumsatz laut Ausgangsrechnung (= AR) der Betrag, den die Rosner GmbH von ihren Kunden (z. B. dem Radstudio Sonnenhofen) zu erhalten hat. Der Rechtsanspruch auf Zahlung ergibt sich aus den Vertragsverpflichtungen, die im Dienstleistungsvertrag vereinbart wurden. Der Betrag stellt demnach eine Forderung an den Kunden dar und ist damit ein Teil des Vermögens der Rosner GmbH. Der Rechnungsbetrag wird auf dem **Konto 2400 Forderungen** bzw. auch auf dem entsprechenden Debitorenkonto (Kundenkonto, z. B. 24001) gebucht. Da das Konto 2400 Forderungen ein Vermögenskonto ist, wird auf diesem Konto der Zugang im Soll gebucht.

Ausgehend von der Beispielrechnung Nr. 0001/20(0) ergibt sich folgender Buchungssatz:

Buchungssatz:	2400 Forderungen Soll 1.785,00 €	5100 Umsatzerlöse Haben 1.500,00 € 4800 Umsatzsteuer Haben 285,00 €

Im Hauptbuch zeigt sich folgendes Bild:

Soll	2400 Forderungen			Haben			Soll	5100 Umsatzerlöse			Haben		
Datum	Text	€	Datum	Text	€		Datum	Text	€	Datum	Text	€
02.01.	AR Radstudio	1.785,00								02.01.	AR Radstudio	1.500,00

Soll-Buchung   **Haben-Buchung**

Soll	4800 Umsatzsteuer			Haben		
Datum	Text	€	Datum	Text	€
			02.01.	AR Radstudio	285,00

Haben-Buchung

Im Grundbuch muss die AR Nr. 0001/20(0) an den Kunden Radstudio Sonnenhofen folgendermaßen gebucht werden:

Jahr 20(0)			Grundbuch			
Datum	Beleg	Buchungstext	Konten		Betrag	
			Soll	Haben	Soll	Haben
02.01.		AR 0001/20(0)	2400 Forderungen		1.785,00	
				5100 Umsatzerlöse		1.500,00
				4800 Umsatzsteuer		285,00

Allgemein lassen sich die Verkaufsbuchungen der Rosner GmbH wie folgt darstellen:

Jahr 20(0)		Grundbuch (verkürzt)		
Konten		Betrag		
Soll	Haben	Soll	Haben	
Vermögenskonten				
2880 Kasse		<Bruttobetrag>		
	5100 Umsatzerlöse		<Nettobetrag>	
	4800 Umsatzsteuer		<Umsatzsteuerbetrag>	
Verkäufe gegen Rechnung				
2400 Forderungen		<Bruttobetrag>		
	5100 Umsatzerlöse		<Nettobetrag>	
	4800 Umsatzsteuer		<Umsatzsteuerbetrag>	
Verkäufe gegen Lastschrift/Bankkarte				
2800 Bank		<Bruttobetrag>		
	5100 Umsatzerlöse		<Nettobetrag>	
	4800 Umsatzsteuer		<Umsatzsteuerbetrag>	

Zusammenfassung

Kundenaufträge als Ertrag erfassen			
Ausgangsrechnung (AR)	**Nettoverkaufsbetrag**	**Umsatzsteuer**	**Bruttobetrag (Rechnungsbetrag)**
Ausgangsrechnungen enthalten drei zu buchende Werte: ▪ Nettobetrag, ▪ Umsatzsteuer und ▪ Bruttobetrag (Rechnungsbetrag).	Der für den Verkauf der Waren oder Dienstleistungen erzielte Nettobetrag ist der Ertrag für die erstellte Leistung (Output). Er wird mit seinem Nettobetrag (Umsatzerlös) auf dem Ertragskonto 5100 Umsatzerlöse im Haben gebucht. Auf dem Konto 5100 Umsatzerlöse werden ausnahmslos Beträge ohne Umsatzsteuer gebucht.	Die in der Ausgangsrechnung (AR) ausgewiesene Umsatzsteuer wird auf der Haben-Seite des Kontos 4800 Umsatzsteuer gebucht. Sie errechnet sich aus dem Nettobetrag der verkauften Ware oder Dienstleistung. Die Umsatzsteuer stellt für das Unternehmen eine Verbindlichkeit gegenüber dem Finanzamt dar. Das Konto 4800 Umsatzsteuer ist deshalb ein Kapitalkonto, sodass der Wertzufluss auf der Haben-Seite des Kontos gebucht wird.	Beim Verkauf von Waren und Dienstleistungen ist der Bruttoumsatz laut Ausgangsrechnung (AR) der Betrag, den das Unternehmen von seinen Kunden zu erhalten hat. Der Betrag stellt demnach eine Forderung an den Kunden dar. Der Rechnungsbetrag wird auf dem Konto 2400 Forderungen (Vermögenskonto) als Wertzufluss im Soll gebucht.

12 Erfolgsvorgänge im betrieblichen Leistungsprozess: Aufwendungen

⊃ **Lernsituation 12:** Wareneinkäufe als Aufwand erfassen: Leistungsströme erfassen

12.1 Aufwendungen im Unternehmen

Aufwendungen

Bei der Auftragsabwicklung nimmt die Rosner GmbH eine Reihe von **Leistungen von fremden Unternehmen** (Lieferern, Versorgungsunternehmen, Werkstätten, Einzelhändlern usw.) in Anspruch. So entstehen **erhebliche Aufwendungen**, bevor die Waren und Werkstattleistungen an den Kunden verkauft werden können.

Aufwendungen
- Aufwendungen für Waren
- Personalaufwand
- Mietaufwand
- Aufwendungen für Kommunikation
- Aufwendungen für Beiträge und Steuern

Unternehmen wie die Rosner GmbH verkaufen ihre **Waren und Leistungen** zu Preisen, die der Kunde dafür bereit ist zu zahlen (Marktpreise). In der Regel müssen die Unternehmen **mit diesen (Markt-)Preisen auskommen**, d. h., die erzielten Preise müssen zunächst die Aufwendungen decken. Da aber das Unternehmen **Gewinn erzielen** will, muss es **die Aufwendungen** möglichst **niedrig** halten bzw. so weit wie eben möglich **senken**.

Kontenrahmen und Kontenplan, siehe Seite 157

Damit man aber erkennen kann, ob sich die **Aufwendungen** noch senken lassen, muss das Unternehmen zunächst wissen, wie sich die Aufwendungen **zusammensetzen**. Daher werden für **alle Aufwandsarten** in den Kontenklassen 6 und 7 eigene **Konten eingerichtet.**

12.2 Aufwand aus Wareneinkäufen

Aufwendungen für Waren

Die Rosner GmbH ist in erster Linie ein **Handelsunternehmen**, weil sie Fahrräder, Sporttextilien, Zubehör usw. verkauft. In der Werkstatt der Rosner GmbH werden aber auch Fahrräder aus Komponenten gefertigt. Das heißt: Die Rosner GmbH ist auch ein **Fertigungsbetrieb**. Zudem ist sie auch noch **Dienstleister**, wenn sie Reparaturen durchführt.

Die Beschaffung von Waren und Material für das Unternehmen umfasst also:
- Rohstoffe und Fertigteile für die Fertigung: Rahmen, Tretläger, Farben usw.,
- Hilfs- und Betriebsstoffe für die Werkstatt: Fette und Öle, Putzmittel usw.,
- Verpackungsmaterial für den Versand: Kartonagen usw.,
- Energie für die Geschäftsräume und die Werkstatt: Heizöl, Strom usw.
- und letztlich auch Handelswaren für den Verkauf: Fahrräder usw.

Aus **Gründen der Vereinfachung** werden in der Rosner GmbH die beschafften Waren und Materialien nicht auf gesonderten Aufwandskonten, sondern zusammengefasst auf dem **Konto 6080 Aufwendungen für Waren** gebucht.

Die Aufwendungen für die Waren (Produkte), die in den Verkaufsräumen der Rosner GmbH angeboten werden, bilden den größten Aufwandsposten. Der Einkauf der richtigen Produkte zum richtigen Zeitpunkt und zum richtigen Preis ist die entscheidende Voraussetzung für den Erfolg der Rosner GmbH.

Die bei den Lieferanten eingekauften Waren (Fahrräder, Sporttextilien, Zubehör usw.) werden im Soll des Aufwandskontos **6080 Aufwendungen für Waren** gebucht.

Soll			6080 Aufwendungen für Waren		Haben
Datum	Text	€	Datum	Text	€

Eingangsrechnung

Über den Bezug von Waren für den Verkauf in den Verkaufsräumen der Rosner GmbH stellt der Lieferer eine Rechnung (Eingangsrechnung = ER) aus. Auf die Waren und Dienstleistungen, die er in Rechnung stellt, hat der Lieferer die gesetzliche Umsatzsteuer aufzuschlagen. Sie beträgt im Regelfall 19 % des Nettobetrages der Ware (7 % für Lebensmittel und Bücher/Zeitschriften).

Beispiel: Eingangsrechnung (ER) eines Lieferers

Capius Bicycles GmbH

Capius Bicycles GmbH, Overbeckstraße 22, 01139 Dresden

Rosner GmbH
Baaderstraße 120
80469 München

Ihr Zeichen: DEG
Ihre Nachricht: 13.05.20(0)
Unser Zeichen:
Unsere Nachricht:

Name: Denis Ganther
Telefon: 0351 42340
Telefax: 0351 42355
E-Mail: capius@versanet.de

Datum: 15.05.20(0)

Rechnung	Nummer: 53186/20(0)		Kunden-Nr.: 169014	
Pos.	Menge	Bezeichnung	Einzelpreis €	Gesamtpreis €
01	20	Art. Nr. 7249 Rennrad-Reifen Grand Prix Attack II	31,25	625,00
02	10	Art. Nr. 7249 Treckking-Reifen Country Plus Reflex	25,70	257,00
03	10	Art. Nr. 7249 MTB-Reifen X-King	17,80	178,00
			Nettobetrag	1.060,00
			19 %	201,40
			Rechnungsbetrag	1.261,40

Zahlungsziel: Die Rechnungssumme ist fällig mit Zugang dieser Rechnung, spätestens am 25.05.20(0)

Geschäftsführer:
Samuel Caparius
HR: Amtsgericht Bremen HRB 6646
USt-Id.-Nr.: DE 785 736 836

DKK Dresden
IBAN: DE77850400000023687000
BIC: MARKDEF1850

Beim Einkauf von Waren sind aufgrund der Eingangsrechnung (ER) **drei Werte** (Beträge) zu buchen: Nettobetrag, Umsatzsteuer und Rechnungsbetrag.

Eingangsrechnung (ER)
- Nettobetrag
- Umsatzsteuer
- Rechnungsbetrag

Für jeden Wert ist ein entsprechendes Konto einzurichten. Der Nettobetrag wird auf dem **Konto 6080 Aufwendungen für Waren** im Soll gebucht, denn in Höhe dieses Betrages hat die Rosner GmbH fremde Leistung (Input) in Anspruch genommen. Auf dem Konto 6080 Aufwendungen für Waren werden, wie auf jedem Erfolgskonto, ausnahmslos Beträge ohne Umsatzsteuer (= Nettobetrag) erfasst.

Die **Umsatzsteuer** wird immer vom Nettobetrag der Rechnung (= **Nettoumsatz**, Wert der Leistung) berechnet. Wenn auf den Nettobetrag die Umsatzsteuer aufgeschlagen wird, erhält man den **Rechnungsbetrag** (= Bruttobetrag). Allgemein kann man schreiben:

		€	
①	Nettobetrag	1.060,00	Eigentlicher Warenwert bzw. der Wert der Dienstleistung, der beim Unternehmen als **Aufwand für Waren** zu buchen ist
②	19 %	201,40	**Umsatzsteuer**, die das Unternehmen an den Lieferer zu bezahlen hat
③	Rechnungsbetrag	1.261,40	Bruttobetrag als Gesamtbetrag, den das Unternehmen dem Lieferer bezahlen muss

Die Umsatzsteuer fällt also bereits dann an, wenn die Leistung erbracht wurde, d.h. wenn die Verbindlichkeit gegenüber dem Lieferer entsteht (Soll-Besteuerung), und ist deshalb unabhängig vom Zahlungsausgleich dieser Verbindlichkeit. Spätere Minderungen (z. B. Preisnachlass) und Mehrungen (zusätzliche Leistungen) des Rechnungsbetrages verändern die Bemessungsgrundlage für die Umsatzsteuer und führen zu einer entsprechenden Korrektur.

Lieferer-Rabatte und Lieferer-Skonti, siehe Seite 192

Zu ②: Umsatzsteuer als Vorsteuer
Die Umsatzsteuer, die der Lieferer von Waren und Leistungen für das Finanzamt berechnet und in seiner Rechnung an die Rosner GmbH getrennt ausweist, hat diese zusammen mit dem Nettoumsatz (Wert der Leistung) an den Lieferer zu zahlen. Weil die Rosner GmbH diese Steuer vorab (vor dem Verkauf ihrer Leistung an ihre Kunden) an den Lieferer zu zahlen hat, nennt man sie Vorsteuer (VSt). Sie wird auf ein speziell dafür vorgesehenes Konto, das **Konto 2600 Vorsteuer**, gebucht.

 Umsatzsteuer auf Eingangsrechnungen = Vorsteuer

Wer umsatzsteuerpflichtige Leistungen (Waren, Kommunikationsleistungen, Büromaterial, aber auch Kraftstoffe usw.) in Anspruch genommen hat, aber kein Endverbraucher ist (z. B. die Rosner GmbH), kann die an den Vorlieferer gezahlte Umsatzsteuer (= Vorsteuer) vom Finanzamt zurückfordern, weil diese schon von dem Vorleistenden (hier dem Lieferer) über den Rechnungsbetrag eingenommen und an das Finanzamt weitergeleitet wurde. Damit stellt die Vorsteuer aus der Eingangsrechnung für die Rosner GmbH eine **Forderung an das Finanzamt** dar. Das **Konto 2600 Vorsteuer** ist deshalb ein **Vermögenskonto**. Zugänge auf einem Vermögenskonto werden auf der Soll-Seite gebucht.

 Vorsteuer ist eine Forderung an das Finanzamt.

Zu ③: Bruttowert der Leistung
Der Bruttowert der Leistung ist der Betrag (= Rechnungsbetrag), der an den Lieferer der Waren und Leistungen zu zahlen ist. Er stellt eine Schuld gegenüber dem Lieferer dar und wird deshalb auf dem **Konto 4400 Verbindlichkeiten** im Haben und auf dem Kreditorenkonto des Lieferers gebucht.

Buchung der Eingangsrechnung für Waren

Beispiel: Eingangsrechnung der Capius Bicycles GmbH
Der Nettobetrag für die eingekauften Waren beträgt 1.060,00 €. Dieser Betrag ist als Aufwand zu buchen **(Konto 6080 Aufwendungen für Waren)**. Von diesem Betrag sind 19 % Umsatzsteuer in Rechnung gestellt worden. Da das Unternehmen die Vorsteuer für das Finanzamt vorlegt, sind die 201,40 € als Forderung gegenüber dem Finanzamt auf dem **Vermögenskonto 2600 Vorsteuer** zu buchen. Insgesamt sind aufgrund der Rechnung 1.261,40 € sofort ohne Abzüge an den Lieferer zu überweisen. Am Tag des Rechnungseingangs wird der Betrag als Verbindlichkeit festgehalten, die gegenüber dem Lieferer besteht. Auf dem **Kapitalkonto 4400 Verbindlichkeiten** ist die Mehrung im Haben zu buchen.

Ausgehend von der Rechnung Nr. 53186/20(0) ergibt sich folgender Buchungssatz:

Buchungssatz:
6080 Aufwendungen für Waren Soll 1.060,00 €
2600 Vorsteuer Soll 201,40 €
4400 Verbindlichkeiten Haben 1.261,40 €

Im Hauptbuch zeigt sich Folgendes:

Soll	6080 Aufwendungen für Waren		Haben		
Datum	Text	€	Datum	Text	€
15.05.	ER Capius	1.060,00			

Soll-Buchung

Soll	2600 Vorsteuer		Haben		
Datum	Text	€	Datum	Text	€
15.05.	ER Capius	201,40			

Soll-Buchung

Soll	4400 Verbindlichkeiten		Haben		
Datum	Text	€	Datum	Text	€
			15.05.	ER Capius	1.261,40

Haben-Buchung

Im Grundbuch muss die ER 53186/20(0) vom Lieferer Capius Bicycles GmbH folgendermaßen gebucht werden:

Jahr 20(0)			Grundbuch			
Datum	Beleg	Buchungstext	Konten		Betrag	
			Soll	Haben	Soll	Haben
15.05.		ER 53186/20(0)	6080 Aufwendungen für Waren		1.060,00	
			2600 Vorsteuer		201,40	
				4400 Verbindlichkeiten		1.261,40

Allgemein lassen sich die Verkaufsbuchungen der Rosner GmbH wie folgt darstellen:

Jahr 20(0)	Grundbuch (verkürzt)			
	Konten		Betrag	
	Soll	Haben	Soll	Haben
	6080 Aufwendungen für Waren		<Nettobetrag>	
	2600 Vorsteuer		<Umsatzsteuerbetrag>	
		4400 Verbindlichkeiten		<Bruttobetrag>

Auch die übrigen betrieblichen Aufwendungen werden nach ihrer Art unterschieden und auf entsprechend bezeichneten Aufwandskonten gebucht. Die folgende Übersicht stellt einen Ausschnitt aus der Vielzahl der Aufwandsbuchungen dar:

Aufwandsbuchungen			
Geschäftsvorgang	Beleg	Konten	
		Soll	Haben
ER für Werbeaktion	Eingangsrechnung	6870 Werbeaufwand	
		2600 Vorsteuer	2800 Bank
Steuerzahlung durch Banküberweisung	Kontoauszug	7020 Grundsteuern	
			2800 Bank
Lastschrift der Bank für Kfz-Versicherungen	Kontoauszug	6900 Versicherungen	
			4400 Verbindlichkeiten
ER für Reparaturen an Maschinen	Eingangsrechnung	6160 Fremdinstandhaltung	
		2600 Vorsteuer	2800 Bank
Abrechnung des Telefonanbieters für Telefongespräche durch Lastschrift	Kontoauszug	6822 Telefon	
		2600 Vorsteuer	2800 Bank
Lastschrift für Miete	Kontoauszug	6700 Mieten und Pachten	
			2800 Bank
Kauf von Briefmarken am Postschalter (bar)	Quittung	6821 Postentgelte	
			2880 Kasse
Banküberweisung für IHK-Beiträge	Kontoauszug	6920 Beiträge	
			2800 Bank

Zusammenfassung

Wareneinkäufe als Aufwand erfassen			
Eingangsrechnung (ER)	Nettoeinkaufsbetrag der ER	Vorsteuer	Bruttobetrag (Rechnungsbetrag)
Eingangsrechnungen enthalten drei zu buchende Werte: ▎ Nettobetrag ▎ Umsatzsteuer und ▎ Bruttobetrag (Rechnungsbetrag)	▎ Der Nettobetrag laut Eingangsrechnung ist das vereinbarte Entgelt ohne Umsatzsteuer für die gelieferten Waren (und Dienstleistungen). ▎ Der Einkauf von Waren (und Dienstleistungen) stellt für das Unternehmen Vorleistungen dar (Input). Sie werden von dem Unternehmen für den Verkauf von Waren und die Bereitstellung von Dienstleistungen für die Kunden benötigt. Vorleistungen stellen Aufwendungen dar und werden auf Aufwandskonten im Soll gebucht. ▎ Der Einkauf von Waren ist in einem Handelsunternehmen der größte Aufwandsposten. Er wird im Konto 6080 Aufwendungen für Waren im Soll gebucht.	Die in der Eingangsrechnung (ER) vom Lieferer berechnete Umsatzsteuer nennt man Vorsteuer. Sie wird im Soll des Kontos Vorsteuer erfasst. Die an den Lieferer zu zahlenden Umsatzsteuerbeträge stellen Forderungen gegenüber dem Finanzamt dar. Das Konto 2600 Vorsteuer ist daher ein Vermögenskonto, sodass der Wertzufluss auf der Soll-Seite des Kontos gebucht wird.	Beim Einkauf von Waren und Dienstleistungen ist der Bruttoumsatz laut Eingangsrechnung (ER) der Betrag, den das Unternehmen an seine Lieferer zu zahlen hat. Der Betrag stellt demnach eine Verbindlichkeit gegenüber den Lieferern dar. Der Rechnungsbetrag wird auf dem Konto 4400 Verbindlichkeiten (Kapitalkonto) als Wertzufluss im Haben gebucht.

13 Das System der Umsatzsteuer

⊃ **Lernsituation 13: Einen Marketingplan erstellen**

Nach § 1 des Umsatzsteuergesetzes sind folgende Umsätze steuerpflichtig:

- jede Lieferung und Leistung eines Unternehmers im Inland gegen Entgelt,
- die Einfuhr von Gegenständen aus Drittländern in das Zollgebiet der EG,
- innergemeinschaftlicher Erwerb gegen Entgelt.

Ein Gewinn vermehrt das Eigenkapital, ein Verlust vermindert es.

Dem Gesetzestext ist zu entnehmen, dass Unternehmen bei allen Aufwendungen einschließlich Dienstleistungen Umsatzsteuer zu buchen haben. Ferner fällt beim Kauf von Gegenständen für die Betriebs- und Geschäftsausstattung Umsatzsteuer an. In allen Fällen wird die anfallende Umsatzsteuer als Vorsteuer gebucht, da es sich um Eingangsrechnungen handelt. Ebenso fällt für die ausgehenden Rechnungen (Ausgangsrechnungen) an die Kunden Umsatzsteuer an.

> Eingangsrechnungen → enthalten Vorsteuer
> Ausgangsrechnungen → enthalten Umsatzsteuer

Einerseits gilt für Umsätze bestimmter Branchen der ermäßigte Umsatzsteuersatz von 7 % (z. B. im Lebensmittelbereich), andererseits kommt es vor, dass der Gesetzgeber ganz auf die Berechnung der Umsatzsteuer verzichtet. So sind z. B. Mieten, Briefmarken, Versicherungen, Bank- und Verzugszinsen umsatzsteuerfrei. Der Regelsteuersatz beträgt zurzeit 19 %.

Zum 10. eines jeden Monats hat das Unternehmen festzustellen, wie viel Vorsteuer es an seine Lieferer bezahlt und wie viel **Umsatzsteuer** es von seinen Kunden eingenommen hat. Den Unterschied (die sogenannte Zahllast) hat es an das Finanzamt zu überweisen.

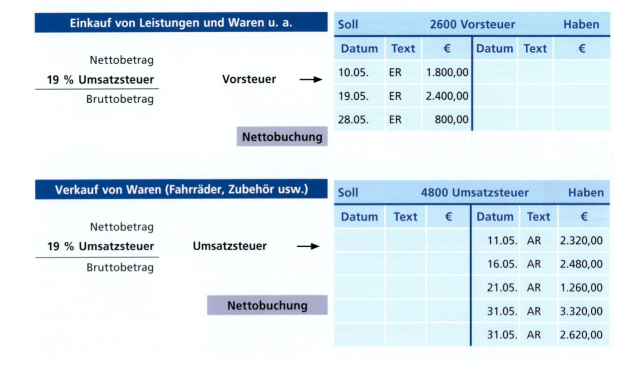

Nach der buchhalterischen Erfassung aller Einkäufe und Verkäufe steht die Vorsteuer gesondert auf dem **Konto 2600 Vorsteuer** und die Umsatzsteuer ist auf dem gleichnamigen **Konto 4800 Umsatzsteuer** zu finden (siehe Seite 176). Dann kann die Zahllast ermittelt werden. Im Beispiel ist die Zahllast für den Monat Mai bis zum 10. Juni an das Finanzamt abzuführen.

Mehrwertbesteuerung

Endverbraucher (Konsumenten) kaufen ihre Waren in der Regel in Einzelhandelsgeschäften. Auf dem Weg zum Endverbraucher durchlaufen diese Waren verschiedene Produktionsstufen und werden von den unterschiedlichsten Dienstleistungen (z. B. von Spediteuren) begleitet. Auf jeder dieser Stufen werden die Waren bearbeitet, transportiert, gelagert, versichert usw., d. h., sie werden im Laufe dieses Prozesses immer wertvoller. Man spricht in diesem Fall von **Wertschöpfung** bzw. von einer Wertschöpfungskette.

Teil dieser Wertschöpfungskette ist auch die Rosner GmbH. Auch der Verkauf von Waren an den Käufer erzeugt einen Mehrwert: Dieser **Mehrwert** errechnet sich aus der Differenz zwischen dem Wert der eingekauften und erbrachten **Vorleistungen (Input)** und dem Wert der **verkauften Leistungen (Output)**.

Beispiel: Bestimmung des Mehrwerts eines Warenverkaufs
Die Rosner GmbH verkauft dem Kunden Ettinger ein City-Bike und stellt dem Kunden dafür 720,00 € + 136,80 € Umsatzsteuer in Rechnung. Die Rosner GmbH hat für diesen Kundenauftrag mehrwertsteuerpflichtige Aufwendungen in Höhe von 560,00 € netto + 106,40 € Umsatzsteuer.

Der Mehrwert dieses Auftrags beträgt 160,00 € und der Umsatzsteueranteil für diesen Mehrwert beträgt 30,40 €.

Rechnung:	Nettobetrag	+	Umsatzsteuer	=	Bruttobetrag
AR:	720,00 €	+	136,80 €	=	856,80 €
ER:	560,00 €	+	106,40 €	=	666,40 €
Mehrwert:	**160,00 €**	+	30,40 €	=	190,40 €

Zahllast

Die Rosner GmbH muss den erwirtschafteten Mehrwert aus den Umsatzerlösen versteuern und an den Staat abführen. Die Summe dieser Umsatzsteuerbeträge ist die Zahllast, die monatlich zu überweisen ist. Die **Zahllast** entspricht der **Besteuerung des Mehrwertes**. Daher wird für die Art der Besteuerung auch der Begriff „Mehrwertsteuer" verwendet (siehe auch: Konto 4800 Umsatzsteuer).

	Vorleistungen durch Lieferer	Rosner GmbH		Kunde Ettinger
	Ausgangsrechnungen	Eingangsrechnung	Ausgangsrechnungen	Eingangsrechnung
Nettobetrag	560,00 €	560,00 €	720,00 €	720,00 €
+ 19% USt	106,40 €	106,40 €	136,80 €	136,80 €
= Bruttobetrag	666,40 €	666,40 €	856,80 €	856,80 €

Mehrwert	Nettobetrag aus AR	720,00 €
	Nettobetrag aus ER	560,00 €
	= Mehrwert	160,00 €

Besteuerung des Mehrwerts	19 % von 160,00 € =	**30,40 €**

Zahllast	Umsatzsteuer aus AR	136,80 €
	– Vorsteuer aus ER	106,40 €
	Zahllast	30,40 €

Ermittlung der Umsatzsteuerzahllast (Umsatzsteuervoranmeldung)

Über die Höhe der Umsatzsteuer, die die Rosner GmbH ihren Kunden mit der Ausgangsrechnung (AR) berechnet, hat sie dem Finanzamt Auskunft zu geben. Daher gibt jedes Unternehmen nach Ablauf eines Kalenderjahres eine Umsatzsteuererklärung beim Finanzamt ab.

Originalabbildung der Umsatzsteuer-Voranmeldung, siehe Seite 175

Für die Anmeldung der monatlich zu zahlenden Umsatzsteuer an das Finanzamt wird ein Formular der Finanzverwaltung benutzt. In stark vereinfachter Form hat es das folgende Aussehen.

Umsatzsteuer-Voranmeldung 20(0) Monat: Mai		
Berechnung der Umsatzsteuer-Vorauszahlung		
	Bemessungsgrundlage	Steuer
1. Steuerpflichtige Umsätze (Umsatzerlöse ohne Umsatzsteuer)	75.158,00 €	
2. Davon Umsatzsteuer (aus 1.)		12.000,00 €
3. Minus abzugsfähige Vorsteuer		5.000,00 €
4. = Umsatzsteuer-Vorauszahlung (Umsatzsteuer-Zahllast)		7.000,00 €

Das Unternehmen gibt seine steuerpflichtigen Umsätze an, die es dem **Konto 4400 Umsatzerlöse** entnehmen kann (= 75.158,00 €). Dies ist die Basis (Bemessungsgrundlage), von der die Umsatzsteuer zu berechnen ist (hier 19 %). Von der errechneten Umsatzsteuer darf das Unternehmen die an die Lieferer und Dienstleister **vorausbezahlte Vorsteuer** abziehen. Es bleibt der Betrag übrig, der **bis zum 10. des Folgemonats** an das Finanzamt **überwiesen** werden muss **(Zahllast)**.

Formular Umsatzsteuervoranmeldung (Ausschnitt)

- Bitte weiße Felder ausfüllen oder ☒ ankreuzen, Anleitung beachten -

2015

Fallart	Steuernummer	Unterfallart
11		56

30 Eingangsstempel oder -datum

Umsatzsteuer-Voranmeldung 2015

Finanzamt

Voranmeldungszeitraum
bei **monatlicher** Abgabe bitte ankreuzen / bei **vierteljährlicher** Abgabe bitte ankreuzen

15 01	Jan.	15 07	Juli	15 41	I. Kalendervierteljahr
15 02	Feb.	15 08	Aug.	15 42	II. Kalendervierteljahr
15 03	März	15 09	Sept.	15 43	III. Kalendervierteljahr
15 04	April	15 10	Okt.	15 44	IV. Kalendervierteljahr
15 05	Mai	15 11	Nov.
15 06	Juni	15 12	Dez.

Unternehmer – ggf. abweichende Firmenbezeichnung –
Anschrift – Telefon – E-Mail-Adresse

Berichtigte Anmeldung (falls ja, bitte eine „1" eintragen) — **10**
Belege (Verträge, Rechnungen, Erläuterungen usw.) sind beigefügt bzw. werden gesondert eingereicht (falls ja, bitte eine „1" eintragen) — **22**

I. Anmeldung der Umsatzsteuer-Vorauszahlung

		Bemessungsgrundlage ohne Umsatzsteuer	Steuer
	Lieferungen und sonstige Leistungen (einschließlich unentgeltlicher Wertabgaben)	volle EUR	EUR	Ct
	Steuerfreie Umsätze mit Vorsteuerabzug		
	Innergemeinschaftliche Lieferungen (§ 4 Nr. 1 Buchst. b UStG) an Abnehmer **mit** USt-IdNr.	41	
	neuer Fahrzeuge an Abnehmer **ohne** USt-IdNr.	44	
	neuer Fahrzeuge außerhalb eines Unternehmens (§ 2a UStG)	49	
	Weitere steuerfreie Umsätze mit Vorsteuerabzug (z.B. **Ausfuhrlieferungen**, Umsätze nach § 4 Nr. 2 bis 7 UStG)	43	
	Steuerfreie Umsätze ohne Vorsteuerabzug Umsätze nach § 4 Nr. 8 bis 28 UStG	48	
	Steuerpflichtige Umsätze (Lieferungen und sonstige Leistungen einschl. unentgeltlicher Wertabgaben)		
	zum Steuersatz von 19 %	81	
	zum Steuersatz von 7 %	86	
	zu anderen Steuersätzen	35	36
	Lieferungen land- und forstwirtschaftlicher Betriebe nach § 24 UStG an Abnehmer **mit** USt-IdNr.	77	
	Umsätze, für die eine Steuer nach § 24 UStG zu entrichten ist (Sägewerkserzeugnisse, Getränke und alkohol. Flüssigkeiten, z.B. Wein)	76	80
	Innergemeinschaftliche Erwerbe		
	Steuerfreie innergemeinschaftliche Erwerbe Erwerbe nach §§ 4b und 25c UStG	91	
	Steuerpflichtige innergemeinschaftliche Erwerbe zum Steuersatz von 19 %	89	
	zum Steuersatz von 7 %	93	
	zu anderen Steuersätzen	95	98
	neuer Fahrzeuge (§ 1b Abs. 2 und 3 UStG) von Lieferern **ohne** USt-IdNr. zum allgemeinen Steuersatz	94	96
	Ergänzende Angaben zu Umsätzen		
	Lieferungen des ersten Abnehmers bei innergemeinschaftlichen **Dreiecksgeschäften** (§ 25b Abs. 2 UStG)	42	
	Steuerpflichtige Umsätze, für die der **Leistungsempfänger** die **Steuer** nach § 13b Abs. 5 Satz 1 i.V.m. Abs. 2 Nr. 10 UStG schuldet	68	
	Übrige steuerpflichtige Umsätze, für die der **Leistungsempfänger** die **Steuer** nach § 13b Abs. 5 UStG schuldet	60	
	Nicht steuerbare sonstige Leistungen gem. § 18b Satz 1 Nr. 2 UStG	21	
	Übrige nicht steuerbare Umsätze (Leistungsort nicht im Inland)	45	
	Übertrag .... zu übertragen in Zeile 45		

USt 1 A – Umsatzsteuer-Voranmeldung 2015 – (07.14)

Als Zahllast bezeichnet man die Differenz zwischen eingenommener Umsatzsteuer und vorausbezahlter Vorsteuer. Sie wird mit den Werten aus dem **Konto 2600 Vorsteuer** und dem **Konto 4800 Umsatzsteuer** wie folgt ermittelt:

1. **Umsatzsteuer für den Monat Mai aus dem Konto 4800 Umsatzsteuer herausrechnen**

   Im Monat Mai sind 12.000,00 € Umsatzsteuer durch das Unternehmen von seinen Kunden eingenommen worden.

   | Umsatzsteuer | 12.000,00 € |

2. **Übernahme der Vorsteuerbeträge für den Monat Mai aus dem Konto 2600 Vorsteuer**

   Im Monat Mai sind 5.000,00 € Vorsteuer vom Unternehmen an seine Lieferer vorausgezahlt worden.

   | – Vorsteuer | 5.000,00 € |

3. **Berechnung der Zahllast**

   Von Kunden eingenommene Umsatzsteuer 12.000,00 €
   – An Lieferer vorausbezahlte Vorsteuer 5.000,00 €
   = Zahllast 7.000,00 €

   | = Zahllast | 7.000,00 € |

Buchung der Umsatzsteuerzahllast

Die oben dargestellte Lösung zur Ermittlung der Zahllast wird auf die Konten übertragen.

Zu 1. Die Umsatzsteuer wird aus dem Konto 4800 Umsatzsteuer errechnet.
Zu 2. Die Vorsteuer wird auf das Konto 4400 Umsatzsteuer umgebucht.
Zu 3. Durch Saldieren des Kontos 4400 Umsatzsteuer ergibt sich die Zahllast.

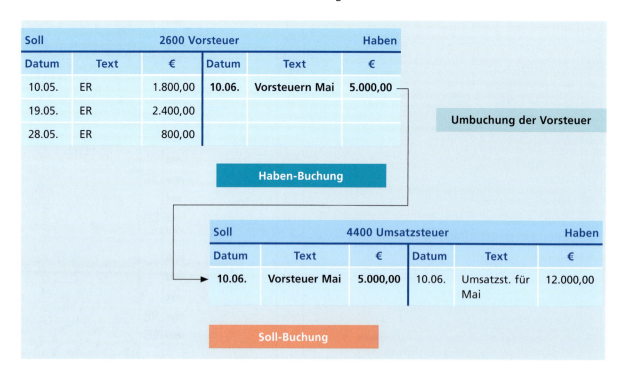

Im **Grundbuch** stellt sich die Ermittlung der Zahllast (Umbuchung) wie folgt dar:

Jahr 20(0)			Grundbuch			
			Konten		Betrag	
Datum	Beleg	Buchungstext	Soll	Haben	Soll	Haben
		Umbuchung der Vorsteuer				
10.06.			4400 Umsatzsteuer		5.000,00	
				2600 Vorsteuer		5.000,00

Wird die Zahllast durch eine Banküberweisung beglichen, wird auf dem **Konto 4400 Umsatzsteuer** im Soll gebucht (Minderung eines Kapitalkontos). Die Verbindlichkeit gegenüber dem Finanzamt ist damit ausgeglichen. Auf dem Bankkonto muss im Haben gebucht werden, weil sich der Geldbestand auf dem Konto durch die Überweisung verringert (Minderung auf einem Vermögenskonto).

Beispiel: Überweisungsauftrag für Zahllast

	BLZ	Konto-Nr.	erstellt am	Auszug	Blatt
VB Bank München	70220800	305673291	06.09.20(0)	36	1
BU-TAG	VORGANG		SALDO alt	22.000,00	+
10.06.20(0)	Umsatzsteuervorauszahlung Mai 20(0)			7.000,00	-
			SALDO neu	15.000,00	+
Rosner GmbH			BIC: VBAGDEM1XXX		
Baaderstraße 120, 80469 München			IBAN: DE31 7022 0800 0305 6732 91		

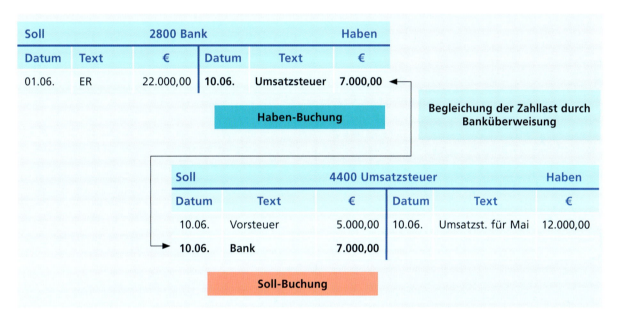

Jahr 20(0)			Grundbuch				
Datum	Beleg	Buchungstext	Konten		Betrag	
			Soll	Haben	Soll	Haben
		Überweisung der Zahllast (vom Bankkonto)				
10.06.			4400 Umsatzsteuer		7.000,00	
				2600 Vorsteuer		7.000,00

Vorsteuerüberhang

Beim Abschluss der Konten 2600 Vorsteuer und 4400 Umsatzsteuer kann es vorkommen, dass die Summe der gebuchten Vorsteuer größer ist als die gebuchte Umsatzsteuer. Dieser (seltene) Fall kann eintreten, z.B. in einer Gründungssituation, wenn in einem Monat höhere Aufwendungen für Vorleistungen als Erträge entstehen. Die Saldierung des Vorsteuerkontos ergibt dann einen Sollsaldo. Man spricht von einem Vorsteuerüberhang, der als Forderung gegenüber dem Finanzamt geltend gemacht werden kann.

Durchlaufender Posten

Die Ausgangsrechnungen an die Kunden der Rosner GmbH enthalten neben dem Nettobetrag für die verkaufte Leistung auch die darauf entfallende Umsatzsteuer. Die Umsatzsteuer stellt eine Verbindlichkeit gegenüber dem Finanzamt dar. Der Kunde zahlt also mit dem Bruttobetrag auch die Umsatzsteuer. Die Rosner GmbH zieht von diesem Betrag zunächst die Vorsteuer (= Forderung an das Finanzamt) ab und überweist nur den Rest, die Zahllast. Dadurch wird die Umsatzsteuer für die Rosner GmbH zum „durchlaufenden Posten", denn sie verursacht keine Aufwendungen. Sie wird mit der Ausgangsrechnung an den Kunden und die weiteren Teilnehmer an der Wertschöpfungskette abgewälzt und letztlich erst durch den Endverbraucher gezahlt, der die Umsatzsteuer nicht mehr abwälzen kann. Daher gilt:

- Der Endverbraucher zahlt die gesamte Umsatzsteuer.
- Die Umsatzsteuer ist für die Unternehmen aufwandsneutral.
- Die Umsatzsteuer ist für die Unternehmen ein sogenannter durchlaufender Posten.

Passivierung der Zahllast

Die Umsatzsteuerzahllast für den Monat Dezember wird zum 31. Dezember ermittelt und wie gewohnt auf dem **Konto 4800 Umsatzsteuer** gebucht. Da die Zahllast aber erst zum 10. Januar überwiesen werden muss, entfällt die Banküberweisung zu diesem Zeitpunkt (31. Dezember). Daher wird das Konto 4800 Umsatzsteuer über das **8010 Schlussbestandskonto** abgeschlossen. Die Umsatzsteuerzahllast (Saldo) wird auf dem 8010 Schlussbestandskonto im Haben gebucht und von dort auf die Passivseite der Bilanz übernommen (Passivierung der Zahllast), da sie eine Verbindlichkeit gegenüber dem Finanzamt darstellt.

Zusammenfassung

Abrechnung der Umsatzsteuer			
Mehrwertbesteuerung	**Eingangsrechnungen**	**Ausgangsrechnungen**	**Zahllast**
Waren durchlaufen auf dem Weg zum Endverbraucher verschiedene Produktionsstufen und werden von unterschiedlichsten Dienstleistungen begleitet. Sie werden im Laufe dieses Prozesses immer wertvoller (Wertschöpfung). In jeder Stufe des Prozesses wird ein Mehrwert erzeugt. Dieser Mehrwert errechnet sich aus der Differenz zwischen dem Wert der eingekauften Waren und erbrachten Vorleistungen (Input) und dem Wert der verkauften Waren und Leistungen (Output). Dieser Mehrwert wird besteuert.	Eingangsrechnungen enthalten Vorsteuer. Vorsteuern stellen Forderungen an das Finanzamt dar (→ Konto Vorsteuer).	Ausgangsrechnungen enthalten Umsatzsteuer. Umsatzsteuern stellen Verbindlichkeiten an das Finanzamt dar (→ Konto Umsatzsteuer).	Jedes Unternehmen muss den erwirtschafteten Mehrwert aus den Umsatzerlösen versteuern und an den Staat abführen. Die Zahllast entspricht der Besteuerung des Mehrwertes.

Ermittlung der Umsatzsteuerzahllast	**Buchung der Umsatzsteuerzahllast**
Die Zahllast (Umsatzsteuerschuld) muss monatlich ermittelt und an das Finanzamt abgeführt werden. Als Zahllast bezeichnet man die Differenz zwischen eingenommener Umsatzsteuer und vorausbezahlter Vorsteuer eines Monats. Die Werte werden dem Konto 2600 Vorsteuer und dem Konto 4800 Umsatzsteuer entnommen und in das Formblatt Umsatzsteuer-Voranmeldung eingefügt und die Zahllast berechnet: Umsatzsteuer – Vorsteuer = Zahllast	Die Umsatzsteuerzahllast wird in zwei Schritten ermittelt und gebucht: 1. Die Vorsteuer des Abrechnungsmonats wird aus dem Konto 2600 Vorsteuer errechnet und auf das Konto 4800 Umsatzsteuer umgebucht. 2. Auf dem Konto 4800 Umsatzsteuer stehen sich nach Umbuchung der Vorsteuer die Umsatzsteuer und Vorsteuer des Abrechnungsmonats gegenüber. Der Unterschiedsbetrag ist die Zahllast. Sie wird durch Banküberweisung an das Finanzamt gezahlt.

14 Abschluss der Warenkonten: Rohergebnis

○ Lernsituation 14: Die Warenkonten abschließen und das Rohergebnis ermitteln

14.1 Ermittlung des Rohergebnisses

Die Rosner GmbH steht am Jahresende vor der Frage, wie erfolgreich sie im Geschäftsjahr gewirtschaftet hat. Sie muss dazu unter anderem die **Aufwendungen** für die **verkauften** Produkte kennen, um sie den **Erlösen** für die verkauften Produkte gegenüberzustellen. Der **Wert der Aufwendungen** für die verkauften Waren ist der **Wareneinsatz**.

Wareneinsatz: der Betrag der verkauften Waren zu Einstandspreisen (Bezugspreis)

Aus der Differenz der Erlöse für die verkauften Waren (Umsatzerlöse) und dem Wareneinsatz ergibt sich das **Rohergebnis**.

Rohergebnis = Umsatzerlöse – Wareneinsatz

Das Rohergebnis ist für die Rosner GmbH eine sehr wichtige Größe, weil sie davon alle **Aufwendungen** bestreiten muss, die bei der Führung des Unternehmens anfallen: Gehälter für das Personal, Miete für den Geschäftsraum, Aufwendungen für Werbung, Kommunikation, Energie und vieles andere mehr. Zum Schluss, wenn alle Aufwendungen bezahlt sind, sollte auch noch ein **Gewinn** für die Rosner GmbH übrig bleiben. Letztlich ist demnach das Rohergebnis die Quelle des **Gewinns**. Ein unzureichendes Rohergebnis lässt keinen Gewinn für das Unternehmen übrig. Vielleicht reicht das Rohergebnis nicht einmal aus, alle Aufwendungen zu decken. Dann kommt es zu einem Verlust, der das Eigenkapital des Unternehmens verringert.

Beispiel:
Die Rosner GmbH verkauft im 1. Quartal 20(0) Zubehörartikel im Wert von brutto 280.840,00 €.

Dann ergibt sich folgendes Bild:

Für die **verkauften Waren** erhält die Rosner GmbH von ihren Kunden 399.840,00 €. Das Finanzamt hat Anspruch auf die **Umsatzsteuer** in Höhe von 63.840,00 € (abzüglich der vom Unternehmen selbst gezahlten Vorsteuer). Als **Einkaufspreis** (Bezugspreis, Einstandspreis) hat die Rosner GmbH für die Waren 120.000,00 € an die Lieferer bezahlt. Ihr verbleiben demnach 216.000,00 € als **Rohergebnis**. Davon hat das Unternehmen alle **Aufwendungen** (für Personal, Miete, Werbung, Energie usw.) zu bezahlen. Was übrig bleibt, ist der **Gewinn** des Unternehmens.

Ermittlung des Gewinns (Reinergebnis), siehe Seite 188

14.2 Bestandsveränderungen auf den Warenkonten

Die Frage an die Rosner GmbH im oben beschriebenen Beispiel lautet: Wie viel hat das Unternehmen selbst für die verkauften Produkte im Einkauf aufwenden müssen? Das Unternehmen stellt also die Aufwendungen für die verkauften Produkte (den Wareneinsatz) den Nettoumsatzerlösen für die verkauften Produkte gegenüber, um das Rohergebnis zu erhalten.

Lernfeld 6 Wertströme erfassen und beurteilen

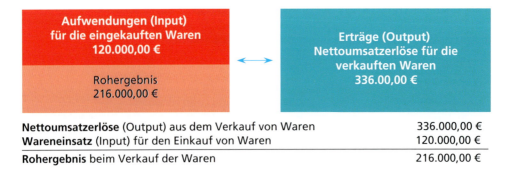

Nettoumsatzerlöse (Output) aus dem Verkauf von Waren	336.000,00 €
Wareneinsatz (Input) für den Einkauf von Waren	120.000,00 €
Rohergebnis beim Verkauf der Waren	216.000,00 €

Aufwandsrechnerisches Verfahren

Die Ermittlung des Wareneinsatzes wird mithilfe des **aufwandsrechnerischen Verfahrens** gelöst. Dabei wirken die **Konten 2280** Waren und **6080 Aufwendungen für Waren** zusammen. Zunächst ist zu Beginn eines Geschäftsjahres ein gewisser Warenvorrat im Geschäft vorhanden. Kunden wollen eine wohlsortierte Auswahl von Produkten in einem Geschäft vorfinden. Leere Regale wirken abschreckend. Also kann ein Unternehmen mit dem Einkauf neuer Produkte nicht so lange warten, bis alle bisher eingekauften Waren vollständig verkauft worden sind. Es muss sein Sortiment ständig auffüllen und sich ändernden Kundenansprüchen anpassen. Dieser **Eröffnungsbestand** ist in der Inventur am Ende des letzten Geschäftsjahres ermittelt worden. Er wird auf dem Konto 2280 Waren ausgewiesen.

Vermögenskonto 2280 Waren

Das Konto 2280 Waren ist ein Vermögenskonto, auf dem am Anfang einer Periode im Soll der Eröffnungsbestand und am Ende des Geschäftsjahres im Haben der Schlussbestand erfasst wird. Die Differenz (Saldo) zwischen Eröffnungs- und Schlussbestand weist auf eine Bestandsveränderung hin. Dabei kann es sich um eine **Bestandsminderung** (Lagerabbau) oder um eine **Bestandsmehrung** (Lageraufbau) handeln.

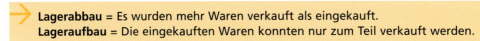
Lagerabbau = Es wurden mehr Waren verkauft als eingekauft.
Lageraufbau = Die eingekauften Waren konnten nur zum Teil verkauft werden.

Wird der **Warenschlussbestand** im Konto 2280 Waren eingetragen, liegt eine Buchung auf der Haben-Seite vor. Folglich muss eine Soll-Buchung als Gegenbuchung stattfinden. Die Gegenbuchung nimmt das **8010 Schlussbestandskonto** auf, weil es sich beim Konto 2280 Waren um ein Vermögenskonto handelt.

Beispiel: Lagerabbau – Bestandsminderung

Soll			2280 Waren		Haben
Datum	Text	€	Datum	Text	€
01.01.20(0)	Eröffnungsbestand/EBK	520.000,00	31.12.20(0)	Schlussbestand/SBK	480.000,00
			31.12.20(0)	Saldo = Lagerabbau	40.000,00

Beispiel: Lageraufbau – Bestandsmehrung

Soll			2280 Waren		Haben
Datum	Text	€	Datum	Text	€
01.01.20(0)	Eröffnungsbestand/EBK	520.000,00	31.12.20(0)	Schlussbestand/SBK	580.000,00
31.12.20(0)	Saldo = Lageraufbau	60.000,00			

Erfolgskonto 6080 Aufwendungen für Waren

Wareneinsatz = Aufwendungen für die verkauften Produkte zu Bezugspreisen (EK-Preisen)

Alle **Einkäufe** werden im Laufe des Jahres auf dem **Konto 6080 Aufwendungen für Waren** gebucht. In der Inventur des laufenden Jahres wird der Schlussbestand an Waren festgestellt (Inventurbestand). Der Vergleich von Eröffnungs- und Schlussbestand zeigt, ob mehr Waren eingekauft als verkauft worden sind oder umgekehrt. Entsprechend wird das Konto 6080 Aufwendungen für Waren durch **Bestandsveränderungen** korrigiert. Denn das Konto nimmt zwar zunächst alle Einkäufe auf. Am Ende des Geschäftsjahres darf es aber nur den Betrag ausweisen, der für die verkauften Produkte aufgewendet worden ist (Wert der verkauften Produkte zu Bezugs- oder Einstandspreisen). Das ist der oben bezeichnete **Wareneinsatz**.

14 Abschluss der Warenkonten: Rohergebnis

Konto 6080 Aufwendungen für Waren	
Einkäufe im Laufe des Monats (Jahres, Vierteljahres, der Woche)	

	Konto 2280 Waren
	▎ **Eröffnungsbestand** am Monats- oder Jahresanfang
	▎ **Inventurbestand** am Monats- oder Jahresende (Schlussbestand)
+ oder –	Bestandsveränderung (Mehrung oder Minderung)
	= Aufwendungen für die **verkauften Waren** (= Wareneinsatz)

 Das Konto 6080 Aufwendungen für Waren muss am Ende des Jahres die Aufwendungen für die verkauften Produkte ausweisen (= Wareneinsatz).

Mit den folgenden drei **beispielhaften Situationen** soll das **Zusammenwirken der Konten 2280 Waren und 6080 Aufwendungen für Waren** im Zeitraum von Januar bis März 20(0) im Verkaufsshop der Geschenkboutique Brigitte Golm e. K. deutlich gemacht werden.

Situation 1: Alle eingekauften Produkte werden verkauft

Beispiel:
Die Geschenkboutique Brigitte Golm e. K. kauft im Monat Januar 20(0) Waren im Wert von 20.000,00 € netto (siehe oben) ein und verkauft sie alle.

Hinweis: Dieses Beispiel Situation ist nicht praxisgerecht, dient aber der besseren Darstellung des Sachverhalts.

Die Monatsbetrachtung kann auf einfache Weise auf eine Jahresbetrachtung ausgedehnt werden. Monatseröffnungs- und -schlussbestände werden dem Warenwirtschaftssystem entnommen. Jahresbestände stammen aus der Inventur und sind echte Ist-Bestände.

Weil alle eingekauften Waren auch verkauft wurden, entsprechen die Aufwendungen für Waren dem Wareneinsatz, d. h., der Wert der eingekauften Produkte ist gleich dem Wert der verkauften Produkte zu Einstandspreisen.

Nettoumsatzerlöse (VK-Preise)	36.000,00 €
Wareneinsatz (EK-Preise)	20.000,00 €
Rohergebnis durch den Verkauf der Waren	16.000,00 €

Darstellung auf den Warenkonten

Soll		6080 Aufwendungen für Waren				Haben
Datum	Text	€	Datum	Text	€	
	Einkäufe	20.000,00		Wareneinsatz	20.000,00	

Soll		2280 Waren				Haben
Datum	Text	€	Datum	Text	€	
	EB	0,00		SB	0,00	

Die gesamten Wareneinkäufe sind auf dem **Konto 6080 Aufwendungen für Waren** gebucht worden. Am Ende der Periode sind (ausnahmsweise) keine Waren mehr vorhanden. Das bedeutet, dass das Konto 2280 Waren keinen Schlussbestand ausweist (ausnahmsweise, weil hier die Betrachtung des Warenverkaufs neu begonnen wird, ist auch kein Eröffnungsbestand vorhanden). Das **Konto 2280 Waren** wird daher in diesem Fall nicht berührt.

Situation 2: Bestandsmehrung

Beispiel:
Im Monat Januar 20(0) hatte der Verkaufsshop alle eingekauften Waren verkauft. Der Lagerbestand beträgt daher „0". Im Laufe des Monats Februar kauft die die Geschenkboutique Brigitte Golm e. K. daher nochmals Waren im Wert von 20.000,00 € netto ein. Verkauft werden aber nur Waren im Einkaufswert von 14.000,00 €. Es sind damit weiterhin Waren im Einkaufswert von 6.000,00 € im Geschäft (als Bestandsmehrung) vorhanden. Der Verkaufswert der Waren beträgt 25.200,00 €.

Nettoumsatzerlöse (VK-Preise)	25.200,00 €
Wareneinsatz (EK-Preise)	14.000,00 €
Rohergebnis durch den Verkauf der Waren	11.200,00 €

Für die verkauften Waren wurden 25.200,00 € Erlöse (ohne Umsatzsteuer) von Kunden eingenommen. Der Verkaufsshop hat für diese Waren 14.000,00 € beim Einkauf aufwenden müssen. Als Rohergebnis verbleiben dem Unternehmen daher 11.200,00 €.

Bestandsmehrung: Es werden mehr Waren eingekauft als verkauft. Die Warenauswahl im Geschäft nimmt zu.

Bestandsmehrung (Lageraufbau)
Eine Bestandsmehrung liegt vor, wenn die Einkäufe im Laufe einer Periode die Verkäufe übersteigen. Das bedeutet, dass die Warenauswahl im Geschäft größer geworden ist. Dies kann die Absicht des Unternehmens im Rahmen seiner Sortimentspolitik sein. Eventuell konnte es aber auch nicht so viel verkaufen, wie es geplant hatte, sodass sich die unverkaufte Ware im Verkaufsraum stapelt. Die Beträge auf dem Konto 6080 Aufwendungen für Waren, die zunächst die eingekauften Waren wiedergeben, sind demnach zu hoch. Die Erhöhung des Warenbestandes im Geschäft (die Bestandsmehrung oder der Lageraufbau) muss von den eingekauften Produkten abgezogen werden, um den Wert der verkauften Produkte zu Einstandspreisen (den Wareneinsatz) zu berechnen. Der Wareneinsatz ist niedriger als der Wareneinkauf.

Darstellung der Bestandsmehrung auf den Warenkonten

Soll	6080 Aufwendungen für Waren			Haben	
Datum	Text	€	Datum	Text	€
	Einkäufe	20.000,00	28.02.	Lageraufbau	6.000,00
			28.02.	Wareneinsatz	20.000,00

Umbuchung der Bestandsmehrung (Lageraufbau)

Soll	2280 Waren			Haben	
Datum	Text	€	Datum	Text	€
01.02.	EB	0,00	28.02.	SB	6.000,00
28.02.	Lageraufbau	6.000,00			

Die Einkäufe des laufenden Monats über 20.000,00 € wurden auf dem Konto 6080 Aufwendungen für Waren erfasst. Am Ende des Monats wird im Warenwirtschaftssystem ein Warenbestand von 6.000,00 € festgestellt. Diese eingekauften Waren wurden also nicht verkauft. Der Warenbestand wird als Schlussbestand des Monats Februar im Konto 2280 Waren im Haben (und im Konto SBK im Soll) gebucht. Die Differenz aus dem Eröffnungsbestand und dem Schlussbestand wird im Soll als Bestandsmehrung und im Konto 6080 Aufwendungen für Waren im Haben als Aufwandsminderung gebucht. Auf dem Konto 6080 Aufwendungen für Waren erhält man durch Saldieren den Wareneinsatz.

Eingekaufte Waren zu Einstandspreisen	20.000,00 €
– Bestandsmehrung (Erhöhung des Warenbestandes im Geschäft)	6.000,00 €
= Verkaufte Waren zu Einstandspreisen (Wareneinsatz)	14.000,00 €

Buchung der Bestandsmehrung im Grundbuch

Jahr 20(0)			Grundbuch			
Datum	Beleg	Buchungstext	Konten		Betrag	
			Soll	Haben	Soll	Haben
28.02.			2280 Waren		6.000,00	
				6080 Aufwendungen für Waren		6.000,00

Der Schlussbestand an Waren wird zunächst auf dem Konto 2280 Waren nur eingetragen (Haben-Buchung). Die Gegenbuchung nimmt das 8010 Schlussbestandskonto auf, das hier nicht näher betrachtet wird.

Situation 3: Bestandsminderung

Beispiel:
Im Vormonat Februar hatte der Verkaufsshop der Geschenkboutique Brigitte Golm e. K. von den eingekauften Waren (20.000,00 €) nur Waren im Einkaufswert von 14.000,00 € verkauft. Der Lagerbestand (EB) beträgt daher 6.000,00 €. Im Laufe des Monats März 20(0) kauft das Unternehmen Waren im Einkaufswert von 15.000,00 € ein. Verkauft werden aber Waren in Höhe von 17.000,00 € Einkaufswert. Es verbleiben Waren laut Warenwirtschaftssystem im Einkaufswert von 4.000,00 € im Geschäft. Der Verkaufswert der Waren beträgt 30.600,00 €.

Nettoumsatzerlöse (VK-Preise)	30.600,00 €
Wareneinsatz (EK-Preise)	17.000,00 €
Rohergebnis durch den Verkauf der Waren	13.600,00 €

Für den Verkauf der Waren wurden 30.600,00 € Erlöse (ohne Umsatzsteuer) von Kunden eingenommen. Der Verkaufsshop hat für diese Waren 17.000,00 € beim Einkauf aufwenden müssen (15.000,00 € im laufenden Monat März, 2.000,00 € im Vormonat Februar). Als Rohergebnis verbleiben ihm daher 13.600,00 €.

Während Ende Februar noch Waren im Wert von 6.000,00 € im Geschäft vorhanden waren, sind es Ende März nur noch Waren im Wert von 4.000,00 €, weil zwar Waren für 17.000,00 € Einkaufswert (Wareneinsatz) verkauft, aber nur Waren für 15.000,00 € eingekauft wurden. Der Warenbestand im Geschäft hat sich also vermindert (Bestandsminderung).

Andererseits sind die Aufwendungen für die verkauften Waren des Monats März höher als die Aufwendungen für die eingekauften Produkte im März, weil Waren aus dem Bestand des Vormonats Februar zusätzlich verkauft worden sind.

Lernfeld 6 Wertströme erfassen und beurteilen

	EK-Preise	VK-Preise (netto)
Einkäufe im Monat März	15.000,00 €	27.000,00 €
Aus dem vorhandenen Bestand wurden verkauft	2.000,00 €	3.600,00 €
Verkäufe im Monat März	**17.000,00 €**	**30.600,00 €**

Den Nettoumsatzerlösen des Monats März sind die Aufwendungen für die verkauften Produkte gegenüberzustellen.

Darstellung der Bestandsminderung auf den Warenkonten

Soll	6080 Aufwendungen für Waren			Haben	
Datum	Text	€	Datum	Text	€
	Einkäufe	15.000,00	31.03.	Wareneinsatz	17.000,00
31.03.	Lagerabbau	2.000,00			

Umbuchung der Bestandsminderung (Lagerabbau)

Soll	2280 Waren			Haben	
Datum	Text	€	Datum	Text	€
01.03.	EB	6.000,00	31.03.	SB	4.000,00
			31.03.	Lagerabbau	2.000,00

Konto 2280 Waren
Der Warenvorrat im Verkaufsshop hat abgenommen (von 6.000,00 € am Anfang des Monats auf 4.000,00 € am Monatsende). Waren im Wert von 2.000,00 € sind zusätzlich zu den im März eingekauften Waren verkauft worden. Der Betrag von 2.000,00 € wird daher auf das Konto 6080 Aufwendungen für Waren umgebucht. Der Warenbestand hat sich verringert (Bestandsminderung).

Konto 6080 Aufwendungen für Waren
Damit der Wareneinsatz (die Aufwendungen für die verkauften Produkte) ermittelt werden kann, sind die Einkäufe des Monats März (15.000,00 €) um die Bestandsveränderung (2.000,00 €) zu erhöhen. Der Wareneinsatz weist daher einen Wert von 17.000,00 € aus. Dieser Wert zeigt an, wie viel Euro für den Verkauf von Produkten im Monat März aufgewendet wurden.

Buchung der Bestandsminderung im Grundbuch

Jahr 20(0)			Grundbuch			
			Konten		Betrag	
Datum	Beleg	Buchungstext	Soll	Haben	Soll	Haben
31.03.			6080 Aufwendungen für Waren		2.000,00	
				2280 Waren		2.000,00

Bestandsminderung (Lagerabbau)

Bestandsminderung: Es werden mehr Waren verkauft als eingekauft.

Werden im Laufe einer Periode mehr Waren verkauft als eingekauft, liegt eine Bestandsminderung vor. Die Warenauswahl im Geschäft (der Warenbestand) nimmt ab. Es sind also mehr Waren an Kunden verkauft worden, als durch Einkäufe hinzugekommen sind. Dies kann bedeuten, dass sich das Geschäft erfreulicher als erwartet entwickelt hat.

Auf dem Konto 6080 Aufwendungen für Waren werden im Soll die Wareneinkäufe einer Periode ausgewiesen. Dieser Betrag entspricht aber nicht den Aufwendungen für die verkauften Produkte (Wareneinsatz). Der Verkauf von zusätzlichen Waren aus dem Vorrat des Geschäftes (Bestandsminderung oder Lagerabbau) muss zu den eingekauften Waren hinzugerechnet werden.

Für die Ermittlung des Wareneinsatzes gilt:

 Bestandsminderungen sind den Wareneinkäufen hinzuzurechnen.
Bestandsmehrungen müssen von den Wareneinkäufen abgezogen werden.

14.3 Gewinn- und Verlustkonto (GuV-Konto)

Aufwendungen und Erträge bestimmen den Erfolg eines Unternehmens. Aufwands- und Ertragskonten werden deshalb Erfolgskonten genannt. Der Erfolg wird auf dem GuV-Konto ermittelt, indem man auf ihm die Salden der Erfolgskonten sammelt. Hier werden zunächst nur zwei Erfolgskonten auf dem GuV-Konto betrachtet:

1. Aufwendungen für Waren (als Aufwandskonto)
2. Umsatzerlöse (als Ertragskonto)

Erfolgskonten, siehe Seite 161 f.

Auf dem GuV-Konto werden die Aufwendungen für die verkauften Waren (Wareneinsatz) und die Nettoumsatzerlöse für die verkauften Waren gegenübergestellt. Durch Saldieren erhält man das Rohergebnis. Übersteigen die Nettoumsatzerlöse den Wareneinsatz, erhält man einen Überschuss, den Rohgewinn. Sind die Aufwendungen für Waren höher als die Nettoumsatzerlöse, ergibt sich ein Rohverlust. Letzteres wäre sehr bedenklich, weil die Nettoumsatzerlöse noch nicht einmal ausreichen, um die Aufwendungen für die verkauften Waren zu decken. Weitere Aufwendungen wie Gehälter, Miete usw. blieben ebenfalls ungedeckt.

Abschluss der Erfolgskonten 6080 Aufwendungen für Waren und 5100 Umsatzerlöse

Im Zusammenhang mit dem Abschluss der Warenkonten wird der Wareneinsatz auf dem **Konto 6080 Aufwendungen** für Waren unter Berücksichtigung der Bestandsveränderungen ermittelt. Der Wareneinsatz wird anschließend auf das **8020 Gewinn- und Verlustkonto** umgebucht.

Beispiel: Ermittlung und Umbuchung des Wareneinsatzes bei einer Bestandsmehrung

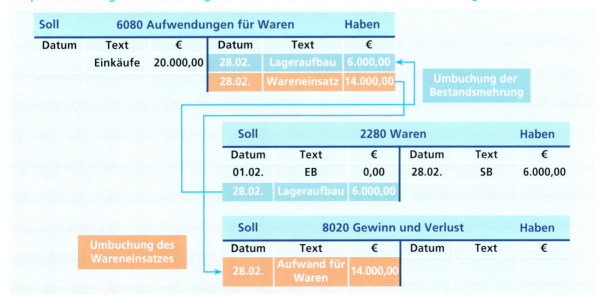

Ermittlung des Rohergebnisses auf dem Konto 8020 Gewinn und Verlust

Abschluss der Erfolgskonten 6080 Aufwendungen für Waren und 5100 Umsatzerlöse im Grundbuch

Jahr 20(0)	Grundbuch (verkürzt)			
Datum	Konten		Betrag	
	Soll	Haben	Soll	Haben
28.02.	8020 Gewinn und Verlust		14.000,00	
		6080 Aufwendungen für Waren		14.000,00
	5100 Umsatzerlöse		25.200,00	
28.02.		8020 Gewinn und Verlust		25.200,00

Den Weg der Ware vom Einkauf zum Verkauf bis zur Ermittlung des Rohergebnisses zeigt die nachfolgende Grafik.

Ermittlung des Rohergebnisses

Zusammenfassung

Abschluss der Warenkonten und Ermittlung des Rohergebnisses			
Lagerabbau/Lageraufbau	**Wareneinsatz (Aufwendungen für Waren)**	**Umsatzerlöse**	**Warenrohgewinn/ Warenrohverlust**
Auf dem Konto Waren stehen sich der Eröffnungsbestand (im Soll) und der Schlussbestand (im Haben) gegenüber. Die Differenz (Saldo) zwischen beiden ist der Lagerabbau (Bestandsminderung) oder der Lageraufbau (Bestandsmehrung).	Als Wareneinsatz werden die zu Einstandspreisen bewerteten und innerhalb eines bestimmten Zeitraumes (z. B. ein Jahr) verkauften Waren bezeichnet. Der Saldo des Kontos 2280 Waren wird auf dem Konto 6080 Aufwendungen für Waren gegengebucht. Der sich nach diesem Vorgang auf dem Konto 6080 Aufwendungen für Waren ergebende Saldo (Differenz zwischen Soll- und Haben-Seite) ist der Wareneinsatz. Der Wareneinsatz steht auf der Haben-Seite des Kontos 6080 Aufwendungen für Waren; er wird auf die Soll-Seite des Kontos 8020 Gewinn und Verlust übertragen.	Umsatzerlöse sind die durch den Verkauf von Waren erzielten Erträge ohne Umsatzsteuer. Der sich auf dem Konto 5100 Umsatzerlöse auf der Soll-Seite ergebende Saldo wird im Haben des Kontos 8020 Gewinn und Verlust gegengebucht.	Auf dem Konto 8020 Gewinn und Verlust stehen sich der Wareneinsatz (Soll) und die Umsatzerlöse (Haben) gegenüber. Die Differenz zwischen diesen beiden Beträgen ist der Warenrohgewinn bzw. Warenrohverlust. Der Oberbegriff zu Rohgewinn und Rohverlust lautet Rohergebnis.

15 Erfolgsermittlung auf dem Unternehmensergebniskonto (GuV)

 Lernsituation 15: Das Unternehmensergebnis ermitteln

Der Wareneinsatz sind die Aufwendungen eines Unternehmens für die verkauften Waren. Diese Aufwendungen sind für das Unternehmen zwar der bedeutendste Aufwandsposten, aber bei Weitem nicht der einzige. Im Rahmen der geschäftlichen Tätigkeit entstehen viele weitere Aufwendungen (Gehälter, Miete, Telekommunikation, Werbung, Büromaterial usw.). Diese Aufwendungen nennt man in Handelsunternehmen Handlungskosten, in Industrieunternehmen dagegen Betriebskosten.

> **Handlungskosten/Betriebskosten**: Aufwendungen, die mit der Führung des Unternehmens anfallen

So wie für die Aufwendungen für Waren ein eigenes Konto eingerichtet wurde, sind auch für die Handlungskosten/Betriebskosten als weitere Aufwendungen eigene Konten zu schaffen, z. B. Personalaufwendungen, Miete, Werbung usw.

Um den Erfolg des Unternehmens zu ermitteln, sind am Ende des Geschäftsjahres alle Aufwandskonten und das Ertragskonto (Umsatzerlöse) über das **Konto 8020 Gewinn und Verlust (Unternehmensergebniskonto)** abzuschließen. Das Unternehmensergebniskonto (GuV) zeigt dann die **Quellen des Unternehmenserfolges**.

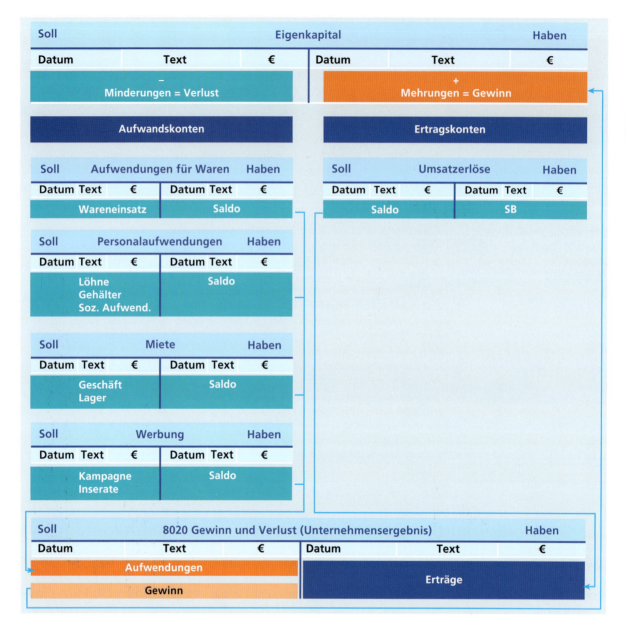

Reinergebnis – Reingewinn/Reinverlust

Das Reinergebnis einer Periode ermittelt man wie folgt:

Buchungstechnisch sind am Ende einer Geschäftsperiode alle Aufwandskonten (Aufwendungen für Waren, Handlungskosten/Betriebskosten) und das Ertragskonto (Umsatzerlöse) über das GuV-Konto abzuschließen. Durch Saldieren des GuV-Kontos wird der Differenzbetrag zwischen den Aufwendungen und Erträgen, nämlich das Reinergebnis, errechnet.

Ein **Reingewinn** ergibt sich, wenn die Erträge größer sind als die Aufwendungen. Übersteigen die Aufwendungen die Erträge, liegt ein **Reinverlust** vor.

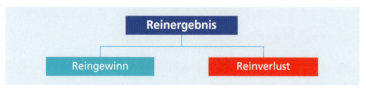

15 Erfolgsermittlung auf dem Unternehmensergebniskonto (GuV)

Der Gewinn der Rosner GmbH steht den Eigentümern der Rosner GmbH zu. Daher führt der Gewinn zu einer Erhöhung des Bestandes an Eigenkapital. Buchhalterisch wird dieser Tatbestand dadurch erfasst, dass der Gewinn vom **Konto 8020 Gewinn und Verlust (Unternehmensergebnis)** auf das **Konto 3000 Eigenkapital** gebucht wird. Bei einem Verlust dagegen muss der Bestand an Eigenkapital um den Verlustbetrag gemindert werden.

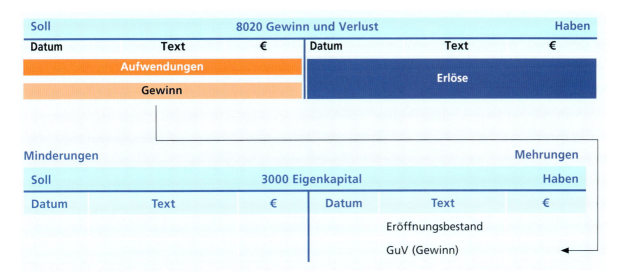

Über das **Konto 3000 Eigenkapital** verbindet sich also die Bestandsrechnung mit der Erfolgsrechnung. Die Bestandskonten und die Erfolgskonten bilden in der Finanzbuchhaltung jeweils einen in sich geschlossenen eigenen Kontenkreis. Das Konto 3000 Eigenkapital ist das Bindeglied zwischen diesen Kontenkreisen. Das Konto Eigenkapital ist das Bindeglied zwischen diesen Kontenkreisen.

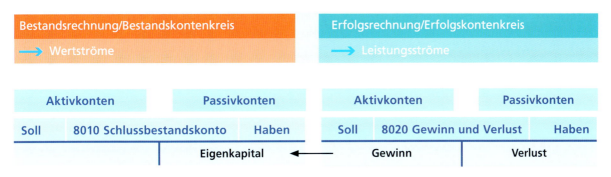

Abschluss der Erfolgskonten 6080 Aufwendungen für Waren und 5100 Umsatzerlöse im Grundbuch

Abschluss eine Aufwandskontos (allgemein)

Jahr 20(0)			Grundbuch			
Datum	Beleg	Buchungstext	Konten		Betrag	
			Soll	Haben	Soll	Haben
28.02.			Gewinn und Verlust			
				Aufwandskonto		

Abschluss eine Ertragskontos (allgemein)

Jahr 20(0)			Grundbuch			
Datum	Beleg	Buchungstext	Konten		Betrag	
			Soll	Haben	Soll	Haben
			Ertragskonto			
				Gewinn und Verlust		

Abschluss des GuV-Kontos bei Erzielung eines Gewinns

Jahr 20(0)			Grundbuch			
Datum	Beleg	Buchungstext	Konten		Betrag	
			Soll	Haben	Soll	Haben
			Gewinn und Verlust			
				Eigenkapital		

Abschluss des GuV-Kontos bei Erzielung eines Verlustes

Jahr 20(0)			Grundbuch			
Datum	Beleg	Buchungstext	Konten		Betrag	
			Soll	Haben	Soll	Haben
			Eigenkapital			
				Gewinn und Verlust		

Eigenkapitalrentabilität

Der Gewinn eines Unternehmens sagt – isoliert betrachtet – noch nichts darüber aus, ob rentabel (wirtschaftlich) gearbeitet wurde. Die Frage nach der Rentabilität kann man erst beantworten, wenn man den Gewinn zu anderen Größen (z. B. zum Eigenkapital am Anfang des Geschäftsjahres) in Beziehung setzt.

Bei der Eigenkapitalrentabilität wird ermittelt, mit wie viel Prozent sich das Eigenkapital im Geschäftsjahr verzinst hat. Dies ist mithilfe der Dreisatzrechnung oder mithilfe der im Hinblick auf den Prozentsatz („p") umgeformten Zinsformel möglich. Für die Berechnung verwendet man das Eigenkapital, das zu Beginn des Geschäftsjahres vorhanden war, weil das Unternehmen mit diesem Kapital gearbeitet hat.

$$\text{Eigenkapitalrentabilität} = \frac{\text{Gewinn} \times 100}{\text{Eigenkapital auf der Grundlage von Belegen}}$$

Häufig wird den Rentabilitätsberechnungen auch das durchschnittlich eingesetzte Kapital zugrunde gelegt. Dann gilt:

$$\text{Durchschnittlich eingesetztes Kapital} = (\text{Jahresanfangsbestand} + \text{Jahresendbestand}) : 2$$

Beispiel:

Das Eigenkapital zu Beginn des Geschäftsjahres beträgt 200.000,00 €, der Jahresgewinn 20.000,00 €.

Eigenkapital	200.000,00 €	≙ 100 %
Gewinn	20.000,00 €	≙ ? %
Eigenkapitalrentabilität	10 %	10 %

Die Zielvorgabe für die Eigenkapitalrendite scheint recht hoch zu sein. Da allerdings die Eigenkapitalquoten deutscher Unternehmen nur noch bei 20 % bis 30 % liegen, ist eine Eigenkapitalrentabilität von 20 % bis 30 % relativ schnell erzielt.

Unternehmerrisikoprämie

Der Einsatz des Eigenkapitals in einer Unternehmung ist wesentlich risikoreicher als die Geldanlage bei einer Bank. Deshalb sollte die Eigenkapitalrentabilität immer erheblich über dem Kapitalmarktzins für langfristige Kapitalanlagen liegen.

Eigenkapitalrendite des Unternehmens

– Eigenkapitalrentabilität Kapitalmarktzins
= Unternehmerrisikoprämie

Beispiel:

Bei einem Kapitalmarktzins von 8,5 % und einer Eigenkapitalrentabilität von 20 % ergibt sich eine Unternehmerrisikoprämie von 11,5 % (20 % – 8,5 % = 11,5 %).

Gesamtkapitalrentabilität

Je nachdem, wie viel Fremdkapital sich Unternehmen zusätzlich zu ihrem Eigenkapital beschaffen müssen, werden sie auch in unterschiedlicher Höhe mit Fremdkapitalzinsen belastet. Diese Fremdkapitalzinsen mindern den GuV-Gewinn. Deswegen werden diesem Gewinn die Fremdkapitalzinsen wieder hinzugerechnet, um die unternehmerische Leistung unabhängig von der Art der Finanzierung beurteilen zu können. Man errechnet so die Gesamtkapitalrentabilität.

$$\text{Gesamtkapitalrentabilität} = \frac{\text{Gewinn + Zinsen für Fremdkapital} \times 100}{\text{Gesamtkapital}}$$

Beispiel:
Ein Unternehmen hat zu Beginn des Geschäftsjahres ein Gesamtkapital von 300.000,00 € und es entstehen Zinsaufwendungen für Fremdkapital in Höhe von 9.000,00 €. Die Gesamtkapitalrentabilität wird wie folgt berechnet:

GuV-Gewinn	20.000,00 €
+ Fremdkapitalzinsen	9.000,00 €
= Gesamtgewinn des Kapitals	29.000,00 €
Gesamtkapitalrentabilität	9,67 %

Für die Entscheidung, ob eine Investition fremdfinanziert oder aus Eigenkapital finanziert werden soll, ist der Vergleich von Eigenkapital- und Gesamtkapitalrentabilität notwendig.

Liegt die Gesamtkapitalrentabilität einer Investition **unter** der Eigenkapitalrentabilität, ist es günstiger, den zusätzlichen Kapitalbedarf aus eigenen Mitteln zu finanzieren.

Liegt die Gesamtkapitalrentabilität einer Investition **über** der Eigenkapitalrentabilität, ist es günstiger, den zusätzlichen Kapitalbedarf mit fremden Mitteln zu finanzieren, weil dadurch die Eigenkapitalrentabilität gesteigert wird.

Umsatzrentabilität

Die Umsatzrentabilität zeigt, wie viel Prozent der Umsatzerlöse dem Unternehmen als Gewinn zufließen. Dies ist der Anteil am Umsatz, der nicht durch Aufwand gebunden ist und für Gewinnausschüttungen bzw. zu Investitionszwecken zur freien Verfügung steht. In der Bundesrepublik Deutschland beträgt die durchschnittliche Umsatzrentabilität aller Wirtschaftszweige ca. 2,5 %. Dies bedeutet, dass von 100,00 € Umsatz 97,50 € als Aufwand fest gebunden sind und nur 2,50 € zur freien Verfügung des Unternehmens übrig bleiben.

$$\text{Umsatzrentabilität (Gewinnquote)} = \frac{\text{Gewinn} \times 100}{\text{Umsatz}}$$

Zusammenfassung

Ermittlung und Auswertung des Unternehmensergebnisses			
Rohergebnis	**Betriebsaufwand (Handlungskosten)**	**Reingewinn/ Reinverlust**	**Eigenkapitalvergleich**
Die Höhe des Rohergebnisses (5100 Umsatzerlöse – 6080 Aufwendungen für Waren) ist ausschlaggebend für den Erfolg des Unternehmens. Nur wenn das Rohergebnis den Betriebsaufwand (Handlungskosten) decken kann und den geplanten Gewinn (Mindestgewinn) ermöglicht, ist das Unternehmen erfolgreich.	Als Betriebsaufwand (Handlungskosten) werden Aufwendungen bezeichnet, die durch die Lagerung, die Verwaltung und den Verkauf von Waren entstehen. Hierzu zählen Personalkosten, Miete, Postgebühren usw. Die Salden der Aufwandskonten für den Betriebsaufwand (Handlungskosten) werden auf der Soll-Seite des Kontos 8020 Gewinn und Verlust (Unternehmensergebnis) gesammelt und zusammen mit dem Saldo des Kontos 6080 Aufwendungen für Waren dem Konto 5100 Umsatzerlöse gegenübergestellt.	Durch Saldieren des Kontos 8020 Gewinn und Verlust wird der Reingewinn (Soll < Haben = Soll-Saldo) oder der Reinverlust (Soll > Haben = Haben-Saldo) ermittelt.	Durch den Vergleich des Eigenkapitals am Ende des Geschäftsjahres mit dem Eigenkapital am Anfang des Geschäftsjahres kann der Jahreserfolg ermittelt werden. In dem Fall sind jedoch Privatentnahmen wieder hinzuzurechnen und Privateinlagen wieder abzuziehen. Eigenkapital am Ende des Jahres 20(0) – Eigenkapital am Anfang des Jahres 20(0) ___ = Eigenkapitalmehrung/ Eigenkapitalminderung + Privatentnahmen – Privateinlagen = Gewinn oder Verlust 20(0)

Rentabilität			
Der Erfolg eines Unternehmens wird häufig durch die Rentabilität des eingesetzten Kapitals und des erzielten Umsatzes beschrieben:			
1. Eigenkapitalrentabilität	**2. Gesamtkapitalrentabilität**		**3. Umsatzrentabilität**
Die Eigenkapitalrentabilität gibt an, wie sich das Eigenkapital verzinst hat. Eigenkapitalrentabilität = $\frac{\text{Jahresgewinn} \times 100}{\text{Eigenkapital zum Jahresanfang}}$	Die Gesamtkapitalrentabilität beurteilt die unternehmerische Leistung unabhängig von der Finanzierung durch Eigenkapital und Fremdkapital. Gesamtkapitalrentabilität = $\frac{\text{Gewinn des Gesamtkapitals} \times 100}{\text{Gesamtkapital}}$ GuV-Gewinn + Fremdkapitalzinsen = Gewinn des Gesamtkapitals		Die Umsatzrentabilität zeigt, wie viel Prozent der Umsatzerlöse dem Unternehmen als Gewinn zufließen. Umsatzrentabilität = $\frac{\text{Gewinn} \times 100}{\text{Umsatz}}$

16 Preisnachlässe durch Lieferrabatt und Lieferskonto

Siehe Informationshandbuch des 1. Ausbildungsjahres, LF 4

⮕ **Lernsituation 16: Lieferrabatte und Lieferskonti erfassen**

Die Beschaffung von Waren ist für die Rosner GmbH von besonderer Bedeutung: Nur wenn es dem Unternehmen gelingt, den Kunden ein Warensortiment anzubieten, das die Kundenwünsche in Bezug auf den Sortimentsumfang, die Qualität und die Preise optimal erfüllt, wird es erfolgreich sein. Die Beschaffung der Waren bildet daher die Grundlage für den Erfolg des Unternehmens.

Die Rosner GmbH beschafft die von ihr benötigten Waren in der Regel bei Lieferern, mit denen das Unternehmen langfristige Geschäftsbeziehungen unterhält. Diese Lieferer werden mit ihren **Firmenstammdaten** und **Artikeln** in das **EDV-System des Unternehmens** eingegeben. Damit verfügt die Abteilung Beschaffung (Einkauf) über die notwendigen Daten, wenn sie nach dem **günstigsten** Anbieter einer Ware sucht und einen Auftrag für die Lieferung einer Ware erteilen will.

Hat die Rosner GmbH den günstigsten Anbieter gefunden, schließt sie einen Kaufvertrag ab, in dem neben dem Preis auch die Lieferungs- und Zahlungsbedingungen geregelt sind.

Mit der Lieferung der Ware erhält die Rosner GmbH neben dem Lieferschein auch die Rechnung über die gelieferte Ware (Eingangsrechnung = ER).

Beispiel:

LUX Import GmbH			Sentmaringer Weg 32 45127 Essen	
Rosner GmbH Baaderstraße 120 80469 München				
Rechnung Nr. 08732			Datum	10.02.20(0)
Kundennummer: 0102		Auftrag v.: 09.02.20(0)	Versand: Lkw	Lieferung: 11.02.20(0)
Menge	Bezeichnung		Einzelpreis in €	Gesamtpreis in €
200	Photochromic PS 05 Brille		35,00	7.000,00
			– 10 % Rabatt	700,00 €
			Nettobetrag	6.300,00
			+ 19 % MwSt.	1.197,00
			Rechnungsbetrag	7.497,00
Zahlungsziel: zahlbar innerhalb von 30 Tagen ohne Abzug				

Nettobetrag 6.300,00 ← **Zieleinkaufspreis**

Die Rechnung Nr. 08732 des Lieferers LUX Import GmbH weist neben dem Listeneinkaufspreis in Höhe von 7.000,00 € auch einen Liefererrabatt von 10 % = 700,00 € aus.

Rabatte werden in der Rechnung zur einfacheren Rechnungskontrolle und aus Gründen der Werbung ausgewiesen. Sie werden aber **buchhalterisch nicht gesondert erfasst.** Eingangsrechnungen sind daher mit dem **Zieleinkaufspreis** zu buchen. Der Zieleinkaufspreis ergibt sich, wenn man vom Listeneinkaufspreis den Liefererrabatt abzieht.

Buchungssatz: 6080 Aufwendungen für Waren Soll 6.300,00 €
2600 Vorsteuer Soll 1.197,00 €
          4400 Verbindlichkeiten Haben 7.497,00 €

Bareinkaufspreis

Gewährt der Lieferer der Rosner GmbH (Käufer) Skonto, wird der Zieleinkaufspreis um den Skontobetrag vermindert und man erhält den **Bareinkaufspreis.**

In den allgemeinen Geschäftsbedingungen (AGB) des Lieferers wird dem Käufer häufig ein Zahlungsziel (z. B. 30, 60 oder 90 Tage) eingeräumt. Während dieses Zeitraums riskiert der Lieferer, dass sich die Zahlungsfähigkeit des Käufers verschlechtert. Vor allem aber kann der Lieferer durch die ausbleibende Zahlung seine eigene Liquidität nicht verbessern und erleidet einen Zinsverlust.

Um diese Nachteile so gering wie möglich zu halten, versucht man den Kunden durch einen Preisnachlass (Skonto) zur vorzeitigen Zahlung zu bewegen.

Skonto ist ein Preisnachlass, der bei vorzeitiger Zahlung gewährt wird. Häufig stellt der Verkäufer den Käufer vor die Alternative, die Rechnung innerhalb einer bestimmten Frist (z. B. 30 Tage) ohne Abzug zu bezahlen oder innerhalb von 10 Tagen unter Abzug von Skonto (z. B. 2 %).

Kalkulation

Listeneinkaufspreis
– Rabatt

= **Zieleinkaufspreis**
– Skonto

= **Bareinkaufspreis**
+ Bezugskosten

= **Bezugspreis**
+ Handlungskostenzuschlag

= **Selbstkostenpreis**
+ Gewinnzuschlag

= **Nettoverkaufspreis**
+ Umsatzsteuer

= **Bruttoverkaufspreis**

Vorsteuerkorrektur beim Skontoabzug

Die Rosner GmbH erhält von der LUX Import GmbH eine Rechnung über 20 Pedalesets. Die Rechnung wird über einen Bruttobetrag von 1.071,00 € vom Lieferer ausgestellt. Bei Zahlung innerhalb von zehn Tagen gewährt der Lieferer 2 % Skonto vom Rechnungsbetrag. Andernfalls ist der Rechnungsbetrag ohne Abzug innerhalb von 30 Tagen nach Rechnungsdatum zu bezahlen.

LUX Import GmbH
Sentmaringer Weg 32
45127 Essen

Rosner GmbH
Baaderstraße 120
80469 München

Rechnung Nr. 30426			Datum	10.02.20(0)
Kundennr.: 0102		Auftrag v.: 09.02.20(0)	Versand: Lkw	Lieferung: 15.10.20(0)
Menge	Art.-Nr.	Bezeichnung	Einzelpreis in €	Gesamtpreis in €
20	RB7664	Look Pedal Quartz Karbon	50,00	1.000,00
		– 10 % Rabatt		100,00
		Nettobetrag		900,00
		+ 19 % MwSt.		171,00
		Rechnungsbetrag		1.071,00
		– 2 % Skonto		21,42
		Überweisung		1.049,58

Nebenrechnung:
	€	€
– 2 %	18,00	**882,00**
– 2 %	3,42	**167,58**
	21,42	**1.049,58**

Zahlungsziel: zahlbar 30 Tage ab Rechnungsdatum; innerhalb 10 Tagen mit 2 % Skonto. 30 Tagen ohne Abzug

Die Rosner GmbH erhält die oben genannte Eingangsrechnung ER 30426 mit dem Rechnungsdatum 15.10.20(0) von der LUX Import GmbH für deren Warenlieferung und bucht bei Rechnungseingang:

Nettobetrag	900,00 €
+ 19 % MwSt.	171,00 €
Rechnungsbetrag	1.071,00 €

Jahr 20(0)	Grundbuch (verkürzt)			
	Konten		Betrag	
	Soll	Haben	Soll	Haben
	Rechnungseingang			
	6080 Aufwendungen für Waren		900,00	
	2600 Vorsteuer		171,00	
		4400 Verbindlichkeiten		1.071,00
		Betragskontrolle:	1.071,00	1.071,00

Die Rosner GmbH kann wählen, ob sie innerhalb der Skontofrist oder innerhalb von 30 Tagen bezahlt. Daher kann der Lieferer auf seiner Rechnung den Skontobetrag nicht von vornherein abziehen. Die Rosner GmbH entscheidet sich für die vorzeitige Zahlung. Nun wird der Bruttorechnungsbetrag um 2 % (21,42 €) auf 1.049,58 € gekürzt. Eigentlich müsste Skonto vom Nettobetrag abgezogen und die Umsatzsteuer neu berechnet werden, weil sich das vereinbarte Entgelt von 900,00 € auf 882,00 € verringert hat. Die Umsatzsteuer beläuft sich bei einem Nettobetrag von 882,00 € auch nur auf 167,58 €. Weil die Rechnung sofort beim Rechnungseingang mit den ursprünglichen Beträgen gebucht worden ist, sind sowohl der Nettobetrag als auch die Umsatzsteuer zu hoch ausgewiesen worden. Sie müssen daher nach der Kürzung um 2 % Skonto korrigiert werden.

Die ER 30426 wird durch Banküberweisung unter Abzug von 2 % Skonto am 15.08.20(0) beglichen.

Nettobetrag	1.071,00 €
– 2 % Skonto	– 21,42 €
Überweisungsbetrag	1.049,58 €

Da im Skontobetrag von 21,42 € 19 % Vorsteuer enthalten sind, muss jetzt das Steuerkonto um den entsprechenden Betrag korrigiert werden:
119 % → 21,42 €
19 %   → 3,42 €   → **Vorsteuerkorrektur**

Der Skonto ist auf dem neu einzurichtenden Konto 6082 Nachlässe zu erfassen (vgl. auch unten stehenden Ausschnitt aus dem Kontenrahmen der Industrie (IKR)).

Die Buchung des Rechnungsausgleichs unter Abzug von 2 % Skonto (25.10.20[0]) im Grundbuch:

Jahr 20(0)	Grundbuch (verkürzt)			
	Konten		Betrag	
	Soll	Haben	Soll	Haben
	Bezahlung der Rechnung			
	4400 Verbindlichkeiten		1.071,00	
		2800 Bank		1.049,58
		6082 Nachlässe		18,00
		2600 Vorsteuer		3,42
		Betragskontrolle:	1.071,00	1.071,00

Ausschnitt aus Klasse 6 des Industriekontenrahmens

Aufwendungen	Erläuterung
6080 Aufwendungen für Waren	Buchung der Wareneinkäufe; Ermittlung des Wareneinsatzes (verkaufte Waren zu Einstandspreisen)
6082 Nachlässe	Das Konto nimmt vom Lieferer gewährte Skonti auf.

Vorsteuer in der Kalkulation

Da die Umsatzsteuer vom Endverbraucher zu tragen ist, kann das Unternehmen die Umsatzsteuer, die es an seinen Lieferer entrichtet (die Vorsteuer), von der eingenommenen Umsatzsteuer abziehen. Aus diesem Grund ist die Vorsteuer in der Bezugskalkulation des Unternehmens nicht zu berücksichtigen; sie ist **kalkulationsneutral**.

Soll			6082 Nachlässe		Haben
Datum	Text	€	Datum	Text	€
				Liefererskonti	

Zusammenfassung

Liefererrabatt und Liefererskonto	
Liefererrabatt	**Liefererskonto**
Listeneinkaufspreis – Liefererrabatt = Zieleinkaufspreis Der Liefererrabatt ist ein Preisnachlass ohne Rücksicht auf den Zahlungszeitpunkt. Es gibt verschiedene Rabattarten (Mengen-, Treue-, Sonder-, Natural- und Wiederverkäuferrabatt).	Der Liefererskonto ist ein Preisnachlass für eine vorzeitige Zahlung. Er wird auf dem Konto 6062 Nachlässe erfasst.
	Umbuchung der Nachlässe
	Das Konto 6062 Nachlässe wird über das Konto 6080 Aufwendungen für Waren abgeschlossen. Nachlässe verringern die Aufwendungen für die eingekauften Waren.
Umsatzsteuerkorrektur	**Bareinkaufspreis**

Der durch die Gewährung von Skonto geminderte Umsatzsteuerbetrag verlangt eine entsprechende Korrektur des Kontos 2600 Vorsteuer.	Der Bareinkaufspreis wird mit folgendem Schema kalkuliert:
	  Listeneinkaufspreis
	  – Rabatt
	  = Zieleinkaufspreis
	  – Skonto
	  = Bareinkaufspreis

17 Rücksendungen und Gutschriften bei der Warenbeschaffung

⊃ **Lernsituation 17: Rücksendungen und Gutschriften beim Wareneinkauf berücksichtigen**

17.1 Rücksendungen

Waren werden an den Lieferer zurückgesandt, wenn z. B. falsche Produkte geliefert worden sind oder wenn die Ware so starke Mängel aufweist, dass sie unverkäuflich ist. Ist der Wareneingang bereits gebucht, müssen die **Verbindlichkeiten** um den **Bruttowert** der Rücksendung vermindert werden. Der Wert auf dem **Konto 6080 Aufwendungen für Waren** verringert sich um den **Nettowert** der Rücksendung. Durch die Rücksendung ändert sich das mit dem Lieferer vereinbarte Entgelt. Da dieses Entgelt die Berechnungsgrundlage für die Umsatzsteuer (in diesem Fall Vorsteuer) darstellt, ist das **Konto 2600 Vorsteuer** anteilig zu korrigieren. Bei der Buchung von Rücksendungen handelt es sich um eine **Umkehrung** der Wareneinkaufsbuchung, die ganz oder teilweise korrigiert (storniert) wird.

Rücksendung von Waren als Umkehrbuchung

Beispiel:
Die Rosner GmbH nimmt auf eine Empfehlung ihres Lieferers Tiemann („Das Produkt läuft fantastisch!") probeweise fünf Tourenräder mit ausgefallenem Design ins Sortiment auf. Man vereinbart allerdings, dass die Rosner GmbH nach sechs Monaten einen eventuell übrig gebliebenen Bestand auf Kosten des Lieferers zurücksenden kann.

Eingangsrechnung vom 03.04.20(0): 5 Tourenräder zu je 1.200,00 € zuzüglich 19 % Umsatzsteuer

Am 05.10.20(0) schickt die Rosner GmbH zwei Räder an den Lieferer zurück.

Jahr 20(0)	Grundbuch (verkürzt)			
	Konten		Betrag	
	Soll	Haben	Soll	Haben
	Wareneinkauf 5 Räder			
03.04.	6080 Aufwendungen für Waren		6.000,00	
	2600 Vorsteuer		1.140,00	
		4400 Verbindlichkeiten		7.140,00
	Rücksendung (Stornierung) 2 Räder			
05.10.	4400 Verbindlichkeiten		2.856,00	
		6080 Aufwendungen für Waren		2.400,00
		2600 Vorsteuer		**456,00**

Darstellung der Warenrücksendung auf Konten

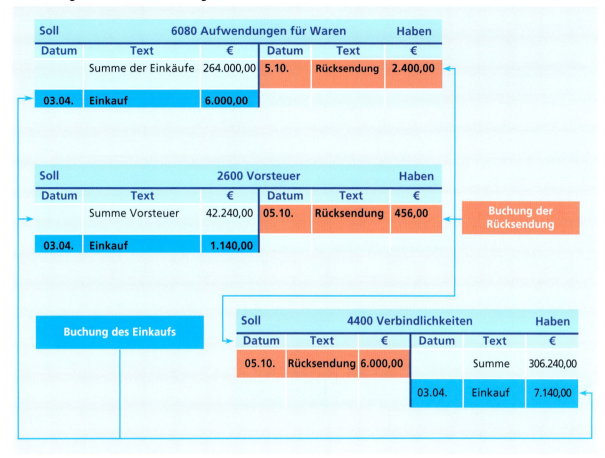

17.2 Gutschriften

Eine Gutschrift erhält man vom Lieferer, wenn er mangelhafte Ware geliefert hat, die nur zu einem herabgesetzten Preis verkauft werden kann. Durch eine Gutschrift vermindert sich der Preis der eingekauften Ware, nicht aber die gelieferte **Warenmenge**. Daher verringert sich auch die Schuld gegenüber dem Lieferer um den Bruttobetrag auf dem Konto 4400 Verbindlichkeiten.

Die Minderung des Warenwertes um den Nettobetrag wird auf dem Konto 6082 Nachlässe gebucht. Die Steuer ist anteilig auf dem Konto 2600 Vorsteuer zu korrigieren.

Buchung von Rücksendungen und Gutschriften

Jahr 20(0)	Grundbuch (verkürzt)			
	Konten		Betrag	
	Soll	Haben	Soll	Haben
	Wareneinkauf			
	6080 Aufw. für Waren		\<Nettobetrag\>	
	2600 Vorsteuer		\<Bruttobetrag\>	
		4400 Verbindlichkeiten		\<Bruttobetrag\>
	Rücksendung (Stornierung)			
	4400 Verbindlichkeiten		\<Bruttobetrag\>	
		6080 Aufw. für Waren		\<Nettobetrag\>
		2600 Vorsteuer		\<Umsatzsteuer\>
	Gutschrift			
	4400 Verbindlichkeiten		\<Gutschrift\>	
		6082 Nachlässe		\<Nettobetrag\>
		2600 Vorsteuer		\<Umsatzsteuer\>

Soll			6082 Nachlässe		Haben
Datum	Text	€	Datum	Text	€
				Liefererskonti	
				Nachlässe wegen mangelhafter Lieferung/Gutschriften	

17.3 Umbuchung der Nachlässe

Nachlässe der Lieferer mindern die im Konto 6080 gebuchten Aufwendungen für Waren. Andernfalls würde man in der Preiskalkulation von einem zu hohen Wert ausgehen. Das Konto 6082 Nachlässe ist daher als Unterkonto zum Konto 6080 Aufwendungen für Waren aufzufassen. Am Jahresende ist das Konto 6082 Nachlässe folglich über das Konto 6080 Aufwendungen für Waren abzuschließen. Nachlässe werden auf einem eigenen Konto erfasst, damit man weiß, wie viele Nachlässe im Laufe einer Geschäftsperiode von Lieferern gewährt worden sind. Dies schafft größere Übersichtlichkeit.

Beispiel:
Umbuchung von insgesamt 12.000,00 €, die sich im Laufe des Geschäftsjahres auf dem Konto 6082 Nachlässe angesammelt haben

Jahr 20(0)	Grundbuch (verkürzt)			
	Konten		Betrag	
	Soll	Haben	Soll	Haben
	Umbuchung der Nachlässe			
31.12.	6082 Nachlässe		12.000,00	
		6080 Aufw. für Waren		12.000,00

Anschaffungskosten

Die **Beschaffung von Waren** unterliegt in einem Unternehmen u. a. den gesetzlichen Bestimmungen des HGB. Dort ist festgelegt, dass Waren (wie alle Vermögensgegenstände) bei ihrer Beschaffung mit den **Anschaffungskosten** zu erfassen sind. Der § 255 HGB bezeichnet Anschaffungskosten als die Aufwendungen, die geleistet werden, um einen Vermögensgegenstand zu erwerben (und bei Anlagegütern: sie in einen betriebsbereiten Zustand zu versetzen).

Alle **Nachlässe** wie Rabatt, Skonto und Rücksendungen **mindern den Wareneinkaufspreis** und müssen daher bei der Ermittlung der Anschaffungskosten als Abzug berücksichtigt werden.

Die vom Lieferer in Rechnung gestellten **Umsatzsteuern** (Vorsteuer) belasten das Unternehmen als sogenannter **durchlaufender Posten** nicht. Der Vorsteuerabzug gehört daher nicht zu den Anschaffungskosten.

Eingekaufte Waren werden hier als **Aufwendungen** behandelt. Die nicht verkauften Waren werden jedoch am Jahresende als Warenbestand zu Anschaffungskosten – wie alle Vermögensteile – aktiviert. Der **Warenbestand** zählt dann zum **Umlaufvermögen**.

Umbuchung von Nachlässen

Nachlässe der Lieferer mindern die im Konto 6080 gebuchten Aufwendungen für Waren. Andernfalls würde man in der Preiskalkulation von einem zu hohen Wert ausgehen. Das Konto **Nachlässe** ist daher als **Unterkonto** zum **Konto 6080 Aufwendungen für Waren** aufzufassen. Am Jahresende ist das Konto 6082 Nachlässe folglich über das Konto 6080 Aufwendungen für Waren abzuschließen.

Die gesonderte Erfassung der Nachlässe auf einem eigenen Konto erfolgt nur aus Gründen der Übersichtlichkeit, damit man weiß, in welcher Höhe im Laufe einer Geschäftsperiode Nachlässe von Lieferern gewährt worden sind.

Abschluss des Kontos 6082 Nachlässe

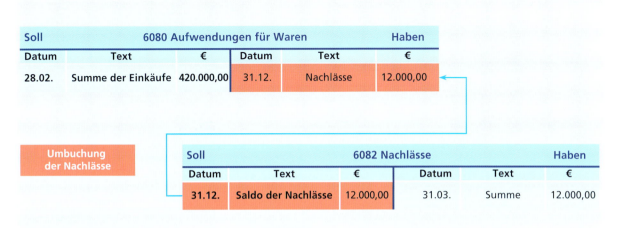

17.4 Ermittlung des Wareneinsatzes

Bestandsminderung

Das Konto 6080 Aufwendungen für Waren weist nach den Umbuchungen auf der Soll-Seite den Betrag der aktuell eingekauften Waren, die Bezugskosten und die Bestandsminderung (Lagerabbau) aus, während die Haben-Seite die Nachlässe der Lieferer, d. h. die Minderungen des Betrages der eingekauften Waren, darstellt. Den Wareneinsatz erhält man durch Saldieren. Der Betrag wird auf das Konto 8020 Gewinn und Verlust umgebucht.

Bestandsminderung/Bestandsmehrung, siehe Seite 179

Bestandsmehrung

Werden mehr Waren eingekauft als verkauft, erscheint die Bestandsmehrung auf der Haben-Seite des Kontos 6080 Aufwendungen für Waren.

Wareneinsatz, siehe Seite 180
GuV-Konto, siehe Seite 185

Der **Wareneinsatz** gibt an, wie viel das Unternehmen für die **verkauften** Waren aufwenden musste. Nach der Buchung des Wareneinsatzes auf dem Konto 8020 Gewinn und Verlust steht er dort als Aufwand den Umsatzerlösen gegenüber.

Beispiel: Konten mit einer Bestandsminderung an Waren

Soll		2280 Waren				Haben
Datum	Text		€	Datum	Text	€
02.01.	8000 EBK		250.000,00	31.12.	8010 SBK	190.000,00
				31.12.	6080 Aufw. für Waren	60.000,00
			250.000,00			250.000,00

Soll		6080 Aufwendungen für Waren			Haben
Datum	Text	€	Datum	Text	€
Jan.–Dez.	<Summe der Einkäufe>	880.000,00	31.12.	6082 Nachlässe	65.000,00
31.12.	2280 Waren	60.000,00	31.12.	8020 GuV (Wareneinsatz)	875.000,00
		940.000,00			940.000,00

Soll		6082 Nachlässe			Haben
Datum	Text	€	Datum	Text	€
31.12.	6080 Aufw. für Waren	65.000,00	Jan.–Dez.	<Summe der Nachlässe>	65.000,00

Soll		8020 Gewinn und Verlust			Haben
Datum	Text	€	Datum	Text	€
31.12.	6080 Aufw. für Waren	875.000,00			

Zur **Ermittlung des Wareneinsatzes** auf den Konten des Hauptbuches sind folgende Buchungen notwendig:

① Buchung des Warenschlussbestandes lt. Inventur (am Ende eines Geschäftsjahres) oder aus dem Warenwirtschaftssystem (Ende eines Monats, Vierteljahres u. Ä.) auf dem Konto 2280 Waren (Gegenkonto Schlussbestandskonto)

② Umbuchung der Bestandsmehrung bzw. Bestandsminderung auf das Konto 6080 Aufwendungen für Waren

③ Umbuchung der Nachlässe auf das Konto 6080 Aufwendungen für Waren

④ Umbuchung des Wareneinsatzes (Saldo) auf das Konto 8020 Gewinn und Verlust

Buchungen ① bis ⑤ im Grundbuch

Jahr 20(0)		Grundbuch (verkürzt)			
		Konten		Betrag	
		Soll	Haben	Soll	Haben
31.12.	①	8010 SBK		190.000,00	
			2280 Waren		190.000,00
	②	6080 Aufwendungen für Waren		60.000,00	
			2280 Waren		60.000,00
	③	6082 Nachlässe		65.000,00	
			6080 Aufw. für Waren		65.000,00
	④	8020 Gewinn und Verlust		875.000,00	
			6080 Aufw. für Waren		875.000,00

Kontenzusammenhang bei der Ermittlung des Wareneinsatzes
Es wird angenommen, dass eine Bestandsminderung an Waren vorliegt.

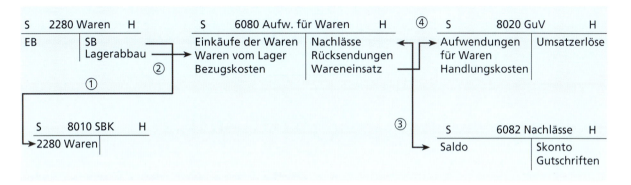

Zusammenfassung

Rücksendungen und Gutschriften beim Wareneinkauf			
Rücksendungen	**Gutschriften**	**Buchung von Rücksendungen**	**Buchung von Gutschriften**
Rücksendungen an den Lieferer werden notwendig bei Falschlieferungen bzw. bei Lieferung mangelhafter Ware, die nicht verkauft werden kann.	Gutschriften gewährt der Lieferer bei Lieferung mangelhafter Ware, die aber noch zu einem reduzierten Preis zu verkaufen ist.	Rücksendungen verlangen, dass die Wareneingangsbuchung rückgängig gemacht wird. Dies geschieht durch eine Umkehrung der Wareneingangsbuchung (Stornobuchung).	Gutschriften mindern den Einstandspreis der Ware (Preisnachlass). Sie werden auf dem Konto 6082 Nachlässe erfasst. Der durch die Gewährung von Preisnachlässen geminderte Umsatzsteuerbetrag verlangt eine entsprechende Korrektur des Kontos 2600 Vorsteuer im Haben.

18 Preisnachlässe durch Kundenrabatt und Kundenskonto

⊃ **Lernsituation 18: Kundenrabatte und Kundenskonti erfassen**

Kundenskonto

Die **gesetzliche Regelung** sieht vor, dass der Käufer – sofern nichts anderes vereinbart wurde – **sofort** bei der Übergabe der Waren zu **zahlen** hat. Hier können großzügige Konditionen einen Kaufanreiz bewirken.

Die Einräumung eines **Zahlungsziels** (Kundenkredit) gibt dem Käufer die Möglichkeit, die Ware zu **einem späteren Zeitpunkt** zu **zahlen**. Für den Käufer hat das den Vorteil, dass er ggf. **Kosten einsparen** kann, insbesondere wenn er den Kauf mit Fremdkapital (Bankkredit) finanzieren muss.

Mit der Gewährung von **Skontoabzügen** bei Zahlung vor Ablauf des Zahlungsziels versucht der Verkäufer, den Kunden zu **vorzeitiger Zahlung** zu veranlassen (bei Zahlung innerhalb von acht Tagen abzüglich 2 % Skonto, innerhalb von 30 Tagen netto Kasse). Der Skontoabzug (Zinssatz) ist für den Kunden attraktiv, weil er auf das Jahr bezogen einem Zinssatz von 36,7 % entspricht (Zinssatz = 2 x 100 x 360 : 98 x 20 = 36,7 %).

Kundenrabatt

Zur Strategie, Kunden zum Kauf der angebotenen Produkte oder Dienstleistungen zu veranlassen, gehören auch Rabatte. Für Rabatte werden von den Kunden Gegenleistungen erwartet und sie können durchaus zeitlich begrenzt sein.

Beispiele:
Mengenrabatte, Treuerabatte und Leistungsrabatte

Rabatt und Skonto müssen in der Kalkulation der Verkaufspreise als „Zuschlag" berücksichtigt werden, wenn der Barverkaufspreis sichergestellt werden soll. Unternehmen planen in ihrer Kalkulation einen bestimmten Gewinn ein. Nachlässe vom kalkulierten Barverkaufspreis würden diesen Plangewinn schmälern. Daher werden absehbare Preisminderungen, die z. B. in Form von Kundenrabatt und Kundenskonto gewährt werden, von vornherein in der Kalkulation berücksichtigt. Dabei werden die Nachlässe so einkalkuliert, dass

Rabatte, siehe Informationshandbuch des 1. Ausbildungsjahres,

Verkaufskalkulation, siehe Informationshandbuch des 1. Ausbildungsjahres

nach Abzug der Preisnachlässe jener Erlös zur Verfügung steht, der zur Erreichung des Plangewinns erforderlich ist.

Die Reihenfolge des Abzugs von Rabatt und Skonto ergibt sich aus der Sicht des Kunden vom Endpreis her. Ihm wird zunächst Rabatt auf einen Listenpreis eingeräumt, der zum Zielverkaufspreis führt. Zahlt der Kunde vorzeitig, darf er zusätzlich Skonto abziehen. Dabei ist aber noch zu berücksichtigen, dass in der Rechnung auf den Nettoverkaufspreis Umsatzsteuer aufgeschlagen wird.

Auf der Rechnung für den Kunden City-Bike ergibt sich folgendes Bild:

Rosner GmbH, Baaderstraße 120, 80469 München

Ihr Zeichen:
Ihre Nachricht
Unser Zeichen: KEL
Unsere Nachricht:

Fahrradverleih City-Bike
Kreuzstraße 77
80331 München

Name: Thomas Enders
Telefon: 089 52067-537
Telefax: 089 50267-900
E-Mail: info@rosner.de

Datum: 16.06.20(0)

Rechnung				Nummer: 5739	Kunden-Nr.: D 24002	
Pos.	Menge	Art.-Nr.	Bezeichnung		Einzelpreis €	Gesamtpreis €
1	1	1248	Mountainbike NPL-900		2.835,66	2.835,66
			– Rabatt 5 %			141,78
					Nettobetrag	2.693,88
					19 %	511,84
					Rechnungsbetrag	3.205,72

Zahlungsziel: 30 Tage ab Rechnungsdatum; innerhalb 10 Tagen mit 2 % Skonto

Geschäftsführer:	Bankkonto: VB Bank München
Heinz Rosner	IBAN: DE31 7022 0800 0305 6732 91
HR: Amtsgericht München HRB 5646	BIC: VBAGDEM1XXX
USt-IdNr.: DE 953 736 836	

Die Rechnung Nr. 5739 an den Kunden City-Bike über die Lieferung eines Mountainbikes am 16.06.20(0) ist als Ausgangsrechnung zu buchen:

Jahr 20(0)		Grundbuch				
Datum	Beleg	Buchungstext	Konten		Betrag	
			Soll	Haben	Soll	Haben
Buchung der Ausgangsrechnung:						
16.06.	AR	AR Nr. 5739/D 24002 City-Bike	2400 Forderungen		3.205,72	
				5100 Umsatzerlöse		2.693,88
				4800 Umsatzsteuer		511,84

Bei Zahlung innerhalb der Skontofrist von zehn Tagen kann der Kunde den Rechnungsbetrag um 2 % Skonto kürzen:

Zahlung unter Abzug von 2 % Skonto
Rechnungsbetrag 3.205,72 €
– Skonto 2 %   64,11 €
Überweisungsbetrag 3.141,61 €

netto 2.640,00 € **Barverkaufspreis**
USt 501,60 €

Buchung von Kundenzahlungen unter Abzug von Skonto

Räumen die Zahlungsbedingungen des Unternehmens dem Kunden einen Skontoabzug bei vorzeitiger Zahlung ein und zahlt der Kunde tatsächlich innerhalb der Skontofrist, wird zunächst der Zahlungsmitteleingang als Soll-Buchung (z.B. auf dem Bankkonto) festgehalten. Skontoabzüge von Kunden verringern die Umsatzerlöse. Die Abzüge werden daher auf einem Unterkonto zum **Konto 5100 Umsatzerlöse** erfasst, und zwar auf der Soll-Seite des **Kontos 5101 Erlösberichtigungen/Kundenskonto**. Weil der Skontoabzug das vereinbarte Entgelt mindert, ist außerdem die Umsatzsteuer zu korrigieren. Die Haben-Buchung geschieht auf dem Konto 2400 Forderungen, auf dem der Rechnungsausgang festgehalten worden ist.

Beispiel:

Rechnung an den Kunden	Listenpreis (netto)	2.835,66 €
Datum: 05.04.20(0)	– Rabatt 5 %	141,78 €
	Nettobetrag	2.693,88 €
	+ Umsatzsteuer 19 %	511,84 €
Zahlung unter Abzug von 2 % Skonto am 15.04.20(0) (Bank)	Rechnungsbetrag	3.205,72 € → netto 53,87 €
	– Skonto 2 %	64,11 € → USt 10,24 €
	Überweisungsbetrag	3.141,61 €

Da Skonto vom Bruttobetrag der Ausgangsrechnung (3.124,90 €) abgezogen wird, enthält der Skontobetrag Umsatzsteuer. Der Umsatzsteueranteil wird wie folgt berechnet:

119 %   →   64,11 €
19 %   →   X €

$$X = \frac{64{,}11\ €\ \times\ 19\ \%}{119\ \%} = 10{,}24\ €$$

Buchung der Ausgangsrechnung im Grundbuch

Jahr 20(0)	Grundbuch (verkürzt)			
	Konten		Betrag	
	Soll	Haben	Soll	Haben
	<Zahlung unter Skontoabzug>			
	2800 Bank		3.141,61	
	5101 Erlösberichtigungen/ Kundenskonto		53,87	
	4800 Umsatzsteuer		10,24	
		2400 Forderungen		3.205,72

Die Erlösberichtigungen (Kundenskonto) werden im Konto 5101 Erlösberichtigungen im Soll erfasst. Da das Konto ein Unterkonto zum Konto 5100 Umsatzerlöse darstellt, wird die Summe der Erlösberichtigungen (Saldo) auf das Konto 5100 Umsatzerlöse umgebucht.

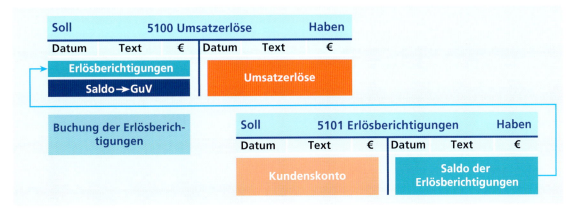

Zusammenfassung

Kundenrabatte und Kundenskonti	
Preisnachlässe beim Warenverkauf	**Kundenrabatt**
Preisnachlässe beim Verkauf von Waren an Kunden in Form von Rabatten und Skonti werden von vornherein in der Kalkulation berücksichtigt. Durch eine Im-Hundert-Rechnung wird sichergestellt, dass nach Abzug der Preisnachlässe jener Erlös übrig bleibt, den der Unternehmer für die Realisierung seines geplanten Gewinns benötigt.	Listenverkaufspreis – Kundenrabatt = Zielverkaufspreis Der Kundenrabatt ist ein Preisnachlass ohne Rücksicht auf den Zahlungszeitpunkt. Kundenrabatte werden buchhalterisch nicht erfasst.
	Kundenskonto
	Der Kundenskonto ist ein Preisnachlass für eine vorzeitige Zahlung und mindert die Umsatzerlöse. Die Skontoabzüge werden daher mit ihren Nettobeträgen auf der Soll-Seite des Kontos 5102 Kundenskonto erfasst. Das Konto ist ein Unterkonto zum Konto 5100 Umsatzerlöse.
Umsatzsteuerkorrektur	**Listenverkaufspreis**
Weil der Skontoabzug das vereinbarte Entgelt mindert, ist auch die Umsatzsteuer zu korrigieren. Die Korrektur des Umsatzsteuerbetrags erfolgt im Konto 4800 Umsatzsteuer im Soll.	Der Listenverkaufspreis wird mit folgendem Schema kalkuliert: Barverkaufspreis + Kundenskonto = Zielverkaufspreis + Kundenrabatt = Listenverkaufspreis

19 Kundenreklamationen: Rücksendungen und Gutschriften

⊃ **Lernsituation 19: Kundenreklamationen buchhalterisch bearbeiten**

Kundenreklamationen sind Teil des normalen Geschäftsablaufs. Häufig liegen die Gründe für eine Reklamation in den enttäuschten (subjektiven) Erwartungen des Kunden begründet. Daher ist es meist angebracht, durch Kulanzangebote auf die Kundenwünsche nach Rückgabe des Produkts oder Preissenkungen einzugehen.

Andererseits können aber auch objektive Mängel des Produktes Ursache von Reklamationen sein. Nur bei objektiven Produktmängeln ist der Verkäufer gezwungen, im rechtlichen Rahmen auf die Reklamation zu reagieren.

Mängelarten
Das BGB (§ 459 ff.) kennt verschiedene Mängelarten: Mangel in der Art, in der Menge, in der Güte und in der Beschaffenheit. Innerhalb der gesetzlichen Gewährleistungspflicht hat ein Käufer bei einem berechtigten Mangel verschiedene Rechtsmöglichkeiten.

Rücktritt vom Kaufvertrag
Der Käufer kann vom Kaufvertrag zurücktreten, wenn die Ware einen Mangel aufweist, den der Verkäufer nach den Vorschriften des BGB zu verantworten hat. Falls der Kunde die Ware schon bezahlt hat, muss der Unternehmer den Kaufpreis erstatten (Bargeldrückgabe). In diesem Fall muss der ursprüngliche Umsatzerlös storniert, d. h. rückgängig gemacht werden (siehe unten „Stornobuchung").

Auch wenn der Kunde die Ware noch nicht bezahlt hat (Zielverkauf), ist die ursprüngliche Buchung durch den entsprechenden Buchungssatz zu stornieren. Diese Buchung hat keine unmittelbare Auswirkung auf die Kalkulation, weil die Ware zurückgegeben wird.

Stornobuchung
Stornobuchung bedeutet, dass der ursprüngliche Buchungssatz rückgängig gemacht wird. Eine Stornobuchung ist erforderlich, wenn der Händler Waren von Kunden zurücknimmt.

19 Kundenreklamationen: Rücksendungen und Gutschriften

Jahr 20(0)	Grundbuch (verkürzt)			
	Konten		Betrag	
	Soll	Haben	Soll	Haben
	<Stornobuchung eines Barverkaufs>			
	5100 Umsatzerlöse			
	4800 Umsatzsteuer			
		2880 Kasse		
	<Stornobuchung eines Zielverkaufs>			
	5100 Umsatzerlöse			
	4800 Umsatzsteuer			
		2400 Forderungen		

Ersatzlieferung
Besteht der Käufer auf einem Umtausch der Ware, so verursacht dies keine Buchung, da die Umsatzerlöse und die Umsatzsteuer unverändert bleiben.

Herabsetzung des Verkaufspreises
Ist die Ware fehlerhaft, aber für den Kunden noch verwertbar, so können sich Händler und Kunde auf eine Herabsetzung (= Minderung) des ursprünglichen Verkaufspreises einigen. Der Ausgleich geschieht durch Barauszahlung oder Gutschrift.

Erlösberichtigungen
Kaufpreisreduzierungen bezeichnet man in der Buchführung neben dem Kundenskonto ebenfalls als Erlösberichtigungen. Erlösberichtigungen lösen keine Stornobuchung aus, denn der Händler nimmt die Ware nicht zurück. Jedoch muss die **Verkaufsbuchung korrigiert** werden, da der ursprüngliche Verkaufspreis der Ware zu hoch angesetzt worden ist. Die Korrektur erfolgt aus Übersichtsgründen auf dem Konto 5101 Erlösberichtigungen. Es handelt sich um ein **Unterkonto des Kontos 5100 Umsatzerlöse**. Am Jahresende ist es über Umsatzerlöse abzuschließen, sodass nach dem Saldieren die tatsächlichen Umsatzerlöse sichtbar werden.

Korrigiert werden muss aber auch die Umsatzsteuer, da der ursprüngliche Umsatzerlös nach der Kaufpreisreduzierung nicht mehr stimmt.

Jahr 20(0)	Grundbuch (verkürzt)			
	Konten		Betrag	
	Soll	Haben	Soll	Haben
	<Barauszahlung>			
	5101 Erlösberichtigungen			
	4800 Umsatzsteuer			
		2880 Kasse		
	<Gutschrift>			
	5101 Erlösberichtigungen			
	4800 Umsatzsteuer			
		2400 Forderungen		
	<Abschluss des Kontos Erlösberichtigungen>			
	5100 Umsatzerlöse			
		5101 Erlösberichtigungen		

> Wird die Ware vom Kunden zurückgegeben, erhält der Kunde einen Preisnachlass.
> → Stornobuchung (Umkehrbuchung)
> → Buchung auf dem Konto 5101 Erlösberichtigungen und auf dem Konto 4800 Umsatzsteuer

Zusammenfassung

Kundenreklamationen: Rücksendungen und Gutschriften			
Kaufpreiserstattung/ Rücksendung der Ware	**Warenumtausch**	**Erlösberichtigungen**	**Buchung von Rücksendungen**
Bei berechtigten Mängeln kann der abgeschlossene Kaufvertrag rückgängig gemacht und der Kaufpreis erstattet werden. Dies kann als Barrückzahlung oder als Gutschrift geschehen. In beiden Fällen erfolgt eine Stornobuchung.	Wird aufgrund einer Kundenreklamation Ware umgetauscht oder erhält der Kunde einen Warengutschein, erfolgt keine Stornobuchung.	Ist Ware fehlerhaft, aber für den Kunden noch verwertbar, so können sich das verkaufende Unternehmen und der Käufer auf eine Herabsetzung (Minderung) des ursprünglichen Verkaufspreises einigen. Der Ausgleich geschieht durch Barauszahlung oder Gutschrift.	Rücksendungen verlangen, dass die Wareneingangsbuchung rückgängig gemacht wird. Dies geschieht durch eine Umkehrung der Wareneingangsbuchung (Stornobuchung).

Buchung von Erlösberichtigungen	**Umsatzsteuerkorrektur**
Einigen sich Verkäufer und Käufer im Reklamationsfall auf eine Kaufpreisminderung, so wird die Minderung auf dem Konto 5101 Erlösberichtigungen aufgezeichnet. Das Konto 5101 Erlösberichtigungen ist ein Unterkonto des Kontos 5100 Umsatzerlöse; es wird darüber abgeschlossen.	Durch die Kaufpreisreduzierung vermindert sich der ursprüngliche Umsatzerlös. Deshalb muss auch die Höhe der ursprünglichen Umsatzsteuer verändert werden. Dies geschieht als Soll-Buchung im Konto 4800 Umsatzsteuer.

20 Werteverzehr von Anlagegütern

⊃ **Lernsituation 20:** Den Werteverzehr von Anlagegütern in die Kalkulation einbeziehen

20.1 Beschaffung von Anlagegütern

Das Rechnungswesen der Rosner GmbH erfasst in der Ergebnisrechnung (Erfolgsrechnung) die Beschaffung von Dienstleistungen und Gütern, die **unmittelbar** bei der Erstellung (Produktion) von Leistungen verbraucht werden. Darüber hinaus müssen aber auch solche **Güter** beschafft werden, die **dauerhaft bei der Produktion von Leistungen eingesetzt** werden und sich erst **durch diesen Einsatz** nach und nach **verbrauchen**. Solche Güter werden als **Anlagegüter**, hier Sachanlagen bezeichnet.

> **Anlagegüter (= Sachanlagen)** sind für längere Zeit im Unternehmen angelegt und bilden die Grundlage für die betriebliche Tätigkeit.

Anlagegüter sind zu unterscheiden in:
- **Abnutzbare Güter:** Zu diesen zählen Sachanlagen wie Gebäude, Fahrzeuge usw.
- **Nicht abnutzbare Güter:** Zu diesen zählen Sachanlagen wie Grundstücke.

Der Kauf von Anlagegütern beeinflusst die kostenorientierte Kalkulation zunächst nicht. Die Investition eines Unternehmens in eine neue Lagerhalle oder in die Anschaffung von Lieferfahrzeugen verändert zwar das Vermögen, aber nicht die Kosten des Unternehmens. Erst im Zuge der Nutzung der Anlagegüter tritt die Abnutzung (Verbrauch) dieser Vermögensteile ein. Dieser Verbrauch wird als Kosten erfasst und beeinflusst daher die Höhe der Betriebskosten.

Beispiel:

Ein Unternehmen erwirbt für seinen Betrieb am 15.01.20(0) einen Pkw zum Nettopreis von 30.000,00 € zuzüglich 5.700,00 € Umsatzsteuer. Es bezahlt mit einem Bank-Scheck, der vom Autohändler sofort eingelöst wird. Das Bankkonto wies vor der Scheck-Einlösung einen Betrag von 47.425,00 € aus.

In der Buchführung des Unternehmens sind von diesem Vorgang die Konten 0840 Fuhrpark, das Konto 2600 Vorsteuer und 2800 Bank betroffen. Der Fuhrpark des Unternehmens erhöht sich um den Wert des Neuwagens (30.000,00 €), während das Bankkonto entsprechend abnimmt. Es sind lediglich Vermögenspositionen getauscht worden.

Auf dem **Konto 0840 Fuhrpark** erscheint der Pkw auf der Soll-Seite als Vermögenszugang.

Soll		0840 Fuhrpark		Haben	
Datum	Text	€	Datum	Text	€
15.01.	Kauf Pkw	30.000,00			

Soll		2600 Vorsteuer		Haben	
Datum	Text	€	Datum	Text	€
15.01.	Kauf Pkw	5.700,00			

Kauf eines Anlagegutes

Soll		2800 Bank		Haben	
Datum	Text	€	Datum	Text	€
15.01.	Summe Soll-Buchungen	47.425,00	15.01.	Kauf Pkw	35.700,00

Anschaffungswert

Gegenstände des Anlagevermögens werden mit ihren Anschaffungswerten in das Bestandsverzeichnis aufgenommen. Zum Anschaffungswert gehören der Kaufpreis und *alle Aufwendungen, die mit dem Erwerb des Gegenstandes verbunden sind* **(Anschaffungsnebenkosten). Preisminderungen** (Rabatte, Skonti u. Ä.) sind bei der Berechnung des Anschaffungswertes abzuziehen. Die Umsatzsteuer stellt für das Unternehmen Vorsteuer dar, die es vom Finanzamt zurückerhält. Sie gehört demnach nicht zum Anschaffungswert. Aus der Liefererrechnung ist demnach nur der Nettobetrag zu berücksichtigen.

 Anschaffungspreis (Nettobetrag ohne Umsatzsteuer)
+ **Anschaffungsnebenkosten, z. B.**
- Überführungskosten (Pkw)
- Zulassungsgebühr (Pkw)
- Einrichtungskosten (Maschinen, Computeranlagen)
– **Preisminderungen, z. B.**
- Rabatte
- Skonti

= **Anschaffungswert**

Die Gegenstände werden auf den entsprechenden Anlagekonten (Geschäftsausstattung, Fuhrpark) zum Anschaffungswert gebucht. Da sie ebenfalls auf der Aktivseite der Bilanz erscheinen, sagt man auch, die Gegenstände werden aktiviert.

Anschaffungsnebenkosten

Typische Anschaffungsnebenkosten sind:
- Überführungskosten, Zulassungskosten und Zölle beim Kauf eines Kraftfahrzeuges
- Transportkosten für gekaufte Anlagegüter
- Fundamentierungs- und Montagekosten, Zölle beim Kauf von Maschinen
- Notargebühren, Maklerprovisionen und Grunderwerbsteuer beim Erwerb von Grundstücken und Gebäuden

Anschaffungspreisminderungen

Rabatt	Im Zusammenhang mit dem Kauf gewährter Nachlass (Sofortrabatt)
Skonto	Nachlass wegen vorzeitiger Zahlung
Bonus	Nachträglich gewährter Rabatt
Mängelrügen	Preisnachlässe aufgrund von Mängeln

Bestandsverzeichnis

Gegenstände des beweglichen Anlagevermögens hat ein Unternehmen in einem Bestandsverzeichnis aufzuzeichnen. Es gibt Auskunft über den Anschaffungswert, das Anschaffungsdatum, die Nutzungsdauer, den Anschaffungspreis sowie die jährlich vorgenommenen Abschreibungen.

Beispiel: Bestandsverzeichnis Pkw einschließlich Anschaffungsnebenkosten

Bestandsverzeichnis

Nr.	Bezeichnung des Gegenstandes	Anschaffungsdatum	Nutzungsdauer	Anschaffungswert in €	AfA 20(-1) in €	Bestand 31.12.20(-1) in €	AfA 20(0) in €	Bestand 31.12.20(0) in €
04	Pkw	15.01.20	6 Jahre	30.000,00				

Buchung in der Finanzbuchhaltung

Grundbuch

Jahr 20(0)	Grundbuch (verkürzt)			
	Konten		Betrag	
	Soll	Haben	Soll	Haben
	Kauf des Fahrzeuges			
15.01.	0840 Fuhrpark		30.000,00	
	2600 Vorsteuer		5.700,00	
		2800 Bank		35.700,00
	Zulassung			
15.01.	0840 Fuhrpark		70,00	
		2880 Kasse		70,00
15.01.	**Kennzeichen**			
	0840 Fuhrpark		30,00	
	2600 Vorsteuer		5,70	
		2880 Kasse		35,70

Hauptbuch

Bestandsrechnung

Soll		0840 Fuhrpark			Haben	
Datum	Text	€	Datum	Text	€
15.01.	ER Kauf	30.000,00			
15.01.	Quittung Zulassung	70,00			
15.01.	Quittung Kennzeichen	30,00			

Soll		2600 Vorsteuer			Haben	
Datum	Text	€	Datum	Text	€
15.01.	ER Kauf	5.700,00			
15.01.	Quittung Kennzeichen	5,70			

Soll		2880 Kasse			Haben	
Datum	Text	€	Datum	Text	€
			15.01.	Quittung Zulassung	70,00
			15.01.	Quittung Kennzeichen	35,70

Soll		2800 Bank			Haben	
Datum	Text	€	Datum	Text	€
			15.01.	ER Kauf	35.700,00

20.2 Abschreibungen auf Anlagevermögen

Der **Abschreibung** unterliegen nur solche Teile des **Anlagevermögens** (= Sachanlagen), die sich durch die Nutzung auch **abnutzen** und damit an Wert verlieren (siehe oben). Für diese **abnutzbaren Anlagegüter** sieht der Gesetzgeber die **planmäßige Abschreibung** (§ 253 HGB, Abs. 2) vor. Für die nicht abnutzbaren Teile des Anlagevermögens gilt nur die außerplanmäßige Abschreibung (z. B. dauernde Wertminderung eines Grundstücks).

Absetzung für Abnutzung – das Prinzip

Die **Anlagegegenstände** eines Unternehmens, z. B. der Geschäfts-Pkw, verlieren im Laufe der Zeit an Wert. Dies hat verschiedene Gründe:
- Mit der Nutzung des Gegenstandes ist ein natürlicher Verschleiß verbunden.
- Anlagegüter veralten technisch, sobald leistungsfähigere Produkte entwickelt werden.
- Anlagegegenstände können beschädigt werden oder verloren gehen (z. B. durch Diebstahl).

Diese **Wertminderung** muss sich in der Buchführung eines Unternehmens widerspiegeln, weil das Rechnungswesen die Vermögenslage eines Betriebes genau darstellen muss. Buchungstechnisch wird die Wertminderung durch sogenannte **Abschreibungen** (vom Wert des Anlagegutes) sichtbar gemacht.

Am Beispiel eines Pkw soll gezeigt werden, wie die Wertminderung von Anlagegütern in der Buchführung erfasst wird.

Nach dem Kauf wird der Pkw betrieblich genutzt (z. B. Besuch bei Kunden). Damit verliert der Anlagegegenstand beständig an Wert. Diese Wertminderung wird durch jährliche Abschreibungen vom Anschaffungswert des Pkw erfasst. Das Finanzamt spricht nicht von Abschreibung, sondern von Absetzung für Abnutzung (AfA).

Für die Berechnung der Abschreibung muss man zunächst die Lebensdauer des Pkw kennen. Die **betriebsübliche Nutzungsdauer** eines Gegenstandes wird von der Finanzverwaltung bestimmt. Sie legt Mittelwerte für die wirtschaftliche Nutzungsdauer von Gegenständen fest. Im Einzelfall kann die tatsächliche Nutzungsdauer kürzer oder länger ausfallen.

Die nachfolgende Übersicht zeigt beispielhaft die Nutzungsdauer ausgewählter Anlagegegenstände.

Abschreibungstabelle

AfA-Tabelle für die allgemein verwendbaren Anlagegüter (Ausschnitt)	
Anlagegüter	Nutzungsdauer in Jahren
Laderampen	25
Hochregallager	15
Ladeneinbauten, Gaststätteneinbauten, Schaufensteranlagen und -einbauten	8
Alarmanlagen und Überwachungsanlagen	11
Personenkraftwagen und Kombiwagen	6
Lastkraftwagen, Sattelschlepper, Kipper	9

Berechnung der jährlichen Abschreibung

Auf der Grundlage der **Nutzungsdauer** für das Anlagegut wird der Betrag der **jährlichen Abschreibung** berechnet.

$$\text{Abschreibung} = \frac{\text{Anschaffungswert}}{\text{Nutzungsdauer}}$$

Beispiel:
Ein Pkw wird am 05.01.20(0) zu einem Wert von 42.000,00 € angeschafft. Die Nutzungsdauer laut AfA-Tabelle beträgt sechs Jahre.

$$\text{Abschreibung} = \frac{\text{Anschaffungswert}}{\text{Nutzungsdauer}} = \frac{42.000,00\ €}{6} = 7.000,00\ €$$

Der Pkw verliert durch die Nutzung an Wert (Wertminderung des Anlagevermögens: 7.000,00 €). Diese **Wertminderung** entspricht dem „Verbrauch" des Pkw und wird als **Aufwand** in Höhe von 7.000,00 € in der Erfolgsrechnung im Konto **6500 Abschreibungen** erfasst.

Buchwert

Wenn die Abschreibungsbeträge im Bestandsverzeichnis ermittelt worden sind, erhält man den verbleibenden Wert (Buchwert) des beweglichen Anlagevermögens durch Subtraktion der Abschreibungen vom Wert des Anlagevermögens zum Beginn des Jahres.

Anschaffungszeitpunkt

Grundsätzlich beginnt die Abschreibung im **Monat der Anschaffung**. Die Abschreibung des Wirtschaftsgutes wird dadurch **zeitlich verschoben**.

Beispiel:
Ein Pkw, der am 01.08.20(0) zu einem Wert von 29.880,00 € angeschafft wurde, wird im laufenden Jahr nur fünf Monate genutzt und unterliegt daher auch nur für diesen Zeitraum der Abnutzung. Daher muss die Berechnung des Abschreibungsbetrags wie folgt durchgeführt werden:

AfA-Betrag für 20(0)

Anschaffungswert : Nutzungsdauer	=	AfA-Jahresbetrag
29.880,00 € : 6 Nutzungsjahre	=	4.980,00 € (Jahresbetrag)
AfA-Jahresbetrag : 12	=	monatlicher AfA-Betrag
4.980,00 € : 12 Nutzungsmonate	=	415,00 € (Monatsbetrag)
Monatlicher AfA-Betrag x Nutzungsmonate	=	AfA-Betrag des 1. Jahres der Nutzung
415,00 € x 5 Monate	=	2.075,00 € im Jahr der Anschaffung 20(0)

AfA-Prozentsatz

Die von der Finanzverwaltung festgelegte Nutzungsdauer entscheidet auch über die Höhe des anzuwendenden AfA-Prozentsatzes. Da der **Anschaffungswert** mit **100 %** gleichzusetzen ist, erhält man den AfA-Prozentsatz, indem man 100 durch die Nutzungsdauer teilt.

Beispiel:
6 **Jahre** Nutzungsdauer = 100 %
1 Jahr Nutzungsdauer = ? %

$$\text{AfA-Prozentsatz} = \frac{100}{\text{Nutzungsdauer}} = \frac{100}{6} = 16\ 2/3\ \%$$

Bei einem Kreditkauf würden sich gleichzeitig die Schulden und das Vermögen des Unternehmens erhöhen (Soll-Haben-Mehrung).

AfA-Tabelle (Ausschnitt)

Anlagegüter	Nutzungsdauer in Jahren	Linearer AfA-Satz in %
Pkw	6	16,67
Lkw	9	11,11
Lkw-Anhänger	11	9,09
Büromöbel	13	7,69
Personal Computer	3	33,33

Während es beim **Kauf** eines Anlagegegenstandes oft nur zu einer Vermögensverschiebung kommt (z.B. vom Umlaufvermögen zum Anlagevermögen), beeinflusst die **Wertminderung** eines Anlagegegenstandes den **Erfolg des Unternehmens**. Der oben beschriebene Pkw verliert ständig an Wert. Dieser Wertverlust ist für das Unternehmen **Aufwand**, der in seiner Erfolgsrechnung wie die anderen Aufwandsarten (z.B. Gehälter, Miete, Energie) zu behandeln ist. Aufwendungen werden in der Kontenklasse 6 gebucht.

Ausschnitt aus Klasse 6 des Industriekontenrahmens

Aufwendungen	Erläuterung
6500 Abschreibungen	Abschreibungen auf das Anlagevermögen

Anlagekonten

0800	Betriebs- und Geschäftsausstattung (BGA)
0810	Ladenausstattung
0820	Kassensysteme
0830	Lagerausstattung
0840	Fuhrpark
0860	Büromaschinen, Organisationsmittel und Kommunikationsanlagen
0870	Büromöbel
0890	Geringwertige Wirtschaftsgüter

20.3 Buchung der Abschreibung

Lineare Abschreibung

Von linearer Abschreibung spricht man, wenn der Anschaffungswert **gleichmäßig** über die Jahre der Nutzung verteilt wird. Der AfA-Betrag bleibt so über die gesamte Nutzungsdauer gleich.

Beispiel:
Lineare Abschreibung, Anschaffungswert: 30.000,00 €, Nutzungsdauer: 5 Jahre

$$\text{Abschreibungsbetrag} = \frac{\text{Anschaffungswert}}{\text{Nutzungsdauer}} = \frac{30.000,00\ €}{6} = 5.000,00\ €$$

$$\text{Abschreibungssatz} = \frac{100}{\text{Nutzungsdauer}} = \frac{100}{6} = 16,67\ \%$$

Rundungsdifferenz von 1,00 € bei Verwendung von 16,67 %

$$\text{Berechnung der AfA mit AfA-Satz} = \text{Anschaffungswert} \times \frac{\text{Abschreibungssatz}}{100} = 30.000,00\ € \times \frac{16,67}{100,00} = 5.000,00\ €$$

In jedem Jahr der Nutzung werden 5.000,00 € vom Pkw abgeschrieben. Im gleichen Maße verringert sich der Vermögenswert auf dem Anlagekonto. Das Anlagekonto „Fuhrpark" bringt damit die jährliche Wertminderung zum Ausdruck.

Nach sechs Jahren ist der gesamte Fahrzeugwert abgeschrieben worden. Der Buchwert des Gegenstandes ist null. Das Fahrzeug ist reif für die Schrottpresse.

Abschreibungsplan		
Gegenstand	Pkw	
Anschaffungswert	30.000,00 €	
Anschaffungstag	15.01.20(0)	
Nutzungsdauer	6	
Abschreibungssatz in %	16 2/3	
Abschreibungsmethode	linear	
Anschaffungswert		30.000,00 €
– AfA-Betrag 20(0)	1. Jahr	5.000,00 €
Buchwert Jahresende		25.000,00 €
– AfA-Betrag 20(+1)	2. Jahr	5.000,00 €
Buchwert Jahresende		20.000,00 €
– AfA-Betrag 20(+2)	3. Jahr	5.000,00 €
Buchwert Jahresende		15.000,00 €
– AfA-Betrag 20(+3)	4. Jahr	5.000,00 €
Buchwert Jahresende		10.000,00 €
– AfA-Betrag 20(+4)	5. Jahr	5.000,00 €
Buchwert Jahresende		5.000,00 €
– AfA-Betrag 20(+5)	6. Jahr	5.000,00 €
Buchwert Jahresende		0,00 €

Beispiel:

Anschaffungswert des Pkw:	42.000,00 €
Kauf am	05.01.20(0)
Nutzungsdauer:	6 Jahre
AfA-Satz:	11,11%
AfA-Betrag:	7.000,00 €

Die Abschreibungsbeträge werden buchhalterisch als Aufwand im Grundbuch und im Hauptbuch erfasst und bei der Erfolgsermittlung berücksichtigt.

Buchungstechnisch muss sich der Wert (der ursprüngliche Anschaffungswert) des Pkw auf dem Anlagekonto Fuhrpark verringern und gleichzeitig müssen die Abschreibungen als Aufwand auf dem Aufwandskonto Abschreibungen erscheinen. Eine Minderung auf einem Vermögenskonto wird auf der Haben-Seite gebucht. Aufwendungen werden als Verringerung des Eigenkapitals auf der Soll-Seite gebucht (siehe Beispiel unten).

> Das **Konto 6500 Abschreibungen** nimmt die Soll-Buchung auf. Auf dem jeweiligen Anlagenkonto (Betriebs- und Geschäftsausstattung, Fuhrpark u. Ä.) wird gegengebucht.

Beispiel (siehe oben):
Ein Pkw, der am 15.01. im Jahr 20(0) angeschafft wurde, steht am 31.12. mit 42.000,00 € z. B.ch. Die jährliche Abschreibung beträgt 7.000,00 €.

Buchung im Grundbuch

Jahr 20(0)			Grundbuch			
			Konten		Betrag	
Datum	Beleg	Buchungstext	Soll	Haben	Soll	Haben
31.12.		Abschreibung Lkw	6500 Abschreibungen		7.000,00	
				0840 Fuhrpark		7.000,00

Darstellung im Hauptbuch

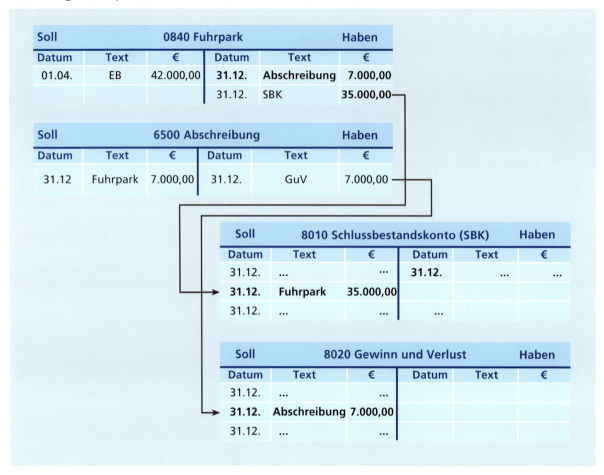

Buchung im Hauptbuch

Die Wertminderung durch die Abschreibung wird nun auf den entsprechenden Konten des Hauptbuches vorgenommen.

Soll		6500 Abschreibung			Haben
Datum	Text	€	Datum	Text	€
31.12.	Abschreibung Pkw	7.000,00		GuV (Unternehmensergebnis)	7.000,00

Soll		0840 Fuhrpark			Haben
Datum	Text	€	Datum	Text	€
01.04	EBK	42.000,00	31.12.	Abschreibung Pkw	7.000,00
			31.12.	SBK	35.000,00

Soll		8020 Gewinn und Verlust (Unternehmensergebnis)			Haben
Datum	Text	€	Datum	Text	€
31.12.	Abschreibung Pkw	7.000,00			

Soll		2800 Bank			Haben
Datum	Text	€	Datum	Text	€
31.12.	Fuhrpark	35.000,00			

Kontenabschluss

Am Ende des ersten Jahres, in dem der Pkw betrieblich genutzt wird, hat sich der Buchwert von 42.000,00 € (siehe oben) **auf den Inventurwert zum 31. Dezember von 35.000,00 €** verringert. Der **Wertverlust** in Höhe **von 7.000,00 €** wurde als **Aufwand** erfasst und erscheint im **GuV-Konto** neben den übrigen Aufwendungen.

Zusammenfassung

Werteverzehr von Anlagegütern			
Anlagegüter	**Anschaffungskosten**	**Bestandsverzeichnis**	**Abschreibungen**
Anlagegüter (hier: Sachanlagen) sind für längere Zeit im Unternehmen angelegt und bilden die Grundlage für die betriebliche Tätigkeit. Erst durch diesen Einsatz werden sie nach und nach verbraucht (Aufwand).	Gegenstände des Anlagevermögens werden mit ihren Anschaffungswerten in das Bestandsverzeichnis aufgenommen. Zum Anschaffungswert gehören der Kaufpreis und alle Aufwendungen, die mit dem Erwerb des Gegenstandes verbunden sind (Anschaffungsnebenkosten). Preisminderungen (Rabatte, Skonti u. Ä.) sind bei der Berechnung des Anschaffungswertes abzuziehen.	Angeschaffte Anlagegegenstände werden im Bestandsverzeichnis festgehalten. Jeweils am Ende des Geschäftsjahres wird im Bestandsverzeichnis die Abschreibung ermittelt und der neue Wert des Anlagevermögens berechnet.	Die Wertminderung beim Anlagevermögen wird als Abschreibung (auch: Absetzung für Abnutzung) bezeichnet. Abschreibungen sind Aufwendungen. Abschreibungen mindern den Gewinn und verringern dadurch die gewinnabhängigen Steuern. Abschreibungen gehen als Aufwendungen in die Kalkulation des Unternehmens ein, so dass die Wertminderung der Anlagegüter über die Umsatzerlöse wieder erwirtschaftet wird.

Berechnungsmethode: lineare Abschreibung	**AfA-Tabelle**
Bei der linearen Abschreibung liegen gleichbleibende AfA-Beträge vor. Man erhält den AfA-Betrag, indem man den Anschaffungswert durch die Nutzungsdauer teilt. 100 : Nutzungsdauer = AfA-Prozentsatz	Auf der Grundlage der (steuerlichen) Nutzungsdauer für das Anlagegut wird der Betrag der jährlichen Abschreibung berechnet. Die AfA-Tabelle weist die Wertminderungen und Restwerte eines Anlagegutes über den Zeitraum der Nutzung aus.

Lernfeld 7
Gesprächssituationen gestalten

1 Situationsangemessene Kommunikation

 Lernsituation 1: Ein Mitarbeitergespräch vorbereiten und durchführen

> **Kommunikation**: Gespräch zwischen mindestens zwei Personen, das dem Austausch von Informationen dient

Die Gesprächssituationen können sehr vielfältig sein. Sie reichen von der Unterhaltung (Small Talk) über Verhandlungen mit Lieferanten und Kunden, Besprechungen im Unternehmen (Mitarbeiter, Geschäftsleitung) bis zu Gesprächen mit der Presse, Politikern oder Behörden.
Gespräche mit Kunden, d. h. **Verkaufsgespräche**, werden in Kapitel 4 näher betrachtet.
Alle anderen Gesprächssituationen werden als **Beratungsgespräche** bezeichnet.

> **Beratungsgespräch**: kommunikative Situation, in der auf der Basis von Daten, Informationen und Gegebenheiten, ein definiertes Ziel verfolgt wird

Im Rahmen eines Beratungsgespräches können vielfältige Dinge angestrebt werden, z. B. Ideen präsentieren, Vorgänge untersuchen, Strategien entwickeln, Entscheidungen treffen usw.
Ziel dieses Kapitels ist es, darzustellen, wie man kommunikative Situationen beeinflussen kann.

1.1 Grundmodell der Kommunikation

Da es in der Kommunikation um den Austausch von Informationen geht, ist immer ein Sender erforderlich, der Informationen zu einem Empfänger transportiert. Die Kommunikationspartner müssen über einen (zumindest annähernd) gemeinsamen Code verfügen, damit sie miteinander kommunizieren können. Dieser Code kann aus verbalen (sprachlichen) oder nonverbalen (körperlichen) Elementen bestehen. Der Sender verschlüsselt eine Nachricht (Codierung), der Empfänger entschlüsselt sie (Decodierung).

Nonverbale Signale:
- Mimik
- Gestik
- Körperhaltung
Näheres siehe unten.

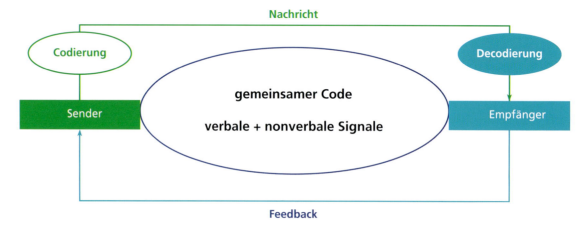

1.2 Kommunikationsquadrat

1.2.1 Die vier Seiten einer Nachricht

Bei der Übertragung von Nachrichten können Störungen entstehen, auch wenn beide Partner über denselben Code verfügen. Das ist darin begründet, dass im Kommunikationsprozess nicht nur reine Sachinformationen übertragen werden. Vielmehr kann eine einzige Nachricht viele Botschaften enthalten.

- **Sachinformationen**: Das ist der Sachverhalt (Daten, Fakten), über den der Sender den Empfänger informiert. Sachinformationen werden zumeist direkt (explizit) ausgesprochen.

- **Selbstoffenbarung**: Jede Aussage eines Senders gibt auch – oft unfreiwillig – etwas von der eigenen Person preis. Der Empfänger kann somit aus der Nachricht Schlüsse auf den Sender ziehen, z. B. dass der Sender in Eile ist, sehr selbstbewusst auftritt, vielleicht sogar verärgert ist.
- **Beziehung**: Aus der Nachricht ist ferner erkennbar, wie der Sender zum Empfänger steht, wie sie sich gegenseitig einschätzen. Die gewählte Formulierung, der Tonfall und z. B. die Körpersprache geben dem Empfänger Hinweise, ob er z. B. wertschätzend oder herablassend behandelt wird. Die Botschaften zum Beziehungsaspekt werden gewöhnlich versteckt (implizit) übermittelt.
- **Appell**: Nachrichten haben in der Regel eine Absicht: Der Sender will auf den Empfänger Einfluss nehmen, ihn zu einer bestimmten Handlungsweise veranlassen.

Beispiel 1:
Herr Enders, Verkaufsleiter in der Rosner GmbH, gibt der Auszubildenden Kathrin Timmermann ein Schriftstück in die Hand und sagt mit leicht verärgertem Tonfall:
Enders: „Der Brief enthält Fehler. Ich habe sie markiert."
Kathrin: „Ich erledige das sofort."

Wendet man auf diese Aussage von **Herrn Enders** das Kommunikationsquadrat an, führt das zu folgendem Ergebnis:

Sachinformationen: Ein Brief, der vermutlich von der Auszubildenden geschrieben worden ist, ist nicht fehlerfrei.
Selbstoffenbarung: Der Vorgesetzte ist darüber verärgert; vielleicht hat die Auszubildende häufiger fehlerhafte Briefe geschrieben.
Beziehung: Der Tonfall ist eher autoritär durch die reine Feststellung „Der Brief enthält Fehler." Herr Enders formuliert keine Bitte; er ist in der Position des Vorgesetzten und verhält sich entsprechend.
Appell: In der Formulierung ist die Aufforderung versteckt, den Brief noch einmal zu schreiben und die Fehler zu korrigieren.

Beispiel 2:
Ein älteres Ehepaar sitzt am Frühstückstisch.
Ehemann: „Es ist keine Milch da."
Ehefrau: „Du brauchst nur aufzustehen!"

Kommunikationsquadrat zur Aussage des **Ehemanns**:
Sachinformationen: Milch fehlt auf dem Frühstückstisch.
Selbstoffenbarung: (Schon wieder) ist der Frühstückstisch nicht vollständig gedeckt. Es ärgert mich.
Beziehung: Der Wunsch des Ehemanns wird nicht klar formuliert, sondern in einer Feststellung verpackt. Über die Arbeitsteilung (die Partnerin deckt den Frühstückstisch) scheint kein Konsens zu herrschen.
Appell: Die Aussage des Ehemanns enthält die versteckte (implizite) Aufforderung an die Ehefrau, die Milch aus dem Kühlschrank zu holen.

Kommunikationsquadrat

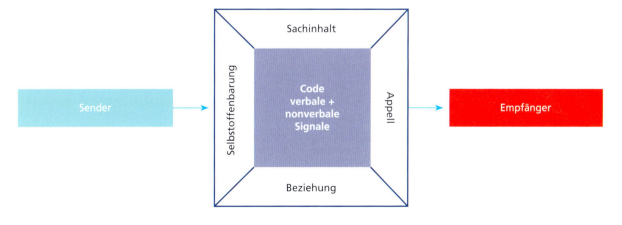

1.2.2 Mit vier Ohren empfangen

Betrachtet man das Kommunikationsquadrat aus der Sicht des Nachrichtenempfängers, spricht man auch vom **Vier-Ohren-Modell**. So wie der Sender die vier Seiten einer Nachricht übermittelt, so entschlüsselt der Empfänger die Nachricht auch mit vier Ohren:

- **Sach-Ohr**: Welcher Sachverhalt wird mir übermittelt?
- **Selbstoffenbarungs-Ohr**: Was erfahre ich über meinen Gesprächspartner (Stimmungen, Gefühle)?
- **Beziehungs-Ohr**: Wie steht mein Gesprächspartner zu mir; wie sieht er unsere Beziehung?
- **Appell-Ohr**: Was will er von mir? Was soll ich tun, denken oder fühlen?

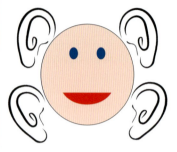

Selbstoffenbarungsohr
Was ist das für einer?
Was ist mit ihm?

Beziehungsohr
Wie redet er mit mir?
Wen glaubt er vor sich zu haben?

Sachohr
Wie ist der Sachverhalt zu verstehen?

Appellohr
Was soll ich tun, denken, fühlen?

Damit der Empfänger alle Aspekte einer Nachricht auch erfährt, ist **genaues Zuhören** mit großer **Aufmerksamkeit** erforderlich.

Betrachtet man die beiden Beispiele von oben aus der Sicht des **Nachrichtenempfängers**, ergibt sich folgende Lösung:

Beispiel 1
Enders: „Der Brief enthält Fehler. Ich habe sie markiert."
Kathrin: „Ich erledige das sofort."

Kommunikationsquadrat aus Sicht von **Kathrin**:
Sachinformationen: Der Brief ist fehlerhaft.
Selbstoffenbarung: Er scheint sauer zu sein.
Beziehung: Ständig macht er mich in diesem Ton an. Warum sagt er nicht, dass ich den Brief neu schreiben soll?
Appell: Klar, ich schreibe den Brief noch einmal.

Beispiel 2
Ein älteres Ehepaar sitzt am Frühstückstisch.
Ehemann: „Es ist keine Milch da."
Ehefrau: „Du brauchst nur aufzustehen!"

Kommunikationsquadrat aus Sicht der **Ehefrau**:
Sachinformationen: Milch fehlt auf dem Frühstückstisch.
Selbstoffenbarung: Ständig meckert er herum und macht selbst nichts.
Beziehung: Er hält mich wohl für seine Dienstbotin.
Appell: Die zwei Meter wirst du wohl noch laufen können.

Die vier Ohren (Empfangskanäle) haben für Empfänger eine unterschiedliche Bedeutung. Manche sind vorzugsweise auf das Sach-Ohr ausgerichtet. Das ist insbesondere im Berufsleben ein zentraler Kommunikationsaspekt. Vielfach steht aber der **Beziehungsaspekt** für Menschen im Vordergrund. Diese Menschen nehmen Beziehungssignale besonders empfindsam auf. Dann entsteht ein großes Störpotenzial in der Kommunikation.

Beispiel:
Herr Enders zu seiner Mitarbeiterin Frau Keller:
Enders: „Frau Keller, bekommen Sie die Sitzungsvorlage für die Geschäftsleitung bis übermorgen hin?"
Keller: „Lieber Kollege, Sie trauen mir wohl gar nichts zu. Als würde ich solch ein Papier zum ersten Mal erstellen."

Frau Keller hat ein Ohr vorzugsweise für den Beziehungsaspekt. Andere Schwerpunkte führten zu völlig anderen Antworten (Signalen):
Sachinformationen: Ja, übermorgen liegt alles vor.
Selbstoffenbarung: Sie brauchen sich keine Sorgen zu machen. Das Zahlenmaterial ist gut aufbereitet und einfach in eine Vorlage zu übertragen.
Appell: Ich konzentriere mich jetzt auf die Sitzungsvorlage, sodass sie vermutlich noch heute fertig wird.

1.3 Nonverbale Kommunikation

Das Kommunikationsquadrat stellt vorzugsweise auf sprachliche Kommunikation ab. Der Aspekt der Selbstoffenbarung spielt sich aber vorzugweise auf der nicht sprachlichen (nonverbalen) Ebene ab. Das Auftreten des Gesprächspartners und beispielsweise seine Körperhaltung geben Auskunft über seine Persönlichkeit.

> **Nonverbale Kommunikation**: Teil des Informationsaustausches zwischen Personen, der mithilfe nicht sprachlicher Signale, also weder über die Laut- noch über die Schriftsprache, durchgeführt wird.

Nonverbale Kommunikation zeigt sich auf vielerlei Weise:

- **Körperkontakt**: Nähe kann aufdringlich wirken. Die Distanz zwischen Sender und Empfänger gehorcht gewissen Regeln (Distanzzonen). So beträgt die Intimdistanz in den meisten Ländern etwa eine Armlänge. In der Kommunikation sollten diese Zonen beachtet werden. Allerdings gibt es kulturelle Unterschiede: Bestimmte Kulturen (z. B. in Südeuropa und Südamerika) pflegen Körperkontakte, während europäische, amerikanische und asiatische Kulturen die Distanz bevorzugen.

> **Distanzzonen**
> < ca. 0,45 m: intime Zone
> < ca. 1,20 m: persönliche Zone
> < ca. 3,00 m: sozial-beratende Zone
> > ca. 3,00 m: öffentliche Zone

- **Körperhaltung und -bewegung**: Weil sich Gefühle in der Körperhaltung und -bewegung ausdrücken, beeinflussen sie die Kommunikation. Im Kommunikationsprozess sollte man daher auf seinen Körper achten und möglichst eine Übereinstimmung von Körperhaltung und Aussage herstellen (authentische Körperhaltung).

Beispiel:
Wer mit seinen Worten Mitarbeiter für ein neues Projekt begeistern will, muss den Schwung auch durch seine lebhafte Körperbewegung übertragen.

- **Körpersprache**: Die Körpersprache ist die grundlegendste Sprache des Menschen. Unabhängig vom gesprochenen Wort enthüllt die Körpersprache die inneren Einstellungen eines Menschen, z. B. seine Unsicherheit. Zur Körpersprache gehören:
  - **Gestik** (Bewegungen der Arme, Beine, Hände, Füße)
  - **Mimik** (Gesichtsausdruck)
  - **Augenkontakt**
  - **Stimme**
  - **Attribute** (Kleidung, aber auch Statussymbole wie Schmuck, Auto, Urlaubsziele)

Beispiele für körpersprachliche Signale:
- *Gestik: Kopfnicken bedeutet Zustimmung; verschränkte Arme vor dem Körper schaffen Distanz*
- *Mimik: Lächeln wird als Freude interpretiert und beeinflusst auch die Stimmung des Gesprächspartners. Ein Stirnrunzeln drückt auch ohne Worte Bedenken oder Ablehnung des Gesprächspartners aus.*
- *Blick: Mit dem Blick kann man zum Kontakt auffordern und auch Distanz signalisieren oder sogar herablassend wirken.*
- *Stimme: Eine tiefe männliche Stimme wirkt gewöhnlich vertrauenserweckend.*

Auch hier ist wieder zu beachten, dass es kulturelle Unterschiede gibt: Berührungen während eines Gespräches (z. B. die Hand auf die Schulter legen) sind z. B. in südlichen Ländern üblich, im Norden verpönt.

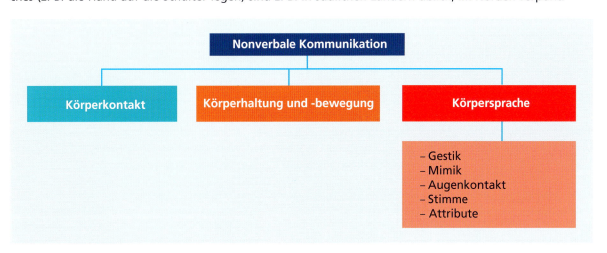

1.4 Kompetenzen für erfolgreiche Gesprächsführung

Welche Fähigkeiten und Fertigkeiten führen zu erfolgreichen Gesprächen? Betrachtet werden Kompetenzen, die auch trainiert werden können. Grundlegende Eigenschaften, die im innersten des Menschen angelegt sind, sind nur schwer veränderbar.

Beispiel:
Ein eher zurückhaltend agierender Mensch kann kaum durch ein Kommunikationstraining zu einer dynamischen, überschäumenden Persönlichkeit gemacht werden.

Bestimmte anwendbare Fertigkeiten kann man sich aber erarbeiten. Diese werden im Folgenden beispielhaft dargestellt.

1.4.1 Einfühlungsvermögen

Einfühlungsvermögen zeigt die Fähigkeit eines Menschen, sich in das Denken, Fühlen und Wollen anderer Menschen hineinzuversetzen.
Wodurch zeichnen sich einfühlsame Menschen aus? Am Anfang stehen ein genaues Zuhören und Beobachten des Gesprächspartners, wobei er auch schwache Signale seines Gegenübers wahrnimmt. Das gilt insbesondere für mögliche Konfliktpunkte. Er ist auch in der Lage, die Sichtweise des Gesprächspartners einzunehmen. Außerdem ist er sich der Wirkung seiner eigenen Botschaften (verbal, nonverbal) bewusst. Generell interessiert sich dieser Mensch für andere Menschen.

1.4.2 Überzeugungskraft

Hohe Überzeugungskraft verlangt eine gute Ausdrucksweise und eine Argumentation, die andere überzeugt und mitreißt. Das bedeutet im Einzelnen:

- Nachvollziehbare, deutliche Artikulation, wobei eine lebhafte Mimik und Gestik das Gesagte unterstreichen
- Beim Thema bleiben, nicht abschweifen
- Aktiv auf andere zugehen und die Gesprächssituation mitgestalten; den Gesprächspartnern aber ausreichend Raum geben; Partner durch gute Ideen für sich gewinnen
- Fragetechnik beherrschen und Fragen zur Steuerung eines Gespräches einsetzen *(Frageformen siehe Seite 221)*
- Zielorientiert bleiben, auch in unklaren Situationen, dabei stets Zuversicht und Tatkraft ausstrahlen
- Stichhaltig und einleuchtend auf einer breiten Basis von Argumenten und Ideen argumentieren; anschauliche Beispiele verwenden
- Positive Gesprächsatmosphäre erzeugen

1.4.3 Zielorientierung

Zielorientierung heißt, (private, betriebliche) Ziele konsequent zu verfolgen. Aus Sicht einer Führungskraft sind dabei folgende Eigenschaften entscheidend:

- Zielformulierungen müssen realistisch und erreichbar sein.
- Die erforderlichen Mittel, um die Ziele zu erreichen, werden bereitgestellt, z. B. finanzielle und personelle Ausstattung.
- Die Arbeitsschritte zur Zielerreichung werden konkret formuliert und in Zwischenständen regelmäßig überprüft. Bei Abweichungen vom Zielkorridor werden Gegenmaßnahmen ergriffen.
- Mitarbeiter erhalten regelmäßig Feedback über den Zielerreichungsgrad.

1.4.4 Selbstreflexion und Veränderungsbereitschaft

Unter **Selbstreflexion** versteht man das Nachdenken über sich selbst. Der Selbstreflexion geht die **Selbsterkenntnis** voraus, d. h. die Auseinandersetzung mit den eigenen Stärken und Schwächen. Die Selbstreflexion kann in eine **Selbstkritik** münden, bei der man sich kritisch mit dem eigenen Denken und Handeln auseinandersetzt. Damit ist auch die Basis gelegt, um eigene Standpunkte zu verändern.
Vielen Menschen fällt es schwer, ihre Denk- und Handlungsweisen abzuändern. Folgende Eigenschaften zeugen von der Fähigkeit, selbstreflektiert und veränderungsbereit seinen privaten und beruflichen Alltag zu meistern:

- Realistische Einschätzung und konstruktiver Umgang mit den eigenen Stärken und Schwächen
- Erfolge und Misserfolge werden mit Blick auf persönliche Verbesserungsmöglichkeiten analysiert.
- Es besteht ein großes Interesse an einem Feedback zur eigenen Person und man ist offen für Kritik und Handlungsempfehlungen durch andere.
- Der eigene Entwicklungsbedarf wird realistisch eingeschätzt und in eine Umsetzungsstrategie übertragen.
- Durch Fortbildung werden die eigenen Kenntnisse, Fertigkeiten und Fähigkeiten regelmäßig erweitert.

Selbstreflexion und Veränderungsbereitschaft
- realistisches Selbstbild
- Verbesserungsmöglichkeiten erkennen
- Feedback-Kultur
- persönlichen Entwicklungsbedarf einschätzen
- regelmäßige Fortbildung

Jeder Mensch entwickelt ein eigenes Bild von sich selbst (**Selbstbild**), indem er sich mit anderen Menschen vergleicht. Auf der anderen Seite wird jeder Mensch von anderen in spezieller Weise wahrgenommen (**Fremdbild**). Das Selbstbild bestimmt die Art, in der ein Mensch kommuniziert. Stimmen Selbst- und Fremdbild nicht überein, kommt es zu Kommunikationsstörungen, die letztlich das **Selbstwertgefühl** des Menschen beeinträchtigen.

1.5 Frageformen

Fragen gehören zur Gesprächstechnik. Die Aussage „Wer fragt, der führt" macht deutlich, dass man über Fragen ein Gespräch steuern kann. Daher muss der Einsatz von Fragen wohlüberlegt werden.
Es werden zwei Frageformen unterschieden: offene und geschlossene Fragen.

Siehe auch Fragen in Fragebögen, Seite 22

 Offene Fragen: Frageform, die nicht mit Ja oder Nein beantwortet werden kann. Sie werden auch W-Fragen genannt, weil das Fragewort i. d. R. mit einen „W" beginnt.

Beispiele:
- „Was kann ich für Sie tun?"
- „Welchen Eindruck hatten Sie von der Fortbildung?"
- „Wie könnte man den Sachverhalt zusammenfassen?"

Aber: „Wollen Sie die Arbeit übernehmen?" ist keine offene Frage.

Vorteile	Nachteile
- Lassen Freiraum für die Antwort - Regen zum Nachdenken an - Fördern den Dialog - Lenken den Gesprächspartner nur gering	- Antwort ist wenig vorhersehbar - Gesprächspartner kann sehr umfassend antworten - Erfordert einen höheren Zeitaufwand

 Geschlossene Fragen: Frageform, die mit Ja, Nein, einer Zahl oder in anderer Art ganz knapp beantwortet werden kann.

Kann man auf eine geschlossene Frage nur mit Ja oder Nein antworten, handelt es sich um eine **Entscheidungsfrage**.

Beispiele:
- „Hat Ihnen die Fortbildung gefallen?"
- „Kann ich Ihnen helfen?"
- „Wann beenden Sie Ihre Ausbildung?"
- „Sind Sie mit meinem Vorschlag einverstanden?"

Vorteile	Nachteile
- Kurze, prägnante Antworten straffen den Gesprächsverlauf - Gut geeignet zur Gesprächssteuerung - Unterstützen die Entscheidungsfindung	- Wenig Spielraum für die Gesprächspartner - Reduzierte Informationen, ohne Begründung und Hintergrund - In Folge eingesetzt wirken sie wie ein Verhör

→ **Suggestivfragen:** Frageform, bei der der Befragte durch die Art der Fragestellung beeinflusst wird, eine bestimmte Antwort zu geben

Beispiele:

- „Sie sind doch sicher auch daran interessiert, dass das Projekt erfolgreich abgeschlossen wird?"
- „Sie stimmen mir sicherlich zu, dass Frau Kersting die bessere Kandidatin ist?"

Suggestivfragen sind häufig keine echten Fragen. Sie engen die Antwortmöglichkeiten des Befragten stark ein und werden als manipulierend empfunden. Daher sind sie für ein Gespräch nicht förderlich.

1.6 Sprachliche Gestaltungsmöglichkeiten

1.6.1 Allgemeine Regeln

Grundsätzlich wird an jeden Gesprächsteilnehmer die Forderung gestellt, **verständlich** zu sprechen, weil das die Basis für jedes erfolgreiche Gespräch darstellt. Was macht die Verständlichkeit des Sprechens aus?

- **Fachbegriffe/Wortwahl:** Jeder Sender sollte seine Worte so wählen, dass die Empfänger ihn auch verstehen können. Eine gelungene Kommunikation verlangt die Anpassung der Wortwahl an die Zielgruppe.
- **Sprechtempo/Aussprache:** Eine langsame, deutliche Artikulation erhöht die Verständlichkeit des gesprochenen Wortes.
- **Lautstärke:** Eine hohe Lautstärke wird gewöhnlich als unangenehm empfunden. In jedem Fall ist eine Anpassung an die räumlichen Gegebenheiten erforderlich. Ein Gespräch in einem großen Raum mit vielen Zuhörern verlangt eine Anpassung der Lautstärke nach oben. Wer zu leise spricht, drückt vielfach seine Unsicherheit aus.
- **Betonung:** Monotones Sprechen ermüdet die Zuhörer. Eine lebhafte Variation von Höhen und Tiefen, gelegentliche Sprechpausen und das Betonen besonders wichtiger Aussagen erhöhen die Überzeugungskraft der eigenen Worte.
- **Strukturierung:** Wer seine Aussagen in eine logische Struktur bringt, erhöht das Verständnis bei den Zuhörern.

1.6.2 „Man", „Ich" oder „Wir"

Verwendet ein Gesprächsteilnehmer die **Man-Form,** wird sie von den übrigen Gesprächspartnern als unverbindlich und distanzierend empfunden.

Beispiel:
„Man sollte dem Kandidaten aufgrund seiner fachlichen Qualifikationen eine Chance geben."

<small>Ich-Botschaften, siehe Seite 266</small>

Verwendet ein Gesprächsteilnehmer hingegen die **Ich-Form,** kann ein eindeutiger Bezug zum Sprecher hergestellt werden.

Beispiel:
„Ich bin der Meinung, dass der Kandidat aufgrund seiner fachlichen Qualifikationen eine Chance bekommen sollte."

Die Ich-Form macht es auch möglich, seine Emotionen zum Ausdruck zu bringen, ohne die Gesprächspartner anzuklagen.

Beispiel 1 (Ich-Form):
„Ich bin enttäuscht, dass alle nur die Defizite des Kandidaten bei seinen kommunikativen Fähigkeiten sehen."

Beispiel 2 (anklagend):
„Sie sehen nur die Defizite des Kandidaten bei seinen kommunikativen Fähigkeiten."

Wir-Form: Sie sollte nur angewendet werden, wenn sich in der Gesprächsrunde ein Vertrauensverhältnis entwickelt hat und die Wir-Formulierung tatsächlich die Meinung aller widerspiegelt. Andernfalls könnten sich einzelne Gesprächspartner übergangen fühlen.

Beispiel:
„Liebe Kolleginnen und Kollegen, wir sind uns jetzt einig, dass wir diesen Tagesordnungspunkt ausreichend besprochen haben."

1.6.3 Positiv formulieren

Problemwörter, siehe Seite 257

Positive Formulierungen fördern das Gesprächsklima. Vielfach werden aber Sachverhalte negativ ausgedrückt, obwohl sie positiv gemeint sind.

Beispiel:
„Das steht Ihnen nicht schlecht."

Der Sprecher will zum Ausdruck bringen, dass seinem Gesprächspartner ein Kleidungsstück gut steht.

Weitere Beispiele:

Negative Wortwahl	Positive Wortwahl
„Ich kann das Angebot heute **leider** nicht mehr zuschicken."	„Ich erstelle das Angebot noch heute, sodass Sie es übermorgen in Ihrer Post finden."
„Sie werden Ihre Entscheidung, den Servicevertrag zu unterschreiben, bestimmt **nicht bereuen**."	„Ihre Entscheidung, den Service-Vertrag zu unterschreiben, wird Ihnen große Vorteile bringen."

1.6.4 Klar formulieren

Wörter können Unsicherheit ausdrücken. Damit mindert man die Überzeugungskraft seiner Worte. Typische Begriffe, die – häufig unbedacht – die Unsicherheit des Senders zum Ausdruck bringen, sind folgende:

- vielleicht
- wahrscheinlich
- unter Umständen
- eventuell
- im Grunde genommen
- normalerweise
- eigentlich

Auch Konjunktiv-Formen (z. B. würde, hätte, könnte) dienen nicht der Klarheit im Ausdruck.
Wer aber andere überzeugen will, muss zunächst einmal selbst von seiner Aussage überzeugt sein.

Beispiele:

Unklare Formulierungen	Klare Formulierungen
„**Im Grunde genommen** ist so ein Servicevertrag eine tolle Sache, der Ihnen viel Arbeit abnimmt."	„Der Servicevertrag ist eine tolle Sache, der Ihnen viel Arbeit abnimmt."
„Unsere Kunden sind mit diesen Serviceverträgen **eigentlich** alle sehr zufrieden."	„Unsere Kunden sind mit diesen Serviceverträgen alle sehr zufrieden."
Das **müsste** ich prüfen.	Ich prüfe das und gebe Ihnen noch heute Bescheid.

1.6.5 Wertschätzend sprechen

Ein Gesprächsteilnehmer hat mit seiner persönlichen Haltung großen Einfluss auf den Erfolg eines Gesprächs. Besonders wichtig ist es, den Gesprächspartnern mit einer wertschätzenden Sprache zu begegnen. Unterstützt wird diese persönliche Haltung durch nonverbale Signale.
Gesprächspartner, die sich wertgeschätzt sehen, öffnen sich für die übrigen Gesprächsteilnehmer, sind aufgeschlossen für Vorschläge und bringen sich insgesamt konstruktiv in ein Gespräch ein. Eine wertschätzende Sprache ist in der Lage, ein Vertrauensverhältnis zum Gesprächspartner aufzubauen – eine gute Basis für ein erfolgreiches Gespräch.
Umgekehrt führen geringschätzige Äußerungen zu Verärgerungen und dem Gefühl, angegriffen oder beleidigt worden zu sein.

Beispiele:

Wertschätzende Äußerungen	Geringschätzige Äußerungen
„Bitte, seien Sie so freundlich und sagen Sie mir, was an meinen Ausführungen unklar ist."	„Mir scheint, mir hört hier keiner zu."
„Das ist zunächst einmal eine gute Idee. Darf ich Ihnen noch einige Vorschläge machen, um Ihren Ansatz zu optimieren?"	„So können Sie das doch nicht machen!"
(In der Schule) „Ich sehe, dass du manchmal Schwierigkeiten mit bestimmten Themen hast. Wo liegen die Probleme genau; ich könnte dir vielleicht im Einzelfall helfen."	(In der Schule) „Du schreibst ständig bei mir ab. Hast du keine eigenen Ideen?"

1.7 Gesprächsplanung

Erfolgreiche Gespräche haben bestimmte Verlaufsmuster, von denen zwei hier näher betrachtet werden sollen.

1.7.1 Kommunikationsquadrat

Ausführungen zum Kommunikationsquadrat und zum Vier-Ohren-Modell, siehe Seite 216

Ausgangspunkt der Überlegungen soll eine Situation aus der Praxis sein.

Situation

Das Unternehmen Elektro-Bäumer hat den Service für Kaffeevollautomaten weiter ausgebaut. Parallel zum Umbau der Werkstatt und des Verkaufsraums muss das Personal qualifiziert werden. Jens Grote ist ein junger Mitarbeiter des Unternehmens, der im Hause seine Ausbildung gemacht hat und anschließend übernommen wurde. Herr Bäumer möchte ihn motivieren, an einer Fortbildungsmaßnahme seines Hauptlieferanten für Kaffeevollautomaten teilzunehmen.

Herr Grote ist ein tüchtiger Mitarbeiter, allerdings hat die Arbeit für ihn nicht den allerhöchsten Stellenwert. Andere Dinge sind für ihn mindestens genauso wichtig. Es könnte ein schwieriges Gespräch werden.

Das Kommunikationsquadrat beleuchtet alle Gesichtspunkte der Kommunikation. Es eignet sich daher auch für die Vorbereitung eines Gesprächs.

Dazu werden die vier Seiten einer Nachricht systematisch befragt, allerdings in veränderter Reihenfolge.

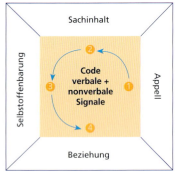

1. **Was will ich mit dem Gespräch erreichen (Appell)?**
   - Herr Bäumer möchte, dass Jens Grote an einem Fortbildungskurs „Kaffeevollautomaten" teilnimmt. Der Hersteller bietet zwei Samstage oder montags/dienstags an.
   - Am liebsten wäre es Herrn Bäumer, wenn sein Mitarbeiter die Samstagtermine wählte (Maximalziel).
   - Die Wochentagstermine sind aber auch möglich (Minimalziel).

2. **Welche Themen will ich besprechen (Sachinhalt)?**
   - Die zunehmende Nachfrage nach Serviceleistungen für Kaffeevollautomaten
   - Die personelle Situation im Unternehmen mit Blick auf die Qualifizierung der Mitarbeiter für diesen Service
   - Der bisherige Einsatz von Jens Grote im Werkstattbereich
   - Begründung, warum er für die Qualifizierung in besonderer Weise infrage kommt
   - Darstellung der Ziele der Fortbildungsmaßnahme
   - Auswirkungen der Fortbildungsmaßnahme auf den zukünftigen Aufgabenbereich des Mitarbeiters
   - Wunschszenario aus Sicht des Unternehmens
   - Möglicher Freizeitausgleich, falls er für die Samstagstermine gewonnen werden kann

   Herr Bäumer ist der Ansicht, dass er die Punkte in der dargestellten Reihenfolge vorbringen sollte.

3. **Wie empfinde ich persönlich die Situation (Selbstoffenbarung)?**
   Im dritten Schritt der Gesprächsvorbereitung wird überlegt, mit welcher Gefühlslage man in das Gespräch eintritt. Es geht um die eigenen Motive und Interessen und um die Frage, wie viel davon im Gespräch auch offenbart werden soll.

- *Herr Grote ist ein wertvoller Mitarbeiter; die Rückmeldungen der Arbeitskollegen und auch der Kunden sind ausgezeichnet.*
- *Er fügt sich hervorragend in das Werkstattteam ein.*
- *Die Personalsituation des Betriebes ist im Bereich des Services für Kaffeevollautomaten äußerst angespannt.*
- *Die Weiterqualifizierung von Jens Grote wäre ein Gewinn für das Unternehmen. Als junger Mitarbeiter könnte er langfristig aufgebaut werden.*
- *Über Lohnerhöhungen soll aktuell nicht gesprochen werden. Langfristig kann ein höherer Lohn aber in Aussicht gestellt werden.*

4. **Wie wird der Gesprächspartner die Situation vermutlich erleben (Beziehung)?**

In der Gesprächsvorbereitung muss man sich nun in die Situation des Gesprächspartners versetzen. Wo sollte das Gespräch stattfinden? Wie kann ich eine angenehme Gesprächsatmosphäre herstellen? Wie kann ich das Gespräch geschickt einleiten? In welcher Lebenssituation befindet sich der Gesprächspartner? Wie ist seine aktuelle Interessenlage? Wie wird er den Wunsch aufnehmen?

Die **Durchführung** des Gespräches orientiert sich nun an der Gesprächsplanung. Dass Gespräche tatsächlich anders verlaufen können als geplant, ist eine Selbstverständlichkeit. Eine detaillierte Planung fördert aber in jedem Fall den Gesprächserfolg. Die Reihenfolge des Kommunikationsquadrats verläuft in der Durchführung allerdings anders als in der Planung.

1. **Beziehung**

   Zunächst werden die Rahmenbedingungen festgelegt (Termin, Ort, Bewirtung usw.) und für eine angenehme Gesprächsatmosphäre gesorgt.

   In der Situation kann über einen einleitenden Small Talk auch noch Näheres über die private Situation und die Lebensplanung von Jens Grote in Erfahrung gebracht werden. Das wäre gleichzeitig ein guter Einstieg in das Gesprächsthema.

2. **Sachinhalt**

   Die geplanten Inhalte werden in der vorgesehenen Reihenfolge vorgebracht.

3. **Selbstoffenbarung**

   Nun wird die eigene Sichtweise ins Spiel gebracht.

4. **Appell**

   Der Wunsch (die Wünsche) wird (werden) an die Gesprächspartnerin herangetragen.

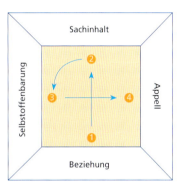

1.7.2 Vier-Schritt-Methode

Diese Methode zielt vorzugsweise auf die strukturierte Durchführung eines Gesprächs. Sie unterteilt ein Gespräch in vier Abschnitte, die in der Vorbereitung des Gesprächs auch zur Planung verwendet werden können.

1. Schritt: Einleitung

Der Erfolg eines Gesprächs entscheidet sich oft in den ersten Minuten. Ein „behutsamer" Einstieg mithilfe von vier bis fünf Minuten Small Talk lockert die Atmosphäre auf, sorgt für eine angenehme Gesprächsatmosphäre und hilft, sich auf den Gesprächspartner einzustellen.

2. Schritt: Klärung

Nach der Einleitung kommt man zum eigentlichen Gesprächsinhalt. Es ist ratsam, zunächst die Rahmenbedingungen zu klären: Welche Themen sollen besprochen werden? Wie lange ist das Gespräch geplant? Der Gesprächspartner erhält Gelegenheit, seinerseits Themenvorschläge einzubringen oder seine verfügbare Zeit darzulegen.

Beispiel:

Gespräch zwischen Geschäftsführer und Abteilungsleiter. Der Gesprächsanlass sind zunehmende Kundenbeschwerden.

„Ich freue mich, dass Sie sich Zeit für unser Gespräch genommen haben. Aus meiner Sicht sind folgende Punkte zu besprechen:

1. Die personelle Ausstattung Ihrer Abteilung

2. Verschiedene Kundenreaktionen

Haben Sie noch Themen, die wir aus Ihrer Sicht ergänzen sollen, und bis wann haben Sie sich Zeit genommen?"

In dieser Phase des Gesprächs müssen die Themen möglichst neutral formuliert werden, ohne Vorwürfe zu erheben. Kritik an dieser Stelle würde das Gespräch gleich in eine Auseinandersetzung führen, bevor alle Informationen auf dem Tisch liegen.
Zusätzliche Fragen schaffen eine breite Informationsbasis, die der Klärung des Themas und damit der Schaffung einer Gesprächsgrundlage dient.

3. Schritt: Argumentation
Wenn alle Informationen vorliegen, können die (i. d. R. unterschiedlichen) Meinungen ausgetauscht werden: Man befindet sich in der Argumentationsphase. Die in der Klärungsphase gewonnenen Informationen werden diskutiert und die Positionen der Gesprächspartner werden sichtbar.

4. Schritt: Vereinbarungen treffen
Ein Gespräch muss mit einem konkreten Ergebnis abgeschlossen werden. Daraus ergeben sich greifbare Aufgaben für die Beteiligten, die (möglichst) bis zu einem bestimmten Termin zu erledigen sind.

Beispiel 1 (fehlende Verbindlichkeit):
„Okay, dann überlegen Sie sich bitte, wie in Ihrer Abteilung Kunden zukünftig freundlicher behandelt werden können. Über die Maßnahmen, die Sie dazu ergreifen, können Sie mich bei Gelegenheit informieren."

Beispiel 2 (konkrete Vereinbarung):
„Okay, Herr Faber, ich halte noch einmal fest:
Sie führen mit Herrn Beyer ein Gespräch, in dem Sie ihm unsere Grundsätze im Umgang mit Kunden noch einmal verdeutlichen. Das Gespräch findet noch in dieser Woche statt.
Sie erhalten in Ihrer Abteilung eine zusätzliche Mitarbeiterin zur Verbesserung der Personalsituation. Ich werde das noch heute über die Personalabteilung veranlassen."

1.8 Interkulturelle Kompetenz

Im Zuge der Globalisierung und des gemeinsamen europäischen Marktes haben wir zunehmend Gelegenheit, fremde Kulturen kennenzulernen. Trotzdem bleiben uns viele Gewohnheiten von Menschen aus anderen Kulturen fremd. Der wirtschaftliche (und auch persönliche) Kontakt mit diesen Menschen macht es aber notwendig, sich mit fremden Gewohnheiten auseinanderzusetzen.

 Interkulturelle Kompetenz: Fähigkeit, Personen aus anderen Kulturen in ihrem Denken, Fühlen und Handeln zu erfassen, vorurteilsfrei zu begegnen und mit ihnen angemessen zu kommunizieren

An dieser Stelle können nicht die zahlreichen Besonderheiten der verschiedenen Kulturen dieser Welt aufgezeigt werden. Wichtiger ist vielmehr die Frage, warum sich Menschen anders verhalten als wir. Das soll an einigen Beispielen verdeutlicht werden, die die unterschiedlichen Lebenskonzepte betrachten.
In manchen Kulturen herrscht ein individualistisches Bild vom Menschen vor, in anderen steht die Gemeinschaft, die Familie, das Kollektiv im Vordergrund.

Weltbild	Individualistisch	Kollektivistisch
Grundhaltung	Die Erziehung des Menschen zielt darauf ab, dass jeder für sich und seine (kleine) Familie sorgen kann.	Der Mensch wird in die Gemeinschaft einer Großfamilie und anderer Gruppen (Stamm, Religion) hineingeboren. Die Gemeinschaft schützt den Einzelnen. Im Gegenzug verhält sich der Einzelne loyal zur Gemeinschaft.
Ausprägung	Der Mensch denkt in Ich-Begriffen.	Das Denken des Menschen kreist um das Wir.
Anwendung	Niemand findet etwas dabei, wenn in einer Gruppendiskussion ein Einzelner mit seinen Leistungen hervorgehoben wird.	Wird ein Einzelner aus der Gruppe hervorgehoben, erleiden die übrigen Gruppenmitglieder einen Gesichtsverlust.
Länder	Z. B. Australien, Deutschland, Großbritannien, Schweiz, USA	Z. B. China, Indien, Japan, Saudi-Arabien

Die folgende Unterscheidung bezieht sich auf die Frage, wie wir bei der Erledigung von Aufgaben mit unseren Emotionen umgehen.

Weltbild	Aufgabenorientiert	Beziehungsorientiert
Grundhaltung	Der Mensch lebt, um zu arbeiten. Die Arbeit ist höher einzuschätzen als die Familie.	Der Mensch arbeitet, um zu leben. Die Familie ist wichtiger als die Arbeit.
Ausprägung	Die Leistung steht im Mittelpunkt.	Die Einheit der Familie hat Vorrang.
Anwendungen	▪ Pünktlichkeit und Arbeitsmoral haben einen hohen Rang ▪ Privatsphäre und Arbeit werden getrennt ▪ Ein unterzeichneter Vertrag gilt ▪ Das gesprochene Wort gilt ▪ Der Kunde bleibt beim Produkt, auch wenn der Verkäufer die Firma wechselt	▪ Loyalität und Fürsorge stehen im Mittelpunkt ▪ Keine Trennung von Privat- und Arbeitsleben ▪ Die Beziehung ist entscheidend ▪ Neuen Gegebenheiten muss man sich evtl. anpassen ▪ Der Kunde bleibt beim Verkäufer, auch wenn er die Firma wechselt
Länder	Z. B. Deutschland, Großbritannien, Niederlande, USA	Z. B. China, Indien, Japan, Saudi-Arabien, Türkei

Viele Konflikte entstehen im Umgang mit Menschen aus anderen Kulturen, weil sie offensichtlich eine andere Auffassung von der Zeit haben und mit ihr unterschiedlich umgehen.

Weltbild	Planbare Zeit	Unkalkulierbare Zeit
Grundhaltung	Aufgaben werden nacheinander bearbeitet.	Mehrere Ereignisse werden gleichzeitig berücksichtigt.
Ausprägung	Zeit ist Geld.	Zeit ist im Überfluss vorhanden.
Anwendungen	▪ Termineinhaltung zeugt von Respekt gegenüber dem Partner ▪ Wichtig sind detaillierte Pläne ▪ Termine müssen eingehalten werden ▪ Langfristige Zeitplanung	▪ Gefühle der Mitmenschen sind wichtiger als das Einhalten von Terminen ▪ Genannte Uhrzeiten sind veränderbare Orientierungshilfen ▪ Zeitplanung ist kurzfristig (und manchmal nicht vorhanden)
Länder	Z. B. Dänemark, Deutschland, Großbritannien, USA, Singapur	Z. B. Indien, Polen, Thailand, Saudi-Arabien

Wenn man die kulturellen Unterschiede verstehen will und mit Menschen aus anderen Kulturen erfolgreich kommunizieren möchte, setzt das voraus, auch die eigenen Besonderheiten genau zu kennen. Denn die eigenen Werte, Normen, Verhaltensregeln und Alltagsgewohnheiten wirken auf andere Menschen in spezieller Weise. Für manchen ausländischen Partner können diese Verhaltensweisen befremdlich sein, ohne dass der Betreffende es merkt.

1.9 Beurteilung von Gesprächssituationen

Werden Gesprächssituationen im Anschluss an die Planung auch im Rollenspiel umgesetzt, ist es sinnvoll, vorher die Gesichtspunkte festzulegen, die für eine Beurteilung des Gespräches geeignet sind. Folgende Überlegungen sind dabei zu beachten:

- Ein einheitlicher Beurteilungsbogen für alle Gesprächssituationen ist wenig sinnvoll. Dafür hat jedes Gespräch einen speziellen Schwerpunkt, z. B. ein Mitarbeitergespräch oder ein Verkaufsgespräch.
- Es ist daher angebracht, je nach Redesituation einen eigenen Bewertungsbogen zu entwickeln.
- Beobachter eines Gesprächs können nur eine begrenzte Zahl von Merkmalen zuverlässig beobachten und damit auch beurteilen. Die Zahl der Merkmale sollte daher überschaubar bleiben.
- Im Laufe der Zeit sollte der Beurteilungsbogen immer wieder jene Aspekte besonders aufnehmen, die im Unterricht als neue Themen behandelt werden.
- Im Idealfall entwickelt die Lerngruppe ihren eigenen Beurteilungsbogen und legt damit die Beobachtungsschwerpunkte selbstständig fest.

Verkaufsgespräche, siehe Seite 240

Betrachtet man z. B. das oben skizzierte Fortbildungsgespräch, könnte dafür folgender Beurteilungsbogen für die Rolle des Betriebsinhabers entwickelt werden:

Siehe Seite 224

Lernfeld 7 Gesprächssituationen gestalten

Beurteilungsbogen zum Fortbildungsgespräch

Wie beurteilen Sie	+	o	–	Bemerkungen
Körperhaltung				
Körperbewegung				
Mimik				
Gestik				
Augenkontakt				
Stimme				
Einfühlungsvermögen in den Gesprächspartner				
Überzeugungskraft				
Zielorientierung				
Verwendung offener Fragen				
Sprache (Wortwahl, Tempo, Lautstärke, Betonung)				
Positiv-Formulierungen				
Wertschätzung				

Die Zahl der Beobachtungsmerkmale bewegt sich in diesem Beispiel bereits an der Grenze des Möglichen. Wenige, schwerpunktmäßig betrachtete Besonderheiten führen gewöhnlich zu besseren Auswertungsergebnissen.

Zusammenfassung

Situationsangemessene Kommunikation			
Grundmodell	**Kommunikationsquadrat**	**Vier-Ohren-Modell**	**Nonverbale Kommunikation**
Sender → gemeinsamer Code (verbale, nonverbale Signale) → Empfänger	▪ Sachinformation ▪ Beziehung ▪ Selbstoffenbarung ▪ Appell	▪ Sach-Ohr ▪ Selbstoffenbarungs-Ohr ▪ Beziehungs-Ohr ▪ Appell-Ohr	▪ Körperkontakt ▪ Körperhaltung und -bewegung ▪ Körpersprache ▪ Gestik/Mimik ▪ Augenkontakt/Stimme/Attribute
Gestaltungsmöglichkeiten			
Allgemein	**Positiv formulieren**	**Klar formulieren**	**Wertschätzung**
▪ Fachbegriffe/Wortwahl ▪ Sprechtempo/Aussprache ▪ Lautstärke ▪ Betonung ▪ Strukturierung	Vermeiden: leider, nein, nicht schlecht, nicht bereuen	Vermeiden: vielleicht, wahrscheinlich, eventuell u. a.	→ Fördert Vertrauensverhältnis
Gesprächskompetenz	**Frageformen**	**Gesprächsplanung**	**Interkulturelle Kompetenz**

▪ Einfühlungsvermögen
▪ Zielorientierung
▪ Überzeugungskraft
▪ Selbstreflexion und Veränderungsbereitschaft
	▪ Offene Fragen: nicht mit Ja oder Nein zu beantworten
	▪ Geschlossene Fragen: Antwort: Ja, Nein, Zahl, kurzer Begriff
		▪ Nach dem Kommunikationsquadrat
		▪ Nach dem Vier-Stufen-Modell
		  1. Einleitung
		  2. Klärung
		  3. Argumentation
		  4. Vereinbarungen treffen
			Weltbild → Grundhaltung → → Ausprägung → Verhaltensweisen

2 Anspruchsermittlung

➲ **Lernsituation 2: Kundenansprüche ermitteln**

2.1 Gesprächssituation

In Kapitel 1 wurde das Beratungsgespräch näher betrachtet. Die Anspruchsermittlung bezieht sich auf das **Verkaufsgespräch**. Es handelt sich dabei um eine Abwandlung des Beratungsgesprächs, das aber eine spezielle Gesprächsabsicht hat.

> **Verkaufsgespräch**: Instrument der Kommunikationspolitik (persönlicher Verkauf), das in einem Dialog zwischen Verkäufer/-in und Kunde/Kundin auf einen Vertragsabschluss über ein Produkt oder eine Dienstleistung abzielt

Beratungsgespräch, siehe Seite 216

Instrumente der Kommunikationspolitik, siehe Seite 43

In diesem und im nächsten Kapitel werden zwei Bausteine des Verkaufsgespräches näher erläutert. In Kapitel 4 wird das Verkaufsgespräch als Ganzes dargestellt.

2.2 Anspruchsarten

Kaufmotive oder Ansprüche

In der Praxis wird sowohl von Kaufmotiven als auch von Ansprüchen gesprochen. **Motive** sind Antriebe des Menschen, die in seinem Innersten verborgen und sehr allgemein ausgerichtet sind, z. B. das Motiv, sich selbst zu verwirklichen oder der Wunsch nach Geborgenheit oder Freiheit.

Kaufmotive zielen auf das Einkaufsverhalten des Menschen, decken aber eine große Bandbreite von Motiven ab. Der Mensch kauft nicht nur ein, um sich mit Waren zu versorgen. Er hat auch den Wunsch nach sozialen Kontakten, wie es oft bei älteren Menschen festzustellen ist. Kunden „shoppen", um sich selber zu belohnen, oder sie gehen in ein Geschäft, um zu einem bestimmten Kundenkreis zu gehören.

Ansprüche sind konkrete Wünsche des Menschen, die auch für Außenstehende deutlich erkennbar sind. **Kundenansprüche** sind Erwartungen des Kunden an die Einkaufsstätte. Man kann Kundenansprüche weiter unterteilen in Ansprüche an

- das **Unternehmen** (als Ganzes, z. B. an die Sortimentsauswahl und die Großzügigkeit bei Reklamationen),
- die **Mitarbeiter** (z. B. nach freundlichem Verhalten, fachlicher Kompetenz),
- die **Ware** (z. B. an die Qualität und den Preis der angebotenen Produkte).

Kundenansprüche, siehe auch Lernfeld 5, Seite 31

Hier wird nur noch von Ansprüchen die Rede sein, weil sie von Mitarbeitern zu erkennen sind und in ihre Argumentation einbezogen werden können. Insbesondere geht es um Ansprüche an die Ware, an das Produkt.

2.3 Kundengruppen

Kundenorientierung ist heute der zentrale Erfolgsfaktor für Unternehmen. Eine Ausrichtung der geschäftlichen Aktivitäten auf den Kunden setzt aber voraus, dass man seine Kunden genau kennt. Grundsätzlich hat jeder Mensch eine eigene Persönlichkeit. Allerdings lassen sich bei Kunden gewisse gemeinsame, immer wiederkehrende Verhaltensweisen feststellen. Nachfolgend werden einige Möglichkeiten vorgestellt, wie man Kunden in Gruppen einteilen kann. Ziel ist es, bestimmte Verhaltensregeln im Umgang mit Kunden nicht immer wieder völlig neu zu bestimmen, sondern innerhalb eines gewissen Rahmens zu standardisieren.

Siehe Kundengruppen (Kundentypen) in der Marktforschung, Seite 21

Kundeneinteilung	
Unterscheidungskriterium	**Beschreibung**
Alter	Kinder, Jugendliche, Erwachsene, ältere Kunden (z. B. 50plus)
Geschlecht	Frauen, Männer
Geschäftstreue	Stammkunde (Bestandskunde), Gelegenheitskunde (kauft gelegentlich mit geringen Umsätzen ein), Neukunde
Lebenssituation des Kunden	Z. B. Smart Shopper, LOHAS (Lifestyle of Health and Sustainability), DINK(s): (Double Income No Kids), Best Ager (Silver Ager, Generation Gold, 50plus)

2.4 Anspruchsermittlung

2.4.1 Zielsetzung

Fragetypen, siehe Seite 22

Die Ansprüche von Kunden werden mit dem Ziel ermittelt, ein Beratungsgespräch zu führen, das dem Kunden Gelegenheit gibt, seine Wünsche an das Produkt ausgiebig darzulegen. Aus diesem Grund sind in der Anspruchsermittlung **geschlossene (enge) Fragen** zu vermeiden.

Die geschlossene Frage „Kann ich Ihnen helfen" ist z. B. im Handel sehr gebräuchlich. Sie ist aber durch häufigen Gebrauch weitgehend sinnentleert oder sie überfordern den Kunden, weil er seine Produktvorstellungen nicht hinreichend konkretisieren kann. In ähnlicher Weise bringt die Frage „Suchen Sie etwas Bestimmtes?" Kunden in Bedrängnis, weil sie das „Bestimmte" noch gar nicht in Worte fassen können.
Auch Fragen nach der Preisvorstellung sind geschlossene Fragen, weil sie die Warenauswahl unnötig einschränken und Umsatzchancen vergeben. Denn nennt der Kunde, obwohl er noch gar keine Preisvorstellung hat, einen bestimmten Preis, ist es für den Mitarbeiter schwierig, von dieser (oft willkürlich gesetzten) Preisgrenze wegzukommen.
Offene (weite) Fragen und vor allem auch **Produktvorführungen** sind geeignete Mittel, die Vorstellungskraft des Kunden anzuregen und ihn zu veranlassen, seine Ansprüche näher zu erläutern.

2.4.2 Anspruchsermittlung durch Beobachten und Zuhören

Zu Beginn eines Verkaufsgespräches muss man Kunden aufmerksam beobachten und **vorsichtig** einschätzen. Auf diese Weise erhält man erste Hinweise über die Wünsche der Kunden.

Beispiel 1 (aus dem Einzelhandel):
Eine Frau betritt mit einem Kinderwagen einen Bioladen.
Mit hoher Wahrscheinlichkeit (aber nicht mit letzter Sicherheit) handelt es sich um die Mutter des Kindes. Es ist weiter davon auszugehen, dass die Kundin um die Gesundheit ihres Kindes sehr besorgt ist. Der Anspruch „Sicherheit" wird vermutlich einen hohen Stellenwert haben.

Auch die ersten Aussagen von Kunden, nachdem sie das Geschäft betreten haben oder sich an einen Mitarbeiter wenden, machen deutlich, in welche Richtung sich das Verkaufsgespräch bewegen könnte.

Beispiel 2 (Fortsetzung):
Die Kundin mit dem Kinderwagen wendet sich mit folgenden Worten an eine Mitarbeiterin:
Kundin: „Ich habe in Ihrem Prospekt gelesen, dass Sie Ihr Gemüse von regionalen Biohöfen beziehen."

Der optische Eindruck (siehe Beispiel 1) wird durch die Aussage der Kundin bestätigt. Offensichtlich legt sie Wert auf Gemüse, das nach ökologischen Gesichtspunkten erzeugt worden ist und das z. B. nicht mit chemischen Pflanzenschutzmitteln in Berührung gekommen ist.
Die Betonung der regionalen Herkunft könnte darauf hinweisen, dass die Kundin auch umweltbewusst ist und es ablehnt, dass Produkte um die halbe Welt befördert werden, bevor sie in den Regalen des Handels verfügbar sind. Die Vermutung, dass der Anspruch „Sicherheit" im nachfolgenden Verkaufsgespräch eine zentrale Rolle spielen wird, hat sich weiter verfestigt.

Letztlich kann man aus einer Kombination von äußerem Erscheinungsbild und den ersten Aussagen eines Kunden wichtige Informationen über **naheliegende Ansprüche** eines Kunden gewinnen. Diese Informationen sind vorsichtig einzuschätzen, ohne den Kunden unabänderlich einzuordnen. Im Verlauf des Verkaufsgesprächs werden seine Ansprüche immer deutlicher, vor allem dadurch, dass er sich zur vorgelegten Ware äußert und seine Ansprüche immer weiter konkretisiert.

2.4.3 Anspruchsermittlung im Dreischritt

Vielfach lässt sich die Anspruchsermittlung in drei Abschnitte gliedern:

Nach der Begrüßung eröffnet der Mitarbeiter das Verkaufsgespräch mit einer **offenen Frage**, die seine Dienstbereitschaft zum Ausdruck bringt.

Beispiele: „Was kann ich für Sie tun?"
„Wie kann ich Ihnen helfen?"

Diese Frage signalisiert dem Kunden, dass der Mitarbeiter bereit ist, sich die Wünsche des Kunden anzuhören, ihm geeignete Waren vorzulegen und ihn zu beraten. Offene Fragen haben einen starken Aufforderungscharakter und veranlassen den Kunden, seine Ansprüche zu erläutern.

Die nächste Frage zielt auf den **Verwendungszweck** ab, für den der Kunde die Ware nutzen möchte. Jeder Kunde hat eine Vorstellung, wofür er das gewünschte Produkt verwenden will. Diese Vorstellung kann er auch leicht in Worte fassen, weil er aus seinem Lebensumfeld berichten kann.

Beispiele: „Wofür wollen Sie den .... verwenden?"
„Welche Möbel sind in dem Raum vorhanden?"
„Welchen ... haben Sie bisher bei uns gekauft/bisher verwendet?"

Die Antwort des Kunden gibt dem Mitarbeiter mit großer Sicherheit ausreichend Informationen, welche Produkte für den Kunden infrage kommen. Aus dem Verwendungszweck heraus lassen sich bestimmte Ansprüche des Kunden ableiten, ohne dass viel nachgefragt werden muss.

Beispiel:
Wenn ein Kunde eine Tischleuchte für sein Arbeitszimmer sucht, stehen vermutlich Sachlichkeit und Funktionalität im Vordergrund.

Der Mitarbeiter kann daher die Produktauswahl eingrenzen und mit der Vorlage von Waren beginnen, die für den Kunden mit großer Wahrscheinlichkeit passend sind.
Damit leitet der Kundenberater den dritten Schritt in der Anspruchsermittlung ein.

Durch die Vorlage und Beschreibung von Produkten auf der Grundlage der Kundenaussagen und der Anspruchsvermutungen erhält der Mitarbeiter schrittweise immer deutlichere Informationen über die Ansprüche des Kunden.

Lernfeld 7 Gesprächssituationen gestalten

Beispiel aus dem Handel:

Mitarbeiterin: Kundin: Mitarbeiterin:	„Guten Tag. Was kann ich für Sie tun?" „Guten Tag. Ich hätte gern einen Jogging-Anzug." „Ich kann Ihnen unsere reichhaltige Auswahl hier vorne gern einmal zeigen."	Die Kundenberaterin stellt eine Begrüßungsfrage und macht die Kundin zunächst auf die zu erwartende Produktauswahl gespannt.
Kundin:	Mitarbeiterin: „Wofür möchten Sie den Jogging-Anzug verwenden?" „Für meine täglichen Runden durch den Stadtwald." Mitarbeiterin: „Wir haben gerade ganz neue Modelle in den Modefarben des kommenden Winters bekommen."	Danach folgt die Zweckfrage. Die Antwort der Kundin gibt der Kundenberaterin nähere Hinweise auf den Einsatzzweck. Die Vorstellung der Produkte wird mit einem Hinweis auf die Attraktivität der Auswahl eingeleitet („Modefarben des kommenden Winters").
Kundin:	„Ich hatte eher an etwas Unauffälliges, Schlichtes gedacht."	Die Kundin reagiert auf die Ankündigung und konkretisiert ihre Vorstellungen zum ersten Mal.
Mitarbeiterin:	„Dann wird Ihnen dieser einfarbige blaue Anzug sicher gefallen."	Die Kundenberaterin legt ein Produkt nach dem Wunsch der Kundin vor.
Kundin:	„Ja, dieser Anzug entspricht in etwa meinen Vorstellungen. Haben Sie so etwas auch mit Kapuze?"	Anhand eines anschaulichen Produktbeispiels verfeinert die Kundin ihre Ansprüche weiter.
Mitarbeiterin:	„Ja, ich habe hier einen in Größe 38. Wenn Sie ihn salopper tragen möchten, nehmen Sie besser Größe 40."	Die Kundenberaterin fragt nicht nach der Konfektionsgröße der Kundin, sondern macht Größenvorschläge. Eine erfahrene Fachkraft kann das einschätzen.
Kundin:	„Haben Sie den gleichen Anzug auch noch in Größe 42?"	Im Zweifelsfall schlägt die Kundenberaterin eher die (attraktivere) kleinere Konfektionsgröße vor und macht der Kundin auf diese Weise ein Kompliment.
Mitarbeiterin:	„Dieser Anzug aus Baumwolle hat Größe 42. Baumwolle ist ein besonders hautsympathisches Material ..." usw.	Fortsetzung des Verkaufsgespräches

Fragen eines Mitarbeiters, die vom Kunden eine exakte Beschreibung seiner Ansprüche verlangen (z. B. „Suchen Sie etwas Bestimmtes?"), überfordern Kunden vielfach. Werden ihm jedoch konkrete Produkte vorgelegt, am besten in einer kleinen Auswahl, fällt es dem Kunden viel leichter, seine Ansprüche zu formulieren. Dem Kunden sollten daher möglichst früh Waren vorgelegt werden.

Anspruchsermittlung im Dreischritt

1. Eröffnungsfrage
2. Zweckfrage
3. Produktvorführung

 Es gilt der Grundsatz:
Reden (Fragen) ist Silber, **Zeigen** ist Gold.

2.4.4 Kunden Persönlich ansprechen

Kunden schätzen es, wenn Mitarbeiter die Konsumgewohnheiten ihrer Kunden kennen und ihre Beratung darauf einstellen. Verkaufsgespräche bekommen eine besondere Note, wenn sich der Mitarbeiter sogar im persönlichen Umfeld des Kunden auskennt. Dann ist er in der Lage, das Gespräch auf einer individuellen Ebene zu führen. Insbesondere in der Anfangsphase eines Verkaufsgespräches erzeugen persönliche Bemerkungen eine äußerst positive Verkaufsatmosphäre, weil nicht der Verkauf im Mittelpunkt steht. Der Kunde wird als Mensch wahrgenommen, an dessen Schicksal der Mitarbeiter Anteil nimmt. Zwischen dem Kunden und dem Unternehmen entwickelt sich eine enge und dauerhafte Beziehung, die letztlich einen Kunden zum Stammkunden macht.

Ein erster Schritt zur persönlichen Ansprache eines Kunden ist es, sich seinen **Namen** zu merken. Darüber hinaus sollte sich der Mitarbeiter im Laufe des Verkaufsgespräches in die Situation des Kunden versetzen und gezielt eine **gefühlsmäßig gefärbte Verbindung** zum Kunden schaffen. Ansatzpunkt sind persönliche Ereignisse aus dem Leben des Kunden, die dieser in Verkaufsgesprächen zum Ausdruck bringt.

Beispiele:

- *Familiäre Ereignisse, die der Kunde zur Sprache bringt*
- *Urlaubserlebnisse, von denen der Kunde berichtet hat*
- *Krankheiten des Kunden und seiner Familienangehörigen*
- *Die Schulkarriere der Kinder*
- *Persönliche Sorgen und Probleme, die der Kunde erwähnt*

Diese Ereignisse sind ausgezeichnete **Gesprächseröffner**, die dem Kunden deutlich machen, dass man nicht nur an seinem Geld interessiert ist, sondern (auch) den Menschen wahrnimmt.

Beispiele für die Gesprächseröffnung:

- *„Guten Tag Herr Arnold. Ich hoffe, es geht Ihrer Frau wieder besser."*
- *„Was macht das Studium Ihres Sohnes?"*
- *„Wie war das Wetter auf Gran Canaria?"*

Auch das beim letzten Einkauf erworbene Produkt bietet Anlass für persönlich gefärbte Bemerkungen.

Beispiele:

- *„Ich hoffe, die Arbeitsleuchte funktioniert so, wie ich es Ihnen angekündigt hatte."*
- *„Hat der ... Ihre Erwartungen erfüllt?"*
- *„Kommen Ihre Mitarbeiter mit dem Kopierer zurecht?"*

Im Verlauf eines Verkaufsgespräches ist aufmerksames Zuhören angesagt, um den „persönlichen Draht" zum Kunden zu knüpfen.

Beispiel (aus dem Handel):

Kundin:	„Unsere Tochter geht demnächst auf das Gymnasium."	Der Schulwechsel eines Kindes ist für Eltern mit der Sorge verbunden, ob das Kind den Anforderungen der neuen Schule gewachsen ist.
Mitarbeiterin:	„Da beginnt für Ihre Tochter ja ein wichtiger Lebensabschnitt."	Die Mitarbeiterin greift diese Sorge auf. Allerdings formuliert sie keine Frage (z. B. „Machen Sie sich Sorgen um Ihre Tochter?"), sondern drückt den Gedanken der Mutter als Feststellung aus. Letztlich wiederholt sie die Aussage der Mutter.
Kundin:	„Ja, Sie haben recht. Hoffentlich klappt alles. Unsere Tochter ist vor allem sprachbegabt. Mit der Mathematik war es in der Vergangenheit eher schwierig."	Die Bemerkung der Mitarbeiterin veranlasst die Kundin, ihre Sorge stärker zu verdeutlichen. Damit gibt sie auch ihre persönlichen Gefühle preis. Der „persönliche Draht" zwischen Mitarbeiterin und Kundin entsteht.
Mitarbeiterin:	„Sie wollen sich die Auswahl des Taschenrechners deshalb gut überlegen."	Die Schwierigkeiten der Tochter mit der Mathematik geben der Auswahl des Taschenrechners automatisch ein besonderes Gewicht. Wieder formuliert die Mitarbeiterin diesen Sachverhalt in Form einer Feststellung.
Kundin:	„Ja. Ich habe mir das Mathematik-Buch einmal angesehen. Es wimmelt da nur so von Formeln. Wir können ihr dabei gar nicht mehr helfen. Ein Taschenrechner ist doch sicherlich eine große Hilfe. Andererseits darf der Rechner nicht zu kompliziert sein, dann wendet sie ihn gar nicht an."	Erneut ist die Kundin angeregt worden, ihr Problem näher zu beschreiben. Die Mitarbeiterin erhält damit eine genauere Vorstellung von den Ansprüchen der Kundin. Gleichzeitig verbinden sich beide auf einer gefühlsmäßigen Ebene in gemeinsamer Sorge um das Wohlergehen der Tochter.

Aktives Zuhören, siehe Seite 267

Lernfeld 7 Gesprächssituationen gestalten

Wenn die Kundin das Geschäft ein weiteres Mal betritt, ist die Frage nach dem Schulerfolg der Tochter und der Verwendung des Taschenrechners eine Selbstverständlichkeit. Kundin und Mitarbeiterin sind sich näher gekommen. Dem Schulproblem können weitere persönliche Themen aus dem Leben der Kundin folgen. Eine starke Bindung der Kundin an das Unternehmen wird sich mit hoher Wahrscheinlichkeit einstellen.

Zusammenfassung

Anspruchsermittlung			
Motive	**Kaufmotive**	**Kundenansprüche**	**Ansprüche**
Innere Antriebe des Menschen	Gründe für ein bestimmtes Einkaufsverhalten	Erwartungen von Kunden an ein Produkt	▪ Bequemlichkeit ▪ Zweckmäßigkeit ▪ Gestaltungsbedürfnis ▪ Preiswürdigkeit ▪ Sicherheit ▪ Pflegebedürfnis ▪ Schönheit
Kundeneinteilung	**Anspruchsermittlung**	**Dreischritt**	**Anfangsphase**
▪ Alter ▪ Geschäftstreue ▪ Geschlecht ▪ Lebenssituation des Kunden	▪ Ziel: Kunden zur Erläuterung seiner Ansprüche veranlassen ▪ Basis: Beobachten und Zuhören	1. Offene Eröffnungsfrage 2. Offene Zweckfrage 3. Produktvorführung	Kunden persönlich ansprechen (Gesprächseröffner)

3 Einwandbehandlung

⊃ **Lernsituation 3: Mit Kundeneinwänden im Verkaufsgespräch umgehen**

Die Unzufriedenheit mit einer angebotenen Leistung äußert sich im Verkauf durch einen **Kundeneinwand**. Entscheidend ist dann die Reaktion des Mitarbeiters auf die Kundenäußerung. Professionelles Verhalten von Mitarbeitern zeichnet sich dadurch aus, dass man mit Kunden nicht in Streit gerät, sondern positiv und konfliktdämpfend antwortet.

→ **Kundeneinwand**: Vom Kunden geäußerte Unzufriedenheit über eine angebotene Leistung während eines Verkaufsgesprächs

Zur Abgrenzung des Kundeneinwands zur Kundenbeschwerde und Reklamation, siehe Seite 247

Um eine angemessene Antwort auf die Kundenaussage zu finden, ist zunächst erforderlich, genau hinzuhören, wogegen sich der Einwand des Kunden richtet.

3.1 Arten von Kundeneinwänden

Kundeneinwände lassen sich nach ihrer Zielrichtung in vier Arten einteilen:

Kundeneinwand	Beschreibung	*Beispiele*
Gegen den Preis	Dies ist ein sehr häufiger Einwand. Die Vorstellung des Kunden vom Produktwert deckt sich (noch) nicht mit dem Preis des Produktes. Vielleicht hat der Mitarbeiter nicht ausreichend Gelegenheit gehabt, den Produktwert aufzubauen oder seine Argumentation hat den Kunden bisher nicht vom Wert des Produktes überzeugen können. Eventuell will der Kunde in der Schlussphase des Verkaufsgespräches, in der er eigentlich zum Kauf entschlossen ist, nur noch um den Preis feilschen.	▪ *„Das ist aber ein stolzer Preis!"* ▪ *„Bei Ihrem Mitbewerber bekomme ich den Artikel aber deutlich günstiger."* ▪ *„Gut, jetzt müssen wir nur noch über den Rabatt sprechen."*

Kundeneinwand	Beschreibung	Beispiele
Gegen Produkteigenschaften	Der Kunde beanstandet bestimmte Eigenschaften eines Produktes. Der Mitarbeiter kann diese Einwände ausräumen, weil der Kunde eine falsche Sichtweise von den Produkteigenschaften hat oder er stellt den objektiv vorhandenen Produktnachteilen andere Produktvorteile gegenüber, die den Kunden letztlich doch von der Ware überzeugen.	▮ *„Der Ventilator ist aber sehr laut."* ▮ *„Dieses eintönige Grau macht den Schreibtisch nicht gerade zu einem Schmuckstück."* ▮ *„2 Jahre Gewährleistung – das ist aber nur Standard."*
Gegen das Unternehmen	Diese Einwände beziehen sich auf das Geschäft als Ganzes, z. B. auf die Sortimentsauswahl, die angebotenen Dienstleistungen, die Personalausstattung, das Reklamationsverhalten oder die Parkplatzsituation.	▮ *„Sie haben ja nichts mehr für unser Alter."* ▮ *„Bei ... gibt es aber eine großzügigere Umtauschregelung."* ▮ *„Sie schließen Ihr Geschäft aber sehr früh!"* ▮ *„Man findet hier kaum einen Parkplatz."* ▮ *„Früher war hier viel mehr Personal."*
Gegen das Personal	Wird die Fachkompetenz, die Freundlichkeit oder die Anwesenheit der Verkaufsmitarbeiter kritisiert, liegen Einwände gegen das Personal vor. Diese Einwände werden häufig etwas versteckt (indirekt) formuliert, erfordern daher genaues Hinhören. Hier ist es ganz besonders wichtig, persönliche Auseinandersetzungen zu vermeiden und die Wogen zu glätten. Auch wenn der Kunde seine Vorwürfe zu Unrecht erhebt, ist Rechthaberei wenig sinnvoll. Ein professioneller Mitarbeiter kann selbstbewusst und elegant mit Vorwürfen gegenüber seiner Person umgehen.	▮ *„Beim letzten Mal hat mich Ihre Kollegin bedient, ist sie heute nicht da?"* ▮ *„Sie haben hier im Moment wohl viel zu tun."* ▮ *„Ich warte hier schon mindestens eine Viertelstunde."*

```
                    Arten von Kundeneinwänden
        ┌──────────────┬──────────────┬──────────────┐
      Preis      Produkteigenschaften  Unternehmen   Preis
```

Im Folgenden werden vorzugsweise Einwände von Kunden gegen den Preis näher betrachtet.

3.2 Preiseinwände vermeiden

Viele Menschen sind bei ihrer Kaufentscheidung preisorientiert, d. h., der Preis ist der entscheidende Grund, ein Produkt zu kaufen (oder abzulehnen). Daher wird der Preis im Verkaufsgespräch zu einem besonders sensiblen Punkt, der von Mitarbeitern mit Sorgfalt behandelt werden muss.

Der Preis als Ausdruck des Produktwertes

Der Preis ist der in Geld ausgedrückte Wert eines Produktes. Der Kunde ist aber erst bereit, eine Ware zu kaufen, wenn er den Eindruck gewonnen hat, dass Produktwert und Preis übereinstimmen oder der Produktwert sogar höher liegt.

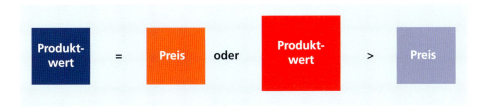

Es gehört zu den wesentlichen Aufgaben eines Mitarbeiters, dem Kunden eine Vorstellung vom Produktwert zu vermitteln, ihm also deutlich zu machen, dass die Ware ihren Preis wert ist. Das geschieht durch eine sorgfältige Behandlung der Ware und vor allem durch die Darstellung der Produktvorteile in der Verkaufsargumentation.

 Grundsatz: Den Preis erst nennen, wenn der Produktwert „aufgebaut" ist.

Sandwich-Methode

Wenn die Preisnennung eine äußerst „empfindliche" Stelle im Verkaufsgespräch ist, leuchtet es ein, dass man nach Wegen sucht, den Preis im Vergleich zum Produktwert etwas in den Hintergrund treten zu lassen. Dies geschieht beispielsweise mithilfe der **Sandwich-Methode**. Bei diesem Verfahren wird der Kunde vor der Preisnennung zunächst auf Produktvorteile hingewiesen. Auch nach der Preisnennung werden weitere Produktvorteile genannt, damit der Preis nicht als letzte Aussage des Mitarbeiters im Raum steht; denn was der Kunde zuletzt hört, bleibt besonders gut in seinem Gedächtnis haften.

Preisnennung nach der Sandwich-Methode

Produktvorteile

Preis

Produktvorteile

Im Verkaufsgespräch wird der Preis – wie bei einem Sandwich der Belag – durch voran- und nachgestellte Produktvorteile „eingepackt" und dadurch etwas in den Hintergrund gedrängt.

Beispiel:

Kunde:	„Wie teuer ist der Kaffeevollautomat?"	
Mitarbeiter:	„Diese **Markengerät** von Saikino mit Milchaufschäumer und Pulverkaffeefach	Produktvorteil(e)
	kostet 499,00 €;	Preis
	Sie erhalten damit die gesamte Palette der italienischen **Kaffeezubereitungen.**"	Produktvorteil

 Sandwich-Methode: Verfahren zur Preisnennung, bei dem vor und nach der Preisnennung Produktvorteile herausgestellt werden, um den Wert des Produktes gegenüber dem Preis deutlicher zu machen

 Grundsatz: Kunden unmittelbar vor und nach der Preisnennung auf Produktvorteile hinweisen

Nicht immer muss allerdings der Preis „eingepackt" werden. Bei besonders preisgünstigen Angeboten ist der Preis besonders herauszustellen, weil der niedrige Preis zum Produktvorteil wird, der in ein Verkaufsargument eingebracht werden kann.

 Das Interesse des Kunden soll nicht auf den Preis, sondern auf die Produktvorteile und den Kundennutzen gelenkt werden: Weg vom Preis – hin zu den Produktvorteilen!

3.3 Die Ja-aber-Methode zur Preis-Einwandbehandlung

Diese Methode ist das gebräuchlichste Verfahren, um Einwänden von Kunden zu begegnen. Das Verfahren wird auch **Plus-Minus-Methode** genannt. Ziel ist es, Überzeugungsarbeit in harmonischer Atmosphäre zu leisten. Der Einwand des Kunden gegen den Preis wird zunächst einmal als Interesse des Kunden am Produkt gewertet. Lediglich vom Verhältnis des Produktwertes zum Preis ist der Kunde noch nicht überzeugt. Es ist das gute Recht des Kunden, diese Zweifel zu äußern. Der Mitarbeiter bestätigt daher zunächst die Aussage des Kunden und macht dann durch seine Verkaufsargumentation deutlich, warum der Preis begründet ist. Die Bestätigung leitet die Einwandbehandlung bereits ein. Die Aussage eines Kunden, „Das ist aber hier ein verdammt teurer Laden!", kann man als Mitarbeiter des Geschäftes kaum in dieser Form bestätigen. Man mildert daher den Kundeneinwand in der Bestätigung ab. Dies sollte in jedem Fall passieren, um die Kundenaussage zu „entschärfen".

Beispiel:

Kunde:	"Das ist aber sehr teuer!"		
Kundenberater:	"Ja, "Sie haben recht, "Natürlich, "Es stimmt schon,	der Preis ist nicht niedrig, auf den ersten Blick erscheint der Preis ein wenig hoch, es gibt ..., die liegen im Preis niedriger, dieser ... gehört zur oberen Preisgruppe,	aber ..." allerdings ..." bedenken Sie aber, dass ..." dafür erhalten Sie aber ..."
	Es wird eine **gemeinsame Basis** mit dem Kunden geschaffen.	Der **Einwand** des Kunden wird **aufgegriffen,** indem sich der Mitarbeiter verständnisvoll in die Argumentation des Kunden „einklinkt". Durch **Abmildern** der Kundenaussage wird die Einwandbehandlung vorbereitet.	Der **Kundeneinwand wird** mit Hinweisen auf Produktvorteile **ausgeräumt**.

 Einwände zeigen das Interesse des Kunden am vorgelegten Produkt. Er ist nur noch nicht davon überzeugt, dass die Produktvorteile den Preis aufwiegen.

Genau hinhören!

Kunde 1:   „Das ist aber teuer!"
Kunde 2:   „Das ist mir zu teuer!"

Die meisten Kunden haben in ihrer Vorstellung für verschiedene Artikel **Preisobergrenzen**, die sie nur ausnahmsweise zu überschreiten geneigt sind. Bringt ein Kunde zum Ausdruck, dass diese Grenze überschritten ist (z. B. „Nein, das kommt überhaupt nicht infrage!" oder „Das ist **mir** zu teuer!"), ist es ratsam, preisgünstigere Ware vorzulegen.
Auch die Frage eines Kunden, wie viel **Rabatt** er beim Kauf des vorliegenden Produktes erhält, ist wie ein Einwand gegen die Preishöhe aufzufassen. Der Kunde ist in diesem Fall ebenfalls am Produkt interessiert. Produktwert und Preis müssen lediglich noch deckungsgleich gemacht werden.

 Ja-aber-Methode: Verfahren zur Einwandbehandlung, bei dem einem Kundeneinwand Produktvorteile gegenübergestellt werden, nachdem die Berechtigung des Kundeneinwandes zunächst bestätigt wird

Die Ja-aber-Methode lässt sich nicht nur bei Kundeneinwänden gegen den Preis einsetzen. Es ist eine universelle Methode, die auch bei Einwänden gegen **Produkteigenschaften**, das **Unternehmen** und das **Personal** verwendet werden kann.

3.4 Ausräumen und Ausgleichen von Kundeneinwänden

Neben der Art des Einwandes ist auch die Frage von Bedeutung, ob der Kundeneinwand berechtigt oder unberechtigt ist.
Einwände von Kunden, die **unberechtigt** sind, werden vom Kundenberater ausgeräumt. Dabei macht dieser dem Kunden deutlich, dass dessen Meinung über das Geschäft, das Verkaufspersonal und vor allem über bestimmte Produkteigenschaften nicht richtig ist. Die „Ja-aber-Methode" bietet eine elegante Möglichkeit, den Kunden von seiner Meinung abzubringen, ohne ihn bloßzustellen oder mit ihm in eine rechthaberische Auseinandersetzung zu geraten.
Besteht ein Kundeneinwand dagegen **zu Recht**, kann ihn der Kundenberater nur ausgleichen, d. h., er bemüht sich, den Kunden davon zu überzeugen, dass vorhandene Produktnachteile durch entsprechende Produktvorteile aufgewogen werden.

Bestimmte Produktleistungen sind nur zu erzielen, wenn die damit verbundenen Produktnachteile in Kauf genommen werden.

Beispiel:
Einem Kunden, dessen Einwand sich gegen den allzu kleinen Bildschirm eines tragbaren Fernsehgerätes wendet, muss klar werden, dass ein Fernsehgerät, das tragbar sein soll, klein und leicht sein muss. Damit ist ein kleiner Bildschirm – nach heutiger Technik – unumgänglich. Das heißt, der Kunde hat wenige Sehkomfort, dafür aber ein handliches Gerät. Trotzdem wird er sich zum Kauf entschließen, wenn der Produktnachteil durch entsprechende Produktvorteile ausgeglichen wird.

Preiseinwände wird der Mitarbeiter im Allgemeinen nur ausgleichen können, es sei denn, ein Kunde befindet sich im Irrtum. Der Ausgleich geschieht dadurch, dass der Mitarbeiter dem Preis die Produktvorteile gegenüberstellt, damit also den Preis begründet. Im Verkaufsgespräch ist es Aufgabe des Mitarbeiters, dem Kunden diesen Ausgleich oder sogar das Überwiegen der Produktvorteile deutlich zu machen.

Beispiel: Unberechtigten Einwand ausräumen
In einem Motorradfachgeschäft
Kunde: „Ist dieser Helm mit den vielen Noppen nicht schwer zu pflegen?"
Kundenberater: „Ja, Sie haben recht, auf den ersten Blick sieht das nicht so einfach aus, aber es genügt, wenn Sie den Helm nur mit einem Helm-Spray einsprühen und danach mit einem Lappen überputzen. Das ist alles."

Beispiel: Berechtigten Einwand ausgleichen
In einem Sanitär-Fachgeschäft
Kunde: „Sind die polierten Messingflächen der Badezimmergarnitur nicht sehr empfindlich?"
Kundenberater: „Sie haben recht, die polierten Flächen sind ein wenig empfindlicher als mattierte. Aber eine hochglanzpolierte Garnitur wirkt um vieles eleganter, gerade im Verbund mit den übrigen Einrichtungsgegenständen."

3.5 Gegenfrage-Methode

Die Gegenfragen-Methode wird angewendet, wenn ein Kunde ungenaue Einwände macht („Das gefällt mir nicht." „Das mag ich nicht leiden."). Durch eine gezielte Frage des Mitarbeiters kann er jedoch veranlasst werden, seinen Einwand und damit seine Wünsche zu verdeutlichen.

Beispiel:
In einem Sanitär-Fachgeschäft, nachdem einer Kundin verschiedene Badezimmergarnituren vorgestellt worden sind:
Kundin: „Nein, das gefällt mir alles nicht."
Mitarbeiterin: „Würden Sie mir bitte sagen, wie Sie sich die Garnitur in Ihrem Badezimmer vorstellen?"

Gegenfrage-Methode: Verfahren zur Einwandbehandlung, bei dem ein unklarer Kundeneinwand durch Nachfragen vom Kunden konkretisiert wird

3.6 Serviceleistungen herausstellen

Viele mittelständische Unternehmen stecken in einer schwierigen Lage, weil sie mit preisaggressiven Großbetriebsformen und Filialsystemen (Discountern) nicht mithalten können. Aufgrund größerer Bestellmengen und der damit verbundenen Marktmacht bekommen die Großbetriebsformen erheblich bessere Einkaufsbedingungen geboten als das kleine und mittelgroße Unternehmen. Die Discounter können sich in ihrer Kalkulation auch mit einer geringeren Gewinnmarge zufriedengeben, weil ein höherer Umsatz für Ausgleich sorgt.
Mittelständische Unternehmen können sich daher nicht auf einen **Preiswettbewerb** mit den Discountern einlassen. Sie müssen vielmehr ihre Stärken besonders herausstellen, die im Bereich von handwerklichen Leistungen, des Services und kundenindividueller Behandlung liegen.
Einem mittelständischen Unternehmen steht eine Vielzahl von Möglichkeiten zur Verfügung, im **Leistungswettbewerb** (nicht im Preiswettbewerb) gegenüber seinen Mitbewerbern zu bestehen.

Beispiel:
Ein Elektrofachgeschäft hat in der Regel eine eigene Werkstatt, in dem qualifiziertes Servicepersonal Reparaturen durchführt. Auch die Lieferung von Geräten bis in die Wohnung des Kunden, das Anschließen und die Inbetriebnahme können von diesen Mitarbeitern erledigt werden. Während der Reparatur kann dem Kunden zudem ein Leihgerät zur Verfügung gestellt werden.

Fachgeschäfte sind auch in besonderer Weise dazu in der Lage, sich individuell um ihre **Stammkunden** zu kümmern. Eine hohe **Servicebereitschaft** schafft eine enge Kundenbindung, die viele Kunden veranlasst, die höheren Preise eines Fachgeschäftes zu akzeptieren. Werden die Preise zudem zu **Preispaketen**, bestehend aus Produktpreis und Serviceleistung, zusammengefasst, wird der direkte Preisvergleich für den Kunden erschwert. Produkte und Serviceleistungen können auf zwei Arten miteinander verknüpft werden:

- Die Serviceleistung ist kostenpflichtige Zusatzleistung oder
- sie wird als kostenloser Kundenservice an das Produkt angekoppelt.

Großzügigkeit bei der **Reklamationsbehandlung** und bei der Rücknahme von Waren, die nicht gefallen, auch wenn sie mangelfrei sind (**Kulanz**), machen den Kunden darüber hinaus deutlich, dass der reine Produktpreis beim Kauf nicht allein ausschlaggebend ist.

Reklamation, siehe Seite 246

3.7 Ergänzungsangebote

Kunden kaufen keine Produkte, sondern Problemlösungen. Die Lösung des Kundenproblems ist aber häufig nicht allein mit einem Produkt (dem Hauptartikel) zu leisten. Oft sind weitere Produkte (Ergänzungsartikel) erforderlich, damit der Kunde zufrieden ist. Die Tatsache, dass zu einem Hauptartikel weitere sinnvolle Ergänzungsprodukte zur Verfügung stehen, kann Kunden auch dazu veranlassen, den Preis für das Hauptprodukt leichter zu akzeptieren, weil die Gesamtheit der vorgelegten Produkte in seinen Augen eine Steigerung des Produktwertes bedeutet. Insoweit kann das Ergänzungsangebot die Einwandbehandlung unterstützen.

> **Ergänzungsangebot**: Produktvorschlag für Kunden, bei dem zum Hauptartikel weitere sinnvolle Produkte empfohlen werden

Ergänzungsangebote können **notwendig** für den Gebrauch eines Produktes sein oder sie schaffen einen **Zusatznutzen**, indem sie einen Hauptartikel zweckmäßiger oder schöner machen.

Beispiel für ein notwendiges Ergänzungsangebot:
Die Batterie für das elektronische Spielzeug

Beispiel für einen Zusatznutzen:
Das passende Hemd und die farblich abgestimmte Krawatte zum Anzug.

Ergänzungsangebote nutzen nicht nur dem Kunden. Auch den Unternehmer erfreut es, wenn über Ergänzungsartikel der **Umsatz** gesteigert werden kann. Vielfach wird dieser Umstand daher bei der Warenpräsentation berücksichtigt, indem durch eine **Verbundplatzierung** der Verkauf von Ergänzungsartikeln gefördert wird. Die Ergänzungsartikel stehen dann in der Nähe der Hauptartikel. Der Mitarbeiter hat es dann leichter, während des Beratungsgesprächs auf das Ergänzungsangebot zu verweisen.

Zusammenfassung

Einwandbehandlung		
Kundeneinwand		
Im Verkaufsgespräch geäußerte Unzufriedenheit des Kunden über eine angebotene Leistung		
Arten	**Einwand-Vermeidung**	**Methoden**

- Gegen den Preis
- Gegen das Unternehmen
- Gegen Produkteigenschaften
- Gegen das Personal
	- Zunächst den Produktwert aufbauen
	- Sandwich-Methode:
	  – Produktvorteil
	  – Preis
	  – Produktvorteil
		- Ja-aber-Methode
		  1. Kundeneinwand bestätigen
		  2. Einwand abmildern
		  3. Produktvorteile gegenüberstellen
		  → Einwand ausräumen oder Einwand ausgleichen
		- Gegenfrage-Methode: bei unklaren Einwänden durch Nachfragen Klarheit schaffen
		- Serviceleistungen: Service herausstellen, um den Preis aus dem Mittelpunkt zu nehmen
		- Ergänzungsangebote: Sinnvolle Ergänzungsartikel erhöhen den Produktwert und damit die Preisbereitschaft des Kunden

4 Verkaufsgespräch

➲ **Lernsituation 4: Ein Verkaufsgespräch durchführen**

Im Folgenden werden Wirtschaftsunternehmen betrachtet, die Produkte und Dienstleistungen zum Kauf anbieten. Da Unternehmen heute in einem harten Wettbewerb zueinander stehen, kommt den **Verkaufsgesprächen** von Mitarbeitern eine besondere Bedeutung zu. Das gilt vor allem für Produkte und Dienstleistungen, die erklärungsbedürftig sind. Verkaufsmitarbeiter haben dann die Aufgabe, in Verkaufsgesprächen die Leistungen eines Produktes oder einer Dienstleistungen (die Vorteile) an den Kunden heranzutragen und mit dessen Erwartungen (Ansprüchen) in Übereinstimmung zu bringen.

Instrumente der Kommunikationspolitik, siehe Seite 43

> **Verkaufsgespräch**: Instrument der Kommunikationspolitik (persönlicher Verkauf), das in einem Dialog zwischen Verkäufer/-in und Kunde/Kundin auf einen Vertragsabschluss über ein Produkt oder eine Dienstleistung abzielt

Ein Verkaufsgespräch lässt sich in verschiedene **Phasen** einteilen, die nachfolgend näher erläutert werden.

4.1 Kontaktaufnahme

Unternehmen leben von ihren Kunden. Zufriedene Kunden bestimmen den Erfolg eines Unternehmens in hohem Maße. Ganz wichtig für die Kunden ist ein freundliches Personal, das zur Stelle ist, wenn man es benötigt. Daher muss dem Kunden bereits beim Erstkontakt deutlich gemacht werden, dass

- er willkommen ist und
- ihm freundliches Personal jederzeit zur Verfügung steht.

Dem Kunden wird die Aufmerksamkeit geschenkt, die man auch als Gastgeber seinem Gast zeigen würde.

Blickkontakt

Wer seinem Gesprächspartner in die Augen schaut, macht ihm deutlich, dass er sich für das Gespräch und vor allem für die Aussagen des Gesprächspartners interessiert. Wer seinem Gesprächspartner in die Augen sieht, erzielt mehr **Vertrauen** und **Glaubwürdigkeit** für seine eigenen Aussagen.
Fehlender Blickkontakt zeugt von mangelndem Interesse am Gespräch.
Personen, die sich sympathisch finden, schauen sich früher und länger an, als Personen, die sich weniger mögen. Der Blickkontakt schafft daher eine gute Voraussetzung für Sympathie und Wohlfühlen.

Begrüßung des Kunden

Jeder Kunde, insbesondere derjenige, der den Blickkontakt erwidert, wird begrüßt. Die Begrüßung beginnt mit einem Lächeln, weil man sich über das Erscheinen des Kunden oder der Kundin freut.
Echte Freude zeigt sich durch Heben der Mundwinkel und Wangen sowie durch den geöffneten Mund.
Die Kunden werden mit einem „Guten Morgen" (je nach Tageszeit) begrüßt. Die Kunden (insbesondere Stammkunden) werden möglichst mit Namen angesprochen. Ein Kopfnicken unterstreicht die Begrüßung.
Der Mitarbeiter ist bemüht, aus der Situation heraus Anlässe für weitere freundliche Worte zu finden. Dies gilt insbesondere für Stammkunden.

Eröffnungsfrage

Siehe auch Fragetypen, Seite 22

Die Eröffnungsfrage sollte den Kunden veranlassen, sein Einkaufsproblem zu nennen. Dazu eignen sich **offene (weite) Fragen**, auch **W-Fragen** genannt.

Beispiele:
- **W**ie kann ich Ihnen helfen?
- **W**as darf ich Ihnen zeigen?
- **W**omit kann ich Ihnen dienen?
- **W**as kann ich für Sie tun?

Auch ein fragendes „Guten Tag!?" ist eine weite Frage, weil sie den Kunden ermuntert, über seine Einkaufswünsche zu sprechen.

4.2 Kundenansprüche ermitteln

Siehe Anspruchsermittlung, Seite 230

Die Ansprüche der Kunden werden in drei Schritten erkundet:

Offene (weite) Eröffnungsfrage → Offene (weite) Zweckfrage → Produktvorführung

Beispiele:

„Was kann ich für Sie tun?" | „Wofür wollen Sie den … verwenden?" | Vorlage und Beschreibung anspruchsgerechter Ware

4.3 Waren vorlegen

Nachdem die Wünsche des Kunden in der Anspruchsermittlung festgestellt worden sind, müssen dem Kunden geeignete Waren vorgelegt werden. Vier Fragen hat der Mitarbeiter dabei zu beantworten:

Welche Waren sollen vorgelegt werden?	Der Kunde soll durch die Warenvorlage einen anspruchsgerechten Überblick über die Warenauswahl bekommen. Ausgangspunkt sind daher zunächst die vom Kunden geäußerten Wünsche.
Wie viele Produkte sollen dem Kunden gezeigt werden?	Dem Kunden müssen verschiedenartige Produkte vorgelegt werden, denn er erwartet Auswahl. Das Verkaufsgespräch wird daher mit einer Warenvorlage begonnen, die dem Kunden einen gewissen Sortimentsquerschnitt bietet. Im weiteren Verlauf orientiert sich die Warenvorlage dann immer mehr an den Kundenansprüchen, die mit dem Gesprächsfortgang zunehmend präziser werden. Der Kunde darf allerdings auch nicht durch eine zu große Warenauswahl verwirrt werden, sodass er sich am Ende nicht mehr entscheiden kann. Die Zahl der vorgelegten Produkte muss immer überschaubar bleiben. Vielfach ist es sinnvoll, etwa drei bis fünf Artikel zur Auswahl vorzulegen.
Mit welcher Preislage soll der Mitarbeiter beginnen?	Lassen sich zu Beginn des Verkaufsgespräches nicht genügend Informationen über die Preisvorstellungen des Kunden gewinnen, legt der Mitarbeiter zunächst Waren mittlerer Preislage vor und verändert die Warenvorlage entsprechend der Reaktion des Kunden.
Wie sollen Waren vorgelegt werden?	Schon mit der Warenvorlage kann die Vorteilhaftigkeit der Ware dargestellt werden. Man zeigt das Produkt von der optisch besten Seite (der „Schauseite") und behandelt sie sorgfältig. Oft ist es vorteilhaft, das Produkt im Verwendungszusammenhang zu zeigen, weil der Artikel dann besonders gut zur Geltung kommt.
	Auch sollte der Kunde Gelegenheit haben, das Produkt zu sehen, anzufassen oder auszuprobieren. Anhaltspunkt sind die fünf Sinne des Menschen, die während der Warenvorlage möglichst intensiv angesprochen werden sollen. 

4.4 Verkaufsargumentation

Siehe auch Seite 33

 Verkaufsargumentation: In der Verkaufsargumentation werden die Eigenschaften eines Produktes auf die konkrete Situation eines Kunden bezogen und der individuelle Nutzen deutlich gemacht, den das Produkt für ihn bietet.

Beispiel:
Ein Kunde sucht für sein Rennrad eine neue Gabel. Er ist ein aktiver Radsportler, der regelmäßig an Wettkämpfen teilnimmt.

Verkaufsargument

„Da kann ich Ihnen diese neue Vollkarbongabel empfehlen. Das Material ist äußerst **leicht** und **fest**. Dadurch können die Gabelscheiden besonders **grazil** gefertigt werden, sodass sich beste **aerodynamisch**e Werte ergeben."	*Produkteigenschaften*
Diese neueste Materialtechnologie wird **Ihnen** bei Ihrem nächsten **Rennen** einen deutlichen **Vorteil** bringen."	*Kundennutzen*

Ansprüche – Eigenschaften – Nutzen

Ansprüche	Ansprüche sind Erwartungen des Kunden an ein Produkt.
Eigenschaften	Eigenschaften sind alle Vorteile (aber auch Nachteile), die ein Produkt bieten kann.
(Kunden-) Nutzen	Der Nutzen ist der konkrete Vorteil, den ein Produkt für einen bestimmten Kunden in einer bestimmten Verwendungssituation hat.

4.5 Preisnennung

Siehe ausführlich Seite 235

Bei der Preisnennung sind zwei wichtige Grundsätze zu beachten:
1. Zunächst den Produktwert aufbauen, dann den Preis nennen
2. Den Kunden unmittelbar vor und nach der Preisnennung auf Produktvorteile hinweisen
   Die Sandwicht-Methode ermöglicht es, den zweiten Grundsatz umzusetzen:

Beispiel:

Kunde:	„Wie teuer ist der Schlafsack?"	
Mitarbeiter:	„Diese **Qualitätsschlafsack** mit **Wärmekragen** und **Innentasche**	*Produktvorteil(e)*
	kostet 149,00 €:	*Preis*
	Der **umlaufende Zwei-Wege-Reißverschluss** sorgt für zusätzlichen Komfort."	*Produktvorteil*

4.6 Kundeneinwände

Kundeneinwände zeigen das Interesse des Kunden am Produkt. Der Mitarbeiter **bestätigt** daher zunächst die Aussage des Kunden, **mildert** sie **ab** und macht dann durch seine **Verkaufsargumentation** deutlich, warum der Preis **begründet** ist.
Das Verfahren ist die **Ja-aber-Methode**.

Siehe ausführlich Seite 234 ff.

Beispiel:
Einem Kunden in einem Farbenfachgeschäft wird Fassadenfarbe vorgestellt.

Mitarbeiter:	„Diese Fassadenfarbe aus 100 % Acrylat ist besonders deckfähig. Sie brauchen daher Ihre Hauswand nur einmal zu streichen."
Kunde:	(schaut auf das Preisetikett) „Was, 59,00 € für einen Eimer Farbe! Das ist aber sehr teuer."
Mitarbeiter:	„**Ja**, diese Sorte ist **etwas teurer** als die gewöhnlichen Fassadenfarben. Sie haben aber dafür den **Vorteil**, dass Sie Ihre Wände erst in zehn Jahren wieder nachstreichen müssen."

Die Ja-aber-Methode lässt sich auch bei Einwänden gegen **Produkteigenschaften**, das **Unternehmen** und das **Personal** verwenden.
Kundeneinwände können **ausgeräumt** (der Einwand ist falsch) oder **ausgeglichen** werden (der Produktnachteil ist zwangsläufig vorhanden). Der Ausgleich geschieht durch Produktvorteile, die den Nachteil überwiegen sollten.

> **Methoden der Einwandbehandlung**
> - Ja-aber-Methode
> - Gegenfragen-Methode
> - Zusätzliche Serviceleistungen
> - Sinnvolle Ergänzungsprodukte

Bleibt der Kundeneinwand unklar, kann der Mitarbeiter durch Nachfragen beim Kunden den Einwand konkretisieren lassen (**Gegenfragen-Methode**).
Mittelständische Unternehmen können im Rahmen der Preiseinwandbehandlung auch ihre **Serviceleistungen** herausstellen.
Auch sinnvolle **Ergänzungsangebote**, die einen Zusatznutzen für den Hauptartikel bieten, können die Preisakzeptanz des Kunden erhöhen.

4.7 Kaufbeschleunigung

Während der Warenvorlage und der Verkaufsargumentation muss die Auswahl für den Kunden überschaubar bleiben. Wenn zusätzliche Produkte vorgelegt werden, sind gleichzeitig andere auszusondern. Kann sich der Kunde nicht entscheiden, ist es möglich, den Kaufabschluss zu beschleunigen. Der Mitarbeiter engt dazu die Auswahl anspruchs- und verwendungsgerecht ein und gibt am Schluss eine begründete Empfehlung. Schließlich kennt er aus dem Verkaufsgespräch die Ansprüche des Kunden und gegebenenfalls auch den Verwendungszweck. Eventuell konnte der Mitarbeiter auch feststellen, dass der Kunde von den angebotenen Produkten eines besonders oft anschaute, anprobierte oder in die Hand nahm. Das sind **Kaufsignale**, die für die Kaufentscheidung genutzt werden können.

> **Grundsatz:** Die Auswahl ist dadurch zu verkleinern, dass man die **Vorzüge** eines Produktes gegenüber den anderen hervorhebt, ohne dabei das Vergleichsprodukt schlecht zu reden. Nur so kann man zu einem der aussortierten Produkte zurückkehren, falls dem Kunden am Ende das verbleibende Produkt doch nicht zusagt.

Beispiel:
Ein Kunde hat ein Sakko erworben. Der Mitarbeiter hat als Ergänzungsartikel drei passende Hemden empfohlen und einige farblich abgestimmte Krawatten hinzugelegt. Der Kunde kann sich nicht entscheiden, welche Krawatte er nehmen soll.

Mitarbeiter:	„Sie haben bisher das Streifenmuster bevorzugt. Ich schlage deshalb vor, die Krawatte mit dem floralen Design einmal zur Seite zu legen."
Kunde:	„Einverstanden."
Mitarbeiter:	„Das dunkle Grau des Sakkos verträgt einen etwas kräftigeren Farbton. Konzentrieren wir uns daher auf die Krawatte mit den lebhaften Querstreifen und die rote mit dem Rechteckmuster."
Kunde:	„Okay."
Mitarbeiter:	„Wenn ich Ihnen eine Empfehlung geben darf: Die quergestreifte Krawatte mit den lebhaften hellblauen Streifen passt farblich zu allen drei Hemden. Hemd und Krawatte bilden

somit einen sehr schönen, aber immer noch dezenten Kontrast zum dunkelgrauen Sakko – die ideale Berufskleidung, bei der Sie aber trotzdem Mut zur Farbe zeigen."

Kunde: *„Gut, ich nehme die Gestreifte, aber die Rote packen Sie mir bitte auch noch ein."*

4.8 Kaufbestätigung und Verabschiedung

Vielfach sind Kunden unsicher, ob sie die richtige Kaufentscheidung getroffen haben. Entschließt sich der Kunde am Ende des Verkaufsgespräches zum Kauf, sollte der Mitarbeiter daher die Entscheidung des Kunden nicht einfach wortlos hinnehmen, sondern sie ausdrücklich bestätigen (**Kaufbestätigung**). Dadurch wird dem Kunden noch einmal deutlich gemacht, dass das gekaufte Produkt seinen Ansprüchen gerecht wird. Damit gewinnt der Kunde an Sicherheit über seine getroffene Entscheidung.

Allgemeine Floskeln („Da haben Sie eine gute Wahl getroffen") oder Formulierungen mit leicht negativem Beigeschmack („Sie werden Ihre Entscheidung bestimmt nicht bereuen.") sind allerdings wenig wirksam. Der Mitarbeiter, der das Verkaufsgespräch geführt hat, kennt aus dem Gesprächsverlauf die speziellen Ansprüche des Kunden und eventuell auch den Verwendungszweck der Ware. Er kann daher die Kaufentscheidung des Kunden sehr **anspruchs- und verwendungsnah** bestätigen.

Beispiel:
Eine ältere Dame sucht ein Geschenk für eine Bekannte. Sie hat sich für eine Kugelvase aus Bleikristall entschieden.

Mitarbeiterin: *„**Ihre Bekannte** wird sich bestimmt über die reizende Kugelvase **freuen**. Sie können sicher sein, dass Sie mit dieser **wertvollen Bleikristallvase das passende Geschenk** gefunden haben."*

Sollte sich der Kunde allerdings gegen den Kauf entscheiden („Ich muss mir das noch einmal überlegen."), nimmt der Mitarbeiter die Entscheidung des Kunden zunächst gelassen hin („Gerne, überlegen Sie sich Ihre Entscheidung in Ruhe"). Er wird dann aber überlegen, wie er dem Kunden **Entscheidungshilfen** geben und ihn an das Geschäft **binden** kann.

Beispiele:

- Dem Kunden wird zusätzliches Prospektmaterial übergeben.
- Man bietet dem Kunden an, die Ware für eine bestimmte Zeit zurückzulegen.
- Man gibt dem Kunden die Ware zur Auswahl mit nach Hause.
- Man lädt den Partner, der an der Kaufentscheidung beteiligt werden soll, in das Geschäft ein.

Sobald der Kunde den Kaufpreis bezahlt hat, wird ihm die Ware mit einem freundlichen Lächeln übergeben und die letzte Phase des Verkaufsgespräches eingeleitet, die **Verabschiedung**. Grundsätzlich sollte nach dem Bezahlen nicht der Eindruck beim Kunden aufkommen, dass er nun für das Geschäft nicht mehr interessant ist. Freundlichkeit sollte ihm für die gesamte Dauer seines Aufenthalts im Geschäft entgegengebracht werden. Für die eigentliche Verabschiedung ist folgende Vorgehensweise angebracht:

- Man bedankt sich beim Kunden für den Einkauf (z. B. „Vielen Dank für Ihren Besuch.").
- Man verabschiedet sich mit einem freundlichen „Auf Wiedersehen" (oder einer regional üblichen Verabschiedungsformel).
- Man beobachtet den Kunden weiterhin, ob noch irgendwelche Serviceleistungen sinnvoll sind:
  - Findet der Kunde zum Ausgang, zum Fahrstuhl, zur Treppe oder ist noch ein kurzer Hinweis notwendig?
  - Kann der Kunde die Ausgangstür allein öffnen oder ist er vielleicht mit Ware vollgepackt, älter oder behindert?

4.9 Ablauf eines Verkaufsgesprächs

Die unten stehenden Phasen sind vielfach in einem Verkaufsgespräch anzutreffen. Die Reihenfolge ist allerdings nicht zwingend, sondern von der jeweiligen Verkaufssituation abhängig. Es ist z. B. nicht ungewöhnlich, dass ein Verkaufsgespräch mit der Frage des Kunden nach dem Preis beginnt.
Es liegt dann an der Geschicklichkeit des Mitarbeiters/der Mitarbeiterin, alle relevanten Informationen vom Kunden einzuholen (Ansprüche ermitteln), um ein kompetentes Beratungsgespräch durchzuführen.

4.10 Alternativangebot

Eine besondere Verkaufssituation ergibt sich, wenn Kunden ein Produkt wünschen, dass im eigenen Unternehmen nicht geführt wird. Der Verweis auf einen Mitbewerber, der diese Produkte anbietet, wäre dann der einfachste Weg. Allerdings will kein Unternehmen Umsatz verschenken. Das gilt besonders dann, wenn man zwar nicht genau das gewünschte Produkt führt, aber einen vergleichbaren Artikel.

Beispiel:
Ein Kunde sucht eine Bohrmaschine von AEG. Das Geschäft führt keine Artikel dieses Herstellers, kann aber vergleichbare Produkte von Bosch anbieten.

Um ein geeignetes Alternativangebot unterbreiten zu können, sind zunächst genauere Informationen über die Ansprüche des Kunden erforderlich.

Beispiel:

Kunde:	„Guten Tag, ich interessiere mich für eine Bohrmaschine von AEG."
Mitarbeiter:	„Guten Tag, Sie suchen also eine leistungsstarke Bohrmaschine. Wofür setzen Sie die Bohrmaschine vorzugsweise ein?"
Kunde:	„Für Arbeiten im Haus. Ich hatte bisher eine AEG-Maschine und war damit immer sehr zufrieden."
Mitarbeiter:	„Wir führen Markengeräte von Bosch, die in hohem Maße mit den Bohrmaschinen von AEG vergleichbar sind. Bosch-Bohrmaschinen sind für Arbeiten im Haus bestens geeignet. Darf ich Ihnen einmal unsere Auswahl zeigen?"

usw.

Weil die Produktqualität bei beiden Herstellern vergleichbar ist, dürfte es einem Mitarbeiter nicht schwerfallen, den Kunden von der Vorteilhaftigkeit des Alternativangebotes zu überzeugen.

> **Alternativangebot**: Vorlage eines gleichwertigen Produkts, wenn der vom Kunden gewünschte Artikel nicht vorrätig ist

Zunächst ist festzuhalten, dass das Alternativangebot kein magerer Ersatz für den eigentlichen Kundenwunsch darstellt, sondern vielmehr ein gleichwertiges Produkt. Herabsetzende Bemerkungen sind daher bei der Warenvorlage zu vermeiden, z. B.:

- … führen wir **leider** nicht.
- Wir haben **nur** …
- Ich kann Ihnen **höchstens** eine … von … empfehlen.

Lernfeld 7 Gesprächssituationen gestalten

Grundsätzlich bestehen zwei Möglichkeiten, auf das Alternativprodukt einzugehen:

- Der Mitarbeiter zeigt dem Kunden erst das Alternativangebot und erwähnt beiläufig, dass der Kundenwunsch in einem Punkt, z. B. beim Herstellernamen, nicht erfüllt werden kann (wenn es überhaupt noch erforderlich ist).
- Der Mitarbeiter bekennt offen, dass der Artikel des gewünschten Herstellers nicht geführt wird oder im Augenblick nicht zur Verfügung steht, und versucht, den Kunden vom Alternativangebot zu überzeugen (siehe Beispiel oben).

Bei der Argumentation werden solche Produkteigenschaften eines Alternativangebots hervorgehoben, die sich mit dem **Kundenanspruch** decken.

Zusammenfassung

Verkaufsgespräch	
Verkaufsgespräch	
Dialog zwischen Verkäufer/-in und Kunde/Kundin, der auf einen Vertragsabschluss über ein Produkt oder eine Dienstleistung abzielt	
Phasen	**Alternativangebot**

▪ Kontaktaufnahme
  – Blickkontakt
  – Begrüßung
  – Eröffnungsfrage (als W-Frage)
▪ Ansprüche ermitteln
▪ Ware vorlegen
  – Welche?
  – Wie viel?
  – Preislage?
  – Wie?
▪ Verkaufsargumentation
▪ Preisnennung (nach der Sandwich-Methode)
▪ Kundeneinwände
  – Ja-aber-Methode
  – Gegenfrage-Methode
  – Zusätzliche Serviceleistungen
  – Sinnvolle Ergänzungsprodukte
▪ Kaufbeschleunigung
▪ Kaufbestätigung und Verabschiedung
	Vorlage eines gleichwertigen Produkts, wenn der vom Kunden gewünschte Artikel nicht vorrätig ist

5 Reklamation

➲ **Lernsituation 5: Eine Kundenreklamation kundenorientiert abwickeln**

5.1 Abgrenzung Reklamation – Beschwerde

Mangelhafte Lieferung, siehe Lernfeld 4 im Informationshandbuch des 1. Ausbildungsjahres

Der Verkäufer verpflichtet sich im Kaufvertrag, eine Ware frei von Mängeln zu liefern. Weist eine Ware aber einen Mangel auf, kann der Käufer diesen Sachverhalt gegenüber dem Verkäufer rügen (**reklamieren**). Der Käufer hat einen **Rechtsanspruch** darauf, dass der Mangel behoben wird. Seine Rechte werden auf Seite 248 näher beschrieben.

Kunden äußern ihre Unzufriedenheit gegenüber Unternehmen aber nicht nur im Zusammenhang mit Käufen von Gütern oder Dienstleistungen. Das Verhalten von Mitarbeitern, die Öffnungszeiten eines Unternehmens, das Preisniveau der angebotenen Waren, die Dauer von Reparaturen, die Nichteinhaltung eines zugesagten Reparaturtermins sind weitere Beispiele, die Kunden Anlass geben, sich kritisch gegenüber einem Unternehmen zu äußern. In diesem Fall spricht man von **Beschwerden**. Der Kunde äußert zwar seinen Unmut, er hat aber (bei allgemeinen Beschwerden) keine Rechtsansprüche gegenüber dem Unternehmen.

Reklamation: Das ist die Beanstandung einer Ware oder Dienstleistung, weil ein Mangel vorliegt. Der Käufer hat einen Rechtsanspruch gegenüber dem Verkäufer.
Beschwerde: Das ist die von Kunden geäußerte Unzufriedenheit mit der erbrachten Leistung eines Unternehmens, weil seine Erwartungen enttäuscht wurden.

Beschwerdemanagement, siehe Seite 250

Reklamationen und Beschwerden sind für ein Unternehmen gefährlich, weil sie zu Kundenverlusten führen können. Umgekehrt kann die kundenfreundliche Regulierung einer Beanstandung die Bindung des Kunden an das Unternehmen vertiefen. Jedes Unternehmen muss sich daher bemühen, die gestörte Beziehung zum Kunden wieder zu stabilisieren und das alte Vertrauensverhältnis zurückzugewinnen.
Nachfolgend wird speziell die Reklamation betrachtet. Beschwerden sind Gegenstand der nächsten Lernsituation.

5.2 Reklamationsgespräch – eine schwierige Situation

Reklamationsbehandlungen werden von Mitarbeitern oft als schwierig empfunden. Wo liegen die Probleme vor allem begründet?

- **Kunden** fühlen sich häufig von fehlerhafter Ware oder falscher Beratung persönlich stark betroffen. Es entsteht schnell eine emotional aufgeladene Atmosphäre, die vom Mitarbeiter psychologisches Einfühlungsvermögen verlangt. Vor allem müssen die Gefühle des Kunden gedämpft werden, damit man sachlich miteinander sprechen kann.
- **Mitarbeiter** fühlen sich – zu Recht – als Interessenwahrer des Unternehmens. Leider empfinden sie Reklamationen häufig als persönlichen Angriff, den es abzuwehren gilt. Der reklamierende Kunde wird als Störenfried angesehen, dem man am besten eigenes Fehlverhalten vorwirft, um die Beschwerde abwenden zu können. Nicht selten wird aus einem Reklamationsgespräch dann ein Streitgespräch.
- **Unternehmen** fürchten, dass allzu großzügiges Verhalten in Reklamationsfällen die Kunden ermuntert, möglichst häufig zu reklamieren und überzogene Ansprüche zu stellen. Die Folge ist ein abwartend-zögerlicher und eher abwehrender Umgang mit reklamierenden Kunden.

Es gibt aber auch Unternehmen, die eine Kundenbeschwerde als Chance sehen, sich in den Augen des Kunden als großzügig und kundenorientiert darzustellen. Sie hoffen, dadurch den Kunden noch stärker an sich zu binden.
Jedes Unternehmen muss für seinen Betrieb und für seine Mitarbeiter **Regeln** aufstellen, wie mit Kundenreklamationen umgegangen werden soll, damit nach außen eine gewisse Einheitlichkeit sichtbar wird und die Kunden eine Gleichbehandlung erkennen können.
Diese Regeln beziehen sich auf die Intensität der Kundenorientierung und auf die Vollmachten der Mitarbeiter:

- **Kundenorientierung:** Will das Unternehmen bei Reklamationen großzügige Lösungen für den Kunden finden oder wird lediglich das gewährt, was rechtlich zwingend ist?
- **Vollmachten:** Darf jeder Mitarbeiter Reklamationen unbeschränkt annehmen und abwickeln oder werden personelle bzw. finanzielle Höchstgrenzen gesetzt. Ein Unternehmen könnte z. B. festlegen, dass Reklamationen nur auf der Ebene der Abteilungsleitung angenommen werden dürfen. Man könnte auch bestimmen, dass z. B. Preisminderungen nur bis zu 30 % gewährt werden dürfen.

Nachfolgend wird ein Modell vorgestellt, das sich durch eine **hohe Kundenorientierung** auszeichnet.

Kundenorientierte Reklamationsbehandlung
1. Reklamiert der Kunde persönlich, wird er ins Büro oder in eine ruhige Ecke des Verkaufsraumes gebeten und es wird ihm ein Platz angeboten.
2. Der Kunde erhält (ob im persönlichen Gespräch oder am Telefon) ausführlich Gelegenheit, sein Problem darzulegen.
3. Der Mitarbeiter bemüht sich, die Empfindungen des Kunden zu formulieren und dadurch Verständnis sichtbar zu machen. Er bedauert zunächst einmal, dass der Kunde das Problem hat.
4. Der Mitarbeiter entwickelt einen Lösungsvorschlag, der den Kunden zufriedenstellt.
5. Erst jetzt wird die Berechtigung der Reklamation geprüft (Rechnung, Quittung, Kassenbon, Gewährleistungsfrist, Garantie).
6. Ist die Reklamation unberechtigt (z. B. wegen Ablaufs der Gewährleistungsfrist, Beschädigung der Ware durch den Kunden), wird auf dem Kulanzwege eine großzügige Lösung geprüft. Ist – in Ausnahmefällen – eine Ablehnung der Reklamation notwendig, wird sie sorgfältig begründet.

Es gilt der Grundsatz: Zunächst ist der Kunde zufriedenzustellen, dann ist die Berechtigung der Reklamation zu prüfen.

Beispiel aus einem Verkaufsgespräch im Einzelhandel:
In einem Sportfachgeschäft

Kunde:	„Meine Frau hat vor vier Wochen diese Fußballschuhe für unseren Sohn gekauft. Nun löst sich jetzt bereits die Sohle."	
Mitarbeiterin:	„Das ist für Sie natürlich sehr ärgerlich. Würden Sie mir bitte dort drüben zu dem Tisch folgen. Dort kann ich alles aufschreiben."	Der reklamierende Kunde wird abseits vom Kundenstrom in eine ruhige Ecke geführt.
Kunde:	„Mein Sohn hat die Schuhe zwar intensiv genutzt und Sie wissen ja, wie Jungs so sind. Es geht schon mal ein wenig rau zu. Aber nach so kurzer Zeit können die Schuhe ja noch nicht kaputt sein. Außerdem braucht er seine Fußballschuhe dringend."	Er erhält Gelegenheit, sein Problem darzulegen.
Mitarbeiterin:	„Sie haben recht, Fußballschuhe müssen das aushalten. Ihr Sohn war sicherlich sehr enttäuscht. Das tut mir sehr leid. Wir wollen auch schnell eine Lösung finden." (Die Mitarbeiterin betrachtet den fehlerhaften Schuh und sieht, dass das Modell aus dem Geschäft stammt.)	Die Mitarbeiterin versetzt sich in die Situation des Kunden, bringt ihr Bedauern zum Ausdruck und kündigt eine schnelle Lösung des Kundenproblems an.
	„Wir haben das gleiche Modell noch einmal. Wir könnten gleich in die Sportschuhabteilung gehen, wo Sie ein neues Paar mitnehmen. Den defekten Schuh würden wir beim Hersteller reklamieren. Es wäre für mich am einfachsten, wenn Sie mir den Kassenbon geben könnten."	Sie unterbreitet dem Kunden einen Lösungsvorschlag, der aber auch noch verändert werden kann („könnten", „würden"). Erst jetzt bittet sie um den Kassenbon.
Kunde:	„Sehr schön. Den Kassenbon habe ich extra wieder herausgesucht – bitteschön."	
Mitarbeiterin:	„Danke." (prüft den Kassenbon) „Alles in Ordnung. Wir können jetzt die Schuhe aussuchen."	Die Berechtigung der Reklamation wird geprüft.
	usw.	

Sollte der Kunde den Kassenbon nicht vorlegen können und/oder beständen Zweifel, ob die Schuhe im Geschäft gekauft worden sind, ließe der Gesprächsverlauf auch noch eine Ablehnung der Reklamation zu.

Kunde:	„Sehr schön. Meine Frau hat den Kassenbon allerdings weggeworfen."
Mitarbeiterin:	„Das ist sehr bedauerlich. Leider darf ich eine Reklamation nur anerkennen, wenn der Original-Kassenbon vorgelegt wird. Ich könnte Ihnen aber entgegenkommen, indem ich Ihnen auf ein neues Paar Schuhe einen Rabatt von 20 % gebe."
Kunde:	„Das heißt, ich müsste die Schuhe noch einmal bezahlen."
Mitarbeiterin:	„Ja, dafür erhalten Sie aber ein völlig neues Paar Schuhe zu einem Sonderpreis."
	usw.

5.3 Rechtliche Situation

5.3.1 Mangelhafte Lieferung

Siehe ausführlich Lernfeld 4 im Informationshandbuch des 1. Ausbildungsjahres

Der Kunde hat beim Kauf Anspruch auf mangelfreie Ware. Stellt sich an der Ware ein Fehler ein, den der Kunde z. B. nach einigen Tagen entdeckt, kann er sich an den Verkäufer wenden und nach seiner Wahl die **Reparatur** (Nachbesserung) oder eine **neue Ware** (Ersatzlieferung) verlangen. Gelingt die Reparatur nicht und kann der Verkäufer kein Ersatzprodukt zur Verfügung stellen (weil es sich z. B. um Saisonware handelt, die nicht mehr lieferbar ist), kann der Kunde **vom Vertrag zurücktreten** (er bekommt dann sein Geld zurück), mit dem Verkäufer einen **Preisnachlass** aushandeln (wenn der Mangel z. B. nicht sehr bedeutsam ist) oder eventuell auch einen **Schadensersatz** fordern, falls dem Kunden wirklich durch den Fehler am Produkt ein Schaden entstanden ist.

5.3.2 Gewährleistung – Garantie – Umtausch

Das Gesetz verpflichtet den Verkäufer, dem Kunden einwandfreie Ware zu übergeben. Tritt an der Ware ein Fehler auf, kann der Kunde das Produkt reklamieren. Wird innerhalb von sechs Monaten nach dem Kauf reklamiert, so wird angenommen, dass der Fehler bereits zum Zeitpunkt der Übergabe der Ware an den Kunden vorhanden war. Der Verkäufer kann versuchen zu beweisen, dass die Ware bei der Übergabe fehlerfrei war, der Fehler also z. B. durch den Kunden herbeigeführt worden ist. Bei einer Reklamation in den folgenden 18 Monaten muss der Kunde beweisen, dass die Ware bereits beim Kauf fehlerhaft war. **Gewährleistung** ist demnach eine gesetzliche Verpflichtung des Verkäufers, für Mängel am Produkt zu haften, die zum Zeitpunkt des Kaufs bestanden haben. Das gilt auch für solche Mängel, die sich erst später bemerkbar machen. Der Zustand der Ware zum Zeitpunkt der Übergabe an den Käufer ist dabei entscheidend. Die Gewährleistungsfrist beträgt **zwei Jahre** (24 Monate).

Viele Unternehmen verlängern allerdings diese gesetzliche Gewährleistungspflicht als freiwilligen Service für den Kunden.

Beispiel:
*Ein Unternehmen wirbt in seinem Prospekt mit einer Garantie von **drei Jahren** für seine Notebooks.*

Die gesetzlich vorgeschriebene Gewährleistungszeit wird auf diese Weise um ein weiteres Jahr freiwillig verlängert. In diesem Fall spricht man von **Garantie**. Dabei handelt es sich um ein freiwilliges Versprechen, fehlerhafte Ware umzutauschen oder zu reparieren.

Der Verkäufer muss die Funktionstüchtigkeit der Ware für die Garantiezeit sicherstellen. Der Zustand der Ware zum Zeitpunkt der Übergabe an den Käufer ist nun nicht mehr entscheidend.

Dem Verkäufer wird die Garantie oft dadurch leicht gemacht, dass sein Lieferant, der Hersteller des Produktes, eine entsprechende Garantie ausspricht, die der Verkäufer praktisch „übernimmt". Es bleibt aber festzuhalten, dass der Kunde den **Kaufvertrag** mit dem Verkäufer abschließt. Im Falle eines Schadens ist demnach der **Verkäufer** zur Lösung des Problems verpflichtet. In Reklamationsgesprächen wird der Anspruch des Kunden häufig von der Großzügigkeit des Herstellers abhängig gemacht („Wir schicken die Ware ein."). Innerhalb der gesetzlichen Gewährleistungsfrist ist ein solches Verhalten des Verkäufers rechtlich nicht haltbar.

Denkbar ist aber auch, dass der Verkäufer lediglich der gesetzlichen Gewährleistungspflicht unterworfen ist, der **Hersteller** aber der Ware eine Garantiekarte beifügt, in der z. B. eine Garantiezeit von drei Jahren zugesichert wird. Nun wird die Gewährleistungspflicht des Verkäufers ergänzt durch die Garantie des Herstellers. Tritt nach Ablauf der gesetzlichen Gewährleistungsfrist ein Schaden am Produkt auf, hat der Kunde Anspruch auf Nachbesserung oder Neulieferung ausschließlich gegenüber dem Hersteller. Weil die Garantie eine freiwillige Leistung darstellt, können Hersteller oder Verkäufer die Garantie unterschiedlich ausgestalten. Sie kann sich beispielsweise bei einem Fahrrad nur auf den Rahmen beziehen oder der Kunde muss im Falle einer Reparatur die Versandkosten übernehmen.

Von Umtausch spricht man, wenn der Verkäufer seinen Kunden anbietet, **einwandfreie Ware** zurückzunehmen, weil sie dem Kunden z. B. nicht gefällt, Partner den Kauf missbilligen oder die Ware im Verwendungszusammenhang doch nicht die Wirkung erzielt, die man vermutet hatte. Der Verkäufer ist dazu **nicht verpflichtet** – er handelt aus **Kulanz** gegenüber seinen Kunden. Vielfach setzen Verkäufer das Umtauschrecht als Werbeargument ein. Mit einem Umtauschrecht kann man dem Kunden auch die Kaufentscheidung erleichtern. Wie großzügig das Umtauschrecht gehandhabt wird (z. B. Erstattung des Kaufpreises oder lediglich Ausstellung eines Gutscheins), hängt vom Verkäufer ab.

Beispiel:
Ein internationaler Versandhändler gibt auf seine Produkte ein unbeschränktes Umtauschrecht. Man kann also durchaus seine zehn Jahre alten Sportschuhe zurückschicken mit der Bemerkung, sie gefallen nicht mehr. Diese zunächst verblüffende Großzügigkeit wird verständlich, wenn man bedenkt, dass die Kunden das Umtauschrecht sehr schätzen, aber nur eine verschwindend geringe Minderheit von diesem Recht auch tatsächlich Gebrauch macht.

Bestimmte Produkte sind aber regelmäßig vom Umtausch ausgeschlossen, z. B. Kosmetik und Unterwäsche.

Zusammenfassung

Reklamation			
Abgrenzung	Probleme	Eigene Regeln	Ablauf (kundenorientiert)
▎ Reklamation: Beanstandung mangelhafter Ware mit Rechtsanspruch an den Verkäufer ▎ Beschwerde: Vorgebrachte Unzufriedenheit eines Kunden aufgrund enttäuschter Erwartungen	▎ Kunden: emotionale Betroffenheit ▎ Mitarbeiter: empfindet Reklamation als persönlichen Angriff ▎ Unternehmen: Abwehrhaltung gegenüber überzogenen Ansprüchen	▎ Grundsatz: großzügig kundenorientiert oder nur im rechtlichen Rahmen ▎ Mitarbeiter: umfassende Vollmacht oder Einschränkungen	1. Ruhigen Ort aufsuchen 2. Kunde legt sein Problem dar 3. Bedauern, Verständnis äußern 4. Lösungsvorschlag machen 5. Berechtigung prüfen 6. Kulanz bei Ablehnung

Mangelhafte Lieferung

▎ Stufe 1: vorrangige Rechte
   Stufe 2: nachrangige Rechte
▎ Pflicht: Gewährleistung für 2 Jahr
   Freiwillig: Garantie, Umtausch aus Kulanz

6 Beschwerdemanagement

⊃ **Lernsituation 6: Ein Beschwerdekonzept entwickeln und anwenden**

6.1 Kundenbeschwerde

Niemand arbeitet fehlerfrei. Folglich kommt es auch zu Situationen, in denen Kunden mit den Leistungen eines Unternehmens unzufrieden sind. Angebotene Produkte und Dienstleistungen, Lieferzeiten, das Verhalten von Mitarbeitern müssen nicht immer den Erwartungen der Kunden entsprechen. Kommt es zu einer Differenz zwischen der erhaltenen und der erwarteten Leistung, entsteht beim Kunden Unzufriedenheit.

Der Kunde kann mit einem stillen Rückzug reagieren, indem er den Lieferanten wechselt. Das bedeutet **Kundenverlust**. Er kann auch seinem Ärger Luft machen, indem er sich Dritten gegenüber negativ über das Unternehmen äußert. Dann ist der Schaden noch größer. Denn

Studien belegen, dass negative Erlebnisse weitaus häufiger weitererzählt werden als positive Erfahrungen. Diese negative Mundpropaganda führt zu einem **Imageverlust** für das Unternehmen und beeinflusst nachweislich auch das Meinungsbild Dritter.
Vielfach nutzt der Kunde aber seine Unzufriedenheit, um sich zu **beschweren**.

Kundenbeschwerde: Das ist die von Kunden geäußerte Unzufriedenheit mit der erbrachten Leistung eines Unternehmens, weil seine Erwartungen enttäuscht wurden.

Reklamation, siehe Seite 246

Der Begriff „Leistungen" wird hier weit aufgefasst. Er umfasst sowohl Mängel von Waren und Dienstleistungen als auch Beschwerden allgemeiner Art, z. B. über das Verhalten von Mitarbeitern.
Dabei sind Kundenbeschwerden grundsätzlich nicht als „Nörgelei" zu betrachten, sondern als Chance, den negativen Eindruck beim betroffenen Kunden umzukehren. Dabei ist zu bedenken, dass der Umgang mit der Beschwerde entscheidend für die weitere Kundenbindung ist. Enttäuschte Kunden, deren Beschwerde zu ihrer Zufriedenheit behandelt wurde, sind nachweislich besonders loyale Kunden.
Zum anderen kann die Beschwerde als Information über einen grundsätzlich bestehenden Verbesserungsbedarf genutzt werden, sodass bei anderen Kunden diese negative Erfahrung vermieden wird.

Grundsatz: Kundenbeschwerden sind Chancen für ein Unternehmen.

6.2 Beschwerdemanagement

Für einen systematischen und professionellen Umgang mit Beschwerden ist es sinnvoll, ein Beschwerdemanagement einzurichten.

Beschwerdemanagement: Gesamtheit aller Maßnahmen, die ein Unternehmen ergreift, um bei Kundenbeschwerden die Zufriedenheit des Kunden wiederherzustellen mit dem Ziel, die gefährdete Kundenbeziehung zu festigen

Aufgabe des Beschwerdemanagements ist es, die Beschwerdebearbeitung innerhalb eines Unternehmens so zu organisieren, dass Beschwerden für Verbesserungsmaßnahmen genutzt werden. Zu diesem Zweck wird der Umgang mit Beschwerden von der Äußerung durch den Kunden bis zur Auswertung als mehrstufiger **Prozess** organisiert. Damit wird das Feedback des Kunden systematisch erfasst und für den Lernprozess des Unternehmens nutzbar gemacht.

Bestandteile des Beschwerdemanagement-Prozesses

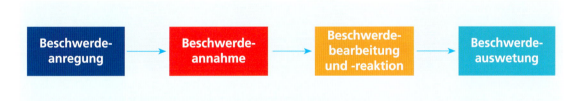

6.2.1 Beschwerdeanregung

Damit sich ein Unternehmen aus Kundensicht verbessern kann, muss es die von den Kunden wahrgenommenen Schwachstellen kennen. Voraussetzung für ein erfolgreiches Beschwerdemanagement ist somit, dass die Kunden ihre Beschwerde auch tatsächlich äußern. Um das zu erreichens muss das Unternehmen für den Kunden erkennbare und mühelos zu nutzende **Beschwerdewege** einrichten, denn der unzufriedene Kunde wägt bei seiner Entscheidung für oder gegen eine Beschwerde Aufwand und Nutzen gegeneinander ab.
Bei der Einrichtung der Beschwerdewege ist zu entscheiden, ob die Kunden ihre Beanstandungen mündlich und/oder schriftlich äußern sollen. Die mündliche Beschwerde kann zum einen vor Ort im **Unternehmen** erfolgen. In größeren Unternehmen ist es dazu sinnvoll, **Service-Stände** als Anlaufstellen für unzufriedene Kunden einzurichten. Auf diese Weise ist es möglich, besonders geschulte Mitarbeiter einzusetzen und lautstarke Kundenbeschwerden an einem ruhigeren Ort aufzunehmen. Daneben kann die Beschwerdeaufnahme auch über eigens eingerichtete **Hotlines** erfolgen. Dieser Beschwerdeweg ist aus Kundensicht sehr bequem und signalisiert, dass das Unternehmen an der Meinung des Kunden interessiert

ist. Allerdings muss die telefonische Erreichbarkeit gewährleistet sein, denn Fehlversuche steigern die Unzufriedenheit des ohnehin verärgerten Kunden.

Im Gegensatz zu einer mündlichen Beschwerde ist für den Kunden eine schriftliche Beschwerde zeit- und arbeitsaufwendiger. Bietet ein Unternehmen ausschließlich diesen Beschwerdeweg, so wird es nur in Fällen besonders großer Unzufriedenheit eine Rückmeldung vom Kunden erhalten und Informationen über andere Verbesserungsnotwendigkeiten gehen verloren.

Um Kunden das Abfassen einer schriftlichen Beschwerde zu erleichtern, können **Meinungs- bzw. Beschwerdekarten** eingesetzt werden. Auf bereits vorgefertigten Karten vermerken die Kunden ihre Meinung bzw. Beschwerde, die mithilfe offener oder geschlossener Fragen ermittelt werden.

> Fragetypen, siehe Seite 22

Im Rahmen offener Fragen haben die Kunden die Möglichkeit, ihre Antwort frei zu formulieren, während sie bei geschlossenen Fragen aufgefordert werden, aus vorgegebenen Antwortmöglichkeiten auszuwählen. Zwar erleichtert der Einsatz geschlossener Fragen die strukturierte Erfassung und Auswertung von Kundenmeinungen, gleichzeitig ist es aber schwierig, individuelle Eindrücke über vorgegebene Antworten zu erfassen. Aus diesem Grund ist es sinnvoll, offene und geschlossene Fragen zu kombinieren.

Meinungskarten werden von den Kunden jedoch nur genutzt, wenn sie frei zugänglich sind. Müssen Kunden zunächst um die Aushändigung einer Beschwerdekarte beim Personal bitten, so wird die Rücklaufquote gering und nur auf besonders unzufriedene Kunden beschränkt sein. Um möglichst viele Kunden zu einer Rückmeldung aufzufordern, ist es deshalb sinnvoll, solche Karten frei zugänglich auszulegen.

Als Alternative zur Meinungskarte bieten zahlreiche Unternehmen ein **Online-Formular**, dass über die Homepage abgerufen, am Bildschirm ausgefüllt und anschließend per E-Mail an das Unternehmen versandt werden kann.

6.2.2 Beschwerdeannahme

> Verhaltensregeln bei reklamierenden Kunden, siehe Seite 247

Im Gegensatz zu Beschwerden in Schriftform besteht bei mündlichen Beschwerden ein direkter Kontakt zum unzufriedenen Kunden. Dabei ist zu bedenken, dass die erste Reaktion auf die Kundenbeschwerde die weitere Einstellung des Kunden gegenüber dem Unternehmen erheblich beeinflusst. Folglich ist die Phase der Beschwerdeannahme von großer Bedeutung und die Mitarbeiter sind im Umgang mit Kundenbeschwerden entsprechend zu schulen. Auf keinen Fall darf bei der Beschwerdeannahme das Prüfen der Beschwerdeberechtigung in den Mittelpunkt gestellt werden, sondern zunächst ist dem Kunden deutlich zu machen, dass sein Anliegen grundsätzlich ernst genommen wird und dass die Lösung des Kundenproblems ein zentrales Anliegen des Unternehmens ist. Dafür sind innerbetrieblich eindeutige Zuständigkeiten für die Beschwerdebearbeitung festzulegen.

Um die unternehmensinternen Abläufe des Beschwerdemanagements zu vereinfachen, ist es sinnvoll, die Kundenangaben schriftlich oder elektronisch zu erfassen. Damit eine geordnete und vollständige Erfassung der Angaben gewährleistet ist, kann ein sogenanntes **Beschwerdeerfassungsformular** eingesetzt werden, auf das die Mitarbeiter bei der Beschwerdeannahme zurückgreifen. Dies erleichtert zum einen den Informationsfluss, wenn mehrere Mitarbeiter an der Bearbeitung beteiligt sind. Zum anderen ist zu einem späteren Zeitpunkt ein Rückgriff auf den Beschwerdefall zwecks Auswertung besser möglich.

Zu erfassen sind bei der Beschwerdeannahme:

- Daten zur Person des Kunden,
- Angaben zum Beschwerdefall,
- der entgegennehmende Mitarbeiter,
- Zusagen, die der Mitarbeiter gemacht hat.

Allerdings darf der Kunde bei der Aufnahme der notwendigen Angaben im Beschwerdefall keinesfalls den Eindruck erhalten, dass lediglich ein Fragebogen abgearbeitet wird. Dieses Vorgehen würde er als Desinteresse an seiner Person werten.

Beispiel für ein Beschwerdeerfassungsformular

Beschwerdeannahme

Name des Mitarbeiters: _____ Eingangsdatum: _____

Beschwerdeweg:

☐ telefonisch ☐ schriftlich ☐ persönlich ☐ _____

Daten des Beschwerdeführers

☐ Herr ☐ Frau

Titel: _____

Name: _____

Vorname: _____

Straße: _____

PLZ/Ort: _____

Telefon: _____

E-Mail: _____

Angaben zum Betroffenen

☐ Beschwerdeführer selbst

☐ Ehepartner

☐ Kinder

☐

Grad der Verärgerung (sofern bestimmbar)

☐ ☐ ☐ ☐ ☐

gering   sehr groß

Beschwerdegegenstand

☐ Produkt ☐ Personal ☐ Preis ☐ Serviceangebot

Ort des Problemauftritts (z. B. Abteilung): _____

Datum und ggf. Uhrzeit des Problemauftritts: _____

Fallbeschreibung

_____

Beschwerdelösung

Vom Kunden gewünschte Problemlösung:

_____

Zusagen an den Kunden:

_____

Terminzusagen:

☐ sofort gelöst _____

☐ Zwischenbescheid/Rückmeldung bis zum _____

☐ Problemlösung/Wiedergutmachung bis zum _____

Tatsächlich realisierte Problemlösung: _____

6.2.3 Beschwerdebearbeitung und Beschwerdereaktion

Die **Beschwerdebearbeitung** umfasst die unternehmensinternen Abläufe bei der Bearbeitung von Beschwerden wie beispielsweise das Klären der Rechtslage oder die Weiterleitung an die betroffenen Abteilungen bzw. Mitarbeiter mit der Bitte um eine Stellungnahme. In diese Unternehmensabläufe haben die Kunden keinen Einblick.

Demgegenüber bezieht sich die **Beschwerdereaktion** auf den vom Kunden wahrgenommenen Umgang mit seiner Beschwerde, also den Kontakt zwischen Unternehmen und Kunden im gesamten Zeitraum von der Annahme bis zur endgültigen Lösung des Beschwerdefalls.

Die Zufriedenheit des Kunden mit der Beschwerdereaktion hängt dabei zum einen von der Zeitspanne ab, die zwischen seiner Beschwerdeäußerung und der Unternehmensreaktion vergeht. Je schneller ein Unternehmen auf eine Kundenbeschwerde reagiert, desto mehr fühlt sich der Kunden ernst genommen. In Beschwerdefällen, in denen keine sofortige Lösung möglich ist, ist es also sinnvoll, zunächst den **Beschwerdeeingang zu bestätigen** und ggf. **Zwischenbescheide** mit dem jeweiligen Bearbeitungsstand zu versenden.

Folglich ist die Organisation des Bearbeitungsprozesses für ein kundenorientiertes Beschwerdemanagement von großer Bedeutung. Um einen reibungslosen Ablauf ohne Zeitverluste zu gewährleisten, muss u. a. festgelegt werden, wer in welchen Beschwerdefällen **zuständig** ist, wie lange die **Reaktionszeiten** sind und welche **Dringlichkeitsstufen** bei Beschwerden unterschieden werden. Solche Vorgaben können allerdings nur aufgrund von bestehenden Erfahrungswerten realistisch bestimmt werden.

Neben der **Reaktionsgeschwindigkeit** beeinflusst das **Beschwerdeergebnis** die Zufriedenheit des Kunden. Aus diesem Grund sollte bereits bei der Beschwerdeannahme die vom Kunden gewünschte Lösung vermerkt und deren Umsetzbarkeit bei der Bearbeitung geprüft werden. Je höher die Übereinstimmung von tatsächlichem und gewünschtem Ergebnis ist, desto größer ist die Zufriedenheit des Kunden. Dabei ist zu beachten, dass dem Kunden gegenüber getätigte Aussagen unbedingt einzuhalten sind. Insbesondere hinsichtlich Terminzusagen eignet sich deshalb eine Überwachung mithilfe eines elektronischen Erinnerungssystems, wobei bei (mehrfacher) Terminüberschreitung der nächsthöhere Verantwortliche informiert wird.

6.2.4 Beschwerdeauswertung

Bei der Auswertung werden die Kundenbeschwerden als Informationen über bestehenden Verbesserungsbedarf genutzt. Dabei wird zwischen quantitativer und qualitativer Auswertung unterschieden. Im Rahmen der **quantitativen Auswertung** werden die Problemarten, die Häufigkeit ihres Auftretens und ihre Bedeutung für den Kunden ermittelt; im Rahmen der **qualitativen Auswertung** Ursachen und Lösungsmöglichkeiten ergründet. Ergibt beispielsweise die quantitative Analyse, dass sich zahlreiche Kunden darüber beschweren, dass das Personal zugesagte Rückrufe versäumt, so sind zunächst die möglichen Ursachen herauszufinden. Ausgehend von diesen Ursachen können dann Verbesserungsmaßnahmen entwickelt werden.

Problem: Versäumnis zugesagter Rückrufe durch das Verkaufspersonals	
Mögliche Ursachen	Verbesserungsmaßnahmen
▎ Überlastung des Personals ▎ Desinteresse des Personals ▎ Mangelhafter Informationsfluss zwischen den Mitarbeitern ▎ Unzulängliche Organisation bei der Gesprächsannahme …	▎ Einstellung zusätzlichen Personals ▎ Einrichtung eines Call-Centers ▎ Schulung des Personals ▎ Entwicklung eines verbindlichen Leitfadens (Zuständigkeiten, Fristen, …) ▎ Bereitstellung von Vordrucken und/oder PC-Masken für Telefonnotizen …

Nachdem mögliche Verbesserungsmaßnahmen gesammelt wurden, ist u. a. zu entscheiden:
▎ Welche Maßnahmen können tatsächlich umgesetzt werden?
▎ Auf welche Weise können die Maßnahmen umgesetzt werden?
▎ Welche Mitarbeiter sind für die Umsetzung verantwortlich?

Fragen zu den Prozessschritten

Prozessschritt	Fragen
1. Beschwerdeanregung	Welche Beschwerdewege werden dem Kunden angeboten?
2. Beschwerdeannahme	Wie werden Beschwerden angenommen?
3. Beschwerdebearbeitung und -reaktion	Wie werden Beschwerden innerbetrieblich abgewickelt? Wie wird der Kunde über den Verlauf der Bearbeitung informiert?
4. Beschwerdeauswertung	Wie können Beschwerden für Verbesserungen genutzt werden?

Zusammenfassung

Beschwerdemanagement		
Kundenbeschwerde	**Beschwerdemanagement**	**Prozessstufen**

Vorgebrachte Unzufriedenheit eines Kunden aufgrund enttäuschter Erwartungen
 	
Grundsatz: Kundenbeschwerden sind Chancen für ein Unternehmen.
	Maßnahmen, um die Kundenzufriedenheit wiederherzustellen	1. Beschwerdeanregung: Beschwerdewege eröffnen
		  – Im Unternehmen
		  – Hotline
		  – Beschwerdekarten
		  – Online-Formular
		2. Beschwerdeannahme: Art, in der Beschwerden angenommen werden
		3. Beschwerdebearbeitung und -reaktion:
		  – Innerbetriebliche Abwicklung
		  – Information des Kunden
		4. Beschwerdeauswertung:
		  – Qualitative und quantitative Auswertung
		  – Für Verbesserungen nutzen

7 Telefonische Kommunikation

➲ **Lernsituation 7: Telefonisch mit einem Lieferanten verhandeln**

In der Kommunikation unter Anwesenden nehmen die Beteiligten Informationen über das **Aussehen**, die **Körpersprache**, die **Stimme** und die übermittelten **Inhalte** ihres Gesprächspartners auf.
Bei einem Telefongespräch, also der Kommunikation unter Abwesenden, fehlen der visuelle Eindruck und die Körpersprache des Gesprächspartners. Da viele Menschen aber visuelle Typen sind, die ihre Umwelt vorzugsweise mit den Augen und weniger mit den Ohren wahrnehmen, entsteht ein großes Kommunikationsdefizit. Alle Informationen müssen aus zwei Quellen gewonnen werden:

▎ dem Klang der Stimme und
▎ dem gesprochenen Wort.

Nachfolgend soll danach unterschieden werden, ob jemand ein Telefongespräch annimmt oder ob er selbst ein Telefongespräch beginnt.

7.1 Telefongespräch annehmen

Grundregeln

▎ Über seine Stimme kann ein Gesprächsteilnehmer wichtige Eindrücke beim Gesprächspartner erzeugen, z. B. Kompetenz und Souveränität, aber auch gute Laune und Freundlichkeit. Damit die positive Stimmung und die freundliche Haltung auch beim Partner ankommen, sollte man während des Telefonats **lächeln**. Eine ruhige und klare Stimme zeichnet einen souveränen Sprecher aus. Damit die Stimme nicht gepresst und zu hoch klingt: vor dem Abnehmen **tief einatmen**.

▎ Der Telefonhörer sollte frühestens **nach dem zweiten Klingeln** abgehoben werden, weil Anrufer sich erschrecken, wenn ein Anruf direkt nach dem ersten Signalton angenommen wird. Man gewinnt den Eindruck, dass der Angerufene vor seinem Telefonapparat sitzt und auf Anrufe wartet.

- **Kurze** Telefongespräche von ca. vier bis sechs Minuten sind besonders effektiv.
- Eine **neutrale Grundhaltung**, die Aussagen nicht persönlich nimmt, ist eine gute Basis für eine erfolgreiche Kommunikation am Telefon. Die Emotionen eines Anrufers beziehen sich nicht auf die eigene Person.

Begrüßungsritual

Auch beim Telefonieren gilt: Der erste Eindruck bekommt keine zweite Chance.
In den letzten Jahren hat sich folgendes Begrüßungsritual für eingehende Gespräche eingebürgert:
„Guten Morgen/Tag, (Nennung des Unternehmens), Sie sprechen mit Frau/Herrn X. Was kann ich für Sie tun?"
In diesen Begrüßungssätzen sind vier Schritte erkennbar:

Höflichkeitsfloskel	1. Gruß
Die Nennung der Firma gibt dem Anrufer Sicherheit.	2. Name des Unternehmens (Firma)
Der Anrufer erfährt, mit wem er redet.	3. Name des Mitarbeiter
Manche Unternehmen verzichten auf diesen Satz, weil er das Begrüßungsritual (unnötig?) verlängert.	4. Dienstbereitschaft zeigen

Wird das Gespräch an einen Mitarbeiter weitergeleitet, kann dieser im Regelfall am Signalton des Telefons erkennen, ob das Gespräch von außerhalb kommt oder ob ein interner Anruf vorliegt. Bei einem externen Gespräch verwendet der Mitarbeiter bei der Gesprächsannahme ähnliche Formulierungen wie oben, allerdings ohne Nennung der Firma.

1. Gruß
3. Name des Mitarbeiters
4. Formulierung, die die Dienstbereitschaft zum Ausdruck bringt

Eventuell geht der Gesprächsannahme noch ein Dialog mit dem erstannehmenden Mitarbeiter auf interner Ebene voraus („Frau X, der Kunde Y ist am Telefon und möchte Sie sprechen; ich verbinde Sie.").

7.2 Ausgehendes Telefongespräch

Vorbereitung

Wer selbst ein Telefongespräch initiiert, hat bestimmte Ziele, z. B. einen Kunden von der Vorteilhaftigkeit eigener Produkte zu überzeugen. Um diese Ziele auch zu erreichen, muss das Gespräch sorgfältig vorbereitet werden.
- **Unterlagen**, die für das Gespräch benötigt werden, z. B. Kataloge, Preislisten, stehen griffbereit zur Verfügung.
- **Struktur** des Gespräches entwerfen
- Schriftlich wird das Thema das Gesprächs festgehalten; die wichtigsten **Argumente**, die man verwenden möchte, werden vorformuliert; zu erwartende **Einwände** des Gesprächspartners werden vorüberlegt.
- **Notizmöglichkeiten** liegen bereit, um wichtige Informationen oder getroffene Vereinbarungen festzuhalten.

Begrüßungsritual

Häufig wird das Begrüßungsritual aus eingehenden Gesprächen leicht abgewandelt.

Beispiel:
„Guten Tag, mein Name ist Baumeister von der INTERSPED GmbH."

Da Gespräche in Unternehmen gewöhnlich von einer Telefonzentrale angenommen werden, ist zunächst zu klären, wer als Gesprächspartner infrage kommt. Dazu ist das Thema/Anliegen des Gesprächs in Kurzform zu formulieren, kombiniert mit der Bitte, einen zuständigen Mitarbeiter/eine zuständige Mitarbeiterin zu nennen. Auf diese Weise erfährt man schon sehr früh den Namen des Gesprächspartners, den man sich natürlich sofort merkt.
Läuft das Telefongespräch nicht über eine Zentrale, ist trotzdem nach der Formulierung des Anliegens zunächst die Zuständigkeit zu klären.

Beispiel:
„Können Sie mir in dieser Angelegenheit weiterhelfen?"

Hauptgespräch

Ist man mit dem richtigen Gesprächspartner verbunden, kann der Anrufer sein Anliegen vorbringen. In den ersten Sätzen nach der Begrüßung entscheidet sich, ob der Angerufene bereit ist, das Gespräch mit Interesse aufzunehmen und länger zuzuhören. Eventuell findet zunächst ein kurzer Small Talk statt, bevor man den Gesprächspartner zum Thema hinlenkt.

Der Anrufer befindet sich nun in der **Argumentationsphase**, in der es ihm gelingen muss, seinen Gesprächspartner von seinem Anliegen zu überzeugen. Die Empfehlungen zum Beratungsgespräch (Verkaufsargumentation, Preisnennung, Behandlung von Kundeneinwänden usw.) gelten auch für ein telefonisches Gespräch.

Beratungsgespräch, siehe Seite 216

Dem Anrufer stehen verschiedene **sprachliche Mittel** zur Verfügung, um die Wirkung seiner Aussagen zu erhöhen

Tonfall	Ruhig, klar, sicher
Sprache	Einfach, Fremdwörter und Fachbegriffe vermeiden (je nach Gesprächspartner)
Bevorzugte Wörter	Sofort, schnell, gerne, selbstverständlich, unmittelbar, sicher, zuverlässig
Bevorzugte Redewendungen (in positiver Sprache)	▪ „Vielen Dank für Ihren Hinweis (Ihre Geduld)." ▪ „Schön (Nett), dass Sie anrufen." ▪ „Gut (vielen Dank), dass Sie mich daran erinnern." ▪ „Sie haben recht. Das kann ich (Ich kann Sie) gut verstehen." ▪ „Sie sprechen da einen wichtigen Punkt an. Dafür finden wir eine Lösung." ▪ „Vielen Dank, dass Sie sich so viel Zeit genommen haben." ▪ „Danke für Ihre Geduld."

Erstrebenswert ist es auch, sich an die Ausdrucksweise des Gesprächspartners anzupassen und sich auf das Wesentliche zu konzentrieren.

Die Forderung, positiv zu formulieren, ist verbunden mit der Aufforderung, negative Ausdrücke zu vermeiden:

Problemwörter	Nein, nicht, vielleicht, wahrscheinlich, unter Umständen, eigentlich, erst, nur, leider, teuer, billig, Formulierungen im Konjunktiv

Beispiel 1:
„Ich kann das heute leider nicht mehr fertigstellen."
Besser: „Ich erledige das sofort für Sie. Bis morgen Mittag haben Sie das Ergebnis."

Beispiel 2:
„Das müsste ich prüfen."
Besser: „Ich prüfe das und gebe Ihnen noch heute Bescheid."

Füllwörter wie „äh", „ähm", „hm" sind grundsätzlich zu vermeiden. In längeren Sprechpassagen des Gesprächspartners ist es aber sinnvoll, deutlich zu machen, dass man zuhört und dass die Verbindung noch besteht („Sind Sie noch am Apparat?"). Dies geschieht durch Begriffe wie „aha", „ja", „okay", „sehr schön" und ähnliche Bestätigungen.

Problematische Gesprächspartner

Eine gelungene telefonische Kommunikation verlangt, dass man sich auf den Gesprächspartner einstellt. Es ist sinnvoll, sich frühzeitig mit den unterschiedlichen Gesprächstypen und den möglichen Reaktionen zu beschäftigen, um für den „Ernstfall" gerüstet zu sein.

Typ	Eigenschaften	Reaktion
Vielredner	Redet ununterbrochen, lässt Gesprächspartner nicht zu Wort kommen, unterbricht häufig, weiß alles besser, detailverliebt, geltungsbedürftig	Geschlossene Fragen anwenden, Zuhörgeräusche vermeiden, Redefluss unterbrechen, z. B. durch loben, Namen nennen, positive Bemerkungen; Gesprächspausen nutzen, um ins Gespräch zu kommen

Fragetypen, siehe Seite 22

Aktives Zuhören, siehe Seite 267

Typ	Eigenschaften	Reaktion
Schüchterne	Entschuldigt sich häufig	Aufmerksam zuhören, sein Anliegen sensibel erfassen, besonders freundlich sein, ihn akzeptieren
Schweiger	Wortkarg, zurückhaltend	Offene Fragen anwenden, Technik des aktiven Zuhörens nutzen, geduldig sein
Schwer Verständliche	Spricht undeutlich und häufig schnell, abgehackt	Regelmäßig höflich nachfragen, eventuell buchstabieren lassen
Aggressive	Spricht laut, ist überheblich, hat einen provozierenden Grundton, ist aber oft unsicher	Kritik/Konfrontation vermeiden, Problemwörter (siehe oben) unterlassen, ruhig und interessiert zuhören

Gesprächsende

Am Ende eines Telefongespräches geht es nicht nur darum, die üblichen Freundlichkeiten auszutauschen. Viel wichtiger ist, dass das Gesprächsergebnis festgehalten und die weiteren Schritte dargestellt werden. So könnte ein Gesprächsabschluss verlaufen:

1. Noch einmal den Namen des Kunden nennen
2. Kurze Zusammenfassung der Gesprächsergebnisse, insbesondere der Vereinbarungen, dabei die positiven Aspekte betonen
3 Ausblick geben
4 Dank für das Gespräch
5. Man wartet, bis der Gesprächspartner aufgelegt hat.

Gesprächsnotiz
– Firma des Anrufenden
– Name
– Datum, Uhrzeit
– Betreff
– Vereinbarungen bzw. was ist zu tun?
– Telefonnummer/E-Mail

Während des Gesprächs, spätestens unmittelbar nach seiner Beendigung hält man die wichtigsten Inhalte des Gespräches schriftlich fest.

Beispiel 1: abschließender Satz – positives Gesprächsergebnis
„Vielen Dank für das konstruktive Gespräch. Ich werde Ihnen noch heute ein Angebot per E-Mail zuschicken. Ich denke, dass wir in ca. einer Woche noch einmal miteinander telefonieren. Ich wünsche Ihnen noch einen schönen Tag."

Beispiel 2: abschließender Satz – negatives Gesprächsergebnis
„Vielen Dank für das interessante Gespräch. Vielleicht gibt es in naher Zukunft eine Situation, in der unser Angebot für Sie wichtig werden könnte. Mich würde das sehr freuen. Ich wünsche Ihnen alles Gute."

Bindungsfristen – rechtssichere Ergebnisse

Mündliche Abmachungen sind genauso wirksam wie schriftliche. Es gibt allerdings ein Beweisproblem. Daher ist es sinnvoll, wichtige Abmachungen schriftlich festzuhalten. Dies kann z. B. dadurch geschehen, dass das Gesprächsergebnis dem Gesprächspartner als E-Mail zugeschickt wird. Je nach Bedeutung der Vereinbarungen könnte die E-Mail mit der Bitte um eine Bestätigungsmail verschickt werden. Eine Dokumentation in Briefform hätte den Vorteil, dass rechtsgültige Unterschriften der Beteiligten vorlägen.

Siehe Lernfeld 4 im Informationshandbuch des 1. Ausbildungsjahres

Es sind auch Bindungsfristen zu beachten. Angebote während eines Telefongesprächs sind z. B. nur für die Dauer des Gesprächs für den Anbieter bindend. Folgt dem Gespräch ein Angebot in Schriftform (E-Mail oder Brief), beträgt die Bindungsdauer einige Tage, nämlich für die Zeit, die der Geschäftspartner benötigt, um unter normalen Umständen auf das Angebot zu antworten. Hierbei sind gewöhnlich betriebliche Regelungen zu beachten.

7.3 Videokonferenzen

 Videokonferenz: Gemeinsamer Informationsaustausch zwischen Menschen an verschiedenen Orten mithilfe technischer Geräte zur Bild- und Tonübertragung

Videokonferenzen sind heute sehr einfach möglich, z. B. über Skype Pro, Microsoft Lync. Diese sogenannten **Web-Konferenzen** über PC sind jedoch vielfach schwierig zu handhaben und haben oft nur eine mäßige Bild- und Tonqualität. Oft sind Teilnehmer auch damit zufrieden, wenn zwei Gesprächspartner lediglich ihre Bildschirme teilen, um sich gegenseitig zu informieren.
Anspruchsvoller sind **Raumsysteme**, die sich durch leistungsstarke Kameras, Raummikrofone und große Monitore auszeichnen. Sie ermöglichen eine Kommunikationssituation, die sich von einem persönlichen

Treffen der Teilnehmer nur noch wenig unterscheidet. Wichtigstes Problem ist die Zeitverschiebung zwischen Aufnahme und Empfang der Signale. Sie führen zu Pausen von bis zu einer Sekunde. Es ist weiterhin schwierig, Augenkontakt zwischen den Teilnehmern herzustellen.
Demgegenüber stehen erhebliche Vorteile:

- Videokonferenzen sind viel leichter zu organisieren als Termine unter anwesenden Personen.
- Dadurch können Termine mit Geschäftspartnern und Mitarbeitern in ausländischen Filialen häufiger stattfinden.
- Es gibt keine räumlichen Begrenzungen. Teilnehmer aus der ganzen Welt können – wenn man die Zeitverschiebung beachtet – zusammengeschaltet werden.
- Die Teilnehmer präsentieren und bearbeiten Unterlagen gemeinsam, besprechen Ideen und diskutieren Lösungen.
- Die Kosten stehen in keinem Verhältnis zu den Reisekosten eines Meetings (Fahrtkosten, Unterbringung, Bewirtung). Vorteilhaft sind Videokonferenzen auch unter Umweltgesichtspunkten.
- Beträchtlich ist auch der Zeitgewinn, weil alle Teilnehmer von ihrem Arbeitsplatz aus agieren können. Reisezeiten entfallen. Dementsprechend entsteht ein hoher Produktivitätsgewinn.

Anforderungen an die Teilnehmer

Die Technik der Übertragungssysteme ist immer noch anfällig. Die Teilnehmer müssen daher langsam und deutlich sprechen. Klingelnde Handys stören besonders intensiv. Es ist auch darauf zu achten, dass das Interesse der Teilnehmer nicht durch sachfremde Eindrücke abgelenkt wird, z. B. auffälliger Wandschmuck im Hintergrund, ungewöhnliche Kleidung der Teilnehmer, Personen, die in den Übertragungsraum eintreten. Treffen in einer Videokonferenz unterschiedliche Kulturen aufeinander, ist auf die länderspezifischen Besonderheiten der Teilnehmer Rücksicht zu nehmen.

7.4 Interkulturelle Kommunikation

Als Kultur bezeichnet man bestimmte Denk- und Verhaltensweisen, die für eine Gruppe von Menschen (z. B. einer Nation) typisch sind. Im Zeitalter der Globalisierung verringern sich zwar die Kulturunterschiede, sie bleiben aber weiterhin sichtbar und spielen damit auch in der mündlichen Kommunikation eine Rolle.
Die sprachlichen Unterschiede sollen beispielhaft in der Kommunikation zwischen **Amerikanern** und Deutschen sichtbar gemacht werden.

Wenn ein Amerikaner sagt:	Meint er:	Ein Deutscher versteht:
„Ich kümmere mich darum."	Irgendjemand wird sich darum kümmern.	Mein Gesprächspartner wird sich persönlich um die Sache kümmern.
„Ich arbeite an dem Problem."	Ich habe noch nicht angefangen.	Er hat mit der Arbeit begonnen, ist aber noch nicht ganz fertig.
„Wir sehen uns später."	adieu, tschüss	Bevor wir auseinandergehen, treffen wir uns noch einmal.

Umgekehrt:

Wenn ein Deutscher sagt:	Meint er:	Ein Amerikaner versteht:
„Wir haben vereinbart."	Das ist die endgültige Lösung.	Es gibt noch Verhandlungsspielraum.
„Darüber sprechen wir noch."	Da gibt es noch einen wichtigen ungeklärten Punkt.	Ein kleines Detail muss noch geklärt werden.

Allgemein kann man über **Engländer** sagen, dass für sie in der Kommunikation Harmonie und Konsens wichtig sind. Kritik wird nicht direkt geäußert, sondern indirekt in Andeutungen oder in humoristischer Form. Für Engländer ist es wichtig, höflich und bescheiden, auf keinen Fall aggressiv zu wirken. Small Talk gehört wesentlich zum Aufbau einer Beziehung. **Japaner** legen größten Wert auf Höflichkeit und Zurückhaltung. Ein Ja bedeutet nicht unbedingt Zustimmung, sondern zunächst nur die Feststellung, dass sie den Gesprächspartner verstanden haben.

Zusammenfassung

Telefonische Kommunikation		
Informationsaufnahme	**Gespräch annehmen**	**Ausgehendes Gespräch**
▍ Stimme ▍ Sprache	▍ Grundregeln: – Lächeln – Tief einatmen – 2. Klingelton abwarten – Kurze Gespräche – Neutrale Grundhaltung ▍ Begrüßung: – Gruß – Firma – Eigener Name – (Dienstbereitschaft anzeigen)	▍ Vorbereitung: – Unterlagen bereitlegen – Wesentliche Argumente – Vermutete Einwände – Notizmöglichkeiten ▍ Hauptgespräch: – Begrüßung: Gruß – eigener Name – Firma – Tonfall und Sprache: ruhig, klar sicher, einfache Sprache – Positive Wörter und Redewendungen: sofort, gerne, sicher usw. – Problemwörter vermeiden, z. B. nein, vielleicht, leider usw. – Gesprächstyp beachten: Vielredner, Schweiger, Aggressive usw. ▍ Gesprächsende: – Name wiederholen – Zusammenfassung – Ausblick – Dank – Gesprächspartner legt zuerst auf
Bindungsfristen	**Videokonferenzen**	**Interkulturelle Kommunikation**
Durch Dokumentation für Rechtssicherheit sorgen	▍ Gemeinsamer Informationsaustausch zwischen Menschen an verschiedenen Orten ▍ Vorteile: – Leichte Organisation – Zusammen arbeiten – Räumlich ungebunden – Kosten- und Zeiteinsparung	Unterschiedliche Denk- und Verhaltensweisen in den Kulturen berücksichtigen

8 Konfliktgespräche

➲ **Lernsituation 8: Ein Konfliktgespräch führen**

Wo Menschen zusammenarbeiten, treffen unterschiedliche Sichtweisen, Meinungen und Temperamente aufeinander. Aus diesen Unterschieden können leicht Konflikte entstehen. Konflikte am Arbeitsplatz sind für Unternehmen störend, weil sich die Mitarbeiter nicht mehr auf ihre Aufgaben konzentrieren können. Die mit Konflikten verbundenen Emotionen können rationales Handeln außer Kraft setzen. Oft nehmen auch Außenstehende (Kunden, Lieferanten) die innerbetrieblichen Gegensätze wahr, insbesondere mit zunehmender Eskalation der Auseinandersetzung. Betriebe müssen daher etwas unternehmen, um entstandene Konflikte zu lösen, damit das Betriebsklima nicht beeinträchtigt und der Betriebsfrieden wiederhergestellt wird.

8.1 Konfliktarten

> **Konflikt**: Auseinandersetzung zwischen Personen aufgrund unterschiedlicher Interessen

Es gibt dabei unterschiedliche Konfliktarten, die für innerbetriebliche Auseinandersetzungen bedeutsam sind:

> **Zielkonflikte**: In diesem Fall sind sich die Beteiligten über die anzustrebenden Ziele uneinig. Dahinter verbergen sich i. d. R. abweichende Wertvorstellungen.

Beispiel:
In der Geschäftsleitung wird darüber gestritten, ob zunächst ein möglichst hoher Umsatz angestrebt werden soll, um danach auch den Gewinn zu maximieren, oder ob sofort der Gewinn an erster Stelle stehen soll. Dann müsste auf Geschäfte, die keinen Gewinn erbringen, verzichtet werden.

> **Wegekonflikte**: Man ist sich über das anzustrebende Ziel einig. Nur der Weg zum Ziel wird kontrovers diskutiert.

Beispiel:
Für den Leiter des Vertriebs sind kurze Lieferzeiten besonders bedeutsam, um eine möglichst hohe Kundenzufriedenheit zu erreichen. Der Leiter der Produktion möchte die hohe Kundenzufriedenheit aber über die Qualität der Produkte erzielen.

> **Verteilungskonflikte**: Diese Auseinandersetzungen entstehen, wenn sich Mitarbeiter benachteiligt fühlen.

Beispiel:
Eine neu eingerichtete Abteilung erhält zum zweiten Mal ein besonders hohes Budget. Den übrigen Abteilungen werden die Budgets gekürzt.

> **Rollenkonflikte**: Sie entstehen, wenn Personen unterschiedliche Funktionen übernehmen, die Wahrnehmung dieser Funktionen aber zu Gegensätzen führt.

Beispiel:
Eine Mitarbeiterin wird mit der Abteilungsleitung beauftragt. Diese Aufgabe verlangt einen besonders hohen Arbeitseinsatz. Die Mitarbeiterin hat aber auch eine Familie, die sie stark belastet.

> **Autoritätskonflikte**: Es sind Auseinandersetzungen darum, wer das Sagen (die Macht, die Autorität) hat.

Beispiel:
Mitarbeiter widersetzen sich den Anordnungen des Vorgesetzten oder halten betriebliche Regelungen nicht ein.

8.2 Erscheinungsformen

Vielen Menschen bemühen sich, Konflikten aus dem Weg zu gehen, weil sie als unangenehm empfunden werden. Damit ist oft die Hoffnung verbunden, der Betroffene werde durch eigene Einsicht auf sein Fehlverhalten aufmerksam und ändere seine Verhaltensweisen. Werden Konflikte aber nicht angesprochen und offengelegt, schwelen sie im Untergrund weiter, bis sie eines Tages eskalieren.

- **Offene Konflikte**: Sie werden aggressiv und öffentlich von den Beteiligten ausgetragen. Der Streit tritt zunehmend in den Vordergrund, während die eigenen Beweggründe immer weniger hinterfragt werden; die Gefühle kochen hoch, auch irrationale Verhaltensweisen werden sichtbar. Es besteht aber der Wunsch, die Auseinandersetzung durchzustehen.

  Für einen Vorgesetzten, der einen solchen Konflikt lösen will, ist die Situation günstig, weil der Konflikt aktiv angegangen werden kann.

- **Versteckte Konflikte**: In diesem Fall wird nicht die direkte Konfrontation gesucht, sondern der stille, oft heimtückische Kampf bestimmt das Geschehen. Die Gegner empfinden tiefste Abneigung füreinander, gepaart mit hoher Frustration. Jeder versucht, den anderen zu schädigen, wo er nur kann.

  In diesem Fall ist der Konflikt für den Vorgesetzten zunächst schwer zu erkennen. Aber auch wenn dieser den Konflikt wahrnimmt, sind die Beteiligten für eine Konfliktlösung oft nicht ansprechbar. Bei dem Versuch, ein Gespräch zwischen den Beteiligten zu organisieren, leugnen die Betroffenen häufig, dass überhaupt ein Konflikt besteht. Im Extremfall muss ein Unternehmen mit diesen Kontrahenten leben und sie in einer Notlösung möglichst weit auseinanderhalten.

Eisberg-Modell, siehe Seite 263

Wichtig ist auch zu prüfen, auf welcher Ebene sich der Konflikt abspielt. Er kann sich auf der einen Seite auf der **Sachebene** bewegen, d. h., es können Missverständnisse vorliegen, die z. B. in einer mangelhaften Information eines Mitarbeiters begründet sind. Konflikte können aber auch auf der **Beziehungsebene** stattfinden. Dann geht es um das persönliche Miteinander der Betroffenen. Das unten vorgestellte Eisberg-Modell bietet für diese differenzierte Betrachtung von Konflikten einen Lösungsvorschlag.

8.3 Konfliktvorbeugung

Im Idealfall gelingt es, Konflikte erst gar nicht entstehen zu lassen. Durch geeignete Maßnahmen kann ein Unternehmen dafür sorgen, dass die Entstehung von Konflikten eingeschränkt wird (Konfliktprävention). Dazu zählen z. B. folgende Maßnahmen:

- Im **Unternehmensleitbild** wird festgelegt, wie Mitarbeiter miteinander umzugehen haben. Das schafft Orientierung für alle Beteiligten.
- Die **Umgangsregeln** sollten festlegen, wie die Zusammenarbeit zu organisieren ist und wie sichergestellt wird, dass Respekt, Anerkennung und Freundlichkeit das Arbeitsleben bestimmen.
- Wichtigste Maßnahme für ein konfliktarmes Betriebsklima ist gegenseitige **Wertschätzung**. Vorgesetzte müssen mit gutem Beispiel vorangehen und bei Verstößen einschreiten.

> **Konfliktprävention**: vorbeugende Maßnahmen, um unerwünschte Spannungen unter Mitarbeitern zu vermeiden

8.4 Konfliktgespräche

Beratungsgespräche, siehe Seite 216

Verkaufsgespräche, siehe Seite 240

Bisher wurden zwei Formen von Gesprächen näher betrachtet: Beratungsgespräche und Verkaufsgespräche. Eine dritte Form sind Konfliktgespräche.

Konfliktgespräche sind bewusst gestaltete Gesprächssituationen mit zwei Zielsetzungen. Auf der einen Seite sollen durch Gespräche Spannungen zwischen Mitarbeitern oder zwischen Mitarbeitern und Vorgesetzten gemeinsam untersucht und kooperativ Wege gefunden werden, unerwünschte Verhaltensweisen abzustellen. Andererseits können diese Gespräche auch Kritik an der Arbeitsleistung oder an Verhaltensweisen von Mitarbeitern zum Gegenstand haben. Auch in diesem Fall sollen gemeinsam Lösungen zur Beseitigung der angesprochenen Kritikpunkte gefunden werden. Letztlich geht es um einen Lernprozess der Beteiligten, die durch Einsicht ihre Verhaltensweisen ändern.

Konfliktgespräch: bewusst gestaltete Gesprächssituation mit dem Ziel, Spannungen auf personaler Ebene zu untersuchen bzw. kritikwürdige Verhaltensweisen zu identifizieren und unerwünschte Verhaltensweisen auf kooperative Weise zu verändern

Gespräche, in denen es um die Arbeitsleistung oder um Verhaltensweisen von Mitarbeitern geht, werden vielfach als **Kritikgespräche** bezeichnet. Hier werden Kritikgespräche auch als Konfliktgespräche bezeichnet.

Konfliktgespräche werden im Regelfall von allen Beteiligten als belastend empfunden. Umso wichtiger ist es, Konfliktgespräche so zu führen, dass niemand gekränkt wird oder durch das Gespräch sein Gesicht verliert.

8.5 Konfliktfähigkeit

Da Konflikte zum Arbeitsleben gehören, muss sich jeder Mitarbeiter fragen, wie er mit diesen unvermeidlichen Auseinandersetzungen umgehen will oder kann. Folgende Verhaltensweisen fördern ein Konfliktverhalten, dass auf positive Problembewältigung ausgerichtet ist.

- Konflikten nicht ausweichen: Sie müssen geklärt werden, weil sie sonst unterschwellig weiterleben und das Arbeitsklima vergiften.
- Jeder Mensch macht Fehler; die eigene Meinung darf nicht mit der „Wahrheit" verwechselt werden. Folglich muss man auch bereit sein, seine eigene Position infrage stellen zu lassen und eine grundsätzlich offene Haltung gegenüber Feedback von anderer Seite einnehmen.
- Konfliktlösung heißt nicht, einen Schuldigen zu suchen. Der Auseinandersetzungsprozess muss die Lösung des Konflikts zum Ziel haben. Der Grundsatz lautet: lösungsorientiert, nicht problemorientiert denken.
- Konflikte müssen frühzeitig erkannt und in einen sachlichen und ruhigen Diskussionsprozess überführt werden. Die eigene Position ist dabei sicher und umfassend zu vertreten. Rechthaberei oder Aggressivität sind fehl am Platz.
- Die Problempunkte müssen offen angesprochen werden.
- Man darf sich auch in persönlich gefärbten harten Auseinandersetzungen nicht aus dem Gleichgewicht bringen lassen. Dabei darf man nicht übertrieben emotional handeln, aber auch nicht nur sachorientiert vorgehen.

8.6 Strategien zur Konfliktbewältigung

Ein Konflikt wird gelöst, indem die ihm innewohnende Spannung aufgehoben wird. Dies geschieht durch ein Gespräch, das die Interessen beider Konfliktparteien berücksichtigt. Zu der Frage, wie dieses Gespräch organisiert werden soll, gibt es unterschiedliche Vorschläge.

8.6.1 Eisberg-Modell

Von einem Eisberg ist nur der kleinere Teil (20 %) an der Wasseroberfläche sichtbar, der größere Teil (80 %) bleibt unter der Wasseroberfläche verborgen. Diese Erkenntnis kann man auf den Kommunikationsprozess übertragen.
Nur ein kleiner Teil einer Botschaft ist direkt wahrnehmbar, nämlich die Informationen, die auf der **Sachebene** ausgetauscht werden. Das sind konkrete Zahlen, Sachverhalte und sonstige Daten.
Der größere Teil, nämlich die Botschaften auf der **Beziehungsebene,** bleibt verborgen oder wird erst nach genauem Hinhören erkannt. Dazu gehören Gefühle wie Stimmungen, bestimmte Absichten oder Gedanken, Vorstellungen und Ziele des Senders einer Botschaft.

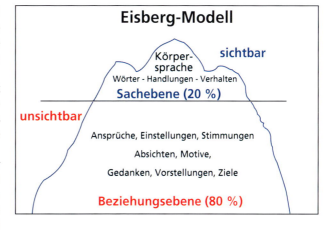

Siehe auch "Mit vier Ohren empfangen", Seite 218

Beispiel:
Ein Mitarbeiter fragt seine Kollegin nach dem Stand ihrer Arbeit:
Mitarbeiter: „Hallo Frau Evers, wie kommen Sie mit der Vorbereitung der Präsentation zurecht?"
Antwort 1:
Mitarbeiterin: „Danke, es läuft ganz gut – wird auf jeden Fall pünktlich fertig."
Antwort 2:
Mitarbeiterin: „Meinen Sie vielleicht, ich werde nicht pünktlich fertig? Sie trauen mir wohl überhaupt nichts zu."

Die Antwort 1 bewegt sich auf der Sachebene. Die Frage wird als freundliche Anteilnahme interpretiert und sachlich beantwortet.
Antwort 2 nimmt die Frage nicht auf der Sachebene wahr, sondern auf der Beziehungsebene. Die Antwort macht deutlich, dass die Beziehung zwischen Mitarbeiter und Mitarbeiterin gestört ist. Welche Art Störung vorliegt, kann man zunächst nicht erkennen; sie liegt im Verborgenen und müsste durch ein Gespräch zutage gefördert werden.

Konflikte auf der Sachebene
Sachkonflikte sind typisch für die Arbeitswelt: fehlende Informationen, fehlerhafter Informationsfluss, unklare Aufgabenstellung, intransparente Arbeitsabläufe oder Fehler in der Arbeitsteilung.

Konflikte auf der Beziehungsebene
Im Arbeitsleben geht es auf dieser Ebene zunächst um die Spielregeln im Unternehmen: Wie gehen die Beschäftigen miteinander um, wie vertrauensvoll wird zusammengearbeitet (zwischen den Mitarbeitern, aber auch zum Vorgesetzten), wie transparent sind Entscheidungen?
In einer tiefer liegenden Ebene geht es um das persönliche Miteinander: Wer dominiert? Wer ordnet sich unter? Gefühle von Sympathie und Antipathie. Fühlt man sich von allen akzeptiert?
Schließlich gelangt man auf die Ebene der persönlichen Prägung, die durch die Erziehung grundgelegt wird und die sich vielfach auch der eigenen Steuerung entzieht, weil sie tief im Innersten des Menschen angelegt ist: Sicherheit und Unsicherheit im Auftreten, Sichtweisen von Mitmenschen, Arbeitsmuster (oberflächlich, pedantisch), religiöse Grundhaltungen usw.
Wird ein Konflikt nur „oberflächlich" auf der Sachebene diskutiert, obwohl er deutlich vielschichtiger ist (nämlich die Beziehungsebene betrifft), bleibt er letztlich ungelöst.
Dabei wirken sich Störungen auf der Beziehungsebene auch auf die Sachebene aus. Sollten die beiden Personen aus dem Beispiel oben in einem Team zusammenarbeiten, wird es schwer, die Sachziele des Teams zu erreichen, weil die Kommunikationsstörung die Teamarbeit behindert.

Kurzfristige Lösungen
In der Praxis würde man das Beispiel oben oft mit einer schlechten Tagesform interpretieren („Ich glaube, die Kollegin hat Stress.") und nicht weiter nach den Ursachen fragen. Für den beruflichen Alltag ist das auch vielfach ausreichend, sofern das Kommunikationsmuster nicht permanent vorherrscht.
Umgekehrt sollte sich jeder Mitarbeiter darüber im Klaren sein, wie Aussagen, die aus der Beziehungsebene heraus formuliert werden, die Zusammenarbeit stören können. Wäre die Mitarbeiterin im Beispiel auf der Sachebene geblieben (hätte sie also ihre Emotionen unter Kontrolle gehabt), wäre eine Kommunikationsstörung vermieden worden.

 Eisberg-Modell: Verfahren zur Konfliktbewältigung, das die Sach- und Beziehungsebene in die Konfliktlösung einbezieht

8.6.2 Konfliktlösung nach dem Eisberg-Modell
Das Modell formuliert ein Vorgehen im Dreischritt.

1. Schritt: Persönliche Einschätzung
Am Anfang steht die eigene Konfliktdiagnose, d. h., der Konflikt wird der Ebene zugeordnet, auf der er sich bewegt (Sach- oder Beziehungsebene). Die Einschätzung ist vorläufig und kann durch den weiteren Prozess verändert werden. Ziel ist es, den Konflikt nachhaltig zu lösen. Das verbietet es, kurzfristige, voreilige Lösungen ins Auge zu fassen (siehe oben).

Beispiele: Fragen an den Konflikt
- Wie stellt sich der Konflikt aus eigener Sicht dar?
- Gibt es Auslöser für diesen Konflikt auf der Sach- und/oder Beziehungsebene?
- Wie lässt sich die Beziehung der Konfliktbeteiligten beschreiben?
- Durch welche persönlichen Eigenschaften tragen einzelne Beteiligte zum Konflikt bei?
- Auf welcher Ebene muss der Konflikt gelöst werden?

2. Schritt: Die Positionen aller Beteiligten hinterfragen

Die persönliche Einschätzung führt zu ersten Anhaltspunkten über die Ursache des Konflikts. Diese Anhaltspunkte sind aber persönlich geprägt, die Sichtweisen der übrigen Beteiligten fehlen noch. Sie sind im zweiten Schritt in einem **Konfliktgespräch** zu ermitteln. Dabei sind folgende Teilschritte zu beachten:

- Spielregeln aufstellen, die von allen Beteiligten zu beachten sind:
  - Jeder darf ausreden, ohne unterbrochen zu werden.
  - Vorwürfe sind tabu.
  - **Ich-Botschaften** verwenden (keine Du-Botschaften, siehe unten)
- Auf jedes verbale und nonverbale Signal genau achten.
- Jeden Beteiligten auffordern, die Kernaussage aus seiner Sicht zu beschreiben.

Beispiele:

Sachebene:	„Ich werde nicht ausreichend informiert."
	„Die Vorgaben wechseln ständig. Ich verliere den Überblick."
Beziehungsebene:	„Jeder sieht nur seine Aufgaben und kümmert sich nicht um das Team."

Eisberg-Modell
1. Persönliche Einschätzung
2. Position aller Beteiligten
3. Konfliktlösung

- Die persönliche Kernaussage jedes Gesprächsteilnehmers hinterfragen und interpretieren, um tiefer liegende Gründe sichtbar zu machen.

Es kann sinnvoll sein, die Kernaussagen auf Karten oder einem Flip-Chart zu notieren.

Beispiele:
- „Was hat die Unternehmensleitung getan, dass Sie zu dieser Einschätzung kommen?"
- „Woraus schließen Sie, dass jeder nur seine Aufgaben im Auge hat?"
- „Was hat er/sie konkret gemacht, dass Sie sich übergangen fühlen?"

Statt zu hinterfragen, können die Teilnehmer auch durch **aktives Zuhören** (siehe unten) dazu gebracht werden, ihre Ansichten zu vertiefen und den eigentlichen Ursachen des Konflikts nachzuspüren und vor allem auch die Gefühlslage der Beteiligten (die Beziehungsebene) sichtbar zu machen.

Beispiel:
„Sie sagen, dass nicht alle Informationen bei Ihnen ankommen. Dadurch fühlen Sie sich ausgeschlossen."

Durch die Äußerungen eines jeden Gesprächsteilnehmers und die vertiefenden Fragen wird vielfach erst jedem Teilnehmer klar, wo die wahren Ursachen des Konflikts liegen und auf welcher Ebene er sich abspielt. Das öffnet vielen die Augen für erste Lösungsideen.

3. Schritt: Konfliktlösung auf der richtigen Ebene

Die Gesprächsteilnehmer entwickeln in diesem Schritt Lösungen zur Beilegung des Konflikts. Es ist darauf zu achten, dass die Lösungen Maßnahmen enthalten, die vom Einzelnen aktiv mitgestaltet werden. Konflikte schaffen bei Menschen häufig das Gefühl von Ohnmacht, weil sie sich den Handlungen anderer ausgesetzt sehen, auf die sie keinen Einfluss haben. Lösungen, die die Teilnehmer selbst vorschlagen und durch eigene Verhaltensänderungen bestimmen, schaffen das Gefühl, die Dinge wieder selbst gestalten zu können.
Manchmal besteht die Lösung allerdings nur in der Einsicht in das Notwendige. Konfliktursachen, die von außen kommen und die unveränderlich sind, z. B. die notwendige Verkleinerung einer Abteilung, können durch die gemeinsame Diskussion zu einer neuen Perspektive führen (hinnehmen, was nicht geändert werden kann).
Das können auch persönliche Eigenheiten von Mitarbeitern sein, die im Gespräch begründet und dann von allen wohlwollend akzeptiert werden.
Optimal ist eine Lösung, die allen Beteiligten nur Vorteile bringt (die sogenannte **Win-win-Situation**). Das Zitronen-Beispiel ist in der Lage, das Prinzip zu erklären:

Beispiel: Zitrone
Zwei Personen wollen die einzig vorhandene Zitrone haben. Im Kompromissverfahren würde man die Zitrone teilen. Bei einer Diskussion über die Verwendung der Zitrone stelle sich aber heraus, dass eine Person den Saft wünscht, die andere die Schale für einen Kuchen. Die Konfliktlösung durch das Gespräch führt zu einer Win-win-Situation.

In der Praxis herrscht allerdings vielfach die Suche nach einem Kompromiss vor, der letztlich von jedem Abstriche von seinen Vorstellungen verlangt.

8.6.3 Modell der gewaltfreien Kommunikation

Das Modell der gewaltfreien Kommunikation geht von der Grundhaltung aus, dass sich Menschen gegenüber anderen offen und klar ausdrücken und sich dabei so gut wie möglich in den anderen hineinversetzen (**Empathie**). Ziel ist es, durch einen Blick nach innen eigene Gefühle und Bedürfnisse zu formulieren, die dann als Bitte nach außen getragen werden (an andere Menschen).

Gewaltfreie Kommunikation

1. Wahrnehmung
2. Gefühl
3. Bedürfnis
4. Bitte

- **Wahrnehmung**: Am Anfang steht die Beobachtung der Situation (einer Handlung). Im Falle einer Konfliktsituation soll dem Gesprächspartner wiedergegeben werden, wie man den Konflikt wahrnimmt. Bewertungen, Interpretationen oder gar Vorwürfe sind zu vermeiden (siehe Schritt 1 im Eisberg-Modell).
- **Gefühle**: Die Beobachtung löst Gefühle aus. Durch Ich-Botschaften werden die eigenen Gefühle beschrieben, die sich aufgrund der Konfliktsituation einstellen. Du-Botschaften und damit Vorwürfe an den Gesprächspartner unterbleiben.
- **Bedürfnisse**: Aus den Gefühlen lassen sich eigene Bedürfnisse, Wünsche formulieren. Sie sind nicht an den Gesprächspartner gerichtet, z. B. in Form von Vorwürfen, sondern entstammen aus der eigenen Person. Dies ist das verbindende Element unter den Gesprächspartnern, weil jeder Bedürfnisse hat und daher diese Sprache versteht.
- **Bitten**: Aus den Bedürfnissen lassen sich wiederum Bitten an den Gesprächspartner ableiten. Dem ist es freigestellt, ob er die Bitten auch erfüllt. Weil aber Gefühle, Bedürfnisse und die Bitten der eigenen Person entstammen, kann sich der Gesprächspartner gut in die Situation des „Bittstellers" hineinversetzen. Die Situation ist nicht durch Vorwürfe und Forderungen belastet, sie ist gewaltfrei.

  Gewaltfreie Kommunikation: Verfahren zur Konfliktbewältigung, das auf Vertrauen beruht und eine wertschätzende Beziehung zwischen Menschen gestalten will. Das Ziel sind einfühlsame, kooperative Lösungen.

8.7 Sprachliche Mittel für konstruktive Kritik

Kritik mündet häufig in Schuldzuweisungen. Eine so geäußerte Kritik ruft aber den Widerstand des Betroffenen hervor, weil er sich angegriffen und verletzt fühlt. Die Auseinandersetzung schaukelt sich dann schnell hoch – eine Konfliktlösung rückt in weite Ferne.

Konstruktive Kritik, also Kritik, die auf eine Problemlösung ausgerichtet ist, erfordert von allen Beteiligten **Einfühlungsvermögen** in die Situation des anderen. Die Kritik muss offen und aufbauend vorgetragen werden und von einer unterstützenden Grundhaltung geprägt sein.

Eisberg-Modell, siehe Seite 263

8.7.1 Ich-Du-Botschaften

Beispiel:
Ein Mitarbeiter hat den Eindruck, nicht ausreichend über alle Sachverhalte informiert zu werden. Er vermutet, dass er systematisch von wichtigen Informationen ausgegrenzt wird, um ihm seine Karriere zu verbauen. Es kommt zu aggressiven Reaktionen, die letztlich in ein Konfliktgespräch mit dem Team führen.
Im Konfliktgespräch nach dem Eisberg-Modell wird er in Schritt 2 aufgefordert, seine Sicht des Problems zu beschreiben. Er könnte die folgenden Formulierungen wählen:
Formulierung 1: „Die Teammitglieder, speziell Frau Sommer, reichen ihre Informationen nicht an mich weiter."
Formulierung 2: „Ich werde nicht ausreichend informiert. Das behindert mich in meiner Arbeit und es ärgert mich maßlos."

Bei Formulierung 1 handelt es sich um eine **Du-Botschaft** (Sie-Botschaft). Sie richtet sich direkt gegen den Gesprächspartner und stellt dessen Fehlverhalten heraus. Du-Botschaften erzeugen i. d. R. beim Partner Widerspruch und Rechtfertigungszwang. Letztlich führen Du-Botschaften zu gestörter Kommunikation.

  Du-Botschaft: Es handelt sich um ein sprachliches Mittel, das Gesprächspartner beschuldigt und herabsetzt.

Formulierung 2 ist eine Ich-Botschaft. Sie besteht aus drei Teilen:
1. Das **störende Verhalten** wird aus der eigenen Sicht beschrieben.
2. Die **Wirkung**, die von dieser Störung ausgeht, wird erläutert.
3. Die eigenen **Gefühle** werden dargestellt.

Ich-Botschaften sind ein Mittel, um konstruktive Kritik zu äußern. Die Gesprächspartner fühlen sich nicht angegriffen, können in Ruhe über das Gesagte nachdenken und die Bereitschaft entwickeln, wie sie zur Klärung des Problems beitragen können. Damit tragen Ich-Botschaften auch zur Deeskalation in einer schwierigen Gesprächssituation bei.

Ich-Botschaft: Es handelt sich um ein sprachliches Mittel, das die eigene Wahrnehmung und die eigenen Gefühle herausstellt.

Ich-Botschaften sind auch Selbstoffenbarungen im Sinne des Kommunikationsquadrats.

Kommunikationsquadrat, siehe Seite 216

8.7.2 Aktives Zuhören

In Diskussionen reden Gesprächspartner häufig aneinander vorbei. Dies lässt sich vermeiden, wenn man dem Sender einer Nachricht aufmerksam zuhört. Oft ist man aber auch nicht sicher, ob man den Sender richtig verstanden hat. Wie könnte man ihn höflich (wertschätzend) veranlassen, seine Aussagen zu präzisieren? Die Technik des aktiven Zuhörens hilft in solchen Fällen.

Aktives Zuhören: Wertschätzende Reaktion des Zuhörers, mit der der Gesprächspartner ein Feedback bekommt und zum Weitersprechen ermutigt wird.

Aktives Zuhören ist mehr als Nachfragen zu einem nicht verstandenen Sachverhalt. Es geht vielmehr darum, sich in die Gefühlslage des Gesprächspartners hineinzuversetzen und ihm auch die eigenen Eindrücke mitzuteilen.

Stufen des aktiven Zuhörens

Zuhören	Durch Blickkontakt sowie Aufmerksamkeitslaute und nonverbale Signale zeige ich dem Sprecher meine Aufmerksamkeit, mein Interesse und meine emotionale Verbundenheit.
Verstehen	Mit eigenen Worten wiederhole ich die Aussage des Sprechers, um festzustellen, ob ich ihn richtig verstanden habe. Dabei wird nicht wörtlich zitiert, sondern sinngemäß und verkürzt formuliert (**Paraphrasierung**).
Gefühle übermitteln	Ich bemühe mich zusätzlich, die Gefühle und Wünsche des Sprechers zu verstehen und gebe meinen Eindruck mit eigenen Worten wertschätzend wieder.

Beispiel:
Im Beispiel oben hat der Mitarbeiter seine Kritik in eine Ich-Botschaft gefasst (Formulierung 2). Der Abteilungsleiter, der das Konfliktgespräch führt, will den Mitarbeiter veranlassen, seine Position noch näher zu erläutern.
Mitarbeiter: „Ich werde nicht ausreichend informiert. Das behindert mich in meiner Arbeit und es ärgert mich maßlos."
Abteilungsleiter: (Er hat aufmerksam zugehört und den Mitarbeiter mit freundlichem Nicken ermuntert, seine Klagen vorzutragen.)
„Wenn ich Sie richtig verstanden habe, fühlen Sie sich schon seit Längerem vom Informationsfluss ausgeschlossen und können deshalb Ihre Arbeitsleistung nicht erbringen, was Sie als sehr ärgerlich empfinden."
Mitarbeiter: „Genau, mein Eindruck ist, dass das nicht zufällig passiert, sondern systematisch. Deshalb muss jetzt etwas passieren."

Der Mitarbeiter fühlt sich durch die Antwort des Abteilungsleiters in seinen Sorgen verstanden. Gleichzeitig wird er angeregt, seine Aussagen noch weiter zu präzisieren und auszubauen.
Die Reaktion des Abteilungsleiters bedeutet **nicht**, dass er sich die Aussagen des Mitarbeiters zu eigen macht. Dazu müsste er zunächst das Team befragen. Das könnte zu einer völlig anderen Sichtweise führen, die vielleicht erklärt, warum die Informationen nicht ungestört fließen.
Aktives Zuhören hat sich gerade bei kontroversen Diskussionen bewährt, weil es Kampfsituationen vermeidet, in denen man sich gegenseitig Vorwürfe macht. Durch aktives Zuhören wird allen Beteiligten Aufmerksamkeit und Wertschätzung zuteil. Man erzeugt eine entspannte Situation, die produktive Kompromisse ermöglicht.

Die Methode des aktiven Zuhörens kann man dem Vier-Ohren-Modell zuordnen.

Vier-Ohren-Modell, siehe Seite 218

Zuhören	Aufmerksamkeit und Interesse werden über das Beziehungs-Ohr erfasst.
Verstehen	Für den Inhalt der Aussage ist das Sach-Ohr zuständig.
Gefühle übermitteln	Hier werden das Selbstoffenbarungs- und das Appell-Ohr aktiv, indem die Gefühle und Wünsche näher betrachtet werden.

Zusammenfassung

Konfliktgespräche

Konfliktarten
- Zielkonflikt
- Wegekonflikt
- Verteilungskonflikt
- Rollenkonflikt
- Autoritätskonflikte

Erscheinungsformen
- Offene Konflikte
- Versteckte Konflikte

Strategien
- Eisberg-Modell:
  – Verfahren, das die Sach- und Beziehungsebene in die Konfliktlösung einbezieht.
  – Lösung im Dreischritt:
    1. persönliche Einschätzung
    2. Positionen aller Beteiligten
    3. Konfliktlösung
- Gewaltfreie Kommunikation:
  – 4 Schritte:
    1. Wahrnehmung
    2. Gefühle
    3. Bedürfnisse
    4. Bitten

Konfliktprävention
- Unternehmensleitbild
- Umgangsregeln
- Wertschätzung

Konfliktgespräch
Vorbeugend unerwünschte Spannungen unter Mitarbeitern vermeiden.

Sprachliche Mittel
- Ich-Botschaften: Die eigene Wahrnehmung und die eigenen Gefühle herausstellen
- Du-Botschaften: Gesprächspartner werden beschuldigt und herabgesetzt.
- Aktives Zuhören: Wertschätzende Reaktion des Zuhörers → Feedback und Ermunterung zum Weitersprechen
  1. Zuhören
  2. Verstehen
  3. Gefühle übermitteln

Konfliktfähigkeit
- Konflikten nicht ausweichen
- Kritik zulassen
- Lösungsorientiert Denken
- Frühzeitig aktiv werden
- Eigene Position selbstbewusst vertreten
- Probleme offen ansprechen

Lernfeld 8
Personalwirtschaftliche Aufgaben wahrnehmen

1 Aufgaben und Ziele der Personalwirtschaft

⮕ Lernsituation 1: Aufgaben und Ziele der Personalwirtschaft definieren

1.1 Aufgaben der Personalwirtschaft

Die wesentliche Aufgabe der Personalwirtschaft ist **die Bereitstellung des erforderlichen Personals zur richtigen Zeit am richtigen Ort mit der richtigen Qualifikation.** Das bedeutet, dass die Personalwirtschaft regelmäßig den Personalbestand hinsichtlich der Anzahl und der vorhandenen Qualifikationen der Mitarbeiter prüfen muss. Zudem muss sie erkennen, wo die Mitarbeiter benötigt werden. Eine permanente Personaleinsatzplanung soll sicherstellen, dass die Mitarbeiter mit der entsprechenden Qualifikation am richtigen Ort eingesetzt werden. Dadurch ist gewährleistet, dass die unternehmerischen Ziele erreicht werden können, z. B. die Schaffung neuer Absatzmärkte.

Dabei hat die Personalwirtschaft zwei Prinzipien zu beachten:

- Nach dem **Wirtschaftlichkeitsprinzip** versucht das Unternehmen ein möglichst günstiges Verhältnis zwischen den verursachten Personalkosten und den daraus resultierenden Personalleistungen zu erzielen.
- Das **Humanitätsprinzip** sieht vor, dass das Personal möglichst unter menschengerechten Bedingungen arbeitet und kooperativ geführt wird.

Diese Prinzipien sollten im Rahmen der Zielsetzung der Personalwirtschaft auf eine Weise berücksichtigt werden, dass keines von beiden benachteiligt wird.

> **Personalwirtschaft** (auch Personalwesen, Personalmanagement oder Human Resource Management): Darunter sind die Funktionsbereiche eines Unternehmens zu verstehen, die sich mit dem Faktor „arbeitender Mensch" auseinandersetzen.

Human = menschlich;
Resource = Ressource (franz., la ressource = Mittel, Quelle)

Die Aufgaben der Personalwirtschaft sind unter anderem:

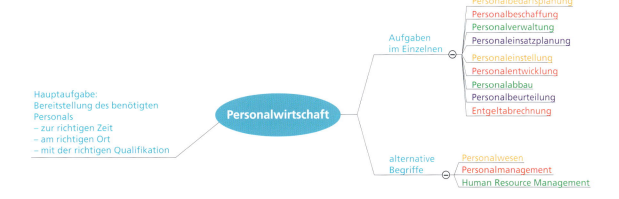

1.2 Ziele der Personalwirtschaft

Jedes Unternehmen legt zu Beginn seiner Entstehung sein(e) **Sachziel**(e) fest. Das Sachziel definiert die Leistung, die das Unternehmen am Markt erbringen möchte. Das könnten zum Beispiel der Bau und die Vermarktung von Fahrrädern sein.
Neben den Sachzielen werden auch **Formalziele** festgelegt, die die Bedingungen beschreiben, wie die Sachziele erreicht werden sollen. Die Summe aller Sach- und Formalziele eines Unternehmens wird als **Zielsystem** bezeichnet.

Lernfeld 8 Personalwirtschaftliche Aufgaben wahrnehmen

In zeitlicher Hinsicht unterscheidet man:

- **Operative Ziele**, also kurzfristige Ziele, die innerhalb eines Jahres erreicht werden sollen

  Beispiele:
  Betriebliche Mitarbeiterschulungen, Fort- und Weiterbildungen

- **Taktische Ziele**, die als mittelfristige Ziele zu sehen sind und in ein bis drei Jahren erreicht werden sollen

  Beispiele:
  Umschulungen von Mitarbeitern, Erhöhung des Umsatzes

- **Strategische Ziele**, die einen Zeithorizont von drei und mehr Jahren haben

  Beispiele:
  Verbesserung des Bildungsniveaus der Mitarbeiter, Marktführerschaft

Neben der zeitlichen Differenzierung werden Ziele auch nach den bereits zuvor erwähnten Prinzipien der Wirtschaftlichkeit und der Humanität unterschieden.

  Wirtschaftliche Ziele: Sie unterliegen dem Wirtschaftlichkeitsprinzip.

Zu den **wirtschaftlichen Zielen** der Personalwirtschaft gehören:

- Senkung der Personalkosten,
- Abbau unnötiger Stellen,
- Steigerung der menschlichen Arbeitsleistung,
- Reduzierung der Kosten, die durch Krankheit entstehen,
- Nutzung der Fachkenntnisse der Mitarbeiter,
- Einsatz effizienter Arbeitszeitmodelle (z. B. Schichtsysteme).

Neben den wirtschaftlichen Zielen werden auch soziale Ziele verfolgt.

  Soziale Ziele: Sie unterliegen dem Humanitätsprinzip.

Zu den **sozialen Zielen** der Personalwirtschaft gehören:

- gerechte Entlohnung der Mitarbeiter,
- Förderung der Gesundheit der Mitarbeiter (z. B. durch Beachtung der Ergonomie),
- Erhöhung der Mitarbeiterzufriedenheit (z. B. durch Beachtung der Work-Life-Balance),
- Erhöhung der Qualifikationen der Mitarbeiter durch Fort- und Weiterbildung,
- Gestaltung abwechslungsreicher Aufgaben,
- faire Behandlung durch Vorgesetzte,
- Schaffung eines guten Betriebsklimas.

Betrachtet man die Ziele der Personalwirtschaft, wird man feststellen, dass die wirtschaftlichen Ziele mit den sozialen Zielen nicht immer im Einklang stehen. Es kann zu **Zielkonflikten (konkurrierende Ziele)** kommen. Das bedeutet, dass bestimmte Ziele nicht gleichzeitig anvisiert werden können.

Beispiele für konkurrierende Ziele:

- *Das soziale Ziel der gerechten Entlohnung der Mitarbeiter steht im Widerspruch zu dem Ziel der Unternehmensleitung, die Lohnkosten senken zu wollen, indem der Arbeitgeber nur noch den Mindestlohn zahlt.*
- *Das soziale Ziel, die Work-Life-Balance aller Mitarbeiter zu fördern; steht im Widerspruch zu dem Ziel der Unternehmensleitung, den Schichtdienst einführen zu wollen.*
- *Das Ziel, hochqualifizierte Mitarbeiter einsetzen zu wollen; steht im Widerspruch zu dem Ziel, das Budget für Fort- und Weiterbildungen zu kürzen.*

Ökonomisch = oeconomicus (griechisch); zur Wirtschaft gehörig

Je größer die Schnittmenge zwischen diesen beiden Zielarten ist, umso größer wird zum Beispiel die Mitarbeiterzufriedenheit sein. Sie ist ein wesentlicher Faktor mit ökonomischer Wirkung. Denn mit steigender Mitarbeiterzufriedenheit, nimmt beispielsweise auch die Zahl der Krankmeldungen und Kündigungen ab, was zu einer Verringerung der Personalkosten beiträgt.

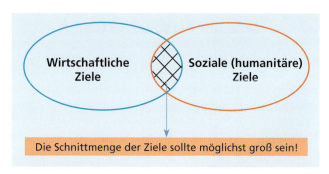

Formalziele können sich aber auch gegenseitig ergänzen (**komplementäre Ziele**), das bedeutet, dass sie gleichzeitig anvisiert werden können.

Beispiele für Komplementäre Ziele:
- Das soziale Ziel der gerechten Entlohnung der Mitarbeiter steht im Einklang mit dem Ziel der Unternehmensleitung, die Zahl der Urlaubstage zu erhöhen.
- Das soziale Ziel, die Work-Life-Balance aller Mitarbeiter zu fördern; steht im Einklang mit dem Ziel der Unternehmensleitung, die Arbeitszeit von täglich 8 auf 7,5 Stunden zu reduzieren.

Ziele, die keinen Einfluss auf die Erreichung eines anderen Zieles haben, werden als **indifferente Ziele** bezeichnet.

Beispiele für Indifferente Ziele:
- Das Ziel der gerechten Entlohnung der Mitarbeiter verhält sich indifferent zu dem Ziel der Unternehmensleitung, blaue Dienstfahrzeuge anschaffen zu wollen.
- Das Ziel, die Work-Life-Balance aller Mitarbeiter zu fördern; verhält sich neutral zu dem Ziel der Unternehmensleitung, ein neues Unternehmenslogo einzuführen.

Komplementär (französisch complémentaire) = ergänzend

Indifferent = lat. indifferens = keinen Unterschied habend, neutral

Die Bestimmung der Ziele durch die Unternehmensleitung hängt von einer Vielzahl verschiedener Faktoren ab. Das können externe als auch interne Faktoren sein.

Externe Faktoren

Konkurrenzsituation
Verschärft sich die Konkurrenzsituation auf dem Markt, könnte ein Unternehmen aggressivere preispolitische Ziele anstreben. Das hätte womöglich das Ziel zur Folge, dass der Unternehmer mehr rationalisiert, z. B. Maschinen gegen Menschen austauscht, um eine höhere Produktivität zu erreichen und um damit einen niedrigeren Preis auf dem Markt zu ermöglichen.

Tarifverträge
Unterliegt ein Unternehmer einem Tarifvertrag kraft Allgemeinverbindlichkeit, bedeutet dies, dass der Arbeitgeber die darin enthaltenen Regelungen für seine Mitarbeiter als Mindestbedingungen zwingend anzuwenden hat. Damit gilt der Tarifvertrag dann auch für Arbeitgeber, die nicht dem beteiligten Arbeitgeberverband angehören. Allgemeinverbindliche Tarifverträge, die sich auf einen geografischen Raum beziehen, werden als Flächentarifverträge bezeichnet. Gilt diese Verbindlichkeit für eine Branche, spricht man von einem Branchentarifvertrag.

Beispiel:
Der Unternehmer kann aufgrund dieser Allgemeinverbindlichkeit nicht seinem Ziel folgen, seinen Mitarbeitern nur 8,80 € zahlen zu wollen, wenn der Tarifvertrag einen Mindestlohn von 10,00 € vorsieht.

Gesetze
Nach dem dritten Sozialgesetzbuch (SGB) können Arbeitgeber Zuschüsse erhalten, wenn sie Personen mit Vermittlungshemmnissen (z. B. fehlende berufliche Qualifikation, Migrationshintergründe) einstellen. In diesen Fällen wäre der Unternehmer sicher eher geneigt, einen solchen Mitarbeiter einzustellen. Dadurch würde der Unternehmer dem Ziel der Personalkosteneinsparung näherkommen.

Vermittlungshemmnisse = Erschwernisse, die in der Person des Arbeitslosen liegen, die eine „normale" Vermittlung in eine angebotene Arbeitsstelle hemmen

Lernfeld 8 Personalwirtschaftliche Aufgaben wahrnehmen

Konjunktur, siehe Lernfeld 5, Kapitel 3.4, Seite 37

Konjunktur
Droht langfristig ein wirtschaftlicher Abschwung und dann eine Depression, wird sich das Absatzziel des Unternehmers vermutlich in geringeren Verkaufszahlen ausdrücken Die Folge eines solchen Produktionsrückgangs wären vermutlich Personalentlassungen.

Interne Faktoren

Arbeitszeitmodelle
Strebt der Unternehmer eine große Mitarbeiterzufriedenheit an, kann der Einsatz verschiedener Arbeitszeitmodelle dazu beitragen, diese zu erhöhen. Das Modell der Gleitzeit zum Beispiel ermöglicht es dem Mitarbeiter, seine privaten Termine (das Kind zur Kita bringen) besser zu koordinieren und damit Alltagsstress zu vermeiden.

Betriebsgröße
Die Zahl und Art der Maschinen und der Mitarbeiter und die Organisation des Unternehmens hinsichtlich seiner Ablaufprozesse bestimmen letztendlich die Leistungsfähigkeit eines Betriebes und setzen damit Grenzen für die Zielsetzungen eines Unternehmens.

Führungsstil, siehe Informationshandbuch des 1. Ausbildungsjahrs

Führungsphilosophie
Will der Unternehmer das Ziel, die Mitarbeitermotivation zu fördern, erreichen, spielt die Wahl des Führungsstils eine besondere Rolle. Ein kooperatives Führungsverhalten verbessert das Betriebsklima, weil Mitarbeiter am Entscheidungsprozess beteiligt sind und die Kreativität gefördert wird.

Finanzierungspläne
Die zur Verfügung stehenden finanziellen Mittel bestimmen die Ziele des Betriebes im großen Maße. Stehen keine Mittel für ein besonderes soziales Engagement zur Verfügung, haben die wirtschaftlichen Ziele Vorrang.

Unternehmensziele - Einflussfaktoren -

interne Faktoren: Finanzierungspläne, Führungsphilosophie, Betriebsgröße, Arbeitszeitmodelle

externe Faktoren: Konkurrenz, Tarifverträge, Gesetze, Konjunktur

1.3 Unternehmensleitbilder

> Ein **Unternehmensleitbild** stellt eine schriftliche Erklärung eines Unternehmens über sein Selbstverständnis und seine Grundprinzipien dar.

Dieses Leitbild soll das Idealbild des Unternehmens widerspiegeln. Nach innen soll das Leitbild einen Orientierungsrahmen geben und somit die Handlungen aller Mitarbeiter leiten. Nach außen soll der Öffentlichkeit verdeutlicht werden, wofür das Unternehmen steht. Das Leitbild bildet den Rahmen für Strategien, für kurzfristige Aktionen, also für die Ziele der Unternehmung.

Beispiel eines Unternehmensleitbildes:

Junior GmbH

Teamarbeit als Teil des Erfolgs
- Hohe Effektivität
- Stärkung des Wir-Gefühls
- Positive Konkurrenz

Qualität durch
- Effiziente Prozesssteuerung
- Moderne Produktionsmittel
- Hochqualifizierte Fachkräfte
- Gute Organisation
- Zertifizierung nach DIN EN ISO 9001

Entwicklung bedeutet Fortschritt
- Fortbildung
- Coaching
- Mentoring
- Ausbildung
- Weiterbildung

Unsere Vision
Das Unternehmen mit dem höchsten Qualitätsstandard

Umweltschutz ist eine Notwendigkeit
- Wiederverwendung
- Recycling
- Ressourcenschonung
- Lebensqualität

Führung ist mehr als Lenkung
- Kooperatives Führen
- Mitarbeiter entscheiden mit
- Hohe Eigenverantwortung
- Hohe Motivation
- Hohes Vertrauen

Zusammenfassung

Aufgaben und Ziele der Personalwirtschaft			
Zentrale Aufgabe	**Aufgaben im Einzelnen**	**Ziele/Zielsystem**	
Bereitstellung des erforderlichen Personals zur richtigen Zeit am richtigen Ort mit der richtigen Qualifikation	▎ Personalbedarfsplanung ▎ Personalbeschaffung ▎ Personalbeurteilung ▎ Personaleinsatzplanung ▎ Personaleinstellung ▎ Personalabbau ▎ Personalentwicklung ▎ Entgeltberechnung ▎ Personalverwaltung	Kombination aus Sach- und Formalzielen	
		Sachziele	**Formalziele**
		Definieren die eigentliche Leistung des Unternehmens am Markt	Definieren, wie die Sachziele erreicht werden sollen
		▎ Konkurrierende Ziele: Ziele, die sich einander widersprechen ▎ Komplementäre Ziele: Ziele, die sich ergänzen ▎ Indifferente Ziele: Ziele, die sich nicht gegenseitig beeinflussen	

Soziale Ziele	**Wirtschaftliche Ziele**	**Leitbild**
Zielsetzung nach dem Humanitätsprinzip	Zielsetzung nach dem Wirtschaftlichkeitsprinzip	Selbstverständnis und Grundprinzipien eines Unternehmens

2 Personalbedarfsplanung

➲ Lernsituation 2: Den zukünftigen Personalbedarf planen

2.1 Quantitativer Personalbedarf

Wurde die Anzahl der zukünftig benötigten Mitarbeiter falsch bestimmt, hat das z. B. bei einer Überbeschäftigung unnötig hohe Kosten bei Löhnen, Gehältern, beim Einstellungsverfahren und bei der Personalverwaltung zur Folge.

Wurden zu wenig Mitarbeiter eingeplant, hat das nicht nur Auswirkungen auf die angestrebte Produktionsmenge. Müssen weitere Arbeitskräfte beschafft werden, kann das bedeuten, dass die passenden Fachkräfte kurzfristig nicht zu bekommen sind. In der Eile kann es auch vermehrt zu Fehlentscheidungen bei der Personalauswahl unter den Bewerbern kommen.

 Quantitativer Personalbedarf: Anzahl der zukünftig benötigten Mitarbeiter

2.1.1 Stellenplanmethode

Der Personalbedarf eines Unternehmens ergibt sich aus einer Vielzahl von Faktoren. Bei der Gründung eines Unternehmens muss zuerst einmal das Sachziel festgelegt werden, denn das gibt die eigentliche Leistung am Markt vor. Das könnten zum Beispiel der Vertrieb und die Montage von Fahrrädern sein.

Das **Sachziel** wird dann in seine Einzelaufgaben zerlegt (**Aufgabenanalyse**), damit feststeht, wie viele Aufgaben insgesamt nötig sind, um das Sachziel zu erreichen. Solche Einzelaufgaben sind beispielsweise das Schreiben von Angeboten, das Erstellen von Rechnungen usw.

Danach werden diese Teilaufgaben dann wieder zu einem **Aufgabenkomplex** zusammengeführt (**Aufgabensynthese**). Man nennt dies auch **Stellenbildung**. Dieser Aufgabenkomplex beinhaltet sachlogisch zusammenhängende Teilaufgaben, die der Stelleninhaber zu erledigen hat.

 Aufgabenanalyse: Verfahren, mit dem Sachziele in Teilaufgaben zerlegt werden
Aufgabensynthese: Verfahren, mit dem Teilaufgaben zu einem Aufgabenfeld zusammengeführt werden (Stellenbildung)

Die Stellenbildung wird so lange durchgeführt, bis alle Einzelaufgaben, die durch die Aufgabenanalyse bestimmt wurden, verteilt sind. Danach kennt man die Zahl der notwendigen Stellen, um das angestrebte Sachziel des Unternehmens zu erreichen.

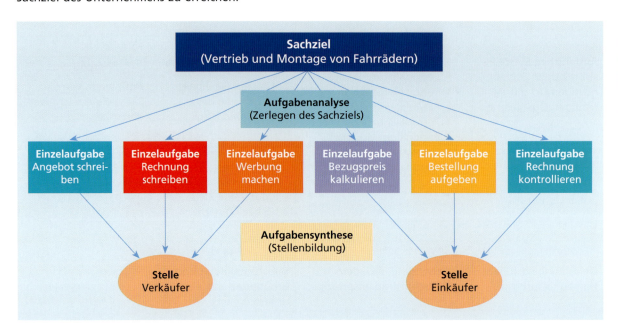

Die so ermittelte Zahl der Stellen wird in einem Stellenplan festgehalten.

Beispiel: Stellenplan der Rosner GmbH

Zahl der Stellen	Bezeichnung der Stelle	Tatsächlich besetzte Stellen
1	Geschäftsführer	1
3	Abteilungsleiter	3
2	Werkstatt	2
3	Verkauf	3
1	Rechnungswesen/Controlling	1
1	Lager	1
2	Auszubildende	2
13	*Summe*	13

Die den Stellen zugeordneten Einzelaufgaben werden in sogenannten Stellenbeschreibungen festgehalten. Neben den Aufgaben enthalten solche Beschreibungen auch Vertretungsregelungen, Anforderungen an den Stelleninhaber und das Über- und Unterstellungsverhältnis innerhalb der Hierarchie (instanzielle Eingliederung).

Beispiel: Stellenbeschreibung Verkaufsleiter der Rosner GmbH

Zeichnungsvollmacht: i. A., i. V., ppa, siehe Informationshandbuch des 1. Ausbildungsjahres, LF 1

Stellenbezeichnung Abteilung: Sachgebiet: Zeichnungsvollmacht:	Abteilungsleiter/-in Verkauf Verkauf Fahrräder und Zubehör In Vertretung (i. V.)
Ziel der Stelle	Gewinnung von Kunden, Pflege und Erweiterung des Kundenstamms
Instanzielle Eingliederung Unmittelbarer Vorgesetzter: Unmittelbar untergeordnete Stellen: **Stellenvertretung** wird vertreten von: vertritt:	Geschäftsführung Verkaufsmitarbeiterin Geschäftsführung Mitarbeiter des Verkaufs

Aufgaben	- Beratung der Geschäftsführung in Verkaufsfragen - Bearbeitung schwieriger Kundenanfragen, die von den Verkäufern nicht erledigt werden können - Monatliche Feststellung der Umsatzentwicklung - Kontrolle der Verkäufer - Programmplanung zur Verkaufsförderung - Planung von Besprechungen mit den Verkäufern - …
Befugnisse und Verantwortung	- Im Rahmen der laufenden Arbeiten werden die anfallenden Tätigkeiten selbstständig durchgeführt. - Sonderpreise und Sonderkonditionen sowie Kreditvergaben für einzelne Kunden kann der/die Stelleninhaber/-in bis zu Auftragshöhen von 15.000,00 € selbstständig entscheiden. - …
Anforderungen an den/die Stelleninhaber/-in	
Vorbildung:	- Mittlerer Bildungsabschluss - Kaufmännische Ausbildung - Selbstständige Verkaufstätigkeit in der Fahrrad- und Fahrradtechnikbranche - EDV-Kenntnisse/SAP-Kenntnisse - Gute Marktkenntnisse - Gute Warenkenntnisse - …
Persönliche Eigenschaften:	- Verhandlungsgeschick - Sicheres Auftreten - Teamfähigkeit - Durchsetzungsvermögen - Kritikfähigkeit - Führungsqualitäten

> **Stellenbeschreibung**: personenneutrale Beschreibung einer Arbeitsstelle hinsichtlich ihrer Aufgaben, Anforderungen, hierarchischen Einordnung und Beziehungen zu anderen Stellen

In manchen Betrieben werden solche Stellenbeschreibungen nicht erstellt, weil die Aufgaben und Aufgabenfelder relativ überschaubar und der Aufwand für die Erstellung aus Sicht des Unternehmers nicht angemessen erscheinen. Doch die Stellenbeschreibung stellt eine große Organisationshilfe dar. Sie gibt der Geschäftsführung Planungssicherheit, denn durch die schriftliche und eindeutige Zuordnung der Aufgaben werden diese nicht doppelt vergeben und damit unnötige Stellen im Unternehmen vermieden. So ergibt sich für jedes Unternehmen ein spezifischer Stellenplan, der den Personalbedarf festlegt.

Externe und innerbetriebliche Einflussfaktoren

Allerdings sind Unternehmen keine starren Gebilde. Sie unterliegen einem ständigen Wandel. Die innerbetrieblichen Faktoren des Unternehmens und die Marktbedingungen können sich verändern. Diese Faktoren, die auch die Ziele des Unternehmens beeinflussen, haben somit auch eine Wirkung auf den Personalbedarf, der dann entsprechend angepasst werden muss.

Ziele und Aufgaben der Personalwirtschaft, siehe Seite 269

Innerbetriebliche Faktoren

- **Absatzprogramm**
  Das Absatzprogramm (Sortiment) stellt die Gesamtheit aller Güter und Dienstleistungen eines Unternehmens dar, die am Markt angeboten werden. Wird ein Sortiment vergrößert, hat das Auswirkungen auf die benötigte Lagerfläche, den Wareneingang, das Einpflegen neuer Produkte in das

Warenwirtschaftssystem, den Verkauf der Produkte etc. Der Mitarbeiterbedarf wird mit zunehmendem Arbeitsumfang wachsen.

- **Mitarbeiterstruktur**
Der zunehmende demografische Wandel (siehe externe Faktoren) hat eine Überalterung der Gesamtbevölkerung, aber auch der Mitarbeiter eines Betriebes zur Folge. Es wird geschätzt, dass der Anteil der 50-Jährigen in naher Zukunft von durchschnittlich 20 % auf 40 % steigen wird, während sich die Zahl der 30- bis 35-Jährigen halbiert (laut INIFES – Internationales Institut für Empirische Sozialökonomie). Ein weiteres Problem stellt die Zahl der Auszubildenden dar, wenn man bedenkt, dass die Zahl der Geborenen in Deutschland rückläufig ist. Schon heute sind viele Ausbildungsstellen nicht besetzt. Das bedeutet im schlimmsten Fall, dass ein Unternehmen wegen fehlender Schulabgänger nicht mehr selber ausbilden kann, sondern Fachkräfte vom externen Arbeitskräftemarkt engagieren muss.

- **Organisationsstruktur**
Die Aufbaustrukturen und Abläufe des Betriebes müssen sehr präzise aufeinander abgestimmt werden, sonst kommt es zu unnötigen Wartezeiten, zur Mehrfachvergabe gleicher Aufgaben, zu Missverständnissen durch sich überschneidende Kompetenzen usw. Auch dies hat Auswirkungen auf den Mitarbeiterbestand und den Mitarbeiterbedarf.

- **Kapitalausstattung**
Die Kapitalausstattung eines Betriebes bestimmt wesentlich die Möglichkeiten der Produktion, der Sortimentsbildung, der Werbung, der Schaffung neuer Absatzmärkte etc. Die zur Verfügung stehenden finanziellen Mittel bestimmen letztendlich auch, wie viel Personal beschäftigt werden kann.

Externe Faktoren

Konjunktur, siehe Seite 37

- **Konjunktur**
Die Höhen und Tiefen der Wirtschaft verändern die Nachfrage nach bestimmten Gütern, sodass Unternehmen ihre Absatzziele und damit auch den Personalbedarf anpassen müssen.

- **Technologiewandel**
Seit Beginn der Industrialisierung wurden zunehmend Maschinen im Handwerk, in der industriellen Produktion, in der Forschung, im Büro usw. eingesetzt. Sie erleichtern dem Arbeitnehmer nicht nur die Arbeit, vielmehr können sie viele Arbeitskräfte völlig ersetzen.

Demografie, altgriechisch, démos = Volk; graphé = Beschreibung, Schrift = Wissenschaft von der Bevölkerung; Studien zum demografischen Wandel, siehe www.bpb.de

- **Demografischer Wandel**
Eine Studie zeigt, dass Deutschland einem demografischen Wandel unterliegt. Das bedeutet:
  - Die Geburtenrate ist zu niedrig, sodass die Bevölkerungszahl bis zum Jahre 2050 um fünf Millionen zurückgeht.
  - Die Menschen werden immer älter.
  - Die Zahl der Migranten nimmt stärker zu als die Zahl der Geburten.
  - In naher Zukunft werden mehr ältere als jüngere Menschen leben.

Der demografische Wandel bewirkt unter anderem einen wirtschaftlichen Wandel. Die Nachfrage insgesamt wird zurückgehen (und das gilt für Gesamteuropa). Durch die Überalterung werden andere Waren und Dienstleistungen nachgefragt.

- **Exportentwicklung**
Nimmt der Export, also der Verkauf von Waren- und Dienstleistungen ins Ausland zu, wird die gesteigerte Auftragslage möglicherweise einen erhöhten Personalbedarf nach sich ziehen. Es könnten z. B. vermehrt Mitarbeiter für die Auftragsabwicklung eingesetzt werden.

siehe Seite 306 Kapitel 5.4.2

- **Rechtliche Rahmenbedingungen**
Ändert sich die Gesetzeslage, kann das enorme Auswirkungen auf die Personalpolitik eines Unternehmens haben. Arbeitgebern wurde es z. B. mit der Neuordnung des Teilzeit- und Befristungsgesetzes (TzBfG) erleichtert, befristete Arbeitsverträge zu vereinbaren, die länger als zwei Jahre Gültigkeit haben. Arbeitgeber können immer wieder denselben Arbeitnehmer befristet einstellen, wenn sie einen sachlichen Grund nennen können (Kettenverträge). Solche Gründe sind laut Gesetz z. B. Schwangerschafts- und Elternzeitvertretungen. Der europäische Gerichtshof hat aber im Jahre 2012 entschieden, dass jeder EU-Staat dafür zu sorgen hat, dass kein Missbrauch mit solchen Verträgen betrieben wird.

Siehe auch www.kfw.de

- **Wirtschaftliche Förderprogramme**
Die Kreditanstalt für Wiederaufbau (KfW – heute KfW Bankengruppe), die 1948 für den Wiederaufbau Deutschlands gegründet wurde, vergibt an Unternehmer unterschiedliche Förderkredite. Das können Gründungs- oder Erweiterungskredite sein. Aber auch der Umweltschutz und das Sparen von Energie werden von dieser Bank gefördert.

- **Inklusion**
Die sogenannte soziale Inklusion wird als eine besondere Form des gesellschaftlichen Zusammenlebens verstanden, die sich dadurch auszeichnet, dass jeder Mensch als Individuum anerkannt ist. Die Unterschiede zwischen den Individuen werden bewusst wahrgenommen, sind aber nicht von Bedeutung.

Jeder Mensch ist gleichwertig, egal, ob er behindert, Rentner, Migrant, Kind, Jugendlicher, Christ, Moslem etc. ist. Jeder Mensch soll sich ohne Druck und Zwang verwirklichen und seine Leistung für die Gesellschaft erbringen können. Unternehmen nutzen heute mehr und mehr diese vielfältigen Unterschiede der Menschen und machen sie zu einer besonderen Stärke für das Unternehmen.

Migrant, lat. migrare = wandern, auswandern, Mensch, der z. B. von einem Land in ein anderes zieht

Diversity Management, siehe Informationshandbuch des 1. Ausbildungsjahres, Lernfeld 2

2.1.2 Kennzahlenmethode

Neben der Erstellung eines Stellenplans gibt es weitere Methoden zur Bestimmung des Personalbedarfs. Die **Kennzahlenmethode** basiert auf der Bestimmung betrieblicher Größen, die in konkreten Zahlen ausgedrückt werden können. Das sind zum Beispiel:

- Anzahl der bearbeiteten Kundenaufträge pro Tag,
- Produktionsmenge in Stück je Arbeitsstunde,
- Umsatz je Mitarbeiter pro Tag/Monat/Jahr.

> **Kennzahlenmethode**: Personalbedarfsplanung auf der Basis von Produktivitätskennziffern

Solche Werte, auch als **Produktivitätskennziffern** bezeichnet, können aufgrund vorliegender wirtschaftlicher Zahlen bestimmt werden.

Produktivität = drückt das Verhältnis zwischen einem Ergebnis (Output) und der dafür eingebrachten Leistung (Input) aus

Beispiel:
Im Jahr 20(0) hat die Weber GmbH einen Umsatz von 1,4 Mio. € gemacht. Die Mitarbeiterzahl beträgt derzeitig 18. Das bedeutet, dass die Pro-Kopf-Leistung bei 77.777,78 € lag.

$$\text{Pro-Kopf-Leistung (Produktivität)} = \frac{\text{Höhe es Umsatzes (Output)}}{\text{Anzahl der Mitarbeiter (Input)}} = \frac{1.400.000,00\ \text{€}}{18} = 77.777,78\ \text{€}$$

Liegen nun Umsatzpläne oder Schätzungen für das folgende Jahr 20(+ 1) vor, kann mithilfe der Mitarbeiterproduktivität der Personalbedarf für das kommende Jahr berechnet werden.
Die Weber GmbH erwartet, dass der Umsatz, wie auch in den Jahren zuvor, für das kommende Jahr um 5,6 % zunehmen wird.
Der geschätzte Umsatz für das folgende Jahr liegt bei = 1.400.000 € x 1,056 = 1.478.400 €
Bei einem geschätzten Umsatz von 1.478.400 € und bei einer Produktivität von 77.777,78 € pro Mitarbeiter lässt sich der Personalbedarf (Bruttopersonalbedarf) dann leicht berechnen:

$$\text{Bruttopersonalbedarf} = \frac{\text{Umsatz}}{\text{Pro-Kopf-Leistung}} = \frac{1.478.400\ \text{€}}{77.777,78} = 19\ \text{Mitarbeiter}$$

Bei einem gesteigerten Umsatz im Folgejahr würde das Unternehmen bei gleicher Pro-Kopf-Leistung der Mitarbeiter im nächsten Jahr einen Mitarbeiter mehr benötigen, wenn der Bestand sich im Verlaufe des kommenden Jahres nicht verändern würde.

Allerdings muss in jedem Unternehmen mit einer Personalbewegung, also einer Bestandsänderung während des Jahres, gerechnet werden:

- Mitarbeiter kündigen,
- Mitarbeiter gehen in die Elternzeit oder kommen aus der Elternzeit zurück,
- Mitarbeiter gehen in Rente,
- Mitarbeiter gehen in den Mutterschutz oder kommen nach dieser Schutzzeit zurück,
- Mitarbeiter werden (dauerhaft) krank,
- Mitarbeiter kommen aus dem freiwilligen sozialen Jahr zurück,
- Zeitverträge laufen aus etc.

2.1.3 Betriebliche Statistik

Um den Personalbedarf des kommenden Jahres genauer zu ermitteln, müssen Bestandsveränderungen, die schon im Vorhinein abzusehen sind, in die Planung einbezogen werden. Kenntnisse über kurz- oder langfristige Personalveränderungen dürfen nicht dem Zufall überlassen werden. Die betriebliche Statistik stellt Daten zur Verfügung, die die Personalplanung optimieren.

Betriebliche Statistiken

Fluktuationsstatistik
Sie beschreibt die Anzahl der Personalbewegungen und die Gründe für diese Veränderungen des Personalbestandes. Damit hat die Personalwirtschaft Berechnungsgrößen [relative Werte (in Prozent) und absolute Werte], die sie bei der Planung für den zukünftigen Mitarbeiterbedarf berücksichtigen muss. Statistiken helfen aber nicht nur, die Personalbedarfsplanung zu optimieren. Ebenso kann ein Handlungsbedarf abge-

Fluktuation, lat. fluctuare = hin und her schwanken

leitet werden hinsichtlich des Führungsstils oder der Arbeitsplatzsicherheit, weil zum Beispiel überdurchschnittlich viele Mitarbeiter gekündigt haben oder besonders viele erkrankt oder verletzt worden sind.

Fluktuationsstatistik – Morböck GmbH			
	Vorjahr	Lfd. Jahr	Veränderung
Mitarbeiterzugang gesamt	45	43	–4,4 %
Davon			
Gewerbliche Mitarbeiter	12	13	8,3 %
Leitende Angestellte	6	3	–50,0 %
Angestellte	3	4	33,3 %
Aushilfskräfte	14	12	–14,3 %
Auszubildende	10	11	10,0 %
Mitarbeiterabgang gesamt	58	52	–10,3 %
Davon			
Kündigung durch das Unternehmen	16	12	–25,0 %
Aufhebungsvertrag	3	2	–33,3 %
Zeitvertrag	5	8	60,0 %
Ausbildungsende	4	2	–50,0 %
Kündigung des Mitarbeiters	18	13	–27,8 %
Krankheitsbedingt	4	7	75,0 %
Rente	4	3	–25,0 %
Tod	2	1	–50,0 %
Sonstige Gründe	2	4	100,0 %
Saldo	–13	–9	

> **Fluktuationsstatistik**: Darstellung der Personalbewegungen und deren Ursachen

Fehlzeitenstatistik
Sie informiert über Ausfallzeiten der Mitarbeiter. Diese Ausfallzeiten beinträchtigen die Ablaufprozesse eines Unternehmens. So könnten z. B. weniger Kundenaufträge bearbeitet werden, was wiederum zur Folge hat, dass die Umsatzzahlen sinken. Fehlzeiten können durch eine optimierte Personalplanung aufgefangen werden. Eine stete Fortführung solcher Statistiken ermöglicht auch wesentlich genauere Aussagen für die ferne Zukunft. Dadurch hat das Unternehmen mehr Planungssicherheit für strategische, also langfristige Ziele.

Fehlzeitenstatistik – Morböck GmbH			
Fehlzeiten		Stunden	Prozentanteil
Urlaub		21 232	69,97 %
Davon	bezahlter Urlaub	21 118	69,68 %
	unbezahlter Urlaub	114	0,38 %
Krankheit		3 027	9,98 %
Davon	krank bis 6 Wochen (Entgeltfortzahlung)	2 352	7,75 %
	krank über 6 Wochen (Krankengeld)	675	2,22 %

Fehlzeitenstatistik – Morböck GmbH		
Fehlzeiten	Stunden	Prozentanteil
Sonstige	6 085	20,05 %
Feiertage	4 885	16,10 %
Betriebsrat	124	0,41 %
Betriebsversammlung	396	1,31 %
Betriebsbedingte Fehlzeiten	79	0,26 %
Unentschuldigte Fehlzeiten	89	0,29 %
Fort- und Weiterbildung	512	1,69 %
Summe	30 344	100 %

 Fehlzeitenstatistik: Darstellung aller Ausfallzeiten von Mitarbeitern

Personalstrukturstatistik

Die Personalstruktur eines Unternehmens wirkt sich auf die quantitative, aber auch auf die qualitative Bedarfsberechnung (siehe folgendes Kapitel 2.2) aus. Sie verdeutlicht zum Beispiel die Altersstruktur der Belegschaft eines Unternehmens. Diese Information hat eine große Bedeutung hinsichtlich der Absicherung des Personalbestandes. Mitarbeiter, die das Rentenalter erreicht haben, verlassen das Unternehmen. Hat der Unternehmer nicht darauf geachtet, dass eine ausreichende Zahl jüngerer Mitarbeiter im Betrieb beschäftigt wird und nachrückt, droht die Gefahr der Überalterung der Belegschaft. Junge Mitarbeiter und Auszubildende können im Laufe der Zeit durch angepasste Personalentwicklungspläne zu Fachkräften ausgebildet werden, die den betrieblichen Erfordernissen genügen. Der demografische Wandel macht es deutlich, dass Fachkräfte auf dem Arbeitsmarkt seltener werden. Das erschwert die Suche nach fachlich geeigneten Mitarbeitern für ein Unternehmen. Darum ist es wichtig, junge Mitarbeiter zu beschäftigen und diese zu fördern.

Mitarbeiterstrukturstatistik (Ausschnitt)		
Beschäftigte	Anzahl	Prozentanteil
Insgesamt	234	100,00 %
Geschlecht		
Frauen	118	50,43 %
Männer	116	49,57 %
Alter		
Unter 20	14	5,98 %
20 bis 30	19	8,12 %
30 bis 40	52	22,22 %
40 bis 50	83	35,47 %
50 bis 60	25	10,68 %
Über 60	41	17,52 %
	234	100,00 %

2.1.4 Planung des Personalbedarfs

Beispiel:
Der derzeitige Personalbestand der Weber GmbH liegt bei 18 Mitarbeitern.
Der Personalabteilung liegen folgende Informationen vor:
Voraussichtliche Abgänge:

- 2 Mitarbeiter gehen im nächsten Jahr in Rente.
- 2 Mitarbeiter haben gekündigt.

Lernfeld 8 Personalwirtschaftliche Aufgaben wahrnehmen

Voraussichtliche Zugänge:

▌ *1 Mitarbeiter kommt aus dem freiwilligen sozialen Jahr zurück.*

▌ *1 Mitarbeiterin kommt aus der Elternzeit zurück.*

Damit wird der zukünftige Personalbestand wie folgt fortgeschrieben:

Freiwilliges soziales Jahr = freiwilliger sozialer Dienst, z. B. in Altenheimen für Jugendliche oder junge Erwachsene, die die Vollzeitschulpflicht erfüllt haben

Derzeitiger Ist-Bestand 20(0)		18
Abgänge		
	– 2	Mitarbeiter gehen in Rente.
	– 2	Mitarbeiter haben gekündigt.
Zugänge		
	+ 1	Mitarbeiter kommt aus der Elternzeit zurück.
	+ 1	Mitarbeiter kommt aus dem sozialen Jahr zurück.
Zukünftiger Bestand 20(+1)		16

Damit würden der Weber GmbH im nächsten Jahr 16 Mitarbeiter zur Verfügung stehen. Wenn man nun den berechneten Bruttopersonalbedarf für das kommende Jahr in die Personalbedarfsrechnung einbezieht, ergibt sich der Nettopersonalbedarf für das nächste Jahr:

Bruttopersonalbedarf	19	(geplanter Bedarf für 20(+1))
Zukünftiger Bestand 20(+1)	16	
Nettopersonalbedarf	3	Ersatzbedarf = 2 ⎫ Neubedarf
		Zusatzbedarf = 1 ⎭

Ersatzbedarf = Zahl der Mitarbeiter, die benötigt wird, um in der zukünftigen Planung den aktuellen Ist-Bestand wieder zu erreichen

Um den im nächsten Jahr benötigten Personalbestand (Bruttopersonalbedarf) zu erreichen, muss die Weber GmbH aufgrund der Unterdeckung drei Mitarbeiter neu einstellen (Neubedarf). Zwei Mitarbeiter müssen als Ersatzbedarf und ein Mitarbeiter als Zusatzbedarf eingeplant werden.

Die nachfolgende Grafik verdeutlicht den Zusammenhang der einzelnen Größen untereinander.

Zusatzbedarf = Zahl der Mitarbeiter, die in der Zukunft über den aktuellen Ist-Bestand hinausgeht

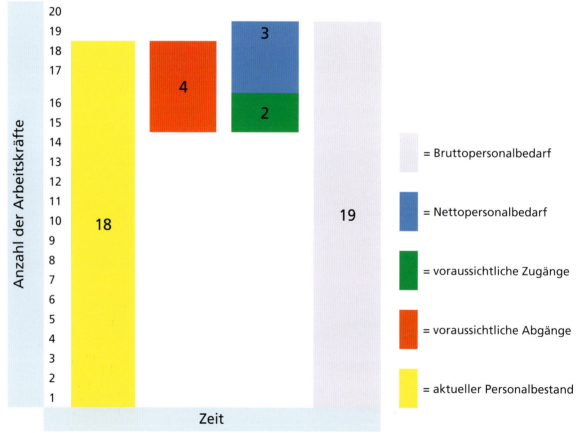

Wurde ein zukünftiger Bruttopersonalbedarf festgelegt, der unter dem zu erwartenden Bestandswert liegt (**Personalüberdeckung**), kann es nötig sein, **Personalabbau** zu betreiben.

Beispiel:
In der Weber GmbH sind aktuell 18 Mitarbeiter beschäftigt. Wenn der zukünftige Bestand bei 21 Mitarbeitern liegen würde (abzüglich aller geplanten Abgänge und einschließlich aller zu erwartenden Zugänge), müssten zwei Stellen abgebaut werden, da der berechnete Bruttopersonalbedarf 19 Mitarbeiter beträgt.

Der Abbau des Personalbestandes kann auf unterschiedliche Weise passieren:
- befristete Arbeitsverträge werden nicht verlängert,
- Reduzierung der Zahl der Leiharbeitnehmer (Zeitarbeiter),
- vorzeitiger Ruhestand (Rente),
- Kündigungen,
- Vereinbaren von Aufhebungsverträgen.

Leiharbeit (Personalleasing) = der Leiharbeitnehmer wird von dem Verleiher (Arbeitgeber) einem Dritten (Entleiher) gegen ein Entgelt für einen begrenzten Zeitraum überlassen.

2.2 Qualitativer Personalbedarf

 Qualitativer Personalbedarf: das zukünftig benötigte Personal mit den fachlich geforderten Qualifikationen

Organisatorische und technische Änderungen in einem Unternehmen stellen neue Anforderungen an die Mitarbeiter. Das benötigte Personal muss diesen neuen Anforderungskriterien entsprechen. Um die organisatorisch relevanten Regelungen für eine Stelle festzulegen, zum Beispiel zu den Aufgaben und den Kompetenzen, werden Stellenbeschreibungen erstellt. Die darin festgelegten Anforderungen an den Stelleninhaber werden bei der Ermittlung des qualitativen Personalbedarfs anhand sogenannter **Anforderungsprofile** vertieft. Ein solches Profil differenziert die Anforderungen stärker und beschreibt die einzelnen Bereiche genauer. Diese Bereiche können zum Beispiel allgemeine Kenntnisse und Fähigkeiten, Verhaltensmerkmale, allgemeine Anforderungen, geistige Anforderungen, körperliche Anforderungen, Eigenschaften als Vorgesetzter usw. sein.

Aufhebungsvertrag = Vertrag zwischen Arbeitgeber und -nehmer über die vorzeitige Auflösung eines bestehenden Arbeitsvertrages

Beispiel: Anforderungsprofil

Stelle/Funktion	Verkaufsleiter			
Berufliches Anforderungsprofil				
		muss	soll	gewünscht
Aus- und Weiterbildung	Mittlerer Bildungsabschluss	x		
	Abitur		x	
	Studium der Betriebswirtschaftslehre			x
	Weiterbildung zum Handelsfachwirt		x	
	Ausbilderprüfung nach Ausbildereignungsverordnung (AEVO)		x	
	SAP-Schulung		x	
Berufserfahrung	Mehrjährige, selbstständige Verkaufstätigkeit	x		
	Verkäufertätigkeit in der Fahrrad- und Fahrradtechnikbranche			x
	Auslandserfahrungen			x
Führungserfahrung/-fähigkeiten	Mehrjährige leitende Tätigkeit	x		
	Motivationsfähigkeit	x		
	Kritikfähigkeit	x		
	Sozialkompetenz	x		

Lernfeld 8 Personalwirtschaftliche Aufgaben wahrnehmen

Persönliche Kompetenzen				
Geistige Anforderungen	Schnelle Auffassungsgabe		x	
	Sehr guter sprachlicher Ausdruck	x		
	Verhandlungsgeschick		x	
Körperliche Anforderungen	Belastbarkeit		x	
	Ausdauer		x	
Arbeitsverhalten	Organisationsgeschick		x	
	Genauigkeit		x	
	Selbstständigkeit	x		
Sprachen	Sehr gutes Deutsch in Wort und Schrift	x		
	Gutes Englisch in Wort und Schrift	x		
	Spanisch, Französisch in Wort			x
Spezial- bzw. Zusatzkenntnisse	Produktkenntnisse	x		
	MS-Office-Kenntnisse	x		
	Außenhandelskenntnisse			x
Erscheinung/ Auftreten	Gepflegtes Äußeres	x		
	Selbstbewusst		x	
	Ruhig und gelassen	x		

Neben den Stellenbeschreibungen und den entsprechenden Anforderungsprofilen werden bei der qualitativen Personalbedarfsplanung auch Statistiken genutzt, die Aufschlüsse über die Personalstruktur geben. Die **Personalstrukturstatistiken** (siehe auch quantitativer Personalbedarf) geben nicht nur Auskunft über die Anzahl der Auszubildenden, Angestellten, Alter, Geschlecht, hierarchische Einordnungen etc., sondern auch über die vorhandenen Qualifikationen der Belegschaft.

Genauere Informationen über den Ausbildungsstand der einzelnen Mitarbeiter liefern die **Personalakten** bzw. -dateien. Kopien der Schul- und Abschlusszeugnisse für Weiterbildungen, der beruflichen Abschlusszertifikate und die betriebseigenen Beurteilungen durch Vorgesetzte und andere Mitarbeiter werden in Personalakten aufgenommen und zeigen den Bildungsgrad des jeweiligen Mitarbeiters.

Steigt also der Bedarf an Mitarbeitern mit besonderen fachlichen Anforderungen, muss geprüft werden, inwieweit das bestehende Personal diesen geforderten Kenntnissen gerecht wird. Werden diese Anforderungen durch die vorhandenen Mitarbeiter nicht erfüllt, können Fort- oder Weiterbildungen solche fachlichen Lücken ausgleichen.

Beispiel: Strukturstatistik

Mitarbeiterstrukturstatistik (Ausschnitt)					
	Anzahl	Prozentanteil		Anzahl	Prozentanteil
Berufsgruppen			**Bildungsweg**		
Meister	5	2,14	Hochschule	6	2,56
Spezialisten	8	3,42	Fachhochschule	2	0,85
Fachkräfte	147	62,82	Fachweiterbildung	15	6,41
Angelernte	51	21,79	Mit abgeschlossener Ausbildung	195	83,33
Hilfskräfte	23	9,83	Ohne Ausbildung	6	2,56
Summe	234	100,00	In Ausbildung	10	4,27
Beruf			Summe	234	100,00
Dipl.-Ing.	4	6,67	**Bereiche**		
Techniker	6	10,00	Gewerbl./techn. Angestellte	158	67,52

Mitarbeiterstrukturstatistik (Ausschnitt)					
	Anzahl	Prozentanteil		Anzahl	Prozentanteil
Dipl.-Betriebswirt	4	6,67	Kaufm. Angestellte	56	23,93
Bilanzbuchhalter	2	3,33	Leitende Angestellte	10	4,27
Fachwirt	8	13,33	Gewerbl./techn. Auszubildende	6	2,56
Kaufm. Gehilfen	36	60,00	Kaufm. Auszubildende	4	1,71
Summe	60	100,00	Summe	234	100,00

Zusammenfassung

Personalbedarfsplanung	
Quantitativer Personalbedarf	
Anzahl der Mitarbeiter, die in der kommenden Periode benötigt werden	
Stellenplanmethode	**Kennzahlenmethode**
Durch die Aufgabenanalyse und -synthese wird die Anzahl der benötigten Mitarbeiter bestimmt.	Betriebliche Pläne (z. B. Absatzpläne) und betriebliche Kennzahlen (z. B. Umsatzleistung eines Mitarbeiters) beeinflussen den quantitativen Personalbedarf
▌ Aufgabenanalyse: Sachziele in Teilaufgaben zerlegen ▌ Aufgabensynthese: (Stellenbildung) Teilaufgaben werden zu einem Aufgabenfeld zusammengeführt, bis alle Teilaufgaben aus der Aufgabenanalyse verteilt sind ▌ Stellenbeschreibung: alle organisatorisch wichtigen Regelungen, die die Stelle betreffen ▌ Stellenplan: Übersichtliche Auflistung aller Stellen eines Unternehmens	▌ Bruttopersonalbedarf: Zukünftig benötigter Personalbestand, ermittelt anhand entsprechender Kennziffern ▌ Nettopersonalbedarf: Neubedarf = Zusatz- + Ersatzbedarf ▌ Ersatzbedarf: Ersatz des Bestandes, der sich bei einem Minderbestand in der Zukunft ergibt ▌ Zusatzbedarf: Zusätzlich benötigter Personalbedarf, der über den aktuellen Bestand hinausgeht, um den Bruttopersonalbedarf zu erreichen

Qualitativer Personalbedarf		
Er beschreibt, welche Qualifikationen das benötigte Personal aufweisen muss.		
Stellenbeschreibung	**Anforderungsprofil**	**Personalakten**
Gibt Auskunft über die jeweiligen Qualifikationen, die der Stelleninhaber benötigt, um die darin genannten Aufgaben erledigen zu können	Beschreibt in sehr detaillierter Form die Anforderungen an den Stelleninhaber	Zertifikate, Abschlusszeugnisse und Beurteilungen durch Vorgesetzte etc. informieren über die erworbenen Fähigkeiten, Kenntnisse, Leistungen und die Führung des Mitarbeiters

Einflussfaktoren	**Statistiken**
Innerbetriebliche und außerbetriebliche Faktoren beeinflussen den quantitativen und qualitativen Personalbedarf	Personalstatistiken unterstützen die Personalbedarfsplanung. Sie geben Auskunft über Mengen, Qualifikationen, Geschlecht, Alter etc.

3 Personalbeschaffung

➲ **Lernsituation 3: Die Stelle eines Verkaufsmitarbeiters ausschreiben**

Die Personalbeschaffung erfüllt heute nicht mehr nur die klassische Funktion des Beschaffens benötigter Mitarbeiter. Vielmehr umfasst sie auch das Marketing, das nötig ist, um einen Arbeitsplatz für Dritte (Bewerber) und Mitarbeiter attraktiv zu machen. Das soll mit dem modernen Begriff „Personalmarketing" verdeutlicht werden.

> **Personalbeschaffung**: Teilaufgabe der Personalwirtschaft, die benötigten Mitarbeiter in der richtigen Anzahl mit den geforderten Fähigkeiten zur richtigen Zeit zu beschaffen

3.1 Personalunterdeckung

Im Rahmen der Personalbedarfsplanung werden der zukünftige Ist-Bestand und der Bruttopersonalbedarf ermittelt und miteinander verglichen. Daraus können sich folgende Bestands- und Bedarfssituationen ergeben:

➡ Der erwartete Ist-Bestand **ist kleiner als** der Bruttopersonalbedarf (= **Unterdeckung**).

➡ Der erwartete Ist-Bestand **ist größer als** der Bruttopersonalbedarf (= **Überdeckung**).

➡ Der Ist-Bestand ist **gleich** dem Bruttopersonalbedarf.

Bei Überdeckung kann es nötig sein, Personalabbaumaßnahmen einzuleiten. Reicht der zukünftige Bestand nicht aus, um den ermittelten Bruttopersonalbedarf zu decken, müssen geeignete Wege der Personalbeschaffung gewählt werden.

3.2 Wege der Personalbeschaffung

Einem Unternehmen bietet sich eine Vielzahl von Wegen an, Personal zu rekrutieren.

Teilzeitarbeitsverträge mit einer befristeten Wochenarbeitszeit, z. B. 19 Wochenstunden

Personalberater = sucht und wählt Fach- und Führungskräfte aus, berät z. B. auch bei Fragen zur Personalentwicklung und Vergütung

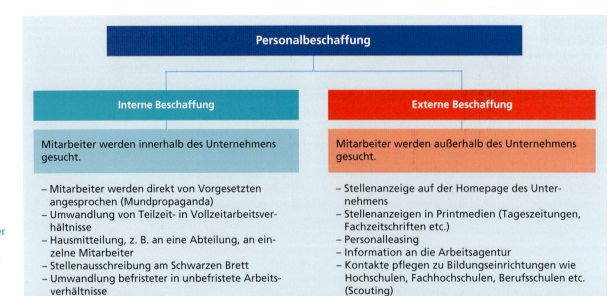

Aber nicht jeder Beschaffungsweg ist geeignet, zur rechten Zeit in der richtigen Menge das benötigte Personal zu finden. Interne und externe Personalbeschaffungswege zeigen sowohl Vor- als auch Nachteile.

	Interne Personalbeschaffung	Externe Personalbeschaffung
Vorteile	▎ Aufstiegschancen motivieren die Mitarbeiter zu höheren Leistungen ▎ Mitarbeiter kennt die Ablauf- und Organisationsstrukturen schon, d. h., dass die Einarbeitungszeit der Mitarbeiter gering ausfällt ▎ Unternehmensleitung kennt das Leistungs- und Führungsverhalten des Mitarbeiters, d. h., dass die Gefahr der Fehlbesetzung kleiner ist ▎ Geringere Beschaffungskosten ▎ Stärkere Bindung des Mitarbeiters an das Unternehmen ▎ Besseres Betriebsklima	▎ Bewerberzahl ist größer als bei interner Suche ▎ Chancen, einen passenden Mitarbeiter zu finden, sind größer ▎ Neue Mitarbeiter werden als Vorgesetzte besser akzeptiert ▎ Neid unter den Mitarbeitern wird vermieden ▎ Geringere Fortbildungskosten, wenn Bewerber die geforderten Qualifikationen mitbringen ▎ Besetzung der Stelle führt nicht dazu, dass eine andere Stelle frei wird
Nachteile	▎ Die Betriebsblindheit verhindert neue Impulse ▎ Neid der Kollegen, die die Stelle gerne bekommen hätten ▎ Mitarbeiter werden nach Beförderung als Vorgesetzte nicht akzeptiert ▎ Durch die Versetzung eines Mitarbeiters wird eine andere Stelle im Unternehmen frei ▎ Durch die kleine Bewerberzahl ist die Wahrscheinlichkeit gering, den passenden Mitarbeiter zu finden	▎ Höhere Beschaffungskosten ▎ Unternehmensleitung kennt den neuen Mitarbeiter noch nicht und damit auch nicht sein Arbeitsverhalten ▎ Weiterbildungswille der vorhandenen Mitarbeiter wird geschwächt ▎ Längere Einarbeitungszeiten ▎ Aufgrund der größeren Bewerberzahl dauert das Auswahlverfahren länger

3.3 Rechtliche Rahmenbedingungen bei der Stellenausschreibung

3.3.1 Rechte des Betriebsrates

Für den Arbeitgeber besteht keine grundsätzliche Verpflichtung, freie Stellen des Unternehmens, die neu besetzt werden sollen, auszuschreiben. Dies gilt aber nicht, wenn es im Unternehmen einen Betriebsrat gibt, der mit dem Arbeitgeber eine Betriebsvereinbarung getroffen hat, die beispielsweise beinhaltet, dass Arbeitsplätze, die besetzt werden sollen, allgemein oder für bestimmte Arten von Tätigkeiten vor ihrer Besetzung innerhalb des Betriebes ausgeschrieben werden. Auch nach § 93 des **Betriebsverfassungsgesetzes** (BetrVG) kann der Betriebsrat die interne Ausschreibung einer freien Stelle verlangen. Der Arbeitgeber muss dann dieser Aufforderung entsprechen.
Der Betriebsrat hat sogar das Recht, die Zustimmung zur Einstellung eines externen Bewerbers zu verweigern, wenn die erforderliche interne Ausschreibung fehlt (§ 99 Abs. 2 BetrVG).

3.3.2 Rechte des Personalrates

In privatwirtschaftlichen Unternehmen wird die Arbeitnehmervertretung als Betriebsrat bezeichnet. Die Vertretung der Beschäftigten im öffentlichen Dienst hingegen wird Personalrat genannt. Dieser Rat nimmt seine Aufgaben auf der Rechtsgrundlage des jeweils gültigen **Personalvertretungsgesetzes** des Landes (LPersVG) wahr, das auf dem Bundespersonalvertretungsgesetz (BPersVG) basiert.
Der Personalrat kann ebenso wie der Betriebsrat nach § 75 BPersVG eine innerbetriebliche Stellenausschreibung fordern. Eine Stellenausschreibungspflicht besteht nur für Beamte gemäß § 8 des Bundesbeamtengesetzes (BBG) bzw. nach den entsprechenden Landesbeamtengesetzen.
Für Angestellte oder Arbeiter im öffentlichen Dienst besteht keine gesetzliche Pflicht zur öffentlichen Stellenausschreibung. Soll eine Stelle öffentlich ausgeschrieben werden, hat der Personalrat ein Mitbestimmungsrecht.

3.4 Aufbau der Stellenanzeige

Der Gesetzgeber hat keine konkreten Bestimmungen zur Form oder zum Inhalt der Stellenanzeige (Stellenausschreibung) erlassen. Die individuelle Ausgestaltung solcher Ausschreibungen bestimmt also der

Arbeitgeber. Die Inhalte der Stellenanzeige ergeben sich aus der Stellenbeschreibung bzw. aus dem Anforderungsprofil. Die Anzeige sollte also mindestens folgende Inhalte aufweisen:

- Kurzbeschreibung des Unternehmens,
- Bezeichnung der zu besetzenden Stelle,
- geforderte Qualifikationen,
- Beschreibung der wesentlichen Aufgaben,
- Leistungen des Unternehmens
- Zeitpunkt der Arbeitsaufnahme, evtl. Befristung,
- Bewerbungsverfahren,
- Bewerbungsadresse.

3.4.1 Rechtliche Vorgaben

Allerdings darf der Inhalt einer Ausschreibung bestimmte potenzielle Bewerber nicht benachteiligen. Das gilt für jede Art von Stellenausschreibung, also für externe und für interne Ausschreibungen. Nach dem **Allgemeinen Gleichbehandlungsgesetz** (AGG) gilt:

> **AGG § 1 – Ziel des Gesetzes**
>
> Ziel des Gesetzes ist, Benachteiligungen aus Gründen
> - der Rasse oder
> - wegen der ethnischen Herkunft,
> - des Geschlechts,
> - der Religion,
> - der Weltanschauung,
> - einer Behinderung,
> - des Alters oder
> - der sexuellen Identität
>
> zu verhindern oder zu beseitigen.

> **AGG § 7 – Benachteiligungsverbot**
>
> Ein Arbeitsplatz darf nicht unter Verstoß gegen § 7 Abs. 1 ausgeschrieben werden.

> **AGG § 11 Abs. 1 – Ausschreibung**
>
> Beschäftigte dürfen nicht wegen eines in § 1 genannten Grundes benachteiligt werden.

Das bedeutet aber nicht, dass der Gesetzgeber keine Ungleichbehandlungen im Sinne des AGG bei einer Stellenausschreibung zulassen würde. Der Unternehmer hat sehr wohl das Recht, Bewerber aus bestimmten Gründen zu bevorzugen. So zum Beispiel dürfte ein Fachgeschäft für Damenunterwäsche, das eine Verkäuferin sucht, eine Stelle nur für Frauen ausschreiben. Das AGG lässt solche Ausnahmen zu, wenn wesentliche berufliche Gründe das erfordern.

> **AGG § 8 Abs. 1 – Zulässige unterschiedliche Behandlung wegen beruflicher Anforderungen**
>
> Eine unterschiedliche Behandlung wegen eines in § 1 genannten Grundes ist zulässig, wenn dieser Grund wegen der Art der auszuübenden Tätigkeit oder der Bedingungen ihrer Ausübung eine wesentliche und entscheidende berufliche Anforderung darstellt, sofern der Zweck rechtmäßig und die Anforderung angemessen ist.

Arbeitnehmerfreizügigkeit = jeder Bürger der EU hat das Recht, in irgendeinem Land der EU zu arbeiten, wobei er dieselben Rechte hat wie ein einheimischer Arbeitnehmer

3.4.2 Sprachform der Anzeige

Eine Stellenausschreibung muss in der heutigen Zeit aber nicht nur den rechtlichen Bedingungen genügen. Durch den demografischen Wandel sollte die Anzeige jeden potenziellen Bewerber ansprechen. Der Fachkräftemangel in Deutschland und die Arbeitnehmerfreizügigkeit lassen die Zahl der Migranten auch in Deutschland wachsen. Um diese ausländischen Fachkräfte als mögliche Bewerber erreichen zu können, sollte die Stellenanzeige in einer Einfachen Sprache (barrierefreie Sprache) verfasst sein. Diese Sprachform soll aber nicht nur Migranten, sondern alle Menschen erreichen, die aus verschiedenen Gründen der deutschen Sprache nicht in ausreichendem Maße mächtig sind.

Barrierefreie Sprache

Diese Sprachform wurde ursprünglich entwickelt, um Menschen mit einer Leseschwäche die Möglichkeit zu geben, den Zugang zu wichtigen Informationen zu erleichtern. Sie ist das Resultat aus einer Initiative, die sich Easy Read nennt. Durch die sogenannte **Leichte Sprache** werden unter anderem Satzstrukturen vereinfacht und damit das Textverständnis verbessert.

Die Organisation **Inclusion Europe** hat dafür ein Regelwerk verfasst. Werden Texte im Sinne dieser Regeln geschrieben, wird dafür das Gütesiegel (siehe Abbildung) vergeben. In Deutschland ist es der Verein „**Netzwerk Leichte Sprache**", der sich verstärkt für die Verwendung dieser Sprachform in allen gesellschaftlichen Lebensbereichen einsetzt. Der Verein hat dafür einen eigenen Regelkatalog erstellt. Diese besondere Sprachform soll aber nicht nur helfen, Menschen mit einer Leseschwäche zu erreichen. Vielmehr sollen auch Personen mit einer entsprechenden Behinderung (Gehörlose, Hörbehinderte, geistig Behinderte, Menschen mit Lernbehinderung oder Demenz etc.) und Migranten davon profitieren.

Easy Read, engl. = einfach lesen

Logo und Gütesiegel von Inclusion Europe

Wichtige Regeln der „leichten Sprache"

Regeln	Beispiel	Leichte Sprache
Konjunktiv vermeiden	Morgen könnte es schneien.	Morgen schneit es vielleicht.
Keine Abkürzungen verwenden	z. B.	zum Beispiel
Dativ ersetzt Genitiv	Das Auto des Onkels	Das Auto vom Onkel **oder** das Auto von dem Onkel
Negative Sprache vermeiden	Frank ist nicht hungrig.	Frank ist satt.
Kurze Sätze mit nur einer Aussage	Frau Abel ist die Abteilungsleiterin, die hier die Anweisungen erteilt.	Frau Abel ist die Abteilungsleiterin. Sie erteilt hier die Anweisungen.
Hauptwörter vermeiden	Morgen ist die Wahl zum Bundestag.	Morgen wählen wir den Bundestag.
Schwierige Wörter vermeiden	Substantiv	Hauptwort
Lange Wörter durch Striche trennen	Bundesurlaubsgesetz	Bundes-Urlaubs-Gesetz
Aktive Wörter verwenden	Nächste Woche wird der Bundestag gewählt.	Nächste Woche wählen wir den Bundestag.
Hohe Zahlen vermeiden	Man sah dort über 196 000 Menschen.	Man sah dort viele Menschen. Oder etwas genauer: Man sah dort fast 200 Tausend Menschen.
Monat im Datum ausschreiben	03.05.2015	3. Mai 2015
Leser persönlich ansprechen	Morgen ist die Bundestagswahl.	Sie dürfen morgen wählen.
Telefonnummern mit Leerzeichen versehen	Tel. (01234) 687660	Tel. 0 12 34 68 76 60
Sonderzeichen vermeiden	$, ( ), /, &, µ, §	Sonderzeichen sollen erklärt werden: Das Zeichen „&" ersetzt das Wort „und".
Jeden Satz in eine neue Zeile schreiben und keine Wörter am Ende einer Zeile trennen	Das Wetter ist schlecht. Wir werden heute nicht segeln gehen. Wir gehen ins Kino.	Das Wetter ist schlecht. Wir werden heute nicht segeln gehen. Wir gehen ins Kino.
Einfache (Computer-)Schriftarten verwenden	Vermeiden von Schriftarten wie ▎ Times New Roman ▎ Dauphin ▎ Courier New etc.	Verwenden Sie stattdessen ▎ Arial ▎ Tahoma etc.

Gleichstellung behinderter Menschen

Mit dem deutschen Gesetz zur Gleichstellung behinderter Menschen bzw. **Behindertengleichstellungsgesetz (BGG)** wurde zum ersten Mal eine rechtliche Grundlage geschaffen, die eine Benachteiligung von Menschen mit Behinderungen beseitigen bzw. verhindern soll. Das Gesetz sieht die gleichberechtigte Teilhabe von Menschen mit Behinderungen am Leben in der Gesellschaft vor und soll ihnen eine selbstbestimmte Lebensführung ermöglichen (§ 1 BGG).

Das Gesetz enthält auch Bestimmungen für eine barrierefreie Informationstechnik (§ 11 BGG). Es besagt, dass Stellen öffentlicher Gewalt (Bundestag, Bundes- und Landesregierungen, Bundes-, Landes- oder Amtsgerichte, Polizei etc.) dafür zu sorgen haben, dass ihre Internetauftritte technisch, grafisch und sprachlich so gestaltet sind, dass behinderte Menschen die enthaltenen Informationen lesen bzw. erfassen können.

Ein Beispiel solcher Internetauftritte der Bundesregierung findet man unter www.behindertenbeauftragte.de. Die Informationen können in leichter Sprache oder Alltagssprache gelesen bzw. in leichter Sprache automatisch vorgelesen werden. Ebenso informiert ein Video in Gebärdensprache über die Inhalte dieser Seite.

3.4.3 Optische Gestaltung der Anzeige

Da eine Stellenanzeige letztendlich eine **Visitenkarte** für das Unternehmen darstellt, sollte neben den Inhalten auch auf das Layout, also auf die optische Gestaltung der Anzeige geachtet werden. So ist etwa die Wahl der bereits erwähnten Schriftarten von Bedeutung. Die Schriftart trägt erheblich dazu bei, dass die Lesbarkeit der Anzeige verbessert wird. Ebenso ist eine übersichtliche Anordnung und Reihenfolge der Texte wichtig. Darum sollte sich das Unternehmen gleich zu Beginn kurz beschreiben. Der zukünftige Mitarbeiter möchte schließlich wissen, in welchem Unternehmen er arbeiten wird. Die Beschreibung sollte die momentane Marktstellung, Besonderheiten und Zukunftsperspektiven aufzeigen. Das Unternehmen sollte sich umso detaillierter präsentieren, je höher die ausgeschriebene Stelle in der Hierarchie einzuordnen ist.

Beispiel einer Stellenausschreibung:

Wir SUCHEN ab sofort **eine Führungskraft (m/w)** für die Leitung des Verkaufs SANIMEX		Ausgeschriebene Stelle
Wir sind:	▪ Die SANIMEX GmbH, ein führendes Handelsunternehmen für Sanitärbedarf in Deutschland ▪ Ein Unternehmen mit großem Expansionsvorhaben	Unternehmensbeschreibung
Ihre Aufgaben:	▪ Betreuung, Förderung und Kontrolle der Mitarbeiter ▪ Planung von Marketingmaßnahmen ▪ Organisation und Durchführung von Messen ▪ Beratung und Betreuung von Großkunden	Aufgaben
Wir erwarten:	▪ Eine abgeschlossene kaufmännische Berufsausbildung ▪ Zusatzqualifikation zum Handelsfachwirt oder Vergleichbares ▪ Eine mehrjährige Tätigkeit in Führungsposition ▪ Sicherer Umgang mit dem PC und MS-Office ▪ Verhandlungsgeschick, Kommunikationsstärke	Anforderungsprofil
Wir bieten:	▪ Eine intensive Einarbeitung ▪ Einen sicheren Arbeitsplatz ▪ Ein überdurchschnittliches Gehalt ▪ Einen unbefristeten Arbeitsvertrag	Konditionen
Haben wir Ihr Interesse geweckt? Dann senden Sie uns bitte Ihre aussagekräftigen und vollständigen Bewerbungsunterlagen an: SANIMEX GmbH Claudia Christ **Online-Bewerbungen** bitte an folgende Elbchaussee 120 E-Mail-Adresse: bewerbungen@sanimex.de 22605 Hamburg		Bewerbungsverfahren

Zusammenfassung

Personalbeschaffung			
Personalüberdeckung	Personalunterdeckung	Wege der Personalbeschaffung	
		Intern	Extern
Der erwartete Ist-Bestand ist größer als der Bruttopersonalbedarf.	Der erwartete Ist-Bestand ist kleiner als der Bruttopersonalbedarf.	Potenzielle Anwärter werden innerbetrieblich gesucht: Intranet, Schwarzes Brett, Hausmittelung, Mundpropaganda usw.	Potenzielle Anwärter werden außerbetrieblich gesucht: Anzeigen in Printmedien, Internet, Mitteilung an die Arbeitsagentur, Personalberater einsetzen, Personalleasing, Scouting

Stellenanzeige			
Aufbau	Zu beachtende Rechte	Einschränkende Rechte	Leichte Sprache
Wesentliche Inhalte: ▎ Bezeichnung der zu besetzenden Stelle ▎ Zeitpunkt der Arbeitsaufnahme, evtl. Befristung ▎ Kurze Unternehmensbeschreibung ▎ Beschreibung der wesentlichen Aufgaben ▎ Geforderte Qualifikationen ▎ Konditionen ▎ Bewerbungsverfahren ▎ Bewerbungsadresse	▎ Nach dem BetrVG: Der Betriebsrat kann interne Stellenausschreibungen verlangen. Er kann die Zustimmung zur Einstellung eines neuen Mitarbeiters verweigern, wenn eine interne Ausschreibung nicht erfolgt ist. ▎ Nach dem PersVG: Der Personalrat kann interne Ausschreibung verlangen. Mitbestimmungsrecht bei öffentlicher Ausschreibung.	Das AGG verlangt, dass niemand, der als Bewerber infrage kommt, aus bestimmten Gründen benachteiligt werden darf, und zwar wegen ▎ der Rasse ▎ der ethnischen Herkunft, ▎ des Geschlechts, ▎ der Weltanschauung, ▎ der Religion, ▎ einer Behinderung, ▎ wegen des Alters oder ▎ der sexuellen Identität.	Um Menschen mit Migrationshintergrund, einer Leseschwäche oder einer anderen entsprechenden Behinderung zu erreichen, sollte eine barrierefreie Sprache gewählt werden.

4 Personalauswahl

⟶ **Lernsituation 4: Eingegangene Bewerbungen prüfen**

Sobald eine Stellenanzeige veröffentlicht worden ist, wartet ein Unternehmen auf den Eingang von Bewerbungsunterlagen. Bewerbungen können aber auch kontinuierlich eintreffen, wenn man seinen Personalbedarf beispielsweise auf der eigenen Homepage eingestellt hat.
In jedem Fall sind die eingegangenen Bewerbungen sorgfältig zu prüfen, um unter den Bewerbern den geeigneten Kandidaten zu finden.

4.1 Arten von Bewerbungen

Während in der Vergangenheit die schriftliche Stellenanzeige und die schriftliche Bewerbung Standard waren, führen die elektronischen Medien zu einer neuen Vielfalt von Bewerbungen:
▎ schriftlich,
▎ per E-Mail,
▎ auf der Webseite eines Unternehmens in einem vorstrukturiertem Formular,
▎ telefonisch und persönlich,
▎ aus eigener Initiative des Bewerbers (Initiativbewerbung).

Heute wird der größte Teil aller Bewerbungen in elektronischer Form in den Unternehmen abgegeben. Zu unterscheiden ist auch, ob Unternehmen eine vollständige Bewerbung wünschen oder ob sie sich mit einer Kurzbewerbung zufrieden geben.

4.2 Bearbeitungsprozess von Bewerbungen

Am Anfang steht die Sichtung der eingegangenen Bewerbungen. Aus Gründen der Höflichkeit ist es ratsam, allen Bewerbern eine **Eingangsbestätigung** zu übersenden. Das Schreiben könnte z. B. folgende Punkte enthalten:

- Dank für die Bewerbung,
- Hinweis auf zügige Bearbeitung der Unterlagen,
- Ankündigung einer Information über das Ergebnis der Prüfung.

Nun werden die Bewerberunterlagen grob **vorsortiert**, damit man ungeeignete Bewerber in einem frühen Stadium des Verfahrens aussondert. In dieser Phase wird z. B. die Vollständigkeit der Unterlagen überprüft und ob die formalen Anforderungen des Unternehmens an Bewerberunterlagen erfüllt sind.

Den verbleibenden Unterlagen wird durch eine sorgfältige **Analyse** große Aufmerksamkeit gewidmet. Das Ergebnis der Analyse könnte eine erste **Rangliste** der Bewerber sein. In einem weiteren Schritt könnte diese Bewerberzahl weiter reduziert werden, indem man einen **Eignungstest** anschließt.

Am Ende dieser Phase ist die Zahl der Bewerber auf potenzielle Kandidaten für die ausgeschriebene Stelle reduziert.

Diese Bewerber werden zu einem **Bewerbungsgespräch** eingeladen, das die Grundlage für Einstellungsentscheidung bildet. Eventuell wird mit dem verbleibenden Bewerber ein weiteres Gespräch geführt, um letzte Details zu klären.

Allen Bewerbern (auch in den Vorstufen) werden die Bewerbungsunterlagen zurückgeschickt. Das ist aber nicht in allen Unternehmen üblich.

Für das gesamte Verfahren ist zu bedenken, dass Stellenausschreibungen und das Auswahlverfahren große Außenwirkungen haben, die das **Image** des Unternehmens betreffen. Höflichkeit und sensibles Einfühlungsvermögen in die Situation der Bewerber sind daher für Personalsachbearbeiter dringend erforderlich.

> **Personalauswahl**: Teilaufgabe der Personalwirtschaft, die eingehenden Bewerbungen zu analysieren und durch bestimmte Auswahlverfahren und -kriterien den am besten geeigneten Bewerber herauszufiltern

4.3 Rahmenbedingungen

Beim Einstellungsverfahren darf der Blick nicht nur auf die Eigenschaften der Bewerber gerichtet sein. Auch die wirtschaftlichen und rechtlichen Rahmenbedingungen sind zu beachten.

Wirtschaftliche Bedingungen

Die Position eines Unternehmens auf dem Arbeitsmarkt ist abhängig von der Marktmacht des Unternehmens auf dem Personalbeschaffungsmarkt.

Beispiele:
Wer ungelernte Mitarbeiter für Aushilfstätigkeiten sucht, kann vermutlich unter einer großen Zahl von Bewerbern auswählen.
Auf dem Markt für IT-Mitarbeiter ist das Angebot an Arbeitskräften gewöhnlich begrenzt und die Arbeitssuchenden können sich ihren Arbeitgeber auswählen.

Eine Personalbeschaffungsmaßnahme führt in den beiden Fällen zu sehr unterschiedlichen Bewerberzahlen und zu einer anderen Herangehensweise an die Bewerbungsunterlagen. Im ersten Fall kann man sich bequem an die Arbeitsagentur wenden, im zweiten Fall ist es vielleicht ratsam, einen Headhunter zu beauftragen, geeignete Kandidaten ausfindig zu machen und sie aktiv zu einer Bewerbung aufzufordern.
Von Bedeutung kann auch sein, dass die **Bundesagentur für Arbeit** für die Eingliederung von förderungsbedürftigen Mitarbeitern (z. B. ältere, behinderte Menschen oder Langzeitarbeitslose) Zuschüsse zum Arbeitsentgelt bezahlt. Die Zuschüsse können bis zu 50 % des Arbeitsentgelts betragen.

Rechtliche Bedingungen
Sie beziehen sich auf den Bewerber und auf den Betriebsrat.

Fürsorge- und Sorgfaltspflicht
Auch wenn noch kein Arbeitsvertrag besteht, hat ein Unternehmen im Verlauf des Bewerbungsverfahrens eine **Fürsorge- und Sorgfaltspflicht** gegenüber dem Bewerber. Das zeigt sich etwa darin, dass die Bewerbungsunterlagen nur Personen zugänglich gemacht werden dürfen, die mit dem Einstellungsverfahren befasst sind. Darüber hinaus gilt eine grundsätzliche Verschwiegenheitspflicht zu den Bewerbungsunterlagen.
Das Unternehmen hat auch die Pflicht, den Bewerber über die Anforderungen des Arbeitsplatzes zu **informieren** und ihn auf spezielle Unfall- und Gesundheitsgefahren hinzuweisen.
Wenn Bewerber zum Ausdruck bringen, dass ihr aktueller Arbeitgeber nicht von der Bewerbung erfahren darf, ist dies vom Unternehmen zu beachten.
Im Regelfall sind dem Bewerber auch die **Kosten** für die Teilnahme am Vorstellungsgespräch zu erstatten, es sei denn, dies wurde in der Einladung ausgeschlossen.

Vorschriften des Allgemeinen Gleichbehandlungsgesetzes (AGG)
Bei der Prüfung der Bewerbungsunterlagen (und im gesamten Auswahlverfahren) sind die Vorschriften des Allgemeinen Gleichbehandlungsgesetz (AGG) zu beachten, wonach niemand wegen seiner Rasse, seines Geschlechts, seines Alters, einer bestehenden Behinderung u. a. benachteiligt werden darf.
Fühlt sich ein Bewerber durch eine Formulierung in der Stellenanzeige oder durch Aussagen im Bewerbungsverfahren in seinen Rechten nach dem Allgemeinen Gleichbehandlungsgesetz (AGG) ungleich behandelt, kann er eine **Klage** einreichen.

Rechte des Betriebsrats
Nach § 99 des Betriebsverfassungsgesetzes (BetrVG) hat der **Betriebsrat** in Betrieben mit mehr als 20 wahlberechtigten Arbeitnehmern ein **Zustimmungsrecht** bei der Personalauswahl. Der Arbeitgeber hat ihm die eingegangenen Bewerbungsunterlagen vorzulegen und Auskunft über die an der Personalauswahl beteiligten Personen zu geben.

> **BetrVG § 99 Abs. 1 – Mitbestimmung bei personellen Einzelmaßnahmen**
>
> In Unternehmen mit in der Regel mehr als zwanzig wahlberechtigten Arbeitnehmern hat der Arbeitgeber den Betriebsrat vor jeder Einstellung, Eingruppierung, Umgruppierung und Versetzung zu unterrichten, **ihm die erforderlichen Bewerbungsunterlagen vorzulegen und Auskunft über die Person der Beteiligten zu geben;** er hat dem Betriebsrat unter Vorlage der erforderlichen Unterlagen Auskunft über die Auswirkungen der geplanten Maßnahme zu geben und die Zustimmung des Betriebsrats zu der geplanten Maßnahme einzuholen.

Der Betriebsrat hat auch ein Zustimmungsrecht, wenn ein Unternehmen generelle Richtlinien (**Auswahlrichtlinien**) für die Personalauswahl festlegt (§ 95 BetrVG).
Dieses Recht auf Mitbestimmung bei der Personalauswahl gilt auch für **Personalräte**. Auf Bundesebene regelt dies das Bundespersonalvertretungsgesetz (BPersVG) und auf der Länderebene das jeweilige Landespersonalvertretungsgesetz (LPersVG).

4.4 Instrumente der Personalauswahl

Im Rahmen einer Stellenbesetzung wird für die Personalauswahl gewöhnlich ein strukturiertes Verfahren verwendet, um die hohen und lange wirkenden Kosten einer Fehlbesetzung der ausgeschriebenen Stelle zu vermeiden. Außerdem wird die Rechtssicherheit erhöht. Durch die Dokumentation der einzelnen Schritte in diesem Auswahlverfahren, kann der Unternehmer im Falle einer Klage durch einen abgelehnten Bewerber beweisen, dass er zu keinem Zeitpunkt rechtswidrig gehandelt hat.

Um eine qualifizierte Auswahl bei den Bewerbern zu treffen, stehen dem Unternehmer unterschiedliche Instrumente zur Verfügung:

- die Bewerbungsunterlagen,
- der Bewerbungs- oder Einstellungstest,
- das Assessment-Center,
- das Bewerbungs- bzw. Vorstellungsgespräch.

4.4.1 Bewerbungsunterlagen

Beim Eingang der Bewerbungen wird eine erste **Vorauswahl** getroffen. Dabei werden die Bewerbungsunterlagen zunächst auf ihre **Vollständigkeit** und ihre **äußere Form** (Sauberkeit, Vollständigkeit) untersucht. Zu den Bewerbungsunterlagen gehören:

- Bewerbungsschreiben (Anschreiben)
- Kopien von Schul-, Studien- und Arbeitszeugnissen
- Lebenslauf
- Bescheinigungen/Zertifikate
- Bewerbungsfoto
- Sonstiges (Arbeitsproben, Referenzen etc.)

Bewerbungsschreiben

Aus Sicht des Bewerbers ist das Anschreiben ein wesentliches Beeinflussungsinstrument. Der Bewerber wendet sich direkt an das Unternehmen, um sich als besonders geeignet für die ausgeschriebene Stelle darzustellen. Folgende **Inhalte** sind üblich:

① Der Bewerber bezieht sich auf die ausgeschriebenen **Stelle** und deren Anforderungen.
② In einer **Selbsteinschätzung** stellt er seine Kenntnisse, Fähigkeiten und Kenntnisse so heraus, dass sie zu den Stellenanforderungen passen.
③ Der Bewerber erläutert besondere **Eigenschaften**, die den Bewerber für die Stelle geeignet machen.
④ Aktueller Status des Arbeitnehmers und frühester **Einstellungstermin**
⑤ Bitte um ein **Vorstellungsgespräch**

Der Personalsachbearbeiter prüft vorzugsweise folgende Punkte:

- Stimmen die **Leistungen** des Kandidaten mit dem **Stellenprofil** überein?
- Erfüllt das Schreiben die formalen Anforderungen (Rechtschreibnormen und Gestaltungsvorschriften nach DIN 5008)? Wenn man bedenkt, dass Bewerber ihre Unterlagen mit größter Sorgfalt erstellen (alles andere wäre bereits ein Ausschlusskriterium), wiegen auch kleinere Fehler, z. B. in der Rechtschreibung, schwer. Insbesondere für kaufmännische Berufe sind die formalen Anforderungen besonders bedeutsam.

Beispiel für ein Bewerbungsschreiben (nur Haupttext):

Sehr geehrte(r) Frau/Herr xy,

Ihre Stellenanzeige für eine Kauffrau für Büromanagement habe ich mit großem Interesse auf Ihrer Webseite gelesen. Ich würde Sie gerne bei der Bewältigung der Aufgaben in Ihrer Buchhaltungsabteilung unterstützen, weil Ihr Anforderungsprofil genau meiner derzeitigen Tätigkeit entspricht. ①

Zurzeit bin ich in der Buchhaltung der Sänger GmbH in Ulm tätig. Seit meiner Ausbildung arbeite ich dort selbstständig in den Bereichen Finanzbuchhaltung, Kontierung, Fakturierung und Umsatzsteuervoranmeldungen. ②

Diese Aufgaben waren in der Regel DV-gestützt zu erledigen. Ich beherrsche daher die gängigen Office-Programme und die ERP-Software Lexware. ③

Ich bin aktuell in ungekündigter Stellung. Ihren gewünschten Einstellungstermin könnte ich wahrnehmen. ④

Gerne würde ich den ersten Eindruck, den Sie aus meinen Bewerbungsunterlagen gewinnen, in einem Vorstellungsgespräch vertiefen. ⑤

Mit freundlichen Grüßen

Lebenslauf

Der Lebenslauf gilt als wichtigstes Dokument unter den Bewerbungsunterlagen. Er spiegelt den Werdegang und die erworbenen Fähigkeiten des Bewerbers wider. Unternehmen erwarten in der Regel einen **tabellarischen** Lebenslauf, weil er übersichtlich und gut auswertbar ist. Er soll **lückenlos** die **persönliche** und **berufliche Entwicklung** des Bewerbers darstellen.

Lebenslauf: Bewerbungsdokument, das über die persönliche Entwicklung und den beruflichen Werdegang eines Bewerbers informiert

Der Lebenslauf soll das Unternehmen über die persönliche und berufliche Entwicklung des Bewerbers mit Blick auf die zu besetzende Stelle informieren. Daher sollte der Lebenslauf nicht als Standarddokument für jede Bewerbung eingesetzt werden, vielmehr ist er mit Blick auf das Anforderungsprofil der Stelle zu gestalten.

Lernfeld 8 Personalwirtschaftliche Aufgaben wahrnehmen

Beispiel für einen Lebenslauf (verkürzt):

Lebenslauf	
Peter Brandauer **Wirtschaftsfachwirt** Kraftstraße 345 94032 Passau 0178 3364376387 peterbrandauer@emailn.com 5. Juni 1976 in Uerdingen	
Angestrebte Position: **Beruflicher Werdegang**	Referent Personalentwicklung
seit 10/2006	Co-Tech GmbH, Passau ▎ Personalcontrolling ▎ Personalentwicklung
06/1997–10/2006	Eppelmann Großhandel KG, Krefeld ▎ Personaleinsatzplanung ▎ Personalbedarfsplanung ▎ Entgeltberechnung
Ausbildung	
03/2001–03/2003 9/1994–06/1997	Ausbildung zum Wirtschaftsfachwirt, IHK Düsseldorf Ausbildung zum Kaufmann für Büromanagement bei Eppelmann - Großhandel KG, Krefeld
Schulabschluss	
1986–1994 1982–1986	Abitur, Stadtparkgymnasium, Krefeld-Uerdingen Josefschule, Grundschule, Krefeld
Auslandsaufenthalte	
08/1993–02/1994	London, Schüleraustausch, Davies Laing and Dick College (DLD College)
Fremdsprachenkenntnisse	
Englisch	In Wort und Schrift, verhandlungssicher
Weitere Kenntnisse	
SAP, Lexware, ECDL, Outlook, Führerschein Klassen B und BE	
Interessen	
Fitness, Trainerarbeit, Lesen	

Passau, 17.6.20(0)

Peter Brandauer

Ein Personalsachbearbeiter prüft vor allem folgende Punkte:

▎ **Äußere Form**: Ist der Lebenslauf formal korrekt?
▎ **Zeitlicher Verlauf**: Man achtet auf Lücken im Lebenslauf. Wie oft wurde die Arbeitsstelle gewechselt? Wie lang war jeweils die Verweildauer auf einem Arbeitsplatz. Welche Dauer hatte die Ausbildung?
▎ **Karriereweg**: Wie entwickelten sich die Aufgabenfelder und Anforderungen? Ist ein beruflicher Aufstieg festzustellen (Entwicklungsanalyse)? Welche Berufserfahrungen konnte der Bewerber bisher sammeln?

Bewerbungsfoto

Bewerbungsfotos sind in Deutschland für viele Arbeitgeber immer noch ein beliebtes Mittel, sich für oder gegen einen Bewerber zu entscheiden. Das AGG verlangt aber, dass niemand wegen der Rasse, wegen des Alters usw. benachteiligt werden darf. Solche Fotos benachteiligen diejenigen Bewerber, deren äußeres Erscheinungsbild beispielsweise wegen einer sichtbaren Behinderung zu einer Ablehnung führt.

Der Gesetzgeber nimmt nicht eindeutig Stellung zu dieser Problematik. Eine Antwort der Bundesregierung zu einer großen Anfrage zur Praxistauglichkeit des Allgemeinen Gleichbehandlungsgesetzes lautete:

„Stellenanzeigen enthalten oft die Aufforderung, den Bewerbungsunterlagen ein Lichtbild beizufügen. **Eine solche Aufforderung des Arbeitgebers ist nach dem Allgemeinen Gleichbehandlungsgesetz grundsätzlich nicht ausgeschlossen.** Es gibt keinen allgemeinen Erfahrungssatz des Inhalts, dass Bewerbungsunterlagen mit Lichtbild generell zu einer Benachteiligung, zum Beispiel von Bewerbern mit bestimmter ethnischer Herkunft oder wegen des Alters, führen. Wird im anschließenden Auswahlverfahren der Bewerber, auf dessen Lichtbild bestimmte Diskriminierungsmerkmale erkennbar sind, nicht eingestellt, so kann das Verlangen nach Vorlage eines Lichtbildes bei Hinzutreten weiterer Anhaltspunkte im konkreten Einzelfall Indiz für eine ungerechtfertigte Benachteiligung sein.

Quelle: Deutscher Bundestag/Bundesregierung: Zur Praxistauglichkeit des Allgemeinen Gleichbehandlungsgesetzes, Drucksache 16/6316, abgerufen am 01.01.2015 unter http://dip21.bundetag.de/dip21/btd/16/063/1606316.pdf

Kopien von Schul-, Studien- und Arbeitszeugnissen, Zertifikate, Arbeitsproben

Zeugnisse, Zertifikate, Arbeitsproben etc. dienen der Überprüfung der im Anschreiben und im Lebenslauf gemachten Angaben. Sie zeigen dem Arbeitgeber, ob die geforderten Fachkenntnisse zumindest auf dem Papier vorhanden sind. Inwieweit sie ins Fachpraktische umgesetzt werden können, müsste dann zum Beispiel bei einer Probearbeit festgestellt werden. Zeugnisse geben dem zukünftigen Arbeitgeber aber auch Aufschluss darüber, wie groß das Interesse des Bewerbers an der Erweiterung seines Wissens ist. Zwei Arten von Zeugnissen sind zu unterscheiden.

Ausführlich zum Arbeitszeugnis, siehe Kapitel 10.5, Seite 357

4.4.2 Bewerbungstest

Der Bewerbungstest kann als zweite Etappe in einem mehrstufigen Auswahlverfahren gesehen werden. Alle Bewerber, die aufgrund ihres Anschreibens, ihres Lebenslaufes, ihrer Zeugnisse oder wegen besonderer Fachkenntnisse für die ausgeschriebene Stelle infrage kommen, werden zu einem Bewerbungstest oder Assessment-Center eingeladen.

Die unterschiedlichen Arten der Testverfahren dienen ebenso wie das Assessment-Center der Vorauswahl bestimmter Bewerber. Im Unterschied zum Assessment-Center jedoch werden in diesen Tests keine realen, betrieblichen Situationen simuliert. Vielmehr wird in verschiedenen Testfeldern beispielsweise allgemeines oder spezielles Wissen der Mathematik, der Erdkunde etc. abgefragt.

Andere Tests versuchen die Konzentrationsfähigkeit, die Intelligenz oder die Merkfähigkeit des Bewerbers offenzulegen. Einige Unternehmen verwenden auch biografische Fragebögen oder psychologische Tests, um mehr Informationen über die psychische Stabilität des Bewerbers herauszufinden.

Die Testfelder in der Übersicht

Wissen	Sprache	Konzentration	Intelligenz	Persönlichkeit
Politik	Rechtschreibung	Aufmerksamkeit	Logik	Motivationsfähigkeit
Mathematik	Interpunktion	Merkfähigkeit	Räumliches Sehen	Selbsteinschätzung
Wirtschaft	Fremdwörter	Ausdauer	Sprachliche Intelligenz	Kommunikationsfähigkeit
Fachwissen	Ausdruck	Arbeitsgenauigkeit	Auffassungsgabe	Zuverlässigkeit

Der Aufbau der Tests ist sehr oft durch eine **Einfach- oder Mehrfachauswahl** (Multiple-Choice) möglicher Antworten geprägt.

Beispiele:

1. Wann endete der Zweite Weltkrieg?	2. Welche Länder grenzen direkt an Deutschland?
1918 ☐	Spanien ☐
1933 ☐	Polen ☐
1939 ☐	Schweiz ☐
1945 ☐	Österreich ☐

Neben der Mehrfachauswahl gibt es **offene Fragen**, die unter anderem dazu dienen, die Ausdrucksstärke und die Sicherheit in der Formulierung von Sätzen festzustellen.

Tests, die die Konzentrationsfähigkeit des Bewerbers prüfen, sind zum Beispiel der sogenannte **Fragenkatalog**. Es wird ein Informationstext vorgegeben und der Bewerber muss danach Fragen zu diesem Text beantworten, ohne den Text ein weiteres Mal zu lesen.

Beliebt sind bei mathematischen Tests die **unvollständigen Zahlenreihen,** die das logische Denken fordern. Der Bewerber muss hierbei erkennen, wie die Reihe fortzuführen ist.

Beispiel:

> 2, 4, 6, 8, 10 …

Bei diesen mathematischen Tests wird auch die Fähigkeit des **Kopfrechnen**s des Bewerbers überprüft.

Beispiel:

> Addieren Sie die Zahlen 29 898 und 21 321 oder subtrahieren Sie 3 133 von 46 763.
> Verwandeln Sie den Bruch in eine Dezimalzahl: $\frac{28}{8}$

> Analog, griech. = verhältnismäßig

Das Bilden von Analogien gehört auch zu den Logik-Aufgaben solcher Tests. Analogien sind Begriffe, die ein Verhältnis zueinander ausdrücken.

Beispiel:

> Vater – Mutter, Opa – …

4.4.3 Assessment-Center

> to assess (engl.) = beurteilen

Das Assessment-Center dient der Personalauswahl in einem Bewerbungsverfahren. Im Gegensatz zum gewöhnlichen Bewerbungs- bzw. Eignungstest werden Bewerber von geschulten Beobachtern (Psychologen, Vorgesetzten, Vertretern der Fachabteilung etc.) durch die Simulation realistischer, betrieblicher Situationen auf ihre Eignung für die ausgeschriebene Stelle geprüft. Die Beobachter erstellen dann ein Eignungsprofil, das auf der Basis des Anforderungsprofils entsteht.

> → **Assessment-Center:** Personalauswahlverfahren, bei dem die Kandidaten durch die Lösung von Problemen zeigen sollen, dass sie den Anforderungen des Unternehmens gewachsen sind

Beispiel eines Eignungsprofils:

Eignungsprofil		
Stelle	Verkaufsleiter/-in	
Bewerber	Astrid Meinhardt	
Bewertungsbasis	**Anforderungen**	**Eignung**
Schul- und Berufsausbildung	Mittlerer Bildungsabschluss	+ Fachoberschulreife, Note: gut
	Abitur	– – Nicht gegeben
Berufliche Bildung	Studium der Betriebswirtschaftslehre	– Nicht gegeben
	Abgeschlossene kaufmännische Ausbildung	+ Einzelhandelskauffrau
	Weiterbildung zum Handelsfachwirten	++ Note: sehr gut
	Ausbilderprüfung nach Ausbildereignungsverordnung (AEVO)	++ Vorhanden, Zeugnis
	SAP-Schulung	– – Kenntnisse Lexware
Berufserfahrung	Mehrjährige Verkaufstätigkeit	+ Ausbildung und dreieinhalbjährige Tätigkeit
	Verkäufertätigkeit in der Fahrrad- und Fahrradtechnikbranche	– – Möbelbranche
	Auslandserfahrungen	– – Keine

Eignungsprofil		
Führungserfahrung/-fähigkeiten	Mehrjährige leitende Tätigkeit	– – Nur ein Jahr als Verkaufsleiterin
	Motivationsfähigkeit	+ Weiß andere zu begeistern
	Kritikfähigkeit	– – Lässt andere Meinungen nicht zu
	Sozialkompetenz	+ Versucht, andere in die Gruppe zu integrieren
Persönliche Kompetenzen		
Geistige Anforderungen	Schnelle Auffassungsgabe	++ Tests, Zeugnisse
	Sehr guter sprachlicher Ausdruck	++ Anschreiben
	Verhandlungsgeschick	++ Gruppendiskussion
Körperliche Anforderungen	Belastbarkeit	++ Ehrenamtlich beim THW
	Ausdauer	++ Hobby-Schwimmen
Arbeitsverhalten	Organisationsgeschick	+ Postkorbübungen
	Genauigkeit	++ Zeugnis, Übung
	Selbstständigkeit	+ Zeugnisse
Sprachen	Sehr gutes Deutsch in Wort und Schrift	++ Anschreiben
	Gutes Englisch in Wort und Schrift	+ Übung, Anschreiben
	Spanisch, Französisch in Wort	– – Nicht vorhanden
Spezial- bzw. Zusatzkenntnisse	Produktkenntnisse	– Nicht vorhanden
	MS-Office-Kenntnisse	+ ECDL
	Außenhandelskenntnisse	– – Nicht vorhanden
Erscheinung/Auftreten	Gepflegtes Äußeres	+ Gegeben
	Selbstbewusst	– Beurteilung, Zeugnis
	Ruhig und gelassen	++ Gruppendiskussion, Postkorbübungen

++ = Anforderungen über Maß erfüllt
+ = Anforderungen erfüllt
– = gewünschte Anforderungen nicht erfüllt
– – = Muss-Anforderung nicht erfüllt

In einem Assessment-Center werden unterschiedliche **Methoden** angewendet, um die Kompetenzen der Bewerber zu ermitteln.

Methoden	Umsetzung
Gruppendiskussionen	Hier werden beispielsweise rhetorische Fähigkeiten, also das Argumentieren, das Überzeugen und das Zuhören in der Gruppe geprüft.
Postkorbübungen	Solche Übungen dienen dazu, Bewerber unter Zeitdruck Aufgaben erledigen zu lassen. Das kann tatsächlich ein Korb voller Eingangspost sein, der entsprechend zügig abgearbeitet werden muss. Dabei muss der Bewerber entscheiden, ob Briefe Vorrang haben. Diese Übungen werden meist kombiniert mit Terminen und spontanen Anrufen während der Postbearbeitung, die in einer Telefonnotiz festgehalten werden müssen.
Rollenspiele	Das können Kollegen-, Kunden- oder Mitarbeitergespräche sein. Hier müssen die Bewerber in einem simulierten Vier-Augen-Gespräch zeigen, dass sie einfühlsam, nicht impulsiv, ohne jede Aggression auf den Gesprächspartner eingehen können und ohne die unternehmerischen Ziele aus den Augen zu verlieren.
Präsentationen	Bewerber erhalten ein Thema, das sie in Kleingruppen oder aber auch einzeln präsentieren müssen. Hier kann der Bewerber zeigen, ob er in der Lage ist, Informationen in kurzer Zeit strukturiert und verständlich darzustellen. Dabei wird auch beobachtet, mit welchem sprachlichen Geschick er dies präsentiert und welche Körpersprache er dabei verwendet.

Lernfeld 8 Personalwirtschaftliche Aufgaben wahrnehmen

Methoden	Umsetzung
Fragebögen	Sie werden meist in Form von Persönlichkeits-, Leistungs- oder Intelligenztests durchgeführt.
Abschlussgespräch	Es gilt als letzte Barriere vor dem Einstellungsgespräch. Hier werden in einem persönlichen Gespräch noch einmal die Leistungsbereitschaft, die Motivation und die Persönlichkeit des Bewerbers hinterfragt.

Natürlich sind die **Kosten** eines Assessment-Centers im Verhältnis zu einem einfachen Bewerbungsverfahren deutlich höher. Neben den Kosten für die Anreise, Verpflegung und Unterbringung fallen auch Kosten für die Entwicklung und Zusammenstellung der Unterlagen oder auch für die Beobachter usw. an. Daher wird das Assessment-Center meist in Bewerbungsverfahren genutzt, die sich auf ausgeschriebene Stellen höherer Hierarchieebenen (Middle- oder Topmanagement) beziehen.

Topmanagement = oberste Hierarchieebene eines Unternehmens; dazu gehören z. B. Geschäftsführer, Vorstandsmitglieder

Middlemanagement = mittlere Hierarchieebene eines Unternehmens; dazu gehören z. B. Abteilungsleiter, Bereichsleiter

Assessment-Center	
Vorteile	▌ Durch Gruppenübungen wird die Teamfähigkeit geprüft. ▌ Der Bewerber wird über einen längeren Zeitraum geprüft, dadurch wird der Bewerber intensiver durchleuchtet. ▌ Realistischere betriebliche Situationen können nachgestellt werden. ▌ Durch den Druck, dem die Bewerber ausgesetzt werden, kann festgestellt werden, wie sie auf Stress reagieren.
Nachteile	▌ Eventuell hohe Kosten durch Unterbringung der Bewerber, Honorare oder Gehälter für Prüfer, Miete etc. ▌ Eine aufwändige Vorbereitung für die Organisation und Durchführung ist nötig. ▌ Es ist mehr Fachpersonal wie Psychologen, Personalberater nötig. ▌ Die Teilnehmer können sich auf bestimmte Situationen schon im Vorhinein vorbereiten und damit das Ergebnis verfälschen.

4.4.4 Bewerbungsgespräche

Hat ein Bewerber die Einstellungstests als zweite Hürde des Auswahlverfahrens geschafft, wird er zu einem Bewerbungsgespräch eingeladen. Das Bundesarbeitsgericht (BAG) hat dem Betriebsrat **kein Beteiligungsrecht an solchen Bewerbungsgesprächen** zugestanden. Allerdings wurde dem Betriebsrat ein **Unterrichtungsrecht** zugesprochen. Er muss also über die wesentlichen Inhalte eines solchen Gesprächs unterrichtet werden, wenn die Inhalte bedeutsam für die Zustimmung zur Einstellung oder Ablehnung eines Bewerbers durch den Arbeitgeber sind. Das gilt auch für die Ergebnisse der Einstellungstests.

Personalräte haben nach dem Bundespersonalvertretungsgesetz (siehe § 68 ff. BPersVG) ähnliche Rechte wie Betriebsräte, wobei die Mitwirkungsrechte nach den **Landesgesetzgebungen** (LPersVG) in den einzelnen Bundesländern anders geregelt sind als auf Bundesebene. So haben Personalräte in einigen Ländern ein Beteiligungsrecht an Vorstellungsgesprächen.

Einladungen zum Bewerbungsgespräch

Die **telefonische Einladung** zum Bewerbungsgespräch bietet den Vorteil, neben dem Termin alle anderen wichtigen Punkte sofort klären zu können. Meist jedoch erfolgen **Einladungen in schriftlicher Form**, und zwar per E-Mail oder Brief. In dieser Einladung sollten alle wichtigen Punkte genannt werden:

▌ **Zeitpunkt des Gespräches:** Der geplante Termin sollte nicht zu kurzfristig anberaumt werden. Die Bewerber könnten nämlich zu diesem Zeitpunkt in einem Beschäftigungsverhältnis sein und könnten somit nicht spontan einen Gesprächstermin wahrnehmen.

▌ **Unterlagen:** Werden noch weitere Unterlagen des Bewerbers benötigt, sollte dies in der Einladung erwähnt werden.

▌ **Ansprechpartner:** Genannt werden sollte in jedem Fall immer die Person, die für Rückfragen zum Gespräch zuständig ist.

▌ **Gesprächspartner:** Der Bewerber sollte auch über die Personen informiert werden, die an diesem Gespräch teilhaben werden. Das könnten die Geschäftsführung, Personal-, Abteilungsleitung, direkte Vorgesetzte etc. sein.

▌ **Anfahrtsbeschreibung:** Auch wenn ein elektronischer Navigator heutzutage zur Standardausrüstung eines Autos gehört oder in moderne Smartphones integriert ist, sollte eine Anfahrtsbeschreibung hinzugefügt werden. Elektronik kann versagen, die Straßenkarte funktioniert auch ohne Strom.

- **Bestätigung:** In jedem Fall sollte um eine Bestätigung des Gesprächstermins gebeten werden. Dafür sollte eine Telefonnummer inklusive der Durchwahl oder eine E-Mail-Adresse genannt werden.
- **Reisekosten:** Grundsätzlich sagt das Bürgerliche Gesetzbuch (BGB), dass ein Unternehmen, das zu einem Einstellungstest, Vorstellungsgespräch oder Assessment-Center einlädt, die Kosten für Anreise, Verpflegung und Unterbringung übernehmen muss. Eine Ausnahme liegt vor, wenn in der Einladung das Gegenteil ausgesprochen wird.

BGB § 670 – Ersatz von Aufwendungen

Macht der Beauftragte zum Zwecke der Ausführung des Auftrags Aufwendungen, die er den Umständen nach für erforderlich halten darf, so ist der Auftraggeber zum Ersatz verpflichtet.

Wurde der Bewerber allerdings schon in der Einladung darauf hingewiesen, dass nur bestimmte oder gar keine der für dieses Vorstellungsgespräch anfallenden Kosten übernommen werden, hat der Bewerber diese zu tragen.

Beispiel einer Einladung zum Bewerbungsgespräch:

Sehr geehrte(r) Frau/Herr XY,

Ihre Bewerbungsunterlagen und Ihr Interesse an unserem Unternehmen haben uns überzeugt, Sie in einem persönlichen Gespräch kennenzulernen.

Wir freuen uns, Sie am 17. August 20(0) um 10:00 Uhr in die Personalabteilung unseres Unternehmens einzuladen. Die Anfahrtsbeschreibung entnehmen Sie bitte der Anlage.

Herr Peter Weber, unser Personalleiter, und Frau Akori, unsere Abteilungsleiterin des Verkaufs im asiatischen Raum, werden Ihre Gesprächspartner sein. Ich bin für diesen Termin Ihre Ansprechpartnerin.

Bitte bestätigen Sie diesen Termin unter folgender Rufnummer 01234 567890123.

Wir weisen Sie darauf hin, dass wir die Reise- und Übernachtungskosten sowie sonstige Auslagen nicht erstatten können.

Wir bitten dafür um Ihr Verständnis.

Mit freundlichen Grüßen

Gabriela Gomez

Gabriela Gomez
Assistentin der Personalleitung

Anlagen
Anfahrtsbeschreibung

Ziele eines Bewerbungsgesprächs

Bewerbungsgespräche zielen darauf ab, bestimmte Informationen über den Bewerber zu erhalten, die die schriftlichen Bewerbungsunterlagen nicht geben können.

- Der Arbeitgeber bekommt einen persönlichen Eindruck vom Bewerber.
- Der Arbeitgeber erhält Informationen, die aus den schriftlichen Unterlagen nicht hervorgehen, z. B. Einsatzbereitschaft, Spontanität, Redegewandtheit, Kritikfähigkeit etc.
- Das eigene Bild, das der Bewerber mit seinen Bewerbungsunterlagen erzeugt hat, kann nun mit den Aussagen aus dem Bewerbungsgespräch verglichen werden.
- Der Bewerber äußert seine Erwartungen und Zielvorstellungen hinsichtlich der ausgeschriebenen Stelle.

Ablauf eines Bewerbungsgespräches

1. Phase: Die Begrüßung	Stress und Anspannung des Bewerbers sollen in dieser Phase reduziert und damit eine für beide Seiten angenehme Atmosphäre geschaffen werden. Anwesende Gesprächspartner werden mit Namen und Funktionen vorgestellt. Es sollte darauf hingewiesen werden, dass alle Informationen dieses Gespräches vertraulich behandelt werden.
2. Phase: Der Arbeitgeber	Der Arbeitgeber versucht in dieser Phase herauszufinden, inwieweit sich der Bewerber über dieses Unternehmen informiert hat. Fragen zum Produktsortiment, zur betrieblichen Marktsituation, zu vorhandenen Zweigstellen etc. tragen dazu bei. Im Anschluss daran könnte der Arbeitgeber den Bewerber ausführlicher über das Unternehmen und die zu besetzende Stelle informieren, damit der Bewerber besser einschätzen kann, ob das Unternehmen und die Stelle seinen Vorstellungen entsprechen.
3. Phase: Die Situation des Bewerbers	Hier werden Fragen zum schulischen und beruflichen Werdegang gestellt. Dabei ist auch die Frage nach dem Motiv zur Berufswahl von Bedeutung. Der Bewerber sollte von seinen geleisteten Praktika und den beruflichen Aufgaben und Verantwortlichkeiten in den Unternehmen berichten. Für den Arbeitgeber sind auch die Dauer der jeweiligen Tätigkeit und seine absolvierten Weiterbildungen interessant.
4. Phase: Die neue Stelle des Bewerbers	Der Arbeitgeber versucht an dieser Stelle des Gesprächs herauszubekommen, warum der Bewerber sich beruflich verändern will und warum er sich gerade für diese Stelle beworben hat. Ebenso könnte gefragt werden, was der Bewerber von der neuen Stelle erwartet und welche Ziele er mit dieser neuen Stelle erreichen möchte. Fragen zum aktuellen Lohn und zu den Gehaltsvorstellungen für die ausgeschriebene Stelle sind üblich.
5. Phase: Persönliches zum Bewerber	Der Bewerber erstellt in dieser Phase ein Selbstbildnis, indem er seine Stärken und Schwächen beschreibt und diese mit erlebten, also realen beruflichen und privaten Lebenssituationen belegt. Der Bewerber wird oft auch gefragt, welche persönlichen Bereiche er im Leben noch verbessern möchte. Viele Arbeitgeber wollen auch wissen, welche Tätigkeiten im Freizeitbereich, zum Beispiel in Vereinen oder anderen Organisationen, ausgeübt werden.
6. Phase: Der Abschluss	Bestehen keine Fragen mehr, werden die wesentlichen Punkte noch einmal zusammengefasst und der Bewerber über das weitere Vorgehen informiert. Der Arbeitgeber bedankt und verabschiedet sich dann.

Grundsätze der Gesprächsführung

Schon in der Vorbereitung des Gesprächs sollte ein **Raum** gewählt werden, der jegliche Ruhestörung, z. B. durch Publikumsverkehr, vermeidet. Ebenso wichtig ist die **zeitliche Planung**: Zeitdruck führt zu unbefriedigenden Ergebnissen solcher Gespräche. Die eingeplante Zeit sollte der hierarchischen Position einer ausgeschriebenen Stelle entsprechen.

Damit Bewerbungsgespräche den gewünschten Erfolg bringen, sollten auch bestimmte Grundsätze der Gesprächsführung beachtet werden:

- In der Hauptsache sollte der Bewerber reden und nicht der Arbeitgeber.
- Es sollten hauptsächlich offene Fragen, also Fragen, die der Bewerber nicht nur mit Ja oder Nein beantworten kann, gestellt werden. Geschlossene Fragen sind nur dann sinnvoll, wenn eindeutige Antworten gefordert sind.
- In jedem Fall sollten Suggestivfragen vermieden werden, da sie nicht unbedingt die Meinung des Bewerbers widerspiegeln.
- Sind bestimmte Aussagen des Bewerbers unklar, sollten Notizen gemacht werden, um den Bewerber nicht unnötig zu unterbrechen. So können Unklarheiten nicht vergessen und im Nachhinein noch einmal hinterfragt werden.

Zulässige/unzulässige Fragen

Der Arbeitgeber sollte sich im Rahmen eines solchen Bewerbungsgespräches über die **Zulässigkeit von Fragen** im Klaren sein. **Zulässig** sind vor allem Fragen, die in enger Beziehung zur ausgeschriebenen Stelle stehen.

Beispiele für zulässige Fragen:
- Fragen zur beruflichen Laufbahn
- Fragen zur bisherigen Vergütung
- Fragen zu Interessen, z. B. Literatur, Musik
- Warum der Bewerber seine alte Stellung gekündigt hat
- Ob und was der Bewerber gerne liest
- Fragen zu Krankheiten (aber nur, wenn sie für die Berufstätigkeit von Bedeutung sind, z. B. Allergien)
- Fragen zu Vorstrafen (soweit die Art des konkret zu besetzenden Arbeitsplatzes dies erfordert)
- Fragen zu Behinderungen (soweit sie die zukünftige Tätigkeit einschränken)

Unzulässig sind Fragen, die sich auf folgende Sachverhalte beziehen.

Beispiele für unzulässige Fragen:
- Fragen zu Partei- oder Religionszugehörigkeit
- Fragen zu Gewerkschaftszugehörigkeit
- Fragen zu Betriebsratstätigkeit
- Fragen zur bevorstehenden Heirat
- Fragen zur sexuellen Identität
- Schwangerschaft (darf grundsätzlich nicht mehr gefragt werden, auch wenn eine Gefahr für die Schwangere und das Ungeborene von dieser Tätigkeit ausgeht (Bundesarbeitsgericht am 6. Februar 2003, Aktenzeichen: 2 AZR 621/01)

In jedem Fall darf der Bewerber auf Fragen, die unzulässig sind, eine unwahre Antwort geben, ohne dass der Arbeitgeber später den Arbeitsvertrag **wegen arglistiger Täuschung** im Sinne des § 123 BGB anfechten kann.

Nach Abschluss des Bewerbungsgespräches werden die Aussagen und das Verhalten des Bewerbers anhand von Beurteilungsbögen festgehalten, bewertet und unter den beteiligten Verantwortlichen diskutiert.

Beispiel eines Bewertungsbogens:

Verhalten/Auftreten	Was war positiv?	Was war negativ?
Wie hat sich der Bewerber bei der Begrüßung verhalten?		
Wie sieht das äußere Erscheinungsbild des Bewerbers aus (Kleidung, Haare, geschminkt …)?		
Hat der Bewerber Blickkontakt gesucht?		
Wie war das Auftreten des Bewerbers (Haltung und Ausstrahlung)?		
Wie war der sprachliche Ausdruck des Bewerbers?		
War der Bewerber über das Berufsbild und das Unternehmen informiert?		
Zeigte er ein weiter gehendes Interesse?		
Hat er angemessene Fragen gestellt?		
Wie hat sich der Bewerber bei Beendigung des Gesprächs verhalten?		

Das zweite Vorstellungsgespräch

Haben Bewerber die Einstellungstests mit Erfolg absolviert und im ersten Bewerbungsgespräch den möglichen Arbeitgeber von ihren Fähigkeiten und ihrem Nutzen für das Unternehmen überzeugt, kann im Anschluss daran ein weiteres Gespräch stattfinden. Dieses Gespräch soll dazu dienen, die Bewerber noch etwas genauer kennenzulernen. Bei gegenseitigem Interesse werden Vertragsverhandlungen geführt. Die wesentlichen Vertragspunkte sind zum Beispiel:

- Art der Anstellung
- Höhe des Gehaltes
- Anzahl der Urlaubstage
- Arbeitszeiten
- Provision
- Urlaubs- und Weihnachtsgeld
- Sonderleistungen (z. B. Mitarbeitereinkauf)
- Firmenwagen
- Unterstützung beim Umzug
- Betriebsrente

Zusammenfassung

Personalauswahl			
Verfahren, um bei den eingehenden Bewerbungen den besten Bewerber herauszufiltern			
Bewerbungsarten	**Auswahlprozess**	**Rahmenbedingungen**	**Instrumente**
▪ schriftlich ▪ per E-Mail ▪ auf der Webseite eines Unternehmens in einem vorstrukturierten Formular ▪ telefonisch und persönlich Initiativbewerbung	1. Erfassung 2. Bestätigung 3. Vorprüfung 4. Analyse 5. Rangliste 6. evtl. Test 7. Gespräch 8. Entscheidung	▪ Wirtschaftliche – Marktbedingungen – Zuschüsse Arbeitsagentur ▪ Rechtliche – Fürsorge- und Sorgfaltspflicht – Zustimmungsrecht des Betriebsrats	▪ Bewerbungsschreiben: – Bewerberleistungen <-> Stellenprofil – Formale Anforderungen ▪ Lebenslauf: – äußere Form – zeitlicher Verlauf – Karriereweg ▪ Foto: – Benachteiligung aufgrund des Fotos nicht zulässig – Bewerber reichen gewöhnlich Fotos ein ▪ Zeugnisse: – Einfaches – Qualifiziertes – Wohlwollend – Zeugniscode ▪ Bewerbungstests: Ermittlung von Wissen, Sprachfertigkeit, Konzentration, Intelligenz usw. ▪ Assessment-Center: – Personalauswahl durch Problemlösungen – Methoden: Gruppendiskussionen, Postkorbübung, Rollenspiele usw. ▪ Bewerbergespräche: – Ziel: Zusätzliche Informationen über den Kandidaten gewinnen – Unzulässige Fragen beachten, z. B. Religionszugehörigkeit

5 Arbeitsvertrag

➔ **Lernsituation 5: Einen Arbeitsvertrag entwerfen**

5.1 Zustandekommen

Ein Vertrag kommt durch zwei übereinstimmende Willenserklärungen zustande. Das gilt auch für den Arbeitsvertrag. Die Vertragspartner sind Arbeitgeber und Arbeitnehmer. Der Arbeitnehmer verpflichtet sich, eine bestimmte **Leistung** zu erbringen, der Arbeitgeber ist durch den Vertrag verpflichtet, eine **Vergütung** zu bezahlen. Das Ergebnis ist ein Dienstvertrag nach § 611 BGB.

Das Besondere eines Arbeitsvertrages ist die Tatsache, dass die Vertragspartner nicht gleichberechtigt sind: Der Arbeitnehmer ist vom Arbeitgeber wirtschaftlich abhängig und damit in einer schlechteren Position.

Für den Arbeitsvertrag gilt **Formfreiheit**, d. h., es bleibt den Vertragspartnern überlassen, wie sie den Vertrag dokumentieren. Die Willenserklärungen können auf drei Arten abgegeben werden:

- Im Regelfall wird der Vertrag **schriftlich** festgehalten.
- Es ist aber durchaus möglich, lediglich eine **mündliche** Übereinkunft zu treffen. Das könnte z. B. am Ende eines Bewerbungsgesprächs geschehen.
- Ein Arbeitsvertrag kann auch **stillschweigend** geschlossen werden. Häufig geschieht das nach dem Bestehen der Lehrabschlussprüfung, wenn ein Auszubildender stillschweigend übernommen wird, indem er weiterhin seiner Tätigkeit nachgeht.

Aus Gründen der Rechtssicherheit empfiehlt es sich, die Schriftform zu wählen.

Schriftlicher Nachweis aufgrund des Nachweisgesetzes, siehe Seite 308

5.2 Rechtsgrundlagen

Die rechtlichen Beziehungen zwischen Arbeitnehmern und Arbeitgebern regelt das **Arbeitsrecht**. Es ist gekennzeichnet durch die Vielfalt seiner Rechtsgrundlagen.

Rechtsquelle	Erläuterungen/Beispielanwendungen
Grundgesetz	Gleichheitsgrundsatz (Artikel 3), Koalitionsfreiheit (Art. 9)
Gesetze	BGB (Dienstvertragsrecht), Kündigungsschutzgesetz, Bundesurlaubsgesetz, Jugendarbeitsschutzgesetz, Betriebsverfassungsgesetz, Allgemeines Gleichbehandlungsgesetz (AGG)
Tarifverträge	Zahlreiche Tarifverträge nach Branchen und Regionen aufgeteilt
Betriebsvereinbarungen	Arbeitgeber und Betriebsrat vereinbaren Urlaubsgrundsätze
Gewohnheitsrecht	(= betriebliche Übung) Ein Betrieb zahlt seit Jahren Weihnachts- und Urlaubsgeld
Arbeitsvertrag	Jeder Vertrag, in dem sich der Arbeitnehmer zur Leistung und der Arbeitgeber zur Zahlung einer Vergütung verpflichten

> **Tarifvertrag**: Vertrag zwischen den Tarifparteien (Arbeitgeberverband und Gewerkschaft), der grundlegende Fragen von Arbeitsverhältnissen regelt, z. B. Beginn und Ende eines Arbeitsvertrages, Rechte und Pflichten der Beteiligten
>
> **Betriebsvereinbarung**: Vertrag zwischen Arbeitgeber und Betriebsrat, der verbindliche Regelungen in betrieblichen Fragen für alle Arbeitnehmer des Betriebes festlegt, z. B. Grundsätze zur Urlaubsgewährung
>
> **Betriebliche Übung**: Rechtsanspruch des Arbeitnehmers, aus wiederholten Verhaltensweisen des Arbeitgebers (z. B. Zahlung eines Weihnachtsgeldes) das Recht auf gleichartiges zukünftiges Verhalten abzuleiten
>
> **Arbeitsvertrag**: Dienstvertrag, in dem sich der Arbeitnehmer zu einer bestimmten Leistung und der Arbeitgeber zur Zahlung der Vergütung verpflichten

Durch Tarifverträge wird die schwächere Position des Arbeitnehmers ausgeglichen.

Beispiel einer Betriebsvereinbarung (Auszug):

Betriebsvereinbarung – Urlaubsrahmenplanung

Betriebsvereinbarung
zwischen der Geschäftsleitung der
und dem Betriebsrat

Präambel
Diese Betriebsvereinbarung soll eine reibungslose Urlaubsplanung gewährleisten und für die Arbeitnehmerinnen und Arbeitnehmer des Betriebes sowie für die Geschäftsleitung Rechtssicherheit bei der Abwicklung des Urlaubs geben.

§ 1 Beantragung des Urlaubs
Alle Arbeitnehmerinnen und Arbeitnehmer haben ihren Urlaub in der Zeit vom 1. Januar. bis zum 15. Februar eines jeden Urlaubsjahres auf dem hierfür vorgesehenen Antragsformular (Bestandteil dieser Betriebsvereinbarung) zu beantragen und im Personalbüro abzugeben. Verspätet abgegebene Urlaubsanträge finden bei der Gewährung des Urlaubs nur dann Berücksichtigung, wenn dem Antrag nicht andere, rechtzeitig eingegangene Urlaubsanträge entgegenstehen. Das Urlaubsjahr ist das Kalenderjahr.

§ 2 Vorrang
Arbeitnehmerinnen und Arbeitnehmer, die schulpflichtige Kinder haben, erhalten vorrangig während der Schulferien den Jahresurlaub.
…

Rangfolgeprinzip

Die oben genannten Rechtsgrundlagen stehen in einer bestimmten Rangfolge zueinander: An oberster Stelle steht das Grundgesetz, am Ende das Weisungsrecht des Arbeitgebers. Das Rangfolgeprinzip besagt, dass die ranghöhere Grundlage der rangniedrigeren vorgeht.

Beispiele:

1. *Im Arbeitsvertrag vereinbaren Arbeitgeber und Arbeitnehmerin ein Gehalt, das niedriger liegt als das Gehalt von männlichen Arbeitnehmern, die die gleiche Tätigkeit ausüben. Die arbeitsvertragliche Regelung verstößt gegen den Gleichheitsgrundsatz des Grundgesetzes und auch gegen das Allgemeine Gleichstellungsgesetz (AGG). Da Grundgesetz und AGG einen höheren Rang haben als der Arbeitsvertrag, ist die Regelung im Arbeitsvertrag nicht zulässig.*

2. *In einem Arbeitsvertrag dürfen die Mindesturlaubsregelungen des Bundesurlaubsgesetzes nicht unterschritten werden.*

Günstigkeitsprinzip

Das Rangfolgeprinzip wird durch das Günstigkeitsprinzip durchbrochen. Es besagt, dass der Inhalt einer untergeordneten Rechtsquelle von der übergeordneten abweichen darf, wenn der Arbeitnehmer dadurch begünstigt wird.

Beispiel:
Ein Tarifvertrag schreibt für Arbeitnehmer 26 Tage Urlaub vor. Im Arbeitsvertrag vereinbaren Arbeitgeber und Arbeitnehmer 28 Urlaubstage. In diesem Fall gilt die rangniedrigere arbeitsvertragliche Regelung, weil sie – verglichen mit dem Tarifvertrag – für den Arbeitnehmer günstiger ist.

 Rangfolgeprinzip: Grundsatz, nach dem eine Vereinbarung der höhergestellten nicht widersprechen darf
Günstigkeitsprinzip: Grundsatz, nach dem ein Vertragsinhalt, der vom höhergestellten Recht abweicht, nur dann gilt, wenn er für den Arbeitnehmer von Vorteil ist

Individuelles und Kollektives Arbeitsrecht

Kollektives Arbeitsrecht, z. B. Arbeitnehmerschutzgesetze, Tarifverträge, Betriebsvereinbarungen, betrifft alle Rechtsnormen, die für mehrere Arbeitnehmer und Arbeitgeber gelten. Das individuelle Arbeitsrecht (Arbeitsvertragsrecht) regelt nur die Beziehungen zwischen dem einzelnen Arbeitnehmer und dem einzelnen Arbeitgeber.

5.3 Pflichten der Vertragspartner

Durch den Arbeitsvertrag wird ein Beschäftigungsverhältnis begründet. Damit verbunden sind Pflichten für Arbeitgeber und Arbeitnehmer. Die Pflichten lassen sich in Haupt- und Nebenpflichten einteilen.

5.3.1 Hauptpflichten
Die Hauptpflichten ergeben sich aus dem Wortlaut des § 611 BGB:

BGB § 611 Abs. 1 – Vertragstypische Pflichten beim Dienstvertrag

Durch den Dienstvertrag wird derjenige, welcher Dienste zusagt, zur Leistung der versprochenen Dienste, der andere Teil zur Gewährung der vereinbarten Vergütung verpflichtet.

Demnach schuldet der Arbeitnehmer die zugesagte Leistung und der Arbeitgeber ist verpflichtet, die vereinbarte Vergütung zu bezahlen. Die Details zur Leistungserbringung (z. B. wo, wann, wie) und zur Bezahlung (Entgelthöhe, Zulagen usw.) regelt der Arbeitsvertrag.

5.3.2 Nebenpflichten
Die Detailregelungen im Arbeitsvertrag und gesetzliche Regelungen führen zu weiteren Pflichten (Nebenpflichten) der Vertragspartner.

> Inhalte des Arbeitsvertrages, siehe Seite 308

Nebenpflichten	
Arbeitgeber	**Arbeitnehmer**
▪ **Fürsorgepflicht**, z. B. Einhaltung von Arbeitsschutzvorschriften ▪ **Urlaubsgewährung** nach dem Bundesurlaubsgesetz ▪ **Datenschutz**, z. B. persönliche Daten nach Datenschutzgesetz vertraulich behandeln, Personalakte vor dem Zugriff Dritter schützen ▪ **Freistellungen**, z. B. nach Bundeselterngeld- und Elternzeitgesetz	▪ **Schweigepflicht:** Der Arbeitnehmer hat Betriebs- und Geschäftsgeheimnisse zu wahren. ▪ **Wettbewerbsverbot:** In der gleichen Branche darf der Arbeitnehmer ohne Genehmigung des Arbeitgebers nicht tätig werden. ▪ **Treuepflicht:** Der Arbeitnehmer hat sich so zu verhalten, dass er dem Arbeitgeber keinen Schaden zufügt. Er hat sogar Schaden abzuwenden. ▪ **Sorgfaltspflicht:** Der Arbeitnehmer hat die ihm zur Verfügung gestellten Geräte, Maschinen, Fahrzeuge usw. pfleglich zu behandeln.

5.4 Arten von Arbeitsverhältnissen

Angepasst an die unterschiedlichen Anforderungen in der Arbeitswelt gibt es auch verschiedenartig gestaltete Arbeitsverhältnisse.

5.4.1 Vollzeit- und Teilzeitbeschäftigung
Im Normalfall ist ein Arbeitsverhältnis auf eine volle Stelle bezogen. Der Umfang einer **Vollzeitbeschäftigung** ergibt sich im Regelfall aus dem Tarifvertrag. Die 40-Stunden-Woche gilt immer noch als Orientierungsgröße, obwohl viele Tarifverträge von einem geringeren Stundenumfang ausgehen (z. B. 35-Stunden-Woche).

Ist die wöchentliche Arbeitszeit eines Arbeitnehmers kürzer als die eines vollzeitbeschäftigten Arbeitnehmers, spricht man von **Teilzeitbeschäftigung**.

Im Prinzip gelten für Vollzeit- und Teilzeitbeschäftige die gleichen Bedingungen, d. h., dass z. B. das Entgelt und der Urlaubsanspruch zeitanteilig für den Teilzeitbeschäftigten umgerechneten werden müssen. Der Teilzeitbeschäftigte hat auch Anspruch auf Entgeltfortzahlung im Krankheitsfall und auf Inanspruchnahme der Vorzugsbehandlung nach dem Mutterschutzgesetz.

5.4.2 Unbefristetes und befristetes Arbeitsverhältnis

Aufgrund von Beschäftigungsschwankungen, z. B. wegen saisonaler Unterschiede, sind Unternehmen bestrebt, flexible Arbeitsverträge abzuschließen.

Unbefristetes Arbeitsverhältnis

Aufhebungsvertrag, siehe Seite 361

Grundsätzlich ist ein Arbeitsverhältnis auf Dauer angelegt, d. h., es ist von Natur aus unbefristet (**Dauerarbeitsverhältnis**). Ein unbefristetes Arbeitsverhältnis wird durch Kündigung oder (in gegenseitigem Einvernehmen) durch einen Aufhebungsvertrag beendet.

Befristetes Arbeitsverhältnis

Für diese Arbeitsverhältnisse gilt das Gesetz über Teilzeitarbeit und befristete Arbeitsverträge (TzBfG).

> **TzBfG § 1 – Zielsetzung**
>
> Ziel des Gesetzes ist, Teilzeitarbeit zu fördern, die Voraussetzungen für die Zulässigkeit befristeter Arbeitsverträge festzulegen und die Diskriminierung von teilzeitbeschäftigten und befristet beschäftigten Arbeitnehmern zu verhindern.

Für befristete Arbeitsverträge ist grundsätzlich die **Schriftform** erforderlich. Wird diese Bedingung nicht eingehalten, liegt ein unbefristeter Arbeitsvertrag vor. Das gilt grundsätzlich immer, wenn die Bedingungen des Gesetzes (TzBfG) nicht eingehalten werden.

Von einem befristeten Arbeitsverhältnis spricht man, wenn sich Arbeitgeber und Arbeitnehmer von vornherein darüber geeinigt haben, dass es

- nach einer vertraglich **festgelegten Zeit** oder
- nach **Zweckerreichung** automatisch endet.

Man spricht auch von kalendermäßigen und zweckbefristeten Arbeitsverträgen.
Weiter ist zu unterscheiden, ob ein Sachgrund für die Befristung vorliegt oder nicht.

Befristung mit Sachgrund

Befristung, siehe auch Seite 336

In § 14 des TzBfG sind mögliche Sachgründe aufgelistet, z. B.:

- Ein Unternehmen hat nur einen vorübergehenden Bedarf an Arbeitskräften (Aushilfe, Saisonkräfte).
- Ein Arbeitnehmer wird zur Vertretung eines anderen Arbeitnehmers benötigt (z. B. als Schwangerschaftsvertretung).
- Im Anschluss an eine Ausbildung wird dem Arbeitnehmer ein befristetes Arbeitsverhältnis angeboten, um ihm die Suche nach einer neuen Arbeitsstelle zu erleichtern.

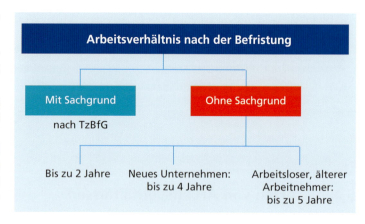

Befristung ohne Sachgrund

Diese Form der Befristung ist nur ausnahmsweise möglich.

- **Erstmalig** kann mit einem Arbeitnehmer eine kalendermäßige Befristung von bis zu **zwei Jahren** vereinbart werden. Kürzere Fristen können bis zu dreimal verlängert werden, aber insgesamt nicht über die zwei Jahre hinausgehend.
- Sonderregelung für **neu gegründete Unternehmen**: Innerhalb der ersten vier Jahre kann ein Arbeitsvertrag bis zu vier Jahre befristet werden.
- Sonderregelung für **ältere Arbeitnehmer** über 52 Jahre, die vor der Einstellung mindestens vier Monate arbeitslos waren: Mit ihnen kann ein kalendermäßig befristeter Arbeitsvertrag bis zu fünf Jahren abgeschlossen werden.

5.4.3 Geringfügig Beschäftigte

Um der schwankenden Nachfrage der Unternehmen nach Arbeitskräften entgegenzukommen und den besonders kurzfristigen Einsatz von Arbeitskräften zu ermöglichen, hat der Gesetzgeber zwei Modelle für Teilzeitbeschäftigte entwickelt.

Entgelt-geringfügige Beschäftigung

Für diese Art von Beschäftigung gilt, dass das Entgelt für diese Arbeitnehmer im Durchschnitt mehrerer Monate 450,00 € nicht überschreiten darf (sogenannte **Mini-Jobs**). Der Arbeitnehmer zahlt nur Beiträge zur gesetzlichen Rentenversicherung (von denen er sich befreien lassen kann), der Arbeitgeber trägt die gesamten Arbeitgeberbeiträge zur Sozialversicherung, allerdings nach pauschalierten Sätzen, einschließlich Pauschalen für Lohnsteuer, Kirchensteuer und Solidaritätszuschlag.

Von **Midi-Jobs** spricht man, wenn ein Arbeitnehmer monatlich im Jahresdurchschnitt mehr als 450,00 € und höchstens 850,00 € verdient. Dieses Arbeitsverhältnis ist sozialversicherungspflichtig. Die Sozialversicherungsbeiträge befinden sich jedoch in einer Gleitzone, d. h., sie steigen mit zunehmendem Verdienst und erreichen bei 850,00 € die volle Beitragshöhe.

Zeit-geringfügige Beschäftigung

Hier bestehen keine Entgeltgrenzen, sondern zeitliche Begrenzungen (kurzfristige Beschäftigung). Sie betragen:

- 50 Tage im Kalenderjahr oder
- zwei Monate pro Kalenderjahr.

Das gezahlte Entgelt ist sozialversicherungsfrei, Lohnsteuer muss aber abgeführt werden.

5.4.4 Praktikum

Mit einem Praktikum will jemand, der sich in der Ausbildung befindet, für eine begrenzte Zeit praktische Erfahrungen in seinem künftigen Beruf machen. Dieser an sich positive Grundgedanke ist in den letzten Jahren in die Kritik geraten, weil Unternehmen Praktikanten wie (Dauer-)Arbeitskräfte eingesetzt haben. Praktikanten sind nach deutschem Arbeitsrecht aber **keine Arbeitnehmer**. Folglich haben sie auch keinen Anspruch auf ein Entgelt. Eine Ausnahme besteht, wenn nicht die Ausbildung, sondern die Arbeitsleistung des Praktikanten im Vordergrund steht. Die Abgrenzung zwischen Ausbildung und regulärer Arbeit ist aber schwierig.

5.4.5 Probezeit/Probearbeitsverhältnis

Probezeit

Hierbei handelt es sich um ein unbefristetes Arbeitsverhältnis mit vorgeschalteter Probezeit. Der Unterschied zum befristeten Arbeitsverhältnis besteht darin, dass hier die Absicht besteht, im Anschluss an die befristete Probezeit ein unbefristetes Arbeitsverhältnis einzugehen.

Häufig wird dabei eine automatische Umwandlung in ein unbefristetes Arbeitsverhältnis vereinbart, wenn vor Fristablauf keine Kündigung erfolgt.

Während der Probezeit kann eine Kündigung innerhalb von zwei Wochen ausgesprochen werden.

Zweck des Probearbeitsverhältnisses ist es, dass einerseits Leistung und Persönlichkeit des Arbeitnehmers beurteilt werden können; andererseits soll der Arbeitnehmer sich mit dem sozialen Umfeld und seinem Aufgabenbereich vertraut machen. Es ist aber ein voll gültiges Arbeitsverhältnis, auf das alle arbeitsrechtlichen Bestimmungen anzuwenden sind.

Die Probezeit beträgt für gewerbliche Arbeitnehmer gewöhnlich vier Wochen, für Angestellte i. d. R. drei bis sechs Monate. Viele Tarifverträge begrenzen die Dauer der Probezeit.

Probearbeitsverhältnis

Hier liegt ein befristetes Arbeitsverhältnis nach dem Gesetz über Teilzeitarbeit und befristete Arbeitsverträge (TzBfG) vor. Es endet zum vereinbarten Termin. Ist der Arbeitgeber mit den Leistungen des Arbeitnehmers zufrieden, kann sich ein unbefristetes Arbeitsverhältnis anschließen.

5.5 Vertragsinhalt

Arbeitsverträge sind an keine Formvorschriften gebunden. Allerdings schreibt das **Nachweisgesetz** vor, dass jeder Arbeitgeber dem Arbeitnehmer spätestens einen Monat nach dem vereinbarten Beginn des Arbeitsverhältnisses eine unterschriebene Niederschrift mit den wesentlichen Arbeitsbedingungen aushändigen muss, wenn diese nicht schon in einem schriftlichen Arbeitsvertrag enthalten sind. Dies hat dazu geführt, dass Arbeitsverträge gewöhnlich zu folgenden Punkten Regelungen treffen (die aber über das Nachweisgesetz hinausgehen):

Vertragsinhalt	Erläuterungen
Bezeichnung der Vertragsparteien	Name (bzw. Firma) und Anschrift der Vertragsparteien
Vertragsbeginn	Datum des Beginns des Arbeitsverhältnisses
Dauer des Arbeitsverhältnisses	Dauer des Arbeitsverhältnisses bei befristeten Verträgen
Arbeitsort	Bestimmung des Arbeitsortes oder der Hinweis, dass der Arbeitnehmer an verschiedenen Orten beschäftigt werden kann
Probezeit	Dauer der vereinbarten Probezeit
Tätigkeitsbeschreibung	Möglichst genaue Beschreibung der Tätigkeiten, die der Arbeitnehmer zu leisten hat
Arbeitsentgelt	Entgeltform (z. B. Gehalt, Stundenlohn), Entgelthöhe oder konkreter Hinweis auf den Tarif, Zuschläge, übertarifliche Bezahlung u. Ä. Zuschläge müssen der Höhe nach aufgeführt werden
Sozialleistungen	Freiwillige Sozialleistungen des Betriebes
Arbeitszeit	Hinweis auf den Tarif oder regelmäßige Arbeitszeit, eventuell Hinweis auf Mehr-, Schicht-, Samstagsarbeit usw.
Urlaub	Gesetzliche oder tarifliche Regelung bzw. vereinbarte Dauer
Arbeitsversäumnis	Z. B. Nachweispflicht bei Erkrankung
Kündigung	Angabe der Kündigungsfrist oder Hinweis auf den Tarif
Anzuwendende Rechtsgrundlagen	Allgemeiner Hinweis auf den Tarifvertrag oder auf Betriebsvereinbarungen, die auf den Arbeitsvertrag anzuwenden sind
Sonstige Regelungen	Z. B. Geheimhaltungspflicht (ergibt sich aber bereits aus der Treuepflicht), Nebentätigkeiten

Beispiel eines Arbeitsvertrags (Auszug):

Unbefristeter Arbeitsvertrag

Zwischen Carsten Neumüller, Grenzstraße 221, 40880 Ratingen, und CWB GmbH, Oberstraße 17, 40878 Ratingen, wird folgender Angestelltenvertrag geschlossen.

§ 1 Beginn und Tätigkeit
Herr Neumüller wird zum 1. Januar 20(0) als Kaufmann für Büromanagement in der Personalabteilung eingestellt.

§ 2 Arbeitsort
Herr Neumüller wird am Firmensitz in Ratingen beschäftigt.

§ 3 Zusammensetzung und Höhe des Arbeitsentgeltes
Herr Neumüller erhält ein monatliches Bruttogehalt lt. Gehaltsgruppe II des Tarifvertrages, abhängig vom jeweiligen Beschäftigungsjahr, zuzüglich einer übertariflichen Zulage von 150,00 € pro Monat. Die übrigen Leistungen werden entsprechend den geltenden tariflichen Bestimmungen gezahlt.
…

5.6 Mitbestimmung

Das Mitbestimmungsrecht des Betriebsrates bei Einstellungen bezieht sich nicht nur auf die Neueinstellung von Mitarbeitern, sondern es geht noch weiter. Zustimmungspflichtig sind auch

- die **Entfristung** eines bisher befristeten Arbeitsvertrages,
- die **Verlängerung** einer Arbeitsvertragsfrist.

Zustimmungsrecht des Betriebsrates, siehe Seite 291

Der Betriebsrat hat eine Woche Zeit, sich nach der Information durch den Arbeitgeber zu entscheiden. Äußert er sich in dieser Zeit nicht, gilt die Zustimmung als erteilt (Schweigen = Zustimmung). Eine Ablehnung muss schriftlich erfolgen. Das Betriebsverfassungsgericht legt fest, aus welchen Gründen die Zustimmung verweigert werden kann, z. B.:

- Die personelle Maßnahme verstößt gegen den Tarifvertrag oder eine Betriebsvereinbarung.
- Die Maßnahme könnte den Arbeitsplatz von Mitarbeitern gefährden, die im Betrieb beschäftigt sind.

Der Arbeitgeber kann im Falle einer Ablehnung versuchen, die Zustimmung des **Arbeitsgerichts** einzuholen.

Zusammenfassung

Arbeitsvertrag

Definition	Rechtsgrundlagen		
Dienstvertrag: Leistungspflicht des Arbeitnehmers und Vergütungspflicht des Arbeitgebers.	Grundgesetz → Gesetze → Tarifverträge → Betriebsvereinbarungen → Gewohnheitsrecht (betriebliche Übung) → Arbeitsvertrag → Weisungsrecht		
	Rangfolgeprinzip	**Günstigkeitsprinzip**	**Kollektives Arbeitsrecht**
	Eine Vereinbarung darf der höhergestellten nicht widersprechen.	Ein Vertragsinhalt, der vom höhergestellten Recht abweicht, ist gültig, wenn er für den Arbeitnehmer von Vorteil ist.	Tarifverträge, Gesetze, Betriebsvereinbarungen usw.
			Individuelles Arbeitsrecht
			Arbeitsvertrag

Tarifvertrag	Betriebsvereinbarung	Pflichten	
Vertrag zwischen den Tarifparteien Arbeitgeberverband und Gewerkschaft	Vertrag zwischen Arbeitgeber und Betriebsrat	**Hauptpflichten**	**Nebenpflichten**
		▪ Arbeitnehmer: Leistungspflicht ▪ Arbeitgeber: Vergütungspflicht	▪ Arbeitnehmer: Schweige-, Treue-, Sorgfaltspflicht, Wettbewerbsverbot ▪ Arbeitgeber: Fürsorgepflicht, Urlaub, Datenschutz, Freistellungen

Arten				Praktikum
Vollzeit	**Teilzeit**		**Geringfügig Beschäftigte**	Kein Arbeitsverhältnis, Zweck: Praxiserfahrungen sammeln
Unbefristet	Befristet (festgelegte Zeit, Zweckerreichung) ▪ Mit Sachgrund: z. B. vorübergehender Bedarf, Vertretung ▪ Ohne Sachgrund: – Erstmalig bis zu 2 Jahre – Neues Unternehmen: bis zu 4 Jahre – Arbeitslose ältere Arbeitnehmer: bis zu 5 Jahre		▪ Entgelt-geringfügige Beschäftigung: bis 450,00 € (Mini-Job), bis 850,00 € (Midi-Job) ▪ Zeit-geringfügig Beschäftigung: 50 Tage/2 Monate pro Kalenderjahr	

Probezeit	Probearbeitsverhältnis	Vertragsinhalt	Mitbestimmung
Unbefristetes Arbeitsverhältnis mit vorgeschalteter Probezeit, zweiwöchige Kündigungsfrist	Befristetes Arbeitsverhältnis nach TzBfG, Ziel: Übernahme nach Fristablauf	Wesentliche Arbeitsbedingungen nach Nachweisgesetz + zusätzliche Vereinbarungen	Zustimmung des Betriebsrats bei Einstellung, Befristung und Entfristung von Arbeitsverträgen

Lernfeld 8 Personalwirtschaftliche Aufgaben wahrnehmen

6 Entgeltabrechnung

→ **Lernsituation 6: Ein Gehalt berechnen**

Arbeitsvertrag, siehe Seite 303

Für die vom Arbeitnehmer geleistete Arbeit hat der Arbeitgeber als Gegenleistung ein Arbeitsentgelt zu zahlen. Grundlage ist der Arbeitsvertrag, in dem sich der Arbeitnehmer verpflichtet, eine bestimmte **Leistung** zu erbringen, und der Arbeitgeber die Verpflichtung übernimmt, diese Leistung zu **entlohnen**.
Das Entgelt besteht im Regelfall in Form einer **Geldleistung**. Es kann sich aber auch um **geldwerte Leistungen** handeln, z. B. in Form von Arbeitskleidung, Verpflegung oder eines privat nutzbaren Dienstfahrzeuges.

> **Arbeitsentgelt**: materielle Gegenleistung des Arbeitgebers für die Dienstleistung des Arbeitnehmers

6.1 Entgeltbasis

Tarifverträge, siehe Informationshandbuch des 1. Ausbildungsjahres, LF1

Die meisten Mitarbeiter in deutschen Unternehmen bekommen ein Entgelt auf der Grundlage eines gültigen **Tarifvertrages**. Zwar sinkt die Tarifbindung der Unternehmen seit Jahren kontinuierlich. Aber auch Unternehmen, die keinem Arbeitgeberverband als Tarifpartner der Gewerkschaften angehören, orientieren sich häufig am geltenden Tarif.

Oft erhalten Mitarbeiter zwar ein tarifliches Entgelt, das aber ergänzt wird durch eine übertarifliche **Stellenzulage**.
Leitende Mitarbeiter handeln ihr Entgelt vielfach persönlich mit dem Arbeitgeber aus. Das Gehalt liegt dann i. d. R. höher als das tarifliche Entgelt (**außertarifliches Entgelt = AT**).

Geltender Tarifvertrag für Kaufleute für Büromanagement

Weil es sich hier um einen Querschnittsberuf handelt, besteht eine große Tarifvielfalt. Mit folgenden Fragen kann man sich als Auszubildender oder Arbeitnehmer der Antwort nähern:

1. Welchem Wirtschaftszweig kann man das Unternehmen zuordnen?
2. Ist das Unternehmen Mitglied in einem Arbeitgeberverband? Wenn ja, in welchem? Damit lässt sich die Frage klären, ob Tarifbindung besteht.
3. Welche Gewerkschaft ist im Unternehmen aktiv?
4. In welcher Region (z. B. Bundesland) hat das Unternehmen seinen Sitz? Tarifverträge gelten gewöhnlich nur regional begrenzt.

6.2 Entgeltformen

6.2.1 Zeitentgelt

Lohn

Hier wird das Arbeitsentgelt ermittelt, indem für eine bestimmte Zeiteinheit (i. d. R. eine Stunde) ein festgelegter Lohnsatz bezahlt wird.

Beispiel:
Lohn pro Stunde = 15,80 €
Geleistete Arbeitsstunden im Monat: 160 Stunden
Monatslohn = 160 Stunden x 15,80 € Stundenlohn = 2.528,00 €

Einen Stundenlohn erhalten gewöhnlich gewerbliche Mitarbeiter (Arbeiter/-innen). Die Zeiteinheit kann z. B. auch ein Tag oder eine Woche sein.
Durch variierende Lohnsätze können die unterschiedlichen **Leistungen** der Mitarbeiter berücksichtigt werden.

Mindestlohn: In Deutschland ist ein gesetzlich festgelegter Mindestlohn von 8,50 € pro Stunde zu zahlen.

Beispiel:
In einem Handwerksbetrieb erhält der Geselle einen Stundenlohn von 13,90 €; der Gehilfe wird mit 11,50 € pro Stunde entlohnt.

Gehalt

Kaufmännische Mitarbeiter (Angestellte) erhalten i. d. R. ein Gehalt, das monatlich gezahlt wird. Der Unterschied zwischen Lohn und Gehalt ist oft nur schwer zu erkennen, weil auch beim Gehalt eine Arbeitszeit festgelegt wird, z. B. 37,5 Stunden pro Woche. Das Monatsgehalt wird aber unabhängig von der Länge des Monats gezahlt, also auch in voller Höhe für den „kurzen" Monat Februar. Ein Lohnempfänger auf Stundenlohnbasis erhält hingegen für Monate mit weniger Arbeitstagen zwangsläufig ein geringeres Arbeitsentgelt.

Die unterschiedlichen Leistungen der Mitarbeiter werden durch die Einordnung in bestimmte Gehaltsgruppen berücksichtigt. Die Gehaltsgruppen beachten die jeweiligen Anforderungen der Stelle und die Qualifikation des Mitarbeiters. Vielfach berücksichtigt die Gehaltsgruppe zusätzlich die Berufserfahrung des Mitarbeiters, ausgedrückt in Gehaltsstufen nach Berufsjahren.

Beispiel:

Gehaltsgruppe 1		Gehaltsgruppe 2	
Angestellte mit einfacher kaufmännischer Tätigkeit		Angestellte mit einer Tätigkeit, die erweiterte Fachkenntnisse und eine größere Verantwortung erfordert	
1. Berufsjahr	1.538,00 €	1. Berufsjahr	1.845,00 €
2. Berufsjahr	1.582,00 €	2. Berufsjahr	1.904,00 €
3. Berufsjahr	1.765,00 €	3. Berufsjahr	1.978,00 €
4. Berufsjahr	1.807,00 €	4. Berufsjahr	2.110,00 €
5. Berufsjahr	1.983,00 €	5. Berufsjahr	2.305,00 €

Letztlich ist aber zu beachten, dass ein Zeitentgelt (als Lohn oder Gehalt) unabhängig von der tatsächlich erbrachten Leistung bezahlt wird, weil die Arbeitsleistung des Mitarbeiters i. d. R. nicht gezielt überwacht und gemessen wird.

Zeitentgelt: Entgeltform, bei der die Dauer der Arbeitszeit (Stunde, Tag, Woche, Monat) die Bemessungsgrundlage bildet. Die erbrachte Arbeitsmenge und die Arbeitsqualität spielen keine Rolle.

6.2.2 Akkordlohn

Beim Akkordlohn hängt die Entgelthöhe von der Mengenleistung ab, die der Mitarbeiter erbringt. Die Anwendung des Akkordlohns ist aber an bestimmte Voraussetzungen gebunden:

- Der Mitarbeiter muss die Leistungsmenge unmittelbar beeinflussen können. Bei einer Fertigung am Fließband, bei der ein bestimmter Zeittakt vorgegeben ist, ist das z. B. nicht möglich.
- Die Arbeitsabläufe müssen gleichartig und regelmäßig wiederkehrend sein.
- Die Arbeitszeit und die Arbeitsergebnisse müssen auf einfache Weise gemessen werden können.
- Die Arbeitsabläufe müssen frei von technischen Störungen sein.

Diese Voraussetzungen sind unter den heutigen Produktionsbedingungen immer weniger gegeben, weil gleichförmige Arbeiten immer stärker durch Maschinen übernommen werden, der Mensch hingegen zunehmend planend und kontrollierend tätig wird und bei Störfällen eingreift. Der Akkordlohn ist daher auf dem Rückzug.

Nachfolgend wird die am meisten verbreitete Form des Akkordlohns vorgestellt, der Zeitakkord.

Zeitakkord

Der Zeitakkord wird wie folgt berechnet:

Begriff	Erläuterung	Beispiel
Mindestlohn	In der Regel tariflich festgelegter Mindestlohn, der auch bei einer Minderleistung nicht unterschritten wird. Er entspricht einem Zeitlohn bei durchschnittlicher Leistung (Normalleistung).	11,00 €
+ Akkordzuschlag	Prozentualer Zuschlag auf den Mindestlohn, gewöhnlich zwischen 15 % und 25 %, hier 20 %	2,20 €
= Akkordrichtsatz	Addition von Mindestlohn und Akkordzuschlag, Entgelt des Mitarbeiters bei Normalleistung	13,20 €

Zeitakkord: Grundlage ist eine Vorgabezeit

Geldakkord: Geldbetrag pro Stück wird vorgegeben

Beide Verfahren führen zum gleichen Ergebnis.

Lernfeld 8 Personalwirtschaftliche Aufgaben wahrnehmen

Begriff	Erläuterung	Beispiel
Normalleistung	Durchschnittliche Leistung eines Mitarbeiters Im Beispiel: durchschnittlich montiert ein/-e Mitarbeiter/-in 20 Elektromotoren pro Stunde	20 Stück
Vorgabezeit	(Normal-)Arbeitszeit pro Stück in Minuten Berechnung: 60 Minuten : Normalleistung	3 Minuten
Minutenfaktor	Entlohnung pro Minute bei Normalleistung Berechnung: Akkordrichtsatz : 60 Minuten Im Beispiel: 13,20 € : 60 Minuten = 0,22 €	0,22 €
Akkordstundenlohn	Leistungsmenge x Vorgabezeit x Minutenfaktor Annahme: Der Mitarbeiter montiert 22 Motoren pro Stunde (statt 20 Stück). Berechnung: 22 Stück x 3 Minuten x 0,22 € = 14,52 €	14,52 €

Akkordlohn-Berechnung: Leistungsmenge x Vorgabezeit x Minutenfaktor

Monatslohn

Beispiel:

Nimmt man an, dass der Mitarbeiter im Monatsdurchschnitt eine Leistungsmenge von 22 Stück pro Stunde erbracht hat, ergibt sich bei 163 Arbeitsstunden im Monat folgender Monatslohn:
163 Arbeitsstunden x 14,52 € Akkordstundenlohn = **2.366,76 €**

Alternativen zur Beispielrechnung:
1. Leistungsmenge 24 Motoren pro Stunde:
   Akkordstundenlohn: 24 Stück x 3 Minuten x 0,22 € = 15,84 €
   Monatslohn: 163 Arbeitsstunden x 15,84 € Akkordstundenlohn = **2.581,92 €**
2. Leistungsmenge 19 Motoren pro Stunde:
   Akkordstundenlohn: 19 x 3 Minuten x 0,22 € = 12,54 €
   Der Mindeststundenlohn (Akkordrichtsatz) beträgt aber 13,20 €.
   Monatslohn: 163 Arbeitsstunden x **13,20 €** = **2.151,60 €**

Tarifänderungen hätten Einfluss auf den Mindestlohn und evtl. den Akkordzuschlag. Im Endeffekt müsste lediglich der Minutenfaktor in der Akkordlohnberechnung angepasst werden.

Gruppenakkord

Vielfach lassen die Produktionsbedingungen einen Einzelakkord (Lohnvereinbarung zwischen Unternehmen und dem einzelnen Mitarbeiter) nicht zu, weil Arbeitnehmerteams die Leistungen gemeinsam erbringen. Dann bietet sich der Gruppenakkord an, bei dem das Leistungsergebnis der Gruppe bewertet und anteilmäßig auf die Gruppenmitglieder verteilt wird.

 Akkordlohn: Entgeltform, bei der die Leistung des Mitarbeiters die Höhe der Entlohnung wesentlich mitbestimmt

6.2.3 Prämienlohn

Der Prämienlohn setzt sich aus zwei Bestandteilen zusammen:
    Grundlohn (es handelt sich im Regelfall um ein leistungsunabhängiges, garantiertes Zeitentgelt)
+ Prämie für bestimmte Leistungen

Während der Akkordlohn ausschließlich auf die Leistungsmenge des Mitarbeiters bezogen ist, können über eine Prämie breit gefächerte Leistungsanreize geboten werden:

Beispiele

- Prämien für Verbesserungsvorschläge, die Arbeitsabläufe optimieren
- Qualitätsprämien, wenn Fehlerquoten in der Produktion reduziert werden
- Prämien für die Einhaltung einer bestimmten Schadensquote (z. B. 98 % aller Aufträge in einem Speditionslager werden schadensfrei abgewickelt, Schadensquote 2 %)
- Prämien für die Einhaltung von Terminen
- Erreichung bestimmter Umsatz- oder Absatzziele

Parallel zur abnehmenden Bedeutung des Akkordlohns wird der Prämienlohn immer häufiger als Anreizsystem zur Leistungssteigerung eingesetzt.

 Prämienlohn: Form des Leistungslohns, der sich aus einem garantierten Grundlohn und einem zusätzlichen leistungsbezogenen Entgelt (Prämie) zusammensetzt.

Vergleich der Entgeltformen		
Formen	**Vorteile**	**Nachteile**
Zeitentgelt	▪ Einfache und leicht verständliche Abrechnung ▪ Arbeit ohne Zeitzwang fördert die Qualität der Arbeit ▪ Betriebsmittel werden geschont ▪ Geringe Gesundheits- und Unfallgefahren	▪ Mitarbeiter mit überdurchschnittlichen Leistungen fühlen sich benachteiligt ▪ Kein Anreiz zu Mehrleistungen ▪ Ausschließlich der Arbeitgeber trägt das Risiko geringer Arbeitsleistung ▪ Leistungskontrollen sind erforderlich
Akkordlohn	▪ Motiviert zu mehr Leistung ▪ Mitarbeiter kann seinen Lohn beeinflussen ▪ Risiko von Minderleistungen trägt der Arbeitnehmer	▪ Hoher Aufwand zur Erfassung der Leistungen und zur Lohnberechnung ▪ Risiken für die Arbeitsqualität und die Betriebsmittel ▪ Gesundheits- und Unfallrisiko für den Arbeitnehmer
Prämienlohn	▪ Vielfältiges Anreizsystem zur Leistungssteigerung ▪ Gezielt und flexibel einsetzbar, um betriebliche Schwachstellen zu tilgen	Hoher Aufwand zur Erfassung der Leistungen und zur Berechnung der Prämien

6.2.4 Weitere Entgeltformen

In der Praxis sind neben den oben beschriebenen Entgeltformen noch weitere Zuwendungen an Mitarbeiter üblich. Die Wichtigsten sollen nachfolgend beschrieben werden.

Provision

Die Provision ist eine Vergütungsform, die vor allem im Vertriebsbereich für Außendienstmitarbeiter bedeutsam ist. Die Provision ist gewöhnlich ein bestimmter Prozentsatz vom Umsatz. In der Regel erhält der Außendienstmitarbeiter eine Grundvergütung (Fixum) und die leistungsbezogene Provision. Die direkte Beziehung der Provision zum Verkaufsergebnis übt einen starken Leistungsanreiz aus.

Mitarbeiter-Erfolgsbeteiligung

Ein modernes Mittel, um Mitarbeiter beruflich zu motivieren, ihr Engagement für das Unternehmen zu fördern und die Identifikation mit dem Unternehmen zu stärken, ist die Erfolgsbeteiligung. Dabei erhalten Mitarbeiter einen Anteil am erwirtschafteten Gewinn des Unternehmens. Andere Formen der Erfolgsbeteiligung, z. B. die Ausgabe von Belegschaftsaktien in Aktiengesellschaften sind ebenfalls üblich. Der Arbeitnehmer wird in diesem Fall am Eigenkapital des Unternehmens beteiligt.

Lohn- und Gehaltszuschläge

Sie treten in vielfältiger Form auf, z. B.
▪ Überstundenzuschläge
▪ Nacht-, Sonn- und Feiertagszuschläge
▪ Zuschuss des Arbeitgebers zu vermögenswirksamen Leistungen
▪ Zuschüsse zur betrieblichen Altersvorsorge

Vermögenswirksamen Leistungen, siehe Seite 320

Sonderzahlungen und Gratifikationen

▪ Weihnachtsgeld
▪ Urlaubsgeld
▪ Trennungsentschädigung (bei einer Trennung des Arbeitnehmers von seiner Familie)
▪ Zuwendungen anlässlich von Geschäfts- und Dienstjubiläen (Gratifikationen)

Lernfeld 8 Personalwirtschaftliche Aufgaben wahrnehmen

6.3 Lohn- und Gehaltsberechnung

6.3.1 Abrechnung nach Entgeltformen

Betrachtet man die Entgeltformen, so lassen sich folgende grundlegende Überlegungen zur Entgeltabrechnung anstellen:

- Die einfachste Art der Entgeltabrechnung stellt das **monatliche (Fest-)Gehalt** eines kaufmännischen Mitarbeiters dar, weil es jeden Monat gleich ist, sofern keine Gehaltserhöhungen oder Sonderzahlungen, z. B. Weihnachtsgeld, anfallen.
- Für die **Lohnabrechnung** auf der Basis von Stundensätzen sind die Arbeitsstunden, z. B. pro Monat, zu berechnen und mit dem Stundensatz zu multiplizieren.
- Beim **Akkordlohn** sind die jeweils erbrachten Leistungsmengen, z. B. in Stück, zu ermitteln.
- Für die Berechnung des **Prämienlohns** sind die Prämienzahlungen aufgrund der vereinbarten Basis, z. B. Umsatz, zu berechnen und dem Grundlohn hinzuzurechnen.

6.3.2 Gehaltsabrechnung im Überblick

Aufgabe der Gehaltsabrechnung ist es, aus dem Bruttogehalt die Abzüge für Steuern und Sozialversicherungsbeiträge zu berechnen, um daraus den Auszahlungsbetrag für den Mitarbeiter zu ermitteln.
Nachfolgend wird beispielhaft die Gehaltsabrechnung einer kaufmännischen Mitarbeiterin dargestellt. Nach dem Überblick werden die einzelnen Positionen der Abrechnung näher erläutert.

> **Daten zur Mitarbeiterin**
>
> Svenja Gerdes, 21 Jahre, ist ledig und hat keine Kinder. Sie ist Mitglied in der evangelischen Kirche (9 % Kirchensteuersatz). Mit ihrer Bank hat sie einen Bausparvertrag nach dem Vermögensbildungsgesetz abgeschlossen. Sie zahlt monatlich 40,00 € als Sparbetrag auf das Bausparkonto ein. Der Arbeitgeber beteiligt sich an der Vermögensbildung mit einer vermögenswirksamen Leistung von 20,00 €. Die Krankenversicherung berechnet keinen Zusatzbeitrag.

Gehaltsabrechnung

Name:		Svenja Gerdes
Lohnsteuerklasse:		I
Kinderfreibetrag:		0
Konfession:		ev
	€	**€**
1. **Bruttogehalt**	1.740,00	
2. + Vermögenswirksame Leistungen	20,00	
3. + Steuer- und sozialversicherungspflichtige Zulagen	0,00	
4. = **Sozialversicherungspflichtiges Gehalt**		1.760,00
5. – Lohnsteuerfreibetrag		0,00
6. = **Steuerpflichtiges Gehalt**		1.760,00
7. **Sozialversicherungspflichtiges Gehalt**		1.760,00
8. – Lohnsteuer	164,41	
9. – Kirchensteuer	9,04	
10. – Solidaritätszuschlag	14,79	188,24
11. – Krankenversicherung (7,3 %)	128,48	
12. – Rentenversicherung (9,35 %)	164,56	
13. – Arbeitslosenversicherung (1,5 %)	26,40	
14. – Pflegeversicherung (1,175 %)	20,68	340,12
15. = **Nettogehalt**		1.231,64
16. – Abzüge (Vermögensbildung/Vorschuss)		40,00
17. = **Auszahlung**		1.191,64

6.3.3 Sozialversicherungspflichtiges Gehalt

		€	€
1.	**Bruttogehalt**	1.740,00	
2.	+ Vermögenswirksame Leistungen	20,00	
3.	+ Steuer- und sozialversicherungspflichtige Zulagen	0,00	
4.	= **Sozialversicherungspflichtiges Gehalt**		1.760,00

Ausgangspunkt ist das Bruttogehalt der Arbeitnehmerin, das sich aus dem Arbeitsvertrag oder aus dem Tarifvertrag ergibt.
Dem Bruttogehalt sind Zuschläge, z. B. für Überstunden oder eine Umsatzprämie, hinzuzurechnen. Auch sonstige Gehaltsbestandteile wie z. B. eine vermögenswirksame Leistung des Arbeitgebers unterliegen der Lohnsteuer und der Sozialversicherung. Zuschläge erhöhen daher die Berechnungsgrundlage für die Lohnsteuer und die Sozialversicherungsbeiträge. Da die zu zahlende Lohnsteuer noch durch Freibeträge vermindert werden kann, spricht man an dieser Stelle zunächst vom „sozialversicherungspflichtigen Gehalt". Es bildet die Grundlage für die Berechnung der Sozialversicherungsbeiträge (Positionen 11. bis 14. in der Gehaltsabrechnung).

Ab dem 23. Lebensjahr muss Svenja den um 0,25 % erhöhten Pflegeversicherungsbeitrag bezahlen, falls sie bis dahin kinderlos bleibt.

6.3.4 Steuerpflichtiges Gehalt

		€
4.	= Sozialversicherungspflichtiges Gehalt	1.760,00
5.	– Lohnsteuerfreibetrag	0,00
6.	= **Steuerpflichtiges Gehalt**	1.760,00

Arbeitnehmer können bestimmte Ausgaben steuermindernd gegenüber dem Finanzamt geltend machen, z. B. die Fahrtkosten zur Arbeitsstätte.
Übersteigen diese Ausgaben einen bestimmten Betrag, muss der Arbeitnehmer nicht bis zur Abgabe seiner Steuererklärung am Jahresende warten, sondern er kann diese Ausgaben durch einen Lohnsteuerfreibetrag monatlich geltend machen.
Folgende Ausgaben mindern die Steuerlast eines Arbeitnehmers:

Werbungskosten	Sonderausgaben	Außergewöhnliche Belastungen
Aufwendungen, die durch ein Arbeitsverhältnis veranlasst sind	Aufwendungen, mit denen Arbeitnehmer private Zukunftssicherung betreiben oder die staatlich gefördert werden sollen	Aufwendungen, die aufgrund besonderer Umstände entstehen
Beispiele		
▎ Fahrtkosten zwischen Wohnung und Arbeitsstelle ▎ Aufwendungen für Arbeitsmittel wie Computer und Fachliteratur ▎ Beiträge zu Berufsverbänden (z. B. Gewerkschaften) ▎ Berufskleidung	▎ Vorsorgeaufwendungen (Beiträge zur Kranken-, Renten- und Arbeitslosenversicherung) ▎ Kirchensteuer ▎ Spenden	▎ Krankheit ▎ Medizinische Hilfsmittel ▎ Bestattungskosten

 Lohnsteuerfreibetrag: Betrag, der das monatliche steuerpflichtige Gehalt reduziert und dadurch die zu zahlende Lohnsteuer verringert. Der Arbeitgeber hat den Freibetrag bei der Berechnung der Lohnsteuer zu berücksichtigen.

Ein Lohnsteuerfreibetrag muss beim zuständigen Finanzamt beantragt werden.

Das steuerpflichtige Gehalt ist die Grundlage für die Berechnung von Lohnsteuer, Solidaritätszuschlag und Kirchensteuer (Positionen 8. bis 10. der Gehaltsabrechnung).

6.3.5 Nettogehalt

Das Nettogehalt erhält man, wenn man vom sozialversicherungspflichtigen Gehalt (7.) die steuerlichen Abzüge (8. bis 10.) und die Sozialversicherungsbeiträge (11. bis 14.) abzieht.

6.3.6 Berechnung der steuerlichen Abzüge

Lohnsteuer

6.	= **Steuerpflichtiges Gehalt**		1.760,00
7.	**Sozialversicherungspflichtiges Gehalt**		1.760,00
8.	– Lohnsteuer	164,41	
9.	– Kirchensteuer	9,04	
10.	– Solidaritätszuschlag	14,79	188,24

Alle natürlichen Personen, die im Inland ihren Wohnsitz haben, sind für ihre Einkünfte einkommensteuerpflichtig. Einkünfte entstehen z. B. aus unselbstständiger und selbstständiger Arbeit, durch den Betrieb eines Gewerbes oder durch Kapitalvermögen sowie durch Vermietung von Wohnungen.

Die Lohnsteuer ist eine spezielle Erhebungsform der Einkommensteuer für Arbeitnehmer (für nichtselbstständig Beschäftigte). Die Lohnsteuer wird monatlich vom Arbeitsentgelt einbehalten und vom Arbeitgeber an das Finanzamt abgeführt. **E**lektronische **L**ohn**St**euer **A**bzugs **M**erkmale (ELStAM): Vom Einwohnermeldeamt erhält ein Arbeitnehmer seine persönliche Steueridentifikationsnummer (Steuer-ID). Diese und sein Geburtsdatum muss er bei Dienstantritt dem Arbeitgeber mitteilen. Der Arbeitgeber sendet diese Informationen dem Bundeszentralamt für Steuern und erhält auf diese Weise die „Elektronischen Lohnsteuerabzugsmerkmale" des Arbeitnehmers. Dazu gehören:

- die Lohnsteuerklasse,
- eventuelle Kinderfreibeträge,
- eventuelle Lohnsteuerfreibeträge und die
- Religionszugehörigkeit (falls Mitglied einer Religionsgemeinschaft).

Änderungen dieser Daten (z. B. aufgrund von Heirat oder nach der Geburt eines Kindes) werden von den Meldeämtern automatisch dem Bundeszentralamt für Steuern zugeleitet und stehen dann dem Arbeitgeber zum Abruf zur Verfügung.

 Lohnsteuer: spezielle Erhebungsform der Einkommensteuer, bei der die Steuer durch den Arbeitgeber vom Entgelt des Arbeitnehmers einbehalten und an das Finanzamt weitergeleitet wird

Berechnungsgrundlage für die Lohnsteuer ist das steuerpflichtige Entgelt. Sofern kein Lohnsteuerfreibetrag geltend gemacht worden ist, ist es identisch mit dem sozialversicherungspflichtigen Entgelt (siehe 4. und 6. in der Gehaltsabrechnung, Seite 314).

Lohnsteuerklassen

Sie stellen sicher, dass bei der Ermittlung der Lohnsteuer die individuellen Verhältnisse eines Arbeitnehmers berücksichtigt werden, z. B. sein Familienstand. Die verschiedenen Steuerklassen sollen sicherstellen, dass monatlich genau so viel Lohnsteuer an das Finanzamt gezahlt wird, wie es das entsprechende Jahreseinkommen erfordert.

Nach dem Einkommensteuergesetz werden sechs Steuerklassen unterschieden:

Steuerklasse	Zuordnung der Arbeitnehmer
I	Nicht verheiratete/verpartnerte, verwitwete oder geschiedene Arbeitnehmer sowie Verheiratete/Verpartnerte, die ständig getrennt leben
II	Alleinerziehende, die die Voraussetzungen für die Steuerklasse I erfüllen und Anspruch auf den Entlastungsanspruch für Alleinerziehende haben (aktuell 1.308,00 €)
III	Verheiratete/Verpartnerte, nicht ständig getrennt lebende Arbeitnehmer, wenn nur ein Ehegatte/Lebenspartner in einem Arbeitsverhältnis steht oder der andere Ehegatte/Lebenspartner auch arbeitet, jedoch in die Steuerklasse V eingereiht ist
IV	Verheiratete/Verpartnerte, nicht ständig getrennt lebende Arbeitnehmer, wenn beide Ehegatten/Lebenspartner in einem Arbeitsverhältnis stehen und nicht die Steuerklassenkombination III/V gewählt haben
V	Verheiratete/Verpartnerte, nicht ständig getrennt lebende Arbeitnehmer, deren Ehegatte/Lebenspartner auf gemeinsamen Antrag die Steuerklasse III hat
VI	Alle Arbeitnehmer, die für mehr als einen Arbeitgeber tätig sind und aus diesen Dienstverhältnissen gleichzeitig Einkommen beziehen

Berufstätige Ehepaare/Lebenspartner werden grundsätzlich gemeinsam besteuert. Der Arbeitgeber kann jedoch die Lohnsteuer jeweils nur von dem Lohn berechnen, den einer der Partner bei ihm verdient. Damit Ehegatten/Lebenspartner aber bei ihren Steuerabzügen dem Betrag, den sie aufgrund ihres gemeinsamen Einkommens im Jahr zu zahlen haben, möglichst nahe kommen, können sie zwischen zwei Steuerklassenkombinationen wählen. Dabei gilt folgende Faustregel:

- bei etwa gleich hohem Einkommen Steuerklassen IV/IV,
- bei unterschiedlich hohem Einkommen Steuerklassen III/V (höheres Einkommen III).

Kinderfreibetrag

Für Eltern, die gemeinsam besteuert werden, bleibt für jedes Kind ein Betrag von ca. 7.000,00 € steuerfrei als Ausgleich für die Belastungen durch die Betreuung eines Kindes. Die gleiche Aufgabe hat das **Kindergeld** (aktuell für der erste Kind 184,00 € im Monat). Das Finanzamt prüft am Ende des Jahres automatisch, welche Regelung für die Eltern günstiger ist: Anrechnung des Kinderfreibetrages auf das Jahreseinkommen oder monatliche Zahlung des Kindergeldes. Erst bei einem Einkommen von rund 60.000,00 € im Jahr wirkt sich der Kinderfreibetrag günstiger aus.
In der **Lohnsteuertabelle** wird jedem Elternteil für jedes Kind eine **Kinderfreibetragszahl** von 0,5 eingeräumt. Eine Anrechnung der vollen Kinderfreibetragszahl 1,0 auf ein Elternteil ist z. B. möglich, wenn ein Elternteil die Steuerklasse III gewählt hat. In der Lohnsteuertabelle wirkt sich ein Kinderfreibetrag allerdings nur auf die Kirchensteuer und den Solidaritätszuschlag aus, nicht auf die Lohnsteuer. In der Lohnsteuer ist bereits der Kinderfreibetrag von 7.000,00 € für das Jahreseinkommen berücksichtigt.

Solidaritätszuschlag

Zur Finanzierung der deutschen Einheit wird seit dem 1. Januar 1995 ein Solidaritätszuschlag erhoben. Der Zuschlag beträgt gegenwärtig 5,5 % der Einkommensteuer. Bei der Bemessung des Solidaritätszuschlags wird die Anzahl der Kinderfreibeträge berücksichtigt (siehe Steuertabelle unten).

Kirchensteuer

Die Kirchensteuer wird als Prozentsatz von der Lohnsteuer berechnet. Je nach Bundesland beträgt der Steuersatz 8 % (Bayern, Baden-Württemberg) oder 9 % (alle übrigen Bundesländer). Der Arbeitgeber führt die Kirchensteuer zusammen mit der Lohnsteuer an das Finanzamt ab.
Verschiedene steuererhebungsberechtigte Kirchen erhalten diese Steuer zur Erfüllung ihrer kirchlichen Aufgaben. Steuerpflichtig sind alle Kirchenangehörigen. Kinderfreibeträge mindern die Kirchensteuer.

Steuertabelle

Für jeden steuerpflichtigen Arbeitnehmer können aus Lohnsteuertabellen die Lohnsteuer, der Solidaritätszuschlag und die Kirchensteuer abgelesen werden. Die Tabellen berücksichtigen die jeweilige Steuerklasse und die Kinderfreibetragszahl.

Beispiel (Auszug):

Lohn/Gehalt		Ohne Kinderfreibetrag			Kinderfreibetrag 0,5		Kinderfreibetrag 1,0	
bis €	StKl	LSt	KiSt 9 %	SolZ	KiSt 9 %	SolZ	KiSt 9 %	SolZ
1.758,00	I	163,66	9,04	14,73	2,00	8,19	0,00	2,61
	II	136,00	–	–	0,00	5,91	0,00	0,97
	III	6,50	0,00	0,58	0,00	0,00	0,00	0,00
	IV	163,66	9,00	14,73	6,97	11,40	2,00	8,19
	V	367,66	20,22	33,09	–	–	–	–
	VI	397,50	21,86	35,77	–	–	–	–
1.761,00	I	164,41	9,04	14,79	2,13	8,25	0,00	2,67
	II	136,75	–	–	0,00	5,97	0,00	1,01
	III	6,83	0,00	0,61	0,00	0,00	0,00	0,00
	IV	164,41	9,04	14,97	7,01	11,47	2,13	8,25
	V	368,66	20,27	33,18	–	–	–	–
	VI	398,33	21,90	35,85	–	–	–	–
1.764,00	I	165,08	9,07	14,85	2,28	8,31	0,00	2,71
	II	137,41	–	–	0,00	6,03	0,00	1,05
	III	7,16	0,00	0,64	0,00	0,00	0,00	0,00
	IV	165,08	9,07	14,85	7,04	11,53	2,28	8,31
	V	369,83	20,34	33,28	–	–	–	–
	VI	399,83	21,96	35,94	–	–	–	–

StKl = Steuerklasse
LSt = Lohnsteuer
KiSt = Kirchensteuer
SolZ = Solidaritätszuschlag

Lernfeld 8 Personalwirtschaftliche Aufgaben wahrnehmen

Für die Beispiel-Gehaltsabrechnung gilt: Bei einem steuerpflichtigen Gehalt von 1.760,00 €, der Steuerklasse I und 0 Kinderfreibeträgen ergibt sich eine Lohnsteuer („bis 1.761,00 €") von 164,41 €, eine Kirchensteuer von 9,04 und ein Solidaritätszuschlag in Höhe von 14,79 €.

6.3.7 Berechnung der Abzüge für die Sozialversicherung

7.	**Sozialversicherungspflichtiges Gehalt**		1.760,00
8.–10.			
11.	– Krankenversicherung (7,3 %)	128,48	
12.	– Rentenversicherung (9,35 %)	164,56	
13.	– Arbeitslosenversicherung (1,5 %)	26,40	
14.	– Pflegeversicherung	20,68	340,12
15.	= **Nettogehalt**		1.231,64

Nach Abzug der steuerlichen Abgaben wird das Bruttogehalt zusätzlich um die Beiträge zur Sozialversicherung reduziert. Die gesetzliche Sozialversicherung besteht aus vier Teilversicherungen. Die Beiträge werden vom sozialversicherungspflichtigen Gehalt berechnet.

Krankenversicherung

Die Krankenversicherung hat die Aufgabe, Kosten für medizinische Behandlung, Arzneimittel sowie Heil- und Hilfsmittel zu tragen. Träger der Krankenversicherung sind die Allgemeinen Ortskrankenkassen (AOK), Ersatzkassen (z. B. Barmer GEK), Betriebskrankenkassen (BKK), Innungskrankenkassen (IKK) sowie private Krankenkassen.

Der allgemeine **Beitragssatz beträgt 14,6 %**; er wird jeweils zur Hälfte vom Arbeitnehmer und vom Arbeitgeber getragen. Die Krankenkassen können darüber hinaus einen einkommensabhängigen Zusatzbeitrag erheben, der allerdings nur vom Arbeitnehmer zu tragen ist. Viele Krankenkassen machen von dieser Möglichkeit Gebrauch, indem sie den **durchschnittlichen Zusatzbeitrag von 0,9 %** vom Arbeitnehmer verlangen. Für viele Arbeitnehmer beträgt der Krankenkassenbeitrag daher nicht 7,3 %, sondern **8,2 %**. Die Krankenkassen können aber einen höheren oder niedrigeren Zusatzbeitrag als 0,9 % erheben.

Rentenversicherung

Die gesetzliche Rentenversicherung dient der Altersvorsorge. Träger der Rentenversicherung für Arbeitnehmer ist die Deutsche Rentenversicherung in Berlin.
Der **Beitragssatz beträgt 18,7 %** und wird auf Arbeitnehmer und Arbeitgeber zu gleichen Teilen aufgeteilt.

Arbeitslosenversicherung

Die Arbeitslosenversicherung hat zum Ziel, Arbeitslose während ihrer Arbeitssuche wirtschaftlich abzusichern. Träger der Arbeitslosenversicherung ist die Bundesagentur für Arbeit in Nürnberg mit den angeschlossenen regionalen Arbeitsagenturen.
Auch der **Beitrag in Höhe von 3 %** wird gleichmäßig vom Arbeitnehmer und vom Arbeitgeber getragen.

Arbeitnehmer	Beiträge zur Sozialversicherung	Arbeitgeber
7,3 % i. d. R. Zusatzbeitrag	Krankenversicherung 14,6 %	7,3 %
9,35 %	Rentenversicherung 18,7 %	9,35 %
1,5 %	Arbeitslosenversicherung 3 %	1,5 %
1,175 % evtl. 1,425	Pflegeversicherung 2,35 % evtl. +0,25 %	1,175 %

Pflegeversicherung

Ausnahmen in Sachsen: Arbeitnehmer zahlen 1,675 %, Arbeitgeber 0,675; der Zuschlag für kinderlose Versicherte entfällt.

Die Pflegeversicherung ist eine Versicherung zur Vorsorge gegenüber dem Risiko, pflegebedürftig zu werden. Träger sind die Krankenkassen der Arbeitnehmer.
Der **Beitragssatz beträgt 2,35 %**; er wird von Arbeitnehmer und Arbeitgeber zu gleichen Teilen getragen. Kinderlose Versicherte, die das 23. Lebensjahr vollendet haben, bezahlen einen Zuschlag von 0,25 % (nur Arbeitnehmer). Der Zuschlag wird ab dem Monat fällig, der auf den 23. Geburtstag folgt.

Beitragsbemessungsgrenzen

Die Sozialversicherungsbeiträge sind vom sozialversicherungspflichtigen Entgelt (Lohn/Gehalt) zu entrichten. Allerdings besteht eine Höchstgrenze, bis zu der Beiträge erhoben werden. Der über diese Höchstgrenze hinausgehende Teil des Einkommens ist sozialversicherungsfrei.

Beitragsbemessungsgrenzen (Monatseinkommen)		
	alte Bundesländer	neue Bundesländer
Kranken- und Pflegeversicherung	4.125,00 €	4.125,00 €
Renten- und Arbeitslosenversicherung	6.050,00 €	5.200,00 €

Beispiel:
Frau Wegener ist leitende Mitarbeiterin in einem Telekommunikationsunternehmen in Hamburg. Sie ist verheiratet. Ihr Gehalt beträgt monatlich brutto 6.400,00 €.
Unter Berücksichtigung der Beitragsbemessungsgrenzen sind von ihrem sozialversicherungspflichtigen Gehalt folgende Beiträge zur Sozialversicherung abzuziehen:

7.	**Sozialversicherungspflichtiges Gehalt**		6.400,00
	...		
11.	– Krankenversicherung (7,3 % von 4.125,00 €)	301,13	
12.	– Rentenversicherung (9,35 % von 6.050,00 €)	565,68	
13.	– Arbeitslosenversicherung (1,5 % 6.050,00 €)	90,75	
14.	– Pflegeversicherung (1,175 % von 4.125,00 €)	48,47	1.006,03

Annahme: Kein Zusatzbeitrag zur Krankenversicherung

Jahresarbeitsentgeltgrenze (Versicherungspflichtgrenze): Ab einem bestimmten Brutto-Arbeitsentgelt ist der Arbeitnehmer nicht mehr verpflichtet, sich in der gesetzlichen Krankenversicherung zu versichern. Er kann entscheiden, ob er in eine private Krankenversicherung wechselt oder freiwillig in der gesetzlichen Versicherung verbleibt.

Jahresarbeitsentgeltgrenze (Jahreseinkommen)	54.900,00 €

Beispiel:
Hätte Frau Wegener ein Jahr lang monatlich 6.400,00 € als Gehalt bezogen, könnte sie über ein Jahreseinkommen von 76.800,00 € verfügen. Damit kann sie überlegen, ob sie die gesetzliche Krankenversicherung verlässt und sich bei einer privaten Krankenversicherung versichert.

> **Beitragsbemessungsgrenze**: Maximalbetrag des Einkommens, von dem Sozialversicherungsbeiträge berechnet werden
> **Jahresarbeitsentgeltgrenze** (Versicherungspflichtgrenze): Einkommensgrenze, ab der sich ein Arbeitnehmer entscheiden kann, ob er von der gesetzlichen in eine private Krankenversicherung wechselt

6.3.8 Berechnung des Auszahlungsbetrages

Nettogehalt und Auszahlungsbetrag sind häufig identisch. Es kann aber sein, dass der Arbeitgeber bestimmte Beträge einbehält.

15.	**= Nettogehalt**	1.231,64
16.	– Abzüge (Vermögensbildung/Vorschuss)	40,00
17.	**= Auszahlung**	**1.191,64**

Das können z. B. die Rückzahlung eines gewährten Gehaltsvorschusses sein oder die Kosten für einen Personaleinkauf. Im Beispiel führt der Arbeitgeber den Sparbetrag von Svenja Gerdes zur Vermögensbildung an die Bausparkasse ab.

Vermögensbildung

Arbeitnehmer haben die Möglichkeit, von ihrem Einkommen einen bestimmten Betrag vermögenswirksam anzulegen. Sie erhalten vom Staat dafür eine Sparzulage. Häufig beteiligen sich Arbeitgeber mit einem Teilbetrag an der Vermögensbildung („vermögenswirksame Leistung" des Arbeitgebers).

Lernfeld 8 Personalwirtschaftliche Aufgaben wahrnehmen

Der Arbeitgeber ist verpflichtet, den vom Arbeitnehmer genannten Betrag auf das angegebene Konto zu überweisen. Es sind zwei Begriffe voneinander zu unterscheiden:

> **Vermögenswirksame Leistungen**: Anteil, den der Arbeitgeber an der Vermögensbildung des Arbeitnehmers trägt
> **Vermögensbildung**: Sparbetrag des Arbeitnehmers zur Vermögensbildung

6.4 Zahlungsabwicklung

Der Arbeitgeber ist verpflichtet, die anfallenden Beträge aus den Gehaltsabrechnungen zu dokumentieren und an die zuständigen Stellen zu überweisen.

Lohn-, Kirchensteuer, Solidaritätszuschlag

Der Arbeitgeber muss die monatlich abzuführenden Beträge spätestens **bis zum 10. eines Folgemonats** durch **elektronische** Übermittlung beim Finanzamt anmelden und überweisen. Dies geschieht i. d. R. durch die Software, mit der in Unternehmen Gehälter berechnet werden. Alternativ steht das Online-Portal „ElsterOnline" (www.elster.de) zur Verfügung.

Sozialversicherungsbeiträge

Da Mitarbeiter in unterschiedlichen Krankenkassen versichert sein können, sind die angefallenen Sozialversicherungsbeiträge nach Krankenkassen aufzuschlüsseln und der jeweiligen Krankenkasse bis zum **drittletzten Bankarbeitstag** des laufenden Monats zu überweisen. Vorher ist ein individueller Beitragsnachweis für jeden Mitarbeiter – ebenfalls online – zu übermitteln. Dies geschieht entweder über die Abrechnungssoftware des Unternehmens oder über das Onlineportal „sv.net" der Krankenkassen.

Bankarbeitstage = alle Werktage außer Samstage

www.gkvnet-ag.de/svnet-online/scripts/Anmeldung.asp

Aus diesem Nachweis kann die Krankenkasse erkennen, welcher Versicherungsträger welchen Betrag erhält:

- Die **Krankenkasse** behält die Beiträge zur Kranken- und Pflegeversicherung.
- Die Beiträge zur Rentenversicherung erhält die **Deutsche Rentenversicherung**.
- Der Arbeitslosenversicherungsbeitrag geht zur **Bundesagentur für Arbeit**.

Die Meldung an die Krankenkasse muss auch den Arbeitgeberanteil zur Sozialversicherung enthalten. Aus zwei Gründen unterscheidet sich der Arbeitgeberanteil gewöhnlich vom Arbeitnehmeranteil zur Sozialversicherung:

- Erhebt die Krankenkasse einen Zusatzbeitrag, hat ihn ausschließlich der Arbeitnehmer zu tragen.
- Kinderlose Versicherte ab 23 Jahren zahlen in der Pflegeversicherung einen Beitragszuschlag von 0,25 %. Auch daran ist der Arbeitgeber nicht beteiligt.

Svenja ist 21 Jahre alt, die Krankenversicherung erhebt für Svenja keinen Zusatzbeitrag

Aus der beispielhaften Gehaltsabrechnung (siehe Seite 314) ergeben sich folgende Sozialversicherungsbeiträge:

Abzuführende Sozialversicherungsbeiträge für Svenja Gerdes					
	Arbeitnehmer		Arbeitgeber		
Versicherung	%	Betrag	%	Betrag	Gesamt
Krankenversicherung	7,3	128,48	7,3	128,48	256,96
Rentenversicherung	9,35	164,56	9,35	164,56	329,12
Arbeitslosenversicherung	1,5	26,40	1,5	26,40	52,80
Pflegeversicherung	1,175	20,68	1,175	20,68	41,36
Summe		340,12		340,12	**680,24**

Die Krankenkasse wird aus dieser Gehaltsabrechnung 298,32 € für sich einbehalten (Kranken- und Pflegeversicherung) sowie 329,12 € an die Deutsche Rentenversicherung und 52,80 € an die Bundesagentur für Arbeit weiterleiten.

Vermögensbildung

Der Betrag zur Vermögensbildung des Arbeitnehmers ist vom Arbeitgeber am Monatsende auf das angegebene Konto (Bank, Bausparkasse u. Ä.) zu überweisen.

Aus der Beispiel-Gehaltsabrechnung für Svenja Gerdes ergeben sich folgende Beträge, Zahlungsempfänger und Fristen unter Beachtung des Arbeitgeberanteils zur Sozialversicherung:

Beträge – Zahlungsempfänger – Fristen

Abzüge	Betrag	Empfänger	Fristen
Lohnsteuer	164,41	Finanzamt	Bis zum 10. eines Folgemonats
Kirchensteuer	9,04	Finanzamt	
Solidaritätszuschlag	14,79	Finanzamt	
Krankenversicherung	256,96	Krankenkasse	
Rentenversicherung	329,12	Krankenkasse (→ Deutsche Rentenversicherung)	Drittletzter Bankarbeitstag
Arbeitslosenversicherung	52,80	Krankenkasse (→ Bundesagentur für Arbeit)	
Pflegeversicherung	41,36	Krankenkasse	
Vermögensbildung	40,00	Bausparkasse	Monatsende
Auszahlung	1.191,64	Arbeitnehmerin	Monatsende
Summe	2.100,12		

6.5 Personalkosten für den Arbeitgeber

Unmittelbar aus dieser Gehaltsabrechnung für Svenja Gerdes lassen sich folgende Personalkosten für den Arbeitgeber ableiten:

Personalkosten Svenja Gerdes

	€
Sozialversicherungspflichtiges Gehalt	1.760,00
Arbeitgeberanteil zur Sozialversicherung	340,12
Summe	2.100,12

Die Summe der Personalkosten deckt sich mit der Summe aller Zahlungen in der Tabelle „Beträge – Zahlungsempfänger – Fristen", siehe oben.

Personalnebenkosten

Für Svenja Gerdes wurden die Personalkosten ermittelt, die sich unmittelbar aus der Gehaltsabrechnung ergeben. Das sind im Einzelnen das Bruttogehalt und die vermögenswirksamen Leistungen des Arbeitgebers. Es könnten aber auch noch weitere Zulagen oder Prämien anfallen. In der Summe ergibt sich das **arbeitsvertragliche Bruttoarbeitsentgelt**.

Aus Sicht des Arbeitgebers treten aber noch weitere Personalkosten hinzu. Der wichtigste Kostenbestandteil sind die Arbeitgeberanteile zur gesetzlichen Sozialversicherung. Außerdem sind Beiträge zur gesetzlichen Unfallversicherung der Arbeitnehmer (Beiträge zur Berufsgenossenschaft) zu leisten. Darüber hinaus können Arbeitgeber freiwillige soziale Leistungen für ihre Arbeitnehmer erbringen, z. B. Beiträge zur Altersversorgung, Zuschüsse zu einer Betriebskantine, Fahrkostenzuschüsse u. Ä. Die gesetzlichen und freiwilligen Sozialleistungen eines Arbeitgebers werden als **Personalnebenkosten** (oder auch als **Sozialkosten**) bezeichnet.

> Berufsgenossenschaft = Träger der Unfallversicherung für Arbeitnehmer; die Beiträge zahlt allein der Arbeitgeber, siehe auch Seite 329

Lernfeld 8 Personalwirtschaftliche Aufgaben wahrnehmen

> **Personalnebenkosten**: gesetzliche und freiwillige Sozialleistungen des Arbeitgebers

Durch die Beschäftigung von Mitarbeitern entstehen aber noch weitere Kosten, z. B. für die Personalbeschaffung (Anzeigen, Fahrtkosten für Bewerber, Kosten eines Assessment-Centers usw.). Sie werden als sonstige Personalkosten bezeichnet.

Bruttogehalt + Vermögenswirksame Leistungen + Evtl. weitere Zulagen und Prämien	
= **Arbeitsvertragliches Bruttoentgelt**	
+ Personalnebenkosten	Gesetzliche und freiwillige Sozialleistungen
+ Sonstige Personalkosten	z. B. Kosten der Personalbeschaffung
= **Personalkosten**	

Nachweispflichten

Der Arbeitgeber hat für jeden Arbeitnehmer einen **Einzelnachweis** über das Arbeitsentgelt zu führen und dem Arbeitnehmer die Berechnung des Arbeitsentgeltes monatlich mitzuteilen. Am Jahresende hat er zudem eine **Lohnsteuerbescheinigung** auszustellen, die die Höhe des steuerpflichtigen Entgelts und die steuerlichen Abzüge (Lohnsteuer, Kirchensteuer, Solidaritätszuschlag) sowie die Beiträge zur Sozialversicherung enthält. Eine Kopie der Bescheinigung ist dem Arbeitnehmer ebenfalls auszuhändigen. Zur Nachweispflicht des Arbeitgebers gehört auch das Führen eines **Entgeltkontos** für jeden Arbeitnehmer.

Elektronische Lohnsteuerbescheinigung (ausgewählte Positionen)

1.	Dauer des Dienstverhältnisses		vom … bis …	
			€	Ct
3.	Bruttoarbeitslohn einschl. Sachbezüge			
4.	Einbehaltene Lohnsteuer von 3.			
5.	Einbehaltener Solidaritätszuschlag von 3.			
6.	Einbehaltene Kirchensteuer des Arbeitnehmers von 3.			
22.	Arbeitgeberanteil	zur gesetzlichen Rentenversicherung		
23.	Arbeitnehmeranteil			
25.	Arbeitnehmerbeiträge zur gesetzlichen Krankenversicherung			
26.	Arbeitnehmerbeiträge zur sozialen Pflegeversicherung			
27.	Arbeitnehmerbeiträge zur Arbeitslosenversicherung			
	usw.			

Zusammenfassung

Entgeltabrechnung			
Arbeitsentgelt	**Entgeltbasis**	**Entgeltformen**	
Materielle Gegenleistung des Arbeitgebers für die Dienstleistung des Arbeitnehmers (→ Arbeitsvertrag)	Tarif, Tarif + Stellenzulage, außertarifliches Entgelt (AT)	**Zeitentgelt** ▌ Lohn: i. d. R. als Stundenlohn für die geleisteten Stunden im Monat ▌ Gehalt: i. d. R. als festes Monatsgehalt, differenziert nach Gehaltsgruppen und Berufsjahren	**Akkordlohn** ▌ I. d. R. Zeitakkord: Leistungsmenge x Vorgabezeit x Minutenfaktor; auch als Geldakkord ▌ Gruppenakkord: Bewertet wird das Leistungsergebnis der Gruppe Merkmal: leistungsabhängiges Entgelt
Abrechnung		**Prämienlohn**	**Weitere Formen**
Bruttogehalt + steuer- und sozialversicherungspflichtige Zulagen (z. B. vermögenswirksame Leistungen) = sozialversicherungspflichtiges Gehalt – Lohnsteuerfreibetrag = steuerpflichtiges Gehalt sozialversicherungspflichtiges Gehalt – steuerliche Abzüge (Lohnsteuer, Kirchensteuer, Solidaritätszuschlag) – Sozialversicherungsbeiträge (Kranken-, Renten-, Arbeitslosen-, Pflegeversicherung) = Nettogehalt – Abzüge (z. B. Vermögensbildung, Vorschuss) = Auszahlung		Leistungslohn, garantierter Grundlohn (Fixum) + leistungsbezogenes Entgelt (Prämie)	▌ Provision ▌ Erfolgsbeteiligung ▌ Lohn- und Gehaltszuschläge ▌ Sonderzahlungen/ Gratifikationen
		Beitragssätze	**Fälligkeit**
		▌ Arbeitnehmer: KV: 7,3 %, RV: 9,35 %, ALV: 1,5 %, PV: 1,175 % ▌ Arbeitgeber: in gleicher Höhe wie Arbeitnehmer, Ausnahmen: Krankenkasse (Zusatzbeiträge) und Pflegeversicherung (kinderlose Versicherte ab 23 Jahre: + 0,25 %)	▌ Steuerliche Abzüge: bis zum 10. des Folgemonats (→ Finanzamt) ▌ Sozialversicherungsbeiträge: drittletzter Bankarbeitstag des Monats (→ Krankenkasse)
Grenzwerte	**Personalnebenkosten**	**Nachweispflichten**	
▌ Beitragsbemessungsgrenze: Maximalbetrag, von dem Sozialversicherungsbeiträge berechnet werden ▌ Jahresarbeitsentgeltgrenze: Einkommensgrenze, die den Wechsel in eine private Krankenversicherung ermöglicht	Gesetzliche und freiwillige Sozialleistungen	Einzelnachweis Arbeitsentgelt, Jahres-Lohnsteuerbescheinigung, Entgeltkonto	

7 Personalverwaltung

○ **Lernsituation 7: Personaldaten verwalten**

Hat der Arbeitgeber die Zustimmung zur Einstellung von der Arbeitnehmervertretung oder von einem Arbeitsgericht erhalten, wird der neue Mitarbeiter umgehend darüber informiert und der ausgehandelte Arbeitsvertrag abgeschlossen. Den Mitbewerbern wird in einem freundlichen Schreiben die Absage mitgeteilt und die zur Verfügung gestellten Bewerbungsunterlagen werden zurückgeschickt.

> **Formulierung der Absage:** Mit der Absage sollte sich der Unternehmer freundlich für das Vertrauen in sein Unternehmen bedanken und versichern, dass die Ablehnung nichts mit der Person oder mangelnden Fähigkeiten und Kenntnissen zu tun hat. Betont werden sollte, dass ein anderer Bewerber die Kriterien noch besser erfüllt hat.

> **Personalverwaltung**: Aufgabe der Personalverwaltung ist es, nach Feststellung der Eignung und Einigung über die Einstellung des Bewerbers, den Arbeitsvertrag zu erstellen und die notwendigen Schritte zur Anmeldung des Bewerbers bei den Sozialversicherungen und anderen Stellen durchzuführen.

7.1 Personaleinstellung

Betriebsnummernvergabe, siehe unter www.arbeitsagentur.de

> **Betriebsnummernvergabe:** Zur Einstellung des ersten Mitarbeiters (und weiterer) benötigt jedes Unternehmen eine **Betriebsnummer**. Die Vergabe einer solchen Nummer erfolgt für jedes Unternehmen einmalig durch den **Betriebsnummern-Service** (BNS) der Bundesagentur für Arbeit in Saarbrücken. Jede An- und Abmeldung eines Arbeitnehmers, z. B. zur Sozialversicherung, hat dann unter dieser Betriebsnummer zu erfolgen.

7.2 Aufgaben bei der Personaleinstellung

Zunächst benötigt die Personalabteilung des Arbeitgebers einige Informationen über den neuen Arbeitnehmer, um eine fristgerechte Anmeldung bei den vorgeschriebenen Behörden durchführen zu können. Zu diesen Behörden gehören:

- das Finanzamt
- die Krankenkasse
- die Unfallversicherung
- die Minijob-Zentrale

Die benötigten Unterlagen und Daten des neuen Mitarbeiters sind unter anderem:

- Steueridentifikationsnummer
- Sozialversicherungsausweis
- Geburtsdatum
- Mitgliedsbescheinigung der Krankenkasse
- Urlaubsbescheinigung des früheren Arbeitgebers
- Unterlagen über vermögenswirksame Leistungen

7.2.1 Personalfragebogen

Viele Arbeitgeber verwenden einen Personalfragebogen als weiteres Instrument der Personalauswahl. Anhand solcher Fragebogen werden alle für den Arbeitgeber notwendigen Informationen zum neuen Mitarbeiter in standardisierter Form abgefragt, so beispielsweise auch die Frage nach weiteren Beschäftigungsverhältnissen des neuen Arbeitnehmers. Diese Angabe ist bei der Anmeldung zur Sozialversicherung entscheidend. Bei fehlerhafter Angabe kann es nämlich zu Strafzahlungen für den Arbeitgeber kommen.

Der Personalbogen verschafft dem Arbeitgeber also einen schnellen Überblick über die für ihn relevanten Daten. Allerdings hat mit der Einführung des Allgemeinen Gleichbehandlungsgesetzes (AGG) die Bedeutung dieses Fragebogens für das Auswahlverfahren abgenommen. Viele früher übliche Fragen sind in einem solchen Fragenkatalog nicht mehr zulässig.

Der Personalfragebogen bedarf gemäß § 94 des Betriebsverfassungsgesetzes (BetrVG) und § 75 des Bundespersonalvertretungsgesetzes (BPersVG) oder der Landespersonalvertretungsgesetze der Bundesländer ausdrücklich der **Zustimmung des Betriebsrats** bzw. des Personalrates. Die Personalvertretung wird also unzulässige Fragen (z. B. nach der Staatsangehörigkeit, dem Alter, der Religion) streichen, wenn sie vor der Einstellung eines Bewerbers gestellt werden.

Zulässige Fragen, siehe Seite 300

Beispiel: Personalfragebogen (Ausschnitt)

Personalfragebogen				
Angaben zur Person				
Name:	Weimar	Vorname:	Stephan	
Geburtsdatum:	24.02.1978	Geburtsort:	Berlin	
Familienstand:	verheiratet	Religion:	evangelisch	
Adresse:	Mecklenburgische Straße 94, 14197 Berlin			
Telefon:	030 94224913	E-Mail:	sweimar@t-online.de	
Ausbildung:	Kaufmann für Büromanagement	Staatsangehörigkeit	deutsch	
Schulabschluss:	Abitur			
Versicherungen und Steuern				
Steuer-ID:	424 116 55457	Krankenkasse:	BEK	
Steuerklasse:	III	SV-Nummer:	15463815P342	
Anzahl der Kinder:	2	Kinderfreibetrag:	–	
Bankverbindung				
IBAN:	DE12 1001 0010 0024 3775 03	BIC:	PBNKDEFFXXX	
Name der Bank:	Postbank Berlin			

Personalstammblatt

In einem Personalstammblatt werden die grundlegenden Daten von Mitarbeitern erfasst. Man spricht von Stamm(daten)blatt, weil das Formular die Daten aufnimmt, die sich kurz- und mittelfristig nicht oder wenig ändern. Die Daten werden gewöhnlich im Rahmen der Personaleinstellung über einen Personalfragebogen erfasst.

Beispiel: Personalstammblatt

Personalstammblatt				
Angaben zur Person				
Name:	Weimar	Vorname:	Stephan	
Geburtsdatum:	24.02.1978	Geburtsort:	Berlin	
Familienstand:	verheiratet	Religion:	evangelisch	
Adresse:	Mecklenburgische Straße 94, 14197 Berlin			
Telefon:	030 94224913	E-Mail:	sweimar@t-online.de	
Ausbildung:	Kaufmann für Büromanagement	Staatsangehörigkeit	deutsch	
Schulabschluss:	Abitur	Staatsangehörigkeitsschlüssel		

Lernfeld 8 Personalwirtschaftliche Aufgaben wahrnehmen

Personalstammblatt			
Versicherungen und Steuern			
Steuer-ID:	424 116 55457	Krankenkasse:	BKK
Steuerklasse:	III	SV-Nummer:	15463815P342
Anzahl der Kinder:	2	Beitragssatz (AN):	8,2 %
Kinderfreibetrag:	–		
Bankverbindung			
IBAN:	DE12 1001 0010 0024 3775 03	BIC:	PBNKDEFFXXX
Name der Bank:	Postbank Berlin		
Arbeitsvertrag			
vom:	20.12.20(0)	Tätigkeit:	Sachbearbeiter
Eintrittsdatum:	01.01.20(+1)	Tätigkeitsschlüssel:	714024211
Befristung:	ja/nein	Gehaltsgruppe:	II
Wochenarbeitszeit:		Urlaubsanspruch:	30 Tage
Sonstiges			
Vermögensbildung:	ja/nein	Führerschein:	ja/nein
Empfänger Vermögensbildung:	Berliner Bausparkasse		
IBAN	DE63 1009 0000 0052 5180 00	BIC	BEBADEBBXXX
Vertrag Vermögensbildung:	Nr. W8845	Betrag/Monat: 40,00	Art: Bausparen
Arbeitgeberanteil (VL)/Monat:	26,00		
Bemerkungen:			

7.2.2 Steueridentifikationsnummer

Mit der Einführung der Elektronischen Lohnsteuerabzugsmerkmale (**ELStAM-Verfahren,** umgangssprachlich auch als elektronische Lohnsteuerkarte bezeichnet) wurde die Lohnsteuerkarte aus Papier ersetzt. Um die reibungslose Einführung dieses Verfahrens zu gewährleisten, erhält jeder Bürger, auch neugeborene Kinder, vom Bundeszentralamt für Steuern (BZST) eine elfstellige **Steueridentifikationsnummer** zugewiesen (siehe oben im Personalstammblatt). Sie bleibt ein Leben lang gültig und wird erst 20 Jahre nach dem Tod inklusive aller darunter gespeicherten Daten gelöscht.

Der Arbeitgeber kann die nach dem **Einkommensteuergesetz** (EStG) festgelegten Lohnsteuerabzugsmerkmale beim Finanzamt elektronisch abrufen.

Dazu muss der Arbeitgeber unter anderem folgende Angaben bei der Anmeldung des Mitarbeiters leisten:

- Steueridentifikationsnummer
- Geburtsdatum
- Haupt- oder ein Nebenarbeitsverhältnis des Arbeitnehmers

Ergeben sich Abweichungen bei den gespeicherten Daten, muss der Arbeitnehmer eine **Änderung beim Finanzamt beantragen**. Adressenänderungen, Eheschließung, Geburt, Adoption, Tod etc. werden allerdings von den Bürgerbüros der Städte und Gemeinden verwaltet.

Das ELStAM-Verfahren bietet u.a. folgende Vorteile:

- Beschleunigung der Kommunikation zwischen Bürger, Unternehmen und Finanzamt,
- die Elektronische Steuerkarte bietet eine wesentlich höhere Verfahrenssicherheit, die damit eine größere Steuergerechtigkeit gewährleistet.

Lohnsteuerabzugsmerkmale, siehe Seite 316

Tipp! Wenn Sie Ihre aktuell gespeicherten Steuermerkmale prüfen wollen, registrieren Sie sich auf der Internetseite: www.elsteronlinc.de/eportal

7.2.3 Sozialversicherungsausweis

Den Sozialversicherungsausweis erhält jeder Arbeitnehmer automatisch von der Deutschen Rentenversicherung, wenn er bei der ersten Beschäftigungsaufnahme vom Arbeitgeber bei einer Krankenkasse oder bei der Minijob-Zentrale gemeldet wird. Aktuell wird der Ausweis nicht mehr als Karte, sondern durch ein gewöhnliches Anschreiben ersetzt. Der Ausweis verbleibt im Besitz des Arbeitnehmers und muss bei jedem Beschäftigungswechsel dem neuen Arbeitgeber vorgelegt werden. Der Inhalt des Ausweises wird in § 18h des Sozialgesetzbuches IV (SGB) festgelegt.

SGB IV § 18h – Ausstellung und Pflicht zur Vorlage des Sozialversicherungsausweises

(2) Der Sozialversicherungsausweis enthält folgende Angaben über die Inhaberin oder den Inhaber:

1. die Versicherungsnummer,

2. den Familiennamen und den Geburtsnamen,

3. den Vornamen.

(3) Beschäftigte sind verpflichtet, den Sozialversicherungsausweis bei Beginn einer Beschäftigung dem Arbeitgeber vorzulegen. Kann der Beschäftigte dies nicht zum Zeitpunkt des Beschäftigungsbeginns, so hat er dies unverzüglich nachzuholen.

7.2.4 Anmeldung der Arbeitnehmer bei den Sozialversicherungen

Anmeldung bei der Krankenkasse

Wird ein sozialversicherungspflichtiger Arbeitnehmer neu eingestellt, so ist er mit Beginn der Beschäftigung, spätestens innerhalb von sechs Wochen nach dem Beschäftigungsbeginn, der Krankenkasse zu melden. Die Krankenkasse übernimmt die Weiterleitung der Anmeldung zur Renten-, Arbeitslosen- und Pflegeversicherung.

Die Anmeldung kann über ein zugelassenes Lohnabrechnungsprogramm oder über die Software „sv-net" durchgeführt werden. Gemeldet werden vor allem folgende Daten:

- Adressdaten,
- Grund der Meldung (z. B. Anmeldung wegen Beginn der Beschäftigung),
- Beschäftigungszeit,
- Betriebsnummer des Arbeitgebers (achtstellig),
- Tätigkeitscode (neunstellig),
- Beitragsgruppen der vier gesetzlichen Versicherungen, z. B. „1" für den allgemeinen Beitrag in der Krankenversicherung,
- beitragspflichtiges Entgelt.

sv-net, siehe www.tk.de/tk/meldung/svnet/197286

Lernfeld 8 Personalwirtschaftliche Aufgaben wahrnehmen

Muster (gekürzt)

Meldung zur Sozialversicherung	
	Wichtiger Hinweis bei der erstmaligen Erhebung von Daten: Die hiermit angeforderten personenbezogenen Daten werden unter Beachtung des Bundesdatenschutzgesetzes erhoben; ihre Kenntnis ist zur Durchführung des Meldeverfahrens nach Maßgabe des Vierten Buches Sozialgesetzbuch sowie der Datenerfassungs- und -übermittlungsverordnung erforderlich.

Versicherungsnummer	Personalnummer (freiwillige Angabe)
15463815P342	

Name	Vorname
Weimar	Stephan

Straße und Hausnummer
Mecklenburgische Straße 94

(Land)	Postleitzahl	Wohnort
	14197	Berlin

Grund der Abgabe*		Entgelt in der Gleitzone*		Namensänderung		Änderung der Staatsangehörigkeit	

Beschäftigungszeit

von	bis	Betriebsnummer des Arbeitgebers	Personengruppe*	Mehrfachbeschäftigung	Betriebsstätte Ost	West
01.01.20(+1)		45236697				x

Beitragsgruppen*	KV	RV	ALV	PV	Angaben zur Tätigkeit		Schlüssel zur Staatsangehörigkeit*	
	1	1	1	1	714024211			000

Beitragspflichtiges Arbeitsentgelt € 2.455,00   Statuskennzeichnung* [ ]

Name der Einzugsstelle (Geschäftsstelle)
AOK BKK IKK EK LKK See-KK BKN
 X

* Codierung beachten

Datum, Name, Anschrift des Arbeitgebers (Firmenstempel)
10.01.20(+1), Gebauer GmbH, Alexanderstraße 23, 10179 Berlin
Severin

Sonderfall: Bekämpfung von Schwarzarbeit

Arbeitgeber in Wirtschaftszweigen, in denen Schwarzarbeit häufiger vorkommt, habe zwei spezielle Pflichten zu erfüllen:

1. Sie müssen ihre Mitarbeiter darauf hinweisen, dass sie während der Arbeit einen Personalausweis oder ein Ersatzpapier mit sich tragen und es kontrollierenden Zollbeamten vorzeigen müssen.
2. Die Mitarbeiter müssen spätestens bei der Arbeitsaufnahme per **Sofortmeldung** der **Datenstelle der Rentenversicherung** (DSRV) gemeldet werden.

Die Meldung an die Krankenkasse ist – wie bei jedem sozialversicherungspflichtig Beschäftigten – zusätzlich erforderlich.
Grundlage ist das Gesetz zur Bekämpfung der Schwarzarbeit und illegalen Beschäftigung (SchwarzArbG).

Beispiele für Wirtschaftszweige, in denen diese Sonderregelung gilt:

- Baugewerbe
- Gaststätten- und Beherbergungsgewerbe

- *Personenbeförderungsgewerbe*
- *Speditions-, Transport- und damit verbundenes Logistikgewerbe*
- *Gebäudereinigungsgewerbe*

Anmeldung bei der Minijob-Zentrale

Nicht jeder neue Arbeitnehmer eines Unternehmens ist der Einzugsstelle der Krankenversicherung zu melden. Sogenannte Minijobber müssen bei der Minijob-Zentrale angemeldet werden. Minijobs im gewerblichen Bereich sind:

- **geringfügig entlohnte Beschäftigungen**, bei denen das Entgelt monatlich 450,00 € nicht übersteigen darf, und
- **kurzfristige Beschäftigungen**, die von vornherein für eine begrenzte Dauer (längstens zwei Monate oder 50 Arbeitstage pro Jahr) ausgeübt werden.

Auch hier müssen Anmeldefristen beachtet werden. Mit der ersten Entgeltabrechnung, spätestens aber sechs Wochen nach Beginn der Beschäftigung, muss der Arbeitnehmer angemeldet werden.

*Die **Minijob-Zentrale** gehört dem Verbund der Deutschen Rentenversicherung Knappschaft-Bahn-See (KBS) an. Sie ist deutschlandweit die zentrale Einzugs- und Meldestelle für alle geringfügig Beschäftigten.*

Anmeldung bei der Unfallversicherung

Neben der Kranken-, Pflege-, Renten- und Arbeitslosenversicherung besteht in Deutschland für jeden Arbeitgeber auch die Pflicht, seine Mitarbeiter bei der gesetzlichen Unfallversicherung anzumelden. Träger der Unfallversicherungen sind die **Berufsgenossenschaften** (BG). Die Beiträge zur Unfallversicherung trägt der Arbeitgeber alleine. Um diese Beiträge richtig berechnen zu können, muss jeder Arbeitgeber im Rahmen der Entgeltmeldung individuelle Angaben zu jedem Arbeitnehmer an die Einzugsstellen der Krankenkassen übermitteln. Das sind unter anderem:

- Betriebsnummer des Arbeitgebers
- Unfallversicherungsmitgliedsnummer des Arbeitgebers
- geleistete Arbeitsstunden
- Gefahrtarifstellen (Gefahrklassen, die von den Berufsgenossenschaften festgelegt werden)
- Versicherungspflichtiges Entgelt des Arbeitnehmers

Berufsgenossenschaft = Träger der gesetzlichen Unfallversicherung; öffentlich-rechtliche Körperschaft mit Selbstverwaltung; Zwangsmitgliedschaft für Unternehmen. Sie finanziert sich nur über Mitgliederbeiträge.

7.2.4 Urlaubsbescheinigung

Nach § 6 des Bundesurlaubsgesetzes (BurlG) hat jeder Arbeitnehmer bei Beendigung des Arbeitsverhältnisses Anspruch auf eine Bescheinigung über den bereits gewährten Urlaub. Anhand dieser Bescheinigung bestimmt der neue Arbeitgeber dann den noch zu gewährenden **Urlaubsanspruch** des Arbeitnehmers. Hat der Arbeitnehmer bereits den vollen tariflichen oder gesetzlichen Urlaubsanspruch beim alten Arbeitgeber geltend gemacht, ist der neue Arbeitgeber von der Leistungspflicht (Ausschluss von Doppelansprüchen) entbunden. Hat der Arbeitnehmer noch einen Urlaubsanspruch, kann der neue Arbeitgeber den Urlaub so lange verweigern, bis ihm der Arbeitnehmer die Urlaubsbescheinigung des alten Arbeitgebers vorlegt.

> **BurlG § 6 – Ausschluss von Doppelansprüchen**
>
> (1) Der Anspruch auf Urlaub besteht nicht, soweit dem Arbeitnehmer für das laufende Kalenderjahr bereits von einem früheren Arbeitgeber Urlaub gewährt worden ist.
>
> (2) Der Arbeitgeber ist verpflichtet, bei Beendigung des Arbeitsverhältnisses dem Arbeitnehmer eine Bescheinigung über den im laufenden Kalenderjahr gewährten oder abgegoltenen Urlaub auszuhändigen.

Beispiel: Urlaubsbescheinigung

> **Urlaubsbescheinigung zur Vorlage beim neuen Arbeitgeber**
>
> Frau Petra Müller, geb. am 19. Juli 1966, wohnhaft in 47829 Krefeld, Parkstraße 244, war im Kalenderjahr 2014 vom 1. Januar bis zum 30. September bei uns beschäftigt.
> Der gesamte Urlaubsanspruch für das Jahr 2014 betrug 24 Arbeitstage.
> Für das Kalenderjahr 2014 wurden 20 Arbeitstage abgegolten. Das sind 10/12 des gesamten Jahresurlaubs.
>
> _____
>   Ort, Datum, Unterschrift

7.2.5 Unterlagen über vermögenswirksame Leistungen

Vermögenswirksame Leistungen (VL) sind nach dem fünften Vermögensbildungsgesetz (5. VermBG) staatlich **geförderte Formen des Sparens**. Der Arbeitnehmer erhält vom Staat eine Sparzulage. Das gilt beispielsweise für Banksparpläne, Bausparverträge oder auch für das Fondssparen (Wertpapiersparen).

Der Arbeitnehmer erhält nach Abschluss z. B. eines VL-Sparvertrages eine Bescheinigung, die er beim Arbeitgeber einreicht. Oftmals gewähren Arbeitgeber auf Grundlage eines Tarifvertrages, einer Betriebsvereinbarung oder des Einzelarbeitsvertrages einen Zuschuss zur Vermögensbildung (**vermögenswirksame Leistung** des Arbeitgebers). Der monatlich zu sparende Betrag (**Sparrate, Vermögensbildung**) wird direkt vom Arbeitgeber für den Arbeitnehmer z. B. an die Bausparkasse überwiesen.

> **VermBG § 2 Abs. 1 – Vermögenswirksame Leistungen, Anlageformen**
>
> Vermögenswirksame Leistungen sind Geldleistungen, die der Arbeitgeber für den Arbeitnehmer anlegt
>
> 1 als Sparbeiträge des Arbeitnehmers auf Grund eines Sparvertrags über Wertpapiere oder andere Vermögensbeteiligungen
>
> (…)

7.3 Personalakte

Gesetzliche Aufbewahrungspflicht von Dokumenten, siehe Informationshandbuch des 1. Ausbildungsjahres

Auch wenn der Arbeitgeber einige Personalunterlagen, so z. B. Daten über die Entgeltabrechnung, eine bestimmte Zeit lang aufbewahren muss, gibt es keine gesetzliche Pflicht, eine Personalakte für den Mitarbeiter anzulegen. Allerdings bietet die Personalakte einen entscheidenden Vorteil: Mitarbeiterdaten werden systematisch an einem bestimmten Ort abgelegt, sodass wichtige Dokumente schneller eingesehen werden können und der Arbeitgeber sich ein umfangreiches Bild vom Mitarbeiter machen kann. Darum sollte die Personalakte frühzeitig angelegt werden, und zwar mit der Einstellung eines neuen Mitarbeiters.

7.3.1 Inhalte der Personalakte

In einer Personalakte dürfen nur Informationen über den Arbeitnehmer gesammelt werden, die in einem eindeutigen Zusammenhang mit der ausgeübten Tätigkeit stehen.

Zulässige Inhalte einer Personalakte	Unzulässige Inhalte einer Personalakte
- Bewerbungsunterlagen - Ergebnisse von Auswahlprüfungen oder Eignungstests - Personalfragebogen - Arbeitsvertrag - Berufliche Entwicklung, Beurteilungen und (Arbeits-)Zeugnisse - Angaben zur Sozialversicherung - Lohnsteuerunterlagen - Unterlagen zu Zusatzversorgungskassen - Nachweis zur Anlage vermögenswirksamer Leistungen - Lohn- und Gehaltsbescheinigungen - Angaben über evtl. Lohn- und Gehaltspfändungen - Kopie der Fahrerlaubnis - Abmahnungen	- Religiöse, politische Ansichten - Betriebsärztliche Befunde, die der Schweigepflicht des Arztes unterliegen (§ 8 Abs. 1 des Arbeitssicherheitsgesetzes – ASiG) - Strafurteile, die nicht mit dem ausgeübten Beruf im Zusammenhang stehen, z. B. bei einem Verkehrsunfall

7.3.2 Gliederung der Personalakte

Um die Personalakte übersichtlich zu gestalten, sollten farbige Trennblätter verwendet werden. Eine Gliederung in folgende Bereiche ist üblich:

1. Bewerbungsunterlagen
2. Arbeitsvertrag

3. Steuerrelevante Unterlagen (z. B. Steuermerkmale)
4. Sozialversicherungsrelevante Unterlagen (Anmeldungen, Jahresmeldungen, Unterbrechungsmeldungen etc.)
5. Zahlungsrelevante Unterlagen (Bankverbindungen, Vermögensbildungsverträge etc.)
6. Beurteilungen und Zeugnisse
7. Aus- und Weiterbildungsunterlagen
8. Bescheinigungen
9. Sonstiges (beispielsweise Schwerbehindertenausweis, Mutterschutz, Elternzeit, Urlaubszeiten etc.)

7.3.3 Pflichten des Arbeitgebers

Mit der Erstellung solcher Akten ergeben sich Pflichten für den Arbeitgeber. Nach dem **Bundesdatenschutzgesetz** (BDSG) hat er einen **Datenschutzbeauftragten** zu bestellen, wenn

- mindestens **zehn Arbeitnehmer** damit beschäftigt sind, Personenbezogene Daten **automatisiert** zu verarbeiten, oder
- mindestens **20 Arbeitnehmer** damit beschäftigt sind, personenbezogene Daten **manuell** zu verarbeiten.

Personenbezogene Daten: z. B. Name, Alter, Familienstand, Geburtsdatum, Anschrift, Telefonnummer, E-Mail-Adresse, Bankdaten, Kfz-Kennzeichen, Personalausweisnummer, Sozialversicherungsnummer, Vorstrafen, Krankendaten

> **Bundesdatenschutzgesetz**: Zweck dieses Gesetzes ist, den Missbrauch **personenbezogener Daten** zu verhindern. Unter personenbezogenen Daten versteht der Gesetzgeber nach § 3 BDSG Einzelangaben über persönliche oder sachliche Verhältnisse einer bestimmten oder bestimmbaren natürlichen Person (Betroffener).

BDSG § 4f Abs. 1 – Beauftragter für den Datenschutz

Öffentliche und nicht-öffentliche Stellen, die personenbezogene Daten *automatisiert verarbeiten,* haben einen Beauftragten für den Datenschutz schriftlich zu bestellen. Nicht-öffentliche Stellen sind hierzu spätestens innerhalb eines Monats nach Aufnahme ihrer Tätigkeit verpflichtet. Das Gleiche gilt, wenn personenbezogene Daten auf andere Weise erhoben, verarbeitet oder genutzt werden und damit in der Regel mindestens 20 Personen beschäftigt sind. Die Sätze 1 und 2 gelten nicht für die nichtöffentlichen Stellen, die in der Regel höchstens neun Personen ständig mit der automatisierten Verarbeitung personenbezogener Daten beschäftigen. (…)

Aufgaben des Datenschutzbeauftragten

Der Datenschutzbeauftragte (DSB) sorgt im Auftrag der Unternehmensleitung für die Umsetzung des gesetzlichen personenbezogenen Datenschutzes im gesamten Unternehmen. Seine Aufgaben lassen sich wie folgt beschreiben:

- Schulung der Mitarbeiter im Umgang mit Kundendaten
- Beratung der Unternehmensleitung bei Fragen zum Datenschutz
- Prüfung der Notwendigkeit des Datenschutzes bei Einführung neuer Geschäftsprozesse
- Prüfung der Umsetzung datenschutzrechtlicher Maßnahmen
- Überwachung der Datenverarbeitungsprogramme
- Führen einer Übersicht über die eingesetzten Verfahren usw.

Die Zahl der Personen, die mit diesen Akten umgehen, ist möglichst klein zu halten. Diese Personen haben – wie der Arbeitgeber selbst – die Pflicht,

- absolutes Stillschweigen über die Inhalte der Akten zu bewahren,
- Auskünfte über den Inhalt der Akte nur dem entsprechenden Arbeitnehmer selbst zu geben,
- Personalakten immer unter Verschluss zu halten, wenn sie nicht benötigt werden,
- das Bundesdatenschutzgesetz zu beachten.

7.3.4 Rechte des Arbeitnehmers

Jeder Arbeitnehmer hat nach dem Betriebsverfassungsgesetz (BetrVG) ohne Angabe von Gründen **ein Recht auf Einsicht** in die gesamte über ihn geführte Akte. Das gilt auch für **elektronische Personalakten**. Diese Einsichtnahme kann jederzeit unter Berücksichtigung der betrieblichen Abläufe während der Arbeitszeit erfolgen.

Lernfeld 8 Personalwirtschaftliche Aufgaben wahrnehmen

Der Arbeitgeber hat kein Recht, für die Zeit der Einsichtnahme eine Aufwandsentschädigung zu verlangen oder auch nur eine Kürzung des Entgeltes vorzunehmen.

Der Arbeitnehmer kann ein von ihm bestimmtes Betriebsratsmitglied bei der Einsichtnahme hinzuziehen. Das Betriebsratsmitglied hat über den Inhalt der Akte Stillschweigen zu bewahren, es sei denn, es wurde von dieser Schweigepflicht durch den Arbeitnehmer entbunden.

Der Arbeitnehmer darf sich Notizen machen oder auch Kopien einzelner Bestandteile anfertigen. Er hat aber kein Recht auf Überlassung der Personalakte, um sie z. B. zu Hause in Ruhe zu studieren.

Ist der Arbeitnehmer mit dem Inhalt der Akte nicht einverstanden, darf er fehlende Informationen schriftlich ergänzen oder den Inhalt richtigstellen.

Ebenso kann der Arbeitnehmer das Entfernen unzutreffender oder auch missbilligender Angaben aus seiner Personalakte vom Arbeitgeber verlangen, wenn sie ihn an seinem beruflichen Fortkommen hindern würden. Das könnte z. B. eine nicht korrekte Abmahnung sein. Will der Arbeitgeber diesem Verlangen des Arbeitnehmers nicht nachkommen, kann der Arbeitnehmer dies auf dem Wege einer Klage vor Gericht durchsetzen.

Pflichten des Arbeitgebers	Rechte des Arbeitnehmers
▌ Schulung der Mitarbeiter im Umgang mit Kundendaten ▌ Beratung der Unternehmensleitung bei Fragen zum Datenschutz ▌ Prüfung der Umsetzung datenschutzrechtlicher Maßnahmen ▌ Überwachung der Datenverarbeitungsprogramme ▌ Führen einer Übersicht über die eingesetzten Verfahren	▌ Einsicht in die eigene Personalakte ▌ Erstellen von Kopien ▌ Darf fehlende Inhalte ergänzen ▌ Kann verlangen, dass unrichtige Inhalte entfernt bzw. korrigiert werden

Zusammenfassung

Personalverwaltung			
Personaleinstellung	**Anmeldung der Arbeitnehmer**		
	Stellen	**Benötigte Daten**	
Beantragung der Betriebsnummer bei der Bundesagentur für Arbeit vor der Einstellung des ersten Mitarbeiters	▌ Krankenkasse ▌ Finanzamt ▌ Minijob-Zentrale ▌ Unfallversicherung	▌ Adressdaten ▌ Grund der Meldung ▌ Beschäftigungszeit ▌ Betriebsnummer des Arbeitsgebers ▌ Tätigkeitscode ▌ Beitragsgruppen der vier gesetzlichen Versicherungen ▌ Beitragspflichtiges Entgelt	

Personalakte			
Gliederung der Inhalte	**Datenschutz nach dem BDSG**	**Pflichten des Arbeitgebers**	**Rechte des Arbeitnehmers**
▌ Bewerbungsunterlagen ▌ Steuerrelevante Unterlagen ▌ Zahlungsrelevante Unterlagen ▌ Aus- und Weiterbildungsunterlagen ▌ Arbeitsvertrag ▌ Sozialversicherungsrelevante ▌ Beurteilungen und Zeugnisse ▌ Bescheinigungen	Personenbezogene Daten vor missbräuchlicher Verwendung schützen	Bestellung eines Datenschutzbeauftragten Aufgaben sind u. a.: ▌ Schulung der Mitarbeiter im Umgang mit Kundendaten ▌ Beratung der Unternehmensleitung bei Fragen zum Datenschutz ▌ Prüfung der Umsetzung datenschutzrechtlicher Maßnahmen ▌ Überwachung der Datenverarbeitungsprogramme ▌ Führen einer Übersicht über die eingesetzten Verfahren	▌ Einsicht in die eigene Personalakte ▌ Erstellen von Kopien ▌ Darf fehlende Inhalte ergänzen ▌ Kann verlangen, dass unrichtige Inhalte entfernt bzw. korrigiert werden

8 Personaleinsatzplanung

➲ Lernsituation 8: Einen Personaleinsatzplan erstellen

8.1 Daten und Ziele der Personaleinsatzplanung

Um den Einsatz der Mitarbeiter optimal planen zu können, benötigt die Personalabteilung bestimmte Daten. Das sind neben der Anzahl der benötigten Mitarbeiter vor allem:

- **Qualifikationsanforderungen der vorhandenen Stellen**
Die Anforderungen hinsichtlich der Qualifikationen einer Stelle werden anhand der Stellenbeschreibung oder des Anforderungsprofils deutlich.
- **Qualifikationen der Mitarbeiter**
In der Personalakte werden die Zeugnisse, Zertifikate, Beurteilungen etc. der Mitarbeiter aufbewahrt, die Aufschluss über die Kenntnisse und Fähigkeiten der Mitarbeiter geben.
- **Zeitpunkt und Dauer des Personaleinsatzes**
Bei der zeitlichen Planung müssen unterschiedliche **Planungszeiträume** bedacht werden. Neben der kurzfristigen, täglichen Einsatzplanung aufgrund aktueller Krankmeldungen oder wöchentlicher oder monatlicher Pläne sind auch langfristige Einsatzpläne zu erstellen, z. B. bei einer geplanten Betriebserweiterung.

- **Abwesenheitszeiten der Mitarbeiter**
Fehlen Mitarbeiter wegen Urlaub, Fortbildung, Krankheit etc., müssen diese Abwesenheitszeiten in der Planung des Personaleinsatzes berücksichtigt werden. Durch eine frühzeitige Planung des Urlaubs und der Fortbildungen wird mehr Planungssicherheit erreicht. Abwesenheitszeiten, die etwa durch plötzliche Erkrankungen auftreten, können **kurzfristig** durch Überstunden, Urlaubssperren bzw. -verlegung, Versetzung eines Mitarbeiters oder Personalleasing aufgefangen werden.
- Anzuwendende **Arbeitszeitmodelle**
Die Ausgestaltung der betrieblichen Arbeitszeit, z. B. in Form eines Drei-Schicht-Systems, hat Auswirkungen auf die Zahl der benötigten Mitarbeiter und damit auf die Einsatzplanung der Mitarbeiter.

Arbeitszeitmodell = Gestaltungsform der betrieblichen Arbeitszeit

> → **Personaleinsatzplanung:** Die Personaleinsatzplanung soll primär sicherstellen, dass zu jeder Zeit die richtige Anzahl an Mitarbeitern mit der richtigen Qualifikation für die vorhandenen Stellen zur Verfügung steht, um einen reibungslosen Ablauf zu gewährleisten.

Untergeordnete Ziele der Personaleinsatzplanung

Neben dem primären Ziel verfolgt die Personaleinsatzplanung auch untergeordnete Ziele, die die Interessen der Mitarbeiter berücksichtigen. Das sind vor allem folgende Ziele:

- Senkung der Fehlzeiten und damit der Fluktuation
- Steigerung der Motivation und damit der Produktivität der Mitarbeiter
- Verbesserung der Work-Life-Balance
- Verbesserung der Arbeitsbedingungen
- Verbesserung des Gesundheitsschutzes
- Verbesserung des Arbeitsschutzes

8.2 Einflussgrößen der Personaleinsatzplanung

Eine Vielzahl verschiedener Faktoren hat Einfluss auf die Personaleinsatzplanung. Das sind u. a.:

8.2.1 Außerbetriebliche Einflussgrößen

Die Personaleinsatzplanung wird durch die **Gesetzgebung** in einem besonderen Maße beeinflusst. Verstöße, z. B. gegen das Mutterschutzgesetz, werden mit **Geld-** oder sogar **Freiheitsstrafen** geahndet. Das Arbeitszeit- und das Jugendarbeitsschutzgesetz geben die Dauer der täglichen Arbeitszeit und der Pausen vor, die ebenfalls bei der Einsatzplanung Berücksichtigung finden müssen. Die wichtigsten gesetzlichen Grundlagen sind folgende:

8.2.1.1 Mutterschutzgesetz (MuSchG)

Hat der Arbeitgeber Kenntnis über die Schwangerschaft einer Mitarbeiterin, ist er verpflichtet, dies umgehend (je nach Bundesland) dem **Gewerbeaufsichtsamt** oder dem **Amt für Arbeitsschutz** zu melden. Nach dem MuSchG besteht nämlich **sechs Wochen vor** und **acht Wochen nach der Geburt** ein **Beschäftigungsverbot** (**Mutterschutzfrist**). Die Zeit nach der Entbindung verlängert sich bei **Früh- und Mehrlingsgeburten** auf **zwölf Wochen**. Das gilt für Teilzeitkräfte, befristet und unbefristet Beschäftigte und ebenso für Auszubildende. Die schwangere Mitarbeiterin kann in den **ersten** sechs Wochen des Mutterschutzes weiterbeschäftigt werden, wenn sie dies ausdrücklich erklärt.

Sie kann diese Erklärung jederzeit fristlos widerrufen. In den acht bzw. zwölf Wochen nach der Entbindung darf die Arbeitnehmerin in keinem Fall beschäftigt werden. Behandelnde Ärzte dürfen auch ein vollständiges Beschäftigungsverbot aussprechen, wenn es zum Schutz von Kind und Mutter notwendig erscheint.

Der gesetzliche **Mutterschutz** soll werdende Mütter und ihr Kind während der Schwangerschaft und für eine bestimmte Zeit nach der Geburt vor Gefahren, Überforderung und gesundheitlichen Schäden schützen. Damit der Arbeitgeber die Schutzmaßnahmen ergreifen kann, sollte eine Schwangere ihren Arbeitgeber über die Schwangerschaft und den voraussichtlichen Entbindungstermin informieren. Eine Pflicht zur Information besteht allerdings nicht.

 Mutterschutzfrist: Gesetzlich festgelegte Beschäftigungsverbote einer werdenden Mutter sechs Wochen vor und acht bzw. zwölf Wochen nach der Geburt ihres Kindes.

Während der Mutterschutzfrist zahlt die Krankenkasse Mutterschaftsgeld und der Arbeitgeber einen Zuschuss zum Mutterschaftsgeld in Höhe der Differenz zwischen Mutterschaftsgeld und dem letzten Nettoentgelt. Der Schwangeren entsteht auf diese Weise durch die Schwangerschaft kein finanzieller Nachteil.

Verbot für Mehrarbeit, siehe Seite 335

Werden Mütter nach der Zeit des Mutterschutzes wieder beschäftigt, hat der Arbeitgeber auf Verlangen der Mütter besondere **Pausenzeiten für das Stillen** des Kindes zu gewähren.
Außerdem hat der Gesetzgeber für werdende und stillende Mütter ein **Verbot für Mehrarbeit (Verbot)** erlassen:

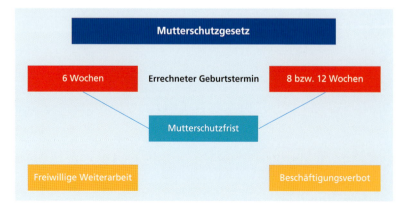

8.2.1.2 Jugendarbeitsschutzgesetz (JArbSchG)

Auch jugendliche Auszubildende und Arbeitnehmer (z. B. im Ferienjob) müssen bei der Einsatzplanung bedacht werden. Die gesetzlichen Vorgaben bezüglich der Arbeitszeiten, so auch das Verbot der Arbeit im Akkord und das Arbeiten mit Gefahrstoffen und andere Verbote grenzen die Einsatzmöglichkeiten der Jugendlichen ein.

JArbSchG, siehe Informationshandbuch des 1. Ausbildungsjahres, LF 1, Kapitel 4

8.2.1.3 Arbeitszeitgesetz (ArbZG)

Das Gesetz enthält grundlegende Vorschriften, wann und wie lange Arbeitnehmer höchstens arbeiten dürfen. Ziel ist es, Arbeitnehmer beispielsweise vor den Gefahren unverhältnismäßiger körperlicher Belastung zu schützen. Diese gesetzlichen Grenzen müssen ebenso in die Einsatzplanung des Arbeitgebers einbezogen werden.

Die wichtigsten Bestimmungen sind:

- Höchstzulässige tägliche Arbeitszeit: Grundsätzlich **acht Stunden** (ohne Berücksichtigung der Pausen) an **sechs Tagen** in der Woche (= maximal 48 Stunden pro Woche); eine Verlängerung auf bis zu **zehn Stunden** ist an allen Wochentagen möglich, wenn innerhalb der nächsten sechs Monate ein Ausgleich gewährt wird.
- Ruhepausen:
  - Bei einer Arbeitszeit von mehr als sechs bis zu neun Stunden täglich: mindestens **30 Minuten** (auch zweimal 15 Minuten)
  - Bei einer Arbeitszeit von mehr als neun Stunden täglich: mindestens **45 Minuten**

Die Mindestdauer einer Pause beträgt 15 Minuten.

- Mindestruhezeit nach Beendigung der Arbeit: **elf Stunden**
- Arbeitsverbot an Sonn- und Feiertagen
- Spezielle Bestimmungen für die Nacht- und Schichtarbeit

Von diesen Regelungen gibt es Ausnahmen (z. B. Sonntagsarbeit für Pflegepersonal). Insbesondere in Tarifverträgen kann von diesen Vorschriften in einem gesundheitlich vertretbaren Rahmen abgewichen werden.

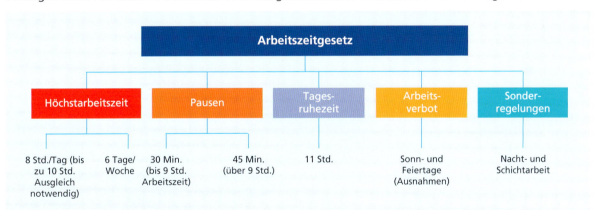

8.2.1.4 Sozialgesetzbuch (SGB)

Jeder Arbeitgeber, der monatlich im Durchschnitt mindestens 20 Arbeitsplätze zur Verfügung stellt, muss 5 % dieser Plätze mit schwerbehinderten Arbeitnehmern besetzen. Werden die Stellen an Arbeitnehmer vergeben, die nachweislich keine **Schwerbehinderung** haben, hat der Arbeitgeber eine monatliche Ausgleichsabgabe (zwischen 115,00 € und 290,00 €) an das entsprechende Integrationsamt zu zahlen.

Integrationsamt = Amt für die Sicherung der Integration schwerbehinderter Menschen im Arbeitsleben, staatl. Behörde nach dem SGB

Mehrarbeit – (Überstunden)

Unter Mehrarbeit versteht der Gesetzgeber die Arbeit, die über die gesetzliche tägliche Arbeitszeit von acht Stunden hinausgeht. Die mögliche Verlängerung auf zehn Stunden täglich, wie sie das Arbeitszeitgesetz vorsieht, bleibt nach Auffassung des Bundesarbeitsgerichts (BAG) bei der Bestimmung des Begriffes „**Mehrarbeit**" unbeachtet. **Überstunden** sind damit nur dann Mehrarbeit, wenn die Grenze von acht Stunden überschritten wird. Wurde im Tarifvertrag beispielsweise eine tägliche Arbeitszeit von sieben Stunden vereinbart, wäre eine weitere Stunde bis zur achten Stunde als Überstunde zu sehen, während die Zeit nach den acht Stunden eben als Mehrarbeit zu verstehen ist.

Will oder muss der Arbeitgeber bei gefüllten Auftragsbüchern über die üblichen Überstunden hinaus Mehrarbeit anordnen, darf ein schwerbehinderter oder gleichgestellter Arbeitnehmer nach dem Sozialgesetzbuch eine Freistellung von der Mehrarbeit verlangen, ohne dass ihm daraus irgendwelche Nachteile entstehen würden. Bei der Erstellung von Einsatzplänen muss neben der Mehrarbeit auch der Anspruch von Behinderten auf zusätzlichen Urlaub von fünf Arbeitstagen im Jahr nach dem Sozialgesetzbuch beachtet werden.

> **Mehrarbeit**: zusätzliche Arbeit, die die Höchstarbeitszeit nach dem Arbeitszeitgesetz (acht Stunden) überschreitet
> **Überstunden**: zusätzliche Arbeit, die ein Arbeitnehmer über die für ihn individuell geltende (vereinbarte) Arbeitszeit leistet

8.2.1.5 Teilzeit- und Befristungsgesetz (TzBfG)

Näheres zu befristeten Arbeitsverhältnissen, siehe Seite 306

Ziel dieses Gesetzes ist unter anderem, mehr Erwerbspersonen eine Chance auf einen Arbeitsplatz zu geben. So können Mütter oder Väter, die sonst wegen ihrer Kinder auf einen Arbeitsplatz verzichten würden, aufgrund verkürzter Arbeitszeit weiterhin am Arbeitsleben teilhaben, während andere damit einen freiwerdenden Arbeitsplatz bekommen.

Jeder Arbeitnehmer, der länger als sechs Monate in einem Betrieb tätig ist, kann eine Reduzierung seiner vertraglich vereinbarten Arbeitszeit verlangen, ohne dass ihm daraus Nachteile entstehen dürfen. Der Arbeitnehmer kann sogar die Lage der Arbeitszeit weitestgehend mitbestimmen.

Das Gesetz erlaubt dem Arbeitgeber, von Anfang an ein befristetes Arbeitsvertragsverhältnis zu schließen. Grundsätzlich muss dafür aber ein **sachlicher Grund** vorliegen. Solche Gründe sind unter anderem:

- Ein Arbeitnehmer wird zur Vertretung eines anderen Arbeitnehmers benötigt (z. B. als Schwangerschaftsvertretung, für erkrankte Mitarbeiter, für Mitarbeiter in Elternzeit usw.).
- Ein Unternehmen hat nur einen vorübergehenden Bedarf an Arbeitskräften (Aushilfe, Saisonkräfte).
- Im Anschluss an eine Ausbildung wird dem Arbeitnehmer ein befristetes Arbeitsverhältnis angeboten, um ihm die Suche nach einer neuen Arbeitsstelle zu erleichtern.

Liegt **kein sachlicher Grund** vor, ist eine Befristung nur ausnahmsweise möglich.

- **Erstmalig** kann mit einem Arbeitnehmer eine kalendermäßige Befristung von bis zu **zwei Jahren** vereinbart werden. Kürzere Fristen können bis zu dreimal verlängert werden, aber insgesamt nicht über die zwei Jahre hinausgehend.

Beispiel:
Ein Arbeitsvertrag wird über eine Dauer von sechs Monaten geschlossen. Weitere Anschlussverträge gleicher Dauer sollen folgen. Dann darf die Gesamtdauer aller Verträge zwei Jahre nicht überschreiten.

Wichtig: Befristete Verträge bedürfen der Schriftform, damit sie wirksam sind. Liegt keine Schriftform vor, gilt der Vertrag auf unbestimmte Zeit geschlossen.

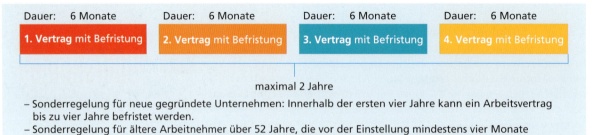

– Sonderregelung für neue gegründete Unternehmen: Innerhalb der ersten vier Jahre kann ein Arbeitsvertrag bis zu vier Jahre befristet werden.
– Sonderregelung für ältere Arbeitnehmer über 52 Jahre, die vor der Einstellung mindestens vier Monate arbeitslos waren: Mit ihnen kann ein kalendermäßig befristeter Arbeitsvertrag bis zu fünf Jahren abgeschlossen werden.

8.2.2 Innerbetriebliche Einflussgrößen

8.2.2.1 Mitwirkung des Betriebsrates/Personalrates

Im Rahmen der Personalplanung hat der Arbeitgeber den Betriebsrat über seine geplanten Maßnahmen umfassend zu informieren. Dazu gehören nicht nur Bedarfs- und Beschaffungspläne, sondern auch Einsatzpläne. Es handelt sich hierbei nur um ein Unterrichtungs- und Beratungsrecht des Betriebsrates und nicht um ein Mitbestimmungsrecht. Nach dem **Bundespersonalvertretungsgesetz** (BPersVG) hingegen hat der Personalrat hier sogar ein Recht auf Mitbestimmung bei

- den Grundsätzen für die Aufstellung von Dienstplänen,
- der Anordnung von Dienstbereitschaft,
- der Anordnung von Mehrarbeit,
- Überstunden und
- der Urlaubsplanung.

Die Landespersonalvertretungsgesetze (LPersVG) der einzelnen Bundesländer sprechen den Personalräten ähnliche Rechte zu.

8.2.2.2 Arbeitszeiten/Arbeitszeitsysteme

Anhand der Stellenplanmethode kann die Anzahl der Stellen ermittelt werden, die nötig sind, um das sogenannte Sachziel zu erreichen. Dabei bleiben Arbeitszeiten zunächst unberücksichtigt. Werden aber die tägliche Arbeitszeit und das tägliche Leistungsvolumen in die Personalbedarfsrechnung einbezogen, hat das Einfluss auf die Zahl der einzusetzenden Mitarbeiter. In der betrieblichen Praxis haben sich verschiedene Arbeitszeitmodelle als besonders effektiv gezeigt.

System der festen Zeiten

Das System der festen Arbeitszeit legt den Arbeitsbeginn, das Arbeitsende und die Pausen grundsätzlich fest.

Beispiel:
*Die Weber Großhandel GmbH hat **festgelegte** Öffnungszeiten für die Kunden. Die Weber GmbH hat jeden Tag von 8 Uhr bis 18 Uhr geöffnet.*

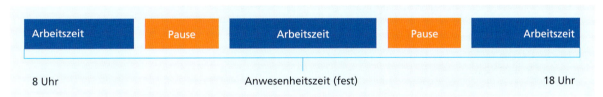

Schichtarbeit

Der Begriff „Schichtarbeit" bezeichnet ein Arbeitsmodell, bei dem **Arbeit zu wechselnden Tageszeiten** verrichtet wird. Ein typisches Modell ist das **Drei-Schicht-System**. Mitarbeiter haben im Wechsel Früh-, Spät- und Nachtdienste zu leisten. Dadurch wird eine optimale Auslastung der Betriebsmittel (Produktionsmaschinen) erzielt. Das Wochenende bleibt von Freitagabend ab 22:00 Uhr bis zum Sonntagabend 22:00 Uhr arbeitsfrei.

Dienst	Belegungszeitraum	Mitarbeiteranzahl						
		Mo	Di	Mi	Do	Fr	Sa	So
Früh	8 Stunden inkl. 30 Minuten Pause von 6:00 bis 14:00 Uhr	2	2	2	2	2		
Spät	8 Stunden inkl. 30 Minuten Pause von 14:00 bis 22:00 Uhr	2	2	2	2	2		
Nacht	8 Stunden inkl. 30 Minuten Pause von 22:00 bis 6:00 Uhr	2	2	2	2			2

Nach einer Früh-, Spät- oder Nachtschicht hat der Arbeitnehmer dann entsprechend ein freies Wochenende.

Gleitzeit

Das Modell der einfachen Gleitzeit ermöglicht es dem Arbeitnehmer, innerhalb der täglichen Arbeitszeit (**Rahmenarbeitszeit**) Beginn und Ende frei zu wählen. Während der **Kernarbeitszeit** besteht eine Anwesenheitspflicht. Bei **qualifizierter Gleitzeit** kann der Mitarbeiter grundsätzlich auch über die Gesamtdauer der täglichen Arbeitszeit entscheiden.

Kapazitätsorientierte variable Arbeitszeit (Kapovaz, Arbeit auf Abruf)

In Zeiten einer schlechten Konjunkturlage kann die Vereinbarung über eine variable Arbeitszeit für den Arbeitgeber vorteilhaft sein. So kann der Arbeitgeber den Personaleinsatz kurzfristig besser an das anfallende Arbeitsvolumen anpassen. Der Arbeitnehmer arbeitet also nur dann, wenn Arbeit anfällt. Hierbei wird von Anfang an eine **Mindestarbeitszeit** pro Woche vereinbart. Wurde keine Untergrenze vertraglich festgehalten, schreibt § 12 Teilzeit- und Befristungsgesetz (TzBfG) eine regelmäßige Wochenarbeitszeit von zehn Stunden vor.

Grundsätzlich ist eine Vereinbarung einer regelmäßigen Wochenarbeitszeit unterhalb dieses Grenzwertes von zehn Stunden zulässig. Das könnte z. B. eine regelmäßige Wochenarbeitszeit von acht Stunden bei einer maximalen Obergrenze von 20 Stunden sein. Wann der Arbeitnehmer diese Arbeitszeit jeweils zu leisten hat, bestimmt letztendlich der Arbeitgeber. Der § 12 Abs. 2 TzBfG verlangt, die Dauer und die Lage der arbeitsvertraglich geschuldeten Arbeitszeit mindestens vier (Werk-)Tage im Voraus festzulegen.

Vertrauensarbeitszeit

Dieses Modell gibt dem Arbeitnehmer hinsichtlich seiner Arbeitszeit eine besondere **Gestaltungsfreiheit**, denn der Mitarbeiter kann selbst über die Lage seiner Arbeitszeit bestimmen. Der Arbeitgeber gibt nur die Arbeitsleistung und den Zeitraum vor, in dem die Leistung zu erbringen ist. Üblicherweise wird auf eine elektronische Zeiterfassung verzichtet. Das setzt ein großes Vertrauen in die Mitarbeiter voraus. Der Mitarbeiter selbst wird also seine individuell benötigte Arbeitszeit an die aktuelle Auftragslage des Betriebes anpassen. In den Zeiten, die ein geringeres Arbeitsaufkommen aufweisen, wird die Arbeitszeit aufgrund erbrachter Überstunden einfach reduziert. Der Mitarbeiter muss seine Arbeitszeit dann nicht tatenlos absitzen.

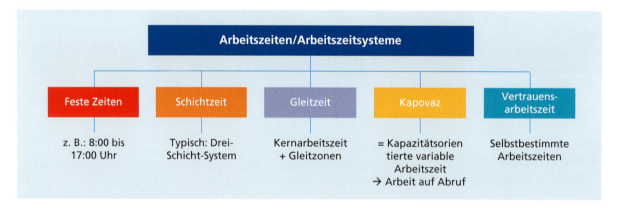

8.2.2.3 Arbeitszeiterfassung

Die klassischen Instrumente der Zeiterfassung – Selbstaufschreibung und Stechuhr – werden auch heute noch genutzt, aber **moderne elektronische Systeme** haben in vielen Betrieben die alten Instrumente abgelöst, weil sie eine größere Zahl zusätzlicher Funktionen bieten, die eine Arbeitserleichterung bedeuten. Zusätzliche Funktionen sind:

- Personaleinsatzplanung
- Zeitverfolgung (wie viel Zeit steht dem Arbeitnehmer für ein Projekt noch zur Verfügung)
- Workflow ESS: (Employee Self Service, Arbeitnehmer kann z. B. online seinen Urlaub beantragen, der dann automatisch in die elektronische Einsatzplanung eingebunden wird)
- Zutrittskontrolle (z. B. durch Kennworteingabe)

Employee, engl. = Arbeitnehmer

Selbstaufschreibung

Zur Erfassung und Kontrolle der Anwesenheitszeiten der Mitarbeiter werden unterschiedliche Zeiterfassungssysteme verwendet. Dabei stellt die Selbstaufschreibung durch den Mitarbeiter anhand eines Stundenzettels das einfachste Mittel dar. Sie verlangt ein großes Vertrauen gegenüber den Mitarbeitern, führt aber gerade bei kooperativer Führung des Personals zu einem verbesserten Betriebsklima.

Elektromechanische Erfassungsgeräte (Stechuhr)

Das Spektrum der Stechuhren ist groß. Die einfache Variante erfasst nur die Anwesenheitszeiten eines Mitarbeiters auf Stempelkarten ohne besondere weitere Funktionen.

Stechuhren mit Rechenfunktionen berechnen Tages- und Monatsstunden von 60 und mehr Arbeitnehmern, drucken diese auf die Stempelkarte und verwalten diese Daten mit einer speziellen Software. Anhand eines zweifarbigen Drucks können auffällige Stempelzeiten (zu spät kommen, zu früh gehen) rot markiert werden.

Elektronische Erfassungsgeräte

Hierbei werden spezielle (mobile) Terminals aufgestellt, die mithilfe eines RFID-Transponders oder eines Fingerabdrucks (Fingerprint) die Identifikation eines Mitarbeiters ermöglichen. Neben der Zugangskontrolle durch diesen Transponder werden mit dieser Technik auch die Anwesenheitszeiten des Mitarbeiters erfasst und durch die speziell dafür entwickelte Software können damit viele andere Funktionen genutzt werden, die unter anderem eine verbesserte Personaleinsatzplanung bedeuten.

RFID-Technik, engl., radio-frequency identification, mithilfe elektromagnetischer Wellen werden Informationen übertragen

Muster eines traditionellen Arbeitszeitnachweises

Arbeitszeitnachweis							
Name:	Tabea Schuster		Woche:		23		Bemerkungen
			Arbeitszeit			Pausen	K = Krankheit, U = Urlaub S = Feiertag, F = fehlt
Tag	Datum	von	bis	Stunden		Stunden	
Mo	02.06.	8:00	17:00	8		1	
Di	03.06.	8:00	17:00	8		1	
Mi	04.06.	–	–	–		–	K
Do	05.06.	–	–	–		–	K
Fr	06.06.	8:00	14:00	5,5		0,5	

Hinweis: Werden Teile von Stunden als Dezimalzahl aufgeschrieben, lassen sie sich mithilfe eines Dreisatzes in Minuten umrechnen:

Beispiele:
1. Umrechnung von 0,5 Stunden in Minuten
1 Stunde = 60 Minuten

$$0,5 \text{ Stunden} = \frac{60 \text{ Minuten} \times 0,5 \text{ Stunden}}{1 \text{ Stunde}} = \mathbf{30\ Minuten}$$

2. Umrechnung von 0,25 Stunden in Minuten

$$0,25 \text{ Stunden} = \frac{60 \text{ Minuten} \times 0,25 \text{ Stunden}}{1 \text{ Stunde}} = \mathbf{15\ Minuten}$$

8.2.2.4 Vor- und Nachteile variabler Arbeitszeitmodelle

Vorteile variabler Arbeitszeiten	Nachteile variabler Arbeitszeiten
▌ Steigerung der Mitarbeiterzufriedenheit, da der persönliche Biorhythmus beeinflusst werden kann ▌ Verbesserung der Work-Life-Balance, vor allem bei Gleitzeit, da der Mitarbeiter private Termine mit der täglichen Arbeitszeit in Einklang bringen kann ▌ Leistungssteigerung der Mitarbeiter bei Gleitzeit durch höhere Motivation ▌ Verringerung der Fehlzeiten, die z. B. durch Zuspätkommen, Arztbesuche etc. entstehen	▌ Vertrauen der Unternehmensleitung kann bei Vertrauensarbeitszeitmodellen wegen fehlender Zeiterfassung missbraucht werden ▌ Vertrauensarbeitszeit birgt das große Risiko, dass Arbeitnehmer unbezahlte Mehrarbeit leisten, um den meist hohen Anforderungen an die Arbeitsleistung gerecht zu werden ▌ Kann zu vermehrtem Stress führen, wenn Mitarbeiter ein schlechtes Zeitmanagement haben ▌ Mehr-Schicht-Modelle stören den Biorhythmus in besonderem Maße, sodass vermehrt Stress aufkommt

8.2.2.5 Arbeitsvertrag

Die arbeitsvertraglichen Regelungen bestimmen die Einsatzmöglichkeiten der Mitarbeiter. Die Inhalte des Arbeitsvertrages sind u. a.:

▌ Beginn der Beschäftigung
▌ evtl. Dauer der Beschäftigung
▌ Arbeitszeiten
▌ Einsatzort(e)
▌ Tätigkeitsbeschreibung
▌ Zahl der gewährten Urlaubstage

Ohne diese Angaben wäre eine Einsatzplanung nur unzureichend möglich.

8.2.2.6 Auftragslage

Jedes Unternehmen ist mehr oder weniger abhängig vom gesamtwirtschaftlichen Verlauf, der sich in der Konjunktur widerspiegelt. Sind die Auftragsbücher des Unternehmens gut gefüllt, kann das zu Überstunden, Mehrarbeit und zu Neueinstellungen führen, sodass die Einsatzplanung angepasst werden muss. In Zeiten schlechter Konjunktur besteht die Gefahr, dass der Personalbedarf sinkt und der Arbeitgeber Entlassungen für notwendig erachtet.

8.2.3 Mitarbeiter

Der Mitarbeiter selbst nimmt natürlich auch Einfluss auf die Einsatzplanung des Unternehmens. Dabei spielen die **Fähigkeiten** und die **Kenntnisse** eine zentrale Rolle. Sowohl die Ausbildung als auch die Fort- und Weiterbildung bedingen das Tätigkeitsfeld, also das Einsatzgebiet des Arbeitnehmers.
Ein weiterer Einflussfaktor ist die **Gesundheit** des Arbeitnehmers. Sie hat eine starke Wirkung auf die **Motivation** und damit auch auf die gesteckten Ziele des Arbeitnehmers, die sich z. B. in einer fachlichen Fortbildung zeigen. **Laufbahnpläne** des Arbeitgebers für die Mitarbeiter können nur dann umgesetzt werden, wenn der einzelne Arbeitnehmer bereit ist, diesen Karriere-Weg zu gehen.
Hat der Arbeitnehmer den Wunsch, die bisherige Arbeitsleistung zu reduzieren, um die **Work-Life-Balance** und damit sein Familienleben zu fördern, hat er das Recht, eine Teilzeitstelle zu fordern.

8.2.4 Erfassung von Fehlzeiten

Fehlzeiten von Arbeitnehmern entstehen vorzugsweise durch Krankheit, Urlaub oder durch die Teilnahme an Fortbildungsmaßnahmen.

Krankheit

Ein Arbeitnehmer ist arbeitsunfähig erkrankt, wenn er nicht in der Lage ist, die aus dem Arbeitsvertrag sich ergebende Verpflichtung zur Arbeitsleistung zu erfüllen.
Der Arbeitnehmer muss dem Arbeitgeber die Arbeitsunfähigkeit unverzüglich anzeigen. Im Arbeitsvertrag oder in Betriebsvereinbarungen werden gewöhnlich die Details geregelt. Häufig verlangen Betriebe ein ärztliches Attest nach Ablauf des dritten Arbeitstages. Arbeitgeber können die **Arbeitsunfähigkeitsbescheinigung** („Gelber Schein") aber auch früher einfordern. In der Arbeitsunfähigkeitsbescheinigung werden u. a. die Krankheitsursache, der Tag der Krankheitsfeststellung und die voraussichtliche Dauer der Erkrankung genannt.

Beispiel: Auszug aus einem Arbeitsvertrag

> Der Arbeitnehmer ist verpflichtet, dem Arbeitgeber – hier: die Lohnbuchhaltung – bei Krankheit oder einer sonstigen entschuldbaren Verhinderung, den Grund oder die voraussichtliche Dauer seiner Verhinderung vorher bzw. unverzüglich mitzuteilen und im Krankheitsfalle zusätzlich spätestens vor Ablauf des dritten Arbeitstages durch eine Bescheinigung der Krankenkassen oder des behandelnden Arztes nachzuweisen. Der Arbeitgeber ist berechtigt, die Vorlage dieser Bescheinigung früher zu verlangen.

Der Arbeitnehmer hat Anspruch auf Fortzahlung des Arbeitsentgeltes nach den Bestimmungen des **Entgeltfortzahlungsgesetzes**. Danach zahlt der Arbeitgeber das Entgelt des erkrankten Arbeitnehmers für die Dauer von **sechs Wochen** weiter. Anschließend erhält er von der Krankenkasse **Krankengeld**. Der Krankenkasse ist daher der Ablauf der Entgelt-

fortzahlung rechtzeitig mitzuteilen. Das Entgeltfortzahlungsgesetz gilt auch für Teilzeitmitarbeiter und Auszubildende.

Urlaub

Das **Bundesurlaubsgesetz** („Mindesturlaubsgesetz für Arbeitnehmer", BUrlG) enthält die grundlegenden Regelungen zur Urlaubsgewährung. Durch Tarifverträge kann von den gesetzlichen Vorschriften abgewichen werden, sofern die Tarifvertragsregelung für den Arbeitnehmer günstiger ist. Das Bundesurlaubsgesetz legt deshalb den gesetzlichen Mindestanspruch auf Urlaub fest.

Siehe Rangfolge- und Günstigkeitsprinzip, Seite 304

Nach dem Bundesurlaubsgesetzt hat jeder Arbeitnehmer Anspruch auf einen bezahlten Erholungsurlaub von 24 Werktagen pro Kalenderjahr. Das entspricht vier Wochen Urlaub (24 Werktage : 6 Werktage = 4 Wochen).

> **BUrlG § 3 – Dauer des Urlaubs**
>
> (1) Der Urlaub beträgt jährlich mindestens 24 Werktage.
>
> (2) Als Werktage gelten alle Kalendertage, die nicht Sonn- oder gesetzliche Feiertage sind.

„Werktage" sind von „Arbeitstagen" zu unterscheiden. Die Definition von Werktagen liefert das Bundesurlaubsgesetz. Danach sind Werktage solche Tage, an denen ohne besondere gesetzliche Einschränkungen gearbeitet werden darf.

 Werktage: alle Kalendertage, die nicht Sonn- oder gesetzliche Feiertage sind. Damit zählen auch Samstage zu den Werktagen
Arbeitstage: Kalendertage, an denen üblicherweise gearbeitet wird

Für viele Arbeitnehmer besteht eine Kalenderwoche aus fünf Arbeitstagen (montags bis freitags). Im Handel, im Gastgewerbe oder im Verkehrswesen ist der Samstag aber gewöhnlich ein Arbeitstag. Da das Bundesurlaubsgesetz von 24 „Werktagen" spricht, muss die Mindestregelung von vier Urlaubswochen für Arbeitnehmer mit einer Fünftagewoche umgerechnet werden:

4 Wochen x 5 Arbeitstage = **20 Arbeitstage** Mindesturlaub

Wartezeit

Beginnt ein Arbeitnehmer seine Arbeit in einem neuen Betrieb, hat er zunächst eine Wartezeit von sechs Monaten zu beachten, bevor er erstmals den **vollen** Urlaub in Anspruch nehmen kann. Vor Ablauf dieser Wartezeit hat ein Arbeitnehmer Anspruch auf 1/12 seines Jahresurlaubs für jeden vollen Beschäftigungsmonat (Teilurlaubsanspruch).

Urlaub bei Wechsel des Arbeitgebers, siehe auch Seite 329

Urlaubsgewährung

Der Arbeitgeber entscheidet über die Urlaubswünsche des Arbeitnehmers. Daher muss der Arbeitnehmer einen Urlaub gewöhnlich beim Arbeitgeber beantragen. Das Bundesurlaubsgesetz verpflichtet den Arbeitgeber aber, „die Urlaubswünsche der Arbeitnehmer zu berücksichtigen" (§ 7 BurlG). Es verlangt vom Arbeitgeber auch, den Urlaub

- zusammenhängend und
- im laufenden Kalenderjahr zu gewähren.

Übertragung

Eine Übertragung von Urlaubsansprüchen auf das nächste Jahr ist nur zulässig, wenn „dringende betriebliche oder in der Person des Arbeitnehmers liegende Gründe dies rechtfertigen" (§ 7 BUrlG). Die Mitarbeiter sind daher rechtzeitig aufzufordern, einen bestehenden Resturlaub noch im laufenden Kalenderjahr zu beantragen. Erkrankt ein Arbeitnehmer während des Urlaubs, wird die Dauer der ärztlich nachgewiesenen Erkrankung nicht als Urlaub angerechnet.

Erfassung, Dokumentation und Koordination von Urlaubszeiten

Personalsachbearbeiter haben bei der Verwaltung von Urlaubsansprüchen vor allem zwei Aufgaben zu erfüllen:

1. **Erfassung und Dokumentation** der individuellen Urlaubszeiten eines jeden Mitarbeiters: Gewöhnlich müssen Arbeitnehmer einen Urlaubsantrag stellen, der vom Vorgesetzten oder von der Personalabteilung zu genehmigen ist. Dabei ist zu prüfen, ob der Arbeitnehmer sich mit seinen Wünschen innerhalb seines Urlaubskontingents bewegt. Der genehmigte Urlaub und ein eventuell bestehender Resturlaub sind zu dokumentieren, damit man sich jederzeit einen Überblick über bestehende Urlaubsansprüche verschaffen kann.

2. **Koordination** der verschiedenen Urlaubswünsche zur Sicherung der betrieblichen Abläufe: Häufig werden die Urlaubswünsche der Mitarbeiter zu Beginn des Kalenderjahres erfasst und aufeinander abgestimmt. Vielfach bestehen Betriebsvereinbarungen über Urlaubsgrundsätze, die von sozialen Überlegungen geprägt sind (z. B. Urlaubsgewährung in den Ferienzeiten für Mitarbeiter mit schulpflichtigen Kindern). Dabei ist aber immer darauf zu achten, dass die betriebliche Leistungsfähigkeit erhalten bleibt. Elektronische Urlaubsplaner erleichtern die Koordinationsaufgabe.

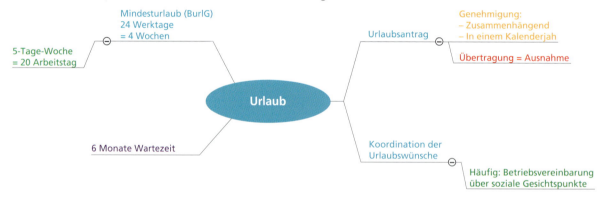

Fortbildung

Werden Mitarbeiter zu Fortbildungen entsandt, sind diese Zeiten ebenfalls zu erfassen, damit sie in der Personaleinsatzplanung berücksichtigt werden können.

Zusammenfassung

Personaleinsatzplanung

Notwendige Daten

- Anforderungen an die jeweilige Stelle
- Qualifikationen der Mitarbeiter
- Zeitpunkt und Dauer des Personaleinsatzes
- Abwesenheitszeiten der Mitarbeiter (Urlaub, Krankheit etc.)
- Anzuwendende Arbeitszeitmodelle

Ziele

Hauptziel

Gewährleistung, dass zu jeder Zeit die richtige Anzahl an Mitarbeitern mit der richtigen Qualifikation für die vorhandenen Stellen zur Verfügung steht

Untergeordnete Ziele

- Verbesserung:
  - der Work-Life-Balance
  - des Gesundheitsschutzes
  - des Arbeitsschutzes
  - der Arbeitsbedingungen
- Steigerung:
  - der Motivation
  - und damit der Produktivität
- Senkung:
  - der Fehlzeiten
  - und damit der Fluktuation

Einflussgrößen

Außerbetriebliche

Gesetze
- MuSchG:
  - Beschäftigungsverbot 6 Wochen vor und 8 bzw. 12 Wochen nach der Geburt
  - Pausenzeiten für das Stillen
  - Verbot der Mehrarbeit
- JArbSchG:
  - Grundsätzlich 8 Std. täglich
  - Verlängerung auf 8,5 Std. (Pflicht zum Ausgleich)
  - Ruhepausen: 30 Min.: 4,5–6 Std. Arbeitszeit, 60 Min.: mehr als 6 Std.
- ArbZG:
  - Grundsätzlich 8 Std. (werk-)täglich
  - Verlängerung auf höchstens 10 Std. täglich
  - Arbeitszeit innerhalb von 6 Monaten im Durchschnitt täglich höchstens 8 Std.
  - Ruhepausen: 30 Min. bis 9 Std., bei mehr als 9 Std. 45 Min.
- SGB:
  - Pflicht zur Beschäftigung von Schwerbehinderten (ansonsten Ausgleichsabgabe)
  - Gewährung von Zusatzurlaub (5 Arbeitstage pro Jahr)
  - Mehrarbeit darf abgelehnt werden
- TzBfG:
  - Arbeitnehmer kann nach 6-monatigem Bestehen des Arbeitsverhältnisses Reduzierung der Arbeitszeit verlangen
  - Bei Neueinstellungen können Arbeitsverträge von Anfang an zeitlich befristet werden (Sonderregelungen für Neugründungen und Langzeitarbeitslose)
  - Fehlt ein sachlicher Grund: Befristung max. 2 Jahre

Innerbetriebliche

- Mitwirkung des Betriebs- bzw. Personalrates
- Arbeitszeiten/Arbeitszeitsysteme
  - System der festen Arbeitszeiten
  - Schichtarbeit
  - Gleitzeit
  - Kapovaz
  - Vertrauensarbeitszeit
- Arbeitsverträge
- Auftragslage

Mitarbeiter

- Fähigkeiten
- Kenntnisse
- Familie
- Gesundheit
- Ziele
- Motivation

Fehlzeiten

- Krankheit:
  - Arbeitsunfähigkeitsbescheinigung → i. d. R. nach 3 Tagen
  - Entgeltfortzahlung → 6 Wochen (danach Krankengeld)
- Urlaub:
  - Mindesturlaub: 24 Werktage/20 Arbeitstage
  - 6 Monate Wartezeit
  - Antrag – Genehmigung (zusammenhängend, in einem Jahr)
  - Koordination der Urlaubswünsche (i. d. R. Betriebsvereinbarung)
  - Erfassung, Dokumentation, Koordination
- Fortbildung: Zeiterfassung notwendig

9 Personalentwicklung

➲ **Lernsituation 9: Den Fortbildungsbedarf für Werkstattmitarbeiter planen**

Produktinnovationen, technische Neuerungen und auch Änderungen in Arbeitsabläufen verlangen Mitarbeiter, die mit diesen Veränderungen umgehen können. Die zunehmende Technisierung der Informationsverarbeitung und Kommunikation sowie die verstärkte Vernetzung einzelner Arbeitsschritte erfordert von Mitarbeitern, dass sie in komplexeren Strukturen und ganzheitlichen Geschäftsprozessen denken und arbeiten können.

Das bedeutet für den Einzelnen eine ständige Weiterentwicklung seiner Qualifikationen. Letztlich hängt auch die Überlebensfähigkeit eines Unternehmens davon ab, dass die Leistungsfähigkeit der Mitarbeiter den Anforderungen des Arbeitsplatzes entspricht.

> **Personalentwicklung**: Konzept, mit dem die Qualifikationen von Mitarbeitern an die Anforderungen ihres Arbeitsplatzes angepasst werden

9.1 Ziele der Personalentwicklung

Personalbedarfsplanung, siehe Seite 273

Das allgemeine Ziel der Personalentwicklung ist es, für eine Übereinstimmung von arbeitsplatzbezogenen Anforderungen und personenbezogenen Qualifikationen zu sorgen. Dies kann im Einzelfall bedeuten, dass Qualifikationen der Mitarbeiter aufgebaut und/oder der (oft schleichende) Abbau von Qualifikationen vermieden wird.

Ziele der Betriebe

Aus Sicht des Betriebes strebt die Personalentwicklung an, die Personalausstattung dem quantitativen und qualitativen Personalbedarf des Unternehmens anzupassen. Letztlich geht es um die langfristige Erhaltung und Verbesserung des Bestandes an qualifizierten und motivierten Mitarbeitern und damit um die Sicherung der Wettbewerbsfähigkeit des Unternehmens.

Kurzfristige **Anlässe,** Maßnahmen zur Personalentwicklung einzuleiten, können z. B. sein:

- Neu entwickelte Produkte oder Dienstleistungen verlangen eine spezielle Schulung der Mitarbeiter.
- Mitarbeiter müssen auf aktuelle technologische Trends (neue Computerprogramme, Internet-Auftritt des Unternehmens, Einrichtung eines Web-Shops) vorbereitet werden.
- Einzelne Mitarbeiter lassen in ihrer Leistungsfähigkeit nach und müssen nachgeschult werden.
- Wichtige Mitarbeiter wollen das Unternehmen verlassen. Ihnen werden Aufstiegsmöglichkeiten kombiniert mit Schulungsmaßnahmen angeboten.

Ziele der Mitarbeiter

Personalentwicklung dient auch dazu, die Wünsche jedes einzelnen Mitarbeiters zu erfüllen, beruflich aufzusteigen (**Karriereplanung**) und sich persönlich zu entfalten. Im Idealfall decken sich die Karrierewünsche der Mitarbeiter mit den Anforderungen des Betriebes an die Personalausstattung.

Letztlich ist aber jede Entwicklung der Mitarbeiter **Selbstentwicklung**, die von außen lediglich angestoßen werden kann (Hilfe zur Selbsthilfe). Der Betrieb kann Anstöße z. B. dadurch geben, dass er die Mitarbeiter auffordert,

- sich die eigenen Motive, Einstellungen und Fähigkeiten bewusst zu machen und
- Einsichten über Selbstverantwortung und Möglichkeiten der Selbststeuerung der Karriere zu gewinnen.

Am Ende könnte für die Mitarbeiter ein **Selbstkonzept** stehen, das für den einzelnen Mitarbeiter die Vorlage für die Karriereplanung bildet.

9.2 Aufgaben der Personalentwicklung

Während man Personalentwicklung früher einseitig als Verbesserung der fachlichen Fähigkeiten von Mitarbeitern verstand, wird Personalentwicklung heute als Bündel von Maßnahmen zur Verbesserung eines Spektrums von Kompetenzen gesehen. Man unterscheidet dabei:

- **Fachkompetenz** (Fähigkeit zur fachlichen Lösung von Berufsaufgaben)
- **Methodenkompetenz** (z. B. die Fähigkeit zu analysieren, Konzepte zu entwickeln, vernetzt zu denken)
- **Sozialkompetenz** (z. B. die Fähigkeit zur Zusammenarbeit und zur Lösung von Konflikten beizutragen, Verantwortung in einer Gruppe zu übernehmen)

Es geht bei der Personalentwicklung aber nicht nur um die Vermittlung bestimmter Kompetenzen. Vielmehr sollen die Mitarbeiter in ihrer **Leistungsmotivation** gestärkt und dadurch enger an den Betrieb **gebunden** werden.

> Leistungsmotivation, siehe Seite 351

9.3 Arten der Personalentwicklung

Personalentwicklung kann auf unterschiedliche Weise umgesetzt werden.

Ausbildung

Unter Ausbildung versteht man Bildungsmaßnahmen eines Betriebes, mit denen Mitarbeiter die erforderlichen Qualifikationen erhalten, damit sie bestimmte Tätigkeiten im Unternehmen ausüben können. Dazu zählen die berufliche Erstausbildung, z. B. zu Kaufleuten für Büromanagement, oder die Trainee-Ausbildung (siehe Seite 348).

Fortbildung

Mit Fortbildung werden Bildungsmaßnahmen eines Betriebes zur Vermittlung von Fähigkeiten bezeichnet, um die Qualifikation von Mitarbeitern zu erhalten oder zu verbessern. Fortbildung setzt nach einer Ausbildung oder nach einer längeren beruflichen Tätigkeit ein. Die Ausbildung oder eine Berufstätigkeit ist demnach Voraussetzung für Fortbildung.

> Fort- und Weiterbildung werden hier nicht unterschieden. Beide Begriffe beschreiben identische Sachverhalte.

Beispiel:
Zwei Jahre nach bestandener Abschlussprüfung zur Kauffrau für Büromanagement besucht die Mitarbeiterin Susanne Schaub einen Kurs zur Bildbearbeitung am Computer.

Personalförderung (Karriereplanung)

Gegenstand der Personalförderung ist der persönliche Werdegang von Mitarbeitern (siehe Seite 348).

Veränderung der Arbeitsstrukturen

Durch die Veränderung des Arbeitsfeldes eines Mitarbeiters lässt sich auch dessen Qualifikation verbessern. Dies geschieht durch Aufgabenerweiterung (Jobenlargement), Aufgabenanreicherung (Jobenrichment), durch planmäßigen Arbeitsplatzwechsel (Jobrotation) sowie durch teilautonome Arbeitsgruppen (siehe Seite 351).

9.4 Ermittlung des Fortbildungsbedarfs

Zunächst muss ermittelt werden, wo im Unternehmen bzw. bei einzelnen Mitarbeitern Fortbildungsbedarf entsteht. Dabei geht man üblicherweise in vier Schritten vor:

1. Schritt: Man ermittelt zunächst, welche Qualifikationen ein Mitarbeiter für eine bestimmte Aufgabe benötigt, und stellt sie in einem Anforderungsprofil dar.
2. Schritt: Anschließend ermittelt man durch Leistungsbeurteilung, welche Voraussetzungen der Mitarbeiter zur Erfüllung dieser Anforderungen bereits mitbringt.
3. Schritt: Bei der Feststellung des Fortbildungsbedarfs bezieht man nun den Mitarbeiter mit ein und befragt ihn, welche Fortbildungsinteressen er selbst hat. Nur wenn er aktiv einbezogen wird, hat die Fortbildung Erfolg.
4. Schritt: Durch Abgleich der Leistungsbeurteilung mit dem Anforderungsprofil legt man fest, welcher Fortbildungsbedarf tatsächlich existiert, und formuliert die entsprechenden Maßnahmen, die wahrgenommen werden sollen.

Lernfeld 8 Personalwirtschaftliche Aufgaben wahrnehmen

Beispiel:
In der InterSolar Handelsgesellschaft mbH soll die Stelle einer Bereichsleitung neu besetzt werden. Der Geschäftsführer beabsichtigt, einen Mitarbeiter aus den eigenen Reihen zu befördern. Er weiß jedoch, dass bei den infrage kommenden Personen noch Defizite bestehen.

1. Schritt
Die Personalchefin hat die qualifikatorischen Voraussetzungen für die Bereichsleitung in folgendem Anforderungsprofil festgehalten:

Anforderungsprofil für Bereichsleitungen

	++	+	0	–	– –
I. Arbeitsverhalten					
Arbeitstempo		x			
Qualität der Arbeit	x				
Belastbarkeit	x				
Verkaufskenntnisse		x			
Betriebswirtschaftliche Kenntnisse		x			
II. Sozialverhalten					
Verhalten zu Vorgesetzten	x				
Verhalten zu Kollegen	x				
Aufgeschlossenheit	x				
Hilfsbereitschaft	x				
Teamfähigkeit	x				
III. Führungsverhalten					
Durchsetzungsvermögen	x				
Motivationsfähigkeit	x				
Selbstkritik		x			
Planungsfähigkeit		x			
Flexibilität		x			
IV. Geistige Anlagen					
Kreativität		x			
Lernfähigkeit		x			
Merkfähigkeit		x			
Auffassungsgabe		x			
Logisches Denkvermögen		x			

2. Schritt
Die für eine Beförderung infrage kommenden Mitarbeiter werden von der Personalchefin in Zusammenarbeit mit dem jeweiligen Dienstvorgesetzten beurteilt. Ein möglicher Beförderungskandidat ist Herr Hoffmeister, der bislang als stellvertretender Bereichsleiter tätig war. Schon oft hat Herr Hoffmeister seinen Karrierewunsch geäußert. Die Beurteilung ergibt folgendes Bild:

Beurteilung für Herrn Hoffmeister

	++	+	0	--	--
I. Arbeitsverhalten					
Arbeitstempo		x			
Qualität der Arbeit		x			
Belastbarkeit			x		
Verkaufskenntnisse			x		
Betriebswirtschaftliche Kenntnisse			x		
II. Sozialverhalten					
Verhalten zu Vorgesetzten		x			
Verhalten zu Kollegen	x				
Aufgeschlossenheit		x			
Hilfsbereitschaft		x			
Teamfähigkeit			x		
III. Führungsverhalten					
Durchsetzungsvermögen			x		
Motivationsfähigkeit		x			
Selbstkritik	x				
Planungsfähigkeit			x		
Flexibilität			x		
IV. Geistige Anlagen					
Kreativität	x				
Lernfähigkeit	x				
Merkfähigkeit	x				
Auffassungsgabe	x				
Logisches Denkvermögen	x				

3. Schritt
Ein Vergleich des Anforderungsprofils mit der Leistungsbeurteilung ergibt, dass Herr Hoffmeister auch weiterhin als Kandidat für die Beförderung infrage kommt. Herr Hoffmeister wird nun durch den Geschäftsführer über die Absicht einer Beförderung informiert. In dem Beratungsgespräch wird er nach seinen Fortbildungswünschen gefragt. Herr Hoffmeister äußert von sich aus den Wunsch, seine Verkaufsfähigkeiten sowie sein Führungsverhalten zu trainieren.

4. Schritt
Personalchefin und Geschäftsführer stellen anhand des Profilvergleichs fest, dass Herr Hoffmeister nicht nur seine Verkaufsfähigkeiten und sein Führungsverhalten verbessern muss, sondern insbesondere auch seine Teamfähigkeit, sein Durchsetzungsvermögen sowie seine Planungsfähigkeit und Flexibilität. Ansonsten besitzt Herr Hoffmeister gute Voraussetzungen für die Ausübung der Tätigkeit einer Bereichsleitung. Die vereinbarten Personalentwicklungsmaßnahmen (Seminare, Gespräche etc.) werden in einem Plan schriftlich festgehalten.

Interne und externe Fortbildung

Von interner Fortbildung spricht man, wenn die Maßnahme im eigenen Unternehmen stattfindet. Dabei können eigene Mitarbeiter die Schulung durchführen oder man gewinnt Experten von außen.

Externe Fortbildungsmaßnahmen sind bei spezialisierten Bildungsträgern angesiedelt, die über eigene Tagungsräume verfügen, oder man wählt Hotels bzw. Tagungsstätten aus.
Unternehmen, die solche Maßnahmen planen, sollten sich z. B. folgende Fragen stellen:

- Wie viele Mitarbeiter sind von der Maßnahme betroffen?
- Verfügt der Betrieb über geeignete Seminarräume und Präsentationsmedien?
- Wie stark würden die betrieblichen Abläufe durch die Schulungsmaßnahmen beeinträchtigt?
- Gibt es überhaupt ein externes Angebot für die Problemstellung?
- Welche Kosten entstehen im Vergleich interner und externer Organisation?

Entscheidungskriterien für interne oder externe Fortbildung

	Interne Fortbildung (+/–)	Externe Fortbildung (+/–)
Vorteile	+ Die Maßnahme kann auf die speziellen Bedürfnisse des Betriebes zugeschnitten werden. + Die Kosten sind i. d. R. niedriger als bei externen Maßnahmen. + Effektive Rahmenbedingungen (keine An- und Abreise; Schulung während der betrieblichen Arbeitszeiten) + Betriebsgeheimnisse bleiben geschützt.	+ Die Schulung von Mitarbeitern aus unterschiedlichen Betrieben ermöglicht einen intensiven Erfahrungsaustausch. + Vielfach wird anspruchsvolles Expertenwissen eingekauft. + Teilnehmer erhalten neue Ideen und Impulse. + Die betrieblichen Abläufe sind nicht betroffen. + Der Tagungsort kann zu einer entspannten Lernatmosphäre mit hohem Freizeitwert beitragen. + Klar abgegrenzte Schulungskosten
Nachteile	– Betriebliche Abläufe werden eventuell gestört. – Nicht immer haben eigene Mitarbeiter das nötige Experten- und pädagogische Wissen für die Schulung. – Die tatsächlich entstehenden Kosten sind nicht immer genau messbar. Auch die Ausfallkosten der Beteiligten müssen beachtet werden.	– Zeitintensive An- und Abreise – Hohe Kosten für Reise, Unterbringung, Schulungsgebühren

9.5 Personalförderung

Neben der Aus- und Fortbildung von Mitarbeitern kümmert sich die Personalentwicklung auch um den Bereich der **Personalförderung**.

Personalförderung: Konzept zur individuellen Förderung von Mitarbeitern in ihrer persönlichen und beruflichen Entwicklung

Während Personalbildungsmaßnahmen sich eher an eine Vielzahl von Mitarbeitern richten, hat Personalförderung mehr den Charakter persönlicher Betreuung.
Ausgangspunkt der Personalförderung ist immer das Fördergespräch, in welchem die Erwartungen des Mitarbeiters erkundet, seine Leistungen beurteilt und besprochen sowie seine Entwicklungsmöglichkeiten aufgezeigt werden. Das Gespräch führt in der Regel der Dienstvorgesetzte oder ein entsprechend geschulter Mitarbeiter der Personalabteilung. Das Fördergespräch hat zum Ziel, die jeweiligen Fördermaßnahmen für die berufliche Entwicklung des Mitarbeiters festzulegen und deren Umsetzung zu planen.

9.5.1 Trainee-Ausbildung

Trainee-Ausbildung: betriebliches Einarbeitungsprogramm, in dem vor allem Hochschulabsolventen, aber auch andere Mitarbeiter systematisch mit den betrieblichen Arbeitsanforderungen vertraut gemacht werden

Größere Unternehmen setzen heutzutage Trainee-Programme für den Führungsnachwuchs aus den eigenen Reihen ein. Es sind aber nicht nur Hochschulabsolventen, die auf diese Weise gefördert werden. Auch Auszubildende, die sich bereits während ihrer Ausbildung bewährt haben, können in eine „Junioren-Fördergruppe" aufgenommen und direkt nach ihrer Ausbildung unter Anleitung für Führungsaufgaben eingesetzt werden. So könnte ein Trainee-Konzept unter Einbeziehung der beruflichen Erstausbildung beispielhaft aussehen:

Beispiel: Trainee-Konzept

- Zunächst absolvieren alle Auszubildenden die Berufsausbildung, um die Abschlussprüfung vor der IHK erfolgreich zu bestehen. Bereits während ihrer Ausbildung werden ausgewählte Jugendliche in einen Förderkreis aufgenommen, in welchem sie schon früh durch Seminare und Fachgespräche auf ihre künftige Führungstätigkeit vorbereitet werden.
- Die eigentliche Fortbildung beginnt mit dem „4. Ausbildungsjahr", in welchem der Einsatz in einer vorbereitenden Führungsposition vorgesehen ist. Dadurch wird der Grundstein für weitere Karrierestufen gelegt.

Allen Fortbildungskonzepten für Führungsnachwuchskräfte ist gemein, dass sich eine Fülle von Mitarbeitern für die Durchführung des Qualifikationskonzeptes verantwortlich zeigt. Ausbilder und Personalentwickler begleiten und organisieren die Verknüpfung von Ausbildung und Fortbildung in der Regel, während die fachliche Unterweisung manchmal durch externe Trainer und Lehrer, meistens jedoch durch betriebsinterne Führungskräfte und Vorgesetzte durchgeführt wird. Durch die Einbeziehung von Fach- und Führungskräften auf allen Ebenen werden solche Trainee-Programme für Nachwuchskräfte aus den eigenen Reihen zu einem zentralen Instrument der Personalentwicklung.

9.5.2 Coaching

Coaching: Maßnahme zur Personalförderung, bei der dem geförderten Mitarbeiter ein erfahrener Berater zur Seite gestellt wird, der ihn bei der Erfüllung seiner Aufgaben, dem Abbau seiner Schwächen und dem Ausbau seiner Stärken psychologisch und fachlich unterstützt

Coach (engl.) = Trainer

Coaching ist eine Methode, die insbesondere für Führungskräfte entwickelt wurde. Sie kann aber auch für jeden anderen Mitarbeiter eingesetzt werden. Der Aufwand wäre jedoch sehr hoch.
Ein Coach kann Mitarbeiter des eigenen Unternehmens sein, z. B. ein geschulter Personalentwickler, oder ein selbstständiger Coach kann für diese Tätigkeit beauftragt werden. Ein Coach übt seine Tätigkeit jedoch nur zeitlich begrenzt aus. In Gesprächen wird die persönliche Situation der Führungskraft am Arbeitsplatz (z. B. Autoritätsprobleme, Ärger mit Unterstellten etc.) untersucht, damit man gemeinsam Wege aus der Problemsituation erarbeiten kann. Coaching muss freiwillig erfolgen. Die Führungskraft muss die Beratung durch einen Coach wollen. Nur dann kann sie Rat annehmen und die Situation verbessern.

9.5.3 Mentoring

Mentoring: Maßnahme zur Personalförderung, bei der ein erfahrener Kollege und/oder Vorgesetzter einen neuen Mitarbeiter im Unternehmen betreut

Mentoring geschieht durch Anleitung und regelmäßige Gespräche. Auf diese Weise soll der neue Mitarbeiter schneller seine eigene Rolle im Unternehmen finden und die Werte und Verhaltensweisen des Unternehmens besser kennenlernen. Dass es am Anfang einer Tätigkeit nicht immer so klappt, wie man es sich vorstellt, ist selbstverständlich. Manchmal jedoch haben gute Mitarbeiter Probleme, weil sie noch nicht die „üblichen" Verhaltensweisen an ihrem neuen Arbeitsplatz kennengelernt haben. Diese Mitarbeiter werden von ihren neuen Kollegen und Vorgesetzten möglicherweise behindert und ausgebremst. Ein Mentor steht ihnen deshalb beratend zur Seite und führt sie bei der Gewöhnung an das neue Arbeitsumfeld um „gefährliche Klippen".

9.5.4 Outdoor-Training

Outdoor-Training: Maßnahme zur Personalförderung, bei der die Teilnehmer ihr gewohntes Arbeitsumfeld verlassen und im Team überraschende Problemstellungen lösen sollen

Mit einem Outdoor-Training soll die Kompetenz von Führungskräften und Nachwuchsführungskräften verbessert werden. Es gehört zum Konzept, dass die Teilnehmer bis an die Grenze ihrer körperlichen und psychischen Belastung herangeführt werden.

9.5.5 Laufbahnplanung

Mit der Laufbahnplanung zeigt ein Vorgesetzter einer Nachwuchsführungskraft auf, welche Ziele sie innerhalb eines bestimmten Zeitraums erreichen kann, wenn die geforderten Leistungen erbracht werden. Durch die Laufbahnplanung soll der Mitarbeiter zu zusätzlichen Leistungen motiviert und stärker an das Unternehmen gebunden werden. Die Laufbahnplanung wird in enger Abstimmung mit dem geförderten Mitarbeiter korrigiert, falls die Laufbahnschritte nicht im geplanten Ausmaß erreicht worden sind.

9.6 Veränderung der Arbeitsstrukturen

Leistungsmotivierte Menschen bevorzugen Aufgaben mit mittlerem Schwierigkeitsgrad, übernehmen gerne Verantwortung und schätzen selbstständiges Arbeiten. Dies führt bei diesen Mitarbeitern zu einer hohen Arbeitszufriedenheit, die stärker motivierend wirkt als beispielsweise die Entlohnung der Arbeit. Durch ein breites Aufgabenspektrum wird den Mitarbeitern ihr eigener Beitrag zum Produktionsprozess besser deutlich, und die eigene Arbeit wird als sinnvoll empfunden. Durch Veränderung der Arbeitsstrukturen kann die Zufriedenheit und damit die Motivation von Mitarbeitern gesteigert werden.

9.6.1 Jobenlargement

 Jobenlargement: Aufgabenerweiterung auf horizontaler Ebene

Beim Jobenlargement werden Mitarbeitern mehr Aufgaben auf **gleichem Schwierigkeitsniveau** übertragen. Der Arbeitsprozess wird dadurch vielfältiger, ohne durch höhere Ansprüche zusätzlich zu belasten. Mitarbeiter empfinden solche erweiterten Anforderungsprofile als weniger monoton und abwechslungsreicher, was die Arbeitszufriedenheit deutlich verbessert.

Beispiel:
Einer Mitarbeiterin, die bisher nur die Auszubildenden betreut hat, kümmert sich zukünftig auch um die Praktikanten.

9.6.2 Jobenrichment

 Jobenrichment: Aufgabenerweiterung auf vertikaler Ebene

Hier steigt das **Anforderungsniveau** für den Mitarbeiter. Er ist nicht allein für die Ausführung eines bestimmten Arbeitsprozesses verantwortlich, sondern er übernimmt zusätzlich vorbereitende, planende und kontrollierende Aufgaben. Der Arbeitsprozess in seiner Gesamtheit wird vom Mitarbeiter wahrgenommen und gestaltet. Die Sinnhaftigkeit des eigenen Tuns wird dem Mitarbeiter dadurch besonders gut deutlich. Ganzheitliche Arbeitsprozesse und sinnvolles Arbeiten steigern die Arbeitszufriedenheit von Menschen sehr stark. Gleichzeitig bieten derart gestaltete Arbeitsplätze ein hohes Maß an Selbstständigkeit für den Mitarbeiter, was die Arbeitszufriedenheit und die Motivation weiter steigert.

Beispiel:
Die Mitarbeiterin wird in Zukunft die Auszubildenden und Praktikanten nicht nur organisatorisch betreuen, sondern auch die innerbetrieblichen Schulungen durchführen.

9.6.3 Jobrotation

 Jobrotation: planmäßiger Wechsel von Arbeitsplätzen

Durch den Arbeitsplatzwechsel sollen Mitarbeiter neue Fach- und Führungserfahrungen gewinnen. Man verspricht sich davon, dass auf diese Weise die Qualifikationen von Mitarbeitern ausgeweitet und ihre Flexibilität erhöht wird. Vielfach wird ein Rotationsprogramm entwickelt, damit ein Mitarbeiter möglichst viele Bereiche eines Unternehmens kennenlernt. Auch die Arbeitsumgebung, in die ein Mitarbeiter einwechselt, kann von neuen Ideen und andersartigen Arbeitsweisen profitieren.

9.6.4 Teilautonome Arbeitsgruppen

> **Teilautonome Arbeitsgruppen**: Arbeitsstruktur, bei der eine Arbeitsgruppe eine gemeinsame Aufgabe hat, deren Abläufe sie selbstständig bestimmen und für deren Ergebnisse sie auch verantwortlich ist

Die oben beschriebenen Verfahren zur Veränderung von Arbeitsstrukturen waren einzelarbeitsplatzbezogene Maßnahmen. Teilautonome Arbeitsgruppen berücksichtigen auch die Kommunikation der Stelleninhaber untereinander aufgrund einer gemeinsamen Aufgabenorientierung. Dazu wird ein Team von Mitarbeitern gebildet, dem die Erledigung einer bestimmten Aufgabe übertragen wird. Gleichzeitig werden dem Team die notwendigen Befugnisse zur selbstständigen Planung, Durchführung und Überprüfung der Aufgabe erteilt. Der Grad der Selbstständigkeit (Autonomiegrad) kann dabei unterschiedlich sein.
Ziel ist es, die Arbeitsproduktivität und die Arbeitszufriedenheit der Mitarbeiter zu erhöhen.

9.7 Steigerung der Mitarbeitermotivation

9.7.1 Materielle Maßnahmen

Einen besonderen Rang geniest die Vergütung der Mitarbeiter, die von ihnen als fair und ausgewogen empfunden werden sollte. Ausgewogen bedeutet, dass die individuelle Entgelthöhe und die individuelle Leistung übereinstimmen.

Eine Motivationssteigerung lässt sich erzielen, wenn man Leistung und Entgelt stärker aneinander koppelt und beispielsweise durch ein **Prämienentgelt** einen Anreiz zu höheren Leistungen schafft. Bei einem Prämiensystem erhält der Mitarbeiter neben einem Grundentgelt eine leistungsbezogene Zulage (Prämie).

Im Vertriebsbereich sind Provisionszahlungen üblich. Dabei erhält ein Außendienstmitarbeiter einen bestimmten (oder auch variablen) Prozentsatz vom Umsatz als **Provision**.

Vorzugsweise für Führungskräfte wird versucht, mithilfe einer **Gewinnbeteiligung** Anreize zur Leistungssteigerungen zu schaffen.

Materielle Leistungsanreize bieten auch die **Sozialleistungen** eines Betriebes. Diese sind zum Teil gesetzlich oder tariflich vorgegeben.

Siehe Prämienlohn Seite 312

Beispiele für Sozialleistungen:

- *Arbeitgeberbeiträge zur Sozialversicherung (gesetzlich)*
- *Urlaubsgeld, Sonderurlaub zu persönlichen Anlässen wie Hochzeit, Sterbefälle, Geburt*

Die entscheidende motivationsfördernde Wirkung geht aber von den **freiwilligen Sozialleistungen** eines Betriebes aus.

Beispiele freiwilliger Sozialleistungen:

- *Betriebliche Altersversorgung*
- *Kostenlose Vorsorgeuntersuchungen*
- *Fahrtkostenzuschuss*
- *Freiwillige vermögenswirksame Leistungen*
- *Gratifikationen (z. B. zu Jubiläen)*

- *Personalrabatte beim Einkauf im Unternehmen*
- *Arbeitskleidung*
- *Firmenwagen*
- *Essenszuschüsse*
- *Sport- und Freizeiteinrichtungen für Mitarbeiter*
- *Kinderbetreuung*
- *Arbeitgeberdarlehen*

9.7.2 Nichtmaterielle Maßnahmen

Wissenschaftliche Untersuchungen zeigen immer wieder, dass die Motivation vieler Mitarbeiter nicht vom Entgelt abhängig ist, sondern dass die nichtmateriellen Arbeitsbedingungen oftmals viel entscheidender sind. Dazu zählen:

Entscheidungsbeteiligung

Wie erwähnt lassen sich ganzheitliche Arbeitsprozesse organisieren, die dem einzelnen Mitarbeiter ein hohes Maß an Einfluss auf den Verlauf von Arbeitsprozessen gewähren (Jobenrichment). Grundsätzlich sollten einem Mitarbeiter mit fortschreitender Erfahrung mehr Einfluss- und Gestaltungsmöglichkeiten und damit Verantwortung verschafft werden. Verantwortung übernehmen heißt, den eigenen Arbeitsbereich nach individuellen Vorstellungen gestalten zu können – selbstverständlich immer mit Blick auf die Betriebsinteressen.

Direkte Anweisungen „von oben" können auch durch gemeinsame **Zielvereinbarungen** zwischen der Betriebsführung und einzelnen Mitarbeitern oder einzelnen Teams ersetzt werden. Das stärkt die Autonomie der Mitarbeiter und steigert deren Motivation. Grundsätzlich sollten die unternehmerischen Ziele nicht über (negative) Drohungen durchgesetzt werden, sondern über (positive) Zielvereinbarungen.

Die Motivation von Mitarbeitern steigt nicht nur, wenn sie ihre Arbeitsprozesse beeinflussen können. Wichtig ist auch, die **Arbeitsbedingungen** aktiv mitzugestalten. Die Einflussnahme kann sich z. B. auf die Arbeitszeit (flexible Arbeitszeiten), Urlaubsregelungen u. Ä. beziehen. Hier geht es im weitesten Sinne um das Betriebsklima, das durch Mitbestimmung der Arbeitnehmer positiv beeinflusst werden kann. Die Basis ist in jedem Fall eine gute Kommunikationsstruktur im Unternehmen. Denn nur wer sich auch einbringen kann, wird individuell oder im Team seine volle Leistung entwickeln.

Aufmerksamkeit und Anerkennung

Ein Vorgesetzter sollte seinen Mitarbeitern **zuhören**, wenn sie Ideen vortragen, und er sollte diesen Ideen immer offen gegenübertreten. Mitarbeiter werden auf diese Weise motiviert, sich mit dem Unternehmen auseinanderzusetzen und sich mit den Unternehmenszielen zu identifizieren.

Wichtig sind aber auch regelmäßige Gespräche mit Mitarbeitern über persönliche Dinge (Familie, Urlaub usw.). Sie schaffen ein positives Betriebsklima und vermitteln dem Einzelnen eine hohe Wertschätzung.

Die wirkungsvollste Art, Mitarbeiter zu motivieren, ist ein deutliches **Lob für** gute Leistungen. Jeder Mensch

ist für Lob empfänglich. Besonders wirkungsvoll werden lobende Worte, wenn sie öffentlich ausgesprochen werden, z. B. in der Teambesprechung, wenn bereits zu Beginn Mitarbeitern für entsprechende Leistungen Anerkennung ausgesprochen wird. Dies hat nicht nur für den Betroffenen eine positive Wirkung, sondern spornt das gesamte Team an.

Karrierechancen eröffnen

Jedem Mitarbeiter sollte klar sein, welche Karrieremöglichkeiten das Unternehmen für ihn bietet. In **Personalentwicklungsgesprächen** (Laufbahnplanung) kann ausgelotet werden, welche Ziele ein Mitarbeiter hat und welche Positionen im Unternehmen für ihn erreichbar sind.

Fortbildungsangebote

Fortbildungsangebote verstärken beim Mitarbeiter den Wunsch, seine beruflichen Ziele auch im aktuellen Unternehmen zu verwirklichen, weil sie ihm zeigen, dass das Unternehmen diesen Mitarbeiter binden und bei der Karriereplanung unterstützen will.

Generell lässt sich feststellen: Maximale Zufriedenheit am Arbeitsplatz und in der Folge eine hohe Motivation wird über folgende Gesichtspunkte erreicht:

- **Autonomie:** Mitarbeiter haben Entscheidungsfreiheit und können selbst bestimmen.
- **Variabilität:** Die ausgeübten Tätigkeiten sind vielfältig und abwechslungsreich.
- **Anspruch:** Die Arbeitsumgebung ist interessant und herausfordernd.
- **Kooperation:** Bei der Ausübung der Tätigkeit erhält man Unterstützung durch andere.
- **Kommunikation:** Häufiger Austausch – auch über persönliche Dinge – ist möglich.
- **Qualifizierungsangebote:** Mitarbeiter erhalten die Chance, sich weiterzubilden.
- **Feedback:** Es gibt regelmäßige Rückmeldungen, die dem Mitarbeiter die Wichtigkeit seiner Arbeit deutlich machen.

9.8 Lebenslanges Lernen

Das in der beruflichen Erstausbildung (z. B. zum Kaufmann/zur Kauffrau für Büromanagement) erworbene Wissen reicht im Regelfall nicht mehr aus, um damit die beruflichen Anforderungen des gesamten Arbeitslebens eines Menschen zu bestreiten. Eine Antwort auf den schnellen technologischen und gesellschaftlichen Wandel ist das Konzept des lebenslangen Lernens. Es soll Menschen befähigen, sich das notwendige Wissen und die erforderlichen Fähigkeiten **selbstständig anzueignen**. Dabei werden nicht nur die beruflichen Qualifikationen betrachtet, sondern generell die Fähigkeit des Menschen, aktiv an allen Bereichen des sozialen und wirtschaftlichen Lebens teilzunehmen. Im Zeitalter des Internets erfordert das vor allem die Kompetenz, Informationen eigenständig zu gewinnen, sie aufzubereiten und für eigene Zwecke zu nutzen (Medienkompetenz).

Zusammenfassung

Personalentwicklung			
Definition	**Ziele**		**Aufgaben**
Anpassung der Mitarbeiterqualifikationen an die Anforderungen ihres Arbeitsplatzes	**Betrieb** Arbeitsplatzbezogene Qualifikationen ←→ personenbezogene Qualifikationen	**Mitarbeiter** Beruflicher Aufstieg, persönliche Entfaltung, Selbstentwicklung	Kompetenzverbesserung: - Fachkompetenz - Sozialkompetenz - Methodenkompetenz
Arten	**Fortbildungsbedarf**	**Personalförderung**	**Mitarbeitermotivation**

- Ausbildung
- Fortbildung
- Personalförderung
- Veränderung der Arbeitsstrukturen
	- 4 Schritte:
	  1. Anforderungsprofil
	  2. Leistungsbeurteilung
	  3. Mitarbeitergespräch
	  4. Festlegung des Fortbildungsbedarfs
	- Interne oder externe Fortbildung
		- Individuelle Förderung von Mitarbeitern in ihrer persönlichen und beruflichen Entwicklung
		  – Trainee-Ausbildung
		  – Coaching
		  – Mentoring
		  – Outdoor-Training
		  – Laufbahnberatung
		- Veränderung der Arbeitsstrukturen:
		  – Jobenlargement: Aufgabenerweiterung
		  – Jobenrichment: erhöhtes Anspruchsniveau
		  – Jobrotation: planmäßiger Wechsel
		  – Teilautonome Arbeitsgruppe: Aufgabenlösung im Team
			- Materiell:
			  – leistungsgerechtes Entgelt
			  – Prämien
			  – Provisionen
			  – Gewinnbeteiligung
			  – betriebliche Sozialleistungen
			- Nichtmateriell:
			  – Entscheidungsbeteiligung
			  – Anerkennung
			  – Karrierechancen
			  – Fortbildungsangebote

10 Personalbeurteilung

➲ **Lernsituation 10: Mitarbeiter beurteilen**

10.1 Beurteilungsanlässe

Es gibt zahlreiche Anlässe, zu denen Mitarbeiter beurteilt werden.

- Ein ausscheidender Mitarbeiter hat Anspruch auf ein **Arbeitszeugnis**, das auf der Grundlage einer Personalbeurteilung erstellt wird.
- Die Basis für eine **Beförderung** ist häufig eine Beurteilung des betreffenden Mitarbeiters. Grundsätzlich kann die **Personalauswahl** für eine bestimmte Stelle an Beurteilungen gekoppelt werden.
- Regelmäßige (z. B. jährliche) Personalbeurteilungen können auch das gesamte Lohn- und Gehaltsgefüge eines Unternehmens stützen (**Lohn- und Gehaltsdifferenzierung**).
- Unternehmen begleiten vielfach die gesamte Entwicklung (**Personalentwicklung**) und **Förderung** eines jeden Mitarbeiters durch kontinuierliche Beurteilungen. Diese Beurteilungen können auch Leistungsdefizite von Mitarbeitern sichtbar machen, die dann in **berufliche Weiterbildung** münden.
- Personalbeurteilungen dienen auch dem Zweck, dem Mitarbeiter eine **Rückmeldung** über seinen Leistungsstand zu geben.
- Grundsätzlich intensivieren Personalbeurteilungen, insbesondere, wenn sie in Beurteilungsgespräche münden, die **Kommunikation** zwischen Mitarbeitern und Vorgesetzten.

Die verschiedenen Anlässe machen deutlich, dass Mitarbeiter nach Abschluss ihres Arbeitsverhältnisses und auch laufend bewertet werden. Gewöhnlich werden Mitarbeiter in regelmäßigen Zeitabständen, z. B. einmal im Jahr, beurteilt.

> **Personalbeurteilung**: Prozess, in dem Leistungen von Mitarbeitern ermittelt, verarbeitet und ausgewertet werden

10.2 Beurteilungsmethoden

Von den verschiedenen Verfahren, die für Personalbeurteilungen zur Verfügung stehen, sollen hier das in der Praxis am weitesten verbreitete Verfahren, das Einstufungsverfahren, und das für die Zukunft bedeutsamste Verfahren, das zielorientierte Verfahren, vorgestellt werden.

10.2.1 Einstufungsverfahren

Bei dieser Beurteilungsmethode werden Mitarbeiterleistungen durch Merkmale beschrieben und mithilfe einer Skala bewertet.
Die Leistungsmerkmale werden vom Unternehmen festgelegt.

Leistungsmerkmal	Ausprägung
Leistungsbereitschaft	Hohe Eigeninitiative, großes Engagement, dynamisch, fleißig, zielstrebig, lernwillig, vielfältig interessiert
Leistungsfähigkeit	Ist ausdauernd, belastbar, behält auch in Stresssituationen den Überblick, kann unter Zeitdruck arbeiten, setzt Prioritäten, flexibel, konzentriert, gutes Urteilsvermögen, hohe Auffassungsgabe, kreativ
Arbeitsweise	Arbeitet selbstständig, erkennt Probleme, kann eigene Lösungen entwickeln, versteht schwierige Zusammenhänge, arbeitet sorgfältig, ist zuverlässig, arbeitet eigenverantwortlich, planvoll, systematisch
Arbeitsergebnisse	Liefert hochwertige Arbeitsergebnisse (Qualität), arbeitet zügig, liefert hohe Ausbringungsmengen (Quantität), hält Ordnung, jederzeit verwertbare Ergebnisse, hält Termine ein, erfüllt Ansprüche und geht darüber hinaus, erfüllt und übertrifft Zielvorgaben
Verhalten	**Intern:** teamfähig, tauscht Informationen aus, ist hilfsbereit (kooperativ), kann andere überzeugen, hört anderen zu, Wertschätzung, Anerkennung, beliebt, höflich, kontaktfreudig, sympathisch, einwandfreies Verhalten gegenüber Vorgesetzten, fairer Umgang mit Mitarbeitern **Extern** (gegenüber Kunden/Geschäftspartnern): freundlich, entgegenkommend, kommunikativ, redegewandt, kontaktfähig, sicheres Auftreten, verhandlungsstark, schafft hohe Kundenzufriedenheit

→ **Einstufungsverfahren:** Methode der Personalbeurteilung auf der Grundlage von bewerteten Leistungsmerkmalen

Nutzwertanalyse, siehe Informationshandbuch des 1. Ausbildungsjahres

Diese Merkmale werden in einem nächsten Schritt in ein Beurteilungsformular übertragen und gewichtet. Das Verfahren entspricht der Nutzwertanalyse.
Die Gewichtung ergibt in der Summe 100 %. Die Beurteilung wird mit Punkten von 1 bis 5 bewertet. Die gewichtete Beurteilung ist das Produkt aus Gewichtung und Beurteilung, z. B. 40 x 4 = 160.
Je höher die Punktzahl, desto besser ist die Beurteilung.

Muster eines Beurteilungsformulars

Leistungsmerkmal	Gewichtung in %	Beurteilung Genügt den Anforderungen ...					Gewichtete Beurteilung
		Nicht immer	Fast immer	In vollem Umfang	Mehr als verlangt	In besonderem Maße	
		1	2	3	4	5	
Leistungsbereitschaft	15				x		60
Leistungsfähigkeit	15					x	75
Arbeitsweise	20				x		80
Arbeitsergebnisse	30			x			90
Verhalten	20				x		80
Summe:	100						**385**

Als Maximum ergibt sich im Beurteilungsbogen die Punktzahl 500 (100 % x 5 Punkte).
Wenn man die ermittelte Punktezahl in eine Note umrechnen möchte (weil viele an diesen Bewertungsschlüssel gewöhnt sind), bietet es sich an, den Prüfungs-Notenschlüssel der Industrie- und Handelskammern zu verwenden. Man kann ablesen, dass im vorliegenden Beispiel die Beurteilung zu einer Note „3" führt.

IHK-Schlüssel			Eigener Schlüssel	
von	bis	Note	von	bis
100	92	1	500	460
91	81	2	459	405
80	67	3	404	335
66	50	4	334	250
49	30	5	249	150
29	0	6	149	0

Probleme des Einstufungsverfahrens

Zwar ist der Beurteilungsbogen durch die Vergabe von Punkten relativ einfach zu handhaben, es treten aber auch Probleme auf:

- Das Verfahren beurteilt nur die Leistungsmerkmale, die auch im Beurteilungsbogen aufgeführt sind. Es sind auch andere Merkmale möglich, z. B. das Führungsverhalten oder das Verhalten gegenüber Vorgesetzten.
- Die Beobachtung des Mitarbeiters als Grundlage für die Punktezuordnung ist sehr subjektiv und kann daher zu Beurteilungsfehlern führen.
- Auch die Gewichtung ist subjektiv.

Letztlich muss man aber sagen, dass jede Beurteilung, die ja von Menschen vorgenommen wird, durch eine persönliche Sichtweise geprägt ist.

10.2.2 Zielsetzungsverfahren

In einem Beurteilungsgespräch werden für den Mitarbeiter gewöhnlich Leistungsziele für einen bestimmten Zeitraum vereinbart. Im Folgegespräch, z. B. nach einem Jahr, wird gemeinsam geprüft, inwieweit diese Ziele erreicht worden sind. Auf dieser Grundlage werden neue Ziele vereinbart.

> **Zielsetzungsverfahren**: Beurteilungsverfahren, bei dem der Zielerreichungsgrad von vorher vereinbarten Leistungszielen beurteilt wird

Vorteile	Nachteil
■ Die Zielvereinbarungen beziehen sich gewöhnlich auf Aufgaben, die der Mitarbeiter erfüllen soll. Mehr in der Person des Mitarbeiters liegende Merkmale, z. B. Belastbarkeit, Selbstständigkeit, Engagement, die besonders schwer zu beurteilen sind, bleiben unberücksichtigt. Damit gewinnt das Verfahren an Objektivität. ■ Die individuelle Leistung des Mitarbeiters steht im Vordergrund, nicht eine standardisierte Merkmalszusammenstellung. Das entspricht stärker dem Wesensmerkmal von Beurteilungen, nämlich den Mitarbeiter als Individuum zu bewerten.	Leistungsergebnisse können häufig nicht nur einer Person zugeordnet werden. Die Aufteilung eines gemeinsam erarbeiteten Erfolgs auf eine einzelne Person ist schwierig.

In der Praxis liegen oft Mischkonzepte vor. So ist z. B. denkbar, dass ein merkmalsbezogener Beurteilungsbogen als Grundlage für ein Beurteilungsgespräch verwendet wird, in dem gemeinsam Ziele vereinbart werden.

10.3 Beurteilungsgespräch

In einem Beurteilungsgespräch werden die Ergebnisse einer Beurteilung mit dem Mitarbeiter besprochen. Stärken und Schwächen werden dargelegt und Konsequenzen gezogen. Anschließend vereinbart der Vorgesetzte mit seinem Mitarbeiter Ziele bis zum nächsten Beurteilungsgespräch.
Wie werden Ziele formuliert? Eine Zielvereinbarung mit einem Mitarbeiter muss ein spezielles, messbares Endergebnis beschreiben und einen Fertigstellungstermin einschließen.

Beispiel:
Der Leiter der Marketingabteilung vereinbart mit einem Mitarbeiter, dass er bis zum nächsten Beurteilungsgespräch in einem Jahr durch eine Steigerung des Auftragsvolumens mindestens drei B-Kunden zu A-Kunden machen wird.

Ablauf eines Beurteilungsgesprächs

Wer ein Beurteilungsgespräch vorzubereiten hat, könnte folgenden Gesprächsverlauf planen:

1. Begrüßung/positive Gesprächsatmosphäre	Small Talk über Themen, die den Mitarbeiter persönlich betreffen
2. Gesprächsziele und -inhalte festlegen	Gemeinsame Klärung der Ziele und Themen
3. Bilanz ziehen	
3.1 Selbstbeurteilung	Der Mitarbeiter beginnt mit der eigenen Beurteilung seiner Leistungen; der Vorgesetzte hört aktiv zu.
3.2 Einschätzung des Vorgesetzten	Der Vorgesetzte erläutert den Zielerreichungsgrad aus seiner Sicht; positive Aspekte an den Anfang stellen; Sichtweise mit Fakten belegen.
3.3 Reaktion des Mitarbeiters	Der Mitarbeiter erhält Gelegenheit, auf die Fremdbeurteilung zu reagieren, auch emotional durch Freude oder Enttäuschung.
3.4 Aktuelle betriebliche Probleme des Mitarbeiters	Der Mitarbeiter schildert Probleme, die ihn zurzeit an seinem Arbeitsplatz bewegen. Gemeinsam werden Lösungsmöglichkeiten diskutiert.
4. Diskussion einer beruflichen Perspektive	Gemeinsame Überlegungen, wie sich der Mitarbeiter beruflich weiterentwickeln kann. Neue Ziele werden bis zum nächsten Gesprächstermin vereinbart.
5. Zusammenfassung mit positivem Abschluss	Abgleich von Eigen- und Fremdeinschätzung, Hilfen bei der Erreichung der neuen Ziele werden angeboten; die positiven Elemente des Gesprächs werden hervorgehoben.

Aktives Zuhören, siehe Seite 267

10.4 Beurteilungsfehler

Einen fremden Menschen zu beurteilen ist eine schwierige Aufgabe, weil subjektive Einflüsse normalerweise nicht ausgeschlossen werden können. Es kann aber hilfreich sein zu wissen, welche Beurteilungsfehler häufig vorkommen.

- **Beurteilungstendenzen**: Es gibt Vorgesetzte, die grundsätzlich sehr strenge Beurteilungen abgeben, andere neigen zum Gegenteil und beurteilen immer sehr milde. Vielfach ist aber auch eine Tendenz zur Mitte festzustellen: Um Extremurteile zu vermeiden und vielleicht auch, um eigene Unsicherheiten zu verbergen, neigen Menschen zu einem mittleren Bewertungsniveau.

- **Sympathieeffekt**: Mitarbeiter, die man sympathisch findet oder die in ihrem Verhalten den eigenen Verhaltensweisen ähneln, werden insgesamt positiver beurteilt.
- **Überstrahlungseffekt**: Ist ein Mitarbeiter auf einem Gebiet besonders leistungsstark, wird vielfach darauf geschlossen, dass er auch auf anderen Gebieten diese Leistung erbringt. Der Außendienstmitarbeiter, der beispielsweise charmant mit Kunden umgeht, kann aber im Team der Außendienstmitarbeiter durchaus ein Problemfall ein.
- **Stimmungseffekte**: Die aktuell gute Stimmung des Vorgesetzten führt häufig auch zu einer positiven Bewertung und umgekehrt.

10.5 Arbeitszeugnis

> **Arbeitszeugnis**: Dokument des Arbeitgebers über die Dauer, den Inhalt und den Verlauf eines Arbeitsverhältnisses. Es kann als einfaches oder als qualifiziertes Zeugnis ausgestellt werden.

Zeugnis zum Ende der Ausbildung, siehe Informationshandbuch des 1. Ausbildungsjahres, Lernfeld 1

Jeder Arbeitnehmer hat bei Beendigung des Arbeitsverhältnisses einen Anspruch auf ein schriftliches Zeugnis. Es bestehen zwei Möglichkeiten:

- **Einfaches Zeugnis:** In einem einfachen Zeugnis werden – neben den Personalien – lediglich Angaben zur Art der Tätigkeit und zur Dauer der Beschäftigung gemacht. Es enthält keine Bewertung der Leistungen des Arbeitnehmers.
- **Qualifiziertes Zeugnis:** Auf Wunsch des Arbeitnehmers ist der Arbeitgeber verpflichtet, ein qualifiziertes Zeugnis auszustellen. In ihm beurteilt der Arbeitgeber die Leistungen und das Verhalten des Arbeitnehmers.

Wenn ein vernünftiger Grund vorliegt, kann ein Arbeitnehmer auch ein **Zwischenzeugnis** verlangen. Ein Anlass könnte z. B. der Wechsel eines Vorgesetzten oder der Übergang in die Elternzeit sein.

Grundsätzlich gilt, dass Zeugnisse **wohlwollend** formuliert sein müssen, d. h., sie dürfen den weiteren beruflichen Werdegang nicht negativ beeinflussen. Zeugnisse müssen aber auch der **Wahrheit** entsprechen, d. h., das Zeugnis muss alle wichtigen Tatbestände enthalten, damit ein neuer Arbeitgeber sich ein umfassendes Bild von dem Mitarbeiter machen kann.

Damit negative Beurteilungen trotzdem in ein Zeugnis einfließen können, haben sich in stillschweigendem Einvernehmen zwischen den Personalchefs bestimmte Formulierungen (verschlüsselte Leistungsbewertungen, **Zeugnis-Codes**) durchgesetzt. In Anlehnung an Schulnoten gilt:

Zeugnis-Codes
Er/sie hat die ihm/ihr übertragenen Arbeiten …

- **sehr gut** = stets zu unserer vollsten Zufriedenheit …
- **gut** = stets zu unserer vollen Zufriedenheit …
- **befriedigend** = zu unserer vollen Zufriedenheit …
- **ausreichend** = zu unserer Zufriedenheit …
- **mangelhaft** = im Großen und Ganzen zu unserer Zufriedenheit …
- **ungenügend** = Er/sie hat sich bemüht, den Anforderungen gerecht zu werden.

Negative Zeugnisformulierungen können auch durch **Weglassen** zum Ausdruck gebracht werden. Für Verkaufsmitarbeiter, die auch Kassieren dürfen, ist z. B. Ehrlichkeit eine zentrale Eigenschaft. Wenn dies in einem Zeugnis nicht formuliert wird, kann der Leser das Fehlen dieser Eigenschaft vermuten. Umgekehrt kann mit der besonderen Hervorhebung einer Selbstverständlichkeit (z. B. Pünktlichkeit) angedeutet werden, dass der Mitarbeiter in zentralen Leistungen Defizite aufweist.

Unzulässige Inhalte eines Zeugnisses
Bestimmte Inhalte dürfen in Zeugnissen nicht erscheinen, z. B.

- eine bestehende Schwangerschaft,
- Mitgliedschaft in einer Partei oder in der Gewerkschaft, Teilnahme an Streiks,
- dass ein Mitarbeiter schwerbehindert ist,
- der Gesundheitszustand des Mitarbeiters,
- Straftaten, die nicht in Verbindung mit dem Arbeitsverhältnis stehen.

Zeugnisaufbau
Es gibt zwar keine Vorschrift, wie ein Zeugnis im Einzelnen zu formulieren ist. Bestimmte Standards haben sich aber in der Praxis durchgesetzt. Nachfolgend wird der typische Aufbau eines Zeugnisses dargestellt:

Beispiel eines Arbeitszeugnisses:

Mahnke Antriebstechnik GmbH
Havelstraße 71, 39114 Magdeburg

①

30.09.20(0)

Arbeitszeugnis ②

Herr Carsten Lembach, geboren am 17.05.1981, trat am 01.08.2002 in unser Unternehmen ein und war seitdem als Kaufmann für Büromanagement in der Personalabteilung tätig. ③

Zu seinen Aufgaben zählten:
- Erledigung aller Aufgaben, die bei der Einstellung und der Entlassung von Mitarbeitern anfallen
- Terminkoordination für Bewerbungsgespräche
- Vorbereitung von Arbeitsverträgen und Zeugnissen
- Abwicklung der monatlichen Lohn- und Gehaltsabrechnungen
- Überwachung von Arbeits-, Krankheits- und Urlaubszeiten nach tariflichen und gesetzlichen Vorschriften
- Beratung der Mitarbeiter in allen personellen Angelegenheiten
- Erledigung der in der Personalabteilung anfallenden Korrespondenz

④

Herr Lembach zeigte stets eine hohe Leistungsbereitschaft für die ihm übertragenen Aufgaben. Er verfügt über ein ausgewogenes Urteilsvermögen auch in schwierigen personalpolitischen Fragen. Herr Lembach wendete sein Fachwissen mit großem Erfolg in seinem Arbeitsgebiet an. Seine Aufgaben führte er immer effizient, selbstständig und mit großer Sorgfalt aus. Die Arbeitsergebnisse entsprachen stets den vereinbarten Zielen und gingen vielfach darüber hinaus. Seine Leistungen fanden stets unsere volle Zufriedenheit. ⑤

Gegenüber Vorgesetzten und Kollegen verhielt sich Herr Lembach stets einwandfrei. ⑥

Herr Lembach verlässt unser Unternehmen auf eigenen Wunsch zum 30.09.20(0). Wir bedauern sein Ausscheiden und danken ihm für die erfolgreiche Arbeit und die gute Zusammenarbeit. Für seinen weiteren Berufs- und Lebensweg wünschen wir Herrn Lembach alles Gute. ⑦

Magdeburg, 30.09.20(0)

⑧

Sänger

① Firma, Ort, Datum
② „Arbeitszeugnis" als Überschrift
③ persönliche Daten des Mitarbeiters (Name, Geburtsdatum, Beschäftigungszeitraum, Position des Mitarbeiters)
④ Beschreibung des Verantwortungsbereichs
⑤ Leistungsbeurteilung
  - Leistungsbereitschaft
  - Leistungsfähigkeit
  - Arbeitsweise
  - Arbeitsergebnisse
⑥ Verhalten
⑦ Schlussformulierung (Bedauern, Dank, Wünsche für die Zukunft)
⑧ Ort, Datum (letzter Arbeitstag), Unterschrift

Zusammenfassung

Personalbeurteilung			
Anlässe	**Definition**	**Methoden**	**Beurteilungsgespräch**
▎ Arbeitszeugnis ▎ Beförderung ▎ Personalauswahl ▎ Personalentwicklung ▎ Lohn- und Gehaltsdifferenzierung ▎ Mitarbeiterförderung ▎ Rückmeldung ▎ Förderung der Kommunikation	Ermittlung, Verarbeitung und Auswertung von Mitarbeiterleistungen	▎ Einstufungsverfahren: auf der Grundlage von Leistungsmerkmalen ▎ Zielsetzungsverfahren: auf der Grundlage von Zielvereinbarungen (Zielerreichungsgrad)	Diskussion der Beurteilungsergebnisse, neue Zielvereinbarungen

Beurteilungsfehler	Arbeitszeugnis		
	Arten	**Zeugniscodes**	**Aufbau**
▎ Beurteilungstendenzen (streng, mild, Mitte) ▎ Sympathieeffekt ▎ Überstrahlungseffekt ▎ Stimmungseffekt	▎ Einfaches Zeugnis: Art, Tätigkeit, Dauer ▎ Qualifiziertes Zeugnis: zusätzlich: Leistungen und Verhalten	Normierte Formulierungen zur Leistungsbewertung	1. Firma, Ort, Datum 2. Arbeitszeugnis 3. Persönliche Daten des Mitarbeiters 4. Verantwortungsbereich 5. Leistungsbeurteilung 6. Sozialverhalten 7. Schlussformulierung 8. Ort, Datum, Unterschrift

11 Kündigung

◆ **Lernsituation 11: Einen Arbeitsvertrag kündigen**

11.1 Beendigung von Arbeitsverhältnissen

Ein Arbeitsverhältnis kann auf verschiedene Art und Weise enden:
- Fristablauf bei befristeten Arbeitsverträgen
- Aufhebungsvertrag (Auflösen des Arbeitsvertrages im gegenseitigen Einverständnis)
- Kündigung

Erreicht ein Mitarbeiter die Altersgrenze, endet das Arbeitsverhältnis automatisch. Das gilt auch für den Tod eines Arbeitnehmers.
Gründe für eine Beendigung eines Arbeitsverhältnisses, z. B. durch eine Kündigung, können beim Arbeitgeber und beim Arbeitnehmer liegen.

Beispiele:
Ein Arbeitnehmer muss seinen Wohnort aus familiären Gründen wechseln und kündigt deshalb seinen Arbeitsvertrag.
Wenn sich in einem Unternehmen die Auftragslage stark verschlechtert, kann ein Unternehmen gezwungen sein, sich von Arbeitnehmern zu trennen.
Im Folgenden werden der Aufhebungsvertrag und vor allem die Kündigung näher betrachtet.

11.2 Beendigung durch einen Aufhebungsvertrag

Wenn das Arbeitsverhältnis nicht durch eine Kündigung beendet werden soll, besteht die Möglichkeit, dass zwischen dem betreffenden Arbeitnehmer und dem Arbeitgeber ein Aufhebungsvertrag geschlossen wird. In diesem Aufhebungsvertrag vereinbaren beide Vertragsparteien, dass das Arbeitsverhältnis ohne Kündigung beendet wird, dass ausstehende Ansprüche des Arbeitnehmers, z. B. Urlaub, entsprechend abgegolten werden und dass der Arbeitnehmer danach keine weiteren Ansprüche mehr gegen den Arbeitgeber erhebt. Aufhebungsverträge müssen grundsätzlich schriftlich aufgesetzt werden, da der Arbeitgeber sonst keinen Beweis hat, dass der Arbeitnehmer die vertraglich vereinbarten Absprachen akzeptiert und unterschrieben hat.

> **Aufhebungsvertrag**: Übereinkommen zwischen Arbeitgeber und Arbeitnehmer, ein bestehendes Arbeitsverhältnis einvernehmlich zu beenden

Für den Arbeitgeber hat ein Aufhebungsvertrag vor allem folgende Vorteile:
- Der Betriebsrat muss hierbei nicht angehört werden.
- Der Arbeitnehmer kann keine Kündigungsschutzklage gegen diesen Vertrag in Gang setzen.
- Die Entlassung eines Arbeitnehmers mittels eines Aufhebungsvertrages ist relativ einfach.

Allerdings muss der Arbeitgeber den Arbeitnehmer über die Folgen des Aufhebungsvertrages informieren, z. B. mit Blick auf die Altersversorgung, in Bezug auf Leistungen der Bundesagentur für Arbeit (zwölfwöchige Sperrfrist, weil der Arbeitnehmer das Arbeitsverhältnis aus eigener Initiative beendet hat) u. a.

Beispiel für einen Aufhebungsvertrag:

Aufhebungsvertrag

Zwischen der CWB GmbH, Oberstraße 17, 40878 Ratingen, und Frau Roswitha Klein, Moltkestraße 22, 40880 Ratingen, ist heute folgender Aufhebungsvertrag geschlossen worden.

1. Die Parteien sind sich darüber einig, dass das zwischen ihnen bestehende Arbeitsverhältnis zum 31. Oktober 20(0) beendet wird.
2. Sämtliche Vergütungsansprüche, die zu diesem Zeitpunkt noch existieren, werden ausgeglichen, sofern dies nicht bereits geschehen ist.
3. Bis zum Tage des Austritts wird Frau Klein dazu verpflichtet, ihre Arbeitsleistung zu erbringen.
4. Frau Klein stimmt zu, dass der Jahresurlaub in vollem Umfang gewährt wurde.
5. Rechtzeitig zum Zeitpunkt der Beendigung des Arbeitsverhältnisses erhält Frau Klein ein qualifiziertes Arbeitszeugnis.
6. Frau Klein gibt zum Ende ihres Arbeitsverhältnisses sämtliche Gegenstände zurück, die sich im Eigentum CWB GmbH befinden.
7. Sämtliche Informationen über mögliche Sperrfristen werden nur über die Arbeitsagentur erteilt.
8. Mit Unterschrift des Vertrages gelten sämtliche Ansprüche von Frau Klein gegenüber der CWB GmbH als ausgeglichen.
9. Bei Auflösung des Arbeitsverhältnisses hat Frau Klein sich eine Bedenkzeit erbeten.
10. Frau Klein wurde darüber informiert, dass sie bei der Entscheidungsfindung ein Mitglied des Betriebsrates hinzuziehen konnte.

Ort, Datum: Ratingen, 15. Oktober 20(0)

Roswitha Klein   Sven Bauer

Unterschrift Mitarbeiter   Geschäftsführer

11.3 Vorstufe einer Kündigung: Abmahnung

Personen- und verhaltensbedingte Kündigungen, siehe Seite 365

Obwohl eine Abmahnung gesetzlich nicht vorgeschrieben ist, hat die Praxis der Arbeitsgerichtsprozesse gezeigt, dass die „kündigungsrechtliche Warnfunktion der Abmahnung" vom Arbeitgeber beachtet werden sollte. Der Unternehmer muss damit rechnen, dass sich ein entlassener Arbeitnehmer vor dem Arbeitsgericht gegen seine Kündigung wehrt. Bei den meisten personen- und verhaltensbedingten Kündigungen hat der Arbeitgeber vor dem Arbeitsgericht einen schweren Stand, wenn er die Kündigung nicht durch schon früher ausgesprochene, korrekt und ausführlich formulierte Abmahnungen untermauern kann. Insofern ist es dringend angeraten, dass ein Arbeitgeber einen Arbeitnehmer zuvor abgemahnt hat, bevor er ihm später kündigt.

> **Abmahnung**: formale Aufforderung des Arbeitgebers an einen Arbeitnehmer, ein bestimmtes Verhalten zu unterlassen

11.3.1 Funktionen einer Abmahnung

Ein Arbeitnehmer darf dann abgemahnt werden, wenn er offensichtlich gegen arbeitsvertragliche Pflichten verstoßen hat.

Beispiele für abmahnfähige Sachverhalte:

- Häufige Verspätungen
- Eigenmächtige Verlängerung von Pausen
- Arbeitsverweigerung
- Eigenmächtige Urlaubsverlängerung
- Privates Surfen im Internet
- Diebstahl
- Störung des Betriebsfriedens, z. B. durch Mobbing
- Verspätete Krankmeldung

Durch die Abmahnung wird der Arbeitnehmer an seine vertraglichen Pflichten erinnert und zu korrektem Verhalten ermahnt. Ändert er sein Verhalten nicht, so kündigt der Arbeitgeber ihm durch die Abmahnung arbeitsrechtliche Konsequenzen an, die im Wiederholungsfalle in eine Kündigung münden können. Allgemein werden einer Abmahnung folgende **Aufgaben** zugesprochen:

- Dokumentationsfunktion (die Abmahnung des Fehlverhaltens wird dokumentiert)
- Erinnerungsfunktion (der Arbeitnehmer wird an seine Vertragspflichten erinnert)
- Ermahnungsfunktion (er wird dazu angehalten, sich an seine Vertragspflichten zu halten)
- Warnfunktion (im Wiederholungsfall droht der Arbeitgeber die Kündigung an)

Aus der Warnfunktion ergibt sich, dass es häufig nur einer einzigen Abmahnung bedarf, bevor der Arbeitgeber im Wiederholungsfall eine Kündigung ausspricht. Allerdings wird eine spätere Kündigung vor einem Arbeitsgericht auch nur dann anerkannt, wenn der Arbeitgeber dem abgemahnten Arbeitnehmer genügend Gelegenheit zur „Besserung" gegeben hat.

11.3.2 Inhalt und Aufbau einer Abmahnung

Es reicht nicht aus, wenn man einen Arbeitnehmer – ganz allgemein – abmahnt. Versäumt der Arbeitgeber es, die Pflichtverletzung des Arbeitnehmers präzise festzuhalten, so hat er vor dem Arbeitsgericht eventuell Probleme, eine spätere Kündigung des Arbeitnehmers durchzusetzen. Aus diesem Grund sollte ein Arbeitgeber folgende Form- und Inhaltserfordernisse einhalten:

- Abmahnung in Schriftform
- Bezeichnung „Abmahnung" im Text
- Präzise Schilderung des Fehlverhaltens
- Hinweis auf den Verstoß gegen eine Pflicht aus dem Arbeitsvertrag
- Aufforderung, das beanstandete Verhalten einzustellen
- Androhung arbeitsrechtlicher Konsequenzen (z. B. Kündigung) im Wiederholungsfall
- Empfangsbestätigung

Beispiel für eine Abmahnung:

Abmahnung

Sehr geehrter Herr Huber,

wir haben erfahren, dass Sie am 07.01.20(0) 15 Minuten vor Arbeitsschluss unser Unternehmen verlassen haben, ohne den Abteilungsleiter darüber zu informieren. Das ist ein Verstoß gegen Ihre Dienstleistungspflicht laut § 4 Ihres Arbeitsvertrages und § 6 der Betriebsordnung. Als Beweis haben wir eine Kopie des Zeiterfassungsberichts und der Aussage des Abteilungsleiters beigefügt. Sollten Sie wiederholt gegen Ihre Dienstleistungspflicht verstoßen, müssen Sie mit einer ordentlichen Kündigung des Arbeitsverhältnisses rechnen.

Mit freundlichen Grüßen

CWB GmbH

Sven Bauer

Empfangsbestätigung

Ich habe diese Abmahnung erhalten, gelesen und verstanden.

Huber

Unterschrift Mitarbeiter, Datum

11.4 Beendigung durch Kündigung

> **Kündigung**: einseitige, empfangsbedürftige Willenserklärung des Arbeitnehmers oder des Arbeitgebers, durch die der Endtermin des Arbeitsverhältnisses festgelegt wird

Eine Kündigung muss immer **schriftlich** erfolgen. Grundsätzlich bedarf die Kündigung keiner Begründung, um wirksam zu sein, dennoch sollte ein Arbeitgeber in einem Kündigungsschreiben immer angeben, warum er ein Arbeitsverhältnis gekündigt hat.
Ein Arbeitsverhältnis kann sowohl durch den Arbeitnehmer als auch durch den Arbeitgeber gekündigt werden.

11.4.1 Kündigung durch den Arbeitnehmer

Die Gründe, warum ein Arbeitnehmer sein Arbeitsverhältnis aufgibt, sind vielfältig.

Beispiele:

- *Unzufriedenheit mit den Arbeitsbedingungen oder mit der Entlohnung*
- *Attraktives Stellenangebot durch ein anderes Unternehmen*
- *Änderung des Wohnortes*
- *Übergang in die Selbstständigkeit*

Kündigungsfristen siehe unten

Ein Arbeitnehmer hat eine bestimmte Kündigungsfrist einzuhalten. Sie richtet sich nach dem Arbeitsvertrag oder nach dem Tarifvertrag. Enthält der Arbeitsvertrag keine Regelung und ist ein Tarifvertrag nicht anwendbar, gilt das Bürgerliche Gesetzbuch (BGB).

Liegt ein wichtiger Grund vor, d. h., wenn es dem Arbeitnehmer nicht zuzumuten ist, das Arbeitsverhältnis fortzusetzen, kann er auch fristlos kündigen. Wichtige Gründe sind beispielsweise Mobbing, ausbleibende Gehaltszahlung oder sexuelle Belästigung.

11.4.2 Kündigung durch den Arbeitgeber

Kündigungsschutzgesetz, siehe Seite 365

Für einen Arbeitgeber gelten im Falle einer Kündigung bestehende einzelvertragliche Reglungen oder der gültige Tarifvertrag. Im Gegensatz zur Kündigung durch den Arbeitnehmer muss der Arbeitgeber aber bei einer Kündigung das **Kündigungsschutzgesetz** beachten. Das Gesetz wird unter näher dargestellt.

11.5 Ordentliche Kündigung

> **Ordentliche Kündigung:** Kündigung eines Vertragsverhältnisses unter Beachtung der Kündigungsfrist (daher spricht man auch von fristgerechter Kündigung)

11.5.1 Kündigungsfristen

Nach den Bestimmungen des BGB gilt folgende Kündigungsfrist:

> **Kündigungsfrist nach BGB:** Vier Wochen zum 15. oder zum letzten Tag des Kalendermonats

Sowohl Arbeitnehmer als auch Arbeitgeber müssen bei einer Kündigung – sofern nicht durch eine einzelvertragliche Vereinbarung längere Fristen vereinbart wurden – die **gesetzliche** Kündigungsfrist von vier Wochen zur Monatsmitte oder vier Wochen zum Monatsende einhalten. Wird die Frist nicht eingehalten, so ist die Kündigung nicht wirksam. Die gesetzlichen Kündigungsfristen verlängern sich für **Arbeitgeber** in Abhängigkeit von der Beschäftigungszeit des Arbeitnehmers.

> **Kündigungsfrist:** Zeitraum zwischen dem Zugang des Kündigungsschreibens und dem letzten Arbeitstag

Diese verlängerten Kündigungsfristen gelten nur für eine Kündigung durch den Arbeitgeber.

Beschäftigungsdauer	Kündigungsfrist
ab 2 bis 4 Jahre	1 Monat zum Monatsende
ab 5 bis 7 Jahre	2 Monate zum Monatsende
ab 8 bis 9 Jahre	3 Monate zum Monatsende
ab 10 bis 11 Jahre	4 Monate zum Monatsende
ab 12 bis 14 Jahre	5 Monate zum Monatsende
ab 15 bis 19 Jahre	6 Monate zum Monatsende
ab 20 bis 23 Jahre	7 Monate zum Monatsende

Eine Verlängerung ist durch Einzelvertrag durchaus möglich; die Frist muss aber dann für Arbeitgeber und Arbeitnehmer **gleich lang** sein. Bestehende tarifliche Regelungen haben Vorrang. Bei der Berechnung der Kündigungsfrist ist ferner zu berücksichtigen, dass nur die Betriebszugehörigkeit ab dem 25. Lebensjahr gezählt wird. Der Europäische Gerichtshof hat jedoch entschieden, dass diese in § 622 BGB festgelegte Regelung nicht zulässig ist, weil eine Altersdiskriminierung vorliegt.

Die deutschen Arbeitsgerichte werden dieser Entscheidung vermutlich folgen.

Beispiel:
Klaus Wendland (32 Jahre alt) ist seit seinem 20. Lebensjahr in der CWB GmbH beschäftigt. Seit seinem 25. Lebensjahr sind somit sieben Beschäftigungsjahre vergangen. Folglich gilt für ihn eine Kündigungsfrist von zwei Monaten zum Monatsende.

Ein **Sonderfall** ist die Kündigung innerhalb der **Probezeit**. Nach § 622 BGB kann ein Arbeitsverhältnis innerhalb der vereinbarten Probezeit (längstens sechs Monate) mit einer Frist von **zwei Wochen** gekündigt werden. Diese Frist gilt für Arbeitgeber und Arbeitnehmer.

11.5.2 Kündigungsschutzgesetz

Weil der Arbeitsplatz für den Arbeitnehmer die wirtschaftliche und soziale Grundlage seiner Existenz darstellt, werden Arbeitnehmer durch das Kündigungsschutzgesetz vor willkürlichen Kündigungen durch den Arbeitgeber geschützt.

Das Kündigungsschutzgesetz gilt, sofern

- der Betrieb mehr als zehn Beschäftigte hat und
- der Arbeitnehmer länger als sechs Monate im Unternehmen beschäftigt ist.

Teilzeitbeschäftigte müssen anteilig berechnet werden.

- bis 20 Stunden/Woche = 0,5 Arbeitnehmer
- bis 30 Stunden/Woche = 0,75 Arbeitnehmer
- über 30 Stunden/Woche = 1,0 Arbeitnehmer

Ziele des Kündigungsschutzgesetzes

Das Kündigungsschutzgesetz

- schützt vor sozial ungerechtfertigten Kündigungen,
- fördert die Weiterbeschäftigung an einem anderen Arbeitsplatz im selben Betrieb oder in einem anderen Betrieb der Unternehmung,
- verlangt Fortbildungen, die Umgruppierungen ermöglichen, und
- bestimmt die Festsetzung von Auswahlrichtlinien durch Betriebsrat und Arbeitgeber, z. B. Familienstand, Beschäftigungsdauer, Kinderzahl, Alter.

Sozial gerechtfertigte Kündigung

Eine zentrale Aussage des Kündigungsschutzgesetzes ist die Forderung, dass eine Kündigung sozial gerechtfertigt sein muss. Eine Kündigung, die sozial ungerechtfertigt ist, gilt als unwirksam. Eine sozial gerechtfertigte Kündigung liegt unter folgenden Bedingungen vor:

- Wenn der Grund in der **Person** liegt.

    Beispiele:
    - *Dem Lkw-Fahrer einer Spedition wird der Führerschein entzogen.*
    - *Ein Mitarbeiter leidet und einer schweren, lang anhaltenden Krankheit.*

- Wenn der Grund im **Verhalten** der Person begründet ist.

    Beispiele:
    - *Arbeitsverweigerung*
    - *Häufiges Zuspätkommen*

- Wenn **betriebsbedingte Gründe** vorliegen.

    Beispiele:
    - *Umsatzrückgang*
    - *Wegfall von Arbeitsplätzen durch Rationalisierung und keine Weiterbeschäftigung an anderer Stelle.*

Ist ein gekündigter Arbeitnehmer der Auffassung, dass die Kündigung sozial ungerechtfertigt war, so kann er der Kündigung widersprechen. In diesem Fall muss er

- innerhalb **einer Woche** nach Kündigung Einspruch beim Betriebsrat einlegen und/oder
- innerhalb von **drei Wochen** Klage beim Arbeitsgericht einreichen.

Da der **Betriebsrat** das Recht hat, vor jeder beabsichtigten Kündigung angehört zu werden, muss der Arbeitgeber rechtzeitig einen Kündigungsantrag stellen. Der Betriebsrat hat das Recht auf eine Bedenkzeit von sieben Werktagen, innerhalb derer er schriftlich seine Bedenken gegen die beabsichtigte Kündigung anmelden kann. Äußert er sich innerhalb dieser Frist nicht, so gilt seine Zustimmung als erteilt.

Beispiel:
Ein Mitarbeiter der CWB GmbH soll betriebsbedingt zum 31. Oktober 20(0) gekündigt werden. Aufgrund seiner Betriebszugehörigkeit hat er eine Kündigungsfrist von zwei Monaten. Somit muss ihm das Kündigungsschreiben spätestens bis zum 31. August 20(0) ausgehändigt worden sein. Da der Betriebsrat sieben Werktage Bedenkzeit hat, muss der Arbeitgeber spätestens am 24. August 20(0) einen Kündigungsantrag beim Betriebsrat gestellt haben.

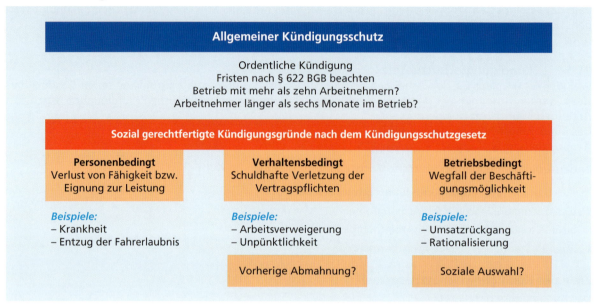

Sozialauswahl

Bevor der Arbeitgeber eine Kündigungsentscheidung treffen kann, muss er – sofern das Kündigungsschutzgesetz Anwendung findet – eine vorherige Sozialauswahl treffen. Die Sozialauswahl ist nur bei betriebsbedingter Kündigung erforderlich. Mittels einer Sozialauswahl muss der Arbeitgeber diejenigen Arbeitnehmer herausfiltern, deren Kündigung aus sozialer Sicht nicht zu rechtfertigen wäre. Diese Arbeitnehmer dürfen dann nicht gekündigt werden. Die Sozialauswahl muss sich auf den gesamten Betrieb erstrecken und darf nicht nur auf die Abteilung beschränkt werden, in welcher der Arbeitsplatz weggefallen ist. Die Durchführung der Sozialauswahl erfolgt in mehreren Schritten:

- Festlegung des Kreises von Personen, die der Sozialauswahl unterzogen werden
- Festlegung von Gesichtspunkten, nach denen die Personen „sozial" verglichen werden

Bei der Festlegung des zu vergleichenden Personenkreises müssen Arbeitnehmer ausgewählt werden, die in etwa die gleiche Tätigkeit ausüben und der gleichen Hierarchieebene angehören (horizontale Vergleichbarkeit). Unter vergleichbaren Arbeitnehmern muss anschließend derjenige für eine Kündigung ausgewählt werden, der am wenigsten hart getroffen würde. Für eine Sozialauswahl kommen folgende Auswahlgesichtspunkte infrage.

- Dauer der Betriebszugehörigkeit
- Lebensalter
- Unterhaltspflichten
- Schwerbehinderung

Diese Auswahlgesichtspunkte müssen vom Arbeitgeber hinsichtlich ihrer Bedeutung für das Unternehmen gewichtet werden. Anschließend wird geprüft, inwieweit die ausgewählten Arbeitnehmer die Gesichtspunkte aus sozialer Sicht erfüllen. In einem Punktebewertungsverfahren werden auf diese Weise „Sozialpunkte" verteilt. Eine Sozialauswahl ist jedoch grob fahrlässig, wenn einzelne Auswahlgesichtspunkte in einem auffälligen Missverhältnis zueinander gewichtet werden.

Beispiel:
Zwei Mitarbeiter der CWB GmbH stehen für eine betriebsbedingte Kündigung zur Auswahl:
1. Heinz Erker
56 Jahre, verheiratet
2 Kinder (27 und 29 Jahre)
Dauer der Betriebszugehörigkeit: 32 Jahre
2. Sascha Walter
24 Jahre, verheiratet
1 Kind (2 Jahre)
Dauer der Betriebszugehörigkeit: 2 Jahre

Punktebewertungsverfahren

Auswahlkriterium	Gewichtung	Herr Erker Punkte (1–10)	Herr Erker % x Punkte	Herr Walter Punkte (1–10)	Herr Walter % x Punkte
Betriebszugehörigkeit	30 %	10	300	2	60
Lebensalter	40 %	8	320	3	90
Unterhaltspflichten	30 %	0	0	10	300
Schwerbehinderung	0	0	0	0	0
Summe	**100 %**		**620**		**450**

Keiner der Mitarbeiter ist schwerbehindert.

Die Vergabe von „Sozialpunkten" sowie deren anschließende Bewertung zeigt, dass Herr Erker aus sozialen Gründen mehr unter der Kündigung zu leiden hätte als Herr Walter. Zwar erhält Herr Walter aufgrund der gesteigerten Unterhaltspflichten gegenüber seinem kleinen Kind sehr viele Sozialpunkte, doch wirken sich die sehr lange Betriebszugehörigkeit sowie das Lebensalter von Herrn Erker bei der Sozialauswahl erheblich stärker aus.

Wenn ein Arbeitgeber dennoch einen älteren Arbeitnehmer kündigen will, beruft er sich häufig auf die Möglichkeit, „Leistungsträger" sowie jüngere Arbeitnehmer aus der Sozialauswahl herauszunehmen. Er begründet dies damit, dass ansonsten die Personalstruktur des Betriebes zerstört würde.

11.6 Außerordentliche Kündigung

> **Außerordentliche Kündigung**: Kündigung eines Vertragsverhältnisses ohne Einhaltung einer Kündigungsfrist (wird daher auch als fristlose Kündigung bezeichnet)

Ein Arbeitsverhältnis kann von jedem Vertragspartner aus wichtigem Grund ohne Einhaltung der sonst üblichen Frist gekündigt werden. Ein **wichtiger Grund** liegt vor, wenn Tatsachen bestehen, die dem Kündigenden unter Berücksichtigung aller Umstände des Einzelfalles und unter Abwägung der Interessen beider Vertragsteile die **Fortsetzung** des Dienstverhältnisses **nicht zumutbar** erscheinen. Dies ist insbesondere bei Diebstahl, Unterschlagung oder schweren Tätlichkeiten der Fall. Aber auch Fälle von Vertrauensverlust können eine fristlose Kündigung durch den Arbeitgeber rechtfertigen.

Beispiel:
Nach der gelungenen Präsentation eines Betriebes vor Vertretern der Presse und der Politik bleibt ein Rest des Büfetts übrig. Eine Mitarbeiterin, die wesentlich zum Gelingen der Veranstaltung beigetragen hat, verzehrt ein Brötchen von den Resten. Ihr Arbeitgeber kündigt ihr daraufhin fristlos.

Die Rechtsprechung sagt, dass es in solchen Fällen nicht um die geringe Höhe des gestohlenen Gutes geht, sondern darum, dass das Vertrauen in die Ehrlichkeit des Mitarbeiters gestört ist.
Die Kündigung kann nur innerhalb von **zwei Wochen** erfolgen. Die Frist beginnt mit dem Zeitpunkt, in dem der Kündigungsberechtigte von den für die Kündigung maßgebenden Tatsachen erfährt. Der Kündigende muss dem anderen Teil auf Verlangen den Kündigungsgrund unverzüglich schriftlich mitteilen.

Mustertext für eine außerordentliche Kündigung

Sehr geehrte(r) Frau/Herr …

hiermit kündigen wir Ihr Arbeitsverhältnis außerordentlich mit sofortiger Wirkung.
Diese Kündigung erfolgt, weil …
Der Betriebsrat ist vorab informiert worden und hat der Kündigung zugestimmt.
Damit Ihre Ansprüche auf ungekürztes Arbeitslosengeld erhalten bleiben, sind Sie verpflichtet, sich innerhalb von drei Tagen nach Zugang dieses Schreibens bei der Agentur für Arbeit als arbeitssuchend zu melden. Weiterhin sind Sie verpflichtet, aktiv nach einer Beschäftigung zu suchen.

Hochachtungsvoll

Ein Kündigungsgrund muss nicht angeben werden. Da einem Mitarbeiter aber der Kündigungsgrund auf Verlangen mitgeteilt werden muss, ist die Angabe des Kündigungsgrundes im Schreiben sinnvoll.
Das Anhörungsrecht des Betriebsrates bei außerordentlichen Kündigungen ist zu beachten (siehe unten).
Der dritte Absatz („Damit Ihre Ansprüche …") ist notwendig, weil der Arbeitgeber gegenüber dem Gekündigten eine Aufklärungspflicht hat.

11.7 Besonderer Kündigungsschutz

Für bestimmte Arbeitnehmer gilt ein besonderer Kündigungsschutz, der über die Schutzwirkung für normale Arbeitnehmer hinausgeht. Der Gesetzgeber hat diese Personengruppen als besonders schutzwürdig angesehen. Dazu gehören:

- **Schwangere und junge Mütter**: Arbeitnehmerinnen sind unkündbar während der Schwangerschaft und bis zum Ablauf des vierten Monats nach der Schwangerschaft. Bei Inanspruchnahme der Elternzeit besteht auch während dieses Zeitraums Kündigungsschutz.
- **Arbeitnehmer in Elternzeit**: Der besondere Kündigungsschutz beginnt mit Anmeldung der Elternzeit, frühestens jedoch acht Wochen vor deren Beginn, und endet mit Ablauf der Elternzeit.
- **Betriebsräte und Jugend- und Ausbildungsvertreter**: Sie sind unkündbar während der Amtszeit und bis zu einem Jahr nach Ablauf der Amtszeit, es sei denn, es liegen wichtige Gründe für eine fristlose Kündigung vor.
- Menschen mit **Schwerbehinderung**: Sie sind nur kündbar, wenn das Integrationsamt zustimmt.
- **Auszubildende**: Nach Ablauf der Probezeit kann nur aus einem wichtigen Grunde gekündigt werden.

11.8 Rolle des Betriebsrates bei Kündigungen

Der Betriebsrat hat bei der ordentlichen und der außerordentlichen Kündigung aufgrund des Betriebsverfassungsgesetzes ein **Anhörungsrecht**.

- **Ordentliche Kündigung:** Der Betriebsrat muss zu einer beabsichtigten Kündigung gehört werden. Der Betriebsrat hat **sieben Tage** Zeit, seine Stellungnahme abzugeben.
- **Außerordentliche Kündigung:** Auch bei der außerordentlichen Kündigung hat der Betriebsrat das Recht auf Anhörung. Innerhalb von **drei Tagen** muss der Betriebsrat seine Bedenken gegen die beabsichtigte außerordentliche Kündigung geäußert haben. Erst nach Ablauf dieser Frist kann der Arbeitgeber die außerordentliche Kündigung aussprechen.

Schweigt der Betriebsrat, gilt das in beiden Fällen als Zustimmung. Eine Kündigung ohne die Anhörung des Betriebsrates ist nicht wirksam.

11.9 Wirksamkeit einer Kündigung

Eine Kündigung muss schriftlich erfolgen. Aus dem Schreiben muss hervorgehen, ob es sich um eine ordentliche (fristgemäße) oder außerordentliche (fristlose) Kündigung handelt. Eine Kündigung ist – auch wenn alle Fristen und Formvorschriften eingehalten wurden – erst dann wirksam, wenn sie dem Arbeitnehmer zugegangen ist.
Die Kündigung gilt wie folgt als zugegangen:

- Bei Anwesenden erfolgt der Zugang durch Übergabe der schriftlichen Kündigungserklärung.
- Bei Abwesenden gibt es mehrere Möglichkeiten, z. B. Aushändigung an einen Familienangehörigen, Lebensgefährten bzw. Vermieter (es besteht aber ein Aushändigungsrisiko) oder Postsendung mit Empfangsnachweis.

11.10 Pflichten des Arbeitgebers nach ausgesprochener Kündigung

Ist einem Arbeitnehmer wirksam gekündigt worden, fallen zahlreiche Tätigkeiten an, um die „Spuren" des Arbeitnehmers in der Verwaltungsstruktur eines Betriebes zu entfernen. Aus der Vielzahl der Arbeiten sollen hier nur die wichtigsten genannt werden:

- Restliche Leistungen sind zu ermitteln und dem Arbeitnehmer zu gewähren, z. B. Restentgelt, restliche Urlaubsansprüche (gewähren oder auszahlen).
- Abmeldung bei den Sozialversicherungsträgern (Krankenkasse, Rentenversicherung, Arbeitslosenversicherung).
- Aushändigung der Arbeitspapiere (z. B. Kopie der elektronischen Lohnsteuerbescheinigung, Sozialversicherungsausweis, Daten zur betrieblichen Altersversorgung)
- Ausstellung eines Arbeitszeugnisses
- Rückforderung von Arbeitsmaterialien

11.11 Arbeitsgerichtsbarkeit

Hält ein Arbeitnehmer eine gegen ihn ausgesprochene Kündigung seines Arbeitsverhältnisses für nicht sozial gerechtfertigt, kann er innerhalb einer Frist von **drei Wochen**, nachdem er die Kündigung erhalten hat, beim zuständigen Arbeitsgericht Klage einreichen (**Kündigungsschutzklage**). Dies ist insbesondere dann angebracht, wenn der Betriebsrat der Kündigung widersprochen hat. Zuständig ist das Arbeitsgericht, in dessen Bezirk der Arbeitgeber seinen Sitz hat.

Das Arbeitsgericht informiert den Arbeitgeber über die Klage und setzt einen Termin für eine **Güteverhandlung** fest. Das bedeutet: In Arbeitsrechtsverfahren hat die gütliche Einigung Vorrang vor eine richterlichen Entscheidung.

Die Güteverhandlung findet vor einer Kammer des Arbeitsgerichts statt. In der Verhandlung wird die Sachlage mit den Beteiligten erörtert. Der vorsitzende Richter (Berufsrichter) hat die Funktion eines Moderators. Das Verfahren ist beendet, wenn sich Arbeitgeber und Arbeitnehmer durch einen Vergleich einigen.

Lässt sich keine Einigung herstellen, wird ein **zweiter Verhandlungstermin** angesetzt. Die Kammer besteht nun aus einem Berufsrichter und ehrenamtlichen Richtern. Am Ende des Verhandlungstermins wird das Urteil verkündet.

Die Parteien haben die Möglichkeit, den Rechtsweg weiter auszuschöpfen, indem sie sich an das Landesarbeitsgericht und eventuell in der Folge an das Bundesarbeitsgericht wenden.

Zusammenfassung

Kündigung		
Beendigung von Arbeitsverhältnissen	**Aufhebungsvertrag**	**Abmahnung**
▎ Fristablauf ▎ Altersgrenze/Tod ▎ Aufhebungsvertrag ▎ Kündigung	Übereinkommen zur einvernehmlichen Beendigung eines Arbeitsverhältnisses	Aufforderung an einen Arbeitnehmer (AN), ein bestimmtes Verhalten zu unterlassen

Kündigung
Einseitige, empfangsbedürftige Willenserklärung zur Beendigung eines Arbeitsvertrages ▎ Arbeitnehmer: Kündigungsfrist: 4 Wochen zum 15. oder zum Ende eines Monats oder laut Arbeitsvertrag bzw. Tarifvertrag ▎ Arbeitgeber: Kündigungsschutzgesetz beachten (sofern Betrieb > 10 Beschäftige, AN > 6 Monate im Unternehmen beschäftigt)

Ordentliche Kündigung	Außerordentliche Kündigung

Kündigung eines Vertragsverhältnisses unter Beachtung der Kündigungsfrist
▎ Kündigungsfristen: Beschäftigungsdauer 2 bis 4 Jahre: 1 Monat, 5 bis 7 Jahre: 2 Monate usw.
▎ Sozial gerechtfertigt?
  – Grund liegt in der Person des AN (z. B. Krankheit)
  – Grund liegt im Verhalten des AN (z. B. Unpünktlichkeit)
  – Dringende betriebliche Gründe (z. B. Umsatzrückgang)
	Kündigung eines Vertragsverhältnisses ohne Einhaltung einer Kündigungsfrist
	▎ Bedingungen:
	  – aus wichtigem Grund
	  – innerhalb von 2 Wochen

Sozialauswahl	Kündigungsschutz	Betriebsrat	Arbeitgeberpflichten

▎ Gesichtspunkte:
  – Beschäftigungsdauer
  – Unterhaltspflichten
  – Lebensalter
  – Schwerbehinderung
▎ Gewichtung über ein Punktebewertungsverfahren
	▎ Schwangere Arbeitnehmerinnen
	▎ Während der Elternzeit
	▎ Betriebsräte und JAV-Mitglieder
	▎ Schwerbehinderte
	▎ Auszubildende
		Anhörungsrecht bei Kündigungen; Widerspruchsfrist 7 bzw. 3 Tage	Restliche Leistungen ausgleichen, Arbeitspapiere aushändigen, Arbeitszeugnis usw.

Arbeitsgerichtsbarkeit
1. Güteverhandlung mit dem Ziel: Vergleich 2. Verhandlung (endet mit Urteil)

Anhang

1 Serienbriefe

Bei Serienbriefen wird ein Schriftstück, das sogenannte Hauptdokument, an viele verschiedene Empfänger versandt. Dabei bleibt der Inhalt des Briefes gleich, variabel sind nur die Empfängerdaten. Diese Empfängerdaten sind in der Adressliste, der sogenannten Datenquelle, gespeichert. In jedem einzelnen Serienbrief werden die Platzhalter durch die entsprechenden Daten aus der Datenquelle ersetzt.

1.1 Erstellen einer Datenquelle

Zur Erstellung einer Datenquelle stehen das Programm Microsoft Word 2010 und/oder das Programm Microsoft Excel 2010 zur Verfügung. Bei der Erstellung einer Adressliste muss beachtet werden, dass die Feldnamen (Spaltenüberschriften, z. B. Titel, Name, Straße und Nummer etc.) in der ersten Zeile des jeweiligen Dokumentes stehen.

Datenquelle mit dem Programm Microsoft Word

Datenquelle mit dem Programm Microsoft Excel

1.2 Erstellen des Hauptdokuments

Zur Erstellung eines Hauptdokuments kann ein bereits erstelltes Dokument, ein neues Dokument oder eine Dokumentvorlage genutzt werden. In dem nachfolgenden Beispiel wird eine Dokumentvorlage verwendet.

Zuerst wird die gewünschte Word-Vorlage (Geschäftsbrief) geöffnet und das Register *Sendungen* aufgerufen.

Danach klickt man auf die Schaltfläche *Serienbrief starten*.

Aus der eingeblendeten Liste wählt man den Menüpunkt *Briefe* aus.

Anschließend verbindet man das Hauptdokument mit der bereits erstellten Datenquelle, die die Daten für die Personalisierung enthält.

Man klickt auf die Schaltfläche *Empfänger auswählen*.

Ausgewählt wird aus dem eingeblendeten Menü der Menüpunkt *Vorhandene Liste verwenden*.

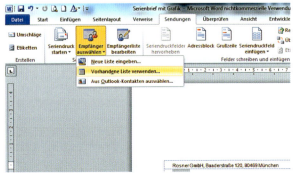

Es wird nun der Speicherort der bereits erstellten Datenquelle (Word- oder Excel-Datei) ausgewählt.

Durch einen Doppelklick auf die entsprechende Datei wird das Hauptdokument mit der Datenquelle verbunden.

Hat man eine Word-Datei als Datenquelle ausgewählt, entfällt die nächste Aktion.

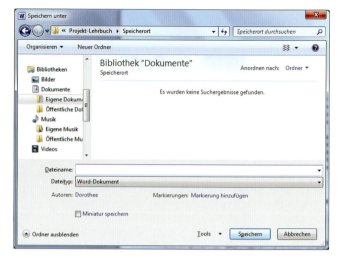

Wurde eine Excel-Datei als Datenquelle ausgewählt, erscheint das nebenstehende Dialogfeld *Tabelle auswählen*.

Man klickt auf den Namen des Tabellenblattes, in der die Adressliste aufgeführt ist.

Bestätigt werden die Eingaben mit einem Klick auf die Schaltfläche *OK*.

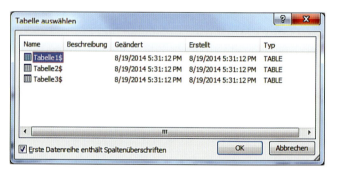

Das Symbol *Empfängerliste bearbeiten* wird aktiv.

Mit einem Klick auf diese Schaltfläche wird das Dialogfeld *Seriendruckempfänger* aufgerufen.

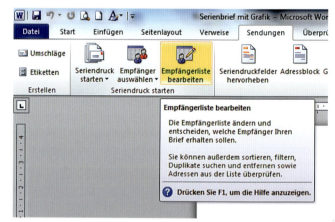

Gegebenenfalls kann man noch durch Deaktivieren eines Kontrollfeldes (Entfernen des Hakens in dem jeweiligen Kontrollkästchen) einzelne Empfänger vom Druck ausschließen.

Um das Dialogfeld *Seriendruckempfänger* wieder auszublenden, wird die Schaltfläche *OK* betätigt.

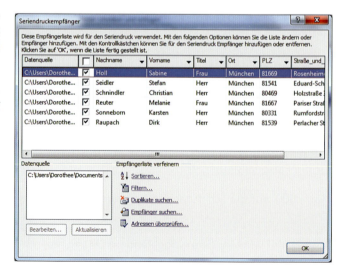

Nun klickt man auf die Schaltfläche *Seriendruckfeld einfügen.*

Es erscheinen die zur Verfügung stehenden Seriendruckfelder (Spaltenüberschriften aus der Datenquelle).

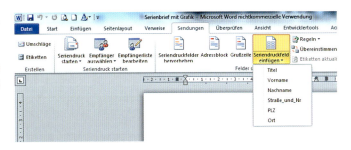

Die gewünschten Seriendruckfelder werden nun in das Hauptdokument eingefügt.

Begonnen wird mit der Anschrift. Beachtet werden muss die Zusatz- und Vermerkzone, die in diesem Beispiel nicht benötigt wird, daher bleiben die ersten drei Zeilen frei.

Der Cursor wird an den Anfang der fünften Zeile des Dokumentes gestellt, und mit einem Klick auf das Seriendruckfeld *Titel* erscheint in dem Word-Dokument der Platzhalter <<Titel>>.

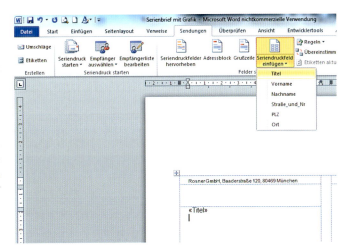

Die Seriendruckfelder *Straße_und_Nr.* und *PLZ_und_Ort* werden auf gleiche Weise an entsprechender Stelle eingefügt.

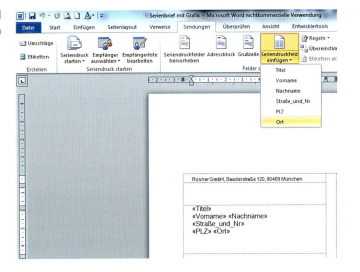

Mit einem Klick auf die Schaltfläche *Vorschau Ergebnisse* kann man sich die einzelnen Datensätze (Seriendokumente) ansehen.

Mit einem Klick auf die Pfeile rechts neben der Schaltfläche *Vorschau Ergebnisse* kann man zwischen der Ansicht der verschiedenen Datensätze wechseln.

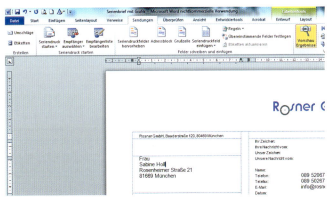

Beim 2. Datensatz erscheint der Titel „Herr", richtigerweise müsste es jedoch „Herrn" heißen.

Mit anderen Worten: Wenn die Anrede „Herr" genutzt wird, muss hinter das Wort „Herr" ein „n" angehängt werden.

Um das zu erreichen, nutzt man ein sogenanntes Bedingungsfeld *Wenn… Dann… Sonst…* .

Man klickt auf den Listenpfeil neben der Schaltfläche *Regeln* und wählt den Menüpunkt *Wenn… Dann… Sonst…* aus.

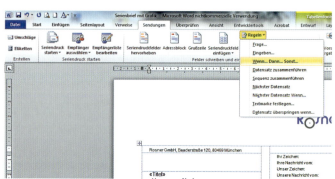

Es erscheint das Dialogfeld *Bedingungsfeld einfügen: WENN.*

Man klickt auf den Pfeil in dem Listenfeld *Feldname:* und wählt aus den nun eingeblendeten Feldnamen *Titel* aus.

Im Listenfeld *Vergleich:* wählt man die Option *Gleich*.

Das Wort „Herr" wird im Eingabefeld *Vergleichen mit:* eingegeben.

Im Feld *Dann diesen Text einfügen*: wird der Buchstaben „n" eingeben.

In das Eingabefeld *Sonst diesen Text einfügen:* muss man einmal hereinklicken. Anschließend wird die Schaltfläche *OK* betätigt.

Bei der Anrede ergibt sich ein ähnliches Problem. Wenn es sich um eine Frau handelt, sollte es heißen „Sehr geehrte", wird jedoch ein Mann angesprochen, muss es heißen „Sehr geehrter".

Es wird manuell „Sehr geehrte" eingeben.

Der Cursor wird direkt hinter „Sehr geehrte" gestellt.

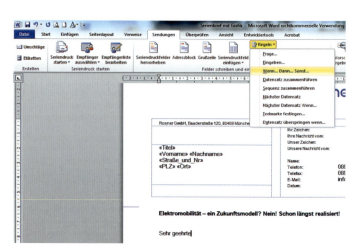

Man klickt auf den Listenpfeil der Schaltfläche *Regeln* und wählt *Wenn… Dann… Sonst…* aus.

1 Serienbriefe

Es erscheint die abgebildete Schaltfläche.

Man klickt auf den Pfeil in dem Listenfeld *Feldname:* und wählt aus den nun eingeblendeten Feldnamen *Titel* aus. Im Listenfeld *Vergleich:* wählt man die Option *Gleich*.

„Herr" wird im Eingabefeld *Vergleichen mit:* eingegeben. Im Feld *Dann diesen Text einfügen:* gibt man den Buchstaben „r" ein.

Man klickt in das Eingabefeld *Sonst diesen Text einfügen:* nur einmal herein.

Die Eingabe bestätigt wird anschließend mithilfe der Schaltfläche *OK*.

Man fügt nun mit jeweils einem Leerzeichen Abstand die Seriendruckfelder *Titel* und *Name* ein. Das Komma wird manuell eingegeben.

Um den Kunden im Text mit Namen anzusprechen, werden an entsprechender Stelle die Seriendruckfelder *Titel* und *Name* eingefügt.

Das Komma und der Text „als Fahrradfahrer" werden wieder manuell eingeben.

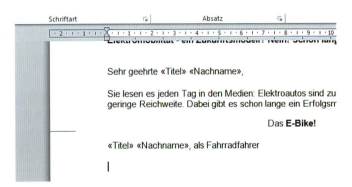

Hier ergibt sich wieder ein Problem, das es zu lösen gilt. Eine Frau ist kein Fahrradfahrer, sondern eine Fahrradfahrerin. Mit anderen Worten: Handelt es sich um eine Frau, muss hinter dem Fahrradfahrer die Silbe „in" angehängt werden.

Direkt hinter dem Wort „Fahrradfahrer" wird ein Bedingungsfeld eingefügt.

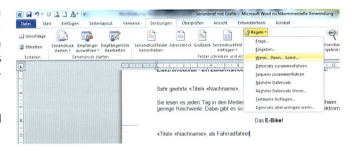

Man klickt auf den Listenpfeil *Regeln* und wählt den Menüpunkt *Wenn... Dann... Sonst...* .

Es erscheint die nebenstehende Schaltfläche.

Man klickt auf den Pfeil in dem Listenfeld *Feldname* und wählt *Titel* aus. Im Listenfeld *Vergleich* wählt man *Gleich*. Bei *Vergleichen mit:* wird „Frau" eingeben. Im Feld *Dann diesen Text einfügen:* wird die Silbe „in" eingegeben.

Man klickt in das Eingabefeld *Sonst diesen Text einfügen:* nur einmal herein.

Bestätigt wird anschließend mit einem Klick auf die Schaltfläche *OK*.

Nun kann der Inhalt des Briefes vervollständigt werden.

Bevor die fertigen Serienbriefe gedruckt werden, sollten die Briefe auf eventuelle Fehler korrigiert werden.

1.3 Erstellen der Seriendokumente

Sind die Briefe nach eingehender Kontrolle richtig, wird auf die Schaltfläche *Fertigstellen und zusammenführen* geklickt.

Anschließend wird der Menüpunkt *Einzelne Dokumente bearbeiten* ausgewählt.

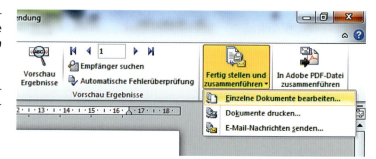

Es erscheint nebenstehendes Dialogfeld.

Es wird die Option *Alle* aktiviert.

Zum Schluss wird die Schaltfläche *OK* betätigt.

2 Serien-E-Mail

Bei Serien-E-Mails wird ähnlich wie bei Serienbriefen ein Schriftstück, das sogenannte Hauptdokument, an viele verschiedene Empfänger versandt. Dabei bleibt der Inhalt der E-Mail gleich, variabel sind nur die Empfängerdaten. Diese Empfängerdaten sind in der Adressliste, der sogenannten Datenquelle, gespeichert. In jeder einzelnen Serien-E-Mail werden die Platzhalter durch die entsprechenden Daten aus der Datenquelle ersetzt.

Voraussetzung für das Versenden einer Serien-E-Mail ist, dass ein kompatibles E-Mail Programm, z. B. Microsoft Outlook, installiert ist. Wichtig dabei ist, dass Sie dieselben Versionen von Word und Outlook verwenden, d. h. beispielsweise Microsoft Word 2010 und Microsoft Outlook 2010.

2.1 Erstellen einer Datenquelle mit Microsoft Word oder Microsoft Excel

Zur Erstellung einer Datenquelle stehen Ihnen das Programm Microsoft Word und/oder das Programm Microsoft Excel zur Verfügung. Beachten Sie bei der Erstellung Ihrer Adressliste, dass die Feldnamen (Spaltenüberschriften, z. B. Titel, Name, Straße und Nummer etc.) in der ersten Zeile des jeweiligen Dokumentes stehen. Speichern und schließen Sie Ihr erstelltes Dokument wie gewohnt.

Datenquelle mit dem Programm Microsoft Word

Datenquelle mit dem Programm Microsoft Excel

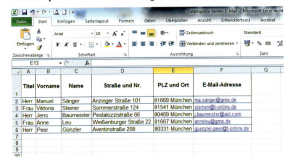

2.2 Nutzen der Outlook-Kontakte für eine Datenquelle

Sie haben ebenfalls die Möglichkeit, Kontakte aus dem Programm Microsoft Outlook als Datenquelle zu nutzen.

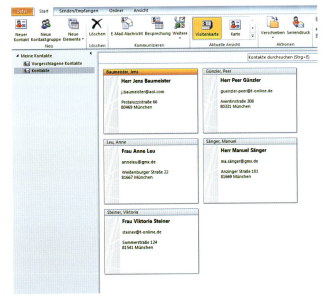

2.3 Erstellen einer E-Mail als Hauptdokument

Zur Erstellung einer E-Mail als Hauptdokument können Sie ein bereits erstelltes Dokument, ein neues Dokument oder eine Dokumentvorlage nutzen. In dem nachfolgenden Beispiel wird ein neues Dokument verwendet.

Öffnen Sie ein neues Word-Dokument und rufen Sie das Register *Sendungen* auf.

Klicken Sie auf die Schaltfläche *Serienbrief starten*.

Wählen Sie den Menüpunkt *E-Mail-Nachrichten* aus.

Verbinden Sie nun das Hauptdokument mit Ihrer erstellten Datenquelle, die die Daten für die Personalisierung enthält.

Klicken Sie auf die Schaltfläche *Empfänger auswählen*.

Möchten Sie eine bereits in Word oder Excel erstellte Datenquelle nutzen, wählen Sie aus dem eingeblendeten Menü den Menüpunkt *Vorhandene Liste verwenden*.

Wählen Sie nun den Speicherort Ihrer bereits erstellten Datenquelle (Word- oder Excel-Datei).

Mit einem Doppelklick auf Ihre Datei wird das Hauptdokument mit Ihrer Datenquelle verbunden.

Haben Sie eine Word-Datei als Datenquelle ausgewählt, entfällt die nächste Aktion.

Haben Sie eine Excel-Datei als Datenquelle ausgewählt, erscheint das nebenstehende Dialogfeld *Tabelle auswählen*.

Klicken Sie auf den Namen des Tabellenblattes, in der die Adressliste aufgeführt ist.

Bestätigen Sie Ihre Eingaben mit einem Klick auf die Schaltfläche *OK*.

Möchten Sie die Daten der Empfänger aus einem Ihrer Kontaktordner von Outlook entnehmen, klicken Sie auf den Menüpunkt *Aus Outlook-Kontakten auswählen*.

Klicken Sie im Dialogfeld *Kontakte auswählen* auf den Kontaktordner, den Sie verwenden möchten.

Betätigen Sie die Schaltfläche *OK*.

Wenn Sie als Datenquelle Ihre Outlook-Kontakte nutzen, erscheint das Dialogfeld *Seriendruckempfänger*.

Wenn Sie eine andere Datenquelle verwenden, wird das Symbol *Empfängerliste bearbeiten* aktiv.

Mit einem Klick auf diese Schaltfläche rufen Sie das Dialogfeld *Seriendruckempfänger* auf.

Sie können gegebenenfalls noch durch Deaktivieren eines Kontrollfeldes (Entfernen des Hakens in dem jeweiligen Kontrollkästchen) einzelne Empfänger ausschließen.

Um das Dialogfeld *Seriendruckempfänger* wieder auszublenden, betätigen Sie die Schaltfläche *OK*.

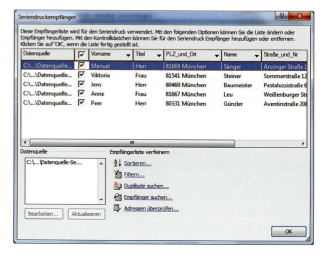

Schreiben Sie nun manuell „Sehr geehrte".

Fügen Sie mit jeweils einem Leerzeichen Abstand die Seriendruckfelder *Titel* und *Name* ein.

Klicken Sie dazu auf die Schaltfläche *Seriendruckfeld einfügen*.

Es erscheinen die zur Verfügung stehenden Seriendruckfelder (Spaltenüberschriften aus Ihrer Datenquelle).

In Ihrem Dokument erscheinen die Platzhalter <<*Titel*>> und <<*Name*>> mit einem Leerzeichen Abstand zueinander. Das Komma schreiben Sie wieder manuell.

Wenn Sie als Datenquelle die Kontaktdaten aus dem Programm Microsoft Outlook nutzen, erscheinen alle zur Verfügung stehenden Seriendruckfelder.

Klicken Sie zunächst auf das Seriendruckfeld *Anrede*.

In Ihrer E-Mail erscheint der Platzhalter <<*Anrede*>>.

Fügen Sie manuell ein Leerzeichen ein.

Klicken Sie nun auf das Seriendruckfeld *Nachname*.

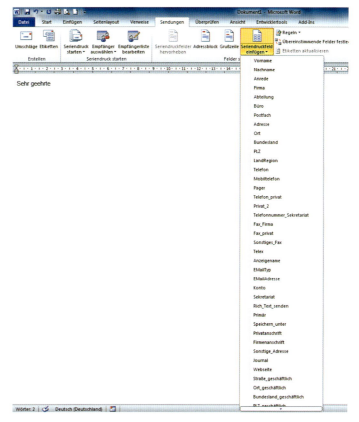

Fügen Sie manuell das Komma ein.

Ihr Dokument sieht wie nebenstehend abgebildet aus.

Mit einem Klick auf die Schaltfläche *Vorschau Ergebnisse* können Sie sich die einzelnen Datensätze (Serien-E-Mails) ansehen.

Klicken Sie auf die Pfeile rechts neben der Schaltfläche *Vorschau Ergebnisse,* um zwischen der Ansicht der verschiedenen Datensätze zu wechseln.

In einem Datensatz steht: „Sehr geehrte Herr Sänger,", richtigerweise müsste es jedoch heißen „Sehr geehrter Herr Sänger,". Mit anderen Worten: Wenn der Titel „Herr" genutzt wird, muss hinter das Wort „geehrte" ein „r" angehängt werden.

Um das zu erreichen, nutzen Sie ein sogenanntes Bedingungsfeld *Wenn... Dann... Sonst... .*

Gehen Sie mit einem Klick auf die Schaltfläche *Vorschau Ergebnisse* zurück in die Platzhalter-Ansicht.

Stellen Sie den Cursor direkt hinter das Wort „geehrte".

Klicken Sie auf den Listenpfeil neben der Schaltfläche *Regeln* und wählen Sie den Menüpunkt *Wenn... Dann... Sonst...".*

Es erscheint das Dialogfeld *Bedingungsfeld einfügen: WENN.*

Klicken Sie auf den Pfeil in dem Listenfeld *Feldname:* und wählen Sie aus den nun eingeblendeten Feldnamen *Titel* bzw., wenn Sie als Datenquelle Kontakte von Outlook nutzen, wählen Sie *Anrede* aus.

Im Listenfeld *Vergleich:* wählen Sie die Option *Gleich.* Geben Sie „Herr" im Eingabefeld *Vergleichen mit:* ein.

Im Feld *Dann diesen Text einfügen:* geben Sie den Buchstaben „r" ein.

Klicken Sie in das Eingabefeld *Sonst diesen Text einfügen:* nur einmal herein. Betätigen Sie anschließend die Schaltfläche *OK.*

Vervollständigen Sie Ihre E-Mail.

Der Buchstabe „r" wird an der entsprechenden Stelle in Ihr Dokument eingefügt (siehe Abbildung).

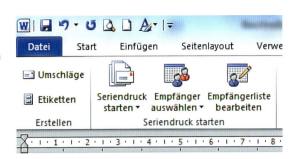

Bevor Sie die fertigen Serien-E-Mails senden, kontrollieren Sie diese in der Vorschau auf eventuelle Fehler.

2.4 Senden der Serien-E-Mails

Sind die E-Mails nach eingehender Kontrolle richtig, klicken Sie auf die Schaltfläche *Fertigstellen und zusammenführen*. Wählen Sie den Menüpunkt *E-Mail-Nachrichten senden*.

Es erscheint nebenstehendes Dialogfeld.

Wählen Sie in dem Listenfeld *Zu:* den Menüpunkt *EMail-Adresse*.

Aktivieren Sie die Option *Alle*.

Betätigen Sie die Schaltfläche *OK*.

Ist in dem Programm Microsoft Outlook die automatische Sendung von E-Mails aktiviert (kein Haken vor *Automatisches Senden/Empfangen deaktivieren*), werden die Serien-E-Mails automatisch versendet und erscheinen im Postausgang von Outlook.

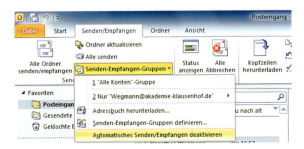

Bei Deaktivierung des automatischen Sendens können Sie die Serien-E-Mails im Programm Microsoft Outlook mit einem Klick auf *Alle Ordner senden/empfangen* versenden.

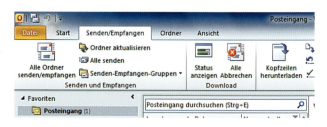

Wird das Hauptdokument für weitere Serien-E-Mails benötigt, speichern Sie es. Die Verbindung zur Datenquelle wird automatisch gespeichert.

3 Stundenberechnung in Excel

Sollen z. B. Arbeitsstunden in einer Excel-Tabelle berechnet werden, ist es erforderlich, das voreingestellte Format der betroffenen Zellen von *Standard* oder *Zahl* so zu verändern, dass das Programm in Stunden und Minuten rechnen kann.

Tag	Beginn	Ende	Pausen	Arbeitsstunden
01				0:00
02	8:00	17:00	0:45	8:15
03	8:15	17:45	1:00	8:30
04	8:00	17:00	1:00	8:00

Excel verlangt in diesem Fall, das Format auf *Uhrzeit* umzustellen.

Vorgehensweise: Felder mit der rechten Maustaste anklicken, dann *Zellen formatieren – Uhrzeit – 13:30*

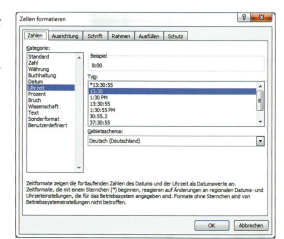

Ein spezielles Problem tritt auf, wenn die Addition der Stunden die Zahl 24 überschreitet, weil Excel dann normalerweise nur die Stunden über 24 anzeigt. Dies lässt sich ändern, indem man für diese Felder ein neues Format wählt.

Vorgehensweise: Felder mit der rechten Maustaste anklicken, dann *Zellen formatieren – Benutzerdefiniert – hh:mm*.

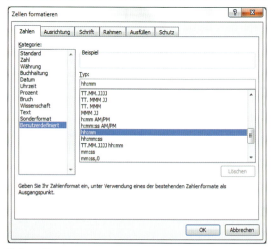

In einem weiteren Schritt müssen nach der Auswahl des benutzerdefinierten Formats im Ergebnisfeld „Typ" die Platzhalter für Stunden in eckige Klammern eingeschlossen werden: *[hh]:mm*.

Dadurch sind auch dreistellige Stundenzahlen möglich.

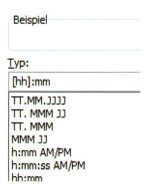

4 Kalkulation

4.1 Bezugskalkulation

> **Bezugskalkulation:** Rechenverfahren, mit dem der Bezugspreis einer Ware errechnet wird.

Es handelt sich um eine gestufte Vorwärtskalkulation vom Listeneinkaufpreis bis zum Bezugspreis.

Rechenschema

Bezugskalkulation	€			
Listeneinkaufspreis	45,00	100 %		
– Rabatt	4,50	– 10 %		
= Zieleinkaufspreis	40,50	90 % →	100 %	
– Skonto	0,81		– 2 %	
= Bareinkaufspreis	39,69		98 %	
+ Bezugskosten	0,31			
= **Bezugspreis**	**40,00**	= 100 %		

Minus-Faktoren	Plus-Faktor
▎ Rabatt	▎ Bezugskosten
▎ Skonto	

Beispielrechnung für den Rabattabzug von 10 %

100 % – 45,00 €
10 % – x

$$x = \frac{45,00\ € \times 10}{100} = 4,50\ €$$

4.2 Großhandelskalkulation

> **Großhandelskalkulation:** Rechenverfahren, mit dem der Listenverkaufspreis einer Ware errechnet wird

Es handelt sich um eine gestufte Vorwärtskalkulation vom Listeneinkaufpreis bis zum Listenverkaufspreis.

Rechenschema

	Vorwärtskalkulation	€		
Bezugs-kalkulation	Listeneinkaufspreis	93,10	100 %	
	– Rabatt	9,31	– 10 %	
	= Zieleinkaufspreis	83,79	90 % →	100 %
	– Skonto	1,68		– 2 %
	= Bareinkaufspreis	82,11		98 %
	+ Bezugskosten	0,39		
Verkaufs-kalkulation	= Bezugspreis	82,50	= 100 %	
	+ Handlungskostenzuschlag	41,25	+ 50 %	
	= Selbstkostenpreis	123,75	150 %	→ 100 %
	+ Gewinnzuschlag	12,38		+ 10 %
	= Barverkaufspreis	136,13	97 %	← 110 %
	+ Kundenskonto (im Hundert)	4,21	3 %	
	= Zielverkaufspreis	140,34	100 % →	85 %
	+ Kundenrabatt (im Hundert)	24,77		15 %
	= Listenverkaufspreis	165,11		100 %

Minus-Faktoren	Plus-Faktoren
▎ Rabatt	▎ Bezugskosten
▎ Skonto	▎ Handlungskostenzuschlag
	▎ Gewinnzuschlag
	▎ Kundenskonto
	▎ Kundenrabatt

Beispielrechnung für den Handlungskostenzuschlag von 50 %

100 % – 82,50 €
50 % – x

$$x = \frac{82{,}50\ € \cdot 50}{100} = 41{,}25\ €$$

Sonderfälle Kundenskonto und Kundenrabatt

Der Kundenrabatt wird bereits durch den Großhändler auf der Rechnung für den Kunden abgezogen, und zwar vom Listenverkaufspreis. Damit ist der Listenverkaufspreis mit 100 % gleichzusetzen.

Kundenskonto zieht der Kunde vom Rechnungsbetrag (einschließlich Umsatzsteuer) ab, wenn er innerhalb der Skontofrist zahlen möchte.

Beispielrechnung für den Kundenrabatt von 10 %

85 % = 140,34 €
15 % = x

$$x = \frac{140{,}34\ € \cdot 15}{100} = 24{,}77\ €$$

In der Vorwärtskalkulation wird vom Zielverkaufspreis zum Listenverkaufspreis gerechnet. Der Zielverkaufspreis ist demnach ein verminderter Grundwert. Es ist folglich die Im-Hundert-Rechnung anzuwenden.

Kalkulationszuschlag

 Kalkulationszuschlag: Prozentzuschlag auf den Bezugspreis, der den Handlungskostenzuschlag, den Gewinnzuschlag sowie Kundenskonto und Kundenrabatt zu einem einheitlichen Prozentsatz zusammenfasst. Mit dem Handlungskostenzuschlag wird der Listenverkaufspreis berechnet.

Der Kalkulationszuschlag fasst die einzelnen Plus-Faktoren der Vorwärtskalkulation zu einem Prozentsatz zusammen. Der Bezugspreis ist mit 100 % gleichzusetzen.

Rechenschema

Kalkulationszuschlag	%	€		
Bezugspreis		82,50	100,00 %	Bezugsprei
+ Handlungskosten	50 %	41,25		
Selbstkostenpreis		123,75		
+ Gewinnzuschlag	10 %	12,38		
Barverkaufspreis		136,13	100,12 %	+ Kalkulationszuschlag
+ Kundenskonto	3 %	4,21		(Prozentzuschlag)
Zielverkaufspreis		140,34		
+ Kundenrabatt	15 %	24,77		
Listenverkaufspreis		165,11	200,12 %	= Verkaufspreis
(Nettoverkaufspreis)				

Der Unterschied zwischen **Bezugspreis und Listenverkaufspreis** beträgt 82,61 € (41,25 € + 12,38 € + 4,21 € + 24,77 €). In die Prozentrechnung umgesetzt bedeutet das:

Bezugspreis   82,50 €   =   100 %
Zuschlag   82,61 €   =   x %

$$x = \frac{100 \cdot 82{,}61\ €}{100} = 100{,}12\ \%$$

$$\text{Kalkulationszuschlag} = \frac{100 \cdot \text{Zuschlag in €}}{\text{Bezugspreis in €}}$$

4.3 Einzelhandelskalkulation

> **Einzelhandelskalkulation:** Rechenverfahren, mit dem der Bruttoverkaufspreis einer Ware errechnet wird

Es handelt sich um eine gestufte Vorwärtskalkulation vom Listeneinkaufpreis bis zum Bruttoverkaufspreis.

Rechenschema

	Vorwärtskalkulation	€			
Bezugs-kalkulation	Listeneinkaufspreis – Rabatt	93,10 9,31	100 % – 10 %		
	= Zieleinkaufspreis – Skonto	83,79 1,68	90 % →	100 % – 2 %	
	= Bareinkaufspreis + Bezugskosten	82,11 0,39		98 %	
Verkaufs-kalkulation	= **Bezugspreis** + Handlungskostenzuschlag	82,50 41,25	= 100 % + 50 %		
	= Selbstkostenpreis + Gewinnzuschlag	123,75 12,38	150 %	→ 100 % + 10 %	
	= Nettoverkaufspreis + Umsatzsteuer	136,13 25,86	100 % + 19 %	← 110 %	
	= **Bruttoverkaufspreis**	161,99	119 %		

Besonderheiten der Einzelhandelskalkulation im Vergleich zur Großhandelskalkulation

- Das Ergebnis der Kalkulation, der Bruttoverkaufspreis, enthält die Umsatzsteuer.
- Die Kalkulation wird nicht individuell auf einen Kunden bezogen. Man kalkuliert vielmehr einen Preis, der zunächst für alle Kunden gilt, die das Geschäft betreten. Dieser Preis kann nachträglich durch individuelle Vereinbarung verändert werden. In Ausnahmefällen werden für Kunden spezielle Konditionen festgelegt.

Die einzelnen Rechenschritte entsprechen denen der Großhandelskalkulation. Das gilt auch für den Kalkulationszuschlag.

5 Einsatz der EDV-Finanzbuchführung

5.1 Leistungsmerkmale einer EDV-Finanzbuchführung

Eine EDV-Finanzbuchhaltung ist heute in der Regel Teil eines ERP-Systems, durch das die Geschäftsprozesse in einem Unternehmen gesteuert werden.

ERP-System, siehe Informationshandbuch des 1. Ausbildungsjahres.

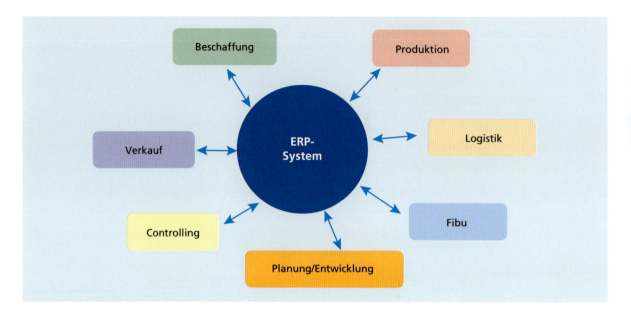

Der entscheidende Vorteil des Einsatzes einer EDV-Finanzbuchführung ist die hohe Geschwindigkeit bei der Bearbeitung von Massendaten. Das hat zur Folge, dass die Finanzbuchführung in der Lage ist, die Wert- und Leistungsströme aus den Geschäftsprozessen in hoher Geschwindigkeit zu verarbeiten, und die Führung der Bücher, der Jahresabschluss und die Auswertung der Buchführungsergebnisse in kurzer Zeit erfolgen können.

Die EDV-Finanzbuchführung ist in der Lage, auf der Grundlage der eingegebenen Daten (Anfangsbestände, Buchung der Geschäftsfälle, Buchung der vorbereitenden Abschlussbuchungen) durch einen Programmbefehl automatisch

- den Abschluss aller Haupt- und Nebenbuchkonten durchzuführen,
- die Gewinn- und Verlustrechnung nach HGB zu erstellen,
- die Bilanz nach HGB aufzustellen.

Hinzu kommt die Auswertung der Buchführungsergebnisse nach den unterschiedlichsten Anforderungen der Nutzer, z. B.

- Zahlen- bzw. Wertübersichten in Tabellenform,
- betriebswirtschaftliche Auswertungen,
- Kennziffern,
- Statistiken usw.

Diese Auswertungen werden häufig auch noch aufbereitet und in grafische Darstellungen (z. B. Diagramme) übertragen.

Automatische Umsatzsteuervoranmeldung
Ein weiterer Vorteil der EDV-Finanzbuchführung besteht in der automatischen Aufbereitung von Daten für Steuererklärungen und deren Ausdruck auf amtlichen Vordrucken. Auf diese Weise wird z. B. die monatliche Umsatzsteuervoranmeldung erstellt und die Zahllast gegenüber dem Finanzamt ermittelt.

Datenbasis für Unternehmensentscheidungen
Mithilfe eines EDV-Finanzbuchführungsprogramms stehen dem Unternehmen wesentliche Daten zur internen Weiterverarbeitung entweder in dem Programm selbst oder durch Zugriff auf die Datenbank des ERP-Systems zur Verarbeitung in anderen Programmmodulen zur Verfügung. Diese Daten werden in der Kosten- und Leistungsrechnung, der Planungsrechnung, dem Controlling und der Statistik so verarbeitet, dass sie zur Steuerung des Unternehmens genutzt werden können und die Basis für unternehmerische Entscheidungen bilden (siehe Kosten- und Leistungsrechnung im Informationshandbuch des 3. Ausbildungsjahres).

5.2 Arbeiten mit einem EDV-Finanzbuchführungsprogramm

Die Erstellung von Grund-, Haupt- und Nebenbüchern mit einem EDV-Programm ist wenig zeitintensiv, vor allem weil immer wieder auftretende Tätigkeiten wie das Anlegen von Konten, die Durchführung von Berechnungen, der Abschluss der Konten usw. durch das Programm durchgeführt werden.

Finanzbuchführungsprogramme müssen zusätzlich zu den Grundsätzen der ordnungsgemäßen Buchführung (GoB) auch den speziellen Anforderungen der Grundsätze ordnungsmäßiger Speicherbuchführung (GoS) entsprechen, damit sie den steuerrechtlichen Ansprüchen gerecht wird.

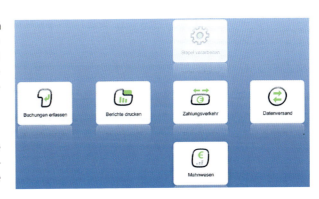

Unabhängig von der Art der eingesetzten Software muss der Anwender bei der Nutzung einer EDV-gestützten Buchführung folgende Arbeitsschritte durchführen:

- Einrichten
- Erfassen
- Verarbeiten
- Auswerten

5.2.1 Einrichten einer EDV-Finanzbuchhaltung

Die Anwenderprogramme der Finanzbuchhaltung verlangen zunächst die Anmeldung von **Stammdaten**, um überhaupt arbeiten zu können. Stammdaten sind langfristig gleichbleibende Daten (z. B. Adressen von Kunden oder Angaben über den Kontenrahmen).

Firmenstamm

Im ersten Arbeitsschritt sind alle Stammdaten des eigenen Unternehmens einzugeben. Dazu gehören neben dem Firmennamen, der Bankverbindungen u. Ä. auch Angaben zu dem zu verwendenden Kontenrahmen und zur Unternehmensform, weil diese die Art des Jahresabschlusses bestimmt.

Konstanten

In jeder EDV-Buchhaltung wird mit sogenannten Konstanten, die ähnlich wie die Stammdaten nur einmal angelegt werden, gearbeitet. Diese Konstanten bleiben dann über längere Zeit unverändert. Zu diesen Konstanten gehören u. a. die Steuersätze und die Buchungstexte. Im weiteren Sinn gehören dazu aber auch die Konten und deren besondere Einstellungen, z. B. für den Kontenabschluss.

Sachkontenstamm

Auf der Grundlage des Kontenrahmens des Speditions- und Lagereigewerbes werden die Konten des Unternehmens eingerichtet. Bei den einzurichtenden Konten handelt es sich zunächst einmal um die Sachkonten. Zur Kennzeichnung der Sachkonten werden fünf stellige Kontennummern verwendet. In der Regel werden bei der Eingabe Bruttobeträge erfasst, aus denen das System automatisch die Umsatzsteuer herausrechnet, wenn ein entsprechender Schlüssel vorgegeben ist. Außerdem muss festgelegt sein, ob es sich beim Konto um ein Aufwandskonto oder um ein Ertragskonto handelt und über welches Konto der Abschluss zu erfolgen hat. In der Regel werden nicht alle Sachkonten des Kontenrahmens benötigt, sondern nur die Konten des betrieblichen Kontenplans.

Personenkontenstamm

Aus den Sachkonten „Forderungen" und „Verbindlichkeiten" ist nicht zu ersehen, wie hoch die Forderungen an den einzelnen Versender/Kunden sind bzw. wie hoch die Verbindlichkeiten gegenüber den Lieferern sind. Daher werden neben den Sachkonten auch für jeden Kunden (Debitor) und Lieferer (Kreditor) eigene Konten, die Personenkonten, eingerichtet. Die Debitoren- und Kreditorenkonten enthalten auch Angaben zum Unternehmen des Kunden bzw. des Lieferers, die Bankverbindungen, die Zahlungsbedingungen usw.

Diese Personenkonten dienen vor allem der Überwachung der Zahlungstermine und der Zahlungsbereitschaft. Die Debitorenkonten erhalten eine fünfstellige Kontonummer, die sich an dem Konto „Forderungen" und der laufenden Nummer für den Kunden (24001, 240002, 240003 usw.) orientiert.

Die Kreditorenkonten werden ebenfalls mit einer fünfstelligen Kontonummer gekennzeichnet, die sich an dem Konto „Verbindlichkeiten" und der laufenden Nummer für den Lieferer (44001, 44002 usw.) orientiert.

Der besondere Vorteil der EDV-Buchführung besteht darin, dass die sonst aufwendigen Auswertungen der Konten erheblich erleichtert werden und jeden Monat aktuell zur Verfügung stehen. Die Ausgangs- und Eingangsrechnungen werden direkt auf den Personenkonten und nicht auf dem Konto Forderungen bzw.

Verbindlichkeiten gebucht. Sie werden aber vom Buchführungsprogramm automatisch auf diesen Konten parallel erfasst.

5.2.2 Programmgestützt buchen

Nach der Einstellung der Finanzbuchhaltung auf die individuellen Bedingungen des Unternehmens ist die Finanzbuchhaltung bereit, alle Geschäftsvorgänge zu dokumentieren und zu verarbeiten. Zu Beginn der Nutzung einer EDV-Buchführung sind zunächst die Daten der ursprünglichen (manuellen) Buchführung aus der vorangegangenen Rechnungsperiode zu übernehmen.

Das geschieht durch entsprechende Eröffnungsbuchungen auf der Grundlage von Summen- oder Saldenlisten bzw. der Bilanz. Im Fortlauf der Nutzung werden die Daten des abgelaufenen Buchungsjahres (Geschäftsjahr) automatisch auf das folgende Buchungsjahr übertragen. In der Regel wird beim Ersteinsatz einer EDV-Finanzbuchführung die bisher genutzte manuelle Buchführung für einige Zeit parallel weitergeführt.

In den meisten Abteilungen des Rechnungswesens von kleineren und mittleren Unternehmen wird nicht täglich, sondern zu festen Terminen gebucht. Bis zu diesen Terminen werden die Belege (Ausgangsrechnungen, Eingangsrechnungen, Kontoauszüge usw.) gesammelt und dann wie nebenstehend bearbeitet.

Ablauf der Buchung
1. Belegvorbereitung
2. Buchungskreise einrichten
3. Laufende Buchungen
4. Abschlussbuchungen

Vorbereitung der Belege

Während die Stammdaten längerfristig gleich bleiben, werden aus den Belegen Belegdatum, Belegtext, Betrag usw. entnommen und als sogenannte Bewegungsdaten in die Eingabemasken des Fibu-Programms eingegeben. Die Vereinfachung liegt darin, dass nicht noch einmal die Stammdaten, sondern nur die Bewegungsdaten jeweils neu eingegeben werden müssen.

Bewegungsdaten

Die Eingabe von Bewegungsdaten setzt voraus, dass die zu buchenden Belege vorkontiert und nach Buchungskreisen (Eingangsrechnungen, Ausgangsrechnungen, Zahlungen usw.) und Datum sortiert werden. Jeder Beleg erhält außerdem eine fortlaufende Belegnummer, die auf den Beleg gestempelt wird. Nach den Vorarbeiten wird unmittelbar auf dem Beleg (eventuell in einem Buchungsstempel) vorkontiert, d. h., der den Belegvorgang erfassende Buchungssatz wird eingetragen.

Buchungskreise einrichten

Buchungskreise:
- Ausgangsrechnungen
- Kunden
- Eingangsrechnungen
- Lieferer
- Bank A
- Bank B

In der Praxis wird bei EDV-Buchführungen nach Buchungskreisen gebucht. Buchungskreise fassen gleichartige Buchungen zusammen, z. B. alle Kassenbuchungen oder Bankbuchungen (weitere Buchungskreise können sein: Eingangsrechnungen der Lieferer, Ausgangsrechnungen an Kunden/Versender, Steuern usw.). Dazu werden die Originalbelege nach diesen Buchungskreisen vorsortiert, kontiert und dann direkt in den Computer eingegeben.

Erfassung der laufenden Buchungen

Die nach Buchungskreisen geordneten und vorkontierten Belege stellen die Grundlage für die Erfassung der Buchungen dar. Nach Aufruf der Eingabemaske für die laufenden Buchungen werden die Belege einzeln erfasst. Dazu werden die Vorkontierungen auf den Belegen in die Maske, d. h. in die unterschiedlichen Datenfelder (Belegnummer, Datum, Buchungstext, Soll-Konto/Haben-Konto, Betrag), eingegeben und sofort verarbeitet. Diese Form der Verarbeitung nennt sich Dialogverarbeitung. Von Stapelverarbeitung spricht man, wenn die Verarbeitung der Daten erst nach vollständiger Erfassung der vorliegenden (gleichartigen) Vorgänge erfolgt. Das Programm arbeitet dann den gesamten Stapel von Vorgängen in einem Arbeitsgang ab.

Abschlussbuchungen

Zusätzlich zu den laufenden Buchungen können am Monatsende, Quartalsende oder zum Jahresschluss die Umbuchungen als vorbereitende Abschlussbuchungen durchgeführt werden. Sie erfolgen nach denselben Grundsätzen wie die laufenden Buchungen. In der Regel wird die Umbuchung des Saldobetrages des Vorsteuerkontos auf das Mehrwertsteuerkonto vom Programm automatisch durchgeführt.

5.2.3 Auswertung der Finanzbuchhaltung

Grundlagen für die Auswertungen sind die Konten und das Journal, dessen Ausdruck außerdem gesetzlich vorgeschrieben ist. Der Anwender kann vielfältige Anwendungen abrufen:

1. **Saldenlisten der Sachkonten und Personenkonten**

   Saldenlisten der Sachkonten, aber auch der Personenkonten können für jeden Monat ausgedruckt werden. Die Saldenlisten der Sachkonten zeigen für das einzelne Sachkonto die Bewegungen im Soll und Haben für den entsprechenden Monat. Außerdem weist die Liste die bisher aufgelaufenen Jahressoll- und Jahreshaben-Summen und auch die Salden für die Saldenbilanz auf. Ähnlich sind auch die Saldenlisten der **Personenkonten** aufgebaut. Sie zeigen als wesentliche Größe die Salden der einzelnen Personenkonten (offene Posten).

2. **Bilanz und Gewinn- und Verlustrechnung**

   Der Aufbau der Bilanz und der Gewinn- und Verlustrechnung muss den gesetzlichen formalen Ansprüchen genügen. Darüber hinaus ist es dem Anwender möglich, die Gestaltung nach seinen Wünschen vorzunehmen. Bilanz und GuV dienen als Grundlage für eine intensive Analyse der Geschäftsentwicklung.

3. **Umsatzsteuervoranmeldung und Umsatzsteuererklärung**

   Sowohl die Umsatzsteuervoranmeldung im laufenden Geschäftsjahr als auch die Umsatzsteuererklärung am Ende des Geschäftsjahres werden automatisch durch das Programm ermittelt und auf entsprechenden Vordrucken formgerecht ausgedruckt.

4. **Betriebswirtschaftliche Auswertungen (BWA)**

   Mit der betriebswirtschaftlichen Auswertung werden vielfältige Möglichkeiten, das Zahlenmaterial der Buchführung auszuwerten, genutzt. So können unter anderem Kostenentwicklungen dargestellt, Plan-Ist-Vergleiche aufgestellt, der Liquiditätsstatus errechnet und weitere Analysen durchgeführt werden.

5.3 Prozessbegleitende Erfassung der Wert- und Leistungsströme mit Lexware Financial Office

Die Geschäftsprozesse eines Unternehmens werden in einem ERP-System gesteuert, das im Wesentlichen auf die Daten der Finanzbuchhaltung angewiesen ist. In der Finanzbuchführung geht es um die Erfassung der Wertströme (Güter- und Zahlungsströme) und Leistungsströme, die sich aus den Geschäftsprozessen ergeben. Nur so ist es möglich, festzustellen, ob die Prozesse wirtschaftlich verlaufen und am Ende erfolgreich sind, d. h. Gewinne abwerfen. Die Finanzbuchhaltung ist Teil eines Informationssystems, das die Steuerung und Optimierung der Geschäftsprozess ermöglicht.

Die EDV-Finanzbuchhaltung ist durch die Automatisierung der Vorgänge in der Lage, zeitnah über Daten und Ergebnisse aus dem Rechnungswesen zu verfügen. Die Unternehmensleitung kann aufgrund dieser Daten wichtige Entscheidungen treffen.

5.3.1 Einrichten der Stammdaten

Bevor man mit den Buchführungsarbeiten beginnen kann, muss das Unternehmen als sogenannter Mandant im Buchführungsprogramm angelegt werden. Im vorliegenden Fall ist der anzulegende Mandant das Modellunternehmen Rosner GmbH. In das Programm werden zunächst wichtige Daten des Unternehmens eingetragen. Dazu gehören z. B. der Firmenname, die Anschrift, die zuständigen Finanzämter und die Bankkonten des Unternehmens. Diese Daten können aus dem Firmenhandbuch der Rosner GmbH übernommen werden.

Nach dem Speichern dieser Daten ist die Firma angelegt. Startet man nun den Programmteil „Lexware financial office", so müssen noch Daten zur Gewinnermittlungsart (Doppelte Buchführung oder Einnahmeüberschussrechnung), dem Wirtschaftsjahr und dem zu verwendenden Kontenrahmen eingegeben werden.

5.3.2 Kontenrahmen eingeben

Abhängig von der Art des Unternehmens muss dem Buchführungsprogramm durch einen Kontenrahmen vorgegeben werden, auf welchen Konten gebucht werden soll. Der Kontenrahmen strukturiert die Vielzahl der verschiedenen Konten in Konten für die Erfassung der Aufwendungen und Erträge, in Konten für die Veränderungen der Bestände an Vermögen und Kapital und in Konten für den Jahresabschluss.

Die Rosner GmbH wählt aus der Vielzahl der möglichen Kontenrahmen den Kontenrahmen der Industrie (IKR) aus, weil das Unternehmen neben dem Verkauf von Fahrrädern, Zubehör und Textilien auch aus Modulen selbst gefertigte Fahrräder verkauft.

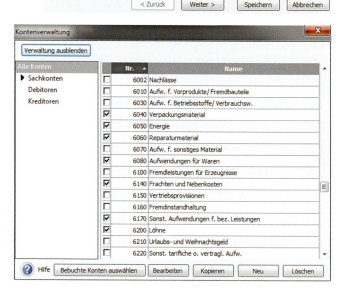

Aus dem Kontenrahmen wählt die Rosner GmbH die Konten aus, die sie für die Darstellung ihrer Geschäftsprozesse benötigt, und erstellt daraus den betrieblichen Kontenplan.

Alle Konten sind in (vom Buchführungsprogramm vorgegebene) Kategorien eingeteilt. Solche Kategorien sind z. B. Anlagevermögen, Finanzkonten, Betriebsausgaben, Einnahmen, Umsatzsteuer, Privat usw.

Zu den verschiedenen Kategorien gibt es zusätzlich Kontenarten. Konten müssen sowohl einer Kategorie als auch einer Kontenart angehören.

Die nebenstehende Abbildung zeigt die Kontenstruktur. Auf der ersten Ebene werden die Kategorien angezeigt (z. B. Anlagevermögen, Finanzkonto, Einnahmen). Jede Kategorie unterteilt sich in Kontenarten (Kategorie Anlagevermögen: sonstige, Sachanlagen, Finanzanlagen etc.).

Die Konten 0540 Verwaltungsgebäude oder 0840 Fuhrpark sind der Kontenart „Sachanlagen" zugeordnet. Im Programm werden führende Nullen nicht angezeigt.

In weiteren Dialogfeldern muss solchen Konten, bei denen vor- oder umsatzsteuerpflichtige Vorgänge gebucht werden, der jeweilige Steuersatz zugeordnet werden.

Ganz wichtig ist auch die Zuordnung der Konten zu einer bestimmten Position in der Gewinn- und Verlustrechnung bzw. Schlussbilanz. Die handelsrechtliche Bilanz ist nach bestimmten, im HGB vorgegebenen Gliederungsvorschriften aufgebaut. Die Konten werden dabei jeweils zu einer Position zusammengefasst. Im Kontenrahmen wird diese Zuordnung festgelegt.

Bei vielen Konten werden gleichartige Festlegungen getroffen. Der Steuersatz, die Kategorie und die Zuordnung zur Bilanz/GuV sind häufig bei vielen Konten gleich. Die Eigenschaften der Konten lassen sich durch einen Doppelklick auf ein bereits vorhandenes Konto im Kontenrahmen übertragen.

5.3.3 Anlegen von Kreditoren und Debitoren

Neben den Sachkonten (Bestands- und Erfolgskonten) werden im Unternehmen die Forderungen und Verbindlichkeiten nach Kunden bzw. Lieferer von eingekauften Waren und Leistungen aufgeschlüsselt erfasst. Diese Debitoren- und Kreditorenkonten werden für die Bilanz zu den Konten Forderungen und Verbindlichkeiten zusammengefasst (Sammelkonten). Die laufende Erfassung der Ausgangs- und Eingangsrechnungen wird daher nicht auf dem Konto „Forderungen" oder auf dem Konto „Verbindlichkeiten", sondern in den Debitoren- und Kreditorenkonten vorgenommen.

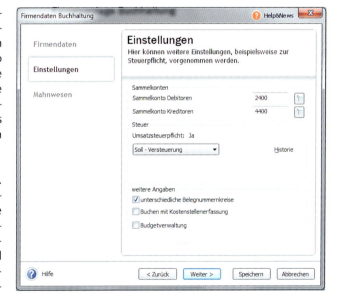

Das Programm „Lexware financial office" funktioniert dann wie eine Durchschreibebuchführung. Der Forderungsbetrag wird im Debitorenkonto und im Forderungskonto gleichzeitig gebucht. Daher ist auch eine Abstimmung der Konten nicht erforderlich. Die Forderungen werden ebenfalls in einer „Offenen-Posten-Liste Debitoren" angezeigt, sodass eine Übersicht über alle Außenstände möglich ist.

In der Rosner GmbH wird für jeden Debitor bzw. Kreditor ein Konto angelegt. In den Firmenstammdaten des Programms „Lexware financial office" ist anzugeben, welche Sammelkonten (2400 Forderungen und 4400 Verbindlichkeiten) für die Debitoren und Kreditorenkonten existieren. Diese Daten werden über das Menü *Bearbeiten | Firma bearbeiten | Einstellungen* eingegeben.

Nun werden die Debitorenkonten angelegt. Dazu muss die Kontenverwaltung aufgerufen werden. In der Kontenverwaltung wird zunächst der Button *Verwaltung einblenden* und dann der Button *Neu* angeklickt. „Lexware financial office pro" bietet nun an, ein Konto als Vorlage für das neu zu erstellende Konto auszuwählen.

Wird ein neuer Debitor angelegt, kann z. B. das Konto eines anderen Debitors ausgewählt werden. Ist noch kein Debitor vorhanden, müssen alle Daten neu eingegeben werden.

Nun werden die weiteren Daten für den Debitor eingegeben.

Dazu gehören:
- Kontonummer (automatisch),
- Kontoname, z. B. Kaulmann,
- weitere Angaben: Rechnungsanschrift usw.

Bei Kreditoren werden auch noch Bankdaten und Zahlungsmodalitäten erfasst.

5.3.4 Eingabe von Buchungstexten

Bevor die Anfangsbestände erfasst werden, können zur Arbeitserleichterung noch bestimmte Eingaben im Menü Verwaltung vorgenommen werden. Das Programm „Lexware financial office" verwaltet beispielsweise die Belegnummern automatisch. Dazu können bestimmte Belegnummernkreise angelegt werden.

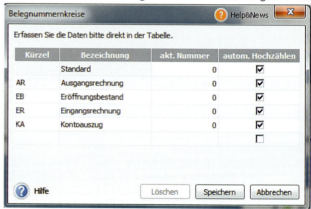

So sollten z. B. Ausgangsrechnungen, Eingangsrechnungen, Kontoauszüge oder Lohnbuchungen mit eigenen Nummernkreisen versehen werden. Dazu wird beispielsweise für Eingangsrechnungen die Buchstabenkombination „ER" definiert. Das Programm zählt danach die Belegnummern für die Eingangsrechnungen getrennt von den anderen Belegen. Die Belegnummernkreise werden im Menü *Verwaltung | Belegnummern* angegeben.

Für bestimmte wiederkehrende Buchungen können die Buchungstexte, die Konten und der Belegnummernkreis vorher festgelegt werden. Damit werden diese Buchungen weitgehend automatisiert.

5.3.5 Eingabe der Anfangsbestände (Eröffnungsbuchungen)

Anfangsbestände der Sachkonten werden als Buchungen eingegeben. Das Gegenkonto ist das Konto 9 000 Saldenvorträge Sachkonten. Für die Debitoren wird das Konto 9 008, für die Kreditoren das Konto 9 009 verwendet. Die Konten „Forderungen" und „Verbindlichkeiten" dürfen keinen Anfangsbestand haben, wenn Debitoren und Kreditoren definiert sind.

Die Buchungen können als Dialog- oder Stapelbuchung angelegt werden. Es empfiehlt sich die Stapelbuchung, weil dabei Fehler noch korrigiert werden können, bis die Buchungen im Buchungsstapel endgültig „ausgebucht" werden (Menü *Buchen | Stapel ausbuchen*). Die Stapelbuchung wird durch Anklicken des entsprechenden Symbols (8) oder mit dem Menüpunkt *Buchen | Stapelbuchen* gestartet.

Im Dialogfeld *Stapelbuchen* werden das Datum der Buchung, z. B. 01.01.20(0), der Belegnummernkreis und der Anfangsbestand angegeben. Danach müssen der Buchungsbetrag, der Buchungstext (AB) und die Kontonummer eingetragen werden. Die Kontonummer kann aus dem Kontenplan herausgesucht werden. Das Gegenkonto (9000) wird ebenfalls eingegeben. Mit dem Buchen wird die Buchung in den Stapel eingetragen.

5.3.6 Laufende Buchungen

Die eigentliche Arbeit mit dem Buchführungsprogramm besteht in der Eingabe der einzelnen Buchungssätze. Dazu werden in der Praxis die einzelnen Buchungsbelege vorkontiert. Vorkontieren bedeutet, dass auf die Belege der Buchungssatz geschrieben wird. Dabei werden die einzelnen Buchungen mit Kontennummer und Beträgen versehen. Bruttobeträge werden in Buchungsbetrag und Umsatzsteuerbetrag aufgeteilt.

Grundsätzlich besteht die Möglichkeit, jeden einzelnen Buchungssatz einzugeben und sofort nach der Erfassung zu buchen. Befindet sich in diesen Buchungen ein Fehler, muss die ganze Buchung storniert werden. Die Stornierung bedeutet, dass ein weiterer Buchungssatz mit Gegenbuchungen über die gleichen Beträge erfasst wird.

Die Stapelbuchung trägt die erfassten Buchungssätze nicht sofort in das Journal (Grundbuch) ein. Es besteht die Möglichkeit, eingegebene Buchungen zuerst zu kontrollieren, bevor sie endgültig im Journal gebucht werden. Die Stapelbuchung ermöglicht das Verändern oder Löschen der Buchungen, ohne gleich Stornobuchungen zu erzeugen. Wenn die Stapelbuchungen am Ende der Belegerfassung endgültig gebucht werden, sind diese nicht mehr veränderbar.

Dieser Schutz vor Änderungen wird von den Grundsätzen ordnungsgemäßer Buchführung (GoB) verlangt. Nur wenn Buchungen nachträglich nicht mehr korrigiert werden können, wird ein Buchführungsprogramm von den Steuerbehörden zur Verwendung im Betrieb zugelassen. Dieses Prinzip ist in § 234 HGB festgelegt.

5.3.7 Typische Geschäftsfälle in der Rosner GmbH

Das Vorgehen bei der Buchung von Geschäftsfällen soll am Beispiel der folgenden Geschäftsfälle aufgezeigt werden:

Beispiele:
Fünf Geschäftsfälle
1. Die Rosner GmbH sendet am 10. Januar 20(0) eine Rechnung Nr. AR D00288 an den Radsportclub MRC 90 über Verkäufe im Monat Januar 20(0). Der Rechnungsbetrag lautet 2.380,00 (brutto) €.
2. Rosner GmbH erhält am 18. Januar 20(0) die Eingangsrechnung Nr. 09956 über Fahrradkomponenten vom Lieferer HerGAMont Fahrradvertriebs GmbH in Höhe von 8.150,00 € (netto).
3. Einkauf von Büromaterial (bar) über 238,00 € (brutto) am 12. Januar 20(0).
4. Eingangsrechnung ER A3617 der MOBIL PLUS GMBH für Telekommunikation am 31. Januar 20(0) über 400,00 € zuzüglich USt.
5. Überweisung der Eingangsrechnung Nr. 09956 der HerGAMont Fahrradvertriebs GmbH in Höhe von 9.698,50 € vom Bankkonto laut Kontoauszug am 28. Januar 20(0).

Buchung des Beispiels: Geschäftsfall 1

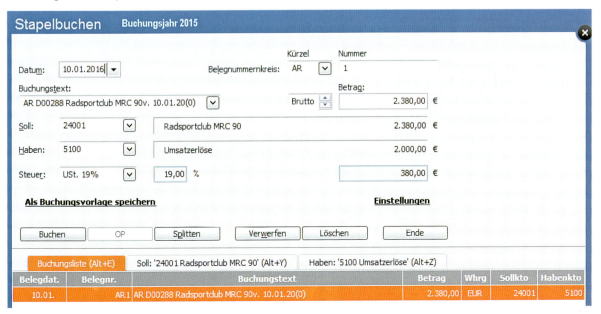

Die Buchungen von Ausgangsrechnungen werden auf den Debitorenkonten gebucht. Für den Fall 1 muss daher auf dem Konto „Radsportclub MRC 90" gebucht werden. Um die Buchung einzugeben, werden folgende Schritte durchlaufen:

a) Zunächst wird das Datum des Belegs eingegeben. Dabei wird entweder das aktuelle Tagesdatum oder das Datum des zuletzt gebuchten Beleges vorgegeben.
Diese Option kann mit dem *Menüpunkt Extras| Optionen | Buchen* festgelegt werden.
Außerdem steht (im Kontextmenü mit der rechten Maustaste/ F4) ein Kalender zur Verfügung, aus dem die Daten übernommen werden können.

b) Der Belegnummernkreis kann ausgewählt werden, wenn er schon bei der Einrichtung eingegeben wurden.
Die eigentliche Belegnummer wird als fortlaufende Nummer automatisch erzeugt.

c) Auch die Buchungstexte können bei der Installation erzeugt werden. Danach werden die vorformulierten Texte einfach ausgewählt.

d) Nun wird der Betrag der Buchung eingegeben. Dabei bestehen zwei Möglichkeiten.

- Möglichkeit 1: Man gibt einen Bruttobetrag ein.
- Möglichkeit 2: Man gibt einen Nettobetrag ein.

Neben dem Betragsfeld befindet sich ein kleiner Schalter mit „B" oder „N" (für Brutto oder Netto). Je nach Eingabe muss der Schalter auf „B" oder „N" stehen.
Das Programm errechnet danach den entsprechenden Steuerbetrag selbstständig.

e) Jetzt werden die Konten bestimmt, auf denen gebucht werden soll. Häufig werden nur ein Soll- und ein Haben-Konto benötigt. Das Konto kann mit der Kontonummer eingegeben werden. Es ist auch möglich, das Konto aus dem Kontenplan auszusuchen. Rechts neben den Konten wird deren bisheriger Saldo angezeigt.

f) Wenn auf einer Kontenseite mehrere Buchungen notwendig sind (zusammengesetzter Buchungssatz), so muss eine Splitbuchung eingegeben werden. Das lässt sich durch die Auswahl der Schaltfläche *Splitten* erreichen.
Danach werden verschiedene Buchungen dieser Kontenseite eingegeben. Es lassen sich aber nur Splitbuchungen erzeugen, die eine der beiden Kontenseiten aufteilen. Die Mehrwertsteuerbuchung gilt nicht als Splitbuchung.

g) Die letzte Eingabe betrifft die Umsatzsteuer. Hier muss der entsprechende Umsatzsteuersatz ausgewählt werden. Dazu müssen die Steuersätze mit dem *Menüpunkt Verwaltung | Steuersätze* eingegeben werden. Wenn bei der Definition der einzelnen Konten der Umsatzsteuersatz bereits vorgegeben wurde, wird bei der Buchungseingabe schon der richtige Steuersatz (und damit die richtige Umsatz- oder Vorsteuersatz) gewählt.
Die Buchung wird in den Buchungsstapel eingetragen, indem die Schaltfläche *Buchen* ausgewählt wird. Der Stapel wird unter der Buchungsmaske angezeigt. Wenn die Stapelbuchung gewählt wurde, können alle Buchungssätze des Stapels durch die Auswahl der Schaltfläche *ENDE* in das Journal übertragen werden.

Buchung der Beispielfälle

Nr.	Datum	Beleg		Soll	Haben	Betrag		USt
1	10.01.	AR D00288	Ausgangsrechnung	24001	5100	2.380,00	B	380,00
2	18.01.	ER 09956	Eingangsrechnung HerGAMont	6080	44001	8.150,00	N	1.548,50
3	12.01.	Quittung	Barkauf Büromaterial	6800	2800	238,00	B	38,00
4	31.01.	ER A3617	Eingangsrechnung Mobil Plus	6820	44006	400,00	N	76,00
5	28.01.	KA 006	Zahlungsausgang ER 09956	44001	2800	9.698,50		

Nach einer Kontrolle der eingegebenen Stapelbuchungen können diese endgültig eingetragen werden. Dazu wird der Menüpunkt *Buchen | Stapel ausbuchen* angewählt. Nach der Eintragung sieht das Buchungsjournal folgendermaßen aus:

Die Buchung in einem Sachkonto (z.B. das Konto 2 600 Vorsteuer) zeigt das folgende Sachkontenblatt:

Ansicht des Kreditorenkontos HerGAMont

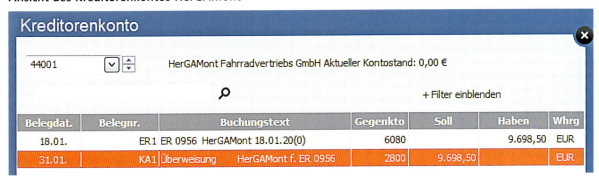

Offene-Posten-Liste

Die Buchungen in den Debitoren- und Kreditorenkonten werden von dem Programm „Lexware financial office" automatisch in eine Offen-Posten-Liste eingetragen. In dieser Liste können die Außenstände und die Zahlungsverpflichtungen insgesamt und nach den einzelnen Schuldnern/Gläubigern sortiert eingesehen werden.

Um dieses nützliche Instrument zu nutzen, ist es notwendig, beim Ausgleich einer Ausgangs- oder Eingangsrechnung die Zahlung der Rechnung zuzuordnen. Daher werden solche Zahlungen nicht über die Schaltfläche *Buchen*, sondern über die Schaltfläche *OP* abgeschlossen.

Der Geschäftsfall 5 ist der Ausgleich für eine Buchung, die im Geschäftsfall 2 erfasst wurde. Die Zahlung wird bei der Buchung des Kontoauszuges erfasst. Nun kann auch die Zuordnung der Zahlung zur Rechnung in der Offenen-Posten-Liste erfolgen.

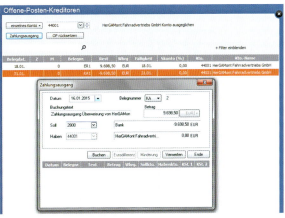

Der Dialog *Zahlungsausgang* zeigt nun die offenen Rechnungen des Kreditors HerGAMont Fahrradvertriebs GmbH an und schlägt die Rechnung mit dem gleichen Betrag zur Auswahl vor.

Stimmen Rechnungsbetrag und Zahlung nicht überein, wird in einem Dialog bestimmt, was mit der Differenz geschehen soll. Dabei ist möglich, dass die Differenz offenbleibt (wenn nur eine Teilzahlung geleistet wurde) oder dass die Differenz als Minderung erfasst wird (z.B. Skontoabzug).

Bei Skontoabzug würde die Aufwandsminderung im Konto 6 080 Aufwendungen für Waren/Nachlässe erfasst und automatisch eine Vorsteuerkorrektur vorgenommen.

Kontenrahmen in Anlehnung an den IKR – zusammengestellt von der ZPA NORD-WEST Köln für die Ausbildung und Prüfung der Büroberufe

Aktiva			Passiva
Anlagevermögen		**Umlaufvermögen**	
Kontenklasse 0	Kontenklasse 1	Kontenklasse 2	Kontenklasse 3	Kontenklasse 4

Kontenklasse 0 – Immaterielle Vermögensgegenstände

00 Ausstehende Einlagen

Immaterielle Vermögensgegenstände
- 02 Konzessionen, gewerbliche Schutzrechte, Lizenzen
- 03 Geschäfts- oder Firmenwert

Sachanlagen
- 05 Grundstücke, grundstücksgleiche Rechte und Bauten einschl. der Bauten auf fremden Grundstücken
  - 0500 Unbebaute Grundstücke
  - 0510 Bebaute Grundstücke
  - 0530 Betriebsgebäude
  - 0540 Verwaltungsgebäude
  - 0550 Andere Bauten
  - 0560 Grundstückseinrichtungen
  - 0570 Gebäudeeinrichtungen
  - 0590 Wohngebäude

- 07 Technische Anlagen und Maschinen
  - 0700 Technische Anlagen u. Maschinen
  - 0740 Anlagen für Arbeitssicherheit und Umweltschutz
  - 0750 Transportanlagen und ähnliche Betriebsvorrichtungen
  - 0760 Verpackungsanlagen u.-maschinen
  - 0770 Sonstige Anlagen und Maschinen
  - 0790 Geringwertige Anlagen und Maschinen (Wirtschaftsgüter ab 150,00 € bis 1.000,00 €)

- 08 Andere Anlagen, Betriebs- und Geschäftsausstattung
  - 0800 Andere Anlagen
  - 0810 Werkstätteneinrichtung
  - 0820 Werkzeuge, Werkgeräte und Modelle, Prüf- und Messmittel
  - 0830 Lager- und Transporteinrichtungen
  - 0840 Fuhrpark
  - 0860 Büromaschinen, Organisationsmittel und Kommunikationsanlagen
  - 0870 Büromöbel und sonstige Geschäftsausstattung
  - 0890 Geringwertige Vermögensgegenstände der Betriebs- und Geschäftsausstattung (Wirtschaftsgüter ab 150,00 € bis 1.000,00 €)

- 09 Geleistete Anzahlungen und Anlagen im Bau
  - 0900 Geleistete Anzahlungen auf Sachanlagen
  - 0950 Anlagen im Bau

Kontenklasse 1 – Finanzlagen

Finanzanlagen
- 10 Finanzanlagen
- 11 Anteile an verbundenen Unternehmen
- 12 Ausleihungen an verbundene Unternehmen
- 13 Beteiligungen
  - 1300 Beteiligungen
- 15 Wertpapiere des Anlagevermögens
  - 1500 Stammaktien
  - 1590 Sonstige Wertpapiere
- 16 Sonstige Finanzanlagen

Kontenklasse 2 – Umlaufvermögen und aktiva Rechnungsabgrenzung

Vorräte
- 20 Roh-, Hilfs- und Betriebsstoffe
  - 2000 Rohstoffe/Fertigungsmaterial
  - 2010 Vorprodukte/Fremdbauteile
  - 2020 Hilfsstoffe
  - 2030 Betriebsstoffe
  - 2040 Verpackungsmaterial
  - 2070 Sonstiges Material
- 21 Unfert. Erzeugnisse, unfert. Leistungen
  - 2100 Unfertige Erzeugnisse
  - 2190 Unfertige Leistungen
- 22 Fertige Erzeugnisse und Waren
  - 2200 Fertige Erzeugnisse
  - 2280 Waren (Handelswaren)
- 23 Geleistete Anzahlungen auf Vorräte
  - 2300 Geleistete Anzahlungen

Forderungen und Sonstige Vermögensgegenstände
- 24 Forderungen aus Lieferungen und Leistungen
  - 2400 Forderungen aus Lieferungen und Leistungen
  - 2450 Wechselforderungen aus Lieferungen und Leistungen (Besitzwechsel)
  - 2470 Zweifelhafte Forderungen
  - 2480 Protestwechsel
- 26 Sonstige Vermögensgegenstände
  - 2600 Vorsteuer (voller Steuersatz)
  - 2610 Vorsteuer (ermäßigter Steuersatz)
  - 2630 Sonstige Forderungen an Finanzbehörden
  - 2640 SV-Beitragsvorauszahlung
  - 2650 Forderungen an Mitarbeiter
  - 2690 Sonstige Forderungen (Jahresabgrenzung)
- 27 Wertpapiere des Umlaufvermögens
  - 2700 Wertpapiere des Umlaufvermögens
- 28 Flüssige Mittel
  - 2800 Guthaben bei Kreditinstituten (Bank)
  - 2850 Postbank
  - 2860 Schecks
  - 2880 Kasse
  - 2890 Nebenkassen
- 29 Aktive Rechnungsabgrenzung (ARA)
  - 2900 Aktive Rechnungsabgrenzung

Kontenklasse 3 – Eigenkapital und Rückstellungen

Eigenkapital
- 30 Eigenkapital bei Einzelunternehmen
  - 3000 Eigenkapital
  - 3001 Privat(konto)
- 30 Eigenkapital bei Personengesellschaften
  - 3000 Kapital Gesellschafter A
  - 3001 Privatkonto A
  - 3070 Kommanditkapital Gesellschafter B
  - 3080 Kommanditkapital Gesellschafter C
- 30 Eigenkapital bei Kapitalgesellschaften
  - 3000 Gezeichnetes Kapital
- 31 Kapitalrücklage
- 32 Gewinnrücklagen
  - 3210 Gesetzliche Rücklagen
  - 3230 Satzungsgemäße Rücklagen
  - 3240 Andere Gewinnrücklagen
- 33 Ergebnisverwendung
- 34 Jahresüberschuss/Jahresfehlbetrag
- 36 Wertberichtigungen

Rückstellungen
- 37 Rückstellungen für Pensionen und ähnliche Verpflichtungen
  - 3700 Rückstellungen für Pensionen
- 38 Steuerrückstellungen
  - 3800 Steuerrückstellungen
- 39 Sonstige Rückstellungen
  - 3910 Rückst. für Gewährleistungen
  - 3920 Rechts- und Beratungskosten
  - 3930 Rückst. für andere ungewisse Verbindlichkeiten
  - 3990 Rückst. für andere Aufwendungen

Kontenklasse 4 – Verbindlichkeiten und passive Rechnungsabgrenzung

Verbindlichkeiten
- 41 Anleihen
- 42 Verbindlichkeiten gegenüber Kreditinst.
  - 4200 Kurzfristige Bankverbindlichkeiten
  - 4250 Langfristige Bankverbindlichkeiten
- 43 Erhaltene Anzahlungen a. Bestellungen
  - 4300 Erhaltenen Anzahlungen
- 44 Verbindlichkeiten aus Lieferungen und Leistungen
  - 4400 Verbindlichkeiten aus Lieferungen und Leistungen
- 45 Wechselverbindlichkeiten
  - 4550 Schuldwechsel
- 48 Sonstige Verbindlichkeiten
  - 4800 Umsatzsteuer (voller Steuersatz)
  - 4810 Umsatzsteuer (erm. Steuersatz)
  - 4830 Verbindlichkeiten gegenüber Finanzbehörden
  - 4840 Verbindlichkeiten gegenüber Sozialversicherungsträgern
  - 4850 Verbindlichkeiten gegenüber Mitarbeitern
  - 4860 Verbindlichkeiten aus vermögenswirksamen Leistungen
  - 4870 Verbindlichkeiten gegenüber Gesellschaftern
  - 4880 Sonstige Steuerverbindlichkeiten
  - 4890 Sonstige Verbindlichkeiten (Jahresabgrenzung)
- 49 Passive Rechnungsabgrenzung
  - 4900 Passive Rechnungsabgrenzung

Kontenrahmen in Anlehnung an den IKR – zusammengestellt von der ZPA NORD-WEST Köln für die Ausbildung und Prüfung der Büroberufe

Erträge

Kontenklasse 5

5 Umsatzerlöse und sonstige Erträge

50 Umsatzerlöse für eigene Erzeugnisse und andere Leistungen
- 5000 Umsatzerlöse f. eigene Erzeugnisse
- 5001 Erlösberichtigungen

51 Umsatzerlöse für Handelswaren
- 5100 Umsatzerlöse für Handelswaren
- 5101 Erlösberichtigungen

52 Erhöhung oder Verminderung des Bestands an unfertigen/fertigen Erzeugnissen und Handelswaren
- 5200 Bestandsveränderungen
- 5201 Bestandsveränderungen an unfertigen Erzeugnissen
- 5202 Bestandsveränderungen an fertigen Erzeugnissen
- 5203 Bestandsveränderungen an Handelswaren

53 Andere aktivierte Eigenleistungen

54 Sonstige betriebliche Erträge
- 5400 Nebenerlöse
- 5401 – aus Vermietung und Verpachtung
- 5403 – aus Werksküche und Kantine
- 5409 Sonstige Nebenerlöse
- 5410 Sonstige Erlöse
- 5411 Provisionserlöse
- 5412 Lizenzerlöse
- 5420 Entnahme (Eigenverbrauch)
- 5421 Entnahme von Gegenständen
- 5422 Entnahme von sonstigen Leistungen
- 5460 Erträge aus dem Abgang von Vermögensgegenständen, auch Umlaufvermögen (Nettoerlös: Erlös – Buchwert)
- 5480 Erträge aus der Auflösung von Rückstellungen
- 5490 Periodenfremde Erträge

55 Erträge aus Beteiligungen

56 Erträge aus anderen Finanzanlagen

57 Sonstige Zinsen und ähnliche Erträge
- 5710 Zinserträge
- 5730 Diskonterträge
- 5780 Erträge aus Wertpapieren des Umlaufvermögens
- 5790 Sonstige zinsähnliche Erträge

58 Außerordentliche Erträge

Kontenklasse 6

6 Betriebliche Aufwendungen

Materialaufwand

60 Aufwendungen für Roh-, Hilfs- und Betriebsstoffe und für bezogene Waren
- 6000 Aufwendungen für Rohstoffe/Fertigungsmaterial
- 6001 Bezugskosten
- 6002 Nachlässe
- 6010 Aufwendungen für Vorprodukte, Fremdbauteile
- 6011 Bezugskosten
- 6012 Nachlässe
- 6020 Aufwendungen für Hilfsstoffe
- 6021 Bezugskosten
- 6022 Nachlässe
- 6030 Aufwendungen für Betriebsstoffe
- 6031 Bezugskosten
- 6032 Nachlässe
- 6040 Aufwendungen für Verpackungsmaterial
- 6041 Bezugskosten
- 6042 Nachlässe
- 6050 Aufwendungen für Energie
- 6060 Aufwendungen f. Reparaturmaterial
- 6070 Aufwendungen f. sonstiges Material
- 6080 Aufwendungen für Waren (Handelswaren)
- 6081 Bezugskosten
- 6082 Nachlässe

61 Aufwendungen für bezogene Leistungen
- 6100 Fremdleistungen für Erzeugnisse und andere Umsatzleistungen
- 6140 Ausgangsfrachten und Nebenkosten (Fremdlager)
- 6150 Vertriebsprovision
- 6160 Fremdinstandhaltung
- 6170 Sonstige Aufwendungen für bezogene Leistungen

Personalaufwand

62 Löhne
- 6200 Löhne
- 6220 Sonstige tarifl. oder vertragl. Aufw.
- 6230 Freiwillige Zuwendungen
- 6250 Sachbezüge

63 Gehälter
- 6300 Gehälter
- 6320 Sonstige tarifl. oder vertragl. Aufw.
- 6330 Freiwillige Zuwendungen
- 6350 Sachbezüge

64 Soziale Abgaben und Aufwendungen für Altersversorgung und für Unterstützung
- 6400 Arbeitgeberanteil zur Sozialversicherung (Lohnbereich)
- 6410 Arbeitgeberanteil zur Sozialversicherung (Gehaltsbereich)
- 6420 Beiträge zur Berufsgenossenschaft
- 6440 Aufwendungen für Altersversorgung
- 6490 Aufwendungen für Unterstützung

65 Abschreibung auf Anlagevermögen
- 6500 Abschreibungen
- 6510 Abschreibungen auf immaterielle Vermögensgegenstände des Anlagevermögens
- 6520 Abschreibungen auf Sachanlagen
- 6540 Abschreibungen auf geringwertige Wirtschaftsgüter (GWG) ab 150,00 € bis 1 000,00 €
- 6550 Außerplanmäßige Abschreibungen auf Sachanlagen

Sonstige betriebliche Aufwendungen

66 Sonstige Personalaufwendungen
- 6600 Aufwendungen für Personaleinstellung
- 6610 Aufwendungen für Fahrtkosten
- 6640 Aufwendungen für Fort- und Weiterbildung
- 6650 Aufwendungen für Dienstjubiläen
- 6660 Aufwendungen für Belegschaftsveranstaltungen
- 6670 Aufwendungen für Werksküche und Sozialeinrichtungen
- 6690 Sonstige Personalaufwendungen

67 Aufwendungen für die Inanspruchnahme von Rechten und Diensten
- 6700 Mieten, Pachten
- 6710 Leasing
- 6720 Lizenzen und Konzessionen
- 6730 Gebühren
- 6750 Kosten des Geldverkehrs
- 6760 Provisionsaufwendungen (außer Vertriebsprovision)
- 6770 Rechts- und Beratungskosten

68 Aufwendungen für Kommunikation (Dokumentation, Information u. Reisen)
- 6800 Büromaterial
- 6810 Zeitungen und Fachliteratur
- 6820 Post, Telefon
- 6821 Postentgelte
- 6822 Telefon
- 6850 Reisekosten
- 6860 Bewirtung und Präsentation
- 6870 Werbung
- 6880 Spenden
- 6890 Sonstige Aufwendungen für Kommunikation

69 Aufwendungen für Beiträge und Sonstiges sowie Wertkorrekturen und periodenfremde Aufwendungen
- 6900 Versicherungsbeiträge
- 6920 Beiträge zu Wirtschaftsverbänden und Berufsvertretungen
- 6930 Verluste aus Schadensfällen
- 6950 Abschreibungen auf Forderungen
- 6951 Abschreibungen auf Ford.
- 6960 Verluste aus dem Abgang von Vermögensgegenständen
- 6990 Periodenfremde Aufwendungen

Ergebnisrechnung

Kontenklasse 7

7 Weitere Aufwendungen

70 Betriebliche Steuern
- 7010 Vermögenssteuer
- 7020 Grundsteuer
- 7030 Kraftfahrzeugsteuer
- 7070 Ausfuhrzölle
- 7080 Verbrauchsteuer
- 7090 Sonstige betriebliche Steuern

74 Abschreibungen auf Finanzanlagen und auf Wertpapiere des Umlaufverm.
- 7400 Abschreibungen auf Finanzanlagen
- 7420 Abschreibungen auf Wertpapiere des Umlaufvermögens
- 7450 Verluste aus dem Abgang von Finanzanlagen
- 7460 Verluste aus dem Abgang von Wertpapieren des Umlaufvermögens

75 Zinsen und ähnliche Aufwendungen
- 7510 Zinsaufwendungen
- 7530 Diskontaufwendungen
- 7590 Sonstige zinsähnliche Aufwendungen

76 Außerordentliche Aufwendungen
- 7600 Außerordentliche Aufwendungen

77 Steuern von Einkommen und Ertrag
- 7700 Gewerbeertragsteuer
- 7710 Körperschaftsteuer (bei Kapitalgesellschaften)
- 7720 Kapitalertragsteuer (bei Kapitalgesellschaften)

Kontenklasse 8

8 Ergebnisrechnung

80 Eröffnung/Abschluss
- 8000 Eröffnungsbilanzkonto (EBK)
- 8010 Schlussbilanzkonto (SBK)
- 8020 Gewinn- und Verlustkonto (GuV)

9 Kosten- und Leistungsrechnung (KLR)

In der Praxis wird die KLR gewöhnlich tabellarisch durchgeführt.

Kontenklasse 8

9 Kosten- und Leistungsrechnung (KLR)

In der Praxis wird die KLR gewöhnlich tabellarisch durchgeführt.

Sachwortverzeichnis

A

ABC-Analyse 21
Abmahnung 90, 362
Absatzkreditpolitik 69
Absatzwerbung 43
Abschlussbuchungen 150
Abschlussfragen 24
Abschreibung 210
Abschreibungsbetrag 212
Abschreibungsplan 212
Abschreibungssatz 212
Abschreibungstabelle 210
Absetzung für Abnutzung 209
AfA-Prozentsatz 211
AIDA-Formel 47
Akkordlohn 312
Aktives Zuhören 267
Allgemeines Gleichbehandlungsgesetz 286
Allgemeinverbindlichkeit 271
Alternativangebot 245
Alternativfrage 23
Amt für Arbeitsschutz 334
Anlagegüter (= Sachanlagen) 206
Anlagendeckung 156
Anlagevermögen 135, 139
Anschaffungskosten 198
Anschaffungsnebenkosten 208
Anschaffungswert 207
Anschaffungszeitpunkt 210
Ansprüche 229
Anspruchsermittlung 230
Anzeige 47
Anzeigenformate 47
Anzeigenpreis 50
Appell-Ohr 218
Arbeitnehmerfreizügigkeit 286
Arbeitsentgelt 310
Arbeitsgerichtsbarkeit 369
Arbeitslosenversicherung 318
Arbeitstage 341
Arbeitsverbot 335
Arbeitsvertrag 303
Arbeitszeit 335
Arbeitszeiterfassung 338
Arbeitszeitgesetz 335
Arbeitszeitsysteme 337
Arbeitszeugnis 295, 357
Assessment-Center 296
Aufbereitete Bilanz 155
Aufbewahrungsfrist 96
Aufbewahrungspflicht 96
Aufgabenanalyse 273
Aufgaben der Personalwirtschaft 269
Aufgabensynthese 273
Aufhebungsvertrag 361
Aufwandsbuchungen 171

Aufwandskonten 162
Aufwendungen 162, 167
Aufwendungen für Waren 167, 181
Aufwendungen (Input) 161
Ausbildung 345
Ausgangsrechnungen (AR) 119, 120, 164
Außergewöhnliche Belastungen 315
Außerordentliche Kündigung 367
Auswahlverfahren 295
Autoritätskonflikte 261

B

B2B-Marketing 20
B2C-Marketing 21
Bankkonto 107
Bankkredit 129
Bannerwerbung 74
barrierefreie Sprache 287
Barverkäufe 104
Befragung 18
Befristetes Arbeitsverhältnis 306
Behindertengleichstellungsgesetz 288
Beitragsbemessungsgrenzen 318
Belegarten 109
Belegbearbeitung 109
Belege 94, 110
Benachteiligungsverbot 286
Beobachtung 19
Beratungsgespräch 216
Beschäftigungsverbot 334
Beschwerde 247
Beschwerdemanagement 251
Best Ager 21
Bestandsaufname 134
Bestandskonten 97
Bestandskunden 21
Bestandsmehrung 182, 199
Bestandsminderung 183, 199
Bestandsrechnung 161
Bestandsveränderungen 179
Bestandsverzeichnis 139, 208
Betriebsnummer 324
Betriebsnummern-Service 324
Betriebsrat 285
Betriebsvereinbarung 285, 303
Beurteilungsfehler 357
Beurteilungsgespräch 356
Bewerbung 289
Bewerbungsfoto 294
Bewerbungsgespräch 298
Bewerbungsschreiben 292
Bewerbungstest 295
Bewerbungsunterlagen 292
Beziehungs-Ohr 218
Bezugskalkulation 383
Bilanz 97, 143
Bilanzaufbau 145

Bilanzgleichungen 145, 154
Bilanzstruktur 144
Bilanzsumme 145
Bruttopersonalbedarf 280
Buchführungspflicht 95
Buchungsregel 112
Buchungssatz 112
Buchwert 210
Bundesdatenschutzgesetz (BDSG) 331
Bundesurlaubsgesetz 329, 341

C

CATI-Methode 19
Coaching 349
Codierung 216

D

Darlehen 129
Darlehensvertrag 129
Datenauswertung 26
Datenquelle 371
Datenschutzbeauftragter 331
Demografischer Wandel 276
Deutscher Werberat 87
Differenzierung 39
Differenzkalkulation 64
DINK(s) 21
Direktmarketing 69
Distributionspolitik 40
Doppelansprüche 329
Doppelte Buchführung 111
Du-Botschaft 266
Durchschnittsbon 81

E

Eigenfinanzierungsgrad 157
Eigenkapital 132
Eigenkapitalmehrung 141
Eigenkapitalquote 133
Eigenkapitalrentabilität 190
Eignungsprofil 296
Einfacher Buchungssatz 115
Einfache Sprache 286
Einfaches Zeugnis 358
Eingangsrechnungen (ER) 124, 125, 168
Einstufungsverfahren 355
Einwandbehandlung 234
Einzelhandelskalkulation 385
Einzelwerbung 44
Eisberg-Modell 263
Eisbrecherfragen 24
Elektronische Lohnsteuerabzugsmerkmale 326
Elektronische Lohnsteuerkarte 326
Elektronische Registrierkassen 103

Sachwortverzeichnis

ELSTAM-Verfahren 326
E-Mail-Marketing 74
Entgeltformen 310
Entgelt-geringfügige Beschäftigung 307
Erfolg 141, 163
Erfolgsbeteiligung 313
Erfolgsermittlung 163
Erfolgsrechnung 161
Ergänzungsangebot 239
Erlösberichtigungen 205
Eröffnung der Konten 117
Eröffnungsbestand 117
Eröffnungsbestandskonto (EBK) 153
Eröffnungsbilanz 153
Eröffnungsbuchungen 152
Ersatzbedarf 280
Ersatzlieferung 205
Erträge 160, 162
Erträge (Output) 162
Ertragskonten 163
Externe Fortbildung 348

F

Fehlstreuung 50
Fehlzeitenstatistik 279
Filterfragen 24
Finanzbericht 103
Finanzbuchhaltung 97
Finanzierung 157
Fingerprint 339
Fluktuation 277
Flyer 49
Forderungen 120
Formalziel 269
Fortbildung 345
Fortbildungsbedarf 345
Fragebogen 22
Frageformen 221
Fragetypen 22

G

Gabelungsfragen 24
Garantie 249
Gegenfrage-Methode 238
Gehalt 310
Gehaltsabrechnung 314
Geldakkord 311
Geld- und Güterströme 161
Gemeinschaftswerbung 44
Geringfügig Beschäftigte 307
Gesamtkapitalrentabilität 191
Geschäftsfall 115
Geschäftsidee 34
Geschäftskasse 102
Geschäftsprozesse 92
Geschlossene Fragen 22, 221
Gesetz gegen den unlauteren Wettberweb (UWG) 87
Gesprächsführung 220, 300
Gesprächsnotiz 258
Gesprächsplanung 224
Gewährleistung 249
Gewaltfreie Kommunikation 266

Gewerbeaufsichtsamt 334
Gewinn 163
Gewinn- und Verlustkonto 185
Gleitzeit 337
Gratifikationen 313
Großhandelskalkulation 383
Grundbuch 116
Grundbuch (Journal) 110
Grundsätze ordnungsgemäßer Buchführung 95
Gruppenakkord 312
Günstigkeitsprinzip 304
Gutschriften 197, 204

H

Halb offene Fragen 23
Handelskalkulation 59
Handlungskosten/Betriebskosten 187
Hauptbuch 116
Hauptbuch (Sachkonten) 110
Hauptdokument 371
Hochpreisstrategie 59
Humanitätsprinzip 269

I

Ich-Botschaft 267
Impressum 76
Indifferente Ziele 271
Industriekalkulation 65
Industriekontenrahmen IKR 158
Inklusion 276
Instrumente der Personalauswahl 291
Interkulturelle Kommunikation 259
Interkulturelle Kompetenz 226
Interne Fortbildung 348
Inventar 97, 138
Inventur 134, 135
Inventurdifferenzen 138
Inventursummenblatt 136
Inventurverfahren 137
Irreführende geschäftliche Handlungen 88

J

Ja-aber-Methode 237
Jahresarbeitsentgeltgrenze 319
Jobenlargement 350
Jobenrichment 350
Jobrotation 350
Jugendarbeitsschutzgesetz 335

K

Kalkulation 383
Kalkulation im Einzelhandel 61
Kalkulation im Großhandel 59
Kalkulation in Industrie und Handwerk 64
Kalkulationszuschlag 61, 384
Kapital 139
Kapitalkonten 100

Kapovaz, kapazitätsoriente variable Arbeitszeit 338
Kassenabschöpfung 104
Kassenbericht 104, 105
Kassendifferenzen 104
Kassenkonto 105
Kaufbeschleunigung 243
Kaufbestätigung 244
Käufermarkt 35
Kaufmotive 229
Kennzahlenmethode 277
Kernarbeitszeit 337
Kinderfreibetrag 317
Kirchensteuer 317
Klickrate 77
Kollektives Arbeitsrecht 305
Kommunikation 216
Kommunikationsinstrumente 43
Kommunikationspolitik 40, 43
Kommunikationsquadrat 216
Komplementäre Ziele 271
Konditionenpolitik 67
Konflikt 261
Konfliktfähigkeit 263
Konfliktgespräch 263
Konfliktprävention 262
Konjunktur 37
Konkurrenzanalyse 36
konkurrierende Ziele 270
Kontaktaufnahme 240
Kontenabschluss 149
Kontenarten 159
Kontenbewegungen 121
Konten des Anlagevermögens 99
Konten des Umlaufvermögens 99
Kontengruppen 159
Kontenklassen 158
Kontenplan 159
Kontierung 110, 115
Kontokorrentkredit 129
Kontrollfragen 24
Konversionsrate 77
Körpersprache 219
Kostenführerschaft 39
Kostenorientierte Preisfindung 59
Krankenversicherung 318
Kundenanalyse 22
Kundenansprüche 31
Kundenaufträge 119
Kundenbeschwerde 251
Kundendatenerfassung 70
Kundeneinwand 234
Kundenfrequenz 81
Kundennutzen 33
Kundenrabatt 201
Kundenreklamationen 204
Kundenskonto 201
Kundentypen 21
Kündigung 363, 364
Kündigungsfrist 364
Kündigungsschutz 368
Kündigungsschutzgesetz 365
Kündigungsschutzklage 369

Sachwortverzeichnis

L

Lagerabbau 180
Lageraufbau 180
Laufbahnplanung 350
Lebenslanges Lernen 353
Lebenslauf 293
Leichte Sprache 287
Leiharbeitnehmer (Personalleasing) 281
Leistungsströme 161
Leserkontakte 50
Lieferbedingungen 68
Liefererkonto (Kreditorenkonten) 126
Liefererrabatt 192
Liefererskonto 192
Lineare Abschreibung 212
Liquidität 128
LOHAS 21
Lohn 310
Lohnsteuer 316
Lohnsteuerfreibetrag 315
Lohnsteuerklassen 316
Lohn- und Gehaltsberechnung 314
Lohn- und Gehaltszuschläge 313

M

Mangelhafte Lieferung 248
Marketing 17
Marketing-Budget 41
Marketinginstrumente 40
Marketing-Mix 40
Marketingplan 34
Marketing-Regelkreis 54
Marketingziele 39
Marktabschöpfungspolitik 58
Marktanalyse 17, 34
Marktanteil 34
Marktbeobachtung 17
Marktdurchdringungspolitik 58
Marktentwicklung 35
Markterkundung 17
Markttest 20
Marktformen 66
Marktforschung 17
Marktpotenzial 34
Marktprognose 17
Marktsegmentierung 38
Marktsituation 34
Marktstruktur 35
Marktvolumen 34
Mehrarbeit (Verbot) 334
Mehrarbeit (Überstunden) 335
Mehrwertbesteuerung 172
Mengenrabatt 68
Mentoring 349
Mindestlohn 310
Mindestruhezeit 335
Minijob 329
Minijobzentrale 329
Mitarbeitermotivation 351
Mitbestimmung 309
Mittelpreisstrategie 59
Monatslohn 312

Monopol 66
Motivation 351
Motive 229
Multiple-Choice-Frage 23
Mutterschaftsgeld 334
Mutterschutz 334
Mutterschutzfrist 334
Mutterschutzgesetz 334

N

Nachfrageorientierte Preisfindung 66
Nachlässe 198
Nachweisgesetz 308
Nachweispflichten 322
Nettogehalt 315
Nettopersonalbedarf 280
Neubedarf 280
Neukunden 21
Newsletter 74
Niedrigpreisstrategie 59
Nischenstrategie 39
Nonverbale Kommunikation 219

O

Offene Fragen 22, 221
Offene-Posten-Liste Kunden 124
Offene-Posten-Liste Lieferer (Kreditoren) 127
Oligopol 66
Online-Befragung 19
Onlinemarketing 73
Ordentliche Kündigung 364
Outdoor-Training 349
Outlook 377

P

Page Impressions 77
Panel 20
Passivierung der Zahllast 178
Permanente Inventur 137
Personalakte 330
Personalauswahl 289
Personalbedarfsplanung 273
Personalberater 284
Personalbeschaffung 284
Personalbeurteilung 354
Personaleinsatzplanung 333
Personaleinstellung 324
Personalentwicklung 344
Personalförderung 348
Personalfragebogen 324
Personalnebenkosten 322
Personalrat 285
Personalstammblatt 325
Personalstruktur 279
Personalüberdeckung 281, 284
Personalunterdeckung 284
Personalverwaltung 324
Personalwirtschaft 269
Personenbezogene Daten 331
Personenkonten 109

Persönliche Kundenansprache 232
Pflegeversicherung 318
Plakate 48
Polypol 66
Pop-up-Fenster 74
Posttest 55
Potenzialanalyse 35
Praktikum 307
Prämienlohn 313
Preisdifferenzierung 67
Preiseinwände 235
Preispolitik 40, 58
Preisstrategien 58
Preisuntergrenzen 63
Pressemitteilung 83
Pretest (Vortest) 54
Primärforschung 18
Primärstatistische Daten 29
Privateinlagen 142
Privatentnahmen 142
Probearbeitsverhältnis 308
Probezeit 307
Produkteigenschaften 31
Produktivität 277
Produktlebenszyklus 36
Produktpolitik 40
Produkttest 20
Prospekte 48
Provision 313
Prozess der Werbung 44
Public Relations (PR) 82

Q

Qualifiziertes Zeugnis 358
Qualitativer Personalbedarf 281
Quantitativer Personalbedarf 273

R

Rabatt 68
Rabattpolitik 68
Rahmenarbeitszeit 337
Rangfolgeprinzip 304
Reinergebnis 188
Reingewinn 188
Reinverlust 188
Reisekosten 299
Reklamation 247
Reklamationsgespräch 247
Rentenversicherung 318
Response-Quote 72
RFID-Transponder 339
Rohergebnis 179, 185
Rollenkonflikte 261
Rücksendungen 196, 204
Rücktritt vom Kaufvertrag 204
Rückwärtskalkulation 63
Ruhepausen 335

S

Sachgrund 336
Sach-Ohr 218

Sachwortverzeichnis

Sachziel 269
Sammelwerbung 44
Sandwich-Methode 236
Schichtarbeit 337
Schlussbilanz 153
Schulden 139
Schwarzarbeit 328
Scouting 284
SEA 74
Sekundärforschung 18
Sekundärstatistische Daten 26
Selbstaufschreibung 339
Selbstoffenbarungs-Ohr 218
SEO 74
Serienbriefe 371
Serien-E-Mail 376
Serviceleistungen 238
Skalafrage 23
Skonto 68
Smart Shopper 21
Social-Media-Marketing 76
Solidaritätszuschlag 317
Soll-Ist-Abgleich 151
Sonderausgaben 315
Sonderzahlungen 313
Sozialauswahl 366
Sozial gerechtfertigte Kündigung 365
Sozialgesetzbuch 335
Sozialversicherungsausweis 327
Sozialversicherungspflichtiges Gehalt 315
Sparrate Vermögensbildung 330
Sponsoring 85
Stechuhr 339
Stellenanzeige 285
Stellenbeschreibung 275
Stellenbildung 273
Stellenplan 274
Stellenplanmethode 273
Stempelkarte 339
Steueridentifikationsnummer 326
Steuerpflichtiges Gehalt 315
Steuertabelle 317
Stichtagsinventur 137
Stornobuchung 204
Streugebiet 52
Streuverluste 69
Streuzeit 52
Stundenberechnung 382
Suchmaschinenoptimierung 74
Suchmaschinenwerbung 74
Suggestivfragen 222

Summen- und Saldenliste 149

T

Tarifvertrag 303
Teilautonome Arbeitsgruppen 351
Teilurlaubusanspruch 341
Teilzeitbeschäftigung 305
Teilzeit- und Befristungsgesetz 336
Telefongespräch 255
Trainee-Ausbildung 348
Transponder 339
Treuerabatt 68

U

Umfeldanalyse 37
Umlaufvermögen 139
Umsatz 121
Umsatzrentabilität (Gewinnquote) 191
Umsatzsteuer 165
Umsatzsteuervoranmeldung 173
Umsatzsteuerzahllast 173, 176
Umtausch 249
Unbefristetes Arbeitsverhältnis 306
Unlautere geschäftliche Handlungen 88
Unterlassungserklärung 91
Unternehmensleitbild 272
Unternehmerrisikoprämie 191
Unzumutbare Belästigungen 89
Urlaub 341
Urlaubsbescheinigung 329

V

Verabschiedung 244
Veränderungsbilanz 155
Verbindlichkeiten 126
Vergleichende Werbung 89
Verkäufermarkt 35
Verkaufsargumentation 33, 242
Verkaufsförderung 79
Verkaufsgespräch 229, 240
Verlegte Inventur 137
Vermögensaufbau 156
Vermögensbildung 320
Vermögenskonten 99
Vermögenswirksame Leistungen 320, 330
Versicherungspflichtgrenze 319
Verteilungskonflikte 261
Vertrauensarbeitszeit 338

Videokonferenz 258
Vier-Ohren-Modell 218
Vier-Schritt-Methode 225
Vorsteuer 169
Vorsteuerkorrektur 193
Vorsteuerüberhang 177
Vorwärtskalkulation 63

W

Warenbestand 136
Wareneinsatz 179, 199
Warenvorlage 241
Wegekonflikte 261
Werbearten 44
Werbebotschaft 45
Werbebrief 70
Werbeerfolgskontrolle 55
Werbemittel 47
Werbemittelgestaltung 51
Werbeobjekt 45
Werbeplan 52
Werberendite 56
Werbesubjekt 45
Werbeträger 47
Werbungskosten 315
Werktage 341
Wertabflüsse 94
Wertminderung 210
Wertschätzung 223
Wertströme 92, 94
Wertströme auf Bestandskonten 97
Wertzuflüsse 94
Wettbewerbsorientierte Preisfindung 66
Wettbewerbsrecht 87
Wettbewerbsstrategie 39
Wirtschaftlichkeitsprinzip 269
Workflow 338

Z

Zahlungsbedingungen 68
Zeitakkord 311
Zeitentgelt 311
Zeit-geringfügige Beschäftigung 307
Zeitrabatt 68
Zeugnis-Codes 358
Zielformulierung 40
Zielgruppenbeschreibung 32
Zielsetzungsverfahren 356
Zusammengesetzter Buchungssatz 115
Zusatzbedarf 280

Bildquellenverzeichnis

Behrla/Nöhrbaß GbR, Foto Stephan, Köln/Bildungsverlag EINS GmbH, Köln: Seite 19_1, 19_2, 240_2, 244, 254
Bildungsverlag EINS, Köln: Seite 236
Bioland e. V., Mainz: Seite 230_2
Bundesministerium der Finanzen, Berlin: Seite 175
dpa Picture-alliance GmbH, Frankfurt/dpa: Seite 48_2
© European Easy-to-Read Logo: Inclusion Europe. More information at www.inclusion-europe.org/etr: Seite 287
Fotolia Deutschland GmbH, Berlin: Seite 17, 206_3, 329 (Marco2811); 79_2, 289, 299, 310 (contrastwerkstatt); 85 (picks); 87, 328 (Gina Sanders); 110 (Stauke); 206_1, 207, 209_1, 210, 213 (T7 marketing); 206_2, 209_2, 212 (SOLLUB); 216 (Jeanette Dietl); 234 (Adam Gregor); 240_1 (Henry Schmitt); 246 (ArTo); 250, 284 (kebox); 252, 333 (cirquedesprit); 255, 324 (Karin & Uwe Annas); 260 (stockWERK); 269 (Trueffelpix); 270 (Minerva Studio); 273 (kamaga); 294 (Robert Kneschke); 295 (klickerminth); 302 (Kzenon); 303 (Pixelot); 327 (mik ivan); 330 (MH); 331 (Denis Junker); 334 (lumen-digital); 335_1 (fotomek); 335_2 (fotodo); 339_1 (rdnzl); 344 (Coloures-pic); 354 (bluedesign); 361 (FM2)
Haufe-Lexware GmbH & Co. KG, Freiburg: Seite 387 – 395
imu-Infografik, Duisburg: Seite 21
Jörg Gutzeit, Fotojournalist: Seite 48_1
Martin Voth, Heiden: Seite 47, 55, 69, 70, 73, 74_2, 79_1, 79_3, 82, 89_1, 89_2, 89_3, 89_4, 89_5, 230_1, 239, 243, 288
Martin Voth, Heiden/Fotolia Deutschland GmbH, Berlin: Seite 46 (Konstantin Kulikov), 74_1 (Markus Wortmann)
mess-elektronik-groß GmbH, Woltersdorf: Seite 339_3
© 2012 Microsoft Corporation. Alle Rechte vorbehalten.: Seite 371 – 382
NovaCHRON Zeitsysteme GmbH & Co. KG, Magdeburg: Seite 339_2